U0940072

新时代

老年教育实践与探索

吕德义　主编

山东城市出版传媒集团·济南出版社

图书在版编目（CIP）数据

新时代老年教育实践与探索 / 吕德义主编. -- 济南：济南出版社，2022.12
ISBN 978-7-5488-5345-9

Ⅰ. ①新… Ⅱ. ①吕… Ⅲ. ①老年教育－研究 Ⅳ. ①G777

中国版本图书馆CIP数据核字（2022）第216577号

新时代老年教育实践与探索
XINSHIDAI LAONIAN JIAOYU SHIJIAN YU TANSUO

出 版 人	田俊林
责任编辑	袁 满 王东勃 吕 燕 黄鹏方 戴 旸 何 琼 杨珊卉
封面设计	胡大伟
出版发行	济南出版社
地　　址	山东省济南市二环南路1号（250002）
印　　刷	济南龙玺印刷有限公司
版　　次	2022年12月第1版
印　　次	2023年3月第1次印刷
成品尺寸	185 mm × 260 mm　16开
印　　张	36.5
字　　数	710千
定　　价	140.00元

《新时代老年教育实践与探索》工作委员会

编委会

前言

理论研究工作是老年大学可持续发展的内在动力，是老年大学核心竞争力的集中体现，是老年大学人才队伍专业化成长的有效途径，是提高老年大学教育质量和办学水平的重要举措。近年来，山东省各级老年大学坚持以习近平新时代中国特色社会主义思想为指导，认真贯彻落实党的十九大和十九届历次全会精神，牢牢把握老年大学转型发展、提质增效这一主线，立足主责主业，增强使命担当，持续推动老年大学理论研究工作，积极探索老年教育的新思路、好方法，使“科研兴教，科研兴校”的理念深入人心，形成了全员自觉参与理论研究的浓厚氛围。广大老年大学人坚决扛起老年大学理论研究工作的时代使命，在工作中研究、在研究中实践、在实践中总结，取得了丰硕的研究成果，促进了我省老年大学规范化、内涵式、创新性发展。

为进一步厘清老年教育发展思路，系统展现老年教育理论研究成果，持续提升老年教育理论研究水平，第五次全省老年教育理论研讨会围绕“积极推进新时代老年大学创新发展研究”主题进行了论文征集和评选活动。山东老年大学主动发挥业务指导功能，牵头编辑《新时代老年教育实践与探索》一书，收录了此次获评一、二、三等奖的论文，共121篇，约70万字。所选的每篇论文都是在老年大学的工作实践中总结提炼出来的智慧结晶，彰显着各位作者对老年教育事业的无限热爱与执着思考，充分展现了山东省老年大学理论研究工作的蓬勃生机与旺盛活力。

《新时代老年教育实践与探索》有三个鲜明的特色。一是政治性。政治立校是老年大学的第一原则，老年大学理论研究工作也要把讲政治放在第一位，确保各项工作始终沿着正确的方向深入和深化。本书的党建引领探索篇和综合发展实践篇收录了我省老年大学在强化政治引领、夯实党建基础、服务中心大局上的研究成果，展现了老年大学在新时代的新使命、新担当、新作为。二是专业性。理论研究的深度决定了老年教育事业发展的高度、广度和厚度，老年教育理论研究必须深化规律认识、体现专业水准、积极破解难题。本书的教学研究创新篇收录了我省老年大学在教育教学方面的基础性、针对性、对策性研究成果，对推动全省老年教育事业向更高目标、更高层次和更远方向发展具有良好借鉴作用。三是实践性。理论必须在实践中发展和检验，老年大学是老年教育理论研究的实践主体，通过对相关工作的阐释和挖掘，能够找到更多推动老年教育事业高质量发展的新策略、好措施。本书的基层教育改革篇和智慧校园建设篇收录了我省老年大学在推动均衡发展、加强信息建设、开展智慧助老等方面的实践探索成果，体现了老年大学理论研究工作的系统性、预见性、创造性。

希望翻读这本论文集的同仁，能够对照其中的思路、方法、策略，借鉴交流，取长补短，进一步理顺研究思路、运用研究成果、增进研究合作，努力在更广的领域、更大的范围、更深的层次取得更加丰硕的研究成果、转化效果，共同推动山东省老年大学理论研究工作再上新台阶、取得新突破、实现新跃升。

“路漫漫其修远兮，吾将上下而求索。”2023 年，我们将迎来山东老年大学建校 40 周年，这也是中国老年教育创建 40 周年。希望全省老年大学和广大老年大学人深入学习宣传贯彻党的二十大精神，胸怀“两个大局”，牢记“国之大者”，不断增强政治判断力、政治领悟力、政治执行力，坚持问题导向，秉持科学态度，增强创新意识，继续依托自身优势和办学特色深入开展理论研究，“走在前、开新局”，力争把老年大学理论研究领域打造成为老年教育新思想新理念的策源地、老年教育人才队伍成长的孵化器、老年教育教学模式创新的试验田、老年教育全域要素变革的原动力，奋力书写老年大学理论研究工作新篇章，为老年大学高质量发展、为新时代社会主义现代化强省建设做出新的更大贡献！

编　者

2022 年 4 月

目 录

一

党建引领探索篇

老年大学开展党史学习教育的几点思考

——以山东老年大学为例

◎ 焦方谦

摘要：老年大学作为党委、政府主导的部门，在党史学习教育中应当发挥离退休干部教育主阵地作用，主动作为、积极探索，把学史明理、学史增信、学史崇德、学史力行与学党史、悟思想、办实事、开新局贯通起来，从党史学习教育中汲取继续前进的智慧和力量，把党史学习教育的成效体现到老年大学的发展上来。

关键词：党史学习教育　老年大学　阵地

习近平总书记在党史学习教育动员大会上指出，在庆祝我们党百年华诞的重大时刻，在“两个一百年”奋斗目标历史交汇的关键节点，在全党集中开展党史学习教育正当其时。老年大学作为党委、政府主导的部门，要深刻认识开展党史学习教育的重大意义。扎实推进和高质量开展党史学习教育是重要政治任务，也是老年大学积极应对人口老龄化、培育新时代“三有”老人、建设新时代人民满意的老年大学的重要举措。

一、老年大学开展党史学习教育的根本遵循和方向

老年大学是老同志参加党史学习教育、开展终身教育的重要阵地。在老年大学开展党史学习教育，是加强和改进老同志思想政治工作以及进一步提高老同志思想政治素质的重要方式，对老同志不忘初心跟党走，增强“四个意识”、坚定“四个自信”、做到“两个维护”具有重大意义。

（一）老年大学开展党史学习教育的根本遵循。习近平总书记在党史学习教育动员大会上强调，在全党开展党史学习教育，是牢记初心使命、推进中华民族伟大复兴历史伟业的必然要求，是坚定信仰信念、在新时代坚持和发展中国特色社会主义的必然要求，是推进党的自我革命、永葆党的生机活力的必然要求。这三个“必然要求”深刻阐明了开展党史学习教育的重大意义，也是老年大学开展党史学习教育的根本遵循。

（二）老年大学开展党史学习教育的方向。习近平总书记在给上海市新四军历史研究会百岁老战士们的回信中强调：“希望老同志们继续发光发热，结合自身革命经历多讲讲中国共产党的故事、党的光荣传统和优良作风，引导广大党员特别是青年一代不忘初心、牢记使命、坚定信仰、勇敢斗争，为新时代全面建设社会主义现代化国家而不

懈奋斗。”这一重要回信为老年大学组织和引导老同志积极参加党史学习教育指明了方向，学习贯彻习近平总书记重要回信精神是老年大学必须抓好的一项重要政治任务。

（三）老年大学开展党史学习教育的方式。广大老同志是党和国家的宝贵财富，他们在长期的革命生涯中建立了不朽的历史功勋，形成了优良的传统和作风，承载了中国共产党人特有的红色基因。老年大学要充分发挥老同志作为党史学习教育重要资源的优势，认真组织学员积极参与党史学习教育，引导他们发挥自身优势，传承红色基因，结合自身经历讲好党的故事、党的光荣传统和优良作风，教育引导党员干部自觉增强党的意识、党员意识，自觉践行社会主义核心价值观，赓续共产党人的精神血脉。

二、山东老年大学开展党史学习教育的路径

山东老年大学作为全国第一所老年大学，认真学习贯彻习近平总书记在党史学习教育动员大会上的重要讲话精神，坚持政治立校、突出办学特色，以“本色家园·乐龄先锋”党建品牌为引领，精心制定党史学习教育实施方案、举办中国共产党成立100周年庆祝活动的工作方案以及组织开展“永远跟党走”群众性主题宣传教育活动的工作方案，做实“规定动作”、做深“自选动作”，不断推动党史学习教育走深走实。

（一）聚焦“学党史”，把原原本本学摆在突出位置。老年大学既有干部职工，又有老年学员，服务对象的特殊性决定了开展党史学习教育的独特性，既要抓好干部职工的学习教育，又要引导广大老年学员积极参与学习，体现精准实施、分类指导。

对干部职工的学习教育，要突出抓好处级以上领导干部这一“关键少数”。校领导班子成员要带头抓好党史学习教育，由校理论学习中心组开展党史专题学习交流研讨，举办辅导讲座、专题读书班、干部职工培训班。组织开展“党课开讲啦”活动，由校领导班子成员带头为分管处室讲党课，并以普通党员身份参加所在支部的组织生活会，各党支部书记分别为各党支部上专题党课。机关党支部和学员临时党支部结合各自实际，开展形式多样的专题学习、主题党日等活动，形成了校领导班子领学促学、各党支部“比学赶超”的浓厚氛围。创新“机关党建+学员党建”联建联创工作机制，推动支部联建、工作联动、品牌联创、党员连心。机关干部与学员党员面对面交流，既促进了相互学习，又转变了机关干部的工作作风。组织开展各党支部党史学习教育集体观摩活动，学员们相互学习，查找不足，改进提升。

对学员的学习教育，灵活学习方式，丰富学习形式，重点打造“四个课堂”：一是上好“开学第一课”，把学员入学的“开学第一课”定为党史学习教育课，由校长通过视频形式为学员上党课，强化思想政治教育；二是开展“课前微党课”，由学校制作党史短视频，利用课前、课间的5分钟时间，在教室和校园内播放，同时，在学校公众号和网站开设“线上微党课”，带领广大师生一起触摸党史脉络、重温沧桑巨变；三是用

好“网上专题课”，组织引导学员党员积极收看全国离退休干部党史学习教育网上专题报告会，鼓励学员党员积极参与线上举行的党史知识竞赛等，强化党史知识学习；四是组织“现场教育课”，各党支部利用主题党日到英雄山革命烈士陵园、四五党性教育基地等场所开展党性教育，增强学员党员的宗旨意识，加强学员党员的党性修养。

（二）聚焦“悟思想”，把强化理论武装作为政治自觉。山东老年大学在党史学习教育中把强化理论武装放在首要位置，在学懂弄通做实习近平新时代中国特色社会主义思想上下更大功夫，把习近平总书记最新重要讲话和重要指示精神、习近平总书记关于老干部工作重要论述等贯通起来学，增强用党的创新理论武装头脑、指导实践、推动工作的政治自觉，进一步感悟思想伟力，确保习近平总书记重要指示要求在老年大学落地生根。

围绕立足新发展阶段、贯彻新发展理念、构建新发展格局，山东老年大学深刻领会习近平总书记关于“江山就是人民、人民就是江山”“坚持人民至上、以人民为中心”的发展思想，找准工作的结合点、切入点、着力点，坚持以服务学员为中心、以服务教学为中心，改进工作作风、优化办事流程，用党的创新理论教育学员，用党领导人民取得的历史性成就和美好前景鼓舞学员，在推动解决急难愁盼问题中更好地凝聚学员，增强老年大学工作的系统性、预见性、创造性。

结合庆祝建党100周年活动，山东老年大学组织了“乐龄欢歌颂党恩”大型文艺演出，以歌舞、合唱、表演等形式充分展示了共产党100年来波澜壮阔的奋斗历程和共产党人不怕牺牲、不畏艰险，昂首阔步、追逐梦想的豪迈之情，也展现了新时代老年大学师生学员不忘初心、牢记使命的精神面貌。举办“永远跟党走”校园文化艺术节，开展书画摄影展、手工艺展、红歌快闪、诗文创作、戏曲联唱、舞蹈串烧、器乐演奏等多种文艺活动，用学习成果献礼百年华诞、讴歌伟大时代。在主题党日组织开展的“光荣在党50年——老党员讲故事”、为机关党员和学员党员集体过政治生日等活动，都收到了非常好的效果。通过一系列活动，引导干部职工与广大学员在思想上、精神上重走党的百年历史征程，深刻理解中国共产党为什么“能”、马克思主义为什么“行”、中国特色社会主义为什么“好”。

（三）聚焦“办实事”，把开展“我为群众办实事”实践活动抓实抓细。山东老年大学始终坚持“以人民为中心”的发展思想，将开展党史学习教育与“我为群众办实事”实践活动有机结合，坚持问题导向、目标导向、结果导向，既优化服务为学员办实事、办好事、解难题，又引导学员党员发挥模范作用、传承红色基因、开展志愿服务，贡献老年大学的力量。

广泛开展问需问计。山东老年大学制定出台了《关于开展“四查四提”精准推动“我为群众办实事”落实落细的意见》，开展了查问题——提升服务质量，查流程——提高工作效率，查保障——提供优良环境，查作风——提振精神状态的“四查四提”活动，通过问计学员、问计教师、问计基层、问计干部职工、问计离退休老同志、问计合作办学单位等“六问计”广泛征求意见。按照覆盖面广、普惠性强的原则，汇总梳理重点实事项目进行动态管理，并将办结的项目及时销号，不断在解决问题、办好实事中改进作风、提升效能，让学员的获得感、幸福感、安全感更加充实、更可持续、更有保障。

提升服务质量水平。针对群众和教师学员、干部职工反映的问题，及时研究并予以解决。比如，在疫情防控压力仍然很大的情况下，针对学员反映强烈的线下开学问题，校领导班子进行了认真研究，充分做好了线下开学预案，通过启用人脸识别系统，落实好测温、健康码查验、公共场所消毒等措施，于春季正式开学，令学员非常满意；针对基层学校反映的师资力量不足和学员反映的入学难等问题，我校大力发展老年远程教育，建设了远程教育录播室和直播课堂，这项工作走在了全国老年大学的前列，受到基层学校和老年人的欢迎；另外，为加强与服务对象的联系，完善学校老干部工作体制机制，校领导带领各校区建立了谈心日制度，为离退休干部进行“一对一”服务，切实从政治上关心、精神上激励、生活上照顾离退休干部，让他们舒心、安心、暖心。

发挥学员党员正能量。依托学员党组织、校关工委、志愿服务组织、社团等，积极引导学员党员发挥正能量。成立“乐龄朗诵学会”进行红色宣讲，组织“五老”志愿者分别走进中小学、幼儿园，为孩子们讲述革命故事、诵读红色家书，共同传承红色基因、弘扬光荣传统、赓续红色血脉；组织学员志愿者走进老年公寓，为住养老人献上精彩的红歌文艺演出，传递了党的好声音，唤醒了老人的红色记忆，为他们送上了温暖的祝福；开展“光荣在党50年——老党员讲故事”活动，组织近百名党龄50年的学员党员录制故事视频，为党史学习教育提供了珍贵资料。

（四）聚焦“开新局”，把党史学习教育成效转化为推动工作的动力。党史学习教育的成效如何，要在实践中检验、在作为中体现。山东老年大学把通过党史学习教育激发出来的信念信心、热情激情转化为攻坚克难、干事创业的具体行动，进一步解放思想、开动脑筋，勇担使命谋发展，以严实作风和有力举措推动各项工作扎实、高效开展，积极开创工作新局面。

2021年，山东老年大学制定了《山东老年大学五年行动计划（2021—2025年）》，明确了五年发展的目标和方向。为积极应对人口老龄化，推进山东省老年教育立法，山东老年大学参与了《山东省老年教育条例》起草工作，并于2022年1月1日正式施行。我校调动全省、全校理论研究骨干力量加强校本研究，建立山东老年教育研究院。积极推进与尼山世界儒学中心（中国孔子基金会秘书处）、山东青年政治学院开展战略合作，与建设银行山东省分行开展合作办学，与济南市老年人大学同城协作；积极推动全省远程教育建设，举办第三届山东省老年大学文艺展演、全省老年大学红色散文诗歌大赛，组织开展全省老年大学“讲好红色故事 传承红色基因”微视频征集活动；建成中国老年教育史料馆，讲好老年教育发展史，打造家门口的学习教育阵地；加快建设省直离退休干部党建活动基地，更好服务“本色家园”建设；主办中国老年大学协会宣传出版工作委员会第十四次全体会议，参加中国老年大学协会老年教育学术委员会三届三次全会和全国第十四次老年教育理论研讨会并做典型发言，获评“全国老年大学信息化建设优秀单位”。

三、老年大学开展党史学习教育的主要成效

党的十八大以来，先后开展了群众路线教育实践活动、“三严三实”专题教育、“两学一做”学习教育、“不忘初心、牢记使命”主题教育。这次在全党开展的党史学习教育，是党内教育的又一次重要实践，更是开展经常性教育的重要举措，通过扎实开展党史学习教育，进一步统一了思想、凝聚了共识、检验了初心、践行了使命。

（一）理想信念进一步坚定。在党史学习教育中，学员们通过主题党日、现场教育、专题组织生活会等活动，使自身的政治判断力、政治领悟力、政治执行力得到加强，增强了对马克思主义的信仰、对中国特色社会主义的信念、对实现中华民族伟大复兴中国梦的信心。

（二）思想政治工作得到了加强。通过党史学习教育，把旗帜鲜明讲政治贯穿办学、教学、管理、服务的各方面和全过程，落实政治立校要求，充分发挥党的基层组织在党史学习教育中的战斗堡垒作用，切实加强思想政治引领。通过发挥学员党员带头示范作用，开展“向党说句心里话”“光荣在党 50 年——老党员讲故事”等活动，激发学员参与党史学习教育的积极性、主动性，彰显了党员意识、先锋意识，引领新时代老年人服务社会、奉献社会。

（三）老年教育事业实现了发展。坚持把党史学习教育与对照现实、指导实践、推动工作、解决问题结合起来，把党史学习教育高度融入老年大学事业发展之中，积极把握新发展阶段、贯彻新发展理念、构建新发展格局，以党建引领办学、把党建融入教学、用党建促进乐学。通过开展“我为群众办实事”实践活动，切实解决群众的急难愁盼问题，用实践成效检验学习效果，推动建设新时代人民满意的老年大学。

（焦方谦：山东老年大学机关党委三级主任科员）

老年大学推进老同志传承红色基因的路径探索

◎ 张广睿

摘要：老年大学作为党和政府组织、凝聚、教育、联系、服务老同志的重要载体，是做好老年人思想政治工作、落实党和国家意识形态工作的前沿阵地，也是各级党委组织动员老同志发挥政治优势、实现老有所为、传承红色基因的重要途径。近年来，山东老年大学高度重视党史学习教育在思想政治教育工作中的重要作用，并将其融入各方面教学实践工作中，努力探索将红色基因守护好、传承好、发扬好的实践路径。

关键词：传承红色基因　老年大学　路径探索

党的十八大以来，以习近平同志为核心的党中央高度重视学习党的历史。习近平总书记强调："要讲好党的故事、革命的故事、根据地的故事、英雄和烈士的故事，加强革命传统教育、爱国主义教育、青少年思想道德教育，把红色基因传承好，确保红色江山永不变色。"2021 年 2 月，习近平总书记在给上海市新四军历史研究会百岁老战士们的回信中鼓励老同志们，要"继续发光发热，结合自身革命经历多讲讲中国共产党的故事、党的光荣传统和优良作风"。老年大学作为党和政府组织、凝聚、教育、联系、服务老同志的重要载体，是做好老年人思想政治工作、落实党和国家意识形态工作的前沿阵地，也是各级党委组织动员老同志发挥政治优势、实现老有所为、传承红色基因的重要途径。近年来，山东老年大学高度重视党史学习教育在思想政治教育工作中的重要作用，并将其融入各方面教学实践工作中，努力探索将红色基因守护好、传承好、发扬好的实践路径。

一、加强党的领导，牢牢把握老年大学政治责任

忠于党、忠于人民是老年大学最鲜明的底色。坚持政治立校，把党的政治建设放在首位，是老年大学办学的根本遵循。山东老年大学牢牢把握政治立校这一根本方向，立足新的历史方位，加强党的领导，坚持用习近平新时代中国特色社会主义思想武装头脑，把传承红色基因作为落实立德树人的根本任务和加强老年人思想引领的重要内容；作为落实全面从严治党主体责任、抓好学员党史学习教育、建好本色家园的重要举措；作为发挥老年大学自身优势、引导学员老有所为、释放正能量的重要体现，构建全员全方位全过程育人工作大格局，教育引导广大老同志坚定理想信念，不忘初心、牢记使命，坚定不移地传承好红色基因。

（一）落实立德树人根本任务，将传承红色基因贯穿教育教学全过程。习近平总书记指出，“老年是人的生命的重要阶段，是仍然可以有作为、有进步、有快乐的重要人生阶段”。党的十八大把立德树人作为教育的根本任务，充分体现了教育是民族振兴和社会进步的基石。老年教育作为终身教育的重要一环，也必须把立德树人作为根本任务，致力于培养“有作为、有进步、有快乐”的新时代老人，用中国特色社会主义理论教育人、武装人。红色基因是革命精神的传承，是中国共产党人的精神内核，是中华民族的精神纽带。新时代老年大学传承好红色基因，既是落实立德树人根本任务，也是推动思想政治教育工作再上新台阶。学校高度重视学员的思想政治教育工作，把握时代特点，不断优化老年大学传承红色基因的环境，通过融合思政课程和课程思政，打通教学环节，在教学过程中尽可能多地融入红色基因，不断更新教学思想、内容、方法，将传承红色基因贯穿教育教学的全过程，形成全校传承红色基因的浓厚氛围。

（二）深入推进学员党建工作，夯实传承红色基因的组织基础。推进老同志传承红色基因，最根本的一项是加强党对基层的全面领导，建强学员党组织。经过多年探索，学校不断推进党的基层组织设置和活动方式创新，通过设立学员临时党总支，形成了以学校机关党委牵头、学员临时党组织主抓、班级党员活动小组发挥作用的“正式＋临时＋活动小组”的新型学员党组织模式，把每一名学员党员都纳入老年大学党组织的有效管理。2021 年以来，学员党组织充分发挥了战斗堡垒作用，创新开展党史学习教育，用信仰和组织的力量引导广大老党员不忘初心、牢记使命，在学员党员的教育、管理以及传承红色基因的引导上发挥了显著作用。

（三）引导老同志发挥先锋模范作用，加强传承红色基因顶层设计。习近平总书记指出，“要为老年人发挥作用创造条件，引导老年人保持老骥伏枥、老当益壮的健康心态和进取精神，发挥正能量，做出新贡献”。老干部、老党员是党和政府的宝贵财富，老年大学是老年人的人才宝库。为用好这一宝贵财富，学校成立关工委和志愿者协会，由校长亲自靠上抓、负总责，为广大老同志参与社会服务、基层治理，参加关心下一代等社会公益活动拓宽渠道、搭建平台。近年来，学校在中小学、幼儿园、社区等区域，成立关心下一代和志愿服务基地 30 余个，开展关心下一代和志愿服务活动 200 余次，得到了社会各界的一致好评。

二、用好红色资源，坚持学员思想政治教育体系升级

加强学员思想政治教育是一项复杂的系统工程，需要结合新时代的特点、坚持系统观念、做好整体设计，树立“有作为、有进步、有快乐”的老年人才培养方向，融合党史学习教育和红色基因传承工作，不断完善思想政治教育和学科教学体系，形成“由学校统一领导，各部门各负其责、协同配合，教学资源互联互通”的工作格局。

（一）形成思政课全覆盖、常态化。完善思政课体制机制，针对学员学习时间相对紧张、学习场地有限等客观因素，采取科学、灵活的形式组织学员集中学习，形成定期“大思政课”和“课前思政微课”有机融合的思政课程体系。学校在党史学习教育中，把学员入学的“开学第一课”定为思政第一课，由校长以视频的形式为学员上党史教育课，组织学员接受入学教育；学校自主制作70余个党史短视频，作为课前思政教育的必修课，在教室和校园内通过电子屏幕播放，并每天组织学员收看与讨论，推进学员思想政治教育常态化、长效化，覆盖每个人、每堂课。

（二）形成线上线下融合学习的党史学习模式。当前，网络是老年人获取信息的重要渠道，尤其是在新冠肺炎疫情期间。学校通过开设网上直播课堂，广泛组织学员用好网上学习资源，收看全国离退休干部党史学习教育网上专题报告会等，并以学员党员活动小组的形式开展集体线上研讨。通过线上线下学习研讨，引导老年学员正确认识世界和中国的发展大势，全面客观地认识当代中国、看待外部世界，有利于老同志正确认识时代责任和历史使命，养成传承红色基因、引领社会风尚的思想自觉。

（三）充分利用当地党性教育阵地。各地丰富的红色资源，是开展红色主题教育的重要阵地。2021年以来，学校学员党支部和党员活动小组通过组织学员党员到英雄山革命烈士陵园、四五党性教育基地、泰安革命烈士陵园等爱国主义教育基地及革命旧址等地进行实地走访、参观学习、讨论交流，开展各式各样的主题党日活动，教育引导学员回忆历史、感悟历史、铭记历史，将苦难辉煌的过去、日新月异的现在与光明美好的未来贯通起来，掀起了学员学习党史的新热潮。

三、突出红色主题，坚持教学实践活动创新

当今世界正经历百年未有之大变局，我国正处于实现中华民族伟大复兴的关键时期，中华民族迎来了从站起来、富起来到强起来的伟大飞跃，广大老同志正是这一历史进程的亲历者，同时也是红色基因、革命精神、时代故事最热情、忠实的讲述人。如何激发广大老同志的爱党爱国热情，调动老同志的积极性、主动性，讲好新时代党的故事，是开展形式多样的主题实践活动的出发点和落脚点。

（一）组织老党员讲述自己的初心故事。2021年，学校获得“光荣在党50年”纪念章的老党员有100余名，其中有在抗美援朝中立功的老战士、参加我国第一颗原子弹研究试验的老科技工作者、带领群众治山引水的老县委书记、荣获全国优秀离退休干部先进个人的老模范……写在书上的历史很遥远，而由身边党员讲述和印证的历史则既真实又鲜活。学校请老党员回顾入党历程、追忆光荣岁月、讲述初心故事，给青年干部上党课，给少先队员讲革命传统，并把他们的讲述以视频和文字的形式在线上线下进行展播，引起了学员们的热烈反响，受到了媒体和社会的广泛关注。

（二）广泛开展“忆党恩、颂党恩”主题活动。学校在教学楼内设置了留言墙，组织学员参与“向党说句心里话”活动。广大老同志激情澎湃，争相书写心声向党告白，留言墙上密密麻麻写满了学员的心声。虽只有短短的几个字、一句话，却诠释了学校众多学员党员的初心和坚守。同时，各学员党组织也会在清明节、建党节、国庆节等重要节假日，组织学员党员重温入党誓词，每一次宣誓都是一次郑重承诺，一系列的主题活动得到了学员们的积极响应。

（三）突出红色主题，开展学习成果展演。学校根据学员的兴趣和专业特长，把学期教学成果展示、班级汇报演出等教学实践活动与党史学习教育有机结合，围绕庆祝建党 100 周年，以“永远跟党走”为主题，组织开展了校园文化艺术节。全校师生用 10 余场展演、100 余个文艺节目、1000 余幅书画摄影作品庆祝建党 100 周年，以学习成果献礼百年华诞、讴歌伟大时代。累计参与活动的学员有 2 万余人次，线上线下近 5 万人观看演出，实现了线上线下、校内校外、教学实践、党建展演的有机融合，通过活动把学员的积极性调动了起来。

（四）校外演出带动社区红色文艺活动。针对社区群众日益增长的文化需求，学校在多个社区、老年公寓建立了志愿服务基地，通过组织红色主题节目的演出和培训等，带动了社区群众文化活动的发展。学员志愿者们纷纷走进老年公寓、社区、广场等地积极开展群众性文艺演出及慰问活动，成为基层一线的文艺骨干力量。

四、发挥老年大学优势，坚持搭建实践平台

传承红色基因，搭建各种鼓励和支持老同志老有所为的平台是关键。学校为发挥好老年大学专业人才培养的阵地优势，通过引领广大老同志传承红色基因、讲好党的故事，弘扬新时代社会文明新风，不断完善着各项激励配套措施和实践平台。

（一）制定完善各项配套激励政策，建立传承红色基因长效机制。完善关工委工作的工作机制、运行机制、服务保障机制、培训机制和工作激励机制，加强关工委和志愿服务工作与教学管理、学科建设、人才培养等方面的协同配合和融合发展，推动老年大学关工委工作的科学化、规范化发展。为规范管理志愿者队伍，制定了《学员志愿服务管理办法》《学员社团管理办法》，进一步健全“五老”志愿者的管理和保障机制；为调动广大学员参与关工委志愿服务工作的积极性，研究出台了《学员志愿者积分激励办法（试行）》，对投身关工委和志愿服务工作突出的志愿者给予优先报名、插班等优惠政策；同时，引入信息化管理手段，开发“志愿服务信息管理”微信小程序，逐步实现报名招募、活动参与、考勤定位、时长积累、积分兑换等功能，为志愿者参与活动提供了技术支持。

（二）成立一支红色宣讲专业队伍，让红色故事深入人心。为把红色故事讲好、

讲生动，学校成立了朗诵学会，主动承担起关工委的红色宣讲任务。朗诵专业的学员们创作并演绎的红色作品，让英雄得以“活”在舞台上。回顾长征路的《班佑村的红军雕塑》、再现抗战岁月的《一双布鞋和满山的迎春花》、歌颂沂蒙精神的《乳娘》、致敬抗美援朝的《谁是最可爱的人》等一批优秀作品感人至深，催人泪下。学校宣讲团的成员也成了备受青睐的“明星”，被各党校、中小学、社区、基层单位争相邀请演出，《百年红船成航母》等作品更是被各大媒体争相报道转载，线上点击率达数十万。

（三）广泛创建“关心下一代”活动基地，服务青少年全面发展。习近平总书记指出：“革命传统教育要从娃娃抓起，既注重知识灌输，又加强情感培育，使红色基因渗进血液、浸入心扉，引导广大青少年树立正确的世界观、人生观、价值观。”学校多年来深入推动红色宣讲，让传统文化进课堂、进校园，在济南市市中区催马小学、育秀小学等学校建立了30余个公益教学基地，长期开展诵读革命经典、传承非遗文化等活动。2021年儿童节，100余名“五老”志愿者分别走进济南市市中区育秀小学和福景幼儿园，与孩子们一起朗诵红色家书，用剪纸、面塑等形式创作了“我爱北京天安门”“党在我心中”等手工艺作品，用孩子们喜欢的形式讲好红色故事、厚植家国情怀，深受孩子和校方的欢迎。

（五）选树乐龄先锋，形成宣传先进、学习先进的浓厚氛围。强化品牌意识，创建“本色家园·乐龄先锋”党建品牌，把培树先进典型贯穿传承红色基因各项工作之中，从“选、育、颂、用”四个方面着力，做好先进典型培树工作。新冠肺炎疫情期间，学校不少学员主动参与社区防控志愿服务，并为武汉市捐款捐物、为医护人员捐赠书画作品，学校把这些学员选树为“山东老年大学最美志愿者”并予以宣传表扬，在学员中形成了“崇尚先进、学习先进、争当先进、赶超先进”的浓厚氛围。

（张广睿：老年教育杂志社社长、总编辑）

党建引领　融合赋能
共享式老年大学助推老年教育新发展

——以济南市天桥区为例

◎ 刘婧

摘要：近年来，天桥区坚持“延伸、融合、畅通”的老年教育办学方针，秉持“党建引领、融合赋能”的工作理念，探索建立了老年教育工作联盟。借势借力于基层区域化党建工作成果，创立“4+3+N”工作模式，建立共享式老年大学，搭建老年教育工作的新框架。

关键词：党建引领　融合赋能

老年人是国家和社会的宝贵财富，老年教育是我国教育事业和老龄事业的重要组成部分。通过在天桥区的调研工作发现，老年人对于走进学校开展各类学习活动的需求很大，但基层老年教育的资源相对匮乏，场地、师资、资金等方面无法满足学员的实际需求；老年大学的工作人员往往身兼数职，老年大学工作并不是其主业，因此投入的精力相对有限；很多老同志退休以后有继续奉献社会的愿望，但在老年大学中可参与的社会活动形式较为单一，学员的优势作用发挥得不明显。

要想更好地发展老年教育事业，满足老年人的学习需求，靠“单打独斗”很难完成，只有合理利用部门、社会组织和社区群众等多方力量，才能够确保老年教育工作顺利开展。天桥区老年大学秉持“党建引领、融合赋能”的工作理念，坚持政治性、先进性、群众性，积极探索、勇于创新，通过深度挖掘老年教育资源，努力融合各方力量，助力打通老年教育的“最后一公里”。

一、党建引领，形成老年教育工作联盟

老年大学中的学员党员大都是有着几十年党龄的老党员，是学校的骨干力量。学校为积极发挥老党员的力量，在老年大学建立了功能型临时党支部，支部委员和党小组组长均由学员班长和党员骨干担任。积极发挥临时党支部的战斗堡垒作用，由书记和支部委员带头，围绕教学中心工作，开展好老年学员的党建工作，以党建引领日常教学、以日常教学促进党建，实现党建和教学工作质量双提升。

（一）以“党建+”模式创新特色办学。一是“党建+规范”。严格落实党建工作制度，规范党内组织生活，以党建引领教学工作和学校管理，促进党建工作与学校发展深度融合，夯实学校党建工作基础，不断完善学校的各项规章制度，规范招生流程，实现管理信息化，开设党小组课堂，开展党小组集体学习和主题党日活动，完善“学校抓支部、支部带党员、党员聚学员”的组织工作体系。二是“党建+社团”。选拔学有所长、学有所专的老年大学学员，开展“第二课堂”，打造新社团，建立资源库；建立合唱团、书画支队、葫芦丝社团等，由老党员担任社团团长，召集学员每个学期开展教学成果展示。三是“党建+服务”。发挥学员党员在老年教育中的主力军作用，选拔出有时间、有经验、有热情的老党员担任学校管理员，开展“三服务”，即服务老年大学学员、服务学校管理、服务老年教育；学校定期召开教师学员座谈会，为学校发展建言献策。

（二）党支部率先垂范，打造学校特色教育品牌。发挥党支部的组织力、号召力和凝聚力，围绕学校中心工作，以党建凝心聚力、以党建引领文化、以党建助力服务。龙泉书画院和书画研究会是以老干部、老党员为骨干组建的老年大学书画社团。该社团自2006年成立以来，逐步形成了以老年大学为基础、老干部书画研究会为主体、龙泉书画院为龙头的“三位一体”的老年人书画教学和活动模式。通过丰富的活动载体，引导老干部、老党员、老画家加入教师队伍，每学期组织3到5次专家点评及专题展示活动。通过“吸收优秀学员成为研究会会员，待会员水平提高后再吸收到龙泉书画院”的形式，形成多层次的书画交流展示平台及运行机制，极大地激发了学员的学习积极性。2018年，书画院和研究会成立了临时党支部，在老党员的带动下，积极进社区、进学校、进企业开展研讨交流、作品展览、书画赠送等活动。在建党百年之际，50余位书画家历时3个月精心绘制了题为“奋斗百年路·启航新征程”的书法和绘画两个百米长卷，向党的百年华诞献礼。

（三）党员服务在前，参与社区网格化管理。搭建老党员服务平台，建立区级老年大学志愿服务队和社区老年大学特色志愿队，积极倡树正能量，让学员们走出校门，即“课上是学员，课下是团员”。开展志愿服务，推动老党员、老学员融入城市社区网格化管理服务工作。积极开展“枫叶榜样·美丽泉城”“同城同建设、铸爱助你我”“我为泉城添抹绿”等活动，清理社区卫生、担任文明志愿者，推动城市精细化管理；发挥书画班志愿者的优势，在各街道、社区开展送福字、写春联、办展览等活动，拉近网格员与群众之间的距离；组织“文艺轻骑兵”志愿服务队进社区、进军营、进学校，开展各类文艺演出，引导老学员、老党员传递美好幸福的正能量。坚持党建引领是一切工作的基石。借助本区成熟的区域化党建工作，努力为老年教育工作提供平台，充分融合驻地单位、社会组织等各类资源，为社会力量办学提供了深厚的社会基础。

二、融合发展，激发老年教育工作活力

通过建立老年教育联盟，立足老年教育，服务社会发展，将优秀的办学理念、管理模式、优质资源辐射带动到各个层面，提升老年教育质量。创立“4+3+N”工作模式，“4”是指4方资源，包括社区、驻地单位、社会组织、各部门；“3”是指3种模式，即规范、融合、开放的模式；“N”是指广泛开展社会治理、文化养老、关爱活动、结对帮扶等N个服务项目。

通过践行“延伸、融合、畅通”的服务理念，为老年教育工作和广大老年大学学员提供帮助和服务。总体来说，要重点抓好“事务共商、活动共办、资源共享、品牌共创”四大方面。“事务共商”即推行联席会制度，通报和交流各所老年大学的工作情况，协调成员单位之间的关系。联席会每学期开学、期末各召开一次，通报上一阶段的工作情况，共同研究下一阶段的工作计划，协商解决收集的问题和需求。“活动共办”即整合老年大学、街道社区以及各方社会资源，丰富活动内容，创新活动形式。围绕社区治理、文体活动、志愿服务等内容定期开展共办活动，为老同志、老学员、老党员、志愿者提供可广泛参与的活动平台。“资源共享”即充分挖掘社区、驻地单位、社会组织、各部门的有效资源，加强与老年教育工作的有机结合，在场地、师资、队伍等办学资源上实现共享。“品牌共创”即发挥好老年大学政治引领、文化养老、助推社会治理等功能，提升老年大学的办学水平。同时，鼓励各所老年大学吸收借鉴先进的老年教育理念和管理模式，结合辖区特点，创建自己的老年教育品牌。

充分调动资源，深挖驻区资源，本着“优势互补、互联互通、共建共享”的工作思路，与驻地单位济南市青少年宫五一分宫合作，共建教学与实践基地，建立天桥区共享式老年大学五一分校。一是师资共享，推选优秀骨干教师到对方学校任教，不断丰富老年大学教师资源库；二是场地共用，整合场地资源开展各类教学文体活动，提高场地使用效率；三是活动共办，联合开展纪念建党100周年大型活动，其中包括红色宣讲、文艺演出等。资源共享，互惠互赢，让老年大学在课程建设、内涵发展、办学层次等方面迈上新的台阶，为广大老同志有作为、有进步、有快乐的晚年生活再添新色彩。

三、搭建平台，凝聚老年教育工作力量

社区是服务老年人的基层组织之一，将老年教育工作与社区工作有机结合，二者互融互通，有助于发挥社区的独特资源优势，更好地为老年人提供老年教育服务。

天桥区目前有10所社区老年大学，按照济南老年人大学“双嵌入”工作新模式，社区把老年大学建在了党群服务中心、新时代文明实践站、初心学堂等地，实现老年大学与社区阵地资源的融合共享。同时，要进一步深化融合。一是规范组织建设，在社区探

索老年大学功能型党支部建设的新路子，坚持“有利于教育管理、有利于发挥作用、有利于参加活动”的原则，建支部、强阵地、促发展。二是参与志愿服务，建立“枫叶大篷车”志愿服务队伍，引导学员在发挥特长、量力而行的原则下，积极参与社区活动。目前，天桥区老年大学学员参与志愿服务的热情高涨，特别是离退休干部、老党员发挥了良好的模范带头作用，使其成为本区老年大学的一大特色。三是由老年大学骨干学员担任社区网格长，参与社区工作，夯实社区社会治理工作。结合社区志愿者“积分换服务”模式，网格长、志愿者可以通过服务积分兑换老年大学的优先报名权和特色课程学习权，让社区治理工作与老年大学学习相互服务、相互促进。

四、双向互动，创建老年教育工作品牌

借势借力，发挥品牌优势，助力老年教育高质量、品牌化发展。天桥区“枫叶大篷车”志愿团是以离退休干部、党员为骨干的志愿服务组织。自成立以来，志愿团坚持“服务群众、融入社区、奉献社会”的服务理念，发挥老同志的优势特点，将志愿服务延伸至传播党的声音、创建文明城市、帮扶困难群体、关爱教育青少年等社会治理各个方面。志愿团为老同志发挥余热、继续为党的事业和社会贡献力量提供了平台。老年大学学员一入学就可以加入“枫叶大篷车”志愿团，参加各类志愿服务活动。同时，这也为志愿团注入了新的活力。老年大学学员不仅是学生，还同时具备多重身份——穿上马甲就是志愿者、带上袖章就是监督员、走进社区就是助力员。老年大学也因此被赋予了更多的意义，在这里，老同志、老党员不仅能增长知识、结交朋友，还能发挥带动引领的作用，展现老有所为、老当益壮的精神风貌，激发参与社会治理工作的热情。

老年教育工作不能“单打独斗”，而要联合共享、凝聚合力。只有规范办学、融合资源、开放发展，才能为老年大学学员提供老有所学、老有所乐、老有所为的坚实保障。一是在“联”上下功夫。当下，社会对老年教育的问题尤为关注，社会力量参与老年大学建设的力度日益增加，成立老年教育联盟有助于为社会各方办学搭建平台。二是在“共”上做文章。随着老年人的学习热情日益提升，传统的办学模式已经不能完全满足老年人的需求。共享式活动阵地的建设，就是对老年人共有学习、活动阵地的探索，在各类资源上实现共建共享。三是在“融”上见成效。将老年教育工作融入社区党建、志愿服务、网格化治理等工作，建立社区教育和党群活动融合发展的新模式，依靠老年大学凝聚力量，由骨干学员担任网格长参与社区建设，相互服务、相互促进，成为社区治理工作的“助推器”。

（刘婧：济南市天桥区老年大学校长）

坚定政治自信
不断探索党建引领作用

◎ 况桂

摘要：党建工作是新时代赋予老年大学的一项重要政治任务。为将党建工作落到实处，青岛市各区（市）老年大学都进行了认真探索和实践。但是由于发展不平衡，致使一些基层老年大学存在明显不足和短板。通过分析这些问题产生的原因，有助于进一步探索未来在政治思想认识的站位上、在抓好党的组织建设上、在创新组织活动形式上的创新方法和举措。

关键词：党建探索　调查研究　问题分析　创新思考

通过学习党的历史，我们更加深刻地认识到，从新民主主义革命的伟大胜利到治国理政的伟大成就无不彰显着党建工作的重要作用。青岛市老年大学建校 38 年来，特别是党的十八大以来，历届老年大学工作者始终坚守传承红色基因的信念，高举党建引领的大旗，在服务中心工作、服务教学一线、服务老年学员等方面，进行了卓有成效的探索和实践。

一、青岛市老年大学党建工作的基本探索

青岛市老年大学始终把做好党建工作作为老年大学的工作重点，不断完善管理措施、提升服务水平，切实把增强“四个意识”、坚定“四个自信”、做到“两个维护”落实到老年教育的具体工作中，注重发挥广大学员党员的政治优势、经验优势、威望优势，积极弘扬党的光荣传统和优良作风，传播社会主义核心价值观和爱国主义精神，鼓励和引导学员党员继续为党和国家的老龄事业贡献智慧和力量。

（一）强信念，坚持党建工作不动摇

加强党的建设是基层党组织的重要工作。青岛市老年大学党支部是青岛市委、市政府联系广大老年学员的桥梁和纽带，必须发挥其战斗堡垒作用，团结带领广大党员出色完成老年教育工作。在建党 100 周年的重要历史时刻，从党史学习教育中积蓄爱党爱国的正能量，促进党建工作发扬光大。始终坚持把党的建设工作列入重要议事日程，将党性教育融入老年教育工作中。党建是党的政治建设和意识形态建设的重要组成部分，要

提高对党建工作的政治认知，旗帜鲜明地讲政治，毫不动摇地抓好党建工作落实。

（二）建组织，坚持党建工作规范化

根据当前形势的发展需要，在老年大学深入开展党建工作，首先要搭建党建工作的“七梁八柱”。在“非隶属关系党员双重组织生活”的理念指导下，结合本校实际，成立青岛市老年大学学员党委，下辖9个专业系（院）党总支，根据各系（院）党员分布情况，合理设置32个联合党支部和292个班级党员小组；由老年大学校长担任学员党委书记，另聘请一名退休副校长担任学员党委副书记；由学员中选拔的系（院）副主任担任党总支书记，由学员中选聘的班主任担任党支部书记，各班长担任党小组组长；学员党委的日常工作由学员党建办公室具体负责。通过健全组织、合理分工，奠定了党建工作的基础。

（三）促融合，创建党建工作新机制

学员党员是开展老年大学党建工作的重要力量，也是开展关工委工作和志愿服务工作的主要力量。为了开辟党建工作的全新局面，将党建工作、关工委工作和志愿服务工作进行有机融合，青岛市老年大学探索创新了“三位一体”党建工作机制，将先后成立的“青岛市老年大学关心下一代工作委员会”和“青岛市老年大学智泉志愿服务总队”纳入党建工作统一领导，同时部署、整体推进。由老年大学学员党委书记、副书记分别兼任关工委主任、副主任和志愿服务总队的总队长、副总队长；学员党建办的主任、副主任分别兼任关工委办公室主任、副主任和志愿服务总队的秘书长、副秘书长；各系（院）的党总支书记兼任关工委各关爱团团长和志愿服务总队各专业服务队队长。实现一套班子融合推进三项工作，不仅提高了工作效率，还擦亮了“党建带关建、党建带志愿服务”的“三位一体”的工作底色。

二、青岛市基层老年大学党建工作现状

为更确切地了解和掌握青岛市各区（市）老年大学党建工作的开展和落实情况，青岛市老年大学教研处于2021年8月通过问卷调查和表格统计的方式，对全市基层老年大学的党建工作进行了摸底调研。据统计，10个区（市）老年大学的学员总数为35499人，其中，学员党员7098人，党员占比约为20%；已经设立的学员党委4个、学员党总支1个、学员党支部85个、学员党小组380个。

（一）各区（市）老年大学党建工作的基本情况

青岛市10个区（市）老年大学中，已有4区1市的老年大学成立了党组织，其他3区2市的老年大学虽然还在筹建党组织的过程中，但是一直开展着形式多样的党建活动。基层老年大学党建工作主要有以下几个特点：

1. 发挥“三个功能”，做好党性教育宣传工作。一是利用好手机的便捷功能。通过创建微信公众号，定期推送党建知识；利用各种微信群，随时随地推送党建信息；开通

短视频平台账号，经常性地制作有关老年大学和各班级党建活动的短视频，初步实现党性学习教育的常态化。二是发挥好信息化教学的系统功能。制作5分钟左右的党性教育短片并在课前播放，实现党性教育全覆盖。三是发挥好先进党员的示范带动作用。鼓励各所老年大学充分挖掘学员中的老党员、战斗英雄、劳动模范等先进人物，用他们的亲身经历对广大学员进行党性教育。

2. 搭建“三个平台”，抓好党建工作落实。一是搭建文艺演出平台。充分发挥老年大学的文艺会演优势，围绕党建工作主题排练大合唱、舞蹈、朗诵和乐器合奏等文艺节目，让更多的演出者和观看者接受党性教育。二是搭建征集平台。通过书画、手工作品的展示，将中华民族优秀传统文化教学成果融入党建工作中，彰显党建工作的引领作用。三是搭建社会平台。各区（市）老年大学主动承担起服务社会的历史责任，深入驻区企业、社区、学校等单位开展形式多样的文化宣传活动，持续增强基层老年大学的社会影响力。

3. 完善“三级组织”，奠定党建工作基础。各老年大学为搞好党建工作，首先从成立学员党组织着手。一是成立学员党委。作为学员党组织的最高机构，成立学员党委一般都是首选；相比于成立党总支，成立学员党委的效果要更好一些。二是成立学员党支部。这是学员党组织的重要组织形式，由于各校的实际情况不同，有的成立系（院）党支部，有的成立班级联合党支部。三是成立学员党小组。由于党员人数较少，大多选择以班级为单位成立党小组，便于灵活开展各项活动，这一做法在实际工作中也取得了较好效果。

（二）存在的主要问题

一是党的组织建设薄弱。这主要表现在老年大学党组织对设立学员党组织有较多顾虑，因所在区（市）的主管部门不愿揽责而难以拍板决定。

二是党员党性意识薄弱。部分学员党员认为退休后到老年大学主要是学习文化和技艺，对党性教育缺乏热情，对党建工作和政治学习不感兴趣甚至有抵触情绪。

三是党建工作开展环节薄弱。主要表现在党建工作内容对党员缺乏吸引力；党建工作与日常教学工作节奏不匹配，对党建工作者缺乏推动力；由于党员流动性较大，学员党组织对党员底数掌握不清，影响了开展党建工作的决断力。

（三）问题原因分析

一是主要领导重视程度不够。在老年大学开展党建工作是一项重要的政治决策，如果老年大学党组织的主要负责人在认识上不到位，就会出现工作不到位和责任不到位的问题。

二是新冠肺炎疫情影响了党建工作的进度。近两年，突如其来的疫情不但打乱了正常的教学节奏，也影响了党建工作的规范开展，淡化了推进党建工作的热情。

三是缺少熟悉理论和实践工作的人才。在老年大学开展党建工作是一项全新的工作，从教职工到学员党员，都在一定程度上存在着经验和能力不足的问题，从而在实际工作推进中碰到很多困难，最终导致党建工作滞后。

三、关于未来加强老年大学党建工作的思考

随着党的政治建设工作逐步深入，对各级老年大学党建工作的全面开展提出了更高要求。各区（市）老年大学受成立时间短等因素的影响，也面临着全面发展和深入发展不足的问题。

（一）提高政治站位，把党建工作列入教学规划

提高政治站位，就是要具备维护党的领导、坚定中国特色社会主义道路的强烈意识；就是要具备从全局的高度和角度观察事物和思考问题的能力，进而更好地推进党的建设工作。

1. 认识到位。伟大的中国共产党经过百年理论探索和执政实践，已经坚定了道路自信、理论自信、制度自信、文化自信，这是中国特色社会主义建设的根基和本质；党的建设的全部理论和实践主题，就是发扬党和人民历尽千辛万苦、付出巨大代价所取得的伟大的历史精神。各级老年大学要树立强烈的政治信念和党建工作自信，旗帜鲜明地把党建工作理论学习好、宣传好、落实好。

2. 力量到位。毛泽东同志早在党的六届六中全会上就指出："政治路线确定之后，干部就是决定的因素。"因此，我们要选调精通党建理论的高端人才和熟悉基层党建工作的干部到老年大学党建工作的岗位上来，继而通过持续不断地学习研究、培训提高和实践带动，逐步扩大党建工作队伍，增强党建工作力量，进一步提升党建工作水平。

3. 落实到位。习近平总书记指出："空谈误国，实干兴邦。""如果不沉下心来抓落实，再好的目标，再好的蓝图，也只是镜中花、水中月。"我们要抓好新时代老年大学的党建工作，就要有开展党建工作的目标规划，要经常分析研究党建工作，及时采取切实有效的措施，把党建工作科学地嵌入老年教育教学过程当中并抓好落实。

（二）健全党的组织，把党建工作深入一线前沿

党的各级组织是开展党建工作的前提和基础，党的组织建设也具有严格的制度要求，但在当前条件下的组织建设肯定还会碰到一些困难和制约。因此，仍要进一步加强老年大学的党组织建设，并要进行认真探索和大胆创新。

1. "指导自治"模式。所谓"指导"，是指老年大学现有党组织的政治领导和组织工作指导；所谓"自治"，就是老年大学学员党组织的自我管理。二者主次分明，目标一致。

2. "非隶双重"模式。这一模式是指在"非隶属关系的双重组织生活"理念指导下的实践模式。老年大学的学员党员，其组织关系和组织生活一般在现居住社区或原工作单位，老年大学对他们不具有组织领导关系，但他们的组织生活却因老年大学的学习活动而再次实现，这也符合党性教育的基本要求。

3.“制度精简”模式。各所老年大学学员党组织的职责有所不同，对规范党组织的各级组织会议的频率和议程标准的要求也不同。因此，对于实际工作中的程序和标准可作适当精简，以此增强党建工作的实效性。

综上所述，老年大学要努力将学员党委（总支）、党支部、党小组建立起来，将各级党组织负责人选拔出来，将党组织和负责人的职责明确起来，将各项制度制定出来，将党员活动园地开发出来，形成浓厚的党建工作氛围，为有效开展党建工作奠定基础。

（三）创新活动形式，让党建工作更加深入人心

推进老年大学的党建工作，说到底还是一个在新形势下联系实际、与时俱进和改进方法的创新过程。要努力让老年大学学员在学习过程中提高政治修养，培养理直气壮讲党性的政治底气，在思想上、政治上、行动上时刻同党中央保持高度一致，积极为党和人民的事业增添正能量。

1. 树立身边榜样。一是要善于发现有特长的骨干学员党员，通过考察、谈话等方式将其选定为班组负责人，为其主动担责创造条件；二是要善于培养先进学员党员，以党组织的名义提出学习希望，鼓励其发挥先进模范作用；三是要善于宣传先进支部班组，增强团结好学的氛围，以期带动更多的学员树立新风，做风范长者。

2. 搭建展示平台。一是开展“红色作品”展示活动。利用课前课后的时间，结合学员的课程进展，选择具有政治意义的题材，进行作品的创作和品读。二是开展“红色节日”庆祝活动。进一步强化“不忘初心、牢记使命、砥砺前行”的历史觉悟。三是开展“红色人物”慰问活动。对劳动模范、老党员、老革命、高寿老人等群体要及时慰问。

3. 建设活动基地。在现有条件下，进一步丰富与“红色单位”的党建共建，建设更高水平的党性游学和党建教学基地，让老年大学学员接受党性锤炼，进一步抓好党建工作。

我们要对青岛市老年大学已经走过的 38 年历史征程倍加珍惜，在新的历史起点上，努力探索出积极应对老龄社会中老年教育的真理和规律，为新时代老年教育事业做出更大的贡献。

（况桂：青岛市老年大学教研处返聘人员）

【参考文献】

［1］陆剑杰：《老年教育学》，河海大学出版社，2018。

［2］吕德义：《2019 山东老年教育优秀论文集》，山东美术出版社，2020。

浅析老年大学如何开展党史学习教育

◎ 赵坤　梁龙艳

摘要：在全党开展党史学习教育，是党中央立足党的百年历史新起点、统筹中华民族伟大复兴战略全局、为动员全国人民满怀信心地投身全面建设社会主义现代化国家而做出的重大决策。老年大学开展党史学习教育，要充分认识其重要意义，要积极探索学习模式、研究学习策略，扎实推进党史学习教育走心、走深、走实，力争提高老年大学党史学习教育实效。

关键词：老年大学　党史　学习教育

习近平总书记在党史学习教育动员大会上指出："党的百年历史，也是我们党不断保持党的先进性和纯洁性，不断防范被瓦解、被腐化的危险的历史。"在建党100周年之际，全党开展党史学习教育意义重大。开展党史学习教育，要从建党百年的历程中把握党史学习教育的开展路径，从党史教育的逻辑和发展中把握本次党史学习教育的趋势，将二者有机结合，在建党100周年之际顺利完成党史学习教育的老年大学答卷。

一、在老年大学中开展党史学习教育的意义

我国的老年教育是在20世纪80年代发展起来的，建设老年大学是我国开展老年教育的主要方式。作为一种特殊的成人教育，老年教育是终身教育的最后阶段，深受广大老年人的欢迎。老年大学作为老年教育的主阵地，开展党史学习教育既是一项重大政治任务，也是学校各级党组织的重大政治责任，必须紧紧围绕"学党史、悟思想、办实事、开新局"这条主线，深刻把握"学史明理、学史增信、学史崇德、学史力行"的学习要求，积极开展党史学习教育研究，探索学习模式、研究学习策略，扎实推进党史学习教育走心、走深、走实，力争提高老年大学的党史学习教育实效。

二、其他地区老年大学开展党史学习教育的做法

（一）广泛动员"学起来"。在党史学习教育中，部分老年大学采取党员自学、现场教学相结合的方式，通过线上提供《中国共产党简史》有声书等学习资源、线下分发《中国共产党简史》等纸质学习材料，为老同志开展党史学习教育提供帮助。在推进自学的基础上，组织老同志集体收看中组部老干部局《从中国共产党百年历史中汲取继续前进的智慧和力量》专题报告、党史学习教育中央宣讲团首场报告会视频以及北京市教委举

办的《中国共产党为什么能》主题报告，开展以“我看建党百年新成就”为主题的调查研究和“党史知识竞赛活动月”“红色电影展映月”等活动。部分党支部还组织老同志前往首都博物馆、北京市档案馆参观了《伟大征程——庆祝中国共产党成立100周年特展》《播火——李大钊革命活动档案史料展》等展览。

（二）发挥自身优势“讲起来”。发挥老党员熟悉党史、校史的优势，组织和引导老党员走进师生之中，讲爱党情怀、讲党史故事、讲红色记忆。中国政法大学校党委原副书记何长顺同志为科学研究院老年大学师生讲述了学校合并、改名的历史沿革，帮助师生理解学校与党同呼吸、共发展的历史进程。在离退休第18党支部联合马克思主义学院举办的“学党史、庆百年，我与我党共成长”座谈会上，校党委原副书记马抗美教授分享了新近创作的题为“信仰的力量”的文章，老教授常绍舜就“青年学生如何学习党史”谈了自己的看法。同时，在全体老党员中开展“我的红色记忆——庆祝建党100周年”主题征文活动，广泛征集了老同志对建党百年的感悟、认知和思考的文章60余篇，并结集出版。

（三）积极献艺出力“做起来”。充分调动离退休社团和广大老同志的积极性，开展文艺会演、书画展等活动，为开展党史学习教育营造良好氛围。中国政法大学离退休合唱队排练了《不忘初心》等红色经典歌曲并参加了音棚录制活动，报送作品参加“品经典影音·敬建党百年”2021全国校园电影音乐会演出、学校音乐党课等活动；举办“丹青绘使命　墨色润初心”庆祝建党100周年书画作品征集活动。广大老同志积极参与，已有81年党龄的百岁老人张召南、现居国外的老教授皮继增等都积极递交作品。此次活动共征集书画作品130余幅，作品内容涉及毛泽东诗词、祖国大好河山等。学校组织引导老同志走出校门，积极参与党史学习教育，参加了“红色经典　献礼百年——庆祝中国共产党成立100周年”主题宣传文化活动，并与银龄老年公寓艺术团共同举行了文艺演出；与昌平政法社区联合举办“学党史　庆建党百年”诗歌朗诵会等活动。

（四）开展知识竞赛“动起来”。充分利用“‘老干部之家杯’山东省离退休干部党员庆祝中国共产党成立100周年党史知识竞赛”等活动，发挥离退休干部党支部的引领作用，组织学员参加党史知识竞赛，采取“互帮互学、一对一帮学”等形式，对竞赛过程中遇到的困难进行解决，营造了“以考促学、以考促记、以考敦行”的良好氛围。

（五）丰富活动形式“热起来”。厚植爱党爱国情怀，积极搭建活动平台，通过组织开展红歌比赛、设置“向党说句心里话”微心愿墙、瞻仰参观革命遗址遗迹等形式多样、多姿多彩的主题活动，回顾了党的百年光辉历程，为传承红色基因、厚植爱党爱国情怀丰富了活动形式。

三、枣庄市市中区老年大学开展党史学习教育的基本情况

通过开展专题报告会、搭建线上教学平台、参观红色教育基地、举办和参加文艺会演等多

种形式的学习活动，引导学员在思想上、政治上、行动上向党组织靠拢。

（一）认真组织专题报告会。枣庄市市中区老年大学通过组织专题报告会，聘请党校专家学者前来讲授党课，让全校学员集中聆听党史报告，接受党史学习教育。党校专家学者用一个个感人至深的党史故事，带领大家穿越历史硝烟，重温革命岁月，生动再现了波澜壮阔的党史；用学员听得懂、记得住的话语教育和警醒大家，要时刻不忘历史、缅怀先烈，珍惜当前幸福生活；引导学员听党话、颂党恩、跟党走，让更多的老年学员从红色历史中不断汲取奋进力量，传承革命星火、赓续红色血脉。

（二）用好互联网教学平台。充分运用“山东老干部”App、“学习强国”App以及“山东老干部”“枣庄组工”“枣庄老干部”“市中组工”“枣庄市市中区老干部局”微信公众号等线上学习平台，组织老同志在线上“随手、随时、随地”学党史。同时，为老同志开设了三期“老年人智能手机基础使用课程”，手把手教老同志使用“山东老干部”App、“学习强国”App及微信软件，并组织老干部实际应用App进行党史学习，参与学习共计500余人次。

（三）参观红色教育基地。分批组织老同志到铁道游击队纪念馆、永安镇蔡庄村铁道游击队红色文化展览馆、聂庄村史馆、临沂孟良崮革命基地及红嫂革命纪念馆开展“颂党恩、跟党走、添光彩”党史学习主题活动，通过现场观摩、重温入党誓词，引导老干部深刻感受一脉相承、薪火相传的铁道游击队精神与沂蒙精神，进一步加深对党的艰苦奋斗历程的认识。

（四）开展“送学上门”服务。为全面考虑老年人的学习需求，扩大学习教育成效和覆盖面，对年龄偏大、行动不便的老学员开展“送学上门”服务，帮助更多老年人深刻理解党的发展历程、坚守党的初心和使命，学习无私无畏的革命精神，确保不漏学、不缺课、不掉队。

（五）举办和参加文艺会演。积极开展党史知识竞赛、红色经典诵读、红色歌曲传唱、入党志愿书展示、微心愿展示、“丹青光影映百年”书画摄影作品展、“颂党恩　庆百年　献余热　再奉献”文艺展演并参加第二届国际老年大学线上艺术比赛中国赛区活动、第三届山东省老年大学文艺展演等各类文体活动20余场，让党史学习教育更有温度、更接地气，让党的“好声音”飞入田间地头、进入千家万户。

四、开展党史学习教育过程中存在的主要问题

市中区老年大学时常进行自我反思，及时查找学习党史过程中的不足。其中，就党史论党史的问题较为明显，即在学习党史的过程中，许多学员只能熟记这段历史，并不能从中得到更深的启发，学习的现实感、时代感不强。因此，党史学习教育应该注重与现实、时代相结合，制定更有针对性、更系统的党史学习主题教育课程。

五、如何进一步开展老年大学党史学习教育

（一）营造氛围“课堂学”。课堂教学是老年大学党史学习教育的主渠道，也是党史学习教育的重要模式。教师在讲课过程中，要结合党史知识等有关教学内容，有针对性地进行讲解，潜移默化、循序渐进地强化党史学习教育。教学中，可利用分组学习的方式，开展讨论、参观、实践活动，活跃课堂气氛、丰富教学形式，提高课堂教学效果。

（二）钻研党史“自主学”。老年大学要组织对党史有一定研究的学员来开展党史学习研究，为他们提供学习资料、开创学习空间，让他们实现自主学习，主动积极研究、探索地方党史，撰写地方党史故事，为开展红色文化传承教育提供素材。

（三）用好阅览室“深入学”。老年大学要积极开放阅览室，添置党史学习教育书籍，鼓励学员多进阅览室，多找党史资料学习，开展深入学习，弥补课堂学习不足，不断提高党史学习教育实效。

（四）优化云上平台“开放学”。“云上课堂”是线上教学平台。新冠肺炎疫情期间，为抗击疫情，保证学员安全，推动党史学习教育持续进行，在枣庄市市中区老干部局公众平台开设“云”课堂专栏，实施开放式党史学习。通过线上线下结合，让党员和老干部在重温历史中更好地传承红色基因、坚守初心使命，让党史学习教育变得更加生动，让学员随时随地、足不出户就能接受党史学习教育。

（五）利用QQ、微信“相互学”。老年大学可开设党史学习教育的微信群和QQ群，每天推送党史学习资料。学员加入微信群和QQ群后，每天可收到新的学习资料，提高学习成效；也可让学员互相加微信，相互交流个人的学习体会，促进党史学习教育走深走实。

（六）党史大屏“天天学”。老年大学要利用学校宣传屏，每天定时播放党史知识，宣传党史学习教育内容；播放红色歌曲，传唱红色歌曲，使学员在红色歌曲中陶冶情操，在听、讲党史中接受教育，提高认识。

六、结语

在建党100周年之际开展党史学习教育，需要坚持大众的、科学的、系统的学习方式，开展常态化而非运动式的教育。运用马克思主义基本原理分析党的发展史，利用综合性的学习方式，放大学习教育的时间和空间，随时随地进行学习。此外，以制度化的方式进行学习教育，保证了学习教育常态化开展，为学习教育贯穿始终提供了有力保障。在老年大学开展党史学习教育，不但能够增强老年人对党百年奋斗史的认同，而且能够陶冶情操，促进人格升华，为再做贡献提供条件。

（赵坤：枣庄市市中区委组织部，老干部服务中心副主任／
梁龙艳：枣庄市市中区委组织部，老干部服务中心副主任）

基层老年大学党建工作的实践与思考

◎ 王清林

摘要：笔者从基层老年大学党建工作出发，分析了老年大学党建工作现状和在思想政治层面存在的主要问题，提出了加强老年大学党建工作的意见和建议。

关键词：基层老年大学　党建工作　实践与思考

在中国，以老年大学为标志的老年教育是随着干部离退休制度的建立而发展起来的，"讲党性""讲政治"自然成为老年大学区别于其他老龄组织的显著标志。20 世纪 90 年代起，全国老年大学放宽了招生条件，由以服务离退休干部为主转变为面向全社会开放，普惠至社会各个阶层。企事业单位退休职工、城市社区老年居民得以进入学员队伍，老年大学迎来又一轮发展的黄金期。随着社会关注度越来越高、开放度越来越高、发展速度越来越迅猛，老年大学形成了全方位、多层次、开放式的办学体系，成为各地老年人学习先进文化、传播正能量的大舞台。

东营市垦利区老年大学创建于 2000 年 5 月，最初仅设书画、舞蹈两个专业，学员不足百人。2013 年，老年大学新校建设列入全区为民办实事工程，新校于 2014 年 10 月正式投入使用，占地面积 70 余亩，建筑面积 10700 平方米，硬件和软件设施实现了质的飞跃。目前，已形成"校本部带动一所分校、一个艺术团、三个教学点"的办学格局，共设 22 个专业、38 个教学班，在校学员 2116 名。

一、垦利区老年大学学员构成分析

（一）身份结构

调查统计显示：女性学员数量高于男性；具有党员身份的学员接近学员总数的三分之一，远高于其他老龄机构；机关和企事业单位的退休、内退人员仍然是学员主体。

分类	细目	统计数	百分比
性别	男	751	35.5%
	女	1365	64.5%
政治面貌	党员	652	30.8%
	群众	1464	69.2%

续表

分类	细目	统计数	百分比
身份	离退休	1178	55.7%
	内退	161	7.6%
	城区居民	777	36.7%

（二）年龄结构

学员仍然以 50—69 周岁年龄段为主体；低龄和高龄学员逐步增多。

分类	年龄	统计数	百分比
年龄段	50 以下	279	13.2%
	50 — 59	751	35.5%
	60 — 69	671	31.7%
	70 — 79	379	17.9%
	80 以上	36	1.7%

（三）学历结构

学员学历以初中、高中（中专）为主；具有大专及以上学历的学员逐年增多。

分类	细目	统计数	百分比
文化程度	小学及以下	127	6.0%
	初中	650	30.7%
	高中 / 中专	755	35.7%
	大专	398	18.8%
	大专以上	186	8.8%

根据统计数据分析，随着老年大学由只服务于离退休干部转变为普惠制老年教育机构，学员构成也随之发生变化。离退休干部、党员仍然是中坚力量，低龄入学和高学历化趋势比较明显。

二、老年大学党建工作在思想政治层面存在的主要问题

机关和企事业单位工作人员从工作岗位上退下来之后，社会角色变了，各种社会活动少了，因而会产生一系列心理反应。这种心理反应因每个人的文化程度、性格、环境、生活方式等而不同，外在的反应也千差万别。很多老同志会产生政治上的淡漠心理和自我要求上的惰性心理，认为自己一把年纪、经历丰富，不需要再接受知识教育，也不愿

再参加党建活动；有的老同志随着生理机能的衰退，参加党的组织生活的次数减少，思想上容易受各种负面信息影响，继而产生信仰上的动摇，看什么都不顺眼，把各种不良情绪带到老年大学。

在社会层面，对老年大学的党建工作也普遍存在着认识不到位的现象。一些人认为，加强党的基层组织建设是组织部门该管的事，而老年大学只需办好老年教育、满足老年人的学习需求即可；一些人对开展党建工作存在着不理解或应付的心态，认为老年大学开展党建活动必然会分散办学资源及精力；一些老年人对开展思想政治教育及党建工作普遍不感兴趣，认为老年教育是“休闲教育”，只要学得开心就好；有些人甚至认为学员年龄大了，没有必要接受思想政治教育，更没有必要参加老年大学的基层党组织活动。

三、加强老年大学党建工作的意义和思考

党和国家对老年大学的党建工作一直十分重视。早在2006年，《关于进一步加强和改进离退休干部党支部建设工作的意见》（中组发〔2006〕12号文件）就把老年大学列为离退休干部党支部建设的三个阵地之一。新时代老年大学更要承担起总结经验、研究规律、开拓创新的历史责任。尤其要抓住和利用好这个平台，做好“党的建设”这篇文章，教育老党员退休不褪色、离岗不离党，牢记初心使命、永葆政治本色。

在老年大学学员中，老干部的比例高、党员的比例高，因此老年大学是组织、团结、凝聚老同志的有效载体，是宣传、贯彻党的路线、方针、政策的重要窗口。加强老年大学党建，对实现老同志同心同德听党话、步调一致跟党走有着重要意义。通过老党员带动广大学员参加社会活动、接受党组织教育，对于积极应对人口老龄化、繁荣文化养老事业、促进社会和谐稳定具有非常重要的现实意义和长远意义。

（一）坚持政治立校，规范组织设置

长期以来，老年大学的功能定位仅限于老干部文化知识的学习教育，实行的是松散型管理。因此，要加强老年大学的党建工作必须从规范党组织设置出发，通过合理的设置模式、到位的覆盖范围、科学的管理机制，在老年大学学员党员中逐渐形成坚强的领导核心，从而充分发挥党组织的引领、凝聚作用和联系、纽带作用。2017年4月，经垦利区离退休干部党工委批准，垦利区老年大学成立了特色党支部，并根据班级和专业的不同，划分了13个党小组。建立完善了支部成员分工负责党小组、党小组长管理服务党员、党员服务学员的工作体系，使学员党员的思想政治工作与老年大学的教学管理工作得以紧密结合，提高了支部的活力和吸引力。2019年以来，学校积极探索党小组长和班长“一人兼”的办法，让党小组长全面担负起班级管理工作，避免了支委会和班委会“两张皮”的现象，提高了管理效率。对学员党员来说，他们在党组织中找到了归属感，提高了责任感，从而自觉地为其他学员做好表率，带动了全校学员守纪律、讲规矩，使课堂纪律和学校

秩序有了较大改观。同时，党组织的凝聚力也得到进一步增强，先后有5名老同志向党支部递交了入党申请书。

（二）筑牢党建载体，搭建活动平台

把发挥好每一名老党员的自身作用、为党的事业提供正能量作为工作的主要内容。搭建多样化的活动平台，提高党员参加组织生活的兴趣，增强党组织的凝聚力和战斗力。根据老年大学党员的特点，着力在以下三方面的平台建设上下功夫。一是搭建先进文化传播平台。结合老年大学“第三课堂”，联合区书法协会、传统文化协会、楹联协会等社会组织，通过“文艺下乡”“传统文化进基层”等形式，组织学员党员利用自身特长为群众服务，体现自身价值。二是搭建社区共建平台。继续加强与永兴社区的合作，依托垦利区黄河广场，开展系列文化娱乐活动，以群众喜闻乐见的形式传播党的声音，弘扬正能量。三是搭建关心关爱平台。加强与垦利职业中专、垦利三小、垦利黄蓝公益事业发展中心的合作，以“大手拉小手，文明向前走”为主题，通过开展假日“润禾”公益课堂、结对助学、辅导讲课等形式，向青少年述说革命故事、讲解革命传统、传播红色能量。

（三）加强骨干培养，凝聚团队力量

虽然老年大学党员基数比较大，但是政治觉悟高、工作能力强、热心老年教育和公益事业、身体健康状况良好的党员相对较少。由于兴趣不同，班级之间党员骨干配置不均衡的问题也比较突出。下一步，需要重点做好以下三个方面工作。

一是配强学校党组织班子。在日常教学管理中，注重发现政治素质较好、能力较强、威信较高的学员党员，通过一定的方式使他们进入班级管理层，并通过一定程序让他们兼任班级党小组负责人。在此基础上，再将较为突出的学员党员选配进学校党组织班子，为党组织建设培养后备力量。二是加大对党建业务的培训。通过引进党校优质课程培训辅导、组织校际党建座谈交流以及与其他党组织结对共建等形式，提升老年大学党组织骨干的业务水平，开阔他们的工作视野，从而实现老年大学党组织骨干的能力提升。三是引入竞争淘汰机制。结合年终党员评议，由全体党员对支部成员、党小组长进行民主评议，把民主评议差的学员党员调整出领导班子，真正把那些政治素质过硬、工作能力突出的学员党员选拔出来，放在领导岗位上。

（四）坚持改革创新，永葆与时俱进

要注重创新意识培养，根据时代和形势发展，结合实践和工作需要，组织学校党组织负责人学习党建理论和党建新思路、新做法，引导他们进一步解放思想，研究新情况、解决新问题，以创新精神开展党组织活动。

1. 实施新“三会一课”制度。针对学员党员年龄普遍偏大、部分党员行动不便的实际情况，我校依照党章有关规定，把“三会一课”的基本组织生活制度与学校教务教学会议制度有机结合在一起，研究出台了新“三会一课”制度，即政治理论学习会、党务教务协商会、党员献计献策会和学校优质创新课。政治理论学习会，就是把党小组会、党员大会和党课的思想政治教育合并进行，用正确的政治导向凝聚人心；党务教务协商会，就是结合支部委员会召开，与教务领导班子共同协商解决工作中遇到的问题；党员献计献策会，就是与支部大会相结合，党员带领学员通过“我为垦利献一策”活动，为地方经济社会发展献策出力；学校优质创新课，就是通过邀请专家讲课、观看电教片、现场观摩等形式，提升党务、教务工作的活力。新“三会一课”制度的执行，充分照顾了老同志的身体状况，提高了学校党务、教务工作效率，真正起到了良好效果。

2. 唱响红色主旋律。把红色文化引入校园，使学员在系列活动中受到潜移默化的熏陶、感染和教育。一是传播“红色之声”。安装校园广播系统，每天课前播放红歌，让红歌名曲唱响校园、唱响课堂。二是打造“红色之景”。打造党建主题校园，在校园内建设党建主体雕塑，通过党建宣传栏宣传学校基层组织建设中涌现出来的优秀党员、优秀党务工作者、优秀党小组长，在党员中凝聚学习先进、争当先进的正能量。三是塑造“红色之魂”。大力推行党小组长和班长“一人兼”的管理办法。每学期都由党小组长在所在班级讲两堂党课，并在课前十分钟进行“微党课”宣讲，同时，定期举行党建主题班会、红歌比赛等活动，让红色文化入脑入心。

3. 弘扬时代正能量。充分发挥学员党员的政治优势、经验优势，为他们继续发挥余热创造条件。一是推进“老青结对”活动。老年大学与所在社区联合实施“6020 工程”，“60”喻指老同志，“20”喻指青年一代，意为“以老带青、以青颐老，老青携手共成长”。通过开展活动，一方面引导老同志发挥自身独特的优势和作用，在教育引导青年们树立正确的人生观和价值观方面积极发挥正能量，更好体现老同志老有所为的人生价值；另一方面，青年们从结对中感受到了老同志高尚的革命情操、对祖国的热爱、对党和人民的忠诚以及艰苦奋斗的作风，不断激励他们奋发学习、立志成才。二是组建党建共同体。2020 年 9 月，老年大学党支部与政协办公室、检察院、政法委、司法局、统战部等区直部门单位组建离退休干部党建共同体，建立《离退休干部党建联席会议制度》，共建双方定期召开会议，研究部署离退休干部工作。该措施的实施，密切了老党员与各管理单位党组织之间的沟通联系，为老党员发挥作用搭建了良好平台。三是开展志愿服务活动。学校成立了“劲松”老年大学志愿者服务队，鼓励学员走进社区，在关心下一代、社区治理等方面发挥应有的作用。通过活动的实施，充分发挥了老年人的独特优势，为社会释放了更多正能量，弘扬了“奉献、友爱、互助、进步”的志愿服务精神，老年志愿服务活动成为学校的又一张闪亮名片。

（王清林：东营市垦利区老年大学校长）

党建工作推动新时代老年教育高质量发展实践与研究

◎ 刘军鹏

摘要：随着改革开放和社会主义现代化事业的发展，各级老年大学经过 30 多年的办学实践，逐步经历了创建创立、开拓奋进、规范发展、转型创新等各个阶段。党建工作在老年大学发展的各个阶段，自始至终发挥着非常重要的作用。各级老年大学作为党委领导的办学机构，坚持党建引领办学，提升了教学管理水平，推动新时代老年大学实现高质量发展。

关键词：党建　办学质量　教学管理　高质量发展

一、党建工作对于推动新时代老年教育高质量发展具有思想引领作用

当前，山东省内各级组织部门和老干部局是管理老年大学的主体，老年大学在诞生之初就自带政治基因、党性基因、红色基因。老年大学“姓党”，这是中国特色社会主义老年大学最鲜明的特征，也是必须坚持的办学方向。党建工作为办好老年大学指明了道路和方向，对于提升老年大学的办学水平起着重要的思想引领作用。

老年大学作为离退休干部和老年人聚集之地，要宣传好党的路线、方针和政策，组织学员发挥正能量。老年大学不仅仅是老年人陶冶情操、老有所学的场所，更要成为老年人的精神家园和思想政治教育主阵地。

二、党建工作对于推动新时代老年教育高质量发展发挥着重要保障作用

近年来，各级老年大学经过不断探索前行，办学规模得到发展壮大，社会影响力也越来越大。党的领导是中国特色社会主义最本质的特征，老年教育的发展离不开党委和政府的支持，更离不开党建工作的思想保障和组织保障。

（一）党建工作发挥着思想保障作用。党支部是党组织的基本单位，班级是老年大学的基本组成单位。在班级加强党建工作，探索“支部建在班上”的党建模式，使党组织有了“根”、学员党员有了“家”、老年大学有了“魂”，对于提高办学质量和提升教学管理水平具有思想保障作用。

支部建在班上，党组织就有了“根”。老年大学作为老年人的聚集之地，集中了大

批退休干部，其中党员干部占大多数。如何发挥老年大学“文化养老”主阵地作用，凝聚起广大老党员，并对其进行有效管理，是一个亟须解决的问题。因此，要在老年大学建立党支部，进一步延伸党的组织网络，进一步扩大党组织的覆盖面。

支部建在班上，学员党员就有了“家”。随着经济社会的快速发展，一大批党性强的老同志进入老年大学。他们在参加学习活动的同时，迫切需要党组织的关怀。“组织随着党员走，支部建在班级上”，通过定期组织开展主题党日活动，集体过“政治生日”，让每名党员感受到“家”的温暖。

支部建在班上，老年大学就有了“魂”。俗话说：“火车跑得快，全靠车头带。”注重发挥学员党员的各方面优势，在班级成立党支部，选出政治素质高、工作能力强、奉献意识强、学员威信高的同志担任班级支部书记，赋予其管理职能，实现学员的自我管理、自我服务。老年大学每个班级都有先进党员在发挥着模范带头作用。通过红色精神的引领，形成了良好的学风、班风、校风，使老年大学有了“魂”，成为广大老年学员的精神家园。

（二）党建工作发挥着组织保障作用。从全国层面来看，老年大学党建工作正在全面展开，呈现出良好的发展态势；从全省层面来看，各级老年大学坚持以组织部门、老干部工作部门牵头抓总，把“政治立校”放在首要位置，按照“哪里有党员，哪里就有党组织，哪里就有党员活动”的要求，健全各级老年大学党组织，充分发挥党支部的战斗堡垒作用，增强了凝聚力和组织力。在全国范围内，潍坊市是率先建立市委离退休干部党工委的地区，离退休干部党建工作走在了全国前列。潍坊市老年大学紧扣时代脉搏，于 2016 年 6 月探索老年大学党建新模式，并探索出“校建党委、系建总支、班建支部”的组织架构，解决了班级党支部怎么建和如何运行的问题。

班级党支部怎么建？建立班级党支部，发挥其组织、教育、管理、协调作用，必须坚持“有利于加强领导、有利于开展活动、有利于服务日常教学管理”的原则。一是一校一党委。经当地离退休干部党工委批准，可根据学校的实际党员人数，成立市老年大学学员党委，各系和分校可成立党总支。由老年大学党委或党总支负责对老年大学班级党支部和社团党支部进行集中统一领导，形成架构完善、管理科学的党建工作组织体系，让党的工作覆盖和引领老年大学工作。二是一班一支部。在党员人数超过 3 人的班级单独建立党支部；不足 3 人的，由同专业两个以上班级联合建立党支部；党员人数较为分散的，跨系、跨专业建立党支部。党员的党组织关系、党费收缴等仍由原单位负责，老年大学具体负责组织学习及开展活动，使他们在接受原单位服务管理的基础上，过上双重组织生活。三是支部书记、班长“一人兼”。在班级党支部中推举党支部书记，原则上实行党支部书记和班长“一人兼”，充分发挥党员的模范带头作用。

班级党支部如何运行？针对学员党员教育存在内容、形式单一等问题，定期开展形式多样的党组织活动，充分调动老党员的积极性，并探索出了党组织活动的“红色套餐”。一是“规定用餐”。严格落实“三会一课”等制度，统一印制支部生活记录本，并将每次活动记录在册；定期组织学习上级有关重要文件精神，定期开展优秀学员、优秀班级、优秀党支部书记的评比、表扬活动，调动学员党员的积极性。二是“自助用餐”。通过组织为老党员集体过“政治生日”等活动，使老党员真正地感受到党组织的关怀和温暖；以支部为单位开展经常性教育活动，定期组织学员党员到红色教育基地接受革命传统教育。三是“课间营养餐”。利用“开学第一课”“课前十分钟”，开设公共理论课、微党史课等形式多样的学习活动，增强政治理论学习的吸引力。

如何提升组织力？围绕服务教学管理，积极发挥党支部战斗堡垒作用，坚持从政策、保障、制度、督导等方面下功夫，提升老年大学党组织的组织力。一是政策上“硬”。争取各级党委、政府的支持，将班级党支部的工作经费和支部书记的工作补助纳入财政预算，为党建工作的开展提供资金支持。二是保障上“实”。运用错时、共享等方式，为党支部配备必要的学习和活动场所，建立党员活动室，全面保障党支部的日常学习活动需求。三是制度上“严”。健全“三会一课”制度，规范党支部活动，增强党支部的凝聚力和战斗力。四是督导上“准”。建立督促检查常态化机制，加大对党支部工作的日常督查；开展党支部星级评选活动，督促各支部规范化、标准化运行。

三、党建工作推动新时代老年教育高质量发展成效显著

近几年的实践证明，党建工作在提高办学质量和教学管理水平上发挥了巨大作用，不仅增添了教学动力，还增强了老年大学组织力，实现党务、教务的双赢双促进，有力促进了老年教育的高质量发展。

（一）老年大学在党建工作的指导和保障下，办学质量大大提高。各地老年大学牢固树立“姓党、为老”的办学宗旨，选优配强领导班子、突出大学党办，坚强的领导班子成为老年大学高质量发展的坚实后盾。

随着老龄化问题日益加重，许多地方老年大学出现了“一座难求”的问题。如何破解难题，满足老年人日益增长的学习活动需求？这就需要进一步扩大老年教育的覆盖面，以党建引领为依托，充分发挥党组织的强大凝聚力，形成多级联动的发展格局，从而推进老年大学的一体化发展。以潍坊市为例，通过党建引领，按照“重在提质——市校覆盖城区、引领全市；重在扩量——县校覆盖县城、一校多区，镇街、社区（村）校把学校建到老年人家门口”的总体发展思路，成立了潍坊市老年大学教育联盟，推进全市办学一体化，形成了以“市校为龙头、县校为主体、镇街校为基础、村居校为延伸、家庭校为拓展”的五级办学网络。为适应新时代老年大学教育发展的新要求，形成“上下联动、齐抓共管”的工作格局，潍坊市老年大学发挥龙头示范带动作用，坚持党建引领，重点

组织实施了“塑形铸魂赋能”工程，推动全市老年大学教育内涵式、高品质的发展。

（二）发挥支部书记（班长）作用，学员正能量得到充分激发。要办好老年大学，班级管理是关键。选好党支部书记、班长则是做好班级管理的关键，要尽量做到支部书记和班长“一人兼”。

支部书记（班长）是老年大学管理队伍的主力军和“多面手”，对于加强老年大学的规范化管理发挥着举足轻重的作用。一方面，支部书记（班长）是“领头雁”。支部书记（班长）处处以身作则、时刻率先垂范，有利于促成良好的班风、学风、校风。另一方面，支部书记（班长）是“大队长”。支部书记（班长）利用学员的专业优势，根据其专业特长组建不同类型的志愿服务队，自身充当志愿服务队长，带头开展一系列志愿服务活动，可以向社会传递正能量。再一方面，支部书记（班长）是“联络员”。老年大学的支部书记（班长）是学员、老师、系主任、校领导之间的桥梁，这是保障上下畅通的关键。一是做好“上情下达”。应及时把学校、各系布置的工作任务以及相关要求传达给每一位学员，并督促落实。二是做好“下情上报”。支部书记（班长）要与学员一起学习，确保全面、细致、深入地了解学员的意见、建议和要求，注意观察和发现问题，及时向系主任或学校汇报，并帮助解决问题。三是做好师生沟通。对于学员对老师的意见建议、老师对学员的学习要求，支部书记（班长）要及时转达，既当好老师的“教学助理”，又当好学员的“发言人”。学校应及时听取班长们的意见建议，最大限度地满足老年人的学习需求。

（三）注重教师党性教育，教学质量得到明显提升。抓好党建工作对于提升教学质量至关重要，打造一支政治觉悟高、工作作风硬、热爱老年教育事业的专业教师队伍，是提升教学质量的关键。一是讲政治。把一批党性强、高学历、高水平的教师充实到教师队伍中来，在教师聘用上优先考虑党员，确保教师队伍的思想政治坚定、工作作风扎实。二是重培训。定期开展老年大学教师培训班，加强对教师的政治理论培训和业务培训。三是出精品。以建设精品课程为龙头，努力提高教学质量，由每个系评出精品课程并进行推广，促进任课教师在教学上精益求精。四是树名师。实施名师战略，通过开展教学观摩、组织学员评议等方式，全面考察教师的教学水平，分级分类打造名师队伍、建立名师库、设立名师讲堂，培树老年大学教育高端人才。坚持以党建工作为抓手，培养一批业务精、敢担当、有作为的党员教师队伍，促进师生相互交流、相互沟通、相互学习，实现教学相长与共同发展，提升教学管理水平，带动老年大学教学管理实现新跨越。

不断创新探索老年大学党建工作，推动老年大学教学管理工作实现全面协调、规范发展，形成了党支部凝心聚力、学校教授知识、学员共同参与的老年教育成果转化的新格局，更好地践行了新发展理念，推动新时代老年教育实现高质量发展。

（刘军鹏：潍坊市老年大学教研科科员）

让红色文化成为校园文化建设的主旋律

◎ 闫光顺 王伟 卢振祥

摘要：“红色文化”是社会主义核心价值观的重要体现。昌乐县老年大学以建党百年为契机，利用资源优势，通过校园文化建设，打造红色文化，挖掘乡土文化中的红色基因，开发红色文化产品、开展红色文化活动，注重红色文化的传承，丰富了校园文化的内涵。

关键词：校园文化 红色基因 红色文化 文化传承

党中央高度重视文化建设，在党的十九届五中全会中明确提出了“建成文化强国”的远景目标，强调了“推进社会主义文化强国建设”的战略任务。进入 21 世纪以来，随着社会的发展，不断出现文化交融、观念碰撞的现象，导致很多人缺乏对历史和现实的认知、缺少精神信仰。在校园文化建设中融入红色元素，营造具有浓厚红色人文气息的校园文化，能助力学员树立正确的历史观、思想观、文化观，为建构和谐社会提供强有力的精神支柱。

昌乐县老年大学以建党百年为契机，充分利用学校的地域优势，放大红色效应，有力地促进了学校文化的整体发展。学校从大处构思、从细处着手，对红色文化进行了全面打造。无论是对校训、校歌，还是对文化墙、楼道、宣传栏、阅报栏、图书架，都进行了“红色文化”改造，真正做到了“让每面墙壁会说话”，形成了学校的校园文化建设特色，使之成为激活红色记忆、弘扬革命精神、传承红色基因的“亮丽风景线”。

一、建党百年，唱好红色文化“重头戏”

弘扬和传承红色文化，主要是弘扬和传承爱国主义情怀和艰苦奋斗精神，树立正确的世界观、人生观、价值观，践行党的宗旨，全心全意为人民服务。为此，老年大学深入挖掘建党百年中的关键点、闪光点、着力点，大力弘扬红船精神、长征精神、抗战精神、抗美援朝精神、“两弹一星”精神、焦裕禄精神、抗疫精神。根据百年党史中的重要节点，将教学楼内的墙面按楼层布展为四大主题展览区。

第一部分：开天辟地（1921—1948 年）。主要介绍了中国人民在中国共产党的正确领导下，历经 28 年浴血奋战，打败了日本帝国主义，推翻了国民党的反动统治，完成新民主主义革命，建立了中华人民共和国。

第二部分：改天换地（1949—1978 年）。主要介绍了中国共产党在新民主主义革命时期完成救国大业，彻底结束了旧中国半殖民地半封建社会的历史，使人民真正成为国家和社会的主人，实现中国从几千年封建专制政治向人民民主的伟大飞跃。中华民族走上了伟大复兴的壮阔道路，“以勇敢而勤劳的姿态工作着，创造自己的文明和幸福”。

第三部分：翻天覆地（1978—2012 年）。主要介绍了改革开放和社会主义现代化建设新时期，我国经济得到快速发展，社会保持长期稳定，并于 2010 年跨入上中等收入国家的行列。中国共产党在改革开放和社会主义现代化建设的新时期，团结带领中国人民实现中华民族从站起来到富起来的伟大飞跃。

第四部分：惊天动地（2012—2021 年）。主要介绍了党的十八大以来，以习近平同志为核心的党中央团结带领全国各族人民，创立习近平新时代中国特色社会主义思想，统筹推进“五位一体”总体布局、协调推进“四个全面”战略布局，坚持完善和发展中国特色社会主义制度，推进国家治理体系和治理能力现代化，推动中国特色社会主义进入新时代。

楼内展出了 200 多幅历史资料、300 多张照片、10 多组音视频。一件件珍贵的档案、一幅幅动人的照片、一幕幕鲜活的影像，记录着党的历史，承载着党的荣光，凝聚着党的力量。展览墙吸引了全体学员的目光，引发了大家的深入思考，使学员产生了强烈的情感共鸣。学员们一致认为，主题展览深刻诠释了我们党百年来的梦想和追求、情怀和担当、牺牲和奉献，突出了奋斗、奋发、奋进的基调，给人以坚定信念、必胜信心、强大力量。大家一致表示，要更加紧密地团结在以习近平同志为核心的党中央周围，自觉传承红色基因、赓续红色血脉，做到学史明理、学史增信、学史崇德、学史力行，在推动各项事业发展的实践中展现担当、彰显作为。

二、充分挖掘乡土文化中的红色基因

乡土文化是人的社会文化基因。红色乡土文化是在革命战争年代，由中国共产党带领全国人民共同创造的极具特色的先进文化，蕴含着丰富的革命精神和厚重的历史文化内涵，是我们的“根文化”。老年大学在校园文化建设中，利用资源优势，充分挖掘乡土文化中的红色基因。在教育教学中，通过办展览、开展红色课题研究、制订红色活动计划，全方位地对学员进行教育。

（一）挖掘红色文化，开发红色文化产品，追寻红色记忆。在红色乡土文化展览中，展出了 300 多幅历史资料、260 多张照片、100 多件珍贵红色历史文物。展览内容涵盖了从建党初期到现在的一件件珍贵的史料、图片、文物，记录着昌乐县的地方历史，承载着革命先辈的无上荣光和感人故事。在红色乡土文化展中，老年大学重点打造了《昌乐党史大事记》《昌乐第一名党员——李华亭》《昌乐县第一个中共小组》等 21 个板块。

学员们对家乡的红色历史感到由衷的自豪，对革命先烈们无限缅怀，对新时代文明践行者感到由衷的敬佩。展厅也因此成为激活红色教育的重要思想阵地。

结合校园红色乡土文化建设和课题研究，搞好红色文化的产品开发。课题小组把展出的版块内容编辑成册，形成了一批极具地方特色的乡土教材。如《昌乐党史大事记》《昌乐第一名党员——李华亭》《昌乐县第一个中共小组》《昌乐县党组织的创建人——孟凡锷》《昌乐县党组织的创建人——赵西林》《昌乐县第一支抗日武装》《刘善本——国民党驾机起义的带头人》《旭日烟社》《高崖水库精神》等教材，深受学员欢迎。这些学员们身边熟悉的人和事具有地方性、教育性、时代性、可读性，让人倍感亲切，增强了学员们建设家乡、热爱家乡的历史责任感，使学员们的爱国情感得到升华。

（二）开展红色文化活动，丰富校园文化内涵。习近平总书记指出：“要发挥老同志的政治优势、经验优势、威望优势，组织引导老同志讲好中国故事、弘扬中国精神、传播中国好声音，推动全党全社会更好培育和践行社会主义核心价值观。”为使红色教育形成规模、形成系列、形成特色，老年大学积极占领思想教育阵地，将思想政治工作的宣传范围扩展至普通群众和青少年，并借助红色乡土文化教材，让红色教育向社会延伸。

学校通过开展丰富多彩的红色文化活动，让每个学员对“红色乡土文化”有清晰而深刻的认识。2021 年，学校组织学员中的退休老党员先后两次到朱刘街道“昌乐县党性传承中心”、乔官镇姬家庄“红色教育基地”进行参观，开展党性教育。为庆祝建党 100 周年，老年大学于“七一”前夕在全县范围内组织开展了“百年咏赞”诗书画大赛。大赛共收到作品 500 余件，其中的优秀作品在老年大学展出并结集出版。为迎接“百年伟业　光辉足迹”潍坊市庆祝中国共产党成立 100 周年红色经典诗文名篇朗诵大赛，老年大学在学校多功能厅组织了红色经典诗文名篇朗诵大赛选拔赛，选出张春秀、林阳洪两位学员代表老年大学参加全县比赛。经过激烈角逐，张春秀获得县级三等奖，林阳洪获得县级二等奖并进入市级决赛。2021 年 6 月 3 日上午，老年大学庆祝建党 100 周年文艺会演在学校四楼多功能厅举行。本次会演参与班级 40 个、节目 56 个。会演在大合唱《七律・长征组歌》中拉开序幕，一首首合唱此起彼伏，震撼人心。学员们以饱满的激情和嘹亮的歌喉歌颂党，讴歌祖国的国泰民安和繁荣昌盛，唱响了新时代的昂扬旋律，充分展现了学员们老有所乐、老有所为、老有所学的良好精神面貌和老年大学的教学成果。

2021 年建党节前，老年大学艺术团分别到经济开发区、五图街道、宝城街道开展大型的下乡演出活动，让“党史教育进社区”。为使活动更加深入、更接地气，学校组织学员们编排了老百姓喜闻乐见的节目。这次活动，营造了文明、健康、欢乐、和谐的乡村文化氛围，丰富了村民的文化生活，满足了父老乡亲精神文明和文化生活需求。村民在欣赏节目的同时，感受到党的关怀，在潜移默化中提高了思想素质和文化素质。

新冠肺炎疫情期间，老年大学组织成立了“火山红韵”志愿服务队，9 名离退休干部和 26 名老党员加入了志愿队伍。“火山红韵”医疗救助志愿服务队到福荣世家社区开展义诊活动，并义务检查、安装健康码，测量体温、现场发放创建文明城市倡议书，积极号召群众从点滴做起，人人争当文明行为践行者。70 岁的老党员朱爱信，是火山红韵志愿服务活动中年龄较大的志愿者，他积极组织带领志愿者参加“火山红韵”志愿服务活动，2021 年 2 月，被昌乐县关工委、组织部等授予全县“最美五老”的光荣称号。

为使校园“红色乡土文化”建设持续深入，2021 年，老年大学成立了“红色宣讲团”，开展了 3 次“红色乡土文化”进校园活动，并向青少年赠送红色乡土教材 2000 多册，让红色文化的传承在广大青少年学生中开枝散叶。春节前夕，老年书画研究会组织会员送春联下乡，让红色教育走进了千家万户。

（三）继续前行，再立新功。为使红色教育逐步拓展、不断深化，老年大学充分挖掘身边的榜样，树立起一批先进模范典型，打造出鲜亮的旗帜，带动了优良作风的创建。建党日前夕，老年大学开展了“我和党旗合个影、向党说句心里话”活动，退休老党员郭树芳、卢振祥、刘西良、高振孝通过拍摄合影、制作告白微视频、征集微心愿等多种形式，结合党的发展和自身的成长经历谈感受、谈思考，进一步激发了离退休干部党员的爱党、爱国热情，坚定了永远跟党走的信心和决心。老年大学把他们的事迹形成文字材料，作为校本教材进行广泛宣传。为使红色教育空间越做越大、红色教育机制越来越完善，我校还注重将红色教育向校外延伸拓展，培养并发展了一批优秀的离退休干部校外党支部：昌乐县公安局老干部党支部、南郝离退休干部党支部、乔官离退休干部党支部、西湖社区离退休干部党支部。学校通过多种形式对党支部及党员的事迹进行宣传、展示，借助现代信息化手段为红色文化传承注入了新的活力。

近几年，昌乐县老年大学在挖掘、整合、宣传红色文化资源，创新红色文化教育，加强红色文化建设等方面取得了一定的成绩，但在红色文化基本理论研究，宣传和管理红色“数字化网络服务系统”等方面也存在一些问题。针对不足，我们要以习近平新时代中国特色社会主义思想为指导，认真落实党的十九届五中全会提出的“推进社会主义文化强国建设”的要求，加大红色文化基本理论研究力度，强化红色文化科学管理和红色文化的宣传，服务社会、服务百姓，促进红色文化产业发展，不断提升学员的思想道德水平，发挥红色文化在建设社会主义核心价值体系中的重要作用，为社会主义经济、文化、社会全面发展提供道德支持和精神动力。

（闫光顺：中共昌乐县委组织部一级主任科员，潍坊市昌乐县老年大学校长 / 王伟：潍坊市昌乐县老年大学工作人员 / 卢振祥：潍坊市昌乐县老年大学系主任）

以党史学习教育为引领
不断提升老年大学办学成效

◎ 王倩

摘要：在庆祝中国共产党百年华诞的重大时刻，在“两个一百年”奋斗目标历史交汇的关键节点，党中央决定在全党开展党史学习教育，正当其时，十分必要。开展党史学习教育，就是要提升历史思维水平，洞察历史表象，把握内在规律，将理论与实践、历史与现实融会贯通，不断增强守正创新的信念和胆识，接续奋斗，创造出更大的奇迹。学习党史既是继承与发扬党的成功经验和优良传统，也是领悟党的方针、坚定党的信念。通过对党史的学习与总结，会有更深层次的领悟，进一步增强对党的认同感与归属感。老年大学作为老年教育的重要阵地，要组织老年大学学员学好党史、用好党史、讲好党史，丰富学习教育形式，切实让老年大学学员增强“四个意识”、坚定“四个自信”、做到“两个维护”，不断提升老年大学办学成效。

关键词：党史学习教育　组织　丰富形式　办学成效

2021 年 2 月 20 日，党中央召开党史学习教育动员大会，习近平总书记发表重要讲话，深刻阐述了开展党史学习教育的重大意义、总体要求、目标任务和重点措施，指出要在全社会广泛开展党史、新中国史、改革开放史、社会主义发展史宣传教育，普及党史知识，推动党史学习教育深入群众、深入基层、深入人心。老年大学作为老年教育的重要阵地，要组织老年大学学员学好党史、用好党史、讲好党史，提升老年大学办学成效。

一、提高政治站位，强化宣传教育，切实增强广大老同志开展党史学习教育的思想自觉和行动自觉

历史是最好的教科书。我们党历来重视党史学习教育，注重用党的奋斗历程和伟大成就鼓舞斗志、明确方向，用党的光荣传统和优良作风坚定信念、凝聚力量，用党的实践创造和历史经验启迪智慧、砥砺品格。习近平总书记强调：“我们党的一百年，是矢志践行初心使命的一百年，是筚路蓝缕奠基立业的一百年，是创造辉煌开辟未来的一百年。

回望过往的奋斗路，眺望前方的奋进路，必须把党的历史学习好、总结好，把党的宝贵经验传承好、发扬好。”历史是一个民族安身立命的基础。历史是一个民族、一个国家、一个政党形成和发展及其盛衰兴亡的真实记录。学习历史，可以“看成败、鉴得失、知兴替”。习近平总书记的这些重要论述，是我们党对党的历史的一贯立场和态度，体现了我们党对学习应用党的历史重要性和必要性的深刻认识。因此，在全党开展党史学习教育，是牢记初心使命、推进中华民族伟大复兴历史伟业的必然要求，是坚定信仰信念、在新时代坚持和发展中国特色社会主义的必然要求，是推进党的自我革命、永葆党的生机活力的必然要求。

广大离退休干部是党的历史的亲历者、见证者、开拓者，他们理想信念坚定，对党赤胆忠诚。回顾百年历程，广大离退休干部在建立和捍卫新中国的艰苦斗争中，在建设和发展新中国的伟大征程上做出了不可磨灭的历史贡献。没有广大老同志浴血奋战、艰苦奋斗，就没有建党的开天辟地、新中国成立的改天换地、改革开放的翻天覆地等伟大成就，党和国家的一切成就都凝结着老同志的开拓和奉献，饱含着老同志的创造和积累，浸透着老同志的心血和汗水。通过开展党史学习教育，汲取丰厚滋养和智慧力量，让厚重的党史积累绽放新的光芒，带领年轻干部更好地感悟党史、学好党史，切实做到学史明理、学史增信、学史崇德、学史力行。老同志要发挥余热，需要提高政治站位，增强大局意识，深刻认识党史学习教育的重大意义，自觉融入社会发展大局，进一步树立正确的党史观，多为群众带去丰富的精神文化娱乐节目，为经济社会发展做出积极贡献。

二、深学细研悟透，丰富学习形式，增强广大老同志学习党史的热情和氛围

党史是最好的“营养剂”。我们党的历史是不断推进理论创新、进行理论创造的历史。老年大学要通过丰富的学习形式，促进老同志们在政治思想上实现新提升。通过专题讲座、知识竞赛等多种形式的学习，引导学员在思想上、政治上、行动上与党中央保持高度一致，旗帜鲜明讲政治，增强“四个意识”、坚定“四个自信”、做到“两个维护”。

（一）把党史学习教育搬上讲台。把老年大学课堂打造成离退休干部党史学习基地和党史宣传阵地。通过课前十分钟“微党课”等形式，由教师领学、学员自学，广泛开展以“铭党史　忆初心”为主题的党史学习教育，营造浓厚氛围，激发学员的爱国爱党之情。

（二）组织集中学习。认真组织各班级学员集中收看百年党史中央宣讲团报告会、习近平总书记“七一”重要讲话精神专题宣讲报告会、党史学习教育省委宣讲团宣讲报告会等。

（三）开展线上学习培训。用好“学习强国”学习平台、“灯塔－党建在线”网

络平台等新载体，积极参与网上党史专题学习；组织老同志参观“让党旗永远飘扬——山东省庆祝中国共产党成立100周年主题展览（网上展馆）”；组织观看山东卫视《精神的追寻》系列节目、《永远的丰碑——100个山东优秀共产党人的故事》微纪录片、融媒体端40集《中国精神》系列短视频；利用好“多彩夕阳”微信公众号平台，鼓励老同志做到学史明理、学史增信、学史崇德、学史力行。

（四）开展专题党课。邀请老党员为老年大学学员讲党课，讲学习收获、讲差距不足、讲思路举措、讲信心干劲、讲使命担当。用好线上学习教育资源，组织收听、收看全国知名党史、党建研究领域专家的党史直播课，聆听红色故事，追寻革命足迹。

（五）设立主题党日。组建成立老年大学各教学班临时党支部，充分利用革命遗址遗迹、革命博物馆、纪念场馆等各类党史教育资源，组织学员到泰安党支部工作指导中心、中共宁阳县第一支部·高桥党支部、东疏镇党史馆及国史馆、大伯集“攻济打援”指挥部旧址等地，接受革命历史教育和党性党风教育，引导老党员、老同志在实地观摩体验中叩问初心使命，坚定理想信念。

（六）开展系列志愿服务活动。发挥志愿服务作用，让党史学习教育深入群众。组织老年大学老干部志愿者深入村镇、社区、学校进行党史宣传，以快板、戏曲、小品等群众喜闻乐见的形式，用平实的语言、生动的事例，开展“红色宣讲”“乡音宣讲”，让党史知识入脑入心，打通党史学习教育“最后一公里”。积极开展“向党说句心里话”“我和党旗合个影”主题活动，鼓励广大学员以文字、歌曲、书法、绘画等形式表达心声，庆祝中国共产党成立100周年。

三、坚持群众路线，搭建丰富载体，以提升群众满意度，展现党史学习教育成效

积极组织、引导广大老同志深化“四史”学习，自觉发挥老同志熟悉党史的特殊优势，开展党史宣讲，传承红色基因，使其在党史学习教育中发挥积极作用，为庆祝建党百年增添正能量，在广大离退休干部中掀起了“学党史、忆初心、颂发展、谈成就、讲党史、做实事”的热潮。

（一）组织开展“红色歌曲大家唱”活动。为增强老同志的爱党爱国情怀，展现新时期离退休同志的壮志豪情和阳光向上的精神风貌，组织开展了“最美的歌儿献给党”活动。以教学班级为单位，因地制宜，采取大合唱、小组唱、歌咏会等多种形式唱响红歌，唱响时代主旋律、颂扬党的丰功伟绩。师生们用声乐演唱、舞蹈、情景表演、器乐演奏等形式，讴歌党的光辉伟业和幸福小康生活，表达了他们对党的深情和对祖国的无限热爱之情。一首首激情澎湃的红色歌曲抒发出老同志的爱党之情，展现出老同志的新时代爱国风采，深深鼓舞着老同志不忘初心、砥砺前行。

（二）组织开展庆祝中国共产党百年华诞文艺活动。一是举办“宁阳大地美

如画”主题画展。广大绘画爱好者和国画班学员围绕庆祝建党 100 周年主题，结合宁阳近年来发展情况，自发组织到宁阳的复圣公园、洸河公园、凤凰山、彩山以及东疏镇、鹤山镇等地进行采风，并绘出宁阳发展良好美景，展现了建党 100 周年宁阳发展成果。二是组织“颂党恩、跟党走、践初心”征文活动。发动学员结合学习和生活，抒发真情实感，反映在党的领导下取得的丰硕成果，人民安居乐业的美好生活，表达爱国爱党、向善向美的炙热情怀。三是组织“丹心永向党　礼赞新时代”宁阳县老干部摄影展。广大老同志用镜头回顾党的历史、记录发展成就、展望美好未来，抒发了老同志们对党、对祖国、对人民的满腔热爱之情，展现了老干部离休不离党、退休不褪色、永远跟党走的精神风貌。

（三）围绕“服务全县重点工作”积极发挥余热。围绕“万众一心建强县”和“创建全国文明城市”工作，突出传承红色基因、助力社会治理、推进文明创建、生态环境建设、建设良好家风等工作，组织开展形式多样的志愿服务活动，积极为老同志发挥优势和作用搭建平台、创造条件、提供保障。充分利用新时代文明实践中心资源和场所，探索加强老干部志愿服务阵地建设。切实加强老干部人才联盟建设、完善老干部人才信息库建设、健全老干部人才工作机制。

（四）开展“我为老同志办实事”实践活动。为解决老同志学习使用微信等手机应用软件的困难，举办手机应用软件学习与使用短期培训班，教授学员如何进行短视频制作。开展“预防网络诈骗知识讲座”，通过讲座向学员普及基本的网络防骗知识和技能，进一步提高了学员使用智能手机及应用软件的水平。邀请莱商银行宁阳支行举办了老年人预防金融诈骗知识讲座，开展了防金融诈骗知识宣传活动。与医院联合开展的健康义诊活动，得到了老同志们的热烈欢迎和积极参与。

四、加强组织领导，凝聚师生合力，打造党史学习教育新亮点

（一）加强组织领导。成立了由主要负责同志任组长、其他班子成员任副组长、各科室负责人为成员的领导小组，列出任务清单，明确责任主体、目标任务和时限要求，研究制定初步实施方案，坚持把党史学习教育与日常工作、党员学习等紧密结合起来，科学统筹谋划，确保各项工作落到实处。

（二）发挥党组织作用。以强化“四级党建责任链”落实为重点，继续完善党建指导员、联络员联系党支部制度，党建工作周调度制度，增强党总支对各支部党建工作的指导力度。推出“指尖上的党建”服务，引导老同志利用“灯塔－党建在线”“学习强国”等平台开展日常学习。发动老同志关注和使用“离退休干部工作”“山东老干部”微信公众号，学习了解最新政策、时政新闻、本地化老干部服务及老同志感兴趣的健康养生等内容。加强离退休干部的思想教育。发挥县委老干部党校阵地功能，积极营造正

能量氛围，利用LED显示屏滚动播放最新指示标语、利用宣传栏推介革命传统和时政要闻，开辟“上级文件大家读”专栏，让老同志了解最新政策动态。开展“红歌嘹亮心向党”活动，每天坚持“红歌三十分”和“课前唱红歌”两个固定节目，增强了“初心驿站”的正向引领和环境熏陶作用。进一步加强离退休人员的党员活动站建设，完善党建活动阵地功能。推进网上离退休干部党组织建设，巩固网上党建阵地建设。

（三）营造浓厚氛围。把握正确导向，树立正确的党史观，牢牢把握党的历史发展的主题、主线、主流和本质。充分利用“多彩夕阳”微信公众号，搭建网上学习宣传平台。及时向相关媒体报送信息，大力宣传党史教育进展情况，宣传全县老同志、老年大学系统开展党史学习教育的鲜活经验，推动形成党史学习教育的浓厚氛围。

（王倩：泰安市宁阳县老年大学教务处主任）

学党史谱写初心　用党史践行使命

——老年教育中党史学习教育的探索

◎ 鞠波

摘要：“欲知大道，必先为史。”老年大学党史学习教育要大力发扬理论联系实际的学风，扎实开展“我为群众办实事”实践活动，用心用情、全力以赴地满足老年学员的教学活动需求，增强老同志在老年教育中的获得感、幸福感、安全感。要深入开展老年教育调研工作，多层次、多渠道推进“讲党课　颂党恩”活动，切实把学习教育实践转化为推动老年教育高质量发展的强大动力。正确运用学习党史的方式方法，在党史学习教育中谋划教学活动，在党史学习教育中做好服务管理，在党史学习教育中开展学员党建，在党史学习教育中坚定永远跟党走的理想信念。

关键词：党史学习教育　支撑点　全过程

“历史是最好的教科书，也是最好的清醒剂。”学习党的历史，是坚持和发展中国特色社会主义、把党和国家各项事业继续推向前进的必修课。老年大学应认真贯彻习近平总书记关于学好党史的重要论述和重要指示，坚持社会主义办学方向，从而办好人民满意的老年教育。党史学习教育开展以来，临沂市老年大学高度重视，并结合本校实际，认真制定实施方案，及时动员部署，分类组织指导，扎实开展党史学习教育，引导师生员工切实做到学史明理、学史增信、学史崇德、学史力行，学党史、悟思想、办实事、开新局。除了常规地开展学习教育专题讲座、专题党课之外，临沂市老年大学还根据“政治立校”的理念，立足本校实际，紧抓学员党建工作，本着“一个都不能少”的原则进行了多样化、多形式的探索，使党史学习教育深入学员，在广度和深度上都有了质的飞跃。

一、丰富学习方式，拓宽学史途径

（一）融合师生智慧，促进党史学习教育落地扎根。党史学习教育开展以来，临沂市老年大学采取集中学习、自学、交流学习心得等方式，组织在职党员干部认真学习党史教育指定教材和上级有关精神，并将活动深入学员当中，积极指导各系临时党支部开展集中学习、专题讲座，组织参加庆祝建党100周年系列活动。通过读原著、学原文、悟原理以及形式多样的党史学习教育，引导党员干部、广大学员进一步加深对党的历史、思想理论的理解和把握，做到常学常新、常思常悟、常研常得，学出信仰、学出忠诚、学出担当，不断增强信仰、信念、信心。

（二）融合学校资源，增加党史学习教育的广度。立足老年大学“姓党”的政治属性，强化理论宣讲，利用好学校的“一微一网一屏一坛一栏”，在网站和微信公众号同步设置“学党史”“党史微课堂”，在网站每天转载“学党史 颂党恩”系列文章，利用一楼多功能厅每周播放红色电影等。将党史学习教育融入每个课堂，让每个班级的党史宣传志愿者在课前进行五分钟的“微党课”教育，力求做到党史学习教育“全覆盖”。通过图像、文字、音视频等方式，打造沉浸式实景教育，让党史学习教育更鲜活，从而营造“人人学党史”的浓厚氛围，引导党员干部、广大学员不断提高政治判断力、政治领悟力、政治执行力。

（三）融合实践活动，推动党史学习教育走深走实。将党史学习教育与开展“再学习、再调研、再落实”活动和“我为群众办实事”实践活动有机结合，引导党员干部守初心、担使命，用心用情为学员、为群众办妥难事、办成实事，推进党史学习教育不断走深走实。

学校多次主持召开校长办公会、调研座谈会，走访有关协会，就如何发挥本土知名企业优势，建立名师师资库、科研基地、学员实践基地等方面进行深入研讨，并和城投医养分校签订意向协议书，成立老年大学城投分校，努力把学校建设成为市委市政府满意、老年人满意、社会满意的老年大学；开展“党员先行——我为师生办实事”志愿服务活动，深入社区开展“文明健康 绿色环保”爱国卫生志愿服务；成立讲师团，开展多场“送教育下基层”活动，让基层老年人共享优质的教学资源；开办公益讲座，邀请医学专家义诊、传授健康保健知识、科普手机应用常识，帮助老年大学学员进一步跨越“数字鸿沟”；开展“艺术进万家”活动，教师和部分学员志愿者进社区、进乡镇，展示赠送书画、剪纸作品，进行红色经典歌舞表演，得到广大群众的热烈欢迎；举办“离退休老干部书画摄影展”和“我跟党说说心里话”主题演讲，讴歌党的伟大奋斗历程，展示老年大学学员从党史学习教育中汲取的智慧和力量，为办好党和人民满意的老年大学努力开创新局面。通过一系列举措，迅速在全市广大师生员工中掀起了学习党史、弘扬红色精神的热潮，让党史学习教育深入群众、深入基层、深入人心。

（四）融合地方历史文化，打造党史学习教育特色品牌。临沂市作为革命老区，位于沂蒙腹地，是一片神圣的土地、一片红色的沃土，曾在战争年间涌现出许许多多的革命英雄、不屈忠烈。围绕“如何让党史学习教育见人见事见思想、走深走实更走心”，临沂市老年大学充分利用本地的红色资源，立足于时代背景，研究出了一套讲好党史和革命故事的“公式”：带领部分师生到孟良崮战役烈士陵园、鲁南革命烈士陵园、华东革命烈士陵园、山东省政府和八路军115师司令部旧址等地接受红色教育；将临沂地方志、革命史和《中共临沂地方史》等描写临沂地方党史的著作作为研读科目，设置地方党史精品课程，打造具有地域特色的党史教育品牌。用地方党史档案和资料，热情讴歌中国共产党百年伟业，表达对党、对祖国的无限热爱和永远跟党走的情怀。

二、创新完善党史学习教育的支撑点

（一）在学员中成立党支部，建立组织支撑。随着学员队伍和党员队伍的不断壮大，老年大学急需建立学员们自己的党组织来发挥老党员的先锋模范作用，带动老党员们继续发挥余热，更好、更专业地服务于广大老年大学学员们。

临沂市老年大学通过前期的统计工作及调研工作，总结兄弟院校的经验，经过层层审批决定在老年大学学员中成立临时党支部，以班级为单位，一个班级为一个党支部，班长为支部书记，班委成员为党支部委员，这样一个班级就形成了一股坚强的力量，一个院系就形成了一股强有力的合力。有了学员自己的党组织，学校组织和开展党史学习教育活动就会更加得心应手。

（二）开设党史课程，建立课程支撑。临沂市老年大学本着“政治立校”的出发点，一直将政治建设放在首要位置。老年大学成立以来，每周一至周五下午都设有思想政治教育课程，将党史理论学习教育贯彻到底。随着党史学习教育的积极开展，原有课程已不能满足学员的需求，因此，党史课程就应运而生了。党史课程设立以来，受到了广大师生的热烈欢迎，掀起了党史学习热潮。

（三）发挥地域优势，传承红色基因，建立文化支撑。沂蒙老区有“华东小延安”之称，在抗日战争和解放战争时期，这里都是著名的革命根据地，被无数革命后人誉为“两战圣地、红色沂蒙”。这里诞生了“沂蒙六姐妹”“沂蒙山小调”等。为继续发扬沂蒙精神、传承红色基因，学校在校园开设党史教育学习角，每学期开展党史文化学习周，定期举办党史学习教育专题讲座，为离退休干部及老年大学学员讲授中国共产党百年奋斗史，使大家接受深刻的党性教育和精神洗礼。

此外，学校还把党史教育与教学活动结合起来，进一步满足老年人的学习需求，推动老年教育高质量发展；带领学员到党史教育基地参观，观看党史系列专题片，全面了解中国共产党从成立到团结带领人民英勇奋斗、建设新中国的光荣历史和辉煌成就；开展“重温红色记忆　接受党性洗礼”主题党日活动，一同参观红色遗址，聆听红色故事，进一步激发了党员干部干事创业的热情和活力；组织党史教育宣传志愿服务队进小区为离退休老党员、老同志上党课，引导广大离退休老同志坚守初心使命，保持思想自觉和行动自觉；结合本区的红色资源向大家讲述红色故事，与大家一起回忆那段不能忘却的历史，积极推动了党史学习教育在老年群体中走深走实、入脑入心。

（四）丰富党史学习教育内容建设，建立强大的内容支撑。除了党史学习教育规定的学习内容，学校还增加了对地方党史的研习，比如增加了临沂党史学习、沂蒙红色党史学习、沂蒙精神党史教育学习；增加了临沂党建学习、临沂党建培训、临沂党员学习培训；增加了临沂红色教育、临沂红色旅游等。

举办临沂地方革命史专题讲座，通过讲述大量真实的历史故事，让学员们了解了从临沂党组织建立到夺取解放战争胜利这一艰难曲折的历史过程，以及临沂地区光荣的革命历史，从而更加珍惜今天来之不易的幸福生活。学校还紧紧围绕“永远跟党走”的主题，以书画、歌曲、戏剧表演等人民群众喜闻乐见的文艺形式，丰富党史学习教育内容，让红色精神走进群众的心坎。

（五）完善党史教育基地建设，建立多点多样支撑。与历史纪念馆、博物馆、华东野战军纪念馆、革命烈士陵园、革命烈士纪念馆等进行党史教育方面的合作；与临沂红色旅游基地、临沂红色教育基地、临沂党性教育基地、沂蒙精神主题教育基地、临沂党史教育基地、临沂红色文化传承地、沂蒙干部教育培训基地等合作成立教学点，进行教育教学实践。

（六）增设党史教育宣传志愿服务队，建立团队支撑。党史宣传志愿服务队入社区、进学校、下乡镇，凝聚老年大学学员的力量，凭借学员在各行各业历练的本领，将党史宣传内容或讲述，或绘制，或歌颂，不断传承红色基因，宣传中国共产党的百年历史，表达对党的热爱和忠诚，引发了广大群众共鸣。

三、将党史学习教育贯穿老年教育教学全过程

坚持立足实际，系统深入地将党史学习教育融入老年教育全过程。将党史学习教育纳入学校课程教育、日常教育和教师队伍教育以及干部教育培训全过程。

用好沂蒙红色资源，讲好沂蒙地区在党的领导下建立、建设和发展的辉煌历史和成就。聚焦“学史明理”，将党史学习教育融入课堂知识教育全过程，从课堂基础层面入手，开好不同层面的党史课程，同时以党史课和思政课为抓手教育、引导学员；聚焦“学史增信”，全方位开展党史学习教育，厚植师生学习党史的根基，进而坚定理想信念，增强前进的信心；聚焦“学史崇德”，老年大学开展党史学习教育，还要牢牢抓住“教师”这一关键因素，尤其要发挥党员教师队伍的核心作用，使教师成为中国特色社会主义的坚定信仰者和忠诚实践者，使党史教育更能贴近学员，引导学员自觉树立和践行社会主义核心价值观；聚焦“学史力行”，百年党史深刻体现了共产党人的担当，要充分发挥“第二课堂”的作用，运用好周边的红色资源，充分挖掘特色教育资源，开展主题鲜明、形式多样的特色实践教育活动，让学员们走出课堂，将理论与实践有机结合，帮助学员将所学的党史知识内化为坚定的信念、外化为具体的行为，引导学员继续发挥余热，造福社会。

临沂市老年大学将继续从党的百年历史中汲取进步的智慧和前进的力量，深挖红色

元素、传承红色基因、创新践行使命模式，把党史学习教育成果转化为干事创业的强大动力，将初心融入血脉，把使命担在肩上，努力将老年大学作为传播党的主旋律的有效阵地，运用老年力量、红色声音筑牢中华民族共同体意识。老年大学将继续强化学用结合，扎实开展“我为群众办实事”系列实践活动，学好党史、用好党史，谱写共产党人的初心与使命，努力提高老年人的幸福感和满意度，为老年人撑起健康蓝天。

（鞠波：临沂市老年大学教务科科员、国画教师）

浅谈老年大学如何开展党史学习教育

◎ 钟璐

摘要：党史学习教育是坚定理想信念的基本要素、传承红色基因的关键支撑、抵制错误思潮的重要保障，老年大学开展党史学习教育具有重大意义。强化老年大学党史学习教育，要用好老年大学“微党课”主渠道，拓展文化养老主阵地，构建党史教育的新平台，确保党史学习教育取得实效。

关键词：老年大学　党史　教育

2021年，中共中央决定在全党开展党史学习教育，激励全党不忘初心、牢记使命，在新时代不断加强党的建设。习近平总书记在党史学习教育动员大会上强调，要做到学史明理、学史增信、学史崇德、学史力行。这为老年大学开展党史学习教育提供了重要契机和根本遵循。

一、老年大学开展党史学习教育的重大意义

习近平总书记在党史学习教育动员大会上强调：“在全党开展党史学习教育，是牢记初心使命、推进中华民族伟大复兴历史伟业的必然要求，是坚定信仰信念、在新时代坚持和发展中国特色社会主义的必然要求，是推进党的自我革命、永葆党的生机活力的必然要求。”老党员、老同志是党和国家的宝贵财富，是不同历史时期的引领者、参与者、见证者，对于发扬党的光荣传统、传承党的红色基因、赓续共产党人的精神血脉，具有极其重要、不可替代的作用。

（一）开展党史学习教育是老年大学学员坚定理想信念的必备要素。中国共产党历来高度重视党史学习教育，注重用党的奋斗历程和伟大成就鼓舞斗志、明确方向，用党的光荣传统和优良作风坚定信念、凝聚力量，用党的实践创造和历史经验启迪智慧、砥砺品格。特别是党的十八大以来，以习近平同志为核心的党中央高度重视党史学习教育，多次在各类场合强调学习党史的重要性，并于2021年庆祝我们党百年华诞的重大时刻，在“两个一百年”奋斗目标历史交汇的关键节点，号召全党集中开展党史学习教育，阐明了学什么、怎么学、怎么用等一系列问题。老年大学的受众群体是老党员、老年学员，开展党史学习教育是老年大学学员坚定理想信念的必备要素，在老年大学开展好党史学习教育意义重大。

（二）开展党史学习教育是老年大学学员传承红色基因的关键支撑。老年大学学员对于山河破碎、战乱频仍的旧中国苦难有着切身体会，对于过去经济困难、物资贫乏的生活也有直接感受。他们的人生经历比较复杂、成长际遇也比较坎坷，经受过艰

难困苦的考验、百折不挠的意志磨炼。习近平总书记指出："老干部是党执政兴国的重要资源，是推进中国特色社会主义伟大事业的重要力量。广大老干部对党怀有深厚感情，对党的事业无比忠诚，体现了老干部忧党爱国为民的情怀。希望广大老干部珍惜光荣历史，不忘革命初心，永葆政治本色，继续做全面从严治党的坚定支持者和模范践行者，继续讲好中国故事、弘扬中国精神、传播好中国声音，积极为实现'两个一百年'奋斗目标和中华民族伟大复兴的中国梦贡献智慧和力量。"所以，老年大学开展党史学习教育，关键在于大力发扬红色传统、传承红色基因。

要充分发挥老党员、老同志的政治优势，引导他们当好"四史"学习教育的宣传员，组织他们深入一线、融入基层，用"百姓话""身边事"讲好党的百年奋斗历史，解读党的创新理论，宣传党和国家发展取得的辉煌成就，凝聚起同心共筑中国梦的磅礴力量。

（三）开展党史学习教育是老年大学学员树立正确历史观的重要保障。习近平总书记指出，历史是最好的教科书，也是最好的清醒剂。当今世界，正经历百年未有之大变局，中国特色社会主义事业蒸蒸日上，实现中华民族伟大复兴的中国梦展现出美好前景。与此同时，意识形态领域的渗透和斗争愈演愈烈。老年大学开展党史学习教育，能够帮助老年大学学员树立正确的历史观和大局观，旗帜鲜明地反对历史虚无主义，加强思想引导和理论辨析，并从历史发展的脉络和规律中汲取智慧，站稳政治立场、保持战略定力。

二、老年大学开展党史学习教育的内在要求

老年大学开展党史学习教育，要理论与实践相结合、历史与现实相观照，科学把握好以下几方面的内在要求：

（一）坚持了解历史过程与把握客观规律相结合。我们学习历史的目的不在于观察历史现象，而在于透过现象看本质，把握历史发展的内在客观规律。老年大学党史学习教育，就是要了解中国共产党诞生的历史必然性，从中国共产党领导全国人民创造的辉煌中把握客观规律性；就是要体会中国共产党的领导是历史的选择、人民的选择，真正领悟中国共产党为什么"能"、马克思主义为什么"行"、中国特色社会主义为什么"好"，科学把握中国共产党的领导是中国特色社会主义的最本质特征，也是中国特色社会主义的最大政治优势，从而使老同志发自内心地拥护中国共产党的领导，坚定永远听党话、永远跟党走的信念和决心。

（二）坚持熟悉基本史实与弘扬伟大精神相协调。党史学习的政治性很强，必须坚持正确的政治方向，这是开展党史教育的根本前提。为此，老年大学开展党史学习教育，必须坚持以我们党关于历史问题的两个决议和党中央有关精神为依据，准确把握党的历史发展的主题主线、主流本质，正确认识和科学评价党史上的重大事件、重要会议、重要人物。同时，对于各种历史虚无主义思潮的蛊惑与侵蚀，要敢于亮剑、勇于斗争，

坚决有力予以回击；要运用准确权威的党史资料，把历史事实说清楚、讲深入、搞明白。唯其如此，方能从中国近代以来由苦难走向辉煌、由沉沦走向复兴的不平凡历程中汲取精神养分，增强知史爱党、知史爱国的自觉性。

从革命时期的建党精神、红船精神、井冈山精神、长征精神、延安精神、西柏坡精神，到建设时期的抗美援朝精神、大庆精神、红旗渠精神、雷锋精神、焦裕禄精神、“两弹一星”精神，再到改革时期的特区精神、载人航天精神、抗洪精神、抗震救灾精神，以及复兴时期的探月精神、伟大抗疫精神，无不彰显了中国共产党领导全国人民筚路蓝缕、披荆斩棘、乘风破浪、砥砺前行的精神风貌。这些伟大的精神，是中华民族屹立于世界民族之林的最宝贵的精神财富，是实现“两个一百年”奋斗目标、实现中华民族伟大复兴中国梦的动力源泉。老年大学开展党史学习教育，就是要学员从党史中汲取精神养分，增强爱国情怀，铸就创新精神，从而让这些伟大的中国精神在新的时代里、新的伟大事业中赓续传承、发扬光大。

（三）坚持铭记光辉历史与启迪当代实践相统一。中国共产党在内忧外患中诞生，在磨难挫折中成长，在战胜风险挑战中壮大。从石库门到天安门、从兴业路到复兴路，一路走来，我们党领导全国人民所做出的巨大牺牲、所进行的艰苦奋斗、所取得的宝贵经验、所开创的复兴之路，都是中华民族发展史上的瑰宝，是人类社会发展进步的壮丽篇章。老年大学开展党史学习教育，就是要进一步铭记光辉历史、传承红色基因。

习近平总书记多次强调要学习历史、分析历史、总结历史。中国共产党的百年发展史不仅镌刻着奋斗的辉煌，而且指示着未来的发展方向。老年大学开展党史学习教育，就是要从历史事件中启迪智慧和方法，从历史演进中把握潮流和大势，从历史经验中汲取营养和力量。重温我们党百年奋斗的恢宏史诗，以信仰之光照亮前行之路，用如磐初心凝聚奋斗伟力，接续谱写新的历史篇章。

三、老年大学开展党史学习教育的实践路径

老年大学党史学习教育，要综合运用课堂教学、社团活动、网络媒体等教育方法与教学手段，确保党史学习教育取得扎扎实实的学习成效。

（一）要加强组织领导，成立老年大学学员党支部，负责学员党史学习教育具体工作的组织实施，高标准高质量抓好学员党史学习教育。“微党课”做到制度化、常态化，利用课前十分钟的“微党课”引导学员充分认识开展党史学习教育的重要意义。强化专题学习，结合实际工作组织学员深入学习习近平总书记在党史学习教育动员大会上的重要讲话精神，研读《论中国共产党历史》《毛泽东、邓小平、江泽民、胡锦涛关于中国共产党历史论述摘编》《习近平新时代中国特色社会主义思想学习问答》《中国共产党简史》等重要学习辅导材料。引导学员坚持学习中国共产党党史，带头从党史中汲取精神之“钙”、为民之情，在学习中不断提高政治判断力、政治领悟力和政治执行力。

（二）学员党支部要把组织开展党史学习教育作为一项重大政治任务，结合实际、突出特点，创新方式方法。将党史学习教育与主题党日、重大节庆活动相结合，通过举办专题读书班、专题讲座、专题党课、红歌比赛等，带动学员集体重温中国共产党百年峥嵘岁月。以“学习强国”App、微信公众号、学员微信群等新媒体为学习载体，发挥线上和掌上学习的便利优势，推动学员深入学习百年党史；充分运用鲁西四史馆、孔繁森同志纪念馆等红色基地缅怀历史，开展重温入党誓词等活动，做到“规定动作”不走样、“自选动作”有特色，使学员都能通过党史学习，思想上受到洗礼、精神上得到升华。老党员、老干部、老军人、老模范、老教师，是我们党光辉历史的亲历者和见证人，其人生阅历和感人事迹就是党史教育的活教材。在传统节日庆典及重大纪念活动中，邀请这些老同志开展报告会和座谈会，撰写访谈录和口述史，通过“革命前辈讲党史”“亲历者讲亲历事”，进一步增强党史学习教育的亲和力、感染力和吸引力。

（三）要坚持统筹兼顾，注重学用结合，将党史学习教育同庆祝建党100周年系列活动相结合，同年度老干部工作要点相结合。突出实践检学，把学习党史同总结经验、解决实际问题结合起来，充分发挥学员优势，组织开展“我为群众办实事”实践活动，深入开展调查研究和党史教育宣讲活动，用亲身的感受、身边的事例、通俗的语言，讲述党的光辉历史，回顾老一辈革命家艰苦奋斗、谦虚严谨、无私奉献的革命故事，引导广大青少年深植红色基因，扣好人生“第一粒扣子”，让革命薪火代代相传，一同唱响共产党好、社会主义好的时代主旋律。

（四）以网络传播为载体，加快构建党史教育的新平台。在网络资讯十分发达的当代，互联网已成为老年大学学员学习知识、获取信息、了解社会最主要的渠道。老年大学开展党史学习教育，必须适应这种时代潮流和趋势，充分运用各种网络媒体。在坚持正确舆论导向、传播准确权威信息的前提下，充分发挥新媒体的独特作用，将党史资料和党史故事电子化、智能化、形象化，通过多视角、全方位、图文并茂、生动鲜活的形式，实现党史信息资源共享、党史故事灵活再现、党史经验多重分享。通过微信、微博等新媒体，分享纪录片、短视频、情景剧等，加快构建党史学习教育新平台，加大党史宣传教育和党史知识普及力度，把党史上的重大事件和重要人物讲活、讲好、讲精彩，传播好党的声音，宣传好党史故事。

“莫道桑榆晚，为霞尚满天。”在中国共产党庆祝百年华诞和开展党史学习教育之际，老年大学开展党史学习教育可谓恰逢良机、正当其时。广大老年大学学员要通过各种途径认真学习党史，在学党史中感悟思想伟力、践行初心使命，从百年党史中汲取经验，以身作则弘扬党的光荣传统和优良作风，贡献老年大学学员的智慧和力量。

（钟璐：聊城市老年大学教务教研科科长）

学员党组织建设与发挥正能量研究

——以聊城市东昌府区老年大学为例

◎ 姜建生

摘要：东昌府区老年大学坚持以党建为统领，突出“政治立校”的办学方针，秉承“学、乐、为”的办学理念，不断加强老年大学党组织建设，开拓创新，成立了功能型党委和党支部，通过开展组织生活，确保老同志思想常新、理念永存。通过党的建设，推动老年教育工作更上新台阶。

关键词：功能型党委　老年教育　正能量

聊城市东昌府区老年大学作为全区离退休党员的学习、活动阵地，十分需要加强党建工作。近年来，学校以习近平总书记关于老干部工作重要论述为指导，准确把握新时代老年教育的新特点，创新建立功能型党组织，构建起“关系在原单位、活动在学校、奉献在社会”的新型老年学员党员教育管理模式，形成了以党的建设、文体活动、老年教育、志愿服务为一体的文化养老新格局。

一、党组织建设情况

东昌府区老年大学建校以来，始终把“政治立校”放在第一位，坚持党对老年教育工作的领导，不断加强老年大学党组织建设，引导各班级老党员发挥优势和作用，着力把区老年大学打造成传播正能量的重要阵地。

（一）加强党组织建设，灵活设置党支部。由于各方面原因，很多学员党员退休后，长时间没有参加组织生活。为更好地调动这部分学员党员的积极性，东昌府区老年大学于 2020 年 6 月成立功能型党委，并结合每个班的党员数量，在 9 个教学班建立了功能型党支部。功能型党委设委员 5 名、书记 1 名；每个党支部设支部委员 3 名、书记 1 名。通过班子成员选配，把政治素质高、组织能力强、身体状况好、威信高的学员党员纳入组织管理体系中来。支部建在班上，使党的旗帜在区老年大学树立起来。功能型党委的成立，改变了老年大学多年来没有党组织的状况，使学校的党建工作呈现出崭新的面貌。学员党组织和党员在学校的校园建设、班级管理、党员教育、服务学员等方面发挥了战斗堡垒作用，推动东昌府区老年大学各项工作取得了较大幅度进步。

（二）健全完善制度，创新管理模式。依据党章党规，结合教学工作实际，学校制定了《东昌府区老年大学功能型党支部管理办法（试行）》《东昌府老年大学学员功能型党支部委员会选举程序》等规章制度，明确了功能型党支部的性质、职责和组建方式。功能型党支部为临时党支部，在学员学习期满时自行解散。各支部坚持组织开展“三会一课”和各种教学活动，本着有利于学员党员参加组织生活和发挥作用的原则，在开展活动、激励机制等方面制定指导意见，引导学员党员积极发挥余热。

（三）运用信息化手段，加强教育和引导。依托网络、微信等平台，区老年大学建立了功能型党委和党员交流平台，供学员党员学习阅读。广大学员党员认真学习钻研，选取适合自己的方式开展学习活动，讲好身边故事，宣传典型事迹。新颖活泼的形式为增进学员党员的思想教育工作发挥了积极作用。功能型党委成立以来，学校坚持每学期由功能型党委组织学员党员开展一次政治课，并结合党史学习教育，组织学员党员撰写心得体会、畅谈学习感受，切实提高理论认识水平。学校还通过表彰先进班级党组织、优秀学员等活动，有力推动了思想政治工作的开展，让学员感受到校园强大的正能量气息。

（四）开展丰富活动，发挥先锋作用。在提升学员党员理论素养的同时，组织学员党员开展各种志愿服务活动和正能量活动。通过现场教育，使全体党员和学员增强“四个意识”、坚定“四个自信”、做到“两个维护”。一是坚持将政治建设摆在首位。通过政策理论宣讲、专题学习教育、党史学习教育等，认真抓好功能型党组织政治理论学习。为进一步牢记党的宗旨、加强党的优良传统教育，学校组织各支部委员来到闫寺聂子政纪念馆和东昌府区烈士陵园参观学习，开展“缅怀革命先烈 重温入党誓词”主题党日活动。二是学校开展了主题文艺演出、书画摄影展、朗诵比赛、参观红色教育基地等丰富多彩的活动，组织引导广大学员党员感恩党的关怀，歌颂新时代的幸福生活。各支部之间开展活动，“比学赶帮超”蔚然成风，使广大学员党员发挥正能量的热情得到了充分调动。三是依托功能型党委，组织开展了党员志愿者、文艺志愿者等志愿者服务活动。如，赴聊城鸿福老年公寓进行慰问演出，举办以“携手共创文明城 同心共筑中国梦”为主题的文艺演出，举办全区离退休干部庆祝中国共产党成立100周年书画展和文艺演出等。通过一系列活动的开展，进一步提升了党组织的凝聚力，增强了学员党员参与活动的主动性，有效破解了组织生活难落实、党员活动难开展、党员作用难发挥的问题，切实提高了学员党员的归属感、荣誉感，党组织的凝聚力、战斗力不断增强。

二、存在的问题

（一）对政治建校的重要性认识不到位。区委、区政府对老年大学非常重视，组织部门和老干部局对老年大学党建工作也非常重视，但仍存在部分学员对老年大学党建认识不到位的现象。他们认为参加老年大学是来娱乐休闲的，“老有所乐”才是老年教育的目标，却忽略了老年教育该有的政治功能。个别功能型党支部认为对老同志要求不需要太高，对于一些政治学习和组织活动等，仅限于通知而没有实际落实，有时对未能参加组织活动的学员党员也不采取积极措施，导致有些精神不能及时传达到位，在组织管理上不够积极主动。

（二）部分学员党员参与活动的热情不是很高。有的学员党员不愿意参加学校党组织的活动，也不愿意在学校党组织中担任职务。很多老同志退休后，把重点放在家庭，放松了自我要求。特别是有些教育方式、活动形式沿用老传统，因此无法真正调动学员党员的参与积极性，从而影响了功能型党组织各项工作的开展。

（三）党组织活动开展的活动形式不够丰富。老年大学的党组织由于是临时性的，以开展活动为主，导致有些学员党员有“临时”的思想，以业务代替党建的现象也时有发生。党组织对学员党员的教育方式基本上沿用过去的老办法，看书、读报纸、召开座谈会、参观观摩，开展活动的形式相对单一，很少有创新发展。教育内容也不够丰富，多数以会议为主，说教多，寓教于乐的活动开展得比较少。

（四）老年大学党建制度保障不到位。建立功能型党委面临的主要问题表现在管理制度不健全、保障不到位，学员党组织工作机制不健全，党建工作的常态化与有效性保障不够。另外，在老龄人口急剧增长而政府财政收入相对固定的情况下，老年大学加强党组织建设工作还面临着经费保障的问题。由于老年大学的工作经费不足和人员力量薄弱，导致投入党建教育的经费和人员力量较小。目前在经费保障层面，山东省只对正式的离退休干部党组织经费予以明确规定，而对老年大学学员党组织这种功能型党组织，还缺乏硬性的经费保障制度。

三、对策建议

（一）转变观念，牢固树立“政治立校”理念。随着终身教育、终身学习理念的深入，老年大学聚集了各行各业退下来的党员、干部。因此，必须要认识到老年大学党建阵地的重要性，转变休闲娱乐的观念，还原“教育人、培养人、塑造人”的本质，使老党员“退休不褪色，离职不离岗”。要坚持正确的政治方向，始终以“政治立校”引领老年大学工作，始终保持正确的政治方向。要切实加强对学员功能型党委建设的组织领导，通过专题讲座、现场教学等形式，加强骨干学员业务培训力度，使骨干学员提升思想认识、增强大局意识、拓宽工作视野、提高业务水平。要履行好“一岗双责”，将党建工作与教学工作有机融合。

（二）建章立制，提供党建发展有力保障。一是加强教学管理制度建设，实现政治教育与常规教育的有机融合。结合时政，进行时事形势教育，在开展党建活动时可以将时政教育引进课堂，及时宣传党的路线、方针、政策，及时通报国内外的政治环境，增强学员党员的政治意识、大局意识、核心意识、看齐意识。二是构建老年大学学员党组织工作经费筹措机制。充实老年大学工作力量，保障工作经费。将老年大学党建作为老年大学的亮点工程，争取财政支持，同时，增加2—3名党性强、素质高的工作人员，真正做到有人管事、有场所议事、有钱办事。建立健全稳定的党委活动经费保障机制，探索拓宽党委活动经费来源。三是建立健全学员党组织工作机制，保证党建工作的常态化与有效性。工作机制不仅包括功能型党委和功能型党支部的工作职责、工作计划等，还要考虑到老年党员的身体状况，建立活动安全保障机制与突发事件应急预案，确保活动平安顺利进行。

（三）拓宽阵地，促进政治引领办学。发挥好老年大学主阵地作用，充分发挥功能型党支部的带动作用，每月组织开展学红歌、唱红歌、班内党员集体过“政治生日”等活动。依托老年大学平台资源打造一批社团示范党组织，以党建引领活动开展。充分挖掘学员党员自身资源，示范引领更多学员党员通过网络、手机等新媒体平台开展学习、交流。开展绿色和谐校园、班级创建，优秀书画作品上墙、先进党员评比等活动，增强团队意识，凝聚团队精神，提高思想认识。

（四）创新载体，搭建学员“老有所为”平台。一是成立老年大学关工委，关心服务下一代。二是成立老年大学志愿者服务队伍，到社区、敬老院开展志愿服务。三是建立老年大学党建网络宣传平台，宣传党员的先进事迹和党建活动。通过搭建平台，将学员功能型党支部中的各项工作与教学管理、志愿服务相结合，与文体活动相结合，拓宽学习活动载体，增强学习活动的吸引力和影响力。

（五）探索教育管理形式，充分发挥党员作用。组织学员党员参观当地重点建设项目，让学员党员亲自体会改革开放和经济建设的成果；多宣传一些优秀党员典型，用身边的典型人物教育学员党员；开展谈心谈话和交流学习体会活动，相互交流、相互帮助、相互提高。同时，要开展一些适应形势发展变化的活动，多组织开展一些公益事业的志愿服务，开展各式各样寓教于乐的文化体育活动等，让学员党员在活动中接受教育。引导学员党员自觉参与教育活动，当好宣传员、调解员、辅导员，把党的方针政策、温暖关怀传到千家万户和社会的方方面面，发挥好自己的光和热。

做好新时期老年大学工作，要以加强思想政治建设为核心，以开展正能量活动和实现学员晚年幸福为双翼，不断创新工作方法，加强老年大学学员党组织建设。学员党组织的成立，能够团结引领广大学员党员提高政治意识、责任意识，积极发挥学员骨干力量，开展自我管理、自我服务，能有效提升老年大学精准化、精细化服务，提高学校管理服务水平，进一步增强学员党员的归属感和荣誉感。

（姜建生：聊城市东昌府区老年大学校长）

老年大学要注重加强党组织建设

◎ 张霞 王福来

摘要： 我们党历来高度重视基层党组织建设，注重发挥基层党组织战斗堡垒作用，以提升组织力为重点，全面指导各项工作高质量开展。本文以滨州市老年大学党组织建设为例，就老年大学成立学员临时党支部的必要性和基本要求、存在的问题及对策建议提出了一些思考和探索。

关键词： 老年大学 党组织 临时党支部

我们党历来高度重视基层党组织建设，注重发挥基层党组织战斗堡垒作用，以提升组织力为重点，全面指导各项工作高质量开展。滨州市老年大学作为加强老同志思想政治教育、寓教于乐的主阵地，是组织、团结、凝聚老同志的有效载体，也是加强老干部党建工作的重要领域。把党支部建在系上，充分发挥党组织在老年学员中的组织、教育、管理和引导作用，是十分必要和切实可行的。

一、把党支部建在系上是党交给的历史重任

老年大学是党委和政府联系老同志的重要纽带和桥梁。老年大学学员中有相当一部分是机关企事业单位退下来的干部，其中党员占较大的比例。这是一个在老年群体中具有较大影响力的团队，做好这个团队的党建工作，不仅能将其牢牢凝聚在党组织周围，体现老年大学的办学宗旨，还能为社会各界传递正能量，为建设和谐社会做出新贡献。

（一）坚持党的领导是老年大学的立校之本。滨州市老年大学是由市委老干部局具体领导的，这在政治上体现了市委对老年教育工作的高度重视，并确保了对老年大学工作导向上的有效把握。实践证明，坚持党的领导，保证办学方向与党的大政方针高度一致，是学校取得令人瞩目成就的根本所在。新的形势和任务给老年大学提出了更高层次的标准和要求。党的工作最坚实的力量支撑在班级基层，班级需要建立党小组，系里需要建立党支部，只有这样才能使党的肌体的“神经末梢”发挥战斗堡垒作用。

（二）加强党的建设是历史赋予的神圣使命。老年大学如何做好对老年大学学员的服务和管理，怎样让他们始终保持共产党员的先进本色和高尚情操，是新形势下面临的一项重要工作任务。如何重燃他们的革命激情，引导他们发挥余热，使他们老有所学、老有所教、老有所乐、老有所为，是摆在老年大学党组织面前的重要课题。要交出一份

合格的答卷，就必须做好学校的党建工作，这是确保老年大学党性的关键一环，更是各级党组织必须承担起来的历史重任。

二、把党的光辉洒在老年大学的每个班级

纵观党的历史，我们党一直十分重视思想教育、舆论宣传工作。老年大学的学员来自四面八方，成分复杂、领域广泛、辐射面大，做好老年大学思想教育工作对提升老年群体思想水平有很大作用。

（一）党员要在意识形态领域发挥中流砥柱作用。发挥党员的凝聚力、战斗力和影响力，是党对老年教育工作的必然要求。老年大学学员的老年群体属性，决定了学员思想的松散性，这给老年大学的建设和管理带来了新的挑战。在实现传统模式的同时，还要做到“你变我也变”，将党的建设和教育、传导、引领工作摆在重要位置。老年大学要在老年教育实施过程中把老党员的党建工作做到位，让党员始终保持思想的先进性。老年学员党员要进一步加强党员思想和作风建设，并在广大学员中发挥中流砥柱作用，带领大家共同进步，共建共享晚年生活。

（二）党员要在学校管理体系中发挥重要作用。在老年大学的管理中，校、系、班构成了三级管理体系，学校的各项工作能否贯彻落实到底，关键在于管理系统能否高效运转、党组织是否坚强有力、党员是否发挥了应有的作用。滨州市老年大学之所以取得了骄人的成绩，得益于校党组织的领导和系主任的积极努力、认真工作。班级是老年大学重要的基础面，班委班长的举动直接影响到一个班是不是风气正、人心齐、士气足，能不能形成团结向上的良好氛围。

（三）党员要在校园生活中发挥先锋带头作用。只有发挥好老年大学学员中党员的先锋带头作用，才能保证老年大学始终“姓党”，保证老年大学各项工作始终紧跟党中央的精神和市委、市政府的步伐。学校党组织十分注重党员的思想学习、作风建设，并且为他们施展才能搭建良好的平台，注重发扬典型、宣传典型，使党员真正有一种使命感和荣誉感。有的党员教师遵守校纪，早到校、晚离校，义务给学员补课；有的学员党员建立了帮扶对象，对家庭困难的学生进行精神和物质上的帮扶。这种精神带动了老年大学学员整体素质的提升，使学校各项管理工作更加健康有序地推进，对学校蓬勃发展起到积极的推动作用。

三、适应新时期党建工作需要，把党支部建在系上

第七次人口普查显示，我国已逐步进入老龄化社会。发展老年教育是积极应对人口老龄化、实现教育现代化、建设学习型社会、不断满足老年人多样化学习要求的重要举措。要让老年大学永葆革命的党性，就应该把党支部建在系上。滨州市老年大学学员党员人数约占学员总人数的四分之一。这些党员都有着几十年的党龄，是一支重要的力量。如何把他们组织起来，

更好地发挥老党员的先锋模范作用，将是实现学校“自我管理、自我服务”办学理念的重要内容。

（一）在做好调查研究的基础上制定具体的实施方案。校委会在做好充分调查研究的基础上，决定建立学员临时党组织，即成立学员临时党支部委员会，下设各系临时党支部。临时党支部委员会成员可由各班党小组和全体党员以选举的方式产生。经组织批准同意后，学校召开了临时党支部成立大会。由党支部书记和委员负责明确分工，制定岗位职责；班级党小组组长一般由党员班长兼任，形成“校、系、班”三位一体的党组织，增强了党组织的活力和凝聚力。

（二）临时党组织的工作内容及成效。一是形式的创新，实现党组织“零距离、全覆盖”。老年大学的学员居住地较分散，有的随子女留在滨州，回原单位组织学习比较困难。因此，要本着“学员在哪里，党组织就建在哪里”的原则，组织他们尽可能地参与活动。党籍管理、党费收缴由原单位负责，老年大学临时党支部负责组织学习和开展活动，使他们在接受原单位服务管理的基础上，过上了双重组织生活。二是制度有保障，实现学习活动“常态化、规范化”。以抓好党员思想政治教育为重点，不断建立健全各项理论学习制度，保证理论学习常态化、规范化。利用老年大学与老干部党校合署办公的有利条件，定期组织支部书记、党员参加各类培训班、报告会。在组织日常学习培训的基础上，每当中央重大会议召开，重大国际、国内事件发生后，都及时召开座谈会、形势报告会，使他们紧跟时代的步伐，与党和国家同呼吸、共命运。临时党支部负责组织开展具体活动，对老年学员党员起到很好的思想引领作用。三是立足中心工作，实现教学管理新思维、新突破。注重发挥党支部在促进教学管理中的积极作用，全面提升老年大学教学管理水平。在配置党支部负责人时，采取书记与系主任“一人兼”的方式，保证党支部更好地服务于教学管理。支部书记既是系里的负责人，又是系里的教导员。在参与智慧校园建设方面，党员要积极地献计献策，提出好的建议和举措。

（三）临时党支部存在的问题。在系上建立党支部可能会存在一些问题。一是少数党员认识不到位。有的老年学员党员认为老年大学是休闲娱乐的地方，没必要接受过多教育，对政治学习教育的重要性认识不到位；也有个别党员存在思想顾虑，认为自己退休后由“单位人”变成了“社会人”，参加老年大学党组织活动，会与原单位党组织分离，疏远了与原单位的联系，因此参加活动不积极。二是活动内容不丰富。由于是临时党支部，党员的组织生活、组织关系及党费缴纳都在原单位。党员的流动性强，每学年都有学员进入或退出，因此有些党员具有“临时思想”。三是临时党支部活动经费不足。临时党支部缺乏经费来源，在创新党组织活动方式上只能是“有想法，无做法”，这样的思想在一定程度上会影响临时党支部的组织活动。

四、加强老年大学学员临时党组织建设的对策和建议

（一）加强班子建设，增强党组织凝聚力。要充分利用老年大学的资源，让临时

党支部的老党员来担任支部成员，切实增强他们的荣誉感和归属感。要加大宣传力度，明确老年大学党组织与原单位党组织的关系，打消老同志的顾虑，让他们过上双重组织生活。要通过“财政补充一点、党费补充一点、老年大学筹措一点”的方式，建立健全稳定的党组织活动经费保障机制。

（二）创新活动方式，增强党组织的吸引力。要依托老年大学这个活动平台，不断创新活动内容和方式。定期召开党支部党员大会、支部委员会、党小组会，落实好“三会一课”制度，要多安排一些参观当地重点工程建设项目的活动，让老党员亲自体会社会发展与经济建设的成果；多宣传一些优秀老党员典型，用身边的人和事教育老党员永葆共产党人的先进性；多开展一些交心和交流体会活动，相互帮助、相互提高，不断增强党组织的吸引力；多组织老年大学学员参与一些公益性志愿服务活动，让他们在活动中受教育，充分发挥党员参与的主体意识，实现党组织生活与党员兴趣爱好的有机融合。

（三）突出党内关怀，增强党组织感染力。要建立党内关怀帮扶制度。对老年大学学员在学习、生活中遇到的困难和问题，党组织要及时给予帮助解决。要开辟老年大学学员诉求渠道，耐心听取他们的意见和建议，及时进行心理疏导和政策解读。要对老年大学学员开展经常性、广泛性的谈心活动，做到“四个必谈”：学员发生意外时必谈；遇到困难时必谈；思想不坚定时必谈；无故不参加组织生活必谈。

（四）紧紧围绕学校教育主线，增强党组织建设的实效。老年教育的特殊性和需求的多样性，决定了老年大学的办学宗旨和教育方针必须紧贴老同志的身心特点，老年大学党建工作也必须紧紧围绕学校教育这一主线。教学内容既要突出政治性、思想性，也要突出科学性、知识性和趣味性，充分利用现代科技手段，创新教学模式，不断提高教学质量，增强教学成果。要抓好三个课堂的协调发展，让“第一课堂”有教学创新实践；利用好“第二课堂”，充分展示老年大学党建工作成绩；通过“第三课堂”，让更多学员参与社会服务，展示老年大学风采、扩大老年大学党建工作的社会影响力。

（五）吐故纳新，创新党组织的活力和向心力。老年大学的基层党组织要发展壮大、开拓创新、砥砺前行，除发挥老党员的模范带头作用外，还要及时地吸纳优秀教师和模范学员进入党组织，这是时代的要求、形势的需要，更是党组织向心力的体现。基层党组织只有吸收新鲜血液才具有更强的生命力、凝聚力和创造力。对那些对党忠诚、积极进取、好学上进、无私奉献的教师和学员要重点培养，要及时地吸纳到党组织里来，充分发挥他们的才干。这种向心力的形成，必将影响和带动更多的人向党组织靠拢，形成向优秀党员看齐的良好氛围，从而激发党组织的活力和战斗力。

（张霞：滨州市老年大学学员 / 王福来：滨州市老年大学教师）

关于加强老年大学党组织建设的探索和思考

◎ 刘娟

摘要：针对近年来老年大学学员当中党员数量逐年增加、所占比例逐年上升这一新情况，本文从“加强老年大学党组织建设和发挥学员党员的模范带头作用”这一主题入手，围绕老年大学基层党组织建设的现实意义、组建方法、存在问题、建设思路四个方面，通过分析博兴县老年大学临时党支部的组建工作，探讨老年教育新途径。

关键词：老年大学　党组织建设　临时党支部

党的十八大以来，以习近平同志为核心的党中央多次就坚持和加强党的全面领导强调指出，要加强基层党组织建设，增强党组织凝聚力。老年大学作为老年教育的社会基层组织，是老年人主要的学习、活动阵地。如何加强党组织建设、发挥学员党员的模范带头作用，是新时代老年教育工作面临的一项新课题。近年来，博兴县老年大学就如何加强老年大学临时党支部建设，让学员党员充分发挥余热、传递正能量进行了积极的探索。

一、加强党组织建设是新形势下实现老年大学政治立校的必然要求

（一）加强老年大学党组织建设，是加强老年大学学员思想政治工作的需要。老年大学是离退休干部学习、活动的主阵地，加强老年大学党组织建设是落实新时代全面从严治党的基本要求。广大离退休老同志长期接受党的教育，拥有阅历深厚、经验丰富的独特优势。但是也要看到，随着社会的进步和形势的发展，新事物、新现象不断涌现，而老同志退休后由于参与社会生活的范围缩小，同社会的接触面变窄，信息不如过去灵通，很容易在思想上因循守旧，用老经验、旧观念看待新事物，因此会出现对现行政策不理解、对一些现实问题看不惯等现象。同时，人到老年，生理和心理都会发生一些变化，有些老同志不能正视这些问题，思想比较悲观。如果放松了对老同志的教育和思想政治工作，会引发一系列的社会问题。只有让老同志不断加强学习，用党的创新理论武装头脑，才能使老同志在思想上紧跟时代的脚步，在行动上自觉与党中央保持一致。

（二）加强老年大学党组织建设，是推进和谐校园建设的需要。构建和谐校园，必须统筹各方面力量。把学校党组织建设纳入和谐校园建设，可以发挥离退休干部的组织才能，调动学员参与学校管理的积极性，使以学校管理为主的管理方式向学员“自我

服务、自我管理”的管理方式转变。加强学校党组织建设，为推进学员组织建设和加强学员的管理找到了一个有效载体，有利于党组织及时了解学员的思想、学习等情况，及时帮助学员解决实际困难，促进教学工作的开展。加强学校党组织建设，有利于学员党员发挥自身的政治、经验优势，把党的路线、方针、政策更好地传达到学员中去，把学员的愿望和诉求反映给上级组织，畅通社情民意，最大限度地促进和谐，维护学校和社会的安定团结。

（三）加强老年大学党组织建设，是提高学员党员自身素质的需要。目前，从在校学员党员的现状来看，存在一些不容忽视的问题：有的老同志离开工作岗位后，随着参加政治理论学习和社会活动次数的减少，其思想跟不上形势发展的要求；有的老同志离退休后，居住地发生变化，与党组织基本失去联系，学习和接受教育出现空档；部分老同志离退休后降低了对自身的要求，认为学不学习无所谓，过不过组织生活无关紧要。这些问题的存在，使他们更需要再学习、再提高，及时更新思想、充实知识、提高素质，为自身提供强有力的智力支持和保障，更好地适应时代要求，跟上社会的发展步伐。

二、探索创新，成立临时党支部，大力加强学员党组织建设

（一）要创新设置形式，发挥老同志思想政治教育主阵地作用。目前，博兴县老年大学在册学员1800余名，其中学员党员284名。为了确保在校党员能正常参加组织生活，校委会在提高认识的基础上创新思路，提出要在县老年大学建立学员党支部。2016年6月，学校召开了学员党支部成立大会，通过选举产生了学员党支部委员会。学员党支部依托各个教学班，下设党小组，根据学员分布情况，把党小组建在教学班上。至今，党小组已由刚成立时的15个发展至35个。在选好配强领导班子的同时，为便于党支部更好地服务学校教学管理，在选配党支部负责人时，由老年大学校长兼任临时党支部书记，党小组组长与教学班班长“一人兼”。党组织建立后，鉴于老年大学特殊的学制情况，这些学员党员的党组织关系、党费收缴等工作仍由原单位负责，老年大学只负责组织学习及开展活动，使学员党员在接受原单位管理的基础上，过上双重组织生活。

（二）要营造“四大环境”，激发广大老年大学学员的精气神。学员党支部成立后，与校委会共同营造“四大环境”。一是营造健康向上的政治环境。学校坚持“党建引领、政治立校”的办学宗旨，坚持一月一次政治理论学习，紧扣时政主题，开展党内知识竞赛，增强学员党员的政治荣誉感，使广大学员的思想境界在健康向上的政治环境中得到提高。二是营造团结和谐的校园环境。在老年大学，不管学员过去的身份、地位如何，都是人格平等的学员身份，要互相尊重；都有一样的追求，追求知识、快乐、健康。让广大学员党员带头创造和谐的校园人文环境，使每个学员感受到老年大学是完善自我的“沃土”、广交朋友的“热土”。三是营造自我管理的民主环境。

学校党组织成立后，积极探索发挥党员作用的有效途径，如建立党员互助服务小组等。同时，联合校委会、班委会，提出关于学员自我管理的科学化建议，让老年大学这棵大树茁壮成长，真正成为老年人的精神家园。四是营造文明整洁的学习环境。学校党组织积极倡导文明新风，号召学员党员用强烈的人格魅力、良好的品德言行去影响人、凝聚人。学校要求学员做好的，学员党员要首先做好；学校对学员的纪律、制度要求，学员党员要带头遵守。

（三）要把握“四个要点”，弘扬老年大学办学的主旋律。做好老年大学党建工作，应着力把握“四个要点”。一是把握心目中的“关切点”。大多数学员心系“国家事”，希望知国情、省情、县情，了解社会发展变化。老年大学成立学员党支部后，要经常组织主题形势报告会、主题宣讲等活动，适时组织公共课，强化主渠道教育。二是把握思想上的“疑难点”。由于退休后缺少参加政治理论学习的机会，一些老年大学学员容易受到社会不良风气的影响。因此，学校党组织要有针对性地为学员答疑解惑。通过解答学员思想上的困惑，引导学员端正态度，以良好的心态投入学习。三是把握精神上的“共振点”。学员大都视老年大学为精神家园。学员党支部和校委会要共同开展创建和谐校园，评选先进班级、模范党员等活动，利用校报、展板、微信公众号等载体，宣传正面典型，在全校形成一种奋发向上、你追我赶、争先创优的氛围。四是把握机制上的“契合点”。学员党支部成立后，学校考虑到各团体、班级的具体情况，扩大了《学员守则》的涵盖范围，将遵纪守法、康乐进取等政治立校方面的内容与学员党组织开展工作、发挥老党员的先锋模范作用进行了有机结合。

（四）要注重平台创建，为党员发挥作用创造条件。鼓励、倡导学员党支部和老党员利用自身优势，在经济社会发展中发挥先锋模范作用。一是组织社团活动。通过强化组织领导、加大指导力度、规范章程制度、提供必要物质保障等方式，协助成立老年大学关工委、老干部艺术团及老年大学夕晖志愿服务队，引导学员更好地参与“教、学、乐、为”各项活动。二是开展丰富多彩的志愿活动。根据老同志的身体状况和自身意愿，开展送文化进校园、送演出进农村、慰问敬老院等文艺演出活动，引导老同志利用自己的革命经历和经验优势，对青少年进行党的优良传统教育，积极参加社区治安维护、打扫环境卫生等公益活动。同时，鼓励学员党员利用自身优势，在经济社会发展中当好宣传员、指导员、监督员，向群众宣讲党的重要会议精神和重大决策部署，解答理论热点、难点问题，使学员党支部的战斗堡垒作用得到充分发挥。

三、临时党支部建设存在的主要问题

近年来，老年大学学员党支部建设工作取得了一些成效，得到了上级部门的肯定，但还存在着一些突出问题。

（一）学员党组织的活动内容相对单调。老年大学在实践中把主要精力集中在抓教学业务工作上，以业务代替党建的情况时有发生。对学员党员的教育方式基本上沿用过去的老办法，一般局限于组织学员党员读报纸、念文件、开座谈会等，很少对教育方式进行创新和发展。在教育内容上也相对单一，一般是以政治学习和会议精神学习为主，灌输式多、说教式多，而寓教于乐的有益活动开展得少。

（二）学员党组织缺乏活动经费。老年大学本就经费不多，刚性支出又大，因此学员党支部的活动缺乏经费来源，创新党组织活动方式只能是“有想法，无做法”，这在一定程度上影响了临时党组织活动的开展。

（三）学员党员的来源、素质等参差不齐。老年大学的招生对象已由过去的离退休干部转变为全社会老年人，这给临时党支部的建设工作带来了新的挑战。一是学员党员来源不一，他们或来自机关事业单位，或来自企业，或来自乡镇、村（社区）。二是学员党员分布在各个年龄段，在资历、知识素养、行为习惯等方面存在差异，给学校服务、管理工作带来较大的困难。

四、抓好老年大学学员党组织建设的思路

（一）搭建活动平台，增强党组织的凝聚力。要加强班子建设，让热心于学员党支部工作的老党员担任支部委员；要充分利用老年大学的资源，多安排一些参观本地重点建设项目的活动，让老党员亲自体会改革开放和经济建设的成果；要多宣传一些优秀典型，用身边的人和事带动老党员永葆共产党员的先进性；要多开展一些谈心和交流学习体会的活动，让老党员相互交流、相互帮助、相互提高，不断增强党组织的凝聚力。同时，要解决经费问题。通过“财政支持一点、党费补充一点、老年大学筹措一点”的方式，建立健全稳定的党组织活动经费保障机制。

（二）改进活动方式，提高党组织的吸引力。党内活动的开展要结合实际，坚持“规定动作与自选动作相结合”的模式，不断创新活动内容和方式，在增强吸引力和认同感上下功夫。要设定党内活动基本模式，落实好“三会一课”制度；要积极探索灵活开放的活动方式，如结合学员党员的兴趣爱好、职业专长，组织他们参与一些公益事业的志愿服务，开展各式各样寓教于乐的政策宣传、社会治理、文化体育等志愿活动，让学员党员在活动中接受教育，充分发挥他们的主体参与意识，实现党组织生活与党员兴趣爱好的有机融合。

（三）突出党内关怀，强化党组织的感染力。要建立党内关爱扶助制度。对学员党员在生活、学习中遇到的困难和问题，党组织要及时给予帮助，鼓励学员党员之间互相伸出援手；要开辟诉求渠道，通过听取和收集学员党员的意见建议，完善学校各方面的工作。同时，要积极开展主题党日、党员志愿服务、党员结对帮扶等活动，把组织

生活与发挥作用、奉献余热有机结合起来，确保党组织的战斗堡垒作用和党员的先锋模范作用得到充分发挥。

老年大学、老年教育是朝阳产业，在办学方式、管理机制上没有固定模式，需要在实践中不断进行探索。只有以改革创新精神扎实推进各项工作的开展，才能使老年教育事业迎来更大的发展，取得更大的成绩。

（刘娟：滨州市博兴县老年大学业务股股长）

二

教学研究创新篇

老年大学钢琴入门教学研究

——以山东老年大学教学实践为例

◎ 李莘

摘要：老年大学钢琴教学属于老年音乐教育学范畴。本文从音乐人类学、老年教育学、音乐教育学等角度对山东老年大学钢琴入门教学进行审视，通过实地调查研究，认真查阅有关钢琴教学、音乐教育和老年教育的文献，对山东老年大学钢琴入门教学进行了深入的研究与思考，根据对钢琴入门的教学现状和钢琴入门的教学分析，提出了提高钢琴入门教学水平的对策与建议，为进一步探索研究老年大学钢琴教学提供了新的材料和新的视角。

关键词：钢琴入门教学　老年大学学员　老年大学教师

成立于1983年的山东老年大学，是中国第一所老年大学。在山东老年大学近40年的发展历程中，学校不仅注重教学实践，也注重教学理论研究，注重用先进理论指导办学实践。为了更深入地了解山东老年大学钢琴入门教学的现状，笔者在对山东老年大学钢琴入门教学进行调查研究的基础上，查阅了大量有关钢琴教学、音乐教育和老年教育的文献，对山东老年大学钢琴入门教学进行了深入的研究与思考。本文拟从钢琴课程入门教学的角度，对该课程的教学进行探索研究。

一、山东老年大学钢琴入门教学现状

山东老年大学自2007年起开设钢琴班。凭借钢琴独有的魅力和老年人对精神文化的追求，山东老年大学的钢琴入门教学开展得如火如荼，形成了一道亮丽而独特的风景。

（一）基本情况。表1是笔者对2021年上半年钢琴一年级班级学员构成情况的调查统计。

表1　山东老年大学钢琴一年级班级学员构成调查统计表

年龄 / 性别	55—60岁	60—65岁	65—70岁	70岁以上
男	0%	12%	6%	6%
女	24%	34%	12%	6%

通过表 1 可以发现：从性别来看，山东老年大学钢琴一年级班级中的男性学员偏少、女性学员偏多，各个年龄段的女性学员人数占总人数的百分比要高于男性学员。由此可以看出，女性退休后更喜欢选择学习钢琴。由于老年大学的学习更倾向于非正式性和社会性，往往对女性更有吸引力。[①] 从年龄段来看，60—65 岁的学员人数占总人数的百分比要高于其他年龄段，其主要原因是这个年龄段的学员刚退休，仍延续着退休前的工作状态，具备一定的体力和精力。

（二）教学方法及教学设备情况。山东老年大学的钢琴教学是集体课授课形式，教学地点在钢琴教室和数码钢琴教室。钢琴教室设有多媒体教学设备和钢琴（其中有一台是教师用琴）。数码钢琴教室里设有多媒体教学设备和数码钢琴（其中有一台是教师用琴）。在教学方法上，采用讲授法和示范法相结合的方式。教师先统一教授新课，之后学员进行单独练习和集体练习，教师对学员依次予以指导，最后进行课后总结并布置作业。

（三）课时安排。钢琴一年级每学年授课 32 周、64 学时。其中，上半年的授课时间段是 3 月到 6 月，下半年的授课时间段是 9 月到 12 月。每周上一次课，包含 2 学时（每学时 45 分钟）和 20 分钟课间休息，共计 1 小时 50 分钟。

（四）使用教材。山东老年大学钢琴课程有教学大纲和统编讲义。讲义是根据教学大纲编写的，是教学的主要依据。钢琴入门阶段的教材主要使用山东老年大学编制的讲义。教材是主粮，是一切营养的主要来源。正如柯达伊所说的，只有最好的音乐才有资格作为教材，在最浅易的国民音乐“教育—教学”中也不能例外。[②]

二、山东老年大学钢琴入门教学分析

老年大学的钢琴教学属于老年音乐教育学范畴。音乐教育应贯穿人的一生。德国音乐学校联合会认为音乐教育应该是“从一开始起的终身教育”。美国也自 20 世纪 90 年代提出“终身音乐教育”的口号。这是因为他们认识到，音乐和其他领域一样，只有通过“生命和生活广度的学习”这一战略，才能引进一种有效的策略，有益于终身不断地学习音乐，并把音乐“教育—教学”的任务分布到人的一生各个阶段中去进行，从而与此相应地发展出“老年音乐教育”等新学科。[③]

（一）上好第一节课。老年教育的实施必须遵循其自身的特点，而音乐教育作为一门独立的学科也有其特殊性，如情感性、愉悦性、形象性、技术性等。这就要求我们不仅要开展对老年教育的理论研究，而且要对音乐教学活动的特点加以总结和归纳，借

---

① 欧阳忠明、杨亚玉、葛晓彤：《全球视野下第三年龄大学发展研究》，《成人教育学刊》2018 年第 12 期。

② 廖乃雄：《音乐教育的种类及其性能》，《中国音乐教育》2014 年第 8 期。

③ 廖乃雄：《音乐教育的种类及其性能》，《中国音乐教育》2014 年第 8 期。

以逐步掌握老年音乐教育的客观规律，用先进的教育教学理论去指导老年教育实践活动，更好地为老年音乐教育事业服务。①

作为钢琴教师，要清楚一个重要问题：教育的目的不仅包含认知目标，还包含情感目标。教师要关心学生的思想情感，在钢琴教学过程中，增加学生的求知欲，最终引导学生达到独立学习、主动练习的目的。第一，要让学生喜欢和信任教师，这样才能保证教学有序地进行。教师能在多大程度上融入学员群体，取决于自己的个人魅力和跟群体成员的关系。② 所以，教师要想获得新学员的好感，要学会如何待人接物，掌握好与老年大学学员相处的技巧和艺术，诚心实意地跟老年大学学员相处，让学员接受自己。这个过程对教师的个人魅力、为人技巧要求很高。第二，教师不仅要教好专业课，还要从生活的各个方面来关心老年大学学员，以平辈或者晚辈的身份与老年大学学员共同探讨音乐和生活。教师除了耐心教老年大学学员音乐知识外，还应虚心向他们学习其他方面的知识，多交流、多沟通，听听他们的想法和建议，做到教学相长。

第一节课是正式学习钢琴的序曲，需要让学生做好充分的准备，包括物品准备和思想准备。物品准备包括钢琴（课外居家练习用），数码钢琴专用耳麦（课上用）和教材等。思想准备主要是能够尽快适应环境的心理准备。以下是笔者对 2021 年上半年钢琴一年级新学员的乐器准备情况的调查统计。

表 2　钢琴一年级新学员的乐器准备情况调查统计表

入学前已购置新钢琴	孩子小时候用过的旧钢琴	数码钢琴	借用亲戚朋友家的钢琴	无钢琴，视听课情况再决定是否买钢琴
33%	27%	21%	13%	6%

由表 2 可以看出，大多数学员在入学前已经准备好了钢琴。随着居民生活质量的提高，预计未来入学前已经准备好钢琴的学员的百分比还会再提高。

下表是笔者对钢琴一年级新学员入学前是否接触过钢琴的调查统计情况。

表 3　钢琴一年级新学员是否接触过钢琴调查统计表

入学前学习过钢琴	年轻时学过	孩子学钢琴时陪读过	在业余宣传队接触过	没学过、没接触过
7%	4%	26%	10%	53%

由表 3 可以看出，大多数学员是零基础，没接触过钢琴而且不识谱。大部分学员以往都是对学习钢琴抱着一种敬而远之的态度；部分学员是在孩子学钢琴时陪读过；有基

① 王少为：《关于老年音乐教育的研究》，《中国教育导刊》2007 年第 12 期。

② 朱红权、王军：《融入 观察 跳出——群体实地参与观察研究方法谈》，《科技信息》2008 年第 30 期。

础的学员占少数，而且基本都没有连续、系统地学习过。

以下是笔者对钢琴一年级新学员学习目的的调查统计情况。

表 4 钢琴一年级新学员学习目的调查统计表

喜欢钢琴，年轻时没有时间学，现在想实现自己的钢琴梦	亲友已在高年级学习，受他们的带动和影响	练习手脑反应能力	辅导孙辈当陪练	自弹自唱或能在群众业余团体中担任伴奏
60%	19%	11%	5%	5%

从表 4 数据来看，老年人学习钢琴的主要目的是实现自己年轻时的钢琴梦。在调查中了解到，多数学员退休后空闲时间较多，学习钢琴可以实现自己年轻时的梦想，同时还能结交不少朋友；有一部分学员是自己的亲友已在钢琴高年级班学习，受他们的影响自己也下决心在老年大学学习钢琴；还有一部分学员认为学习钢琴可以锻炼手脑反应协调能力，预防老年痴呆；另有小部分学员是为了给晚辈当陪练，或者在群众业余团体中担任伴奏。总之，学员都是怀着对美好生活的向往来山东老年大学学习钢琴的。

（二）曲目的选择。老年学员在钢琴学习入门阶段，进度往往较慢，他们对于钢琴键盘并不熟悉，手指的独立性和灵活性较差，识谱、指法节奏的反应都比较慢。在对他们进行教学时，只有根据中老年人的生理条件，选择有针对性的教学方式，才能使他们对钢琴学习保持信心。入门阶段曲目的选择应尽量照顾到老年大学学员的音乐兴趣，在曲目的安排上也要适合老年大学学员的特点，选择旋律熟悉动听、上手容易的曲目。老年大学学员喜爱弹唱怀旧经典曲目，可以适时加入自弹自唱环节，以使老年大学学员提高兴趣、增加信心。

（三）重视学期汇报。学期汇报是对一学期教学成果的检验与总结，以轻松的氛围来减轻他们的紧张心情，让老年大学学员在交流中更理解音乐、欣赏音乐，取长补短、共同进步，既能使教师与学员的互动更加有意义，也有助于培养学员更加规范自觉的学习习惯。通过这种教学模式，学员之间有了更多的机会进行互动交流，促进学员在竞争中进步，塑造出更强的心理素质，使学员的综合能力得到提升，由此营造出更加具有综合性和创造力的课堂氛围。①

三、促进钢琴入门教学水平发展的对策与建议

音乐人类学对老年大学钢琴教学具有一定影响。随着音乐人类学理念的不断深化，我国老年大学钢琴教学的文化性也得到了有效体现。以音乐人类学视角来看，老年大学将音乐人类学与多元文化音乐教育观充分应用到教学中，能实现老年教育工作的突破和

① 纪忆：《山东省高师数码钢琴集体课的调查与思考》，曲阜师范大学硕士论文，2015。

发展，推进老年大学的可持续发展。

（一）发展对策。老年钢琴教学是一项可持续发展的事业，教师只有将全部的热情投入老年大学的钢琴教学事业中，才能在不久的将来收获属于我国老年钢琴教育事业的累累硕果。老年大学的钢琴教师要通过学习人类学独特的田野工作方法，深入音乐教育实际情境中，学会观察和倾听，对具体的教育情境和事件进行理解，并在理解中不断地创造意义。在真实的教育情境中要注意获取鲜活的故事、信息，这将有利于经验的积累，从而促进对具体音乐教育问题的进一步理解。

第一，教师的教学态度要认真。面对老年大学学员，教师首先要做到亲切、耐心，把“别着急”“没关系”当成口头语。制订学期教学计划时，要充分考虑到落实该计划的实际情况以及老年大学学员的接受能力。老年大学学员在学习钢琴的过程中，尤其是入门阶段，必定会有一些障碍需要克服。因此，教师在教学过程中应该具有耐心，用包容的态度正确地引导，同时对学生进行积极的鼓励，促进学员钢琴水平的稳步提高。教师的教学热情对学生的影响很大，对每个班甚至每个学员都要设计出有针对性的可行规划，用真情对待每一个学生就是教师教学成功的“金钥匙”。

第二，音乐教育和教学的原则和途径，应是从人的精神教化出发、从音乐出发去“做”音乐。音乐教学要结合语言和动作，在节奏的基础上进行教学。在具体的钢琴教学中，应确立恰当的目标，激发学员的兴趣。首先，增加理论和唱谱相结合的教学，而不单单是以弹奏为主。将钢琴的演奏和相关的理论知识相结合，这对于提高钢琴学习的效率有着很重要的作用。其次，在入门教学中加入弹唱环节，这种弹唱结合的特色课程可以增加教师与学员的互动，让学员在唱谱的同时更容易掌握音高和音准，不仅可以促进学员学习的自主性与积极性，同时也有助于提高学员的演奏水平。再次，在入门阶段还要侧重于音乐性，改编一些具有专项练习功能的乐曲，这样既能达到练习目的，又能避免常规练习曲的枯燥乏味，让学员在日常的练习中感受到音乐的动听，并学会一些广受喜爱的经典名曲。最后，在乐曲的弹奏类型上也可以多样化，选一些四手联弹、自弹自唱的乐曲可以令老年人更感兴趣。

第三，重视基础。入门教学特别要注意由浅入深、由易到难、由简到繁地培养学生的三种能力，塑造一种全新的知识学习理念。第一，读谱的能力。最初学习的乐谱较简单，但音符要看对、节奏要搞懂，有指法要求时要认真完成并理解。随着乐谱内容的加深和丰富，还要注意到曲子的力度变化和乐谱上的各种符号的意义。第二，理解的能力。要知道自己在弹什么内容，什么调号、调式、调性。第三，改正错误的能力。有错误是正常的，改正错误就是好学生，教师要注重培养学生正确对待错误的态度。在教学中，教师要注意突出新技能、新知识和新课题的教学重点。只有这样，才能培养出更多基础扎实、理解力强、学习方法正确的优秀学生。

（二）深入思考。第一，探索多样化的教学模式。音乐教学的创新不是一个人创造、其他人参与配合的创新，而是要让学生成为创新的主体。在教学中，教师可以适当地引入新的教学模式，利用数码钢琴兼顾多种演奏形式，包括独奏、轮奏、合奏、接力等。这样做不仅可以吸引老年大学学员的注意力，而且还强化了集体效应。不断创新教学模式，让老年大学学员获得更多的锻炼机会。

第二，增加交流互动的机会。除了保证老年大学学员平时在课堂学习钢琴知识外，学校和社会也应该尽量多组织一些老年人参加的钢琴交流沙龙或者比赛。通过这些方式，使学员在交流切磋琴艺的同时，能认识更多志同道合的朋友，让老年大学学员在交流中更理解音乐、欣赏音乐，取长补短、共同进步；让学员能在音乐中得到快乐，丰富生活。老年大学学员学习钢琴不仅是单纯意义上的钢琴学习，从更深的层面上来说，这是全社会终身教育的一个体现。终身教育已成为一个社会发展的趋势，而其中的钢琴学习折射出的则是老年人对艺术、对美、对知识的渴望和追求，在黑白键上为自己的晚年生活奏出富有活力的音符和最美的旋律。此外，学校和社会可以组织和聘请专职教授、专职教师学习和研究先进的音乐教学法，在熟悉和掌握这些先进钢琴教学法的基础上，结合中国老年教育的实际需求，探索研究出具有中国特色的中老年钢琴教学法，引领老年大学学员走上愉快的学琴之路。

第三，增强教师的服务意识。教师不仅要有专业的音乐技巧，还要有关爱老年人的心灵，处处为老年人考虑。在老年人演奏机能明显呈下滑状态时，教师应主要考虑老年人学习钢琴的动机和期望，这是面向老年群体的钢琴教育所追求的本质目标，也是实现快乐钢琴教育的有效途径。教师要营造钢琴班的团队精神，提高凝聚力，通过建立班级通讯录、微信群，增进学员间的感情，让老年大学学员在班级中感受到音乐的美妙和师生的温暖，让他们不仅喜欢钢琴，也热爱生活、热爱他人，共同组建一个和谐的班级。

（李莘：山东老年大学器乐学院教研室主任）

【参考文献】

[1] 姜美荣、陈彦：《发挥班长在老年大学教学管理中作用的实践与思考》，《山东老年教育研究》2017 年第 1 期。

[2] 方百里：《方百里钢琴教学法》，上海音乐出版社，2014，第 379 页。

[3] 汤慧池：《媒体时代的音乐教学创新》，《中国音乐教育》2014 年第 8 期。

[4] 叶琴、匡胜勇：《中老年钢琴入门教程》，湖南文艺出版社，2011。

[5] 梁颖：《基于收益视角的老年钢琴教学》，《中国音乐教育学》2015 年第 5 期。

山东老年大学固定资产管理模式与机制研究

◎ 刘强

摘要：本文通过梳理山东老年大学固定资产管理工作的历史脉络，回顾了山东老年大学固定资产管理工作的发展历程，通过对相近单位的固定资产管理工作的横向比较和对各种固定资产管理模式的分析，结合当前的政策环境等因素，提出了改进和加强山东老年大学固定资产管理工作的措施和建议。

关键词：固定资产管理　模式与机制　措施和建议

一、山东老年大学固定资产管理工作的基本情况

（一）山东老年大学固定资产管理工作的政策环境和意义

1. 固定资产管理工作相关政策法规的刚性约束得到进一步加强。近年来，国家和省不断加强行政事业单位资产管理工作，出台了一系列的规章制度。2006 年 5 月，财政部以“财政部令”的形式发布了《行政单位国有资产管理暂行办法》，对资产管理提出了明确要求，使固定资产管理走上了法治化道路，并在随后几年的时间里进行了两次修改；同年，山东省出台了《山东省行政事业单位国有资产管理办法》，成为山东老年大学固定资产管理工作的最早依据；2020 年 8 月，财政部印发了《财政部关于加强行政事业单位固定资产管理的通知》，首次单独对加强固定资产管理提出了明确要求，并明确和细化了固定资产管理的相关事项，使固定资产管理工作更加规范；2021 年 2 月，《行政事业性国有资产管理条例》正式颁布，使固定资产管理上升至国家法律层面，刚性约束得到进一步加强。

2. 做好固定资产管理工作是保障履职的自身需要。财政部将固定资产规定为：单位为满足自身开展业务活动或者其他活动需要而控制的，使用年限和单位价值在规定标准以上，并在使用过程中基本保持原有物质形态的资产。从固定资产的定义中，我们能够清楚地认识到，固定资产存在的价值是为了满足自身开展业务活动或者其他活动需要，是为单位履职和事业发展提供服务与保障的。固定资产对单位具有重要意义，一定程度上决定了单位具体工作开展的成效。所以，只有做好固定资产管理工作，才能为单位履职打下坚实的物质基础，保障单位开展业务活动或者其他活动的效率和效果。

3. 做好固定资产管理工作是促进老年教育发展的内在要求。作为全国第一所老年大学，山东老年大学致力于推动老年教育事业发展，承担着中国老年大学协会宣传出版工

作委员会职责，是全国老年教育宣传出版基地、理论研究基地、远程教育基地，并建有中国第一座老年教育史料馆，各项工作均走在全国前列，在老年教育领域具有重要影响力。同时，根据事业单位改革方案，山东老年大学具备了对下业务指导的职能，在推动老年教育事业发展中，扮演着重要角色。为进一步充分发挥山东老年大学的示范引领作用，实现从“办得最早到办得最好”的跨越式发展，山东老年大学应全面加强各项工作。

（二）山东老年大学固定资产管理工作的发展历程

根据山东老年大学固定资产管理工作中几个阶段性事件，比如管理规定的制定、管理机构的设立与调整、管理模式的确立等，将山东老年大学固定资产管理工作划分为三个阶段。

1. “从无到有”阶段。这一阶段是指 2017 年之前，这个阶段是山东老年大学固定资产管理的起步阶段——各项制度还未完全建立，资产管理工作由财务部门进行统一管理。2009 年，山东老年大学正式建立了固定资产明细账，对固定资产开始专门管理。2013 年，按照财政部、省财政厅的统一部署，山东老年大学开始使用山东省行政事业单位国有资产管理信息系统，将固定资产录入系统，形成电子数据，为以后固定资产管理提供了基础数据。

2. “从有到优”阶段。这一阶段集中在 2017 年至 2019 年，这个阶段是山东老年大学固定资产管理的完善阶段——开始建立各项管理制度，明确管理机构和运行机制，并实施了大量的具体管理行为。这一阶段主要是成立了山东老年大学固定资产管理领导小组，明确了各处室、各校区的管理要求，细化了办公室、学员管理处、服务保障处、合作办学处、宣传教育处的具体职责；实行“账实分离”的管理模式，进行了建校以来第一次固定资产清查工作；印发了《山东老年大学固定资产管理办法》，使固定资产管理工作走上了制度化和规范化的道路，有效维护了固定资产的安全和完整。

3. “从优到强”阶段。这一阶段主要是 2019 年之后，这个阶段是固定资产管理的加强阶段——完善了管理制度，优化了工作机制，实行了精准的管理行为。这一阶段主要是设置了固定资产管理岗位，在各处室设立了固定资产管理员，建立起专业的管理队伍；修订了管理办法，调整了工作机制，对固定资产进行集中统一管理和闭环管理，并明确了管理职责和工作内容；通过购买专业公司的固定资产清查服务，摸清了固定资产的底数和使用状况，实现了固定资产的一物一卡；实行了固定资产的预算一体化管理，提前介入固定资产配置，使固定资产配置更加精准、高效。

二、山东老年大学固定资产管理模式和工作机制的分析比较

（一）当前实行的管理模式和工作机制

经过多年的探索与完善，依据国家和省有关固定资产管理的制度规定，结合山东老年大学实际情况和发展需要，山东老年大学的固定资产管理工作目前采取了扁平化的管

理模式和灵活的运行机制，坚持固定资产管理与预算管理、财务管理相结合，以及固定资产管理与实物管理相结合的原则，实行办公室集中统一管理，各处室、内设教学管理机构占有、使用的管理体制，运行各处室、内设教学管理机构进行固定资产日常管理的工作机制。

（二）纵向分析比较

山东老年大学固定资产管理工作在之前的完善阶段，实行的是多层次、“账实分离”的管理模式，即固定资产的管理工作在山东老年大学固定资产管理领导小组的领导下进行，各处室、校区负责具体的管理工作，固定资产账目和实物分别交由两个不同的处室进行管理，并将固定资产按照用途进行了分类，划分至相应处室进行管理。这种管理模式与当前实行的模式相比，具有管理机构完备、参与主体广泛的优点，同时也带来了诸多缺点。一是管理混乱，忽略了固定资产的整体属性，人为地将固定资产分割为多个部分交由不同处室进行管理。由于各处室管理水平参差不齐，容易导致管理出现混乱，管理效率降低。二是在不能及时进行信息共享的情况下，容易造成账实不符，难以保证固定资产的安全和完整。三是难以推进共享共用。各处室分别管理固定资产，无法及时了解全校固定资产的底数和整体使用情况，不能及时予以调剂使用。

（三）横向分析比较

本文选取了中共山东省委党校、山东社会主义学院等与山东老年大学性质相似、工作内容相近的单位进行了分析和比较。中共山东省委党校与山东社会主义学院的固定资产管理模式比较相似，均坚持“统一领导、归口管理、分级负责、责任到人”的原则，建立国有资产管理领导小组对固定资产进行领导，明确牵头管理处室分别为国有资产管理处和办公室，各处室负责日常管理，将国有资产分类交由具体处室进行管理。这两个单位的固定资产管理模式具有集中统一管理、责任明确、分工负责的优点，但是也具有一定的不足。一是重宏观、轻微观。虽明确了各处室的工作职责，但未对工作内容、流程和时限等进行细化，缺乏对具体管理行为的指导。二是重管理、轻共享。各处室分别负责占用、使用固定资产的管理，未明确固定资产的调剂程序和方式，难以实现固定资产的跨处室调剂使用。

三、改进和完善山东老年大学固定资产管理工作的建议

（一）固定资产管理工作的原则和运行机制

1. 坚持集中统一管理原则，明晰管理责任。坚持固定资产管理与实物管理、价值管理相结合的原则，实行由办公室统一管理，各处室、内设教学管理机构占有、使用的管理体制，避免产生“账实分离”的问题。坚持“谁使用、谁管理、谁负责”的原则，明确使用固定资产的处室、内设教学管理机构的日常管理职责，细化工作内容。

2. 贯彻从严规范管理要求，规范管理行为。按照国家机关事务管理局相关操作规范说明，更新并细化固定资产的概念、范围、清查盘点时限等相关内容，配套通用资产配置标准表，形成固定资产管理依据。细化固定资产的预算编报、购置验收、使用移交等重点环节，明确各环节的条件和流程，并在部分关键环节设置多方参与机制，确保固定资产管理行为合规合理。进一步明确固定资产管理的监督检查和管理责任，提高管理的刚性约束力。

3. 推行全生命周期管理，实现闭环管理。统筹考虑固定资产管理各环节，由办公室负责固定资产的购置预算编报、登记计账、仓库管理和处置等环节，对固定资产的"入口"和"出口"进行统一管理，实现学校固定资产管理与预算管理、财务管理相结合，固定资产管理与实物管理相结合，最终形成固定资产全生命周期的管理"闭环"。

4. 创新管理理念和方法，提高管理效能。提前介入固定资产配置，使固定资产配置更加精准、高效。坚持固定资产管理与绩效相结合，大力推行通用办公类设备共享共用，打造节约型机关。将固定资产日常管理权限下放至各处室、内设教学管理机构，根据自身业务开展和其他需要，自主调剂使用所管理的固定资产，满足各项需要，激发固定资产日常管理的积极性和主动性。

（二）加强固定资产管理的具体措施

1. 不断完善固定资产管理制度、机制。根据政策环境和学校实际情况，适时修订《山东老年大学固定资产管理办法》，细化各处室、内设教学机构和人员的管理责任、工作内容，明确固定资产管理各环节的条件和流程，进一步优化固定资产管理机制。鼓励、指导各处室、内设教学管理机构制定内部固定资产管理制度，创新管理方式，全方位、多途径地强化固定资产的实物管理。

2. 规范固定资产配置。将固定资产购置纳入预算管理一体化管理系统，构建标准科学、规范透明、约束有力的固定资产配置约束机制。加强对固定资产购置的审核力度，严格按照《山东省省级行政事业单位通用资产配置标准》进行配置，确保固定资产购置合规合理。进一步加大对采购合同中涉及固定资产相关信息要素表述规范性的审查力度，确保固定资产采购合同与山东省行政事业资产管理信息系统一致。强化固定资产验收环节，实行三方联合验收机制，并将验收单作为会计确认入账的必要凭证，并及时将固定资产交付使用处室，确保固定资产账实相符。

3. 做实、做细固定资产日常管理。建立固定资产仓库，分类存放新购置、调剂、待处置的固定资产。健全固定资产管理台账，详细记录固定资产领用移交、调剂、出借、回收处置等信息，确保每件固定资产全流程有迹可循。每年组织各处室、内设教学管理机构进行固定资产清查，及时更新山东省行政事业资产管理系统数据，保证系统数据与实际情况一致。定期购买专业公司的固定资产清查服务，对全校固定资产进行彻底清查，全面掌握固定资产状况。

4. 提高固定资产使用效益。根据固定资产使用需求，结合省事业单位绩效考核的相关要求，大力推进电脑、打印机、音箱等通用办公类和教学类固定资产的共享共用。优先购置同一品牌、型号的多用途打印机，在处室内部进行网络共享，并在各校区、办公区建立公用打印室。进一步加大通用教学设备的跨校区调剂力度，避免固定资产的重复购置和闲置浪费。建立公物仓，对于超配严重、未达到报废年限的打印机进行集中存放，根据各处室、校区重大活动和工作需要，进行临时借用和调剂使用，最大限度地提高固定资产的使用效益。

（刘强：山东老年大学办公室四级主任科员）

老年大学线上线下教学的联动机制

◎ 王志强　王凯祥

摘要：老年大学因新冠肺炎疫情而开展线上教学，逐渐探索出一条独立的线上教学路径。在这样的背景下，我们可以发现线上教学有其独特优势，但也存在弊端。很多老年大学在恢复线下教学以后，没有继续对线上教学资源进行延伸发展，忽视了线上教学的独特优势。山东老年大学利用自身优势，积极探索研究线上教学，开发线上教学体系，使线上教学与线下教学形成联动机制，扩展老年教育供给范围，推动了老年大学事业的发展。

关键词：老年大学　线上教学　线下教学　联动机制

一、问题的提出

（一）线上教学的不足之处

线上教学虽然能够在一定程度上满足学员的学习需求和精神文化生活需要，但对比线下教学，存在以下几个方面的问题。

1. 互动性不足。老年大学对老同志的强大吸引力，主要体现在能够为具有相同兴趣、爱好的老年人提供一个交流互动的平台。但是线上教学大部分是“屏对屏”，这恰恰是线上教学互动性不足的体现。同时，在授课过程中老师无法随时观察到每名学员的学习情况，不能及时得到学员反馈，使得有些学员跟不上教学节奏。根据调查问卷的统计结果，有 26.1% 的学员表示线上学习的互动性较差。

2. 某些专业课程的教学效果不佳。对于一些不适合线上教学的课程，其教学效果与线下教学相比，达不到理想的状态。比如，太极拳、舞蹈、瑜伽、乒乓球、茶艺等实操性强的课程，线上讲授远不如线下实操的效果强。根据调查问卷的统计结果，有 19.7% 的学员表示线上学习效果有待提高。

3. 线上教学经验不够。对老年教育而言，线上教学还处在探索阶段，校方对线上教学的管理经验不足；部分老年大学学员对智能化教学系统和工具的操作使用存在困难，因而导致教师线上授课不够顺畅。根据调查问卷的统计结果，有 12.3% 的学员表示上课过程中时常遇到问题。

4. 未建立线上直播课程效果客观评估标准。很多线上课程的授课效果并不尽如人意，却没有合适的考核标准。线下教学经过多年的积累，让我们很容易从几个维度对教师和教学内容做出全面评价，但目前没有线上教学评价标准，这也是亟待解决的问题。

（二）线上教学的启示

线上教学存在一定的不足之处，但是其教学过程可慢放、回放、共享等优势也带来几点启示。

1. 优化线上教学形式，发挥独特优势。在改进线上教学方式和软件功能上做文章，让直播画面更清晰、观看效果更直观简洁；增加师生之间的互动，通过实时回放功能，满足学员随时随地学习的需求；使线上教学与学习资料同步共享，让学员提前掌握教学动态，了解课程进度，做到心中有数；在线上学习过程中，要确保一旦出现突发情况（断网、掉线、操作失误等），能够及时解决。

2. 线上线下教学联动，形成互补互助。老年大学要适时调整优化线上教学方案，不能照搬远程教育的做法，一定要深入研究老年教育与学历教育的异同点，深入挖掘老年群体的社会需求、教育心理。老年大学的教学可以采用多样化的方式开展，把课内与课外结合起来、线上和线下结合起来、大班和小组结合起来，以达到快乐学习的效果，满足不同学习层次学员的需求，使学员可根据自己的情况跟进学习、复习巩固，提升学习效果。

3. 形成特色教学体系，共享优质资源。线上教学既是对线下教学的补充，又是独立的教学体系，开展线上教学的老年大学要做好包括教师备课、教学设计、直播环境在内的各方面准备。“互联网 +”的优势有利于老年教育向异地、基层延伸，让更多的学员受益。

二、调查结果与分析

（一）调查统计

1. 老年大学开展线上教学基本情况。

表 1　开展线上教学情况

类别	自始至终开展线上教学	从未开展线上教学	阶段性开展过	小计
地市级	36（52.17%）	1（1.45%）	32（46.38%）	69
县级	4（10.53%）	7（18.42%）	27（71.05%）	38

从表 1 可以看出，地市级老年大学自始至终开展线上教学的占比为 52.17%，46.38% 的地市级老年大学阶段性开展过线上教学；县级老年大学中有 71.05% 的老年大学阶段性开展过线上教学，18.42% 的县级老年大学从未开展过线上教学。

2. 老年大学线上教学效果。

表 2 线上教学效果好的课程

类别	书法类	声乐类	器乐类	舞蹈类	健身类	美术类	生活应用类	小计
地市级	38（55.07%）	23(33.33%）	19（27.54%）	15（21.74%）	22(31.88%）	25（36.23%）	14(20.29%）	69
县级	28（73.68%）	19（50%）	8（21.05%）	13(34.21%）	9（23.68%）	13（34.21%）	6（15.79%）	38

从表 2 可以看出，线上教学效果相对较好的课程有书法类、声乐类、美术类。

表 3 线上教学效果不好的课程

类别	书法类	声乐类	器乐类	舞蹈类	健身类	美术类	生活应用类	小计
地市级	3（4.35%）	8（11.59%）	17（24.64%）	16（23.19%）	7（10.14%）	7（10.14%）	27（39.13%）	69
县级	2（5.26%）	5（13.16%）	13(34.21%）	10（26.32%）	8（21.05%）	6（15.79%）	9（23.68%）	38

从表 3 可以看出，线上教学效果不好的课程有生活应用类、器乐类、舞蹈类。

3. 老年大学线上线下教学联动情况。

表 4 线下复学后开展线上教学情况

类别	均未继续使用，也未开发新的线上教学模式	利用原有平台保留了部分课程的线上教学	选择了部分课程采用专有的平台	小计
地市级	36（52.17%）	20（28.99%）	13（18.84%）	69
县级	12（31.58%）	21（55.26%）	5（13.16%）	38

从表 4 可以看出，线下复学后，52.17% 的地市级老年大学均未继续使用线上教学模式，也未开发新的线上教学模式；有 55.26% 的县级老年大学利用原有平台保留了部分课程的线上教学。

表 5 对线上教学延伸发展的态度

类别	是，对线下教学内容的补充	是，解决了上不了老年大学的人群的需求	否，教学效果不佳	否，线下教学都能解决教学相关问题	小计
地市级	38（55.07%）	29（42.03%）	15（21.74%）	11（15.94%）	69
县级	17（44.74%）	16（42.11%）	11（28.95%）	7（18.42%）	38

从表 5 可以看出，分别有占比 55.07%、44.74% 的地市级、县级老年大学对线上教学延伸发展的态度是积极的，认为线上教学是对线下教学内容的补充；分别有 42.03%、

42.11% 的地市级、县级老年大学认为线上教学解决了上不了老年大学的人群的需求；但也有 21.74% 的地市级老年大学、28.95% 的县级老年大学认为线上教学效果不佳。

4. 线上线下教学联动可推广的经验做法。一是现代教育技术的应用。可在补足线上教学资源、完善软硬件配套建设、配备专门的教育技术支撑人员、提升扎实的线上教学支撑和保障能力等方面下功夫。二是教学观念的转变。线上教学不仅是线下教学的辅助手段，还是教学模式、教学方法信息化发展的创新途径。

（二）原因分析

1. 老年大学开展线上教学情况不同的原因。

表 6　开展线上教学情况不同的原因

类别	学校有条件开展，自主研发了教学平台	学校有条件开展，使用钉钉、微信等现有平台进行教学	学校不具备条件，教师、学员自发组织	学校不具备条件，没有开展线上教学	学校组织开展过，但效果不佳，没有长期推进	小计
地市级	6（8.70%）	51（73.91%）	7（10.14%）	1（1.45%）	4（5.80%）	69
县级	2（5.26%）	21（55.26%）	6（15.79%）	5（13.16%）	4（10.53%）	38

从表 6 可以看出，73.91% 的地市级老年大学有条件开展线上教学；使用钉钉、微信等现有平台进行教学的县级老年大学占比 55.26%；8.70% 地市级老年大学有条件开展线上教学，并自主研发了教学平台；10.14% 的地市级老年大学表示学校不具备条件，由教师、学员自发组织线上教学；县级老年大学中有 15.79% 的学校不具备条件，由教师、学员自发组织线上教学；13.16% 的县级老年大学没有开展线上教学；10.53% 的县级老年大学组织开展过线上教学，但效果不佳，没有长期推进。

2. 造成老年大学线上教学效果不同的原因。

表 7　线上教学效果好的原因

类别	直播效果好，看得直观、清晰	能够回放，学习时间随意	便于实践操作，不会的地方可以慢放模仿	其他	小计
地市级	35（50.72%）	53（76.81%）	31（44.93%）	5（7.25%）	69
县级	13（34.21%）	29（76.32%）	20（52.63%）	5（13.16%）	38

从表 7 可以看出，地市级、县级老年大学中，认为线上教学效果好的原因主要是能够回放、学习时间随意，分别占比 76.81%、76.32%；认为直播效果好，看得直观、清晰的，分别占比 50.72%、34.21%；认为便于实践操作、不会的地方可以慢放模仿的，分别占比 44.93%、52.63%。

表 8 线上教学效果不好的原因

类别	直播效果不好，尤其网络不佳、声音效果差	欠缺互动，想和老师交流都没机会	隔着屏幕，上课随意，感觉不真实	其他	小计
地市级	12（17.39%）	33（47.83%）	31（44.93%）	17（24.64%）	69
县级	7（18.42%）	30（78.95%）	24（63.16%）	5（13.16%）	38

从表 8 可以看出，地市级、县级老年大学中，认为线上教学效果不好的原因主要是“欠缺互动，想和老师交流都没机会”，分别占比 47.83%、78.95%；认为“隔着屏幕，上课随意，感觉不真实”的，分别占比 44.93%、63.16%；认为“直播效果不好，尤其网络不佳、声音效果差”的，分别占比 17.39%、18.42%。

3. 破解老年大学线上线下教学联动机制难题的途径。

表 9 线上线下教学联动途径

类别	同步推进，满足不同人群的需求	有差别化教学，各有所长，独具特色	开设报名热门的课程线上教学，满足人群需求	开设线上教学效果好的课程	其他	小计
地市级	48（69.57%）	25（36.23%）	19（27.54%）	25（36.23%）	3（4.35%）	69
县级	17（44.74%）	24（63.16%）	15（39.47%）	8（21.05%）	4（10.53%）	38

从表 9 可以看出，对于有效实现老年大学线上线下教学联动的方式，69.57% 的地市级老年大学认为要“同步推进，满足不同人群的需求”；认为要“有差别化教学，各有所长，独具特色”的地市级老年大学占比 36.23%；认为要“开设线上教学效果好的课程”的地市级老年大学占比 36.23%；63.16% 的县级老年大学认为要“有差别化教学，各有所长，独具特色”；44.74% 的县级老年大学认为要“同步推进，满足不同人群的需求”；39.47% 的县级老年大学认为要“开设报名热门的课程线上教学，满足人群需求”。

表 10 线上线下联动的保障条件

类别	设置专门的直播教室	选择直观性强的直播课程	组建线上教学专班	其他	小计
地市级	48（69.57%）	37（53.62%）	20（28.99%）	2（2.90%）	69
县级	23（60.53%）	22（57.89%）	14（36.84%）	2（5.26%）	38

从表 10 可以看出，地市级和县级老年大学对于线上线下联动的保障条件中占比最高的是“设置专门的直播教室”，其次是“选择直观性强的直播课程”。

4. 可推广的经验做法的原因分析。从更长远的目标来看，线上教育是未来终身教育的需要。终身教育需要创造“无论何时何地何人都能学习”的教育环境，其中教育技术的突破是关键。[①]科技发展推动现代教育技术的普及，人的教育观念也随之变化，与时俱进是大势所趋。

三、结论与建议

（一）结论

1. 对线上教学特点的认识。线上教学与线下教学的课程区分度明显，有助于促进线上线下教学“双赢”。线上教学是对线下教学的有机补充，但是不能替代线下教学。线上教学主要面向的人群特点有：年龄大、不方便外出，但又熟悉电脑、手机操作。线上教学的教学内容与线下教学相比更加有趣味性，学员学习的参与度更具广泛性，有利于教学与活动的有机结合。但同时，学员、教师、管理人员对线上教学的认识程度有待提升。

2. 线上线下联动机制的现状。大部分老年大学利用微信、钉钉等平台开展过线上教学，但是在线下复学后没有继续延伸发展这一教学模式；他们对开展线上教学的态度是积极的，认为其对线下教学是一种补充，也是对教学资源的拓展。要实现线上线下教学的有效联动，就要考虑教学效果、实现途径，确保线上教学有实施条件。

3. 实现线上线下联动的根本性困难。经调查发现，老年大学反映的线上线下教学联动的困难集中在设备、人员、制度方面。由此可见，地市级老年大学开展线上教学所具备的条件是有限的。因此，地市级老年大学需要与具备优质资源的老年大学联合开展线上教学，并将线上教学与线下教学联动起来，以便破解这一难题。

4. 实现线上线下联动的长远意义。一是线上教学与远程教学互补，可以丰富学习资源。线上教学有利于提升学员的学习兴趣；线上教学与远程教育相结合，可以丰富老年教育资源。二是扩大教育资源覆盖面，推动优质师资向基层一线倾斜。线上教学有利于解决县级老年大学缺乏师资的问题，有利于拓展教育资源覆盖面，是乡村振兴、文化养老的有力途径。

（二）建议

1. 组建专门团队，保障线上线下教学同步推进。一是政府主导，高度重视。政府要给予老年教育必要的政策倾斜，抽调专干力量组建专门团队，确保老年大学线上线下教学工作落到实处。二是投入专项资金，加强软硬件建设。通过开发网络直播与回放、互动问答等功能，完善线上教学体系，保障线上线下教学同步推进。

2. 定时开展直播教学，保证上课时间。每周固定时间开设线上直播教学，面向全国

---

① 邬大光：《教育技术演进的回顾与思考——基于新冠肺炎疫情背景下高校在线教学的视角》，《中国高教研究》2020 年第 4 期。

各地的受众群体进行授课。定时开展直播教学有利于学员进行规律性学习，有利于教师同步推进教学，从而确保教学质量。

3. 科学做好课程设置，抓好有效衔接。课程设置的针对性、可操作性要符合老年人的特点，满足其多样性、个性化的需求。一是做好线上线下课程设计，完善老年教育课程体系。二是做好线上线下的活动设计，形成老年教育活动品牌。三是办好线上线下相结合的专题班，创新老年教育办学模式。① 优选学员报名热度高、线上直播效果好的课程作为前期的直播教学课，后期慢慢延伸推广，开展更多的直播课。同时，要做好线上线下教学的有效衔接。

4. 加强师资管理，做好教学跟踪评价。选用优秀教师，做好直播教学的相关操作培训，确保教师熟悉直播教学的功能，确定好课程的教学内容、教学环节、教学进度。一堂直播课不能全是“满堂灌”，还要有讲有练，做到简单易懂、通俗易学。教师是教学的实施者，不同的教学水平能够产生截然不同的教学效果。因此，要做好对线上教学教师的管理培训，打造高质量的精品线上教学课程。

5. 拓展报名群体，开展“线上家访”，提升学员满意度。首先，将报名通知面向社会公布，尤其是区县、乡村，符合报名条件的均可通过网络报名。直播课堂可招收的学员数量远大于线下课，因此受众更多，覆盖面更广。其次，组织授课教师错时分组，对学员进行单独连线，提升线上教学效果。对不同学习层次的学员进行单独连线，掌握学员的学习动态，了解学员的学习状态和困惑，并及时答疑解惑。有针对性地解决学员的学习问题，保证线上教学效果，提升学员满意度。

（王志强：山东老年大学教务处副处长 / 王凯祥：山东老年大学教务处三级主任科员）

【参考文献】

［1］焦建利、周晓清、陈泽璇：《疫情防控背景下“停课不停学”在线教学案例研究》，《中国电化教育》2020 年第 3 期。

［2］杨金勇、裴文云、刘胜峰、张东淑、张湘、姜卉、姜莉杰、于瑞利：《疫情期间在线教学实践与经验》，《中国电化教育》2020 年第 4 期。

［3］郭英剑：《疫情时期，如何保障线上教学质量》，《中国科学报》2020 年 3 月 24 日第 7 版。

［4］李克寒、刘瑶、谢蟪旭、王了、张凌琳、罗恩：《新冠肺炎疫情下线上教学模式的探讨》，《中国医学教育技术》2020 年第 3 期。

① 朱新洲、王琳清：《老年教育线下线上融合发展的路径研究——以湖南老干部（老年）开放大学为例》，《青年与社会》2020 年第 25 期。

［5］杨宇翔、黄继业、吴占雄：《线上线下混合教学模式实施方案设计》，《课程教育研究》2015 年第 5 期。

［6］王杜春：《线上线下混合教学将是后疫情时代的主要教学模式》，《中国农业教育》2020 年第 2 期。

［7］张国杰、孙朝霞：《疫情防控背景下老年大学开展在线教学的实践探索——以广州老年开放大学为例》，《高等继续教育学报》2020 年第 5 期。

［8］宋怡然、王乃婧、王佳君：《大学生志愿者推动文化养老新模式——线上线下移动老年大学》，《天津社会保险》2019 年第 1 期。

老年书法观察能力培养研究

◎ 杜玉青

摘要：目前，随着文化软实力在国际竞争中的地位日益突显，中国传统文化中“书法热”的浪潮在老年教育中持续升温。谈到老年书法教育，加强对临帖能力的培养是一座绕不开的大山。本文从老年大学学员临帖中存在的问题、培养老年大学学员观察能力的理论支撑及教学中可运用的观察方法三方面展开，阐述观察能力在老年书法学习中的重要性，以及对观察能力的培养方法。

关键词：老年书法　观察能力　培养训练

书法是中国艺苑中的一朵奇葩。中国书法文化吐纳宇宙之气，囊括万物情状，由“立天定人”“书肇自然”到“由人复天”“艺与道合”，由一点一画到结体成幅，以一持万，以少总多，以有限表现无限，极富“大音希声，大象无形”“超以象外，得其环中”等深奥微妙的哲理。3000多年来，笔歌墨舞，创造出光辉绚丽的奇迹，傲然独立于世界艺术之林。

准确观察经典碑帖是临帖的前提，这也是有效掌握书法用笔的主要途径之一，是老年大学学员书法学习道路上的必备技能。在老年书法教育中，因未经过系统的、有效的综合训练，老年书法学员的书法观察力是相对较弱的，在临帖过程中存在着观察目的不明确、观察方法混乱、观察不深入不准确等问题，这些问题已成为老年书法学员在学习书法道路上的绊脚石，导致“变异图像”（临摹后的字）与“古典图像”（范字）相去甚远。因此，提高老年大学学员的观察能力刻不容缓。

本文将从老年大学学员临帖过程中存在的问题、培养老年大学学员观察能力的理论支撑及教学中可运用的观察方法三方面展开，阐述观察能力在老年书法学习中的重要性，以及对观察能力的培养方法。

一、老年大学学员临帖过程中存在的问题

由于老年大学学员年龄偏大，他们对书法的认识存在一定的固化思维。从书法认知方面来看，他们对书法中的临摹存在着认识不足的问题，导致他们对字形判断不当。一方面，老年大学学员在一定时间内接受的书法信息过多，以至无法消化这些信息；另一方面，由于对权威的书法信息感知太少且印象不深，老年大学学员在书写中表现出几类问题。

有些老年大学学员虽然在书写时态度认真，在临摹前也能做到观察字帖，但没有掌握正确的观察方法。在临帖时把握不准“古典图像”的精髓，临完后也很少将“变异图像”与“古典图像”进行反复比较，以寻找其中的异同。因此，即使态度认真，临摹出的字也和原帖相去甚远。

受书法认知水平的影响，尤其在草书的训练中，很多老年大学学员易把相似的点画、线条、形态混淆。另外，受硬笔书写习惯的影响，会把毛笔字形态写成硬笔字形态，导致书法作品缺乏了“古典图像”原本的样貌。

有些老年大学学员拿起字帖就写，没有先进行思考和观察，在书写时也不讲究用笔的方法和表达，导致写出的笔画没有方圆、轻重、大小、粗细、曲直等变化，更别提原帖的精气神了。按自己的书写习惯抄写字帖中的范字是一种机械化的书写，是比着葫芦画瓢。

由于老年大学学员缺乏大量的、正确的训练，在书写过程中，肌肉往往处于紧张的状态，指腕运动僵硬，握笔、运笔动作互相干扰，藏头不护尾，常常顾此失彼。有些老年大学学员虽然能勉强写出点画较为分明、结构较为妥当的“古典图像”，但给人的观感也是“状如算子”，缺乏灵动的美感。

以上罗列的只是老年大学学员在书写中所表现出来的几类典型问题。这些问题表明，部分老年大学学员缺乏良好的观察能力。一方面是缺乏正确有序的临帖习惯，一方面是受书法视知觉及生理差异的影响，从而导致对“古典图像”中点画、结字缺乏微观的理解和宏观的认知，对书法字势、章法美的感知薄弱，从而影响了书写能力的提升。对此，教师应在教学中找准源头，针对老年大学学员缺乏良好的书写习惯、观摩能力等问题，提出对应的解决方案。针老年大学学员对书写中肌肉紧张的现象，教师要引导老年大学学员进行筋骨肌肉活动训练，提高老年大学学员书写时的协调性、稳定性和准确性，从而引导老年大学学员学会分析字形、欣赏字势、领悟书写。通过训练，使学员逐渐达到心摹手追、心手统一的书写状态。

二、书学理论指导实践，知其理而事半功倍

理论指导实践，在书学理论的体系下，引导老年大学学员融会贯通。学习书法是对中华传统文化和古人笔画智慧的传承，夯实基础正是学习书法必不可少的一个过程，这个阶段以书法临习为主，在临习的过程中逐渐把握古代书家的笔法、章法和书风，以便在以后的创作中事半功倍。

科学的书法理论对培养老年大学学员的书法观察能力有着至关重要的作用，能有效地避免他们盲目地、片面地练习。良好的观察能力要以扎实的理论基础作为支撑，使书法观察能透过表面深入内在。

“每为一字，各象其形，斯造妙矣，书道毕矣”（卫夫人《笔阵图》）中体现了卫夫人“取万类之象”点画之美的书法美学观。在老年书法教学中，用熟悉的事物进行比喻、类比，引导他们观察点画并进行联想，帮助他们找到理解笔画的切入点，将会使他们的学习效果事半功倍。比如，在教授基本笔画时，引导老年大学学员理解“横如千里阵云，隐隐然其实有形”，向老年大学学员讲解“横”的动势和虚实之美；又如教授“撇”时，展示柳叶实物与象牙图片，让他们找出两者之间的共同点，引导他们体会“撇如陆断犀象”的形态与笔势，从中感受点画的笔力与骨力。卫夫人《笔阵图》中的书学论述对老年大学学员学习书法有着重要指导意义，能有效加强他们对书法笔势精要的理解，培养他们的书法观察能力，为他们学习书法奠定长远基础。

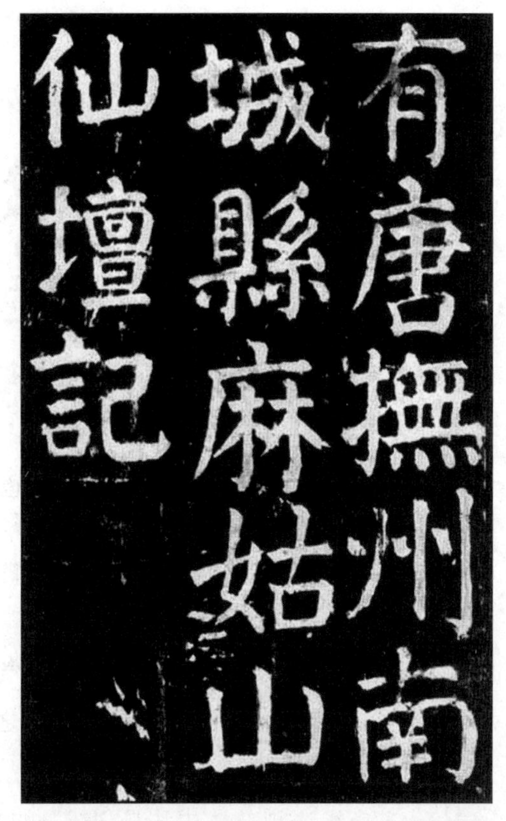

颜真卿《麻姑仙坛记》碑（局部）

用欧阳询结字《三十六法》推断结字美。后人总结的欧阳询结字《三十六法》中的结字论述为人们学习楷书奠定了理论基础，这种理论同样适用于老年大学学员。在老年书法教学中，“顶载”“穿插”“相让”“覆盖”“小成大”等法则能较好地引导老年大学学员建立观察思维。比如写颜真卿《麻姑仙坛记》中的“宗”字，老年大学学员很容易将下边的“示”写得和“宝盖头”一样宽，这就违反了“覆盖”的规律；学员在写笔画多的字的时候同样容易将字中不突出的笔画“一划而过”，藏头不护尾，这也与“小成大”的法则相违背。教师应引导老年大学学员知晓“笔画虽小不忽视，各个点画都重视，因小失大不应该”的结字意识。

三、观察能力的训练方法

（一）图形法训练。格式塔学派知觉组织原则中的接近性原则表明，人们看图形时倾向于将接近或邻近的图形看成一组或一部分。根据此理论，教师可在教学中采用以主题为单元来划分基本笔画的教学模式，让学员根据已有知识，去研究同一笔画在不同字中的形态变化，以此来提高老年大学学员的眼力。以米芾《值雨帖》中“不”“雨”“也”“可”等字的“横”画为例，能发现“横”的起笔、收笔和整体形状有粗细、方圆等精细变化，从而能判断出毛笔入纸后的切入角度及提按程度。如此将书家的书写状态细剖还原，不仅能加深学生的学习体会，还可以丰富学生的书法审美，对培养学生“察之者尚精”的能力有着直接的促进作用。

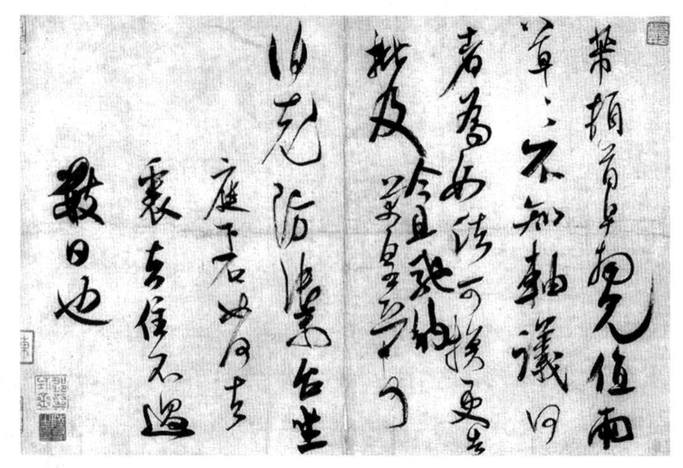

米芾《值雨帖》

（二）局部法训练。通过教学实践发现，老年大学学员在观察“古典图像”（范字）时，往往是先感知整体、后感知部分，并容易受已有经验的影响而忽略“古典图像”（范字）的细节，因此他们临写的字缺乏精细之美。教师在指导老年大学学员观察字形时，应注意在认知整体字形的基础上，抓住书法知觉的“弱成分”，即学员被已有经验影响而看不见的部分，用精讲、多练的方法，指导学员抓住书法的细节之美，并运用示范、展评等方法，使学员清晰地感知书法的局部细节。

（三）线法训练。书法是“线”的艺术，由于毛笔具备尖、齐、健、圆等特性，因而能表现出粗、细、枯、润、扁、方等不同线质，老年大学学员对这些线质都应该有准确的感受。在训练对“线”的感知力时，掌握中锋用笔的技法尤为重要，教师可引导老年大学学员书写形象易识的大篆，在书写中体会毛笔与纸的摩擦力，感受中锋圆劲的线条。教师在教学中还可借助米字格、九宫格，来帮助学员准确把握笔画的长短、斜度、比例等，当学员的这种能力逐步增强后，就能从“纸上有格”变成“心中有格”，就能写出准确的字形。

（四）联想法想象训练。蔡邕在《九势》中说，“夫书肇于自然”，书法起始于自然万物，学员可通过对自然万物的想象丰富书法学习。苏轼的“石压蛤蟆”和黄庭坚的“死蛇挂树”都具有生动有趣的审美意象。这种审美想象十分适合启发老年大学学员学习书法。老年大学学员的生活实践丰富，又具备较强的联想能力。根据老年大学学员的书法视知觉特点，教师可在纸上将范字用毛笔初步勾勒出来，这样的引导能让学员写出与字帖相似的字形。实践表明，将所学内容加以联想，不仅能提高老年大学学员的学习兴趣，还能提升他们的观察能力和审美情趣。

（五）层级分类法训练。首都师范大学中国书法文化研究院的甘中流教授将书法鉴赏分为八个层级，八个层级分别为：点画、偏旁、字形、字组、行、行组、局部、整篇。八个层级同样适用于老年书法视知觉感受的训练。教师可以引导学员运用笔画之间的相似性，把字拆成几个部分来分析字体结字，了解偏旁部首在结体中的作用，寻找结字规律。用三角形、长方形、正方形圈出范字字形，分解字形结构，这种方法同样适用于字组、行、行组等各个层级的训练。另外，可以把笔画间的连续、字与字的连续看成自然有规则的变化，将某一层级抽绎出来进行大小、疏密、曲直、比例、位置、质感等方面的训练，引导老年大学学员在书写中体会毛笔与纸的“呼吸”，感受书写的节奏变化。

（六）双重法体验训练。体验训练是指通过亲身实践的方式来认识书法美，从而提升书写能力的训练。笔者将书法体验训练分为两方面：一是体验点画、结字的形态；二是通过眼、心、手的结合，做到心摹手追，通过体验美感的相互转移而得到切实的感受。

笔者在教学中常将两种体验训练方式相结合，获得了良好的实践效果。如在对线质、线性的教学过程中，让老年大学学员在课堂中模仿拉面师傅的动作，感受“细而不弱”的线质，帮助老年大学学员在这个过程中感受力量和速度的变化。当学员把这种体验运用到书写过程中时，会发现书写难度随之降低。老年大学学员也得以在体验中将知识内化到自身的知识结构和情感体系中。临帖过程中往往“失之毫厘，谬之千里”，因此老年大学学员在临帖时需做到“眼到”，即眼睛的观察能力要敏锐，要训练出一双犀利的眼睛，只有对帖体观察入微才能深入理解作品；“手到”，即对笔画、结字要把握精准，必要时可用尺子去测量“古典图像”（范字）笔画、部件之间的比例关系；“心到”，即通过加强练习，在熟练中做到心手双畅。同时，在必要时可以手把手教学员书写，帮助学员体会毛笔的挥运之理。

“察之者尚精，拟之者贵似”（孙过庭《书谱》），这句话道出了观察能力在书法训练中的重要性。因此，培养观察能力是进行书法学习的先决条件，也是学好书法的重要保证。本文中所论述的观察方法是对近几年教学经验的初步总结。书法学习这条路很长，学习中要经过无数次量变才能达到质变，要不断否定、纳新，还要经历无数次心理认知过程，只有这样，才能将书写技术融入自己心中、手中，做到与古人合一，得其中奥妙。

（杜玉青：山东老年大学美术学院教师）

如何提高山水画作品中“线”的质量研究

◎ 刘岩

摘要：老年大学学员学习中国画，尤其是在学习山水画的过程中，其作品往往缺少生命力、线条软弱无力、画面平淡乏味，究其原因是对“线”的认识不够、训练不得法。“以线立骨”是中国画的基本特征，因此对基础线条的练习必不可少。线条讲求“平圆留重变”，一根线条要有“起、行、收”三个动作，“绞、提、按”产生不同线质，牢记用笔八字要点：笔性、笔意、笔力、笔势。“线”多种多样，不同线条形成的不同画面，如同一首首“线的乐章”。

关键词：骨法用笔　平圆留重变　绞提按　用笔八字要点

一、认识“线”及“线”在中国画中的重要意义

在不同的绘画形式中，“线”的作用和意义也不相同。

素描作品从起稿开始，就需用长线起形，再以直线造型，通常称其为“切形”；在油画、版画、水彩画、水粉画、装饰画等各类画种中，用“线”来造型是极为常见的，即使是毕加索的抽象作品，很多也都是用线来表达的。上面列举的各类画种，可以统称为“西画”，西画大都是以“线”造型，“线”自身不带有其他特殊意义。

中国画中的线，尤其在山水画中，除造型功能外，还具有特殊内涵和独立的审美意义，也就是说可以单独拿出来欣赏，因为其本身就富有强烈的生命力和丰富的情感。究其原因，是它的表达方式与其他画种截然不同。中国画的“线”，不是“画”出来、“描”出来、“切”出来的，而是“写”出来的，也就是具有“书写性”。人们常说“书画同源”，中国书法就是一门关于“点”“线”的抽象艺术，不同书体对于绘画中的不同用线有着重要的影响。篆书、隶书、楷书、行书、草书的用线，也就是山水画中的不同用线方法。这种文字与绘画的特殊关系，经过几千年传承至今，唯世间独有。这也是我们继承和学习中国传统文化最为引以为豪之处。

二、“线”的不同形态及其用法、作用

南朝齐梁时期的画家谢赫在《古画品录》中提出“六法论”，前两法就是“气韵生动”“骨法用笔”。北宋时期的画家韩拙在《山水纯全集》中讲，“凡用笔：先求气韵次采体要，然后精思。若形势未备便用巧密精思，必失其韵也。以气韵求其画，则形似自得于其间矣”。

上面所述气韵中的“气”，实际就是由线而来。中国山水画创作的来源主要是“师造化”，也就是“写生自然”。“写生”就是指画成“活”的，无论是树、山、石、云、水、舟、桥，还是其他物体，都要赋予其生命力，要打动人心，这样才能有“气”的生成，做到这些靠的是“线”的意识和“线”的形态。“线”是如何表达的，决定着画面的不同效果。

我校首先从几个方面来认识中国山水画的“线”。

（一）由于使用毛笔作画，因此以线立骨成为中国画的基本特征

“骨法用笔”中的“骨”，在山水画中实际主要是指用“线”，即一幅山水画要把线提出来，并表达明确，不能含混，因为“线”起着支撑画面的作用。如果没有线，就如同一座大楼没有立柱和主梁一样。“用笔”在山水画中就是以线造型、以线达意。中国画中的造型近似于西画中的结构素描，而不是光影素描。由此，线条在中国山水画作品中起着决定性作用，它的重要性是第一位的、无可替代的。“线”的质量高低，决定着作品成败和品质高低。

山水画作品，通常表现山、石、树、云、水、路、桥、舟、屋宇等等。不同物体、不同地域，要用不同线型和线质来体现。北方山石，就要体现山石的坚硬、刚烈，纹理清晰、阴阳向背，结构线多方中寓圆；南方山石则柔中带刚，圆中寓方。画树要表现生命力，云水要轻柔飘逸。所以，表现不同物象，不能千篇一律、技法单一，需用不同的线型和线质来表达。线型、线质的实质是用笔用墨问题。“用笔有三操：一操立，二操侧，三操画。有立有侧有画，始三入也。一在力，二在易，三在变。力过于画则神，不易于笔则灵，能变于画则奇，此三格也。一变于水，二运于墨，三受于蒙。水不变不醒，墨不运不透，醒透不蒙则素，此三胜也。”不同线型具有抒发不同情感的功效，线的状态又会传达不同的视觉感受——浓线厚重、淡线轻柔、粗线有力、细线立筋、润线绵软、渴线生涩、焦线老辣等。归纳起来有如下几种常用线质，需要深入体会和锤炼。

1. 刚健、挺拔的线。此类线质如金刚杵，既有阳刚之美，又有力度、气度和厚重之感，宜表现裸露山石的主次结构。

2. 舒展流畅，提按有力，顿挫自然的线。灵活多变，生动自然，阴阳交替。宜表现树木、点景人物、家畜、禽鸟。

3. 苍劲浑厚的线。厚重有力，稳中求变，如折钗股、屋漏痕。宜表现屋宇、桥梁、舟楫。

4. 洒脱飘逸的线。潇洒自如，行云流水，充满活力，适宜表现翻卷流动的云水。

5. 庄重典雅的线。平静祥和，优美雅韵。适合表现亭台楼阁、庙宇亭廊。

6. 天真质朴的线。自然流露，不含雕琢，充满质朴天趣。适合表现情趣天然的幼稚孩童或小鸟雏鸡等幼小动物。

7. 金石韵味的线。古朴典雅，铜铸厚重。宜表现古屋老宅，苍松古柏，能充分表现时代印迹。

由此可以看出，“用笔有简易而意全者，有巧妙而精细者。或取气格而笔迹雄壮者，

或取顺畅而流快者。纵横变用在乎笔也”，“大凡笔要遒劲，遒者柔而不弱，劲者刚亦不脆。遒劲是画家第一笔，炼成通于书矣”。

（二）线的虚实

一幅山水作品，根据线的虚实，体现山的主次结构。荆浩讲，“凡笔有四势：谓筋、肉、骨、气。笔绝而不断谓之筋，起伏成实谓之肉，生死刚正谓之骨，迹画不败谓之气”。主结构线要实，表现山体大的结构、形态、轮廓、透视、空间、阴阳，此为骨、为气；远离结构体的线为虚，线型松动、流畅，自然为筋、为肉。

（三）线的气质

这是来自画家本人的审美意识、学识、修养、价值观的反映，它影响作品的格调与品味，使线的特质产生不同的节奏与韵律。“用笔之法，在乎心使腕运，要刚中带柔，能收能放，不为笔使。”

评判一幅山水作品的好坏，很重要的因素就是要有大量不同质感、不同属性的线质，这样的作品才会耐看、品味高深并有永久的研读性，否则会单调乏味，其价值必定不高。“落笔细虽似手嫩，然有极老笔气，出于自然；落笔粗虽近于老，然有极嫩笔气，故为苍劲者，难逃识者一看。”

三、老年大学学员作品中线条质量普遍存在的几种弊病

（一）缺少生命力

线条如同折断的朽木，僵硬死板，无生命之力。

（二）软弱无力

如同滩泥，或故意扭曲、矫揉造作，更显萎靡、毫无精神。

（三）无书写性

或“切”或“描”。中国画的线条要书写出来，以书入画，也就是常说的“画，不是画出来的，而是写出来的”。

（四）无变化

整幅作品方法单一，乏味平淡，毫无精神，更无质感。

出现上述问题的主要原因是，没有理解正确方法，没有专项训练线条。若要解决这些问题，首先要掌握正确的方法，苦练基本功，才能起到事半功倍的效果。如果方法不正确，即使下了大功夫，也是徒劳，起不到作用。

四、提高线质的具体训练方法

如何提高山水画中的线质，是摆在学员面前的共同课题。提高线的质量，是为了更好地描绘对象，更深层次地表达情感。那么，到底该如何提高线质呢？这需要我们认真

地分析和研究。

（一）关于“平圆留重变”及基础线条训练方法

从宏观看，“线”的特性可归纳为两类：一类称为“平稳性”，一类称为“变化性”。画“平稳性”线条时行笔略慢，用力较均匀，提、按变化少，粗细线都圆劲沉着、富有弹性、筋骨感强。黄宾虹先生对此总结了五个字：平、圆、留、重、变。

“平”，是指笔力。从起笔到落笔，用力要平均，如锥画沙，起讫分明，笔笔送到，无柔弱处。但“平”非板实，要一波三折，就像水面一样，有波澜万千的变化，澄清时复平如镜。用力应均衡沉稳，不可忽高忽低、忽快忽慢，要将全身力量注到笔锋，使笔尖运行自然。

“圆”，是指笔意。画笔勾勒，无论横竖都要一勾一勒，有起有收，首尾衔接，如书法的无垂不缩，无往不收，如折钗股，势取圆润。笔画转折处，用笔要自然，不可率意纵横，妄生圭角，全无弯曲之意。“圆”就是笔笔中锋、圆厚，不能薄气。

“留”，是指笔姿。用笔应不疾不慢，积点成线，如屋漏痕，无论侧锋、中锋都要力透纸背，遒劲有力。

“重”，是指笔势。一是用笔要有重量感，要笔力扛鼎，如高山坠石，气力不凡。二是要举重若轻，含刚劲于婀娜，化板滞为轻灵，也就是所谓的“气韵”。

“变”，是指笔趣。运笔因物而异，但万物运行不已，而不易其常。故艺虽万变，而道不变。有变，画即活也。

这类特性线条可参看古人表现南方山体的画作，其中表现茂密植被和裸露山石的线条，如披麻、荷叶、解索、牛毛、卷云等，多是以柔为主，柔中带刚。若要掌握此类线条的画法，可以从专项训练开始。（如图示）

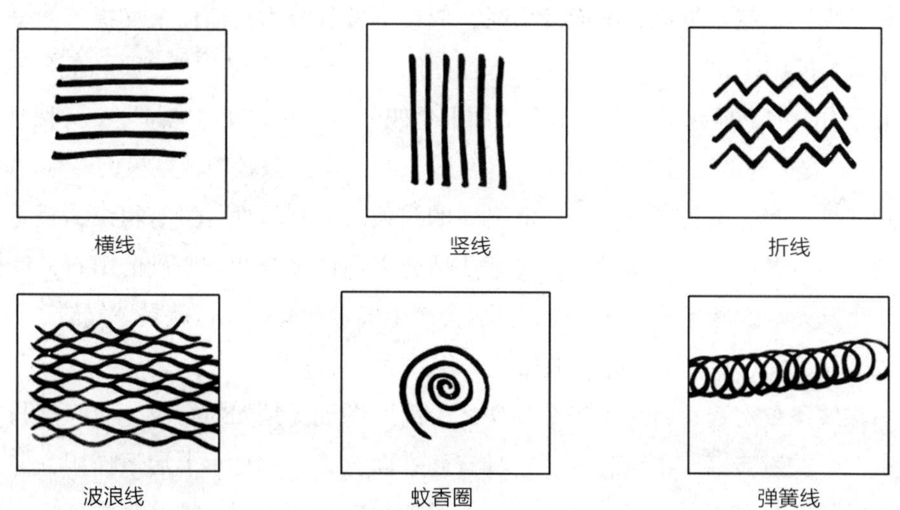
横线　竖线　折线
波浪线　蚊香圈　弹簧线

执笔时，要做到运行平稳，不要有明显快慢，转角处要粗细均匀，如折钗股，行笔不宜太快；如画短线，执笔时腕肘着纸面，以腕部活动为主，手指执笔要实，但不可太紧，要保持腕部灵活；如勾长线，需腕肘悬起，线随腕动。总之，无论哪种执笔方法，都应保持线条的圆厚与流畅。

（二）“绞、提、按”的动作要领及练习方法

另一类线型特性，暂且称之为“变化性”。此类线型讲究行笔略快，线型变化丰富，粗细、刚柔、轻重、虚实变化明显，用笔生动活泼，雄强有力，宜表现北方裸露、坚硬的山石，也是画树的常用线型。若想表达准确，重点要做好三个动作：绞、提、按。这三个动作需同时融合和自然转换。所谓“绞”就是绞动，由手腕、手指带动笔锋，左右摆动，如同书写“S”形。若老年朋友对于书写“S”的动作不习惯，还可以理解为书写“3”。写“3”这个动作容易理解和掌握，几乎人人早已形成一种肌肉记忆，能非常自然地表达出来。练习时可从写一个“3”开始，然后再向下连续写两个、三个、四个……以此延续。（如图示）

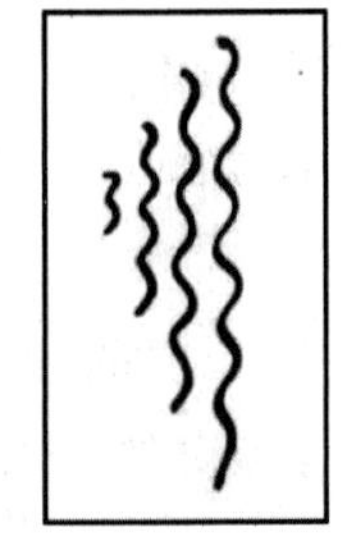

写“3”的形态

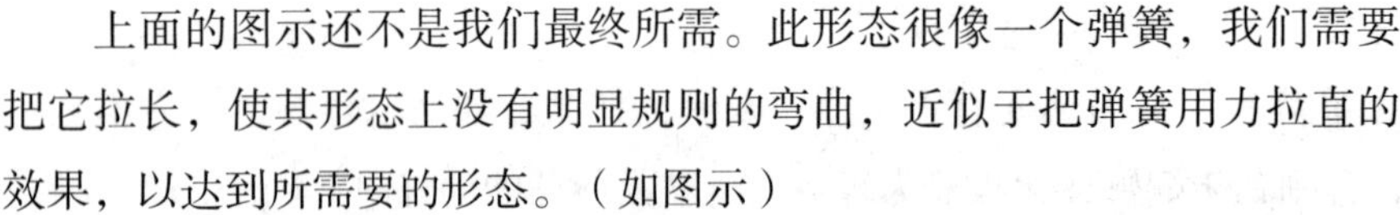

上面的图示还不是我们最终所需。此形态很像一个弹簧，我们需要把它拉长，使其形态上没有明显规则的弯曲，近似于把弹簧用力拉直的效果，以达到所需要的形态。（如图示）

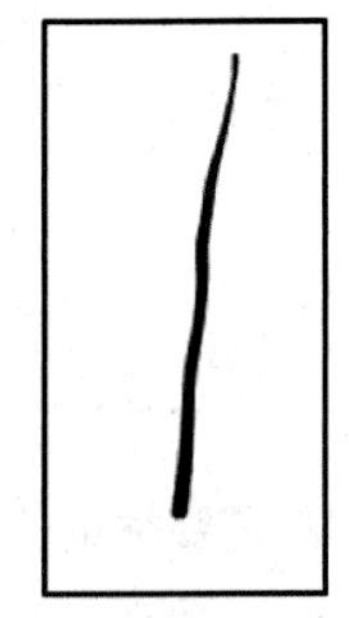

拉直弹簧后的自然形态

看似一根直线，但并非笔直的线，而是略微弯曲的，类似拉长的“S”形。这就是我们在画面中所需要的形态。书写时始终要保持中锋用笔，线条两侧保持光滑，如此，就达到了初步的书写要求。再经过长时间反复训练，就可逐渐体会力透纸背、如锥画沙的感受。此用笔动作熟练之后，就可以增加后两个动作，即“提”“按”。

所谓“提”，就是笔锋朝纸面发力时，假设下按五分力，而向上又提起四分力，实际留在纸面上仅剩一分力。这就是“提”，也称作“提着气”，又称为“欲上还下”。同理，若向下五分力，向上提起一分力，留在纸面上是四分力，此时就是“按”，又称其为“欲下还上”。“提”时的线条较细，但细而有力；“按”时线条较粗，虽粗仍要有“筋骨”。如此，把“绞、提、按”同时并用，那出现的线条既有书写性，又有粗细、轻重、阴阳的节奏变化，以及很强的生命力。这种笔法适合表现树木及北方坚硬的山石，使树木产生活力，让石头、山峰有了生命，画面自然会产生气息和韵律，这就是“气韵”。

（三）如何做好“起、行、收”

画一根线条要有起、行、收三个动作，上面所讲主要是如何行笔，而起笔与收笔也是其中的两个关键步骤，不可忽视。它具有两方面意义：一是承上启下作用，使线条间气脉相通。起笔承接笔气，而收笔是为下一线条留有表现空间，把笔气顺下去，起承接态势，做到既能送出，又能收住，既表现结构，又起传承作用。二是起收笔的质量会影

响行笔过程中线条的质量，线的力度与弹性很大程度取决于起收笔是否到位。起收笔的方式主要有四种形态：实入虚出、虚入实出、实入实出、虚入虚出。各种形态中，又有藏露锋、方圆直、轻重、运笔速度、运笔角度等多种变化，这些应根据画面的不同情况而分别使用。另外，还要把握执笔方法。对于老年朋友来说，执笔方法更要严谨标准，要使笔锋垂直于纸面，使每根笔毫全部着力，做到万毫齐力，线条才会圆润厚重。

起收笔要稳健含蓄，不可张扬跋扈，力应藏于内而非置于外，要把“气”拢在线条内才不会使“气”泻出。起笔过程即是藏锋和积蓄力量的过程，使精神与气力凝聚此处，蓄势待发，入笔则力发，力发则转势，竖力转横力，横势转竖势。起笔之妙在于笔锋调整，调至相应方向再将笔力送出，行笔稳健到位，之后收笔蓄势，精气神要贯彻始终。

（四）用笔要点：笔性、笔意、笔力、笔势

用笔的方法也非常重要，对毛笔性能及运笔的把控是确保线条质量的关键。其中，“笔性”就是画者自身素质的体现，反映了其对生活的感悟和对绘画的认知程度，是画者个性、气质、修养的综合表现。每个画家的笔性不同，由此也成就了各自作品的风格面貌。例如，李可染的积点成线、屋漏痕，黄宾虹的圆笔中锋、一波三折，陆俨少的抽龙筋，潘天寿的霸悍强劲等，这些都是画者本人个性和品格的再现，正所谓“画如其人”。

“笔意”，山水画中所画线条要有意趣，有轻重缓急的变化。用笔欲右先左、欲左先右、欲上先下、欲下先上，相互间要有钩斫关系、替让关系，笔笔书写，勾勒自然。

“笔力”就是每根线条都要有力，前面所讲黄宾虹的“平圆留重变”就是指的这个问题。

“笔势”，无论是勾勒山石、树干、树枝，还是点叶，都要一气呵成、笔笔生发，要有连续动作，丝丝入扣，相互关联、组合，要有重量感。一幅作品有了笔势，就会“气韵生动”，自然灵动感人。

以上综述，可以看出“线”是中国山水画的灵魂，决定着作品的品质。由不同线条形成的不同画面，如同一首首乐章。长而有力的线就像一首振奋激昂的进行曲；短而灵动的线，如同轻松快乐的三步舞；粗而厚重的线，如同强而有力的D大调；细而轻柔的线，就像浪漫优雅的小夜曲。不同的线组合在一幅作品中，又犹如各种乐器融合在一个主旋律中，各自起着不同作用，无论缺少哪个都是乐曲的缺憾。正如优美的乐章，是由一个个音符组合而成，不可小觑每个小小的音符。一幅山水作品，也是由一根根线条组合而成的。有高质量的线条做保障，并结合多变的墨法而形成的画面，能生动地表达出作者内心的感受，使观者产生共鸣，或激昂、或喜悦、或沉思、或宁静、或将化为永恒的记忆。通过艺术使精神得到升华，这是一个成功艺术家永远追求的目标，更是我们老年朋友不断追求的境界。只有这样，才能真正将艺术与人生融为一体，形成一曲优美的交响乐章！

（刘岩：山东老年大学美术学院教师）

论京剧裘派花脸艺术与老年教育的有机融合及探索

◎ 马济生

摘要：京剧是中国传统文化的精髓，也是中国传统文化的象征，被视为中国国粹之一。为进一步弘扬国粹，把京剧花脸艺术在老年教育中传播，将京剧花脸教学搬进老年大学的课堂，山东老年大学首开历史先河，创建了全国老年大学中第一个京剧裘派花脸班。本文通过探讨京剧裘派花脸班的发展历程、存在问题等，提出在积极老龄化发展战略背景下将京剧裘派花脸艺术与老年教育有机融合的问题，以期适应当前的老年教育发展。同时，探讨了传承与传播中国传统文化有效途径的问题。

关键词：京剧裘派花脸　老年教育　有机融合

裘盛戎先生在其 40 多年的舞台生涯中，继承中华优秀传统文化，并勇于创新，不断丰富和改造着自己的表演艺术，紧扣时代脉搏，把京剧花脸艺术推向了一个前所未有的新阶段。身为裘派艺术的传承人，又为山东老年大学的老师，我有责任也有义务把中国京剧裘派花脸艺术融入老年大学的教学中，当好弘扬京剧裘派艺术的传播者。为此，我在山东老年大学创办了全国第一个京剧裘派花脸班。

一、花脸裘派及其相关概念

花脸是京剧中的一种重要表现形式。裘盛戎先生有着极其鲜明的艺术风格，四十多年的艺术实践使他成为一代宗师，业内人士和广大观众将其艺术风格称为“裘派”。裘派以唱腔唱法为本，吸收了金（少山）派的演唱技巧与郝（寿臣）、侯（喜瑞）等派的表演艺术，形成了融合铜锤花脸和架子花脸为一体的新风格，其艺术精华在于既有韵味无穷的唱腔，又能以高超的表演技巧去刻画人物性格。

京剧界有“十净九裘”的说法，即十个京剧花脸演员中就有九个遵裘派的表演风格。裘派具有角色鲜明的特征，表演思想、感情细致入微。京剧花脸不仅靠演唱和脸部表情来刻画人物，更注重靠念白来表现人物的内心变化和思想，这也是京剧的一大亮点和看点。裘派艺术之所以传承久远，在于它遵循艺术发展的自然规律，顺应观众的审美标准。裘派艺术对话剧、歌剧等艺术的吐纳和扬弃，以及对生活的体验和观察等各方面因素，造就了裘派艺术开放、包容的属性，使裘派艺术久盛不衰。

二、老年大学花脸班的创建、融合及发展

我是国家一级演员，先后师从刘振奎、孟喜平、刘铁城，并于1987年正式拜师裘派传人方荣翔大师，成为方荣翔先生的亲传弟子。方荣翔的唱念做表以及音色的运用，无不酷肖其师，且被人视为“青出于蓝”。他能很好地运用胸腔、鼻腔共鸣，声音刚劲而柔和。他人品高尚，与人为善，是一位德艺双馨的表演艺术家。方荣翔大师倾心京剧研究数十年，继承、完善和发展了裘派艺术，积累了丰富的艺术财富。经方荣翔大师的言传身教，我在全国各地巡演中先后曾与著名京剧表演艺术家钱浩亮、李崇善、陆义萍、尚长荣、于万增等合作，均大获好评。2004年，我荣获全国第四届京剧艺术节会演银奖第一名；2005年，在北京原总政治部和长安大戏院舞台上表演传统名剧并进行了直播；多次在中央电视台《名段欣赏》栏目录制经典唱段。多年来，我始终以京剧裘派花脸艺术努力践行我们党关于中华优秀传统文化的创造性转化和创新性发展道路。

学京剧不易，学花脸更难。花脸除了难唱之外，相比生旦声腔多、剧目多、流派多、演员多，优秀演员更多的情况，花脸声腔少、剧目少，流派现在是“十净九裘”的状况，演员也少，好花脸就更少了，正所谓“千生万旦，一净难求”。为了坚定不移地弘扬中华优秀传统文化，把京剧裘派艺术传承下去，我在退休之后毫不犹豫地做出了选择，要把一生所学传授下去，使京剧裘派艺术得以延续和发展。这一决定使我催生出一种使命感和紧迫感，立即着手创办了京剧花脸班。

花脸班成立后，我在教学上采用了传统的“口传心授”的教学方法，从基础教起，使学员逐渐掌握发声、吐字、行腔、运气等多方面的技能。在教唱唱段时，从结构、节奏、发音、用气、字音处理等多个方面生动形象地指导学员在演唱时需注意的要点。在校学员中，既有省市机关退休干部、企业领导、研究人员，也有工人、农民，年龄大多在60岁以上。他们职业不同、经历不同，文化层次也不同，因而对戏曲的理解也存在着差异。我便因人施教，激发每个同学的潜能，使其尽快学会演唱技法。我致力于把花脸班办成知识的驿站、心灵的港湾，以及传承裘派花脸艺术的基地。如今，花脸班渐渐形成了一股合力、一股正能量，这个正能量的核心就是师生们的真诚、和谐、团结、奋进。花脸班给人以澎湃动力、旺盛生机和巨大力量，让老年人幸福感满满。从花脸班创立至今，走过了近十个春秋，不仅教授了许多传统名剧，还教唱了革命现代戏，如《智取威虎山》《奇袭白虎团》《平原作战》《海港》《杜鹃山》中的花脸唱段，其中不乏裘派艺术的经典之作。

花脸班每年都按照山东老年大学的统一工作部署，制订出明确的、切实可行的教学计划、重点任务和完善细致的教学大纲。

花脸班的教学特色：1. 坚持一个方向。花脸班始终坚持以习近平新时代中国特色社会主义思想为指导，坚持“文艺为人民服务、为社会主义服务”的方向，坚持弘扬中华

优秀传统文化的教学方向。2. 做好两个提升。努力提升每位学员的文学修养和演唱素质，努力提升花脸班总体演唱、演出水平。3. 学好经典唱段，传承京剧裘派花脸艺术。4. 组织并参与一系列的公益活动、惠民演出，丰富人民群众的文化生活。充分利用寒暑假时间及每年的节假日，积极组织和参与相关活动。其中，花脸班参加了国庆等大型活动以及方荣翔先生系列纪念活动。同时，还首创了一支女子花脸队伍，不仅突出了花脸班的独有特色，还进一步优化了京剧花脸表演的表现形式，促进了京剧艺术振兴。另外，花脸班经常组织到社区、企事业单位、老年公寓等进行慰问演出和公益活动。走出校门，走出济南。花脸班曾到日照市进行游学式联谊交流；应夏津县的邀请，花脸班全体学员参加了夏津县的系列演唱活动；花脸班还组团参加了扬州京剧协会举办的“华东、华北大型京剧名家演唱会”和“八省市名家名曲联谊演唱会”，使学员们在展示所学才艺的同时，增长了见识、开阔了视野。5. 教学和社会活动相结合。通过课堂教学，学习经典名家名段；通过参加社会公益活动，传承优秀传统文化，促进京剧艺术繁荣振兴。

三、京剧花脸教育的未来探索

回顾一路走来的发展历程，花脸班在山东老年大学的领导下收获颇丰。花脸班在弘扬中华优秀传统文化的道路上稳步前进、健康成长，学员们的才艺也由最初的青涩逐渐走向成熟，许多学员活跃在社区、票房、业余京剧团中，并成为这些文艺团体中的中坚力量。

随着时间的推移、学业的进步，一个新的追求目标又在学员中酝酿开来。学员们说：“要演得了戏，更要说得了成。”也就是说，要有舞台实践，更要有戏剧新知识。近期，一个新的课题又展现在我们面前，那就是在完成山东老年大学提高班的教学任务之后，再创办裘派艺术研究生班。

如何进一步提高老年大学京剧裘派花脸艺术班的办学质量，如何使艺术班与老年教育更好地有机融合以适应老年教育发展的需要，有待于我们去认真思考和深入探讨。今后在教学方法上，要力求改革创新，除传统的“口传心授”外，还要探索和优化纵向继承、横向借鉴的路子，使学员们的表演技艺、理论水平上升到一个新的高度，让国粹京剧发扬光大，把优秀传统文化传承下去，让更多的人了解国粹京剧，把更多喜爱裘派花脸艺术的人才吸引到山东老年大学中来，以扩大山东老年大学在全国的影响力。

（马济生：山东老年大学声乐戏曲学院教师）

老年大学线上与线下混合式教学初探

——以山东老年大学为例

◎ 郭红霞

摘要：新冠肺炎疫情对全国的影响不仅仅表现在经济上，也表现在教育上。以山东老年大学为例，面对疫情，学校积极研发线上教学课程，开展“云课堂”教学，并取得一定成效。本人通过综合分析线上、线下两种教学方式的优缺点，认为混合式教学是当前老年大学应对后疫情时代的良好方式，它既能打破时空、地域的局限，又能保证课堂互动，有利于教师把控教学节奏，激发教师的授课灵感。在具体实践中，可以尝试分层次进行班级设置，发挥“代际教育”的作用，把不同年龄段的老人进行合理分组，实施有针对性的教学，更充分地发挥混合式教学的优势，促进老年教育向更健全、美好的方向发展。

关键词：混合式教学　云课堂　代际教育　梯形设置

2020年，一场席卷全球的新冠肺炎疫情给我国各行各业带来了巨大考验，也给老年教育事业带来了重大影响。老年人是易感高危群体，为有效避免学员受到病毒传染，保证学员“停课不停学”，全国各地老年大学都开展了线上教学活动。随着疫情防控常态化，线下教学逐渐恢复。本文根据对两种教学方式的分析，认真梳理其中的问题及效果，拟就线上线下混合式教学提出几点建议，以便为老年大学下一步推进教学改革与教学模式的创新提供参考。

一、“云课堂”老年教育模式

（一）线上教学分析

1. 运行情况。以山东老年大学为例，2020—2021学年度计划开设课程80门，已实施线上教学课程75门，线上开课率达到100%。开设各类课程1152门次，参与在线授课教师320名，参与在线学习的学员11062名，覆盖全校75个专业。

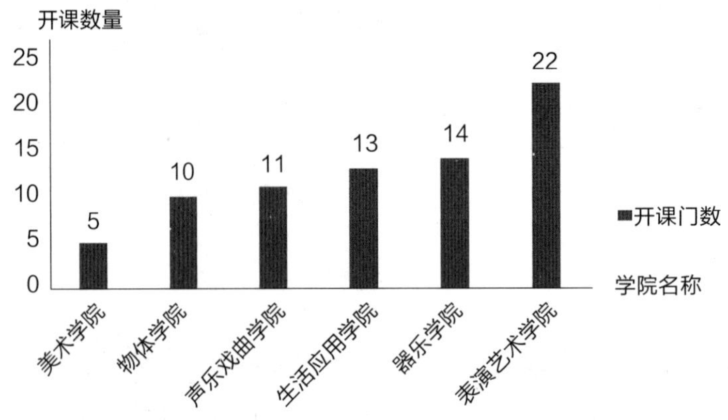

本学期各教学单位开课数据分析

2. 平台运用情况。线上教学模式运行之初，各课程教师自主采用微课堂、钉钉、腾讯课堂等平台开展在线教学。教学运行中期，山东老年大学自主研发了学校专用网络教学平台，统一了师生教学、交流的通道，这在全国老年大学中开创先例。

3. 教师“云授课”。在特殊时期，学校教师用实际行动展现出他们在疫情面前的担当，践行着人民教师“立德树人、铸魂育人”的时代使命。教师们积极探索，根据学科特点、课程要求、平台已有优质资源等情况自主选择适合自己的方式开展混合式教学。

（二）加强组织保障

1. 学校高度重视，科学制定工作方案。面对疫情对学校教学工作造成的冲击，山东老年大学高度重视、积极应对，立即成立了由校长担任组长的教学安排调整应急领导小组，从维护师生安全的角度出发，着眼于教学实际，反复研讨，制定相应的应急预案，确保教学工作有序进行。小组制定了《关于延期开学期间开展网络教学工作的预案通知》《关于完成 2020—2021 学年度第二学期线上教学开课计划表与上课时间表的通知》《关于如何使用课程平台及教学工具的有关说明》《山东老年大学疫情期间线上教学的建议及注意事项》等文件，就疫情期间工作做了统筹部署。

2. 精准服务，保障线上教学正常开展。为切实保证教学顺利运行，教务处多次组织各教学单位召开线上教学工作协调会，有序开展了线上课程教学、网络教学平台的使用说明、教师网络教学平台技术的培训、教师与学生问题的收集与反馈、线上教学开展运行情况督导等工作。为提升教师信息化教学水平，学校组织开展了教师线上教学培训 30 余次，确保教师熟练掌握直播、答疑等线上操作。学校建立了在线教学技术指导交流群，为开课教师提供技术支持，实现师生“云讨论”“云交流”“云互动”，保障线上教学顺利开展。

（三）多措并举，提升线上教学质量

1. 领导重视，亲自调研线上教学工作。在线课程开课以来，学校校务会高度重视，相关领导加入各类线上课堂及教学督导工作群，全程在线了解师生的困难与问题，督查线上教学开展情况，对线上教学质量监控与评价提出明确要求。教务处与时俱进，在工作中探索线上教学标准和质量评价可行办法，实现“开学延期课不停、教学质量有保障”的共同目标。

2. 督导上线，开展线上听课。校、院两级督导通过线上教学平台，深入网络课堂一线开展教学督导工作，重点关注教师能否贯彻“以学员为中心”的理念，关注教师教学平台运行及教学模式的选用，对学员的出勤率、教师发布资源和线上教学活动以及学员参与度等教学运行情况进行监测。

（四）成功经验及亮点

1. 重视课程思政建设。深入挖掘疫情防控中思想政治教育的鲜活内容和典型案例，充分发挥思政课在落实“立德树人”这一教育根本任务中的关键课程作用。把疫情防控工作中的生动实践变成课堂教学的丰富内容，实现课程中知识传授、能力培养与价值引领的有机融合，向学员传递正能量。

2. 加强经验交流，开展“疫情共坚守　线上提质量”教学经验交流与分享活动。为促进学校教师特别是新入职教师的教育教学理念转变和教学方法改革，提高教师们的线上教学水平，主讲教师结合自己开展线上教学的实际情况，从课程定位、课程目标、学情分析、在线教学形式、教学内容、教学效果与反馈等不同角度，分享线上教学的经验和感悟。教师们以活动为契机，相互观摩，取长补短，进一步提升专业素养，推动教学理念革新，提高混合式教学水平和教学质量，实现学校优秀学员培养质量的全面提升。

3. 积极推广优秀典型案例。为进一步提高学校线上教学质量，积极推广学校优秀教学经验和模式，发挥优秀典型案例的示范作用，教务处工作人员每周认真审核各教学单位提交的教师在线教学典型案例，对各项材料进行梳理、编辑，并从中选取优秀案例在学校主页“优秀教师”专栏中予以刊登，供广大教师学习和交流。

二、转变观念，积极营造线上、线下“学习型”课堂氛围

2020 年疫情防控期间，为了确保“停课不停学”，提高线上教学效率，更加方便不同起点的老年大学学员进行学习，山东老年大学自主研发、开设了针对老年人学习的专用网络教育平台，力争让学员不出家门就能利用网络学习。同时，后台服务系统也在不断改进，以保证学员利用此教育平台上课“容易进、出得来”。但从整体运行情况看，也出现了很多值得思考的问题。

（一）部分学员受旧有学习模式和观念制约，内心排斥新鲜事物

以老年大学学员持有智能手机为例，目前 90% 的学员人手拥有一台智能手机，有一小部分学员仍然持用“老年人手机”，原因主要是这类手机字体大、声音大，操作方

便。不过，值得欣喜的是，有些学员随着网上课堂的推进和受周围同学、好友的影响，也慢慢接受了智能手机，甚至变成了“智能达人”。可见，一种旧有模式的退出和新思想的转变需要“学习型”课堂氛围的感染和号召。

（二）线上教学优、劣势分析

优势：打破时空、地域的局限，覆盖面广，可以不受外界的影响，授课形式灵活，所形成的视频课件便于学员保存，可以随时重复观看、观摩学习。

劣势：课堂缺乏师生互动的氛围，授课面窄，教师稍不留意容易形成“一言堂”的局面，教学互动流于形式。教师不能整体检阅上课效果，还需要通过线下教学来完善、提高。有时受网络信号制约、手机配置及操作能力的影响，线上教学效果会大打折扣。

（三）线下教学优、劣势分析

优势：课堂互动氛围好，师生间可以面对面交流，有利于教师明晰地传达自己的授课要点和意图、更好地把控教学节奏。这也是学员固有的、最喜欢的一种学习方式。

劣势：定时定点教学，授课时间有限。除学员在课上有意录制视频外，无法再现、回看课堂精彩瞬间。

综上所述，混合式教学模式正好可以弥补两者的不足，同时也需要师生转变旧有观念，共同积极营造“学习型”课堂氛围。

三、混合式教学需要重视“代际学习”的老年教育辅助

随着各地区老年大学的普及，尤其是《老年教育发展规划（2016—2020年）》文件的颁布，提出了远程老年教育推进计划，探索以开放大学和广播电视大学为载体建设老年大学。许多有志于老年教育的年轻人也加入了教育、研究、服务队伍，他们给老年大学注入了活力，为老年人学习提供了很多精神帮助和物质帮助。年轻人可以把自己所掌握的新鲜事物、信息，以及多元知识的学习方法传递给老年人，从而帮助老年人达到终身学习的目的；老年人可以将一生的社会经验传授给年轻人，通过交流和沟通实现“互助学习”。

四、根据受教学员年龄层、学习门类的特性划分层次，实行“梯形”混合式教学

以55—70岁为一档，此年龄段的人群精力充沛，具有相当的求知和探索新鲜事物的欲望，根据实际情况和客观条件可适当增加混合式教学的比例，而对70岁以上的老年人群，则应适当增加线下教学的比例，降低其学习难度，适当增加休闲、娱乐性内容。

根据学习门类的不同，可以采取不同的教学方式。例如，声乐戏曲类、表演艺术类可以进行混合式教学的创新和探索；而对于生活应用类、舞体类，建议实行线下教学。

总之，客观条件下，线上教育是老年教育的大趋势，有效的线上教育对于推动整个

国民教育水平、提升国民综合素质乃至促进社会和谐稳定都起着至关重要的作用，而线下教育有着线上教育所不具备的形象性和直观性，可以很好地弥补线上教学的短板和不足。混合式教学方式可以衔接好线上、线下教育，从而促进老年教育向更健全、美好的方向发展。

在当前疫情反复无常、防控常态化的考验下，老年教育也站在了一个新的十字路口，反思教育模式、实行混合式教学，无疑是老年教育的突破口。相信在不久的将来，混合式教学会对我国整个老年教育产生深远影响。

（郭红霞：山东老年大学声乐戏曲学院教师）

老年大学合作办学模式与机制研究

——以济南老年人大学为例

◎ 李晓钟　张晓野

摘要：本文通过研究老年大学合作办学背景，阐述了当前老年大学合作办学过程中存在的办学规模不足、教学资源分布不均、师资力量薄弱、管理队伍水平参差不齐、基层办学质量较低等问题。通过对济南老年人大学合作办学特点及目标措施的分析，提出了全力打造“一站式”服务并提前做好服务延伸规划的建议。

关键词：老年大学　合作办学　“1+N+X”办学模式

2019年以来，济南老年人大学坚持问题导向，秉持开放、融合、共享理念，采取了“1+N+X”办学模式，不断扩大办学规模，与山东老年大学联合、与驻济高校合作，在优化教学资源配置、推进师资共享等多方面进行了深入交流，不断加快济南老年人大学规范化、标准化建设。

一、研究背景及存在问题

从第七次全国人口普查结果来看，2020年，济南市常住人口920.24万人，60岁及以上人口占比19.96%，其中，65岁及以上人口占比14.07%，老龄化程度明显高于全国平均水平。同时，与第六次全国人口普查结果相比，济南市60岁及以上人口的比重上升5.83个百分点，65岁及以上人口的比重上升4.76个百分点。随着人口老龄化程度的加剧，人们对老年教育机构的数量、老年教育的质量等有了更大需求。在此过程中，济南市老年教育存在的问题逐渐凸显。

（一）办学规模不足。2020年以来，为推进同城一体化建设，省、市、区老年大学共同扩大招生，在一定程度上有效缓解了老年大学“一座难求”的问题。截至2020年底，山东老年大学的在济学员约2.3万人，济南老年人大学的在校学员约2.8万人，市内各区的在校学员约5000人，合计5.6万余人。根据我校的初步调查，大约有25%的老年人有上老年大学的意愿。然而，现有招生规模仍旧无法满足老年人的上学需求，老年教育覆盖率依旧较低。

（二）教学资源分布不均。据统计，山东老年大学目前共设4个校区6所分校，主要以马鞍山校区、大观园校区以及燕山校区为主招生校区，办学资源集中于历下区、市中区。济南老年人大学共开设2个校区6所分校，主要以历下区千佛山中心校区为主校区。市内六区办学资源同样集中于历下区及市中区，而天桥区、槐荫区及历城区的老年教育资源薄弱，全市教学资源分布显著不均。

（三）师资力量薄弱。2020 年，山东老年大学的外聘教师 270 人，济南老年人大学的外聘教师 194 人，市内六区的外聘教师约 50 人，包括同时担任省、市校教学任务的 62 名教师在内，全市从事老年教育事业的教师不足 460 人。现有师资力量远远无法满足全市近 6 万名学员的需求。

（四）管理水平参差不齐。从前期调研来看，包括济南老年人大学在内，全市老年大学的办学管理人员非常紧缺，市内各区机关事业单位仅有 39 人从事老年教育工作，很多区甚至没有专门的管理人员，而是由老干部局等上级单位人员兼任。部分社区的老年教育在管理上流于形式，办学能力不足，在服务质量上难以满足老年人的需求。

（五）基层办学质量不高。市内各区老年大学在教学场地、办学经费、师资力量以及宣传平台等多方面存在“资源缺失”，客观上远远无法满足学员的就学需求。另外，教学标准不一致、办学模式单一也是基层老年教育存在的明显问题。如何优化教学大纲、课程设置以及深入开展学员志愿服务、党建服务等工作亟待提上议事日程。

二、济南老年人大学合作办学模式特点

为尽快适应老龄化迅猛发展的迫切形势，推动全市老年教育事业快速发展，济南老年人大学开创性地提出了“1+N+X”合作办学模式，从扩大合作办学规模、共享合作办学资源、提高合作办学质量、加强合作办学引导四个方面入手全面，实现多方合作办学。

（一）扩大合作办学规模。济南老年人大学采用“1+N+X”合作办学模式，以中心校区改造为主线，通过与市直部门、集团企业合作开办分校，积极推进老年大学合理布局；以社区教学点、志愿服务点为依托，探索建立老年教育社区“双嵌入”模式，加快扩大基层老年教育覆盖面。

（二）共享合作办学资源。为破解教育资源紧缺难题、提高教育信息化平台共享、加强教师队伍建设、实现教育资源配置最优化，济南老年人大学与山东老年大学、驻济高校合作，共享师资、共建平台，利用各方优势来弥补本市、区各级老年大学的资源缺失。

（三）提高合作办学质量。为加强学员思想引领，济南老年人大学与济南市直部门合作，定期举办“芳华讲堂”，并设置思政公开课等公共课程，全面加强学员思政教育。同时，为提高专业课程质量，济南老年人大学与济南市机关医院等同城医院合作、与舜耕山庄等本地企业合作，共同开设医学类、生活技能类等专业性较强的课程，广受学员好评。

（四）加强合作办学引导。济南老年人大学充分发挥中心校区的辐射、带动作用，引导市内各区老年大学、有条件的集团企业自主办学，引导各区参照济南老年人大学的办学模式与区机关合作、与基层社区合作，形成多种社会力量共同办学的局面。努力实现上下垂直教学标准统一、办学模式统一，共同推动全市老年教育的高质量发展。

三、合作办学同城一体化目标措施

（一）实现省、市、区各级老年大学同城一体化。一是师资力量互补。建立健全省、市、区老年大学师资库和师资共享机制，统一调配师资力量，逐步实现省、市、区老年大学师资共享。充分利用医院、高校等合作单位的优势特点，邀请专家教授团队参与教学，开办特色专业课程。二是培训交流互动。全面提升办学人员能力，建立与山东老年大学互派干部学习锻炼的长效机制。同时，利用双方优质师资力量，合力举办教师培训班、文艺骨干培训班，为市内各区、社区培训老年教育的带头力量。通过对管理人员、教师、文艺骨干的培训实现其全方位能力提升。三是信息平台共享。以逐步实现省、市、区信息平台一体化为目标，共享招生平台、远程教育平台，共同探索“互联网＋老年教育”模式，共享优质课堂资源。通过教学信息同步，实现全市老年教育课程体系、教学大纲、教材的全面统一。四是活动展演同台。通过济南老年人大学、山东老年大学及驻济高校共同搭建展演活动平台，丰富调研活动、教育活动、比赛活动以及文艺活动。充分利用济南老年人大学系统平台、“我们的芳华”中老年梦想秀动态展演平台、“泉城晚晴·翰墨光影”老年文化艺术季静态展演平台等三大展演平台，利用“七一”、国庆等重大活动节点，统一组织相应主题活动，通过文艺会演、书画影展等多种形式，传承红色基因、弘扬先进文化、彰显正能量。五是志愿服务联动。推进省、市、区志愿服务队充分融合，逐步建立一支全面成熟的志愿服务队伍，走进校园、走进社区。注重党建引领志愿服务，评选“最美志愿者”“最美班长”等标兵学员，并带领学员们主动参与社会治理，努力在强化学员党组织建设、发挥学员老有所为作用、充分挖掘好内部潜力上下功夫，持续搞好送教学、送服务、送活动，不断提升老年大学的知名度和美誉度，充分履行好老年大学的社会责任。

（二）实现中心校区、分校、社区同城一体化。目前，济南老年人大学已建立中心、莱芜两个校区，高新分校、报业分校等6所分校，以及遍布全市的52个社区教学点。其中，与报业集团、养老服务中心、幼高专以及齐鲁银行等合作开设的分校，已改挂济南老年人大学分校的牌子。各分校在办学、教学方面由济南老年人大学实行统一指导和管理。在教师配备、教材大纲等办学资源上实行共用共享。社区教学点一体化，则体现在社区教师由济南老年人大学选派，教学大纲、教学目标及教材与中心校区统一，各社区自主招生管理。济南老年人大学以中心校区辐射、带动、引领分校和社区的局面已全面打开。

（三）建立三大保障机制。一是建立考核管理参考机制。第一，从上至下逐步建立统一的办学考核管理办法，明确各级管理人员的工作职责、岗位职责、工作规范、工作流程，全方位加强教学组织管理。第二，加强对教师、学员、志愿者的管理，强化党建管理，做好服务保障。第三，细化教务教学管理，完善统一课程设置、教学计划、教学大纲以及教材选编等工作。二是建立合作办学模式机制。建立完善的合作办学模式，形成规范化合作体系，明确各方职责义务，完善合作机制。通过继续扩大合作规模，全面实现老年教育同城一体化。第一，持续加强与省直、市直机关单位的合作。充分利用老年大学的资源优势，为老年教育事业重视程度高、需求度高的机关单位提供服务平台、宣传平台，实现多方合作，共同服务老年人。第二，持续加强社会引导，推动社会力量服务基层老年人，如通过输送优秀教师进社区老年大学，及时解决了兴业银行等优秀企业自主办学的困难，充分鼓励、帮助并推动社会力量办学。三是建立联席会议常态机制。为充分发挥市内各区老年大学的示范引领作用，全面加强老年教育管理以满足老年人不同层次、不同程度的学习需求，济南老年人大学组织召开了全市 12 个区县的老年大学系统联席会议，深入研究、探讨新形势下开展基层老年教育工作的新思路和新举措，对老年教育阵地建设向基层延伸做了有益探索，在积极拓展合作办学模式方面取得了实质性进展。

四、建议

“1+N+X”合作办学模式作为全面实现同城一体化这一最终目标的有效手段，收到了良好的效果。针对目前存在的问题，建议如下：

（一）全力打造“一站式”服务。以实现老年人一站式服务为最终目标，通过进一步长远谋划，全力打造全市老年教育平台，全面满足学员就医、文化、养老等各个方面的需求，真正实现全方位、一站式的一体化服务。

（二）提前做好服务延伸规划。针对普遍存在的农村老人“文化养老”需求缺失的问题，提前做好老年教育服务规划，早日实现老年教育服务走进农村、深入农村，让党委、政府的声音传递到千家万户，让每一位老年人享受到平等的老年教育资源，让每一位老年人都被世界温柔以待。

（李晓钟：济南老年人大学副校长 / 张晓野：济南老年人大学教务部八级职员）

【参考文献】

［1］国务院办公厅：《老年教育发展规划（2016—2020 年）》，2016。

［2］山东省人民政府办公厅：《关于加快发展老年教育的实施意见》，2018。

［3］济南市人民政府办公厅：《关于加快发展老年教育的实施意见》，2018。

［4］济南市统计局、济南市第七次全国人口普查领导小组办公室：《济南市第七次全国人口普查公报》，《济南日报》2021 年 6 月 16 日第 A04 版。

［5］张渺、孟璿：《探索“区域一体化”老年教育新模式》，《老年教育（老年大学）》2016 年第 11 期。

［6］王瑞平：《搭乘长三角一体化发展东风全力打造国际化文化康养基地》，《老年教育（老年大学）》2019 年第 8 期。

老年大学队伍建设问题的思考

——以济南老年人大学为例

◎ 李鹏

摘要：本文以济南老年人大学为例，通过研究其发展历程及现状，阐述了在当前队伍建设中存在的人员数量严重不足、整体结构不尽合理、能力素质同实际需求不相适应等问题。通过分析上述问题产生的原因，探索提出了争取政策支持、整合资源、内部挖潜、多措并举等方面的建议。

关键词：老年大学　队伍　制度建设

加强老年大学建设，是实施积极应对人口老龄化国家战略、满足老年人对美好晚年生活向往的有力举措。习近平总书记指出，“治国之要，首在用人”，要办好人民满意的老年大学，同样离不开高素质干部和教职员工队伍建设。近期，学校以济南老年人大学为例，采取数据统计、问卷调查、个别访谈等方式，就老年大学队伍建设开展了调查研究，深入了解现状，分析查摆存在的问题，并就做好今后工作提出了对策建议，以期对强化老年大学组织保障提供有益借鉴。

一、队伍建设的发展及现状

老年大学是改革开放的产物。1983 年，随着干部离退休制度的建立，全国第一所老年大学——山东老年大学应运而生。紧随其后，济南老年人大学于 1984 年正式成立。济南老年人大学历经近 40 年的建设发展，学校从无到有、从小到大、从封闭到开放，逐步走向规模化、正规化；学校工作人员队伍同样经过了由兼到专、由少到多、由弱到强的历程，与建校之初相比有了长足的进步。

（一）领导班子专职配备。建校之初，场地、资金、人员等方面问题较多，协调落实难度较大。校领导班子成员主要由市委领导和市级老同志担任，为学校的成立和建设发展做出了重要贡献。随着办学规模不断扩大，特别是转型面向社会老年人服务以来，学校日常管理任务越来越重，制度化、规范化要求越来越高。2005 年 12 月，市委任命首任专职校长，自此济南老年人大学领导班子实现专职化配备。

（二）队伍规模持续扩大。随着学校逐步发展壮大，人员力量不足的矛盾日益突出。为此，学校先后历经四次扩编增员，特别是在 2020 年与原济南市第二老年大学合并后，从最初的正式人员只有6人、外聘教师不足20人，发展至正式人员51人、返聘老同志8人、劳务派遣人员6人、物业服务人员45人、外聘教师300余人。

（三）整体素质不断提升。为改变早期人员文化水平普遍不高的状况，在干部调整和人才引进过程中，学校始终把文化素质作为重要条件，同时鼓励在职同志参加自修、函授等继续教育。2000年以后入职的19名干部全部为大学及以上学历，其中研究生7人，占37%。学校通过与驻济高校共建，与省市专业协会、艺术院团合作，共同推动教师队伍在学历背景、从教经历、教学水平方面取得大幅优化提升。学校现有教师中，56%以上具有本专业学历背景，13%以上具有不少于两年相关专业任教经历。其中，国家一级演员（演奏员）6位、非遗传承人4位、副教授4位、硕士研究生17位。

二、存在的问题及原因分析

对照转型发展的新形势，对照适应老龄化社会的新要求，对照新时代老年人对美好晚年生活的向往，对照标准化示范老年大学创建标准和建设人民满意老年大学的目标任务，我校在队伍建设上还存在一些不足和短板。

（一）人员编制数量严重不足。与招生规模扩大的速度相比，学校人员数量增长速度明显滞后。以济南老年人大学中心校区为例，建校之初只有在校学员260人左右，配备专职人员6人（不含领导班子成员）。目前，学校发展到在校学员30000人，共配备专职人员21人（含领导班子成员）。人员少、任务重的矛盾仍较为突出，一人多岗、一人多职的现象较为普遍。人员力量不足已经成为制约学校发展的首要问题。

（二）整体管理架构不尽合理。首先，全体在职人员中，工人身份的同志占59.2%，工勤岗位的同志占38.8%，这既与学校人员结构配比不相适应，也不利于队伍的成长进步。其次，现有人员中，除去必要的综合保障人员以外，真正能够直接从事教育教学管理服务的人员仅占总人数的一半。再次，学校内部设立了院系，但没有实质性的组织架构，主要依靠返聘、临聘同志和学员骨干开展工作。此外现有师资均为外聘，不利于教师队伍的稳定，难以形成自己的教学优势和学科品牌。

（三）人员综合能力素质与实际需求不相适应。目前，济南老年人大学正式在职人员共51人，其中，师范院校或教育相关专业毕业的有4人，仅占7.8%；具有所开设课程学历、职称或专业背景的有5人，仅占9.8%；具有涉老方面学历、职称或专业背景的有1人，仅占2.0%；来校工作前曾有过学校工作经历的有1人，仅占2.0%；来校工作前曾有过涉老工作经历的有6人，仅占11.8%；在老年大学工作10年以上的有7人，仅占13.7%。由此可见，大多数同志没有师范教育和涉老专业背景，没有所设相关专业课程的知识基础，也没有办学或涉老工作的阅历经验，特别是大多数同志从事老年大学工作的时间不长，整体能力素质和业务水平与办学实际需求之间还有不小差距。

之所以出现上述问题，主要有以下四个方面的原因。

（一）机构编制设置相对滞后。学校办学初衷是为离退休老干部搭建学习文化艺术、交流心得体会的平台，服务对象范围小，内容形式设置灵活，因此机构设置小、人员配置少。但是，随着人口老龄化程度的加剧，老年人上学的需求越来越强烈，“一座难求”逐步成为社会焦点，学校不得不主动推动自我转型发展，由面向离退休领导干部逐步转为面向社会全体老年人，并持续扩大招生规模、规范办学模式、完善教学体系。其间，机构编制没有重新核定，虽然先后四次从兄弟单位调编调人，但仍是杯水车薪。

（二）管理体制机制未能理顺。老年大学最初是为离退休老干部设立的，所以一直以来隶属组织系统，党委老干部局是其上级主管部门。然而，随着办学越来越规范，在服务对象、职责定位、业务范围上，老年大学更加接近教育部门主管的继续教育、终身教育的范畴。但在相当长的时间里，老年教育由哪个部门主管并不明确，作为重要承接载体，学校处境较为尴尬。一方面，老干部部门虽是学校的举办单位，但由于不是老年教育的主管部门，从而缺少了提升推进学校建设的压力和动力；另一方面，教育部门对老年教育是否属于继续教育、终身教育的态度不够明确，又因为学校不是其所属单位，所以在队伍建设上难以给予有力的支持和帮助。

（三）外部重视程度有待加强。尽管老年教育是民生保障领域的重要方面，但是与经济发展、城市建设、应急安全等工作相比，不算是核心关键、急难愁盼、基础底线，距离党委、政府中心大局相对较远、影响相对较小。与此同时，各级机构编制总数有限，长期坚持从严控制，各级各部门单位人员编制普遍紧张。在这种情况下，申请为学校扩编增人确有困难。

（四）自身推进力度有所欠缺。从学校自身角度来讲，由于没有人事自主权，人员选配、调整主要由上级主管部门负责，因此在队伍建设上的主体意识和责任意识不强，思想重视程度往往不够，缺乏深入的思考和研究，既没有队伍梯次培养计划和长远建设规划，也没有提升现有人员能力素质的有效举措，特别是在建立健全相关长效制度机制上下的功夫不够。

三、对策建议

根据当前老年大学建设发展面临的新形势、新任务、新要求和队伍建设实际，特别是针对存在的现实问题及其原因，就加强和改进相关工作提出如下对策和建议。

（一）以业绩实力争取政策支持。紧扣国家发展战略，紧贴强省会目标任务，高起点谋划、高标准推进学校各项工作。在抓好基本教育教学的基础上，着力在推动银发经济、开发老年人力资源等方面用心用力，努力融入党委政府中心任务、工作大局，以更加突出的业绩、更加显著的成效，提升学校的影响力和美誉度。以此为基础积极对上协调，聚焦新校区建成后的体量规模，重新核定学校机构编制；争取在人员调配、人才引进中标准更高、针对性更强、结构更合理；争取在编制外灵活用人上得到更大的政策支持。

（二）以同城一体化促进资源整合。牢牢把握省委、省政府实施的“强省会”战略，抓住省市一体化推进济南加快发展的有利契机，大力推进老年大学同城一体化合作。一方面，紧紧依靠山东老年大学，积极研究探索资源布局、学员招录、教学实践、人才培养等一体化具体体制机制，努力推进办学各环节更加统一、集中、高效，切实实现人员力量投入最小化、工作效能最大化；另一方面，深入挖掘省会高等院校、文化院团、专业协会集中的优势，主动搭建师资共享、学科共建、教学互动、管理互鉴的载体平台，特别是在人才培养、专业培训方面争取支持，不断提升教师队伍和管理人员的能力水平。

（三）以机制优化推动内部挖潜。一是充分利用好现有人员编制，统筹优化岗位设置和职能分工，确保人岗相适、德才配位，为每个人施展才华、干事创业搭建平台、创造条件。二是在人员能力素质提升上下功夫，积极创新形式内容，强化业务学习和实践锻炼，在建立健全长效机制上动脑筋、想办法。三是制定队伍梯次培养计划和长远建设规划，健全完善考核评价、奖惩激励制度，为优秀人才的脱颖而出铺路搭桥，最大限度地激发内在活力、挖掘内部潜力。

（四）以多样化举措缓解压力。一是在现有政策范围内，对于专业性和基础性教辅工作，通过依规合理购买社会化服务的方式加以解决。二是适量返聘优秀老同志，利用其优势重点辅助做好学员沟通联系、日常组织管理工作。三是以党建为统领，引导学员参与校园管理、教学秩序维护、展演活动组织保障等工作，强化自我组织管理。四是大力推进智慧校园建设，采取信息化手段，实现教学组织和校园管理智能化、自动化，最大限度地降低人工比例，缓解人员压力。

（李鹏：济南老年人大学副校长）

老年大学声乐课程的人文价值研究

◎ 马金萍　陈桐

摘要：中国已进入老龄化社会，老年教育不可避免地成为社会继续教育、成人教育的一个重要组成部分。声乐课程因其专业特点，成为老年教育的第一大课程。目前，对老年声乐课程的建设和人文价值研究还处在一个萌芽阶段。本文从老年教育的现状和发展趋势入手，分析老年教育的生源及学员的学习目的、学习能力、学习特点等。通过对声乐课程建设的研究及其人文价值的挖掘，力求促进老年声乐教学水平的提高。

关键词：老年声乐教学　声乐课程建设　人文价值

目前，我国已进入老龄化社会，老龄化问题成为我国现阶段客观存在的重要问题。国务院办公厅颁发的《老年教育发展规划（2016—2020 年）》中指出，“党和国家高度重视老龄工作，积极推动老年教育事业发展”，同时提出，“到 2020 年，基本形成覆盖广泛、灵活多样 、特色鲜明、规范有序的老年教育新格局”。这标志着我国老年教育进入了一个新的高速发展时期。

老年大学作为老年教育的主要载体，其课程设置、教学模式、教学内容、师资力量等都体现了现阶段国家对老年教育实施的政策以及老年教育自身的发展水平。目前，需要我校在老年教育中，针对各学科的课程建设进行更加深入的研究和探索，使之在教材内容、教学方法等方面更符合老年人的生理和心理特点。

声乐课程作为老年教育的一门专业课程，有其得天独厚的优势。它因门槛低、受众广的特点，成为老年教育中参与度最高的课程。如何使老年学员在声乐课程中学有所成、学有所乐、学有所为，是老年教育中需要深入研究的课题。

一、老年大学声乐课程教学现状分析

（一）生源特征

近年来，各地老年教育事业蓬勃发展，学员的职业、学历、文化素养有了很大的变化。老年教育是 2000 年前后，在全国省会规模的城市中以设立老年大学或老干部活动中心的形式展开的。参与学习的学员多以离退休干部为主，其他人员也大都是机关事业单位的退休人员。他们的学历未必高，但是由于常年的工作习惯，使他们比较善于学习、交流和表达，其文化素养是比较高的。但因早年落后的教育观念、贫乏的教学内容以及单一的教学方法，导致老年声乐教学更偏向于休闲娱乐。

自 2010 年起，国家先后颁布了《中国老龄事业发展“十二五”规划》《关于进一步加强老年文化建设的意见》《中华人民共和国老年人权益保障法》等文件。老年教育的实施范围扩大至各大、中、小城市及农村，政府政策、财政支持力度也不断加大。参加老年大学课程学习的学员扩大到各行各业的退休人员、个体从业者、农村进城人员等。学员的工作背景、生活经历以及学历都发生了很大变化。学员的学习能力、情感表达方式、语言表达能力也有较大的差异。老年大学教育已然变为大众普及教育。

（二）入学动机

随着物质生活水平的提高、生活观念的转变，老年人纷纷抱着不同的目标和对未知领域的向往与期待，从四面八方涌入了老年大学课堂。

1. 成就梦想。部分学员热爱歌唱，想实现自己年轻时的梦想。他们有较好的声音条件，乐感、节奏感好，学习能力强，可以较好地展现学习成果。

2. 精神追求。多数学员退休后在物质方面的需求已基本得到满足，没有生活压力，学习声乐是为了精神追求。很多专业课程都可满足他们的精神追求，他们会做出多种尝试，直到找到自己最喜爱、最擅长的课程为止。

3. 平台需求。有的学员退休后感觉孤独寂寞，想借助老年大学这个平台，在学习新知识的同时，结交一些志同道合的朋友，大家可以一起排遣寂寞、欢度晚年。

（三）声乐学习能力差异

学习能力个体差异大是由老年人生理和心理特点所决定的。个人在进入老年阶段后，其各项生理机能发生退化，记忆力、注意力等各方面都出现了明显的退步。在心理方面，个人感观过程也发生了巨大的变化，主要包括知觉、智力的退化，以及解决问题、理解事情、掌控情绪等方面的能力降低，由此产生反应迟缓现象。

教育背景及工作生活经历的不同使老年人在学习能力上存在较大差异。在声乐课程的学习上具体表现为三种情况。第一种是专业条件好、音乐素质高（如音乐记忆力、音乐想象力、音乐理解力较好）的学习者表现得自信、主动，学习内驱力强。他们努力克服老年生理退化的事实，刻苦学习，不断提升自己的专业水平，同时愿意帮助他人，对精神生活的满足感较强。第二种是专业条件、音乐素质一般的学习者，他们各方面的表现均不突出，学习内驱力稍弱，但他们愿意跟同学交流，在学习的过程中，演唱水平也会逐渐提高。第三种是专业条件差的学习者，学习声乐可能只是他们改变生活方式的一种手段，他们通过学习声乐感受美好的氛围，目的是找到精神寄托、打发闲暇时光。

二、老年声乐课程的人文价值分析

人文精神是“一种主张以人为本，重视人的价值，尊重人的尊严和权利，关怀人的现实生活，追求人的自由、平等和解放的思想和行为”[①]。声乐课程建设就体现了强烈的人文精神，具有重要的人文价值意义。

（一）老年声乐课程建设的意义

老年教育作为一种新型教育门类，越来越受到社会各界的重视。其最大的特点是开放、灵活、无门槛。它所具有的社会教育、继续教育、成人教育属性，使其在提高国民素质、建设学习型社会方面，起着不可替代的重要作用。

声乐课程是老年大学的重点课程。真正充满人文关怀和人文精神的老年声乐教育应结合老年人的实际需求，合理设置教学目标、安排课程内容；根据老年人的学习特点和接受能力，选择适合的教学方法和手段；强调人性化，让老年人充分发挥他们的主体性。只有如此，才能帮助并指导老年大学学员不断完善自我、丰富自我，提高生命质量。这既是社会发展和进步的表现，也是以人为本的理念在老年声乐教育研究领域的具体体现。

（二）老年声乐课程建设的内容

老年声乐课程建设应符合老年人的特点，使老年人易于接受、乐于接受，并且能实现学有所成、学有所乐的目的。其主要内容包括：1. 教师队伍建设。教师不仅要有声乐专业素养，还要研究老年人的生理和心理特点，探索老年声乐教学规律，重视学员的学习感受。2. 教学内容建设。要编写符合老年人特点的声乐教学大纲和学习教材，制订授课计划，组织课程实施，完善课程结构等。3. 教学条件建设。除了基本教学条件外，还应配备声乐教学的专业设备，如钢琴、音响等。4. 教学方法建设。教学方法、教学语言、教学手段要符合老年人特点。5. 教学评价建设。要制定出一套适合老年人特点的、非学历教育的、寓教于乐的课程评价体系。只有具备上述所有内容，才是符合老年人特点的、体现人文价值的老年声乐课程。

（三）老年声乐课程建设的重点

人文价值是老年教育的最终价值所在。从宏观的国家政策、老年福利到微观的老年教育课程设置，都要根据老年人的生理和心理特点来制定。理论建设要通过课堂教学贯彻并实施。声乐课堂教学作为老年声乐课程实施的一个主要环节，其课程建设的重点应该体现人文价值。

---

① 中国社会科学院语言研究所词典编辑室：《现代汉语词典》（第 7 版），商务印书馆，2016，第 1099 页。

三、老年大学声乐课程人文价值实施的路径与方法

（一）声乐课堂教学的人文价值实现

1. 声乐技能教学。声乐课堂教学的重点大多放在声乐作品的演唱及技能训练上。如何对老年大学学员进行声乐技能训练？（1）选择合适的练声曲。老年大学学员在声音条件、文化水平、对音乐的领悟能力等方面相差较大。因此，练声曲的选择要符合大多数学员的实际情况。（2）作品的选择。声乐作品既要符合老年人声音特点、音域范围，还要有思想性、艺术性；既要有时代特征，还要唤醒他们对青年时期的美好回忆。（3）相关知识的学习。学习中要渗透对乐理、和声、曲式分析等知识的讲解。对这些专业理论，学员们不一定能马上理解，要通过反复讲解，使他们加深印象，循序渐进，直至熟练掌握。

2. 作品简介。作品涉及的相关内容包括：（1）创作背景。老年人虽然记忆力减退了，注意力的持续时间也缩短了，但是他们的理解能力却因生活阅历、情感体验、工作经历而大大提高。介绍作品的创作背景有助于增强老年学员对作品的理解。（2）作曲家。作曲家的创作离不开时代背景，分析作曲家对当时的政治、经济、文化的认识和理解，了解作曲家的生活经历，有助于引起学员们在情感上的共鸣。（3）作品的表现。结合创作背景、作曲家介绍、作品分析等，帮助学员深刻理解音乐形象，能够对作品的喜、怒、哀、乐把握得更准确。

3. 人文素养传播。老年大学开展的教育与高校学历教育最大的区别就是学习目的不同。声乐课程既是技能课，又是文化知识课。它通过教学传播人文素养，既包括政治、经济、历史、地理知识，还包括心理学、营养学、中医学、保健学科等知识。这更能体现老年大学的人文价值。

（二）声乐课堂之外的人文价值

声乐课是实践性非常强的课程，课堂只是学习的一个环节，要呈现更完美的效果，则需要通过舞台实践来完成。舞台实践有多种形式，包括独唱、重唱、小合唱、大合唱等，还可以根据演出任务、演出场地、演员水平进行灵活安排。

1. 课外排练。在课外加强排练是舞台展示的保障，特别是合唱时，老师一定要现场指挥，组织排练。通过排练，歌曲中的思想性、艺术性使学员有了思想境界的升华。排练中的协同合作，“服化道”的定制准备，让他们感受到自己的被需要和个人价值。这不仅仅是在为演出做准备，更是老年声乐教育中人文价值的体现。

2. 舞台表演。学习声乐的老年学员大都渴望上台展示，参加合唱演出正是满足其展示自我价值的重要方式。“合唱艺术的特点，就是每一次的演出、比赛，都是合唱团和

指挥合作进行的一次集体音乐艺术创作，无法重复复制的一次性产品。”① 所以，合唱团员可以收获很强的集体荣誉感。他们互相帮助、相互支持，在大家共同努力下完成演出。所有演唱者均能够享受前所未有的成就感、幸福感，以及合唱艺术带给大家的“和谐”“崇高”的审美体验。②

（马金萍：济南幼儿师范高等专科学校教授，济南老年人大学声乐系教师 /
陈桐：济南幼儿师范高等专科学校讲师）

【参考文献】

[1] 张惠：《我国近十年老年教育研究述评》，《职教论坛》2016 年第 11 期。

[2] 王梦云、翟洁：《英、法、美老年教育模式比较研究》，《中国成人教育》2017 年第 7 期。

[3] 刘羽：《哈尔滨市老年大学声乐教育现状调查研究》，硕士论文，哈尔滨师范大学，2016。

[4] 刘晓龙：《对中老年人的声乐教学》，《艺术教育》2013 年第 1 期。

[5] 李保忠：《论老年大学声乐教学中的钢琴伴奏》，《艺术探索》2012 年第 4 期。

[6] 潘永军：《老年大学声乐教学之我见》，《大众文艺》2017 年第 4 期。

[7] 张瑾、韩崇虎：《中外老年教育政策的比较与反思》，《成人教育》2019 第 6 期。

[8] 袁丽：《老龄化背景下开放大学老年教育路径研究》，《陕西广播电视大学学报》2014 年第 1 期。

[9] 周珏：《社区老年音乐教学模式构建的外部环境分析》，《艺术品鉴》2018 年第 10 期。

① 马金萍：《合唱课程德育价值及其实施路径与方法》，《黄河之声》2019 年第 16 期。

② 马金萍：《合唱课程德育价值及其实施路径与方法》，《黄河之声》2019 年第 16 期。

对教师线上教学发展困境与突破初探

◎ 李恭璋　张海凤

摘要：新冠肺炎疫情改变了老年教育的生态，教师的教学从线下转到线上，面临着许多困境，引发了部分教师对于线上教学的“失控感”和“无助感”。借鉴线上教学理论与实践的最新成果，本文从明确线上教学的属性、对教师线上教学进行打磨、加大教师线上教学培训、打造高效线上学习课堂、建设区域教师教育在线学习共同体、提升线上教学与线下教学相结合的能力、引领教师加强线上教学新趋势研究等七个方面探索并提出了线上教学困境的突破路径。

关键词：线上教学　教师　专业化　困境突破

受新冠肺炎疫情影响，在“停课不停学”的号召下，老年大学拉开了线上教学的帷幕。然而，由于绝大部分老年大学的老师没有线上教学的经验，所以在面对各种网络技术问题时难免会手忙脚乱。线上教学在管理思路、管理制度、管理方法等方面都处在摸索阶段，教学中各种问题也随之产生。针对线上教学存在的问题，笔者依托现有的网络条件和教学实践，浅谈教师在线上教学中面临的困境及其突破路径。

一、线上教学对教师教学素质的新要求

中共中央、国务院颁布实施的《中国教育现代化 2035》明确将“建设高素质专业化创新型教师队伍”确定为面向教育现代化的十大战略任务之一。随着慕课、翻转课堂等新技术在老年大学中的应用，教师的教育教学方法及学员的学习方法都发生了不同程度的改变。传统的由教师、学员、课程构成的三维结构转变为新的四维结构，即学员、数字化学习环境、数字化学习资源和教学支持服务。[①]教育技术现代化必然要求教师转变观念，充分认识新兴教育技术对于改变教学方式与学习方式的重要意义，顺应数字化学习环境的时代潮流，利用好数字化学习的资源来提高自身的教学技能。同时，教师应引导学员正确运用教育技术提高学习效率，提高学员解决问题的能力，与学员成为学习共同体。[②]

① 闫华：《信息技术时代教师从教学者向助学者的转变》，《首都师范大学学报》（社会科学版）2018 年第 4 期。

② 邵诗淇、闫建璋：《教育现代化背景下教师队伍建设的探析》，《高校后勤研究》2020 年第 4 期。

线上教学是教学改革顺应大数据时代所呈现的一种新型教育模式，主要是指教师利用网络资源对学员进行线上授课，或是教师通过自主录制课程与现有网络课程资源相结合的形式，组织学员观看与学习。该模式主要强调的是教师和学员打破了信息传递过程中因实际距离造成的隔阂，师生可通过远程语音或视频的形式进行沟通。

（一）线上教学促进教师自我改变。线上教学，不仅是对教师信息化素养的“大练兵”，也是对其专业教学能力的“大练兵”。[①] 老年大学线上授课不再是学校教室中教师与学员的互动，而是要直接面对摄像机远距离教学。这就要求授课教师要格外用心备课，注意自己的形象，展示自己的教学水平，还要确保衣着端庄，展示出自己最佳的一面。[②]

（二）线上教学引领教师教学方式变革。无论采用慕课、录播、直播还是其他线上教学方式，都跨越了空间限制，给予了教学前所未有的空间自由。但是，解放固定教学空间的同时，也让教师失去了对教学现场的绝对控制。教师需重新拟定特殊时期的课程设置，关注学员的情绪；教学内容要“短、密、有趣”；输出节奏要“快、准、到位”；教学效果要“务实、有效、有获得感”。线上教学方式要求知识的组织单位变小，以适应输出方式的弹性，满足学员接收的现实条件。[③]

（三）线上教学需要教师制定互动反馈机制。由于缺乏面对面的交流，教师在线上教学中有时无法掌握学员的学习情况。为此，教师要充分发挥学员主体作用，激发学员参与线上课堂的积极性，通过建立讨论组、互助组等方式增强和学员互动的机会，在师生互动中了解学员的学习情况，并据此合理安排或者调整自己的教学内容，确定教学策略。

（四）线上教学需要教师将信息技术与教育教学深度融合。在教育领域，机器永远不可能取代教师，人工智能技术不可能取代教师的教育教学能力。教师要研究如何发展“物”，让“物”变得更智能，从冷冰冰到有温度；要研究如何以“物”来培育人、以“物”来融合人。[④] 面对线上教学的实际需求，教师要将信息技术自然而然、恰如其分地运用到线上教学中，让信息技术为深化课堂教学改革提供支持，真正做到推进信息技术与教育教学深度融合。

二、线上教学中教师面临的困境

2020 年的全员线上教学是在新冠肺炎疫情特殊背景下的教学举措。老年大学的任课教师本身就在文化层次、专业水平、年龄结构、接受现代信息能力等方面存在较大差异，

---

① 刘冬青：《线上教学也是教师提升专业水平的好时机》，《光明日报》2020 年 4 月 14 日第 2 版。

② 陈华忠：《“线上教学”促教师成长》，http: //blog.sina.com.cn/s/blog_46a4f6a50102ysq7。

③ 苏新春、杜晶晶：《线上教学：“摄像头 + 话筒”后的三种改变》，《光明日报》2020 年 3 月 19 日第 14 版。

④ 陈拥贤：《在线教育，教师也得“在线”》，《中国教育报》2020 年 4 月 1 日第 4 版。

突然统一开始“线上教学”，让教师们措手不及。新冠肺炎疫情改变了老年教育的生态，教师教学从线下转到线上，面临着重重困难，存在着被动应对的情况，引发了教师对于线上教学的“失控感”和“无助感”。

从教师教学的角度看，教师线上教学经验不足，教育教学目标错位，课程安排不合理，部分学员反映教师无法及时观察自己的学习情况。

从教学效果看，学员从线下教室学习转向线上教学平台，对教学内容难以产生共鸣，缺乏与教师的面对面交流，导致师生互动效果不好，教学效率不高，学员学习体验不佳。

从教育现代化角度看，教师教育理念跟不上教育现代化的步伐，对信息技术及其相应工具不熟悉。线上教学平台与教师原有的教学设计需求不匹配，线上线下教学一体化过程中存在着教学内容很难统一的情况。

从管理的角度看，有的学校对教师线上教学的技术使用和培训未到位，导致教师不会使用相关平台，也无相应的线上教学法，绝大多数线上课程只是线下课程视频化，严重影响线上教学的有效性。[①]

三、线上教学教师困境的突破

《中国教育现代化 2035》总目标中提出，到 2035 年，中国总体实现教育现代化，迈入教育强国行列，建成服务全民终身学习的现代教育体系。这充分说明了开展老年教育现代化教学体系探究的重要性、任务性。从线上教学的角度分析，又好又快地提升老年大学教师的专业技能素质势在必行。

（一）明确线上教学的属性。经过此次疫情，老年教育工作者应有一个共识：线上教学和线下教学同样都是日常教育教学的重要组成部分，两者是并列关系而非归属关系。教育技术实践者和教学研究实践者应该打破专业壁垒，构建研究共同体。通过专题研究不断完善线上教学方法，使得技术真正参与到教育变革中。[②]

（二）对教师线上教学进行打磨。根据老年大学课程计划，组织开展线上教学的教师进行备课，编写适合线上教学的预案，并进行线上授课培训，组织教师进行录播。安排录课教师反复试录，做好交流互动的设计。鼓励教师结合学科特点加入学员感兴趣的例子，或用灵活多样的教学方式激发学员学习的兴趣。所有的备课内容和视频文件必须经过教学管理部门把关方能投入使用。

（三）加大教师线上教学培训。教师的线上教学培训，要立足于线上教学中遇到的困难，在线上教学胜任力上下功夫。通过相关的教师教育发展平台或渠道，大力加强

---

① 王小平：《要素视角下线上教学反思与改进》，《中国教育报》2020 年 5 月 6 日第 5 版。

② 王小平：《要素视角下线上教学反思与改进》，《中国教育报》2020 年 5 月 6 日第 5 版。

教师群体关于线上教学的新技术、新模式、新理念的学习培训，帮助教师掌握网络教学技术和教学方法，掌握各种教学资源视频、课件、测试题库等制作方法，掌握各种网络教学组织方式，掌握利用学习行为分析学员学习产出数据、考察学员知识点掌握和能力提升成效的方法；鼓励、支持教师使用各类信息化技术手段来提升自己的科研、教学能力。①

一是让教师熟悉线上课程的类型。线上课程包括以下四种类型：理论讲解类课程，授课形式为“讲授语音 +PPT”，其中的语音既可以是实时直播，也可以是线下录制；软件演示类课程，这类课程是教师通过“屏幕分享”让学员看到自己的操作过程；硬件操作类课程，这类课程需要教师提前录制好手动操作的展示过程，教学中教师边播放视频边讲解；学员反馈类课程，这种教学形式需要教师在与学员的互动中进行实时指导，比较适合播音、口语、美术、表演等课程②，在老年大学里更适合诗词朗诵、书画、戏剧等课程。

二是让教师选择合适的线上教学平台。线上教学平台有多种，如在线教学资源与教学平台，这类平台适合学员自学和教师线上教学；居家线上自助直播平台，如 Zoom、腾讯会议、微信企业版、CCtalk、钉钉等。2021 年，学校征求大多数教师的意见后选择使用钉钉，教学效果反响较好。

（四）打造高效线上学习课堂。在内容上，教师教学要结合线下教学的教学计划和教学内容。同时，老师们也可以利用线上资源、结合时事，为学员安排一些疫情防护知识、心理健康辅导等学习内容。在技术上，建议学校统一编写能精确到每一步的学员操作手册，帮助学员找到老年大学线上课程，并指导其使用软件平台进行观看。老师们在首次开讲前，也应多做练习，熟悉直播技能。在时间和教学进度上要适当控制，可以提前在群里了解一下学员的疑问，结合重点难点来开播。这样更有针对性，效果也会更好。在资源上，建议不局限在纸质版的讲义上，视频、音频、丰富的线上学习资料网站都可以用起来。在评价上，可以通过师生互动、课后作业来评估学员的学习效果，以此督促学员改进自己的学习方法。③

（五）建设区域教师教育在线学习共同体。在特定区域内根据发展实际情况构建教师网络学习共同体，将其特有的教育教学资源加以整合，以共同体为载体，通过发展教师网络学习共同体来促进区域性教育资源的流动及合理利用，缩小校际差距，促进区域内各学校的发展。在“互联网 +”时代创建区域教师网络学习共同体，符合时代特征。利用互联网所带来的便利扫清各学校教师之间交流空间和时间的障碍，并且为共同体成

---

① 赵雅文：《高校线上教学模式选择》，《中国教育报》2020 年 3 月 14 日第 3 版。

② 王强：《线上学习如何高效开展》，《中国教育报》2020 年 2 月 26 日第 4 版。

③ 朱旭东、高鸾：《构建在线教师教育体系》，《中国教育报》2020 年 3 月 5 日第 6 版。

员提供交流的机会和平台，使地方特色得以彰显，有效促进教育资源均衡分布。[①]

（六）提升线上教学与线下教学相结合的能力。“学习为重”意味着教学观念和教学行为必须发生转变。传统课堂特别强调教师的主导地位，并不强调学员的主体地位：传统课堂普遍将学员当作知识的“容器”，教师只是知识的提供者而不是学习的促进者教学目标就是灌输知识，知识由学员被动接受。

OMO（Online-Merge-Offline）学习方式即线上、线下融合的学习方式，这一方式强调学员“自助式学习”或自主学习，在制度上和教学设计上保障学员享有较多时间、空间和意志的自由；同时，由于信息技术和互联网的加持，教师和学员可以充分利用线上教学的高效、便捷特点进行合作学习和探究性学习。

以“课堂为主、线上为辅”的混合式教学模式将成为未来老年大学教学组织的新常态。疫情过后，老年大学要增强教育信息化领导力，设计更好的课程改革方案，将混合式教学纳入课程方案中，并统筹考虑线上教学管理制度和评价制度改革等。线上教学课程可以尝试从大规模开放在线课程转变到小规模定制化在线课程，从而更好地指导学员进行学习。[②]

（七）引领教师加强线上教学新趋势研究。未来是人与人工智能协作的时代，人工智能将协助教师提供更精准、更个性化的教育服务。首先，人工智能能够采集学员整个学习过程的数据，根据学员特征自动命题、自动批阅，诊断学习障碍并及时评估学员解决问题的能力。其次，人工智能可以通过多感知终端，采集学员的多模态数据，对学员的心理素质、体质健康、问题解决能力等进行实时监测和评估。人机协同可以增强教师处理更高层次问题的能力，显著提高教育体系的生产力。[③]

探索“智能+”背景下的教学创新模式。当今社会进入智能化时代，亟须加强对“智能+”背景下在线教学理论与应用模式的研究，针对“怎样开展在线教学才能易于学习者接受，同时又确保教学质量”等问题，探索基于智能教育产品的在线教学理论、新型教学方式和学习方式，破解因材施教、个性化学习、学员减负、教育公平、教育评价等教育难题，推动教学、管理与治理模式和方法的变革创新。[④]

（李恭璋：中共济南市市中区委组织部副部长、老干部局局长/张海凤：济南市市中区老年大学副校长）

① 陈金芳、马新礼：《线上线下融合：重塑传统意义上的教与学》，《光明日报》2020年8月18日第14版。

② 吴楠：《打造混合式教学新生态》，《中国社会科学报》2020年4月3日第1900期。

③ 余胜泉：《大规模在线教育后将呈现教育新生态》，《光明日报》2020年5月12日第14版。

④ 黄蔚、刘邦奇：《面向未来，构筑线上线下教学一体化新形态》，《光明日报》2020年6月16日第13版。

浅谈老年人游学

◎ 李振喜

摘要：游学就是在旅游的基础上增加学习的功能，寓学于游、寓学于乐。游学是一项高雅、文明、有益的活动。老年人游学对身心健康、个人发展、社会和谐具有重要意义。老年人游学方式多种多样，可根据自己的体力智力、文化需求、心情性格等自由选择。在游学中，要增强安全意识，提高游学质量。我国老年人口急剧增加，随着社会经济的发展，老年人游学具有广阔的前景。

关键词：老年人　游学　游学方式　游学前景

一、游学的基本含义

“游学”一词最早出现于《史记·春申君列传》中的“游学博闻”。游学是指离开自己熟悉的环境，到另一个全新的环境里游玩和学习，它既不是单纯的旅游，也不是简单的学习，而是在游玩中学习知识，在学习知识中体验乐趣，在体验乐趣中提升自己。游学的本质是文化的融合，是帮助人们开阔视野、培养人格的一种活动方式。游学就是在旅游的基础上增加学习的功能，它以学为主，边游边学，寓学于游、寓学于乐，是一个集行走、观摩、学习、交流、实践、经历、体验于一体的综合过程。

现代教育意义上的游学，是随着20世纪世界和平潮流和全球发展进程而产生，并逐渐成熟的一种跨文化体验式的活动模式。游学就是一个“行万里路，读万卷书”的过程。在游学期间，游学的人参观名胜古迹，了解风土人情，学习各色文化，真正做到“游”和“学”的密切结合。

在古代，喜欢远游的读书人被称为“游士”“游客”，很多名人都有游学的经历。最为典型的游学故事是春秋时期孔子带领其弟子周游列国，所经过的地方之多、游历的时间之长，堪为典范。孔子舍弃高官厚禄，于55岁带领弟子们周游列国，开创了老年人游学的先河。

游学是一种感受，是获得人生体验的一种方式。游学的人到异域他乡，了解不同的风土人情、文化习俗、历史演变等，在人生中增长一笔无形的财富，留下一份永久的记忆。游学是一项旅游和教育相结合的活动，游学的人深入当地居民的生活，和当地居民同吃同住一段时间，体验当地一些独特的活动项目，从而实现思想的升华，真正达到游学的目的。

二、老年人游学的意义

老年人走出去，了解外面的精彩世界，对丰富自己的知识、提升自己的智慧、完善自己的人生具有重要的意义。

游学是拓宽老年人生活广度的最好方式。一次高质量的游学，能为老年人找到一把重新认识世界、认识自我的钥匙。主题游学让实践性、生成性、开放性的学习在老人们真实的体验与探索中发生，也将悄然无痕地改变老年人的内心世界。游学能够为老年人的人生旅途增添一笔无形的财富，增长许多阅历和见识，培养多角度的思维习惯，留下终生难忘的记忆，充分感受人与自然和谐共处的乐趣。游学的意义在于将旅游和学习紧密地结合在一起，达到内容和形式的统一。游是外出观光游览，学是内心体验感悟，把学习变为一种乐趣，既可以陶冶情操，又能丰富知识，是老年人自我提升、完美发展的好形式。

（一）有利于老年人身心健康。随着年龄的增长，老年人身体素质有所下降，很多老年人向往健康，赞成养生，却不得其法，宁愿花钱在家吃保健品，也不愿走出去融入社会、接触大自然，这不利于身心健康发展。游学活动适应老年人的发展需求，有计划、有目的的游学既锻炼身体，又愉悦心情、收获快乐、学习知识。一举多得，何乐而不为？老年人参加游学活动，做到游中学、学中乐，看看外面精彩的世界，丰富自己的内心，忘掉烦恼忧愁，真正享受健康、幸福、快乐的夕阳人生。

（二）有利于老年人完善发展。游学区别于旅游，是一种学习行为，是丰富知识、开阔眼界、感悟人生、收获快乐的自我提升过程。游学寓学于游，学游一体，综合了学习、体验、娱乐多重功能，是“行走的课堂”。一般来说，组织游学活动，时间比较集中，目的比较明确。通过游学，可以更好地挖掘潜力、提升能力、形成合力，更多地接触社会的不同层面，了解多元的文化和价值观，更好地坚定中华民族的文化自信，自觉地践行和传承中华优秀传统文化。只有走出去，才能开阔自己的视野，学习到新鲜的东西，更好地丰富、提升、完善自己。

（三）有利于老年人服务社会。老年人是一个特殊的社会群体，在社会发展中发挥着重要的作用。随着经济社会不断发展，老年人对美好生活的向往更为迫切，求知欲更为强烈。他们有丰富的社会经验、较强的工作能力，他们积极参加游学活动，不断提升自己，能更好地为社会服务，为促进社会和谐进步贡献自己的智慧和力量。

（四）有利于社会和谐稳定。老人安，则家庭安、社会安。老年人积极到老年大学学习，参与游学活动，做到“修己以安人，修己以安百姓”，以自己的影响力传播好声音、传承好传统、传递正能量，对社会发展稳定有重大意义。老年人素质提高了，会更好地促进家庭和睦，促进社会和谐。

三、老年人游学的方式

随着社会的进步，交通和通信事业的高速发展为老年人游学提供了极大的便利。老年人游学的方式变得多种多样，游学的范围越来越广，游学的人数越来越多。从游学人员组成角度来说，主要有以下几种游学方式。

（一）独来独往的单人游。不少老年人选择目标明确的单人游，完成自己一心向往的某一件事。有一位退休教师，一生最大的心愿是到北京看一看，他退休后对家人说："我教过很多有关首都北京的课文，学生听得津津有味，但我没到实地体验过，总觉得遗憾，我想自己去体验一下。"后来，他自己坐车到了北京，住了一个星期，去了天安门、故宫、颐和园、长城，白天游览，晚上写日记，把自己的感悟记录下来，回家后整理成几篇文章，发表在当地的报纸上，既完成了一大心愿，又收获了好心情，学到了很多知识，成为个体老年人游学的典范。单人游学可以排除干扰，学得快、收获多、感悟深，适合心有志向、身体健康的老年人。当然，单人游学也有一定的局限性，比如会有孤单寂寞、生活不便、出行危险等不利因素，要特别注意。

（二）家庭成员的亲情游。老年人和家人一起游学是比较常见的一种形式，它以家庭成员为主，建立在亲情的基础上，出游比较放心。亲情游适合于各种游学活动，游学地点远近皆可，可以自驾游，也可以乘坐其他交通工具，根据自己的实际情况而定。老年人一般是家长，在亲情游中处于核心地位，能很好地发挥带头作用，和家人们一起玩得痛快、学得开心，在收获知识的同时，也收获快乐，使家庭关系更加和睦。

（三）志同道合的结伴游。人到老年往往怀旧，最挂念的是自己过去的老同学、老同事、老玩伴，大家会经常聚到一起叙叙旧情，因此很多老年人选择搭伙结伴游学的方式。老年人之间有相同的志趣、共同的语言，可以相互切磋、相互讨论、共同提高。他们对某一问题往往有共同的看法，即使有分歧，也能接受多数人的见解，最终达成共识。志同道合的人一起游学，效率最高、质量最好，是游学的最佳方式，值得大力提倡。

（四）互不相识的组团游。一些老年人游学时受条件所限，只好跟随各种旅游组织，组成临时的旅游团。这种出游形式比较普遍，一般由有资质的旅行社组织，时间、路线、食宿以及交通工具由组织方统一规定，从出门上车到返回都有导游陪伴，相对来讲比较省心，尽情游览学习就行了。不足的是，大家互不相识，沟通起来不方便，有时一起旅游好几天还不知伙伴们姓甚名谁，不利于相互交流，会影响游学的质量。

（五）有意组织的集体游。有些单位每年组织退休职工旅游，给老年人游学提供机会。现在，不少机关企事业单位都有负责老年人教育管理的机构，有些发展好的村庄社区也安排专人负责老年教育工作，每年给老年人检查身体、组织旅游学习。有些老年教育机构还专门成立游学部，定期组织老年人外出游学。集体游好处很多：有统一的组织领导，有明确的目的方向，一起出游的人大都互相认识，有共同的语言，游学效果明显。

四、老年人游学应注意的问题

老年人游学是好事，对其健康生活有极大的益处，但老年人毕竟在体力、智力、能力等方面都较年轻人有所下降，在游学活动中要特别注意以下几点。

（一）把安全放在首位。安全有保障，游学才有意义。游学是一件好事，要办好老年人游学，就必须把安全放在首位，善始善终。在游学中，要注意所带物品、乘车住宿、走路观景、言语行为等方面的安全。要特别注意老年人的人身安全、在一些山路或陡坡上，不要争抢拥挤，不要争强好胜，防止发生意外事故。出行前要尽量考虑周全，避免或消除不安全因素，一定要买上一份保险。

（二）把“游”和“学”紧密结合起来。对老年人来说，游学更多是一种消遣行为，在旅游中增添乐趣、增添快乐、增长知识，在保障安全的前提下，开心地游览异域他乡的风土人情、名胜古迹，本身就是收获、就是进步。旅途不要搞得太紧张、太疲劳，更不要大喜大悲、忘乎所以，使自己失态。

（三）做到远近适宜、劳逸结合。游学主要是在旅游中学习，老年人对时间、地点、路线要选择适当，要根据自己的身体状况和学习需求合理安排。一些北方的老年人选择冬季到南方游学，在不同的季节气候变换中，体验祖国的大好的河山，收获美好的心情。游学以开心快乐为目的，不在路途远近、时间长短，有时在短时间内到周边地区看看不同的风景也不错，有时也可到国外游览参观。无论如何，都要做到劳逸结合，心情愉悦。

五、老年人游学的局限

游学是一种高雅的、文明的活动，老年人通过游学能更加清晰地认识世界，是人生一大乐事。但受身体、学识、经验、阅历的制约，游学也具有一定的局限性。现在的老年人绝大多数不会外语，到了国外极不方便。即便是在国内，很多老年人不会说普通话，在语言交流上也有很大障碍。老年人毕竟是年纪大了，在体力、智力、能力等多方面不如年轻人，游学活动要根据实际情况确定。

六、老年人游学的前景

我国已经进入老龄化社会，是典型的银龄社会。当前，我国老年人的主体是新中国成立前后出生的人。这一时期的老年人大部分是独生子女的父母，退休后家庭负担比较轻，空余时间多，幸福指数高。他们乐于提升自己，对游学持赞赏态度。

庞大的老年人队伍形成巨大的游学市场，安定和谐的社会秩序、富足美好的社会生活，为老年人游学提供了广阔的平台。2018 年 5 月 24 日，在烟台市召开的“首届世界老年旅游大会”，其主题就是“发展老年旅游　共创美好未来”，这说明世界各国都在重视老年游学这种教学模式。我国十分重视游学活动，在制定老年人发展规划时，特意强调游学方式的活动。老年人游学是适应社会经济发展的新产业，具有良好的发展前景。

（李振喜：平度市老年大学学员）

老年大学规范化管理的实践与思考

◎ 王德昌

摘要：胶州市老年大学是一所具有一定规模、教学设施齐备、教学管理规范的综合性老年大学。学校目前开设书法、绘画、声乐、表演、摄影、电脑、键盘、语言、远程、养生保健、健身舞蹈、艺术文化传承等12类专业、66个教学班，现有班级学员2132人。随着学校规模不断扩大，校区学员人数不断增加，教学管理任务越来越重，而学校管理人员相对较少，在编人员只有3名。因此，调动班委会和学校各社团的积极性，提高学员自我管理、自我教育、自我服务能力，便成为学校建设与规范化管理的重要途径。

关键词：老年教育　规范化管理　老年大学

一、健全管理体制，为学员自主管理提供组织保障

健全的管理体制、畅通的行政渠道，是学员自我管理的根本保证。学校通过制定和完善各种规章制度，为学员自我管理活动的开展提供坚强有力的组织保证、服务保障。以老年大学班委会和社团组织为依托，充分调动学员积极性、主动性，发挥老同志的智慧和才能，开展各项班级管理、社会实践活动，为学校建设管理起到积极推动作用。学校坚持从体制管理、制度管理和情感管理等方面推动学员自我管理工作持续健康发展，对学员自我管理进行了一些探索和实践。

学校根据实际情况在各班设立了班委会，作为学员自我管理的组织基础。班委会由班级学员、班主任共同推选产生，每班设班长一名，副班长1—3名（副班长职数根据班级人数确定），通过班委会构建起一个学员自我管理网络，从而实现“上情下达、下情上传、积极互动、步调整齐”的管理目标。通过老年大学艺术团、摄影协会老年分会、慈善义工队、书画小组、英语兴趣小组、健身队等兴趣小组和社团的建立，推动学员自我管理工作的健康发展。

二、完善各项制度，为学员自我管理提供纪律保证

要搞好班级学员自我管理，必须有完善规范的制度。用制度统一认识，用制度约束行为，是实现班级学员自我管理的保证。经过多年的实践，学校形成了会议制度、分工负责制度、班委会干部选拔制度、培训制度等一系列规章制度，并不断加以完善。

（一）完善会议制度。班干部会议，每学期召开 2—3 次，由老年大学办公室工作负责人主持召开，各班委成员参加。主要内容是传达上级会议精神，部署全校重大活动，总结交流班级工作经验等。

（二）完善分工负责制度。近年来，推行跟班值班制度。按课程安排，每位班委会成员每周值班半天，同时负责联系这半天的专业班。值班期间，需做好记录工作，主要内容包括：教学计划执行情况、班级记事记载情况、“第二课堂”和“第三课堂”活动情况、学员作品参赛获奖情况、对任课教师的评语、对班委成员的评议、对学校工作评议及其他需要记载的内容。班委会对班长、副班长和班委的职责也做了细化分工。

（三）完善班委会干部选拔制度。学校对班委会干部的任职条件、任职年限和成员产生办法都做了明确规定。学校定期研究班委会的工作情况，分析班委会人员的思想、工作表现，对班委会学员干部的去留、升降提出意见。对任期内由于身体等原因不能胜任现职的，及时予以调整。对新开班级班干部人选的提名，采取学校提名和学员推荐相结合的办法，通过班级学员民主选举产生。每学期报名结束后，及时查阅学员信息，听取班主任和学员的意见，挑选思想政治素质好、热心班级工作、有一定组织协调能力、相对比较年轻的学员进入班委会备选名单。

（四）完善培训制度。学校每学年举办 1—2 次班长（或班委）培训会或经验交流会。培训的内容主要包括班长职责、工作要求和怎样当好班长、做好班级工作。通过搭建学习交流平台，不断提高班级管理能力。

（五）完善其他相关制度。学校根据两个校区的实际情况，及时修订了《教师守则》《学员守则》《老年大学学籍管理规定》《更衣室使用管理规定》《老年大学突发事件应急预案》《校园管理规定》《物业管理规定》等各项规章制度，结合“老年大学报名须知”“老年大学课程安排表”等文件，在开学前组织班长先行学习，“开学第一课”带领每名学员认真学习，使学员做到知晓内容、明确要求、相互监督、自觉遵守。

各项制度的建立和完善，促使班级学员自我管理工作在合理的框架渠道中顺畅高效地运行。在实行学员自我管理的同时，学校还强调任课教师要坚持下班了解情况，要经常与班长沟通，建立班级微信群，及时发现问题、解决问题，促进学员自我管理工作的健康发展。

三、发挥学员作用，推动自我管理有序开展

班委会和各团体是学员自我管理的重要载体，学校支持、引导他们在自我管理工作中发挥以下三个作用。

（一）架好学校与学员之间的桥梁。建立班级联系制度，切实了解各班学员所思所想以及班委会成员工作开展、教师上课情况，听取老师对班级、学员情况的反映。在

将班级、教师情况转达给学校的同时，把学校的工作意图传达到学员，协助学校做好教学管理工作。

班委会是直接面对学员的，是学员自我管理最重要的环节。班干部负责班级的学习管理、活动管理、生活管理和思想管理，监督学校领导和工作人员的思想、作风和管理工作。班长把学校的工作安排及时传达给学员，同时，认真听取和反映学员的意见需求，使问题得到及时解决，使合理建议得到及时落实。

（二）组织开展“第二课堂”“第三课堂”活动。学校坚持以课堂教学为主，支持和鼓励组织老同志在身体和安全条件允许的情况下，有序开展各种形式的“第二课堂”活动。例如：时装模特班的学员，为了加强练习，利用课余时间在天泰广场中心开展训练，每周活动一次；舞蹈班学员每天晚上在三里河公园练习、排舞，相互点评，共同提高；太极拳班的学员每天清晨在学校门前进行练习；摄影班学员多次组织、开展培训活动，以学员帮带、请专业人士辅导、积极参与各类摄影比赛等形式，带动全班学员提升摄影水平。通过实践，不仅加强了学员课堂知识的吸收力，更增强了班级的吸引力和凝聚力。

班委会和各团体还根据学校安排，积极组织学员开展“第三课堂”活动。春节期间，书画小组学员分别在市区和农村举办了两次送春联活动，吸引了大批群众的关注，受到了热烈欢迎；2021 年 6 月底，学校在三里河公园成功举办了一场“创建文明城市，广场文艺周周演”专场文艺演出，各班学员在班委的组织协调下，经过两个多月的筛选、排练，把自己最美的一面展现在观众面前，他们用精彩的表演赢得了广大市民的掌声和喝彩，成功传递了老年大学学员“求知、健身、快乐、有为”的生活理念。慈善义工队的学员，在母亲节当天，通过举办免费向市民发放“文明公约”、为市民义务演出等活动，学以致用，回报社会。丰富的“第三课堂”活动，满足了学员更好地服务社会的愿望，让老年学员的精神生活更加多彩多姿。

（三）当好教师的助手。根据老师上课需要，班委会提前为全班学员准备课堂教学材料；上课前清点人数；帮老师准备教学文具；向学员传达学校工作动态、政策精神；维持课堂教学秩序；安排学员打扫教室卫生；及时将学员情况向任课教师及学校反映。在教学内容选定方面，有些班由于教师的更换或学员的变化，出现教学方式、教学内容不能适应学员的情况，班委会要根据学员提出的意见、建议，主动与老师沟通或向学校反映，适时进行调整，保证教学任务顺利完成。

四、加强引导激励，增强学员自我管理意识

老年大学的学员到学校来，除了希望老有所学、老有所乐、老有所为外，还渴望结交朋友、愉悦身心、充实精神。我们可以看到，情感氛围好的班级，学员幸福感强，班

级管理工作也就开展得好。因此，学校注重从思想上、情感上引导和激励学员，发挥学员的个人所长，共推老年教育良好发展。

（一）加强思想政治教育。培育健康和谐的校园文化可以陶冶学员情操、启迪学员心智，促进学员的全面发展。为此，学校坚持把加强老同志思想政治建设放在学校工作的首位。学校每学期的开学第一堂课是由学校工作人员到各班宣讲相关规章制度，要求每位学员都要积极为班级、为同学、为学校服务，大家和睦相处，互帮互助，共同建设和谐校园。学校坚持每月发放书刊，使学员及时了解国内外政治经济形势、党和国家的大政方针、本地区经济发展的新进展，进一步提高政治理论水平，提升自身素质，自觉维护校园和谐。

（二）搭建宣传交流平台。学校投入较大的人力物力，为全校师生搭建起全新的交流平台。充分发挥展厅、宣传栏、报刊等文化传播载体的影响作用，展示学员作品、展现学员风采、宣传老年大学教学成果，提升学员的自信心和自豪感；通过“民生 20 分”“胶州党建”等电视频道宣传先进事迹，提高班级荣誉感，促进学员自觉维护班级、学校形象。

（三）表彰先进树立榜样。通过开展“风范长者”评选活动，展示学员精神风貌，挖掘学员先进典型，发挥榜样模范的示范带动作用，推动校园文化建设。

五、自我管理中存在的不足

胶州市老年大学学员自我管理在学校的大力支持和学员的共同努力下，取得了良好的成效，为老年大学的健康发展发挥了不可替代的作用。在自我管理取得成效的同时，我们也看到了一些不足之处。

（一）学员对学校班级管理认识不统一。班级管理是学校规范化管理的重要组成部分，班级管理的质量如何、效果怎么样，关系着学校是否能健康、稳步发展。老年大学学员的身份、经历多样，学员思想觉悟、文化水平、认识角度各不相同。一些学员到老年大学学习，只是抱着消遣解闷的心态，对班级管理的重要性不理解，甚至表现出排斥态度，客观上增加了班级管理的难度，增加了班干部的心理负担。

（二)学员遵章守纪、自我约束度尚需加强。学校教学的特殊性产生了学员变动性、流动性大的不稳定状态。因而存在一些学员上课自由、随意缺课现象，不利于课间教学管理制度的落实。同时，作为老年人，他们都有一个共同的特征：特别需要别人尊重。有的老年人想得开、看得透、放得下，能积极投身到学习、健身、娱乐中来。但有一部分人却放不下架子、听不得意见、受不了约束，给学员自治管理工作的开展带来了一定的困难。

（三）学员骨干工作能力影响班级自我管理水平。学校大部分学员骨干协调能力强、工作认真负责，为学校教学管理发挥了很好的作用。但也有个别班的班委在工作中存在畏难情绪，存在工作力度不够、不到位的现象。特别是新开班级，由于学员间了解不够，班干部推选有一定难度，使得班级工作的开展需要一个适应期。

六、今后的努力方向

如何更好地推动学员自我管理，促进老年教育事业良好发展，是老年大学一直在追寻的目标，学校为此将不断地努力和尝试。

（一）提高教学水平，提升学员学习兴趣。孔子曰："知之者不如好之者，好之者不如乐之者。"学员只要以此为乐，那么他就会乐此不疲，学出成绩。通过加强教师队伍建设，进一步规范教学管理等措施，提高学校教学水平，启发、引导学员对所学专业产生更浓厚、稳定的兴趣，以此来转变部分学员来老年大学消遣解闷的心态，让他们端正学习态度，自觉遵守学校纪律、维护学校形象。

（二）转变服务方式，提升学员满意度。工作人员要用爱心、热心、关心、耐心对待每一位老年学员，和他们交朋友，虚心听取意见建议，不断改进自身工作方法和工作作风。区别对待不同层次、年龄、身体状况、个性倾向、学习动机、接受能力的学员，理解每个学员的个性、脾气，让他们感到学校不仅有知识，还有温暖和关心。

（三）加强队伍建设，提升自我管理执行力。建设一支行动力强、凝聚力高、满腔热情、甘于奉献的学员骨干队伍是提升自我管理执行力的保障。学校将进一步加强学员骨干队伍建设，以多种方式提升学员骨干的工作能力。例如，通过培训引导学员骨干掌握自我管理的工作内容、工作方法，加强自身修养，牢固树立服务于人的奉献意识；以新老骨干交流的方式，传授经验、创新工作思路；通过学期工作总结，了解各班委、各社团工作成效，总结反思，改进工作。建设强有力的学员骨干队伍，促进老年大学教学管理各项任务及时、顺畅地完成。

（王德昌：胶州市老年大学服务中心副主任）

新时代背景下老年教育的发展与提升研究

——以淄博市老年大学服务管理实践为例

◎ 崔德斌

摘要： 随着人口老龄化进程加快，老年教育事业不断发展，老年大学成为老年人文化养老的新阵地。老年群体数量的快速增长，对教学工作的系统性和有效性提出了新要求，对让老同志晚年生活更有幸福感和充实感提出了新挑战。新时代背景下，本文以淄博市老年大学服务管理实践为例，从提升教学流程、后勤保障、办学人员服务管理能力入手，探讨发展老年教育事业的教育理念和教育体系，助力老年教育事业高质量发展。

关键词： 老年教育　老年大学　服务　管理

淄博市老年大学坚持以习近平新时代中国特色社会主义思想为指导，贯彻政治立校、党建引领，以“一放心、二满意”（让党委放心、让老年学员满意、让社会满意）为目标，进一步提升以教学质量为核心、后勤保障为前提、学员服务为关键的服务管理理念，完善多元化服务管理模式，提升老年大学新时代综合服务管理能力和水平，实现新时代老年人“老有所学、增长知识，丰富生活、健康长寿，学为结合、服务社会”的文化养老目标。

一、提升老年教育教学服务管理能力，使新时代教学管理工作迈上新台阶

适应新时代新要求，办好老年大学，提升老年教育教学服务管理能力和办学质量水平，是应对人口老龄化进程加快的有效措施，更是社会文明进步、和谐稳定的重要标志。

（一）规范教学行为，狠抓课堂教学环节。课堂教学是提高教学质量的关键，是高效优质完成老年教学任务的前提。学校注重狠抓课堂教学四个环节。一是认真备课，注重创新性和差异性；二是讲好课，确保课程目标明确、内容充实，授课方法得当、语言生动、富于感情、效果良好；三是精心设计，做好板书，做到因材施教，落实学法指导，处理好主导与主体关系；四是布置作业，细致批改，根据教学实际，组织示范公开课，由管理人员对讲课内容、作业布置等情况进行调查，帮助教师和学员解决教与学中存在的问题。通过认真贯彻四个教学环节，学校教学服务管理质量得到质的提升。

（二）突出“老”字特点，管理严谨有序、宽松和谐。老年教学管理是老年教

育的普遍规律与老年教育特殊性相结合的施教活动。学校组织每个专业的教师反复探讨，制订切合实际的教学计划，明确教学内容和课程安排，并要求管理人员随堂听课，及时了解教学情况，记好教学日志；期中召开学员座谈会，组织学员汇报学习收获、交流学习心得，听取他们对教学的意见；期末举办会演、作品展览等，展示学业成果。学籍管理方面，学校建立了学员登记表、考勤制度、请假制度以及休学、退学、转班规定等。

（三）适应时代需求，课程设置广泛。近年来，根据新时代新形势对老年教育教学的要求，学校先后设置了 28 个专业。调整文学、中医保健、萨克斯、葫芦丝等专业；充实书法、国画等专业，使其系列化；增设英语、化妆服饰搭配、旗袍礼仪、烹饪等实用性较强的专业和电脑、智能技术应用等信息化专业，并开展朗读班，普及普通话；开设具有淄博特色的刻瓷专业，在教学过程中培养出许多优秀人才。学员们在老年大学的课堂里不仅丰富了知识，学到了技能，保持了身心健康，而且步入了高雅的艺术殿堂，趣味横生，其乐融融。

（四）推进多层次教学，管理制度规范。学校编写了各专业的教学大纲，教学大纲阐明了专业特点、目的要求、学制、教材、教学基本原则与教学方法，促进了教学管理的规范化，避免了同一专业或相关专业的教学内容重复或脱节。特别是多层次的弹性学制，适应了学员的不同要求，不受硬性教育模式的限制。如将书画专业分为基础班、提高班、研究班三个层次，学员既可以学习一个层次，也可以学习完整的三个层次，体现出老年教育因人制宜的特殊性。

（五）重在实教环节，成绩考核求实。成绩考核是老年大学教育教学的一个重要环节。不同于常规学校统一时间、统一命题、统一标准评定模式的严格式考核，老年教育强调在考核方法上以自我总结为主，成绩评定上重在实教，鼓励进步。这样的考核使学员没有压力，能够在轻松愉快的气氛中积极自觉地进行总结提高。对学校来说，也可及时获取教学效果反馈，以改进教学工作。

（六）发挥社团组织作用，积极解决问题。为解决学员“出不去、进不来”和“一座难求”等问题，学校大力支持社团组织的发展，为其提供人力、物力、财力上的帮助。同时，与各级书法、绘画、体育、合唱团等社团组织联合开展活动，丰富“第二课堂”和“第三课堂”，为老年教育提供更广阔的平台；充分发挥“五老”志愿者的作用，让老年大学和谐校园文化建设成果走进中小学校、社区和村落。常年组织开展的“老少同上一堂课”、大型广场文艺表演、送文化下乡、重大节日主题作品展演等活动已成为全市精神文明与文化建设的亮点与招牌。

（七）“线上”“线下”结合，开拓教学新渠道。2020 年，受新冠肺炎疫情影响，教师、学员无法到校。为实现“停课不停学”，更好地服务教师、学员，开拓教学新渠道，建设校园教学平台，学校打造了校园“云课堂”，开展“线上”教学。学校在微信公众号上开设“网络课堂”“文明新风尚”“健康生活”等版块，积极宣传淄博市老年大学的抗疫举措和成效，累计推送舆情引导、教学课件、养生保健、作品展示等信息 80 余篇，展出作品 1200 余幅。学校开展“风雨同舟·共抗疫情”线上征稿活动，征集各类作品 200 余件，通过微信公众号发稿 9 期；开展“公筷公勺”书画作品创作活动，精选作品 66 件，通过微信公众号发稿 2 期；开展“垃圾分类我先行”书画作品创作活动，刊发优秀作品 25 幅。

学校组织学员收看全省离退休干部先进事迹报告会，举办“智慧就医”实操指导课、普通话实训课；组织老年大学学员走进鼎好旅居开展“厉行节约 反对浪费”志愿宣传活动，现场创作、赠送书画作品 50 余幅；举办了移风易俗宣传教育、庆祝新中国成立 71 周年音乐会、“迎中秋 庆国庆”和“挥银发豪情 绘时代伟业——我的‘十四五’愿景交流笔会”等活动。教学案例《出家门进校门，打造“15 分钟学习生活圈”》被山东省老年大学协会评为“2020 年全省老年大学工作创新案例一等奖”。国画教师苏振兴被评为“山东省百姓学习之星”。为严格落实 2021 年度线下集中报名、开学疫情防控有关要求，学校投资两万六千余元，在教学楼大厅入口处安装了热成像红外测温系统，有效保障了新学期教学工作的顺利进行。

二、提升新时代老年大学后勤服务管理能力，服务保障效率进一步彰显

“兵马未动，粮草先行”，经济基础是老年教育教学发展的前提和保障。经费不足是制约老年大学发展的主要瓶颈之一，不少老年大学囊中羞涩，举步维艰。

（一）多方融资，建立资金保障机制。充足的经费是破解老年教育后勤服务管理瓶颈的关键。参照“义务教育阶段按招收人数拨款”的财政预算标准，建立投入与经济水平和老年人口增长挂钩的保障机制，根据老年人对教育的需求，逐年提高预算标准。在编制财政年度大学预算时，应确保老年大学经费占有适当的份额并逐步得到提升；对老年大学的重点项目，如智慧校园建设、远程老年大学发展项目等，财政应当适当倾斜。拓宽融资渠道，积极探索与社会各界联合办学的双赢模式，让社会资金关注、支持老年大学发展，鼓励机关、企事业单位、社会团体、社会组织及公民个人捐资助学，资助老年大学建设。近年来，学校吸收社会资金 130 余万元，完成了老年大学无障碍设施改造、报刊赠送、学员意外伤害保险、老年大学门诊部建设、净水器安装等惠老助老项目。

（二）更新提升，建设花园式老年大学。近年来，针对教学设施陈旧、老化的现状，学校筹措协调资金 600 余万元，有计划地进行教学设施的替换更新，使校园面貌焕然一新。重新粉刷学校墙面并铺设地板胶，更换走廊照明设施、讲台桌椅，加固门窗及楼顶防水层，更新电梯、教学楼暖气管道等。学校在空闲的楼顶平台规划建设多功能排练厅并种植花草和蔬菜，构建空中花园；硬化校园内路面，拓宽主干道，增设车牌识别门禁系统，

新建自行车棚，并在道路两侧安装了LED照明灯；升级校园露天广场，铺设了塑胶，安装了座椅，对人工湖加装护栏、防护网、照明射灯，平填四分之一湖面，建设休闲凉亭和连廊。在淄博市财政局的支持下更新了陈旧设施，购置电脑、电钢琴、空调、投影仪、三角钢琴等设备，有力地保障了老年大学教育和教学的有效开展。

（三）拓展资源，推动物业管理专业化。深化老年大学物业改革，汇聚社会力量，整合社会资源，不断拓宽物业管理新模式。学校通过积极协商，将老年大学物业管理纳入敬老助老范畴。每年由淄博市资产运营公司出资80余万元，负责对老年大学安全保卫、卫生保洁、消防、电梯等重大设备和水电管线进行日常维修维护，让社会力量关注和支持老年大学发展。

三、提升新时代办学人员服务管理能力，进一步加强主体服务管理意识

新时代老年教育要求学校各项工作都要突出“为老”的特点，一切都要围绕学员展开，教师和办学人员都要全心全意为教学服务、为学员服务。

（一）优化结构，建设高素质教师队伍。学校实施“聘名师、建名校、创名科”战略，充分挖掘高校资源、社会资源，按照新时代老年大学教学和文化养老发展的标准，以聘请高校专业教师、社会专业人士为主，以学术交流、资源共享、参观学习、业务指导等方式吸引流动资源为辅，建设高标准教师队伍。目前，学校已具有一支相对稳定的高素质教师队伍。他们在老年教育教学中敬业奉献，在教学方法上探索创新，广受学员欢迎。

（二）广纳贤才，建设高素质管理队伍。管理人员的政治、文化素养和思想作风、业务水平及创新能力是影响教学服务管理质量的重要因素。学校通过公开招聘、人才引进等方式，充实老年教育工作队伍，并且不断提高标准，把好工作人员选用关。现有的22名工作人员中，研究生学历4人，大学学历14人。学校的一切工作，都是为了提高老年人的晚年生活质量，融“学、乐、为”为一体，使老年人生活得更健康、快乐，更有价值。建立跟班联络员制度，让学员从学习、生活、家庭、健康、思想上尊重和爱护教师，虚心向他们学习专业知识，关心教师、班干部的工作，进一步保证学校高水平服务管理工作顺利展开。

（三）党建引领，建设无私奉献的班委。把党支部建在班上，可以充分发挥班党支部书记（班长）、班委会、班级党员在教学服务管理的模范带头作用。学校每学期召开一次班长会议，宣布学校党建情况、工作计划；先后制定了班级党支部组织生活制度、班委会职责、学员守则等；鼓励班委会、党员、学员自我管理、自我教育和自我约束，主动配合班主任做好班级日常服务管理工作。班委会主要围绕党建、学习等中心任务展开工作，其工作内容包括及时反映党建、教学和行政管理上存在的问题，帮助改进学校

工作，树立“尊师守纪、勤奋学习、团结互助、文明整洁”的良好班风。

四、结束语

淄博市老年大学在老年教育服务管理实践中探索并发展，收获了丰硕的果实。在今后的老年教育教学、服务管理中，学校将认真贯彻落实《山东省老年教育条例》，不负新时代赋予老年教育工作者的重任，进一步解放思想、创新有为，以更新的面貌充分展示21世纪淄博市老年大学新形象，推动淄博老年教育事业向着更快、更好、更实的方向发展，为老年教育事业做出更大贡献。

（崔德斌：淄博市老年大学办公室主任）

线上线下相结合　老年教育谱新篇

◎ 张明清

摘要：本文以新冠肺炎疫情发生后，老年线上教育教学和线下作业相结合为背景，阐述发生的变化，分析遇到的问题，运用种种方式保障疫情防控期间老年教育线上教学质量和效果。老年大学运用网络信息化技术手段进行线上教学，可以弥补线下教学的不足，助推老年教育事业的发展。如何利用好各类教育资源，让在线教学更好地发挥作用，是我们需要研究和探索的重要课题。

关键词：疫情防控　老年教育　线上教学

一、问题的提出

老年人是国家和社会的宝贵财富。老年教育是我国教育事业和老龄事业的重要组成部分。发展老年教育，是积极应对人口老龄化、实现教育现代化、建设学习型社会的重要举措，是满足老年人多样化学习需求、提升老年人生活品质、促进社会和谐发展的必然要求。2020 年新冠肺炎疫情期间，根据疫情防控指挥部的统一要求，为保障老年人的生命安全和身体健康，各地老年大学按照各级党委和政府的部署，认真落实“把人民群众生命安全和身体健康放在第一位”的要求，决定“推迟开学，不停教、不停学”，要求学员们主动配合做好疫情防控工作，居家学习、休养，调整心态，坚信党和政府能够打赢疫情防控阻击战。怎样才能保证老年大学学员在疫情期间“停课不停学”，做到学习、防疫两不误呢？

淄博市周村区老年大学研究部署了三项措施：一是积极做好招生开学的各项准备工作，一旦疫情得到有效控制，在上级主管部门批准后，学校能保证顺利开学；二是各班班主任要利用班级微信群、QQ 群与任课教师和学员保持密切联系，指导他们自行在家学习；三是积极为学员居家学习创造条件，学校教务处、远程教育部门为学员们录制了本校教师的课堂教学精品课程，提供了“网上老年大学”“中国老年大学协会远程教育网”“乐龄云课堂”以及各省（市）的老年远程教育内容，用微信公众号发布操作指南，指导学员进行线上学习，鼓励和支持学员们有选择地在线上学习自己所需要的知识，将每周的学习要求发送到各班微信群，在疫情防控期间利用信息技术开展线上网络教学工作。

二、线上网络教育的利与弊

为了确保教育活动的正常开展，学校大力推广线上网络教育，使其成为疫情期间的主要教育方式。与传统的教育方式相比，网络教育有其独特优势，比如不受空间限制，不需要学员聚集在一起。但是，随着网络教育应用的逐渐增多，网络教育中存在的问题也逐渐显现。只有及时发现这些问题并找到有效的解决方法，才能更好地发挥线上教育本身的作用，因此，有必要对线上网络教育的利与弊逐一进行分析。

（一）线上网络教育的优势

1. 突破时空限制。线上网络教育摆脱了传统教学模式中时间和地点的约束。学习者只要想学习，就可以突破时间以及空间的限制，根据自身的情况，随时随地进行线上网络学习。手机、电脑等都是学习的好工具。

2. 教学资源丰富。传统教育基本都是围绕课本教学，所有的资源都来自课堂。通过在线网络教育，学员可以打破时空限制，学习来自不同地区的文化知识。相比于传统教育，线上网络教育的教学资源更加丰富，能让学员的视野得到进一步开阔。此外，通过线上网络学习，学员可以看到动态式的教学内容。相比于传统教学，线上网络教育图文并茂、动静结合的教学形式更加适合老年学员，也可以很好地提升老年学员的学习兴趣。

3. 教育对象多元化。线上网络教育没有门槛限制，只要想学习的人都可以参加，这个特征决定了线上网络教育对象的多元化。任何人都可以通过网络在不同时间、不同地点自主进行学习，相互分享资源，使全民都能参与到学习的热潮之中。

4. 提供了个性化学习方式。线上网络教育令学员可以自行选择学习内容、学习时间、学习进度，还可以根据需求观看回放，反复学习。同时，由于网络的互动性，学员在学习中遇到问题也可以通过在线实时提问的方式获得老师的解答。由于学习内容、学习方法等都由学生自由选择，因此网络学习更具有自主性，网络教育也更具有个性化。

5. 在线教育的交互性。线上教育的交互性，可以使授课者与学习者进行交互式教学。所谓“交互性”，是指通过网络进行沟通。学习者在学习过程中产生了问题，可以通过网络平台，借助云课堂、微信、QQ 和电子邮件等与教师进行交流，从而实现双向沟通。疫情发生以来，国画班的袁洪玉老师、胡迎基班长通过微信群为学员们进行了 6 次品画解读答疑，并且每天线上点评学员作业，提高学员出勤率。

（二）线上网络教育存在的问题

任何事物都是一分为二的，随着在线网络教育规模的日益扩大，其自身存在的一些问题也逐渐暴露出来，这些问题在一定程度上阻碍了线上网络教育的发展。

1. 线上网络课程具有自闭性。网络课程的学习者缺少现实环境中与人的真实交流和直接接触。世界是现实的，虚拟生活不能代替真实生活，线上网络教育减少了个体和群体之间的联系，导致学习者很难培养出合作能力，难以提高探究精神。

2. 线上网络教育缺乏情感交流。传统的授课方式虽然存在一定的弊端，但是师生之间可以面对面交流，彼此的情绪状态是可见的。教学过程中，老师可以通过人格魅力感染学员，提高学员学习效率，帮助学员获得学习以外的相关知识。然而，学员在接受线上网络教育的过程中面对的是冷冰冰的机器，难以与老师进行情感交流，这也是线上网络教育存在的弊端。

3. 线上网络教育投入较大。线上网络教育和传统教育相比，技术成分更高、投入更大。老年大学需要配备教学录播室，教师需要具备较高的资质，教学硬件设备和网络速度也必须有充分的保证，所以学校需要在设备、师资等方面进行大量的投入。由于成本原因，加之一些地区缺少良好的网络传输环境，线上网络教育的发展受到限制。

4. 网速慢、使用体验差。由于同一时间多人观看教学直播或教学视频，极易造成服务器卡顿、网络不流畅，严重影响网络学习效果，使学员的学习体验和满意度大大降低。一些地方因网络不稳定，经常出现掉线等情况，极大地限制了线上网络教育的发展。

5. 部分老年大学学员缺乏信息技术能力。老年大学部分学员的年龄偏大，他们错过了学习信息技术的最佳时间。学员缺乏信息技术能力给开展线上教学带来了一定困难。

三、线上教育教学的探索与思考

（一）整合师资力量，精心打造老年教育队伍

教育活动的开展离不开教师，老年教育也是如此。教师是老年教育活动的组织者和具体实施者。老年教育的范围很广，对教师要求更高，更需要打造一支强有力的教师队伍。老年大学目前的师资力量较为欠缺，而且教师素质差异较大，必须结合当前老年教育发展的需求，组织老师们更快进入线上授课的状态。有的老年大学的教务部门和远程教育部门以教师微信工作群和班长微信群为基础开展培训。除此之外，学校可以让骨干教师提供技术支持，组建专项网络工作群；组织教师精心设计和制作网络录播课，提升教师信息化教学能力；通过学校微信公众号发布网上老年大学直播 App 学员操作指南，并通过教师微信群、班长微信群、班级微信群发布每周的各学科教学内容，惠及全体老年大学学员。

（二）积极整合教育资源，竭力创建线上学习平台

在老龄人口快速增长的形势下，线上教育成了不可或缺的教学形式。在线上授课的筹备阶段，学校应提前做好线下教育预案，针对实习、实训、实践等需要教学场地的课程提前做好场地安排，比如摄影、太极拳、瑜伽等。除了“中国老年大学协会网上老年大学”“乐龄云课堂”“中国老年大学协会远程教育网”和各省（市）优质网络在线课程外，教师还可以利用“腾讯会议”“腾讯直播”、微信群、QQ 群等进行网络直播授课，

这也是老年教育线上教学的重要手段。特别是随着直播、录播技术的成熟，线上教育课变得更能被老年学员接受。直播授课可以保证师生同步，互动性高，是最接近面授的一种线上授课方式。直播课的录播也方便学员不受时间限制随时学习，对没有听懂的课程可以反复学。总体看来，线上教学虽然短期内无法达到现场教学的效果，也无法实现实践教学，但在培养老年学员主观能动性、自我管理能力方面有一定好处，对教师的教学理念更新、教育信息技术能力提升也有很大帮助。

（三）线上线下，全力助推老年教育变革

在这场线上教育实践中，教师的信息化教学水平得到极大提升，老年大学学员的信息素养增强、自律自学能力得到锻炼。未来，老年线上教学将会成为常态。面对这一重要契机，教师应重新建构教学能力，积极尝试探索，创新在线教育教学模式，将顺利开展网络授课作为教学基本功。学校应当积极加强平台建设，推进新一代信息技术（如 VR 技术、人工智能、5G 智慧校园等）深度融合，整合课程资源，总结推广典型经验，组建专业课程团队，努力打造一批精品线上课程，为未来教育变革注入新鲜血液。

从线上教学的情况来看，多数学员选择了器乐、声乐、舞蹈、保健、摄影、国画、书法等课程，并收到了良好的学习效果。在教学形式上，由任课教师提供录制好的课程，通过微信群发布，让学员按照视频进行学习。太极拳、普通话、国画班、摄影班以及简谱班的老师均采取这一教学形式，指导学员在家学习。此外，部分班级的班委会邀请任课教师到户外小规模对学员进行学习指导。摄影班教师组织大家到田间地头进行摄影创作，深受学员好评。学校通过一系列切合实际的有效措施，借鉴全国各校的经验做法，积极尝试多样化的探索，满足了老年学员的获得感、幸福感和安全感。

四、结论与讨论

综上所述，线上网络教育推动了教育信息化的发展。虽然在这个过程中还存在一些问题、面临一些困难，但总体来讲，线上教育可以更好地实现教育资源的互通和共享，这将有助于实现教育教学资源配置均等化。最后，加强线上教育，构建高质量老年网络教育体系，也是中国老年教育在信息化时代发展过程中需要实现的目标。只有不断加强教育信息化建设，才能使老年教育在未来能够从容不迫地应对各种风险挑战。

（张明清：淄博市周村区老年大学教师）

基层老年大学课程建设研究

◎ 徐洁

摘要：老年教育作为成人教育的一部分，教育课程的设置不像普通教育课程一样强调学科的全面性，而会更多考虑到老年人身心发展的需要。老年人的学习需求来源于对实际生活的需要，老年人学习不仅仅是为了打发时间，更重要的是为了填补社会认知的缺口和培养自己解决实际生活困难的能力，所以课程的设置在老年教育中显得尤为重要。只有科学、规范、合理地设置好课程，提升教学吸引力，才能真正达到促进老年人身心健康发展、提高老年人文化素质、培养现代化老年人的目标。

关键词：老年大学　课程设置　科学化

一、老年大学课程建设的特点

目前，我国很多老年大学的校本课程设置已经相对完善，且很多学校贯彻实施“按需设课”原则，初步建立起可供各级各类老年大学参考的课程设置模式。“以老年人为本”的办学宗旨，决定了“按需设课”的可取性，老年人学习兴趣的多样性、广泛性也已成为各老年大学校本课程内容较为丰富的主要原因。目前，很多老年大学的课程设置已从最初的书画、保健、唱歌、跳舞等常规课程发展为100多种课程，基本满足了各级各类老年大学的教学需要。各校校本课程的设置与其地方经济状况、生活水平、文化底蕴密切相关。随着老年人知识追求的提升和地方文化特色的发展，各地各校课程设置仍在不断调整、充实、更新。

大多数学校在开设传授现代科技知识和生活知识的课程时，避开了较为深奥、枯燥的理论性课程，而侧重于实用性课程，由此更贴近老年人的实际需求，大大降低了理解和掌握课程知识的难度，使老年人在学习过程中提高了自信心。

（一）学校自主开发课程。虽然老年大学的经费来源主要靠当地政府拨款，但政府并不限制老年大学的课程，而是把课程开发的自主权完全交给学校。比如，周村区老年大学的课程开发通常会结合学员的需求、学校的软硬件设施以及一些必要的引导性课程这三方面因素进行综合考虑。通过事先向学员发放调查问卷，了解学员的需求，再结合社会对老年人的期望，合理进行课程开发，避免老年人盲目地选择课程，引导他们选择一些更适合自己的课程。

（二）课程内容以休闲娱乐为主。从周村区老年大学近五年的招生情况可以清晰地看出，休闲娱乐类课程是最受老年人欢迎的课程。周村区老年大学的课程门类主要分为语言类、书画类、戏曲类、艺术类、休闲娱乐类等，其中艺术类课程、休闲娱乐类课程各占总课程的三分之一。

（三）任课教师自主编写教材。教师在课程教材的选择上有很大的自主权，既可以选择自行编写，也可以采用推荐教材。教材选定后，学校会组织教师编写教学大纲与教学计划。任课教师以兼职教师为主，目前周村区老年大学共有 21 名兼职教师。这是因为周村区老年大学学员数量庞大，课程需求量大，单凭专职教师无法满足学员需求。

二、老年大学课程设置存在的问题

目前，我国老年大学的课程建设并没有可供遵循的统一制度和规定。在多元化办学体制和公立大环境下发展起来的老年大学，在课程设置上形成了自由发展态势。很多老年大学在课程设置上，对学科门类、专业、课程概念的理解十分模糊，缺乏科学论证。较为普遍的课程设置思路是老年人喜欢学什么就开设什么课程，只要凑够人数就开一个班、一门课。学校在追求教学资源高效利用的过程中，往往过高估计了老年人有效选择适合自己的课程的能力。老年人择课时的“羊群效应”明显，不利于他们在有限的学习时间内得到最大程度的提高。

（一）经费来源单一。基层老年大学主要依靠本级政府财政拨款，无法独立运营。这对老年大学的发展既是推力也是阻力。目前，老年教育面临的主要问题是学习机会供给不足以及经费不足。老年人因其独特的身体条件，对教学环境的要求比较高，桌椅舒适和教室明亮是保障课堂环境的重要因素。老年大学经费不足主要是体制机制上的问题。首先，由于老年大学的受教育对象大部分是退休干部、退休职工等群体，大部分的老年大学对每门课每学期只是象征性地收取 100—200 元的费用，学费收入连支付教师工资都成问题。其次是缺乏有力的财政保障。老年大学的经费多少与地方政府的重视程度相关，各地并没有统一的拨付标准。再次是缺乏社会力量支持。由于我国老年教育事业起步较晚，很多人还没有意识到老年教育的重要性，社会关注度不够。我国老年教育事业办学也相对保守和传统，不能有效地吸引社会资金的流入，资金投入的不足影响到老年大学的办学规模和办学质量。虽然各级政府已经颁布了一些政策促进老年教育投入，但我国老年人口数量庞大，老年教育事业如果完全由政府负担则难以持续发展。

（二）老年教育定位不准确。一些人认为老年人已经退出了社会职业舞台，不会经常参与社会活动，所以他们参加的老年教育等同于“闲暇教育”。老年教育的目的、内容和方法受特定的社会条件影响，目前，我国对老年教育的认识正随着时代的进步而在不断完善。1992 年，当代著名教育学家顾明远把老年教育定义为：“使大批干部、职工离退休后，老有所学、老有所为、老有所养、老有所乐，能够在环境转变之后，从心理、生理上增强适应能力，并获得所需要的知识技能，进而为社会主义物质文明和精神文明作适当的贡献。”2007 年，中国老年大学协会会长张文范把老年教育定义为：“老年人在新的社会化过程中的自我完善，超越自我的、有目的的学习活动，是老年人提高自身生命质量和生活质量，适应时代和社会需求的素质教育活动。”2014 年，叶忠海在《老年教育学通论》中将老年教育定义为：“终身教育体系的重要组成部分，其宗旨在于促进老年人终身而全面的发展，其任务在于培养身心健康、人格完善、成功老化的老年人。”可见，老年教育的教育对象在不断扩大，含义也在不断丰富。老年教育不仅要促进老年人的自我完善，还要为服务社会做准备。

（三）老年人自我认识不足。老年人在生活中已经形成了一套对人对事的看法，但是在新事物和新价值观不断涌现的情况下，面对标新立异的事情，他们会感到困惑和不安。很多老年人想利用闲暇时间学点东西丰富生活，但是自主学习的能力较弱、自我认识不足。目前在周村城区，老年人居住地周围基本上都有供老年人活动和学习的场所，但利用率不足 10%。此外，老年人自我实现意识不强，很多老年人参加老年大学只是为了打发时间或满足兴趣爱好，这也使得他们在选择课程时更倾向于选休闲娱乐类课程。周村区老年大学曾经试图开办一些老年人法律维权、财产分配等方面的课程，但都因为报名人数不足 10 人而无法开班。周村区老年大学曾在 2018 年调查问卷中列出假药识别、子孙教育、处理家庭关系、医保教育、旅游文化、诗词等与老年人息息相关的课程，并调查老年人对这些课程的需求程度。调查结果显示，假药识别课程和旅游文化课程相对比较受欢迎，而其他课程相对受到排斥，但是这些课程都没有被老年人列入希望开设的课程中。

（四）老年人对课程深度的需求不高。步入老年期，很多老年人出现感官知觉衰退、慢性疾病、记忆力下降、思维敏捷度降低等问题，导致老年大学的课程设置生活化、简单化。老年教育课程设置归根结底是为了让老年人生活更充实、快乐。老人们更看重的是知识的趣味性，对学到知识的多少或许会在乎一下，对学到知识的深浅就不一定那么在意了。但是如果在了解老年人身心发展规律的基础上，能够有针对性地设置课程、细化课程，有效地组织教学，或许在某些领域，将会有助于老年人学习能力的提高。

三、探索老年大学课程体系建设的对策

针对目前我国老年大学课程建设方面存在的各种亟待解决的问题，遵循教育的一般规律和老年教育的特殊规律，科学论证老年大学受教育群体的特殊需求、生理心理特点，设计、构建与社会发展大环境相匹配的具有老年大学特色的课程体系并指导实施，为各老年大学提供课程建设的可参考依据，是当前基层老年大学转型进入改革发展新阶段的关键举措。制定规范、易执行的课程体系优化建设制度及相关执行办法规定，能保证课程体系质量不断提高。因此，必须确保制度规范、落实到位，这也是不断优化课程体系

的重要实践环节。

（一）引入社会力量，规范资金使用。首先，老年教育属于社会福利性事业，它的发展离不开政府政策的引导和资金的支持。其次，多渠道筹措资金，如接受社会福利和慈善机构的捐助，也是促进老年教育发展的重要举措。一方面应鼓励社会力量参与进来，另一方面要规范老年事业经费的使用，严格资金审批程序，使资金使用透明化。老年教育机构的长久发展、课程的理想设置和工作的有序运转，离不开充足的经费支持。

（二）加强老年教育理论研究，利用高校资源培养高素质教师人才队伍。我国老年教育起步较晚，1988 年才进行相关老年教育问题研究。老年教育理论研究的滞后，容易造成将其他年龄层、特别是学龄层的教育模式直接套用到老年教育上的问题。当前老年教育课程设置主要靠老年大学自主决定，因此加强老年大学的教师队伍建设是提高老年教育教学质量的一个途径。发挥教师的优势，引导他们将教育、教学理论融入专业知识的讲授中，积极研究教学中存在的问题及可行的解决办法，通过理论指导实践、实践充实理论的方式不断完善老年教育理论，更好地将课程进行科学地细化和有针对性地分类。目前，我国老年教育专家和学科专家稀缺，许多高校还未认识到老年教育事业发展的迫切性，要充分利用高校资源培养老年教育专家和学科专家，老年教育课程设置才能更加科学化、规范化、系统化。老年大学需要形成一支由管理者、指导者、服务者、实践者、学习者等主体组成的多元的老年教育理论研究队伍。

（三）建立科学有效的课程管理机制，构建高质量的管理人才队伍。正常的教学运转离不开科学有效的课程管理机制。课程管理内容涉及方方面面，包括学员入学、课程内容、教学过程、学习评价等一系列与课程有关的工作。老年大学资源有限，采取“进出自由”的管理方式，容易造成资源浪费，所以，老年大学的课程组织与管理必须要具有“人性化强、自主性高”的特点。课程质量监控是及时调整教学方法、提高教学效率的重要手段，不同于普通学科教育通过定期考试的方式考核教学质量，课程质量监控方式的多样化可以使老年大学学员有所乐、有所学，是老年大学的吸引力所在。例如，学校会通过开展作品点评、汇报演出、实物展览等活动了解教学质量。要进一步加强老年大学的管理队伍建设。老年大学的管理人员担负着老年大学各项工作的领导、决策、指挥、协调、管理和服务等重要任务，在促进老年大学的改革和发展，维护学校的稳定，落实课程、教学、服务等任务方面发挥着关键作用。但很多基层老年大学的管理人员数量与办学规模不成正比。同时，人员的缺乏难以保证管理工作的有序进行。这些问题都需要在老年大学的发展中逐步解决。

（徐洁：淄博市周村区老干部服务中心副主任）

推进老年教育线上线下融合发展
努力打造“没有围墙的老年大学”

◎ 边文峰

摘要：为适应人口老龄化形势下文化养老的工作需要，近年来，淄博市临淄区老年大学深入贯彻落实创新、协调、绿色、开放、共享的新发展理念，把坚持走在前列作为目标定位，把传统教育与网络学习有机结合起来，在大力改善办学条件和提升教学质量上下功夫，构建起以“区、镇（街道）、村（社区）”三级老年学校为主体，社会力量广泛参与，老年教育线上线下融合发展的立体教学网络，打造了一所“没有围墙的老年大学”。积极利用新传媒技术开展线上教学，将丰富的学习资源、专业的教师队伍有效整合，既弥补了老年人生理条件的不足，又克服了老年人参与教育的现实困难，实现了教学资源的共享，开拓了老年人的知识视野，实现了老年大学学员学习的自主性，打破了时间、地域、环境等因素对老年人参与学习造成的壁垒，有效解决了临淄区老年大学“报名难”“一座难求”的供需矛盾，推动了老年大学由单一的学习活动场所向思想政治的引领高地、文化活动的展演平台、工作骨干的培训基地、文化养老的示范中心转型发展，为打造老同志“15 分钟学习生活圈”，建设“家门口的老年大学”提供了保障。

关键词：文化养老　新媒体资源　网络资源　融合发展

习近平总书记指出：“有效应对我国人口老龄化，事关国家发展全局，事关亿万百姓福祉。”为适应人口老龄化形势下文化养老的需要，近年来，淄博市临淄区老年大学深入贯彻落实创新、协调、绿色、开放、共享的新发展理念，坚持“增长知识、丰富生活、陶冶情操、促进健康、服务社会”的办学宗旨，以“满足老年人需求、贴近老年人爱好、丰富老年人生活、发扬地区特色”为原则，把坚持走在前列作为目标定位，把传统线下教育与网络线上学习有机结合起来，在大力改善办学条件和提升教学质量上下功夫，构建起以“区、镇（街道）、村（社区）”三级老年学校为主体，社会力量广泛参与，老年教育线上线下融合发展的立体教学网络，不断提升广大老年大学学员的晚年生活质量和幸福生活指数。学校先后被评为首批省级规范化示范校、山东老年大学远程教育教学点、第七批全国老年远程教育实验区。

一、背景动因

《老年教育发展规划（2016—2020 年）》指出："发展老年教育，是积极应对人口老龄化、实现教育现代化、建设学习型社会的重要举措，是满足老年人多样化学习需求、提升老年人生活品质、促进社会和谐的必然要求。"随着人民生活水平的不断提高，老年人对文化养老的需求量越来越大、需求标准越来越高、需求形式也越来越趋于多样化。目前，临淄区老年大学"报名难""一座难求"的供需矛盾突出。发展老年网络线上教育，让老年人共享老年大学的优质教育资源，是解决基层老年教育师资不足，丰富广大老年人学习内容，扩大老年教育覆盖的有效举措。互联网新传媒技术的发展和老年人对手机等现代化信息工具的掌握为老年教育的网络化、数字化、信息化发展提供了可能。新传媒技术将丰富的学习资源、专业的教师队伍有效整合，既弥补了老年人生理条件的不足，又克服了老年人参与教育的现实困难，实现了教学资源的共享，开拓了老年人的知识视野，促进了老年大学学员学习的自主性，打破了时间、地域、环境等因素对老年人参与学习造成的壁垒。

二、主要做法

近年来，临淄区老年大学积极运用现代信息技术推广远程线上网络教育，把传统线下教育与网络线上学习有机结合起来，对接有关老年教育网站，开办老年教育"空中课堂"，逐步形成覆盖城乡的远程老年线上网络教育体系，受到越来越多老年人的欢迎。

一是加强信息化建设，促进学校管理现代化。将现代信息技术引入老年大学教学管理，是时代发展的要求，也是办学现代化的具体体现。2020 年，临淄区老年大学积极对接山东老年大学信息化管理系统，把"互联网 +"理念融进教学管理，实现了课程设置、招生报名、学籍管理、教学过程的数字化管理。闻韶老年大学分校依托齐鲁石化公司信息中心的资源优势，投资 30 余万元独立开发了校园管理系统，扫码关注即可实现课程报名、缴费等功能。这些举措从根本上改变了学校过去经验式、粗放式的管理方式，实现了管理的科学、高效、有序。学校通过数据信息分析，更加准确地掌握老年人的学习需求和学习特点，科学地设置专业课程，提高了办学的针对性。

二是整合利用优质资源，实现网络线上教学规范化。利用学校"风采夕阳"微信公众号，开设"空中课堂"专栏，对接中国老年大学协会远程教育网和山东老年大学远程教育网，充分利用"网上老年大学"平台开展"空中课堂"，并将网上课堂资源在区老年大学分校推广，方便学员学习；积极推广山东老年大学云课堂，开办智能手机培训班，手把手教老年大学学员学习云课堂操作方法，宣传鼓励老年大学学员通过手机、投影仪、电视等媒介免费学习山东老年大学远程教育课程；依托组织部"党员干部现代远程教育"

网络资源，搭建覆盖区、镇（街道）、村居（社区）的三级远程教育网络体系，整合了社会资源，丰富了学习内容和形式，满足了老年人就近、就地学习的需求；利用微信、腾讯会议、钉钉、麦地等软件开展直播教学，实现师生互动。2020年，新冠肺炎疫情发生以来，线下教学活动难以开展，原来面对面的课堂教学受到颠覆性挑战，在这种情况下，临淄区依托各类在线平台，充分发挥远程教育不受时空限制、辐射范围大、覆盖面广的优点进行线上教学和作品展示展播活动，确保了“停课不停学”，使广大老年学员时时都能学、处处都可学、人人都愿学，真正做到了有网络的地方就有“空中课堂”，有老年人的地方就是“老年大学”，为广大老年大学学员打造了一所“没有围墙的老年大学”。

三是打造精品课程，共建共享不断推动教学高效化。开展线上网络教育，是解决基层老年教育师资不足、丰富广大老年人学习内容、扩大老年教育覆盖面、提升教育教学质量的有效举措。近年来，临淄区老年大学投资10多万元，购买照相机、摄像机、移动硬盘、电脑等设备，聘用专业人员教授课件制作知识，由教务处工作人员、任课老师录制视频课件，统一汇总制作，定期、定时在学校“风采夕阳”微信公众号进行刊播，基层分校和各教学点的学员可以随时随地免费点播观看，实现了教师资源共享、优质课程共建、教学进度同步，提升了规范教学的过程。目前，全区共建成远程网络教育站点107个，先后开设了声乐、器乐、书法、绘画、舞蹈等传统专业，又增设了摄影、朗诵、诗词创作等新兴热门专业和花边编织、鹧鸪戏、齐文化研究等地方特色专业，创建远程教育“广场课堂”11处，使3万多老年人受惠。

四是因地制宜多措并举，办出临淄远程教育的特色化。各远程教育分校及教学点不等不靠、积极作为，立足自身特点，开展特色化教学。淄江社区分校利用远程教育网络开展网上心理咨询、特色手工串珠编织等课程，为社区老年人解决心理问题327项，将手工串珠编织作品在网上义卖，并将义卖所得款项用于资助社区关工委“四点半课堂”的孩子们；辛东社区分校利用远程教育网络平台开办“有声图书馆”，将“有声图书馆”的二维码张贴到小区广场，打造“永不放学”的“空中课堂”，同时利用广场大屏幕，开办“广场课堂”，让社区老年人在休闲中学习，在学习中休闲；闻韶街道分校校长自己作词谱曲，创作歌曲《百年坚守》、快板《我是社区党史宣讲员》，利用远程网络开展党史宣讲活动。

三、工作成效及启示

一是扩大了老年教育覆盖面。目前，全区共建设区属老年大学1所，齐鲁石化移交地方管理大学1所，镇街道分校和社区分校17所，村居远程教学点107个；共有教学班级121个，任课教师73人，学员6800余人，构建起区、镇（街道）、村居（社区）三级老年学校为主体，社会力量广泛参与，线上网络教育有效覆盖的立体教学网络，不断提升广大老年大学学员的晚年生活质量和幸福生活指数。

二是实现了优质资源共享。目前，临淄区老年大学组织部分优秀教师，拍摄了具有区域特色的老年教育微课程视频 25 个，开设了 8 个微信平台为老年学员推送学习资源、活动信息，让他们能够便捷学习，乐享其中。

三是解决了老年教育供需矛盾。线上网络教育的推广缓解了线下学习“一座难求”的尴尬局面；“空中课堂”的开办让广大老年学员随时学、随地学，既弥补了老年人生理条件的不足，又克服了老年人参与教育的现实困难，实现了教学资源的共享，开拓了老年人的知识视野，促进了老年大学学员学习的自主性，打破了时间、地域、环境等因素对老年人参与学习造成的壁垒，推动了老年大学由单一的学习活动场所向思想政治的引领高地、文化活动的展演平台、工作骨干的培训基地、文化养老的示范中心转型发展，切实打造了一所“没有围墙的老年大学”。

下一步，临淄区老年大学将不断推进老年教育线下与线上的融合发展工作，加大对老年大学网络教育工作的投入，继续提升网络教育软硬件建设水平，配强技术力量，培养优秀教师，打造精品课件，共建共享优质资源，办出特色和质量，努力构建区、镇（街道）、村（社区）三级老年教育“同心圆”，提升全区老年大学办学水平，持续把“老年大学是我家”这一工作品牌做实做强。

（边文峰：中共临淄区委老干部局副局长）

老年教育线上与线下融合发展探索研究

◎ 狄凯

摘要：随着时代发展，传统的线下老年教育已难以满足新形势下老年人的个性化、多样化的文化养老需求。如何在做好原有线下教育的基础上，创新开拓线上教育渠道，做好老年教育线上线下融合发展，已经成为一个必须正视、亟待完善的老年文化养老问题。这对于推动老年教育发展，提升老年人精神文化素养，有效推进积极老龄化社会实践具有深远的意义。

关键词：老年教育　线上线下　融合发展

随着时代发展，我国老年人数量日趋增加，对文化养老的需求也更加强烈。开展老年教育是满足文化养老需求的重要渠道，但目前来看，我国开展老年教育的主要载体仍是传统的老年大学线下课堂教学，教学形式单一、供需矛盾突出，已难以满足新形势下老年人的个性化、多样化文化养老需求。如何在做好原有老年大学线下教育的基础上，创新开拓线上教育渠道，做好老年教育线上线下融合发展，已经成为一个必须正视、亟待完善的老年文化养老问题。这对于构建老年教育新体系，推动老年教育发展，提升老年人精神文化素养水平，有效推进积极老龄化社会实践具有深远的意义。

国务院《关于加快发展养老服务业的若干意见》提出“充分发挥开放大学作用，开展继续教育和远程学历教育”。国务院《关于切实解决老年人运用智能技术困难的实施方案》中明确要求“推动各类教育机构针对老年人研发全媒体课程体系，通过老年大学（学校）、养老服务机构、社区教育机构等，采取线上线下相结合的方式，帮助老年人提高运用智能技术的能力和水平”。这些政策和方案都为老年教育线上线下融合发展提供了政策保障。

一、老年教育线上线下融合发展是大势所趋

（一）顺应社会发展，线上线下融合发展应时而生。老年教育是教育事业和老龄事业的重要组成部分，更是一项重要的民生工程。抓牢抓实老年教育，是维持社会稳定的重要因素，也是社会发展的必要内容。随着社会的发展和人口老龄化程度的不断加深，老年人对文化教育的个性化、多元化需求日益凸显，而且，学员年龄大、身体状况差、时间不固定等问题都对传统的线下老年教育模式造成一定影响。以高青县为例，在2021年上半年的学员、学科预统计中，全县仅老干部就有1200余人，意愿报名课程40余门。

而县内的老年教育主要依靠县老年大学和 5 所社区老年大学分校，每年仅能容纳学员 900 余人，开设课程仅有 20 余门，这与现有老年大学学员群体数量和课程需求有较大差距，无法满足老年人的学习需求和社会发展的需要。这就要求我们必须探索老年教育新资源、新渠道。目前，日趋普及的智能化设备及网络为老年教育发展提供了科学、可用、有利的条件，更为解决新时代老年教育存在的教育场所不足、教学资源缺乏、教学方式单一等问题提供了思路。因此，探索开展线上教育，以线上线下融合为抓手推动老年教育创新，是顺应社会发展，解决时代问题的需要。

（二）应对转型升级，线上线下融合发展是必然选择。随着积极应对人口老龄化国家战略的实施，老年教育越来越受到社会的重视，老年人的受教育需求也越来越高，传统的老年大学线下教育模式已无法满足需要，这就亟须对老年教育体系进行转型升级。高青县目前仅建立了县老年大学和社区老年大学分校，在农村老年教育阵地建设方面相对欠缺，而且现有的人力、财力也不足以支撑在镇、村普遍建设老年大学分校。同时，全县 70% 以上的老年人分布在农村，存在着人数多、居住散的现状，两者形成了严重的供需矛盾。在这样一个大数据时代，老年教育转型发展对网络的依赖度很高，我们考虑问题必须从这一方面寻找思路。这就要求我们要利用好信息化技术，建好线上老年教育学习平台，共享老年教育资源，在开展线上学习的同时，引导老年大学学员开展丰富多彩的线下活动，通过线上线下相结合的方式，满足各种老年群体对精神文化生活的需求，适应新时代老年教育发展需要。因此，线上线下融合发展是老年教育转型升级的必然选择。

（三）提升养老水平，线上线下融合发展是有效渠道。随着时代发展，文化养老成为新时代重要的养老方式之一。尤其是对于以老干部为代表的拥有较高知识水平的老年人来说，他们在退休后迫切希望继续学习新的文化知识，以满足自己对文化方面的需求，跟上时代发展步伐，实现老有所养、老有所为。但也必须清晰地看到，随着年龄的增长，他们在视力、听力等方面都大不如前，课堂式线下教育教学对他们来说并不像年轻时那么轻松。相比线下教育来讲，线上教育教学内容日益丰富，视频音频类教学素材具有更便捷、易学习、易传播的优势，而且能随时暂停播放，能有效应对老年人视力和听力不及年轻人、注意力集中时间短、学习时间不固定、行动不方便等情况，可以作为线下教育教学的有效补充。因此，线上线下融合发展，向老年人开放双渠道学习方式，是满足老年人学习的必然要求，也是推动老年教育发展、提高文化养老水平的有效渠道。

二、高青县老年教育线上线下融合发展现状

（一）线上线下相结合，举办“双线”文体活动。为普及“双线”相结合的教育办学模式，充分调动老年人参与线上线下教育的积极性，引导他们在活动中学习，在活动中检验学习成果，高青县在定期举办学员线下文艺展演的基础上，开辟线上活动渠道，同时，

开启线上直播，让公众成为见证者和裁判员。2021年，在庆祝中国共产党成立100周年之际，我校结合党史学习教育主题，在县老干部服务中心成功举办了“百年风华 一脉初心”全县庆祝建党100周年离退休干部文艺展演。活动采取全新的线上报名形式，通过线上宣传和线上直播，让文艺展演规模和效果远超往年。全县300余名老干部和老年大学学员报名参加展演，报送节目40余个，近5万人进行了网络投票，最后选出26个节目进行展演。同时，开启线上直播、录播，将参赛节目作为学习课程供老年人学习，得到一致好评。

（二）线上线下相结合，开办“云课堂”培训班。为解决老年人学习时间不固定、参加线下学习不便利等问题，高青县在开展好线下老年大学授课的同时，开办“云课堂”培训班，将书法、摄影、诗词等授课过程录制成视频，并鼓励教师和优秀学员录制交流作品，通过“云课堂”向全县推广。自2020年以来，已累计举办了诗词、书法、摄影等53个网络培训班，全县共有约800名老年人报名参与学习。同时，探索建立了网上学习管理模式和反馈渠道，将线上学习交流与线下专业教师指导相结合，形成了线上线下相辅相成的教育闭环机制，促使“互联网+老年教育”扩面、提质。虽然高青县老年大学在线上线下相结合办学模式上还不够成熟，但也已经形成部分比较成功有效的案例和经验。

（三）线上线下相结合，搭建“云”志愿服务平台。为实现老有所学向老有所为延伸，高青县围绕教学主体打造线上线下相结合的“云”志愿服务平台，推进“云”学习向“云”服务转变。自疫情防控以来，“云”志愿服务平台已成为县内老年大学学员参与最多、覆盖范围最广的志愿服务渠道。一方面，老年大学学员能随时发布志愿服务需求，及时寻求社会力量解决自身困难；另一方面，能随时随地掌握一手信息，通过录制视频声援、线上捐款支援等形式，让老年大学学员更加便利地参与志愿服务。2020年2月，老年大学学员通过“云”志愿服务平台录制发布“居家抗疫歌”“送瘟神”等视频作品20余条，抗疫书画作品200余幅，并通过线上募捐9.4万元，为社区、环卫处等疫情防控一线单位送消毒水、84消毒液等紧缺物资，为战胜疫情贡献了力量。

（四）聚全县可用资源，推动线上线下融合发展。做好新时代老年教育工作，仅靠老年教育部门是远远不够的，必须聚全县之力。近年来，高青县着力整合社会老年教育优质教学资源，与县卫计局、县人民医院合作，每周邀请专家在老年大学做健康知识授课，并在“云课堂”开设养生课堂同步直播，形成了浓厚的线上线下学习氛围。以发挥“五老”志愿者专业优势为基础，与县农业农村局、县畜牧渔业发展中心等部门联合开设“农田大讲堂”直播间，让授课从办公室转移到田间地头，线上线下双平台同时授课，以事实案例来讲解技术知识；与县法院、县检察院联合开设“普法大讲堂”直播间，以生动案例提升老年大学学员法制意识。2021年，为迎合党庆主题，老干部局组织号召全县离退休干部党员拍摄了“对党说句心里话”记录视频，共收到作品200余件。经过后期编辑整理，这些作品以纪录片的形式在公众号播出，引起广大老同志共鸣，促使他们的爱国意识和奉献意识进一步提升。

三、线上线下融合发展的实现路径探索

（一）坚持分类设计，搭建线上线下相结合的课程体系。做好线上线下教育融合发展，关键是要做好课程分类设计。首先，在课程选择上要坚持需求导向和实际导向，一方面要做好理论课程设置，满足老年大学学员思想政治提升需求；另一方面，要做好健康知识、文艺休闲、特色文化等方面的课程设置，力争将多类学科内容纳入老年教育课程中。其次，要在实践中探索哪些课程适合线上开展、哪些适合线下教育。对于理论性、政策性较强的课程，可以采取线上自学、线下体验式辅导的模式进行；对于健康知识、文艺休闲等兴趣爱好类课程，完全可以通过在线学习的方式让老年大学学员通过电脑、手机自主学习；对于戏曲、太极等动作类、有难度的课程，可以采取线下实体班的方式进行。

（二）加强平台建设，构建线上线下相结合的活动载体。做好线上线下教育融合发展，以活动为平台，以打造品牌为主线，多形式、多样化构建线上线下相融合的活动载体。比如，可以成立老年大学学员文艺品牌团队，定期举办主题比赛，展示老年大学学员的所学成果。平时以团队为单位进行线下排练，在演出或比赛时，各团队可以录制视频上传，进行线上展示评比，并以团队为单位统计网上投票得分，把线下活动与线上展示评比结合起来。这样既提高了活动内容的丰富程度，又增加了老年大学学员的团队荣誉感和积极性，更扩大了活动的影响力；可以搭建老年大学线上教育活动体系，通过微信公众号等平台探索打造老年教育特色品牌专栏，开设各类教育课程浏览区和活动交流区，通过信息化手段给老年大学学员提供更方便的学习交流机会；可以探索开展主题游学活动，对游学目的地相关信息资料提前进行线上介绍，让老年大学学员做好初步了解后再进行实地游学，形成线上线下教学互补。

（三）创新办学模式，开设线上线下相结合的专题班。要实现老年教育线上线下融合发展，必须要分门别类地举办好线上线下相结合的专题班，适应新形势、新要求。首先，要全面推广开办智能设备应用班。老年教育的向前推进离不开信息技术的革新及普及，目前，智能手机等电子化设备的使用对于许多老年大学学员来说仍是盲区，开办好智能设备应用班是各老年大学的必修课，更是做好线上线下相结合的必要条件。其次，要开展好书法、绘画、舞蹈、声乐等专题基础学习班。这些课程是老年大学的传统科目，也是老年学员报名最集中的科目。开设好基础班，是打好学员学习基础的必要，更是老年教育线上学习的重点。再次，要举办学习兴趣融合班。学习兴趣融合班主要是针对老年人的兴趣爱好，开设养生、传统文艺等特色科目，利用线上教育资源解决实体老年大学特色类学科教师资源不足的问题，同时，这类学科有其易于理解的独特属性，又能为老年人适应线上学习做好过渡，打下基础。

（狄凯：中共高青县委老干部局组织活动科科长）

老年大学师资队伍建设的思考

◎ 綦凯

摘要：老年大学作为老年教育发展的一个主阵地，通过设置不同的课程、安排丰富多彩的社会实践活动来满足老年人的各种需求，激发老同志追求知识、发挥余热的积极性，从而促进老年人生理、心理、精神方面的健康发展。而教师在老年大学发挥着核心纽带作用，打造一支优秀的教师队伍是办好老年大学的关键所在，更是保障老年大学教育质量的前提。本文通过分析老年大学师资队伍现状和存在的问题，提出了加强师资队伍建设的对策和建议。

关键词：老年大学　师资队伍　建设

我国是世界上人口老龄化程度较高的国家之一，2021 年人口普查显示，现阶段我国人口总数为 14.12 亿人，60 岁及以上人口为 26402 万人，占 18.70%。与 2010 年相比，2021 年 60 岁及以上人口的比重上升 5.44 个百分点，而随着生活与医疗条件的改善，中国老龄化的步伐加快了，中国人口老龄化程度日益加深。

尊重老年人就是尊重人生和社会发展的规律。发展老年教育，是积极应对人口老龄化、实现教育现代化、建设学习型社会的重要举措，是满足老年人多样化学习需求、提升老年人生活品质、促进社会和谐的必然要求。

老年大学作为老年教育发展的一个主阵地，是加强老年群体思想政治建设、满足老年人精神文化生活需求的重要载体；是党和政府联系老干部、凝聚老年人的重要桥梁和纽带；是老年人退休以后学习新知识、新技能以提高自身生活能力、建立新的人际交往关系、寻求新的精神寄托、展现自身社会价值的重要场地。老年大学通过设置不同的课程、安排丰富多彩的社会实践活动来满足老年人的各种需求，激发老同志追求知识、发挥余热的积极性，从而促进老年人生理、心理、精神方面的健康发展。而教师在老年大学发挥着核心纽带作用，教师不仅要向老年学员传授知识、教授技能，而且要在实现老年大学学员“老有所为、老有所乐”上承担重要的责任， 因此一名合格的老年大学的教师对于老年大学来说具有相当重要的作用，老年大学学员的特殊性也对教师素质提出了更高要求。打造一支优秀的教师队伍是办好老年大学的关键所在，更是保障老年大学教育质量的前提。

一、老年大学教师队伍现状

（一）教师结构方面

1. 专业差异。老年大学教师大多是来自各行各业的在职或退休人员，虽然有一定的技能和专长，部分教师也有教学经验，但大多数教师并没有从事过老年教育，未接受过老年教育培训，没有系统学过老年教育心理学，在教学过程中无法针对老年人的特点进行教学，教学水平参差不齐。

2. 年龄差异。现如今，老年大学教师年龄结构普遍偏大，基本都在 40 岁到 60 岁之间，这些教师多为教育系统退休教师，跟学员们的年龄相差不大，以发挥余热、奉献社会为教学目的，能够很快融入教学课程中，与学员有共同话题，教学方法相对传统，以课堂教学为主。但随着社会的发展，教师趋向年轻化，部分青年兼职教师在老年大学教学中担任重要角色，这些教师多为来自社会培训机构的兼职教师，教学伴有一定的宣传目的，但教学方式大胆创新。不同年龄段教师有不同的教学特色。

3. 素质差异。老年大学教师实行聘任制，学校对老师的约束相对较小，教师聘任渠道有学校主动聘请和自我推荐两种。学校对部分教师了解有限，少数教师思想素质有待提高。

（二）教学课程方面

随着老年教育工作的不断推进，教学课程在老年教育中的地位越来越高，课程类型出现了新的变化。临时教师的聘用带来了课程的随机编排问题，虽然从学员学习的角度看，这样能够根据学员们的要求和自身需求设置课程，提高大家的参与度，但是从学校角度看，由于课程缺乏连贯性，学校教务管理难度也随之增加。

（三）教师来源方面

师资力量直接影响到教育效果。目前，老年大学聘请的教师大多为退休教师、自由职业者兼职教师。通过聘用这些教师，学校大大减轻了教学内容编排压力，但个性化的教学内容是否符合老年人的特点仍有待观察。

二、老年大学教师队伍建设中存在的问题

（一）队伍不稳定

外聘教师具有流动性大、可控性小、资历及水平悬殊、报酬少等特点，经常出现因单位工作、身体、家庭等原因无法继续任教的情况，进而影响课程设置和教学持续性。年轻在职教师因与本职工作冲突，调课、停课、请人代课的情况较多，一定程度上影响了教学组织；高龄教师受年龄、身体状况的影响较大，一旦他们再次退休，可能会出现青黄不接的问题。

（二）后备师资不足

县级老年大学因地域内高校少，招聘渠道窄、后备师资力量不足。部分学科存在两个班级仅有一位教师的情况，一旦遇到教师请假或生病，连找代课教师都很困难，更不用说扩大招生规模；个别专业因聘请不到专业技能、理论素养丰富的教师而停办。教师难请、好教师难寻是当下老年大学教师队伍建设中最棘手的问题。

（三）体制机制不完善

从学校管理角度看，既有体制上的制约，也有机制上的制约。年轻兼职教师受原单位制约较多，给学校的管理带来难度。学校为适应老年大学学员需要，开设新课程，因找不到专业教师，只能聘用学历低、无职称的业余教师，他们虽有熟练的技能、技巧，但在教学常规管理方面能力不足。另外，学校对教师管理相对松散。老年大学办公室主要负责日常招生和教学管理工作，人少事多的现象特别突出，在教师管理方面有很大欠缺，给予教师的自主性较大。这样虽然有利于授课方式上的创新，但因授课教师的教学计划与教学内容具有很大的随意性，容易导致课程设置缺少科学性。教务工作人员没时间深入一线，对教学情况不了解，教师的教学风格、教学方式方法、授课水平以及学员满意度都无法得到及时反馈，不利于教学质量的改进和提高。

（四）教研基础薄弱

多年来，教师撰写的教育教学论文和经验总结文章较少且质量不高。写过教学心得、体会及论文的教师不多，大部分教师认为研究老年教育教学很有必要，但工作压力、时间、精力等多方原因，制约了他们的研究。

（五）教师待遇较低

老年大学受编制、经费等方面的限制，工作条件相对有限。每门专业课一周只上一节课，教师授课费相对较低（一节课 100 元），而老年大学教师一方面要针对老年人的特点授课，另一方面还要给予老年人细致的个别辅导和照顾，还要达成学校规定的较高的教学效果，付出的辛劳和得到的收获不成正比，这在一定程度上影响了教师的积极性。

三、加强教师队伍建设的对策

针对当前老年大学教师队伍建设中存在的问题，我们认为老年大学教师队伍建设应从以下几个方面加强和提高。

（一）建立齐抓共管制度，提升对老年教育重要性认识

老年教育作为终身教育的一部分，是形成全民学习、终身学习的学习型社会的重要组成部分，也是提高老年人生活质量的重要途径。所以，学校教师的选聘和培训教育工作就显得越来越迫切和重要，需要各级领导、上级主管部门和相关职能部门引起高度重视。要按照规定要求，切实加强领导、落实责任、齐抓共管、形成合力，从组织领导层面做好、

配强学校师资的工作，以优质的师资保障高质量的教育教学工作，真正实现“教、学、乐、为”的目标，为做好老年教育工作提供有力的组织保障。

（二）拓宽招聘渠道，丰富师资力量

一是从高校聘请教师。学校建立精品课程，吸引高校教师来任教。二是从专业对口单位聘请教师。与文联、疾控、公安等单位加强联系，定期开设健康养生、防诈骗等讲座课程。三是从退休教师队伍中聘请教师。加强与周边学校合作，及时了解学校退休教师情况，根据需求聘请老师。四是从社会选拔专业人才。与各个校外培训机构加强联系，选取专业人才。五是从协会团体中选拔。从书法协会、摄影协会等协会中选拔教师。六是建立后备教师队伍。学校注重培养专职教师，增强教师队伍稳定性和教学工作的稳定性，通过建立后备教师队伍，及时调整、补充教师队伍，探索建立老、中、青相结合的教师队伍结构，使教师队伍整体水平再上新台阶。

（三）建立教师学习培训机制，提升业务素质

根据学校现状和教师教学实际，对教师加强培训。一是抓师德师风建设。把热爱老年教育事业、尊老敬老和服务奉献精神作为师德教育的主要内容，开展优秀教师评选和表彰活动及主题教育活动。二是抓教学业务培训。组织教师学习老年教育学、心理学等知识；引导教师认真备课、精心上课、耐心辅导、探究教学规律；鼓励任教相同课程的教师合作编写教材及讲义，共享教学资源；鼓励已退休的教师参加电脑班学习，掌握电脑操作技能和收集网上教学资料、制作教学课件的方法。三是抓教学研讨活动。老年教育具有特殊性，要坚持教学实践探索和教育理论研究并重，不断探索老年教育的特点和规律，提高教学科学性、针对性、实效性。教研活动是搞好教学的保证，学校可以建立教研组，制定教研活动制度，每年收集教师教学体会及相关论文，将其汇编成册，供教师相互学习借鉴，提升教学质量。

（四）建立激励留人机制，留住优秀教师

建立激励机制，调动教师积极性，培养教师归属感，留住优秀教师。一是榜样激励。开展优秀教师评选表彰活动，对热爱老年教育事业、有高水平专业能力、教学效果突出、深受学员欢迎的教师，通过校刊、宣传栏、网站、报纸等媒介大力宣传。二是成就激励。鼓励教师带领班级参与骨干课程、特色课程评选；对积极参与教育教学研究，撰写论文、教材、讲义的教师给予奖励。三是感情投入。在教师节、春节召开座谈会、茶话会，邀请上级领导来校慰问教师，虚心听取教师们的意见和建议；学校在春节期间要开展慰问走访活动，对有伤病的教师要及时探望，对教师在工作上取得的成绩要及时加以肯定、表扬和宣传；每年组织教师外出参观考察，给予教师学习、交流的机会，提升教学质量；利用好 QQ、微信等网络媒介增进师生交流；工作人员要深入班级，当师生产生分歧和矛盾时，要深入细致地做好思想工作，化解矛盾；要引导学员上课专心听讲、尊重老师，

感谢师恩。四是待遇留人。对教师的授课费要进行适当调整，逐步缩小同社会办学机构的薪资差距；对于兼职老师，出台能够计算工作量的相关规定，以利于教师队伍的稳定。

（五）建立构建教师工作实效考评机制，提升学校教师整体水平

一是建立相关考核机制。考核应包含师德师风、教学工作两方面的内容。对师德师风方面的考核，可通过向老年大学学员发放调查问卷进行，将考核结果分为优秀、良好、合格 3 个档次。教学工作考核方面通常采取重实效、看进步的计分考核方法，从教学准备、教学目标、教学内容、教学结构、教学语言、方法选择、时间分配、课堂气氛、学员状态、学习效果 10 个方面进行计分考核。在方法上，建立以评价为主导的考核机制，根据学校意见，综合教师自评、教师互评和校务会、工作人员评议情况，确定教师教学质量等级。形成符合本校教师工作特点的工作表现和工作实绩考核评价体系。

二是建立退出机制。一方面，对师德师风好、教学效果好、受学生欢迎的教师应给予大力表彰；对教学反映差、不能胜任教学工作的，应予以解聘。另一方面，老年大学学员可以按照自己的兴趣爱好，自由选择专业与教师，一旦教学满足不了他们的需求，就不再参加该课程的学习。因此，只有能力强、经验丰富、业务水平高的教师，才能受到学员的欢迎。老年大学学员对教师的自由选择性和“学员不满 20 人者不得开课施教”的规定，将自然淘汰部分教师，保留优秀教师。

三是形成“进得来、出得去”的教师选聘机制。保持教师选聘渠道畅通，督促老年大学教育机制常新。

（綦凯：东营市河口区老干部活动中心副主任）

老年大学合作办学模式与机制研究

◎ 宋晓

摘要：具体来讲，老年教育的目的就是提高老年人思想道德和科学文化素质，使老年人增长知识、丰富生活、陶冶情操、保持健康、服务社会。老年教育既是社会公益事业，又是终身教育的最后环节，更是老龄事业和全民教育的重要组成部分。加强老年大学建设，是从政治上、思想上、生活上关心老同志的重要体现，也是学习贯彻党的十九大精神与“中国梦”的内在要求。新形势下，随着老年教育需求的大幅增加，合作办学的模式应运而生。站在新的起点上，如何推进老年大学合作办学科学、持续发展，是迫切需要研究的新课题。我们必须站在时代的高度，充分发挥主观能动性，形成老干部工作部门牵头抓总、各有关部门协调配合、社会各方积极参与的合作办学新格局。

关键词：老年教育　合作办学　莱阳老年大学　文化养老

老年大学作为终身教育体系的重要组成部分，和国民教育一起肩负着文化发展、文化传承的重大使命。发展老年教育，是积极应对人口老龄化、促进老年人终身发展、建设学习型社会的应有之义。近几年，莱阳老年大学学员人数较以往大幅增加，引发了“一座难求”的报名热潮。受教学场地和招生名额限制，老年人的“文化养老”需求无法得到切实满足，这也为开展老年大学合作办学创造了契机。近两年，学校紧紧围绕省、市老年大学进社区（基层）工作的总体要求，以破解“老年大学一座难求”为切入点，先后联合社区、企业、养老机构、职业院校开展合作办学，进一步推动老年教育工作高质量发展。

一、主动作为，加强协同，促进办学主体多样化

老年学员有着不同的文化程度、工作背景、人生际遇和身体状态，他们的学习需求自然呈现出多样性和多层次性。因此，莱阳老年大学要打造适应校情、广泛参与的现代化老年教育体系，提升办学的层次化和多样化，全面、多样、高质量地满足老年人的物质和精神需求。

（一）联合社区开办分校。随着人口老龄化程度加剧，到老年大学学习的学员越来越多，校舍紧张的情况日益突出。2016 年至 2021 年的五年间，就读莱阳老年大学的学

员从500余人次增长到1800余人次。尤其是近两年，报名人数较往年大幅提升，所有班级的学员人数均已达到上限。为缓解现状，学校主动求变，在莱阳市委老干部局的牵头指导下，积极与城厢街道有关部门沟通探讨，在条件比较成熟的龙门社区、富水社区进行试点，建立了莱阳老年大学分校，这也是莱阳老年大学第一次借助社区资源合作办学，是一次新的办学尝试和突破。

以需求为导向，科学设置课程。学校以老年人需求、社区意愿、老干部工作要求为目标导向，突出实效性和形式多样化。通过发放调查问卷、报名表等形式，对社区老年人的求学需求进行摸底调查，针对现有教学设施、教学管理、社区环境等实际情况，充分考虑他们的求学需求与个人意愿，灵活选定课程并限定学员人数，保证教学质量。分校开办以来，先后开设舞蹈基础练习、交谊舞、太极、瑜伽、京剧等课程，累计培训学员1000余人次，很大程度上缓解了主校区“一座难求”的报名现状，让更多的社区老年人有机会“走出家门，走进老年大学”。

以灵活为导向，完善校务管理。考虑到主校区工作人员数量不足，无法抽调人员全程参与社区老年教育教学管理工作的情况，学校特聘请一位长期在社区居住、具有强烈责任心和奉献精神的社区居民担任分校管理员，为老年学员保驾护航。此外，分校还实行“短平快”的管理模式，由学员自发选举产生班长、副班长，并安排学员轮流负责教室卫生及日常具体事务。建立学员微信群，充分发挥老同志的经验优势和管理才能，实现自主管理、自我服务。综合利用莱阳老年教育微信公众平台、老年大学教师微信群、班长微信群等渠道，同步校园信息、下发各类通知等，让分校的师生及时了解主校区教学动态，增强集体荣誉感。

搭建平台，丰富居民精神生活。办学中，学校挑选身体素质好、服务意识强、组织能力突出的老年大学学员担任负责人，在建设和谐社区、开展各类志愿服务活动、关心教育下一代等方面发挥优势作用。每逢传统佳节，学校联合社区开展形式多样的联谊活动，弘扬民俗文化，营造浓厚节日氛围。学校不定期邀请消防、中医养生、法律咨询等方面的专家，开展专题知识讲座，拓展学习渠道，丰富学习内容。学校组建各类社团，积极参加“全国老年人太极拳健身推广大联动”“首届烟台市民文化节莱阳分会场开幕式”“第五届盛隆杯广场舞大赛”“庆祝建党100周年——老年大学送教进社区文艺联欢会”等活动，使社区老年学员们有机会走出课堂，展示自我风采。学校组建志愿服务分队，积极参加社区举办的“情暖社区与您相伴”便民公益大集、“守望相助 共筑龙门”首届社区邻里节、“新时代少儿俱乐部”暑期公益课堂等活动，协助社区提供亲子志愿者招募、义诊、法律咨询、就业创业政策宣传等便民公益服务，吸引了众多居民的热情参与，让大家“足不出户”就能享受到各种各样的服务，切实提高了社区居民的幸福指数。

（二）联合企业开办分校。老年教育的社会需求量很大，单靠政府有关部门的工作难以满足需要，应尽可能引导、联合社会力量参与老年教育。老年大学在与莱阳市知音艺术培训学校的合作中了解到，培训学校的课程主要集中在周末及寒暑假，在平常的工作日时段里，教学资源大量闲置。而受校舍、财力所限，老年大学器乐类教学仅有电子琴、二胡及电钢琴 3 个专业，不能满足老年大学学员日益增长的学习需求，无法适应教学多样化的趋势，成为学校发展的短板。经多次实地考察及沟通协调，本着“优势互补、共建共享”的原则，莱阳老年大学在莱阳市知音艺术培训学校建立分校，拓展乐器教学，以满足更多老年人的求学需求。

办学模式上，权责明确、规范有序。知音艺术培训学校提供教学场地设施、高标准配套教学设备、全方位后勤保障服务。莱阳老年大学负责招生，统一安排教师到分校任教，教学计划、教学大纲以及师资聘任等均与主校区一致。课程设置上，立足实际、满足需求。作为专业的音乐培训机构，知音艺术培训学校开设各类乐器教学课程。为保障教学质量，莱阳老年大学优先选取适合老年人学习的乐器课程。通过对老年大学学员的摸底统计，最终确定先开设古筝和萨克斯两个专业，采用小班教学制，每学期开设两个班次。2020 年，在山东老年大学主办的精品课程评选活动中，知音分校古筝班马俊老师凭借《古筝入门指法讲解及曲目示范》一课斩获三等奖，是烟台区县中唯一获得全省三等奖的课程。

（三）联合养老机构开办分校。近几年，老年人在选择养老机构时，不仅关心生活起居上能否得到良好的照顾，更关心在精神上能否得到愉悦的体验。考虑到养老机构里老年人年龄偏大、身体状况偏弱等实际情况，我校创新办学模式，采取“送教 + 联欢会”的方式。一方面，由老年大学教师、骨干学员、老年志愿者组成志愿教学队伍，发挥自身所长，到老年公寓开展公益教学。另一方面，借助端午节、中秋节、重阳节等传统佳节开展联谊活动，既为老年大学学员展示才华搭建平台，又为养老院的老年朋友们提供更多参与文化养老活动的机会。通过“送教 + 联欢会”这种形式，学校成功将老年教育融入养老机构，让老年教育成为园区内老年人日常生活的一部分，让老年人乐享幸福晚年。

（四）联合职业院校开办分校。按照鼓励职业院校兴办老年大学的要求，为充分发挥职业院校资源优势，推动老年教育事业持续、科学、健康发展，满足广大老年人对文化养老、终身学习和美好生活的需要，莱阳老年大学主动与莱阳高级职业技术学校对接，提出合作办学意向。

工作联动，扩大教育资源供给。充分利用高职学校的雄厚师资资源，围绕声乐、舞蹈、书画、服装设计裁剪、硬笔书法等适合老年群体特点的专业，通过选派高职优秀教师向老年大学提供更为丰富的师资力量与课程资源，不仅丰富了教学内容，而且解决了困扰学校多年的师资匮乏难题。2020 年，通过对老年大学学员的调查摸底，莱阳老年大学开设了形体仪态（模特秀）专业，由高职教师来我校任教。此外，莱阳老年大学积极争取职业院校的资源优势，在不影响职业院校正常教育教学的前提下，将职业院校内的图书馆、文体场馆等设施资源向老年大学学员免费开放，共享教育资源。

活动联办，实现互促共赢发展。一方面，建立高职师生志愿者库，跟随老年大学志愿服务队前往社区分校及各教学点开展公益教学；另一方面，借助传统节日契机，同高职联手举办形式多样的联谊活动，既为老同志提供更多展示自我的舞台，又为高职的师生提供发挥自身优势特长的机会，促进交流，共同提高。

二、合作办学中存在的主要问题

（一）资金投入不足，无法扩大老年教育供给面。资金缺口成为制约社区老年教育发展的主要瓶颈之一。当前，就莱阳老年大学情况来看，学员学费只够用来支付日常教学、教师薪酬及办公等费用，而随着老年教育需求快速增长，现有资金情况无法支持大规模开展社区老年教育。

（二）师资力量匮乏，无法满足多元化老年教育需求。如今，越来越多的老年人希望走进老年大学接受老年教育，但老年人在受教育水平、接受知识的能力、兴趣爱好等方面千差万别，因而对教师队伍的数量和质量均提出了更高的要求。而受财力所限，教师的课时费不高，教师队伍储备不足，无法满足多样化、高层次的教学，多元化、体系化的教师队伍还有待进一步完备。

（三）工作人员数量不足，无法参与老年大学分校管理。随着分校的拓展，教学点的增多，老年大学学员数量也越来越多。而莱阳老年大学在职工作人员仅有 4 名，工作量趋近饱和，无法再抽调人员为分校老年大学服务。

（四）老年学员对合作办学的认同性不高，依赖本校教学资源。很多老学员习惯在本校上课，不愿意到分校上课。有的因为分校离家远，有的因为学习的科目多而在主校与分校之间来回奔波，导致分校的教学和管理难度加大。

三、进一步推进老年大学合作办学的建议与对策

加强老年大学合作办学建设，是时代发展的需要，任重而道远。我们要不断深化认识、更新观念、克难奋进，在理论上探索、在实践中创新、在创新中前进，以高度的责任感和使命感办好老年大学分校，推进老年大学合作办学工作实现科学转型发展。

（一）加大资金投入。增加对老年教育的投入，切实拓宽老年教育经费投入渠道，努力形成政府、市场、社会组织和学习者等多主体分担和筹措老年教育经费的机制。设立支持老年教育的发展专项经费，鼓励自然人、法人或者其他组织捐助老年教育事业，设立老年教育发展基金，促进老年教育更好发展。

（二）加大宣传力度。做好老年大学合作办学的宣传普及工作，扩大社会影响力，

努力营造全社会关心、支持、参与老年教育的良好氛围，促进老年教育事业健康发展。通过宣传，提升老年人对社区（基层）老年大学的认同感，将符合条件的退休老师或社会上有能力的老师纳入教师储备体系，建立合作开办老年大学的师资库，保障师资力量。

（三）继续开展公益教学。从学校选取经验丰富的优秀教师不定期开展精品课程公益教学。如舞蹈队老师可以为社区舞蹈队编排舞蹈、指导演出；学校老摄影家协会会员可以与社区里的摄影爱好者“结对帮学、结对促学”，带领他们采风实践，开办专题摄影展，增强教学的适用性。

（四）强化社会学习活动。要拓展更多形式的教育教学及社会学习活动，以灵活多样、内容丰富的社会教育模式吸引更多的老年人参加学习，打造求知、求乐、求健康的精神乐园，真正体现老有所教、老有所学、老有所为、老有所乐。

（五）做好校园安全保障工作。聘请专业人士对分校的房屋结构、设施设备、消防安防、水电管网等逐一检查。邀请专家到校讲解应急常识，增强全校师生的安全防范意识，提高处置突发事件的能力，创办平安校园。

（宋晓：莱阳老年大学科员）

潍坊市老年大学教材建设的实践与探索

◎ 姚克强

摘要：建立并逐步完善科学、适用、可行的老年大学课程体系，设计、构建与社会发展大环境相匹配的老年大学特色教材，是新时代老年大学亟须探索的课题。潍坊市于2018年成立了潍坊市老年大学教育联盟，形成了全市统筹、一体化发展的格局。潍坊市老年大学教育联盟办学已延伸到基层，形成了市级、县（市、区）级、镇（街）级、社区（村居）级四级办学模式，在校学员已达10万人。为提高教学质量，潍坊市老年大学在教材建设实践中，探索创建了"三重视""三为主""三联合"的推进模式，不断促进教材课题研究与建设，打造了自己的风格和特色。

关键词：教材　建设　实践　探索

一、教材建设的现状

潍坊市老年大学始建于1987年。截至目前，发展为东、西两个校区，26个分校，设置7个教学系、50个专业，开设50余门课程、290个班级，共有任课教师127名，学员10000余人次。学校被评为"全国示范老年大学""全国先进老年大学"。

潍坊市老年大学始终高度重视课程设置和教材建设。目前，学校直接选用公开出版的教材114本，主要有29门课程，涉及217个班级；使用自编教材和讲义29本（其中自编教材6本，自编讲义23本），自编教材主要有12门课程，涉及93个班级，自编讲义主要有15门课程，涉及46个班级。

教材来源上主要分为三类：一是自编教材或讲义。学校根据市场需求或文化地域特色设置课程，由各系教研室根据调研情况编写教学大纲，组织任课教师按照教学大纲编写教材或讲义，以适合本地老年人的需要。如声乐、保健、书法、计算机与智能手机使用等课程教材，主要根据多年的教学实践、现代发展要求、老年人的实际需求编写。自编教材贴近老年人的现实生活、符合老年人特点，紧跟时代潮流发展，具有知识性、趣味性、科学性、实用性，颇受老年学员的欢迎。学校现有主编任课教师20位，其他教师全员参与教材编写。二是选用省校编写教材。如京剧采用山东老年大学统编教材。此类教材主要参照公开出版教材中的某些章节，结合老年学员的特点，进行适当选用。三是选用社会专业教材。如古筝、二胡、钢琴、普通话、英语等课程，这类课程教材修订频率快，学校针对老年学员特点，指导教师有选择性地使用社会专业教材。

二、教材建设的实践与探索

（一）三重视，增加教材的贴合度

1. 重视教材研究。学校成立校本教材编订委员会，校长任主任，分管校长任副主任，先后聘任了韩延明、何爱华、傅汝仁、张友谊等省校专家为学校特聘专家，建立了150余人的研究队伍。在职人员、系主任、专业老师和骨干学员代表组建了声乐学科组、书画学科组、舞蹈学科组、器乐学科组、信息学科组、综合学科组等编订小组，从校本教材开发的必要性、可行性及教师和学员其他需求等方面进行论证，搜集本校历年来已有的自编讲义教材，整理正在使用的各类课程讲义，购买先进学校的出版教材，通过多渠道获取资源和素材。同时，学校还加大教材课题的研究力度，不断把握老年大学学员与教材使用匹配度规律，使教材更加服务于教学。

2. 重视教材编写。各学科的校本教材编订小组，负责撰写每门课程的校本教材编写方案，主要从是否符合现有学制课时、配套教学大纲、适合教学计划等方面来确定教材的基本架构，架构形成后由各编订小组集中讨论商定。教材选题方面既要考虑教学形式与教学内容的设计，全面丰富课程内容的含量和质量，又要符合教师宜教和学员宜学的原则，与学年、班级课时相适应，力争编订的教材内容让学员能在1到2个学年内掌握。例如《二胡》教材，从初级、中级、高级三个层次班级的学员实际情况出发，分级分册进行编订，满足不同层次学员的多元化学习需求；月琴老师把近40年的个人持琴从艺经验进行了总结提炼，融入《月琴》教材编撰中。校本教材初稿形成后，学校根据各编审小组的职能分工成立校本教材审核小组，经过校版复查、校版审查、初级审核、终极审核等四轮审核进行定稿前质量把控。校版复查主要是按照既定的教材版式调整版面，初步确定封面内容、插图等，并对教材内容的实用性和科学性进行审核；校版审查主要是对教材封面内容、插图及内容的文字部分是否存在错误等进行二次把关；初级审核主要是对教材的封面、版式、内容等再次进行确认；终极审核主要是按照教材编订总体要求，对教材是否达到定稿印刷要求进行最终确定。每一轮都有相应的完成时限，确保编订工作按期完成。市校共编写专业教材20套，修订专业教材5套，寿光市老年大学所有专业均参与教材编写。

3. 重视教材使用。教材使用是衡量学校办学是否规范的一个重要标准，教材就是教学的依据。教材编成后，学校在一个学期内统一使用新教材，在使用过程中注重收集教师和学员的反馈信息，有关意见建议汇总后由编订委员会集中讨论，经商定后对教材进行适当的调整完善，形成定稿，确保了校本教材内容的适用性、准确性。在日常教学过程中，要求教师注重教学的方式方法，班长负责收集意见建议，师生不断磨合教学内容，共同达到完善讲义、改进教案的目的。在全市范围根据不同专业对老师使用的教材进行筛选，征求广大老年大学学员的意见及各专业教师的建议，统一教材使用，使教材更加适合于老年大学学员。如潍坊市老年大学编纂的声乐教材在全市老年大学及各教学点进行统一使用，教学效果显著。

（二）三为主，充实教材的饱和度

1. 通用为主。对书法、绘画、声乐、舞蹈，以及语言类、国学类、历史类等通用学科的教材编写，以潍坊市校教师为主，县（市、区）校教学经验丰富的教师参与。在编写成稿征求意见阶段，由各成员学校分别组织阅读讨论，集中形成意见，反馈到市校，再进行修订完善。由市校统一送到指定印刷公司进行出版配送。

2. 地方为主。对地方特色课程，以当地县（市、区）校编写为主，由潍坊市校组织编写专家团进行格式和内容的规范。如潍坊风筝扎制课程，以寒亭老年大学编写为主；寿光蔬菜阳台种植课程，以寿光老年大学编写为主；高密茂腔地方戏课程，由高密和诸城老年大学合作编写，编写过程中吸收社会专业人士的意见，以地方文化艺术馆工作人员为主、民间艺人为辅进行教材的研究修订。

3. 传承为主。非遗传承类课程大多是在镇（街）、社区（村居）开班授课，教材的编写安排在镇（街）或社区（村居）校，由县（市、区）校统筹安排。如诸城“东路大鼓”非遗传承课程教案讲义由诸城市百尺河镇老年大学承担编写任务；“青州花毽”“高密扑灰年画”“潍坊木版年画”等系列非遗传承项目课程由所在镇（街）老年大学为主承担编写任务。

（三）三联合，丰富教材的融合度

1. 联合高校。教材的编写具有专业化，专业的事情应邀请专业的人才参与其中。潍坊市老年大学与潍坊学院、潍坊护理职业学院、潍坊科技技术学院、潍坊职业学院等八所高等院校是战略合作单位，在教材初稿成稿后的讨论修改过程中，我校邀请合作院校的教育教学专家到校，请他们对教材编写及语言规范性提出意见。对编写过程中存在的问题，请他们进行集中解答，对特殊的问题以单独指导等方式为编写教师进行解答。

2. 联合协会。专属领域的知识要有特定人员进行教材编写，潍坊市老年大学借助潍坊市老干部（老年）书画研究会、潍坊市摄影家协会、潍坊市舞蹈家协会等在校区设有办公室的优势，邀请相关协会人员对书画、摄影、图像处理、舞蹈类等专业教材进行共同研究，规范教材的专业性和语言的学术性。

3. 联合机构。为借助社会机构力量满足个性化需求，潍坊市老年大学主动联合当地文旅、民政部门在旅游景点、养老中心开设分校、教学点并编写教学计划和教材讲义；联合阳光融合医院、金通大药店开设保健养生类专业，并与专家医生、医药师共同编写教学计划和教学讲义；联合潍坊护理职业学院共同开设老年护理专业，完善学制、课程设置、教材研究，培养专业护理工作人员。

三、教材建设的几点思考

教材编写是体现学校优质教学内容和教学方法的重要载体，是实施规范化教学的基本工具，更是一个学校教学实力和教研水平的形象体现。通过对校本教材系统化、规范化建设的初步探索，明显带动了任课教师参与教学教研的积极性，提升了学校整体的规范化办学水平，尤其是对老年大学课程规范化、教学质量提升起到了很大的推动作用。就目前来看，学校在教材建设方面还存在自编教材数量不够多、内容不够贴近老年大学学员、教材编写教师专业素质有待提高等问题。鉴于以上情况，提出以下几点思考：

思考一，教材建设课题研究永远在路上。老年大学虽然已发展了30余年，但教材建设才刚刚迈出步伐。教材建设任重道远，学校应基于老年人教育教学特点，组织力量加强教材课题研究，加大对老年教育教学规律及老年大学教育前沿知识的探索力度，组织做好教材编写工作，使教材更加方便教学，促进学员的学习。

思考二，教材建设必须立足于各地实际教学需求。老年大学的教育内容多是立足于当地人文风俗和文化传承，即使普通类课程也多少带有地方色彩，完全依靠通识类教材并不恰当。教师在具体的讲授过程中也要对课程进行适当改进，使课程符合当地老年人的认知和接受特点。文化传承类课程带有浓厚的地方色彩，不必赘述。

思考三，教材建设的重点是下功夫培养自编人才。老年大学的教师中，有一大部分不是专业教师出身，大都会讲不会编。要打造老年大学自己的教材编写队伍，需要拿出举措，加强培养。只有把自己的教师培养成为教材编写的人才，才能有效推动教材建设工作走深走实。采取走出去、请进来的方法，拿出时间和经费，对学校人员进行专业培养，让已经在老年大学从教多年的教师成长为自编教材的人才，这是老年大学打造教材编写队伍的关键。

（姚克强：潍坊市老年大学原副校长）

老年游学工作的实践与探索

◎ 宁庆刚

摘要：中国特色社会主义进入新时代，老年人的物质生活水平不断提高，去老年大学学习的意识增强，老年大学游学孕育而生。近年来，潍坊市老年大学在打造游学线路、建造游学体验中心、开发游学产品、组织游学活动和培养游学领军人才等方面进行了探索研究，总结了部分经验。由于老年大学游学正在起步发展阶段，还存在着机制不够健全、风险因素多、保障不够系统和课程不完善等问题。要立足实际，健全机制，让老年大学游学更加顺畅；排除风险，让老年大学游学更加安全；织密网络，让老年大学游学无缝衔接；丰富项目，让老年大学游学更加精彩。新时代老年大学要改变观念、大胆创新、勇于开拓，立足老年大学学员需求，探索适合老年游学新发展的道路，让老年大学学员成为助力“各美其美，美人之美，美美与共，天下大同”美好愿景的桥梁和纽带。

关键词：老年大学游学　游学实践　游学对策

中国特色社会主义进入新时代，老年人的物质生活水平不断提高，精神文化需求空前高涨，去老年大学学习的意识增强，尤其是对外出采风、体验风土人情、了解各地民族文化的游学需求越来越突显。各老年大学紧跟时代变化，创新思路、转变观念、主动作为，不断满足老年大学学员追求幸福生活的需求，探索适合老年游学发展的新道路。

一、新时代老年人游学的原因分析

游学正在成为老年人的时尚追求和老年教育发展的大趋势，老年人能从游学中重新认识自我，从游学中享受到生命的获得感、幸福感。老年大学游学需求日益增长的主要原因有两方面：一是老年人逐渐认识到游学的意义。时下，旅游和游学已经成为社会的热点话题，也是老年人结伴而行、异地学习的重要途径。二是老年人的生活水平逐渐提高。随着改革开放和社会主义现代化建设的推进，我国全面进入小康社会，国家日益富裕、群众生活不断改善，老年人退休金增长、闲暇时间充足、衰老年龄推迟，60、70 岁的老年人依然充满着活力和生机。走出家门、国门，外出旅游、游学成为老年人追求高质量生活的主要方式。倡导、推动老年游学是发展老年教育的题中应有之义，更是老年大学办学模式的创新尝试，对于拓展老年大学的教学内涵具有积极意义。

二、潍坊市老年大学游学实践和探索

游学是流动的、开放的、高品质的老年教育，是老年大学教学内容、内涵的拓展，也是老年大学学员对美好生活向往的行动体现。潍坊市以精准理念着力推进老年游学工作，各级老年大学先后成立游学中心，打造游学线路、建立游学基地、推出游学服务项目，组织老年大学学员开展常态化游学活动，并吸引更多国内外老年人来潍坊进行游学。

（一）打造游学线路。突出地方特色，开辟了潍坊风筝、寿光蔬菜、青州历史、高密文学等线路，通过“菜单式”游学线路设计，满足老年大学学员多层次的游学需求。近年来，学校承接了20余批国内外老年教育专家学者、老年大学学员到潍坊开展游学。一是圆梦之旅。老年人都有自己的梦想，风筝可以承载起老年人的梦想。让老年大学学员感受“世界风筝之都”的特色，参观风筝博物馆，赴杨家埠民间艺术大观园体验风筝扎制，了解风筝文化，在世界上最大的风筝放飞场进行风筝放飞，追寻梦想。二是绿色之旅。老年人都向往绿色，向往回归自然。让老年大学学员走入“中国菜都”寿光，进行蔬菜文化游学。寿光市依托“中国蔬菜之乡”的优势，在孙家集街道三元朱村、蔬菜高科技示范园、蔬菜小镇、洰淀湖风景区等地建设游学基地，打造全国蔬菜文化老年人游学中心，让老年大学学员亲身感受中国冬暖式蔬菜大棚技术的创新发展。三是文化之旅。老年人都揣着一份追忆情怀。带领老年大学学员到国家历史文化名城青州，参观青州博物馆、老年大学农民画院、古街景点（二雕博物馆、偶园、青州府贡院等）、仰天山、云门山等地，观看花毽队踢花毽艺术，学习花毽的制作和表演，感受古九州之一的文化韵味。四是文学之旅。老年人都拥有一份文学情节。带领老年大学学员到莫言家乡高密，让老年大学学员参观高密莫言旧居、红高粱基地、高密市老年大学游学中心等地，学习纳入国家级非物质文化遗产保护名录的民间泥塑、剪纸、扑灰年画的制作方法，感受乡土气息浓郁的地方戏曲——茂腔，了解红高粱文化的发展历史。

（二）共同建造游学体验中心。2020年，潍坊市老年大学与山东科技职业学院以高站位、全局性的思维共同建立了潍坊市老年教育体验中心。双方签订《潍坊市老年教育体验中心框架协议》，并成立工作管理推进机构，安排专人负责工作的开展。教育体验中心提供老年教育体验“菜单式”项目，如依托校内纺织展示馆、实训资源，建设特色化老年教育体验室，打造体验式教学新平台；再如，利用服装VR博物馆、西门子智能制造实训中心等资源，打造具有职院特色的“老年学员乐学课堂”品牌项目。

（三）开发游学产品。与市非物质文化遗产保护协会合作开设市老年大学非遗分校，培育潍坊市非遗体验基地。着力推进“非遗进校园、校园传非遗”。以非遗文化传承为主线，开发潍县年画，诸城黑陶、古琴，潍坊刺绣、核雕、拓片、面塑、蓝印等非遗课程。让老年大学学员体验国家级非遗风筝、核雕、红木嵌银、木板年画、扑灰年画、剪纸、聂家庄泥塑、诸城古琴，省级非遗仿古青铜器、红丝砚、抽纱刺绣、手织丝绸，市级非遗面塑、葫芦烙画、石雕石刻、砖雕、花灯、传拓的独特魅力，确保老年大学学员游学之行“游有品质、学有所获”。

（四）组织游学活动。潍坊市积极参加世界老年旅游大会，主动承接了三批次中外来宾的游学接待工作，敞开大门欢迎各地老年大学学员来潍坊开展游学活动。同时，潍坊市也组织游学团赴曲阜、新疆、香港、澳门等地游学，组织老年大学学员参加中华中老年体育舞蹈（香港）国际艺术节等文艺交流活动，由学员表演的太极拳、大合唱分别获得一、二等奖。

（五）培养游学领军人才。潍坊市以专业水准强、学员认可度高、熟悉当地资源、身体条件适合等为标准，遴选出摄影、绘画、形体游学导师20余名，担任山东省老年大学协会游学工作委员会游学导师。一是专业集训。市老年大学游学中心联合市文旅局举办“潍坊市非遗校园教育传承与研学师资培训班”，定期集中组织工作人员开展业务培训。二是以会代训。积极为工作人员参加世界性、全国性游学研讨创造条件，努力掌握前沿理念，提升专业素养。三是定点培训。在山东科技职业学院、潍坊学院、潍坊职业学院等驻潍高校建立培训基地，开展双向培养。目前，老年大学已组织游学主题培训8场次，培训各级老年大学工作者200余人，以高素质、专业化的游学人才队伍，为老年游学活动保驾护航。

三、新时代老年大学游学工作存在的不足和问题

老年大学游学是随着老年大学学员对教学多样性的需求逐渐深化而创新的教学模式，目的是通过学习当地的文化使老年人增长知识、愉悦身心。老年大学游学现阶段存在的主要不足有：一是游学机制还不够健全。如今，老年大学游学大多数是由老年大学倡导，老年大学学员自发地聚集到一起，委托各旅游公司进行组织，没有明确的游学组织机构。二是游学风险高。老年大学学员的年龄较大，游学过程中容易出现突发状况。一些学员平时身体状况比较好，但在游学途中或开展游学活动的过程中，因打破平时的生活规律，其身体容易出现突发状况。三是游学保障还不够系统化。老年大学游学具有一定的旅游特点，但购买人身意外险、旅途安全、食宿卫生等标准要高于普通旅游标准。目前为止，还没有针对老年大学游学出台相关保障政策。四是游学课程还不够完善。全国各地老年大学游学现在还处于起步和探索阶段，游学课程不够丰富、游学基地不够多样。

四、老年大学游学工作发展对策及思考

（一）建立有效推进机制。一项工作的顺利进行需要组织机制和政策做支撑。老年大学游学作为新兴的教学模式，更需要体制机制的支撑。一是顶层设计。研究出台老年教育游学方面的政策，由中国老年大学协会进行指导，让基层老年大学在开展老年大学游学工作方面有政策可依。二是区域组织。各地区根据地区特点，推出老年大学游学优惠项目，把老年大学游学“做”起来。三是基层跟进。针对当地游学资源，把旅游景

点打造成适合老年大学学员的游学点，把老年大学打造成游学旅游点，实现老年游学工作规范化、制度化、产业化，为参与游学的老年大学学员提供优质“软环境”。

（二）排除出行安全风险。安全是老年大学游学的前提，要做到考虑周全、服务便捷。一是签订安全协议。游学前期，要向老年大学学员做好安全协议书的讲解，就安全风险点与其本人及家人进行深入沟通，与老年大学学员、家属签订安全协议书。二是制订游学计划。根据老年大学学员的身体特征，立足老年大学学员对游学的个性化需求，制订游学计划，并在对接游学项目、发动老年大学学员、组织游学实施、总结游学经验等环节进行全过程跟踪，确保游学项目安全可行。三是提高游学标准。牵头组织机构与承接游学项目的当地部门进行详细洽谈，确保接待、住宿、饮食、游学场所、保健医生等方面的适老化；当地老年大学要根据游学项目设计游学课程，做好游学工作。

（三）做好游学过程无缝衔接。构建保障网络是开展老年大学游学工作的基石；明确牵头单位、协调多部门共同参与是构建保障网络的关键。一是发挥牵头作用。各区域要明确牵头单位，如游学工作委员会、游学部等。牵头部门要发挥牵头者的作用，并做好联络工作。二是做实组织实施。组织者要在游学项目、老年大学学员专业等方面与牵头方进行对接，在具体事项上要与老年大学进行沟通，制定实施方案，处理好游学的各方面细节。三是做好承接工作。作为承接方的老年大学要根据游学团队的具体需要，与文旅、质检等部门协商，在场地、基地等方面为游学项目提供保障，展现承接地的“温度”。

（四）丰富游学内容。游学项目展现了老年大学游学活动的生命力，老年大学要在游学项目的开发上下功夫。一是建立游学基地。各地老年大学与文旅部门要做好当地游学资源与老年人游学项目相融合的文章，把老年元素体现好；具备条件的景点和非遗工作室要建立老年大学游学基地。二是开展游学课程。老年游学是老年教育的教学形式之一，本质是教育，各地老年大学要立足发展理念和办学模式在特色课程设置上进行研究，针对游学的老年大学学员特性选择适合的游学教学模式，让游学真正达到增知识、学文化的目的。三是做好游学融合。老年大学就游学项目涉及的专业在本地老年大学学员与游学老年大学学员中进行互动，共同体验。老年大学要在非遗教学上提高前来游学人员的参与度，要展示当地文化和非遗文化的趣味性，让游学学员系统学习游学地的历史文化和感受游学地的民俗风情、人文风貌，以“游”的方式实现“学”的目的。

老年大学游学作为老年教育的新模式，为老年教育工作开辟了新空间、搭建了新平台。作为新时代老年大学，要改变观念、大胆创新、勇于开拓，使老年大学游学真正成为宣传老年教育的窗口，让老年大学学员成为助力“各美其美，美人之美，美美与共，天下大同”美好愿景的桥梁和纽带。

（宁庆刚：潍坊市老年大学教研科副科长）

创新发展老年大学教育的调研与思考

◎ 姜以孝

摘要：人口老龄化已经成为当今社会的大趋势。近年来，潍坊市人口老龄化进程逐步加快，目前全市60岁及以上的老年人口已达217万人，占总人口的23%，高于全省乃至全国平均水平。面对老年人口的快速增长，积极办好老年大学，普及发展老年教育，具有非常重要的现实意义。目前，潍坊市各级老年大学已成为老年群体学习教育、老干部日常活动最主要的场所，为帮助老年人实现“老有所学”“老有所乐”“老有所为”创造了条件。因此，开创老年教育发展的新格局，既是越来越多老年人的需求，也是新时代社会发展的需要。

关键词：老龄化　创新　发展

一、老年大学教育发展面临的新情况新问题

随着社会的不断发展，老年人的入学需求日益增长，服务需要逐渐多样化。推动老年大学建设和普及老年教育的过程中必将遇到许多新情况、新矛盾、新问题。

（一）老年大学面临发展新挑战。现如今，新加入老龄行列的老年人，多数成长于新中国，他们所追求的不再是传统意义上的居家养花、静享晚年，而是把融入社会、发挥特长、追求价值作为“老有所为”的人生新目标，对学习新知识、掌握新技能、参与文明城市建设及治理和谐社会有着强烈热情。

（二）老年大学教育建设发展不够均衡。目前，全市在校老年大学学员仅占全市老年人总数的3%左右，与中国老年大学协会提出的占比10%的目标相距甚远，老年大学的普及度滞后于老年人口增长。同时，老年教育建设发展不够均衡，体现为市、县两级及所属乡镇（街道）老年大学的软硬件建设及办学规模和水平相差较大。在将老年教育向企业、院校延伸方面，市县各级多数处于起步阶段，部分乡镇（街道）、社区老年大学仍未走上规范办学路子，有的甚至有名无实，并未真正开展教学活动。总体来讲，全市各层级老年大学不在同一个起跑线上，甚至部分还处于初级开创阶段。

（三）老年大学教育缺少推动创新发展的关键性举措。老年大学教育必须突破观念束缚，改进创新，保持强劲的吸引力和凝聚力，但目前来看，缺少推动创新发展的关键性举措。一方面，编制教师数量少，学员人数多，教师日常工作量大，无暇顾及创新提高。另一方面，区县师资力量相对薄弱，高水平教师聘请困难，同时受政策规定制约，

在职教师无法兼职。此外，微薄的授课补助在市场化背景下对教师的吸引力低。

（四）老年大学学员入学特征发生显著变化。当今求学的老年群体及其精神文化生活需求与十多年前相比明显不同。一方面，老年受教群体由起初的各级党政机关离休干部，扩展到企事业单位退休干部职工，再发展到面向整个社会，老年大学学员的身份结构由单一性向社会多元性拓展；文化程度显著提高，以前的老年大学学员高中以下文化程度者占半数以上，如今受过高等教育的学员比例明显增加，高学历、高职称的学员增多；入学年龄跨度增大，年龄段逐步向两端延伸，55 岁左右的低龄老年人加入老年大学学员队伍，同时 70—80 岁身体健康、学习愿望强烈的老年人也在增加，形成了 15—25 年的年龄跨度。另一方面，老年大学学员有更加明确的精神文化需求。学习目的更具时代性和非功利性，学习动机更加多元化，兴趣爱好更具广泛性，或为强身健体，或为结交朋友，或为实现自我价值——成为一个永不落伍的新时代老年人。在目前社会其他类型学校对老年人开放不多的情况下，这些老年人把期望寄予老年大学，并将其当作是重新融入社会的一个有效渠道。

二、全市老年大学教育建设发展基本成效

2021 年，潍坊市老年大学教育事业已经走过 34 年的发展历程，取得了令人瞩目的发展成就。截至 2020 年底，全市已开设市级老年大学 1 所，在校学员 1.4 万人次；县级校 13 所、乡镇（街道）级校 115 所、村（社区）级校 209 所，学员人数合计达 8 万多人次，一定程度上圆了老同志就近求学的梦想，发挥了促进社会稳定的积极作用。

（一）各级领导重视，办学条件得到较大改善。全市各级党委、政府重视和支持老年教育工作，努力改善办学条件，为老年教育的持续快速发展奠定了坚实的软硬件基础。诸城市形成了“东西南北中”老年大学整体布局，寿光市老年大学“一校三区”、高密市“一体两翼”两个新校区逐步完善。潍坊市老年大学“原址新建”项目，作为重点民生项目纳入全市“十四五”规划，已于 2021 年 1 月正式启动。该项目投资 3 亿余元，预计建设近 3.5 万平方米的新校区，必将有效缓解老年大学“一座难求”的问题。

（二）立足规范办学，各地教学质量稳步提升。潍坊市老年大学启动“塑形铸魂”工程，开展“严规矩、正作风、强素质、树形象”“办好新大学·我们的使命”等系列主题实践活动，不断提升老年大学管理理念、完善教学管理措施。在教学内容上突出多样化，增加新专业；在教学模式上采用多媒体教学方式，拓展远程网络教育，实现面授教学、多媒体教学、远程教学相结合；在师资队伍建设上下大气力，建起了一支教学水平高、专业结构合理的老年大学教师队伍；各地持续建立健全各项规章制度，创新管理方式，提升规范化办学水平。

（三）扩大教学覆盖，一体化办学格局初步形成。为满足老年人就近入学、就近活动的客观需求，潍坊市老年大学着眼区域一体化办学，牵头组建老年大学教育联盟，积极推动党建、师资、招生、教材等互联互通，实现资源共享；积极探索发展乡镇、社区老年教育，

构建起“市、县、乡镇（社区）”三级全覆盖老年教育网络。

（四）服务社会需求，老年教育文化品牌日益打响。围绕社会主义核心价值观，组织各类艺术团体进社区、到广场，开展学习成果展示和主题实践活动。开展“长者有为·时代先锋”“情系潍坊·我为群众办实事”活动，倡导微笑服务，大力推广讲普通话、做文明事。“长者先锋”校园文化氛围越来越浓厚，社会影响力不断提升。

三、加快发展全市老年大学教育的对策思考

在当前新常态、新形势、新要求下，随着老龄化社会进程加快，为老年人提供一个老有所学、老有所乐、老有所为的活动平台，让更多老年人可以用学习、活动充实丰富晚年生活，办好老年大学、普及老年教育显得更加重要。

（一）坚持党建引领，强化政治立校。一是突出政治立校。老年大学具有很强的政治属性，在组织、引导老同志为党和人民事业弘扬正能量方面具有独特优势，发挥着不可替代的作用。政治立校关系到老年大学学员思想政治建设和政治优势的有效发挥，关系到和谐社会和终身教育体系的构建。二是强化政治引导。不断总结“小支部带动大党建”的特色经验，通过老年大学学员党委、班级党支部调动学校师生积极性，严把学习、活动中的政治关，通过加强政治思想教育、强化政治引导、严肃政治纪律，让老同志与党同心同德、同行同向、同频共振，真正为党的事业增添正能量。三是牢牢把握政治红线。绝不放松自我思想教育，严肃工作人员党内政治生活，使工作人员都能经受住党内生活的历练。开设公共理论课和思政课，定期向学员宣讲中央、省、市委重要决策部署，使教学服务工作始终与中心工作同部署、同安排、同落实。

（二）争取各界重视，构建良好发展环境。一是争取领导支持。及时向分管领导汇报有关老年教育的精神要求，当好参谋、做好筹划，努力使老年教育与经济社会发展相同步。二是切实加强组织领导。争取组织部门、老干部局把老年大学工作列入重要议事日程，主要领导亲自抓、分管领导具体抓；建立和落实工作责任制，将建设老年大学列入年度目标考核内容，加强检查监督，重点解决人员编制、横向交流和用人选人等突出问题，提升工作人员积极性，增强整体活力，确保老年大学持续、稳定、健康发展。三是探索校务委员会顶层设计。积极整合部门、社会资源，加强沟通协调，形成推进工作的整体合力，动员、借助社会各方面力量搞好活动和教学，整合各种涉老场所，进一步拓展老干部学习、活动领域，协调教育、财政部门力量，重点解决教师资源短缺和授课费用微薄等问题。四是认真搞好舆论宣传。充分利用电视、报刊、网络、微信公众号等媒体平台，加大宣传力度，努力在全社会营造重视、关心老年教育事业的浓厚氛围。

（三）立足三级联动，促进整体提升。一是构建全市信息化老年大学教育网络。积极搭建以市老年大学为引领、县区老年大学为辅翼、乡镇（社区）老年大学（教学点）为补充的

老年大学教育体系。探索通过协调相关职能部门，联合研究出台规范三级老年学校办学考核实施办法，统一规范老年大学办学标准，强化三级学校交流互动基本模式，建立完善的全市老年大学信息化管理系统，大力拓展全市老年教育基本格局，持续推进全市三级老年大学教育规范化、信息化、均衡化发展。二是抓好县级老年大学巩固、规范、提高。有条件的县市区要争取基础设施建设再上新台阶，在校舍规模、教学设施上加大投入，提高硬件建设水平，为老年大学学员提供优良的学习活动环境；强化镇街（社区）老年学校建设。三是拓展思路，更新观念，整合各种资源，调动社会各方面开办老年教育的积极性，采取联办、开设分校等多种形式，扩大办学规模。不仅数量上要加快发展，也要重视质量上的提高，经常开展各类教学实践活动，组织学员参与社会实践，以实际行动影响和吸引更多老年人加入老有所学的行列。

（四）规范教学管理，突出依法治校。由于入学学员数量不断增加、办学规模逐渐扩大，校园安全隐患也在不断增加。因此，强化法治意识、规范办学行为，成为推进老年大学科学发展的当务之急。一要健全制度。建立一套完善、科学的规章制度，坚持依法治校，不断改进管理方法，努力做到规范化管理、人性化管理、民主化管理。二要严格考核。建立一套操作性、可行性强的考评奖惩制度，坚持公开、公平、公正的原则，坚持奖优罚劣的考评方法，坚持高标准的要求，充分调动教职员工的工作积极性。三要搞好培训。通过举办培训班、读书会等形式的活动，进一步加大对教职员工的培训，不断提高他们的思想政治素质和业务素质、工作能力和服务水平。

（五）深入调查研究，科学设置专业课程。围绕党委和政府中心工作，紧扣精神文化建设和思想政治建设工作，结合当地文化特点，根据形势发展需要和老年大学学员需求，在深入研究教学工作规律、特点的基础上，因地制宜，科学合理地调整课程设置、丰富教学内容、创新教学方式，调动广大老年大学学员学习的积极性，增强老年大学的吸引力。遵循“教、学、乐、为”相统一的原则，教学内容必须契合老年大学学员学习知识、开拓视野、丰富精神的需求，既要突出政治性、思想性，也要突出科学性、知识性和趣味性；教学方法应契合老年大学学员的学习特点和规律，激发他们的学习兴趣，努力把老年大学办成老年人终身学习的乐园。

（六）着眼信息化建设，努力打造智慧校园。加大投入，建立完善的全市老年大学信息化管理系统，争取“市、县、乡”三级联网办学，并实现网上报名、网上缴费，在远程教育方面走出新路子。在智慧校园建设中，实现网络全覆盖，将数字化技术广泛应用于教学、管理和服务保障。指导教师应加强数字化理论学习，熟练并掌握数字化信息技术，提升教学能效。帮助学员适应新的学习方法、学习环境、管理模式和管理规范，紧跟社会发展的步伐，使学员学会从开放的信息资源中接受更多、更新的社会理念和科学知识。

（姜以孝：潍坊市老年大学副校长）

老年大学课程建设现状分析与研究

——以高密市老年大学为例

◎ 宋鹏　张宜冬

摘要：老年大学的课程建设是老年大学的核心工程，是促进老年大学可持续发展的关键所在。面对知识需求量大、水平参差不齐、学习目的各不相同的老年大学学员群体，进行老年大学的课程建设分析研究势在必行。高密市老年大学课程建设成体系、有特色，通过课程创新、教学形式创新，提高了教学效果，增强了老年大学的社会影响力。

关键词：老年大学　课程建设　分析研究

“课程”作为教育术语，主要是指学科中教与学的进程。对老年大学来说，课程就是为了实现学校的教育目标而组织的一切计划、文化、经验以及学校生活的总和。老年教育课程相比传统学历教育课程有很大不同：一是课程设置目标不同；二是课程内容和结构不同；三是课程评价不同。面对知识需求量大、水平参差不齐、学习目的各不相同的老年大学学员群体，进行老年大学的课程建设分析研究势在必行。本文就以高密市老年大学为例对老年大学课程建设现状进行分析研究。

一、高密市老年大学课程建设现状

课程建设是一项涉及课程规划与设置、课程目标与内容、课程实施与评价等多方面因素的系统工程。高密市老年大学经过 18 年的创新实践，已建成了结构比较合理、门类相对完整的课程体系。在此基础上，学校坚持“以学员为本”的办学理念，把理论创新与教学实际相结合，根据学员的学习需求，努力使课程结构更为优化，科目设计更加符合老年大学学员的兴趣爱好。在构建“四系两中心两学院”（书画、声乐、器乐、舞蹈健身四个教学系，老年教育理论研究中心、老年大学游学中心，非遗传承学院、乡村振兴学院）的教学管理服务体系基础上，不断丰富课程教学内容，满足不同层次老年大学学员的学习需求。

一是按需设课，课程设置多元化。按需设课，是老年大学课程设置的基本原则。目前，高密市老年大学根据学员的学习需求，开设了书画、声乐、器乐、舞蹈健身四大类（系）33 个专业，74 个教学班级。其中书画类开设书法、素描、国画、钢笔画等课程；声乐类开设合唱、茂腔（国家级非物质文化遗产）等课程；器乐类开设键盘、民乐、口琴等课程；舞蹈类开设广场舞、民族舞、交谊舞、国标舞等课程；健身类开设太极拳（剑）、健身气功、瑜伽等课程；另外还开设摄影、照片后期制作、手机短视频拍摄、电脑及智能手机应用、保健按摩、形体与模特走秀、剪纸、插花、英语口语、经典诵读等课程。丰富的课程设置能吸引老年人眼球，使他们积极主动地走进老年大学享受教育。

二是统一教材，分层次设置课程。自 2014 年起，针对一些因课程教材不统一、缺乏系统性而导致的重复教学的情况，学校在充分调研的基础上统一教材，进行了分层次课程设置。规定老学员可以自然升班，新学员只能从零基础或初级班开始报名，规范了教学秩序，统一了教学进度。如：书法班从原来的楷书班和隶书班细分为楷（隶）书初级、中级、高级班，增设了魏碑、行书班；国画班细分为人物画、花鸟画、山水画班；对钢琴、电子琴、二胡、古筝等器乐班实行“一揽子”教学，实现了从零基础到初、中、高的分级制；舞蹈班细化为广场舞、民族舞、交谊舞、国标舞等班；另外瑜伽、英语口语等教学班均细分为对应的初级班、中级班。

三是与时俱进，积极开发新课程。近几年，高密市老年大学注重课程设置的时代性、趣味性，加大了对应用知识类课程的开发力度，使大批老年大学学员通过学习老年教育课程，在提高自身文化、陶冶情操的基础上，与时代同发展、与年轻人共进步，努力超越自我。如：学校根据老年人健康保健需求，开设了保健按摩班；为满足摄影爱好者更高层次的需求，增设了照片后期制作班，随后又增设了手机短视频拍摄班；为满足口琴爱好者的学习需求，开设了复音口琴班；为教老年大学学员学习使用微信、淘宝等手机软件应用，开设了智能手机班；还新增了英语口语、经典诵读、形体艺术等课程。

四是按纲施教，落实课程计划。学校组织全体教师结合实际课程开设情况，按照不同学科的特点与学制，编制形成了学校全部课程的教学大纲，就每门学科的教学目标、学时学制、教学内容等做出明确规定并公布，让全体学员明确自己所选学科的教学目标和内容，一定程度上克服了教师教学行为的随意性，保证了课程教学的规范性。教务处要求各科教师依据本学科教学大纲，制订具体的学期教学计划，于每学期开学前上报教务处。教师必须依据学期教学计划明确授课目标和内容，认真备课、规范上课，按时完成教学任务。学校每学期组织一次全面听课，对课堂教学情况进行评价，并以问卷调查的方式征求学员意见，保证课程教学计划的实施和课程教学质量。

二、当前老年大学课程建设存在的问题与制约因素

一是课程规划缺乏专业性指导，在课程设置上有一定的随意性。课程规划主要依赖于教学大纲的编制。而教学大纲的编制，不仅要有一支具备深厚专业知识和课程领导力的团队，还要有擅长课程开发的教师，同时还要邀请课程专家做好指导。但就目前而言，

以上三个条件均较为缺乏。高密市老年大学组织全体教师结合实际课程开设情况，按照不同学科的特点与学制，编制形成了学校全部课程的教学大纲并予以公布和实施，学员对此满意度较高。然而，学校的这支兼职教师队伍虽然能力较为出色，但相对流动性较大，服务时间不够稳定，缺乏激励机制因而积极性不高。再者，地处县级市区域的老年大学要邀请课程专家前来指导也很不容易。因此，学校教学大纲的编制在一定程度上缺乏专业性指导。

二是课程目标局限于需求，缺少层次性、实践性和创新性。现阶段学校单纯依据学员生理健康需求、心理健康需求、适应社会需求设立课程目标，不能完全保证课程目标的科学性和合理性。同时，在课程内容选择与组织上由于受办学条件和招生报名人数等因素制约，内容设置仍然缺少层次性；有的课程虽然针对不同水平的老年大学学员简单地分成了初级、中级、高级班，但没有在课程内容的层次性上狠下功夫；有的课程由于教师教学特点以及设备限制，在课程内容安排上还是以理论为主，实践较少；有的课程创新力度不够，教师习惯机械地按照教学大纲安排教学，授课内容多年不变，教材教案长期不更换，教授的知识不能跟上时代发展和学员实际需要。

三是课程实施条件不够完善，缺乏实施主体性，评价主体不够多元化。高密市老年大学外聘教师主要是退休教师、在职教师、社会专家人士等，这些教师都有一定的教学水平，在高密市是相关专业拔尖人才，学员对教师满意度都比较高，然而仍存在一定问题。首先，学校教师皆为外聘，因管理体制制约无在编专职教师。这就造成了教师队伍的不稳定，有的外聘在职教师还经常因本职工作请假缺课，从而影响老年大学的教学计划。其次，教师考核机制不够严格规范。由于学校教师都是外聘教师且薪资水平也不高，相应的规范性考核很难落实。再次，评价主体缺失和错位。高密市老年大学课程评价主体一般是领导和学员，受体制和师资条件等因素制约，缺少教师自评和互评环节。所以，在课程评价方面，评价主体不够多元化仍然是制约老年大学课程建设的因素之一。

三、完善老年大学课程建设策略

（一）课程规划与设置

老年大学课程规划与设置要科学。老年大学课程规划与设置的依据：一是老年大学学员需求，离开老年大学学员需求只是根据设施设备条件而规划设置的课程是不能引起老年人参与兴趣的。二是社会对老年人的需求，老年人是社会群体的重要组成部分，其学习内容也要与社会其他群体的发展相契合，这体现出老年教育课程规划与设置的社会属性。只有把课程规划与设置同学员需求、社会需求有机结合起来，课程实施才能有生命力、说服力，最终使学员达到学以致用的目的。三是课程规划与设置必须满足老年教育学科自身发展的需要，处理好学科自身发展问题。只有树立科学规划与设置老年大学课程的理念，按照依据规划与设置课程，老年大学课程才能保持活力与生命力。

（二）课程目标与内容

1. 课程目标来源要体现多元性。课程目标来源主要有学员自身需要、当代社会生活需要和学科自身发展需求三个方面，在确立课程目标时，我们应该全面考虑这三个方面以达到一种平衡，不能太过于偏重其中任何一方面，如果只考虑学员需求，就会使课程的科学性、连贯性和系统性都受到影响。课程目标的确立主体不应该只是教师个人，而应该召集更多人员参于讨论。老年大学教师的来源是多层面的，有的可能专业化很强，而在教育教学方面却涉猎不深，即使教师接受过专业教育学教育，但仅凭个人力量来了解学员、社会和学科需求依然存在难度。

2. 课程内容安排要体现多层次及多样性。课程内容安排要有层次性，应设立不同层次的课程内容让老年人可以循序渐进地学习，让各个层次的学员都能达到自己的学习标准。课程内容安排还应呈现多样化，要考虑学员的需求和特点，设立一些除了常规的艺、技、文之外的能够有效指导学员老年生活的课程内容。例如开设时事政治、法律法规、老龄政策等必修课；针对退休前后的老年人，开设退休适应类课程；针对年龄较大的老年人，开设引导老年人坦然面对人生的课程。另外，还要进一步追求特色，根据地域发展，多开设具有地方特色的校本课程，这样既能引发老年大学学员的学习兴趣、增强他们对家乡的热爱和归属感，也能打造一张对外宣传的很好的名片。

（三）课程实施与评价

1. 完善课程实施条件。进一步加大资金投入，确保课程实施质量。学校应加大资金投入，寻求政府支持，同时整合各方资源，共同助力老年大学的发展，确保老年大学课程实施质量。加强师资管理，尝试建立专职教师队伍与兼职教师队伍互相补充的教师队伍建设机制。严格教师培训与考核，在做好老年教育通识培训的同时，整合社会资源做好教师专业培训，建立老年大学教师培训体系，支持教师在职进修培训，鼓励教师不断提高业务水平和创新能力，推动老年教育教师的专业化发展。要选用符合老年大学学员学习特点的教材，在教材的选择和安排上切实考虑不同年龄段老年大学学员的愿望、兴趣、爱好，坚持生动性与新颖性并存，在选购教材的同时，可以组织有关专家、骨干教师编写体现老年大学特色的教材。

2. 课程实施要体现主体性。学校的所有课程教学，都要改变以往“满堂灌”的教学模式，将课程实施引向老年大学学员的自我完善。要体现学员主体性，发挥学员主观能动性，完成由教导模式向对话模式的转变。要充分重视学员的提问。提问不仅仅是为了获得正确答案，更重要的是为了更深入地挖掘问题的实质，在交流互动中使学习向纵深发展。这种新的教学关系，不仅可以加强老年大学学员与其他成员的联系，而且能让他们在接受新知识、新事物的同时享受到生活的乐趣。

3. 课程评价主体多元化。在进行课程评价时，应该多让教师、专家、社会一起来参与课程评价。要拓展学员课程评价内容。老年大学学员不仅是课程学习主体，也是课程评价主体，他们对自身学习课程后的变化最有发言权，并且老年大学以学员作为评价主体体现了老年大学以学员为本的思想，这是高密市老年大学课程评价的一大优点。但是在课程评价内容上可以进一步拓展，除了学校、教师和自我评价外，还可以进行同伴评价。在同一间教室学习的老年大学学员彼此间比较了解，同伴评价相对于外部人员评价，更易于被老年大学学员接受，且同伴评价较外部评价更为真实，还可以促进老年大学学员之间相互学习、相互欣赏，拉近彼此的距离。教师是课程的主要参与者与教授者，作为最了解老年大学课程的人，他们理应成为老年大学课程评价的核心成员。因此，学校应该组织教师、管理人员、老年大学学员、老年教育专家和社会力量，共同参与课程评价，实现课程评价主体的多元化，保证老年大学课程评价的信效度。

（宋鹏：高密市老年大学服务保障科科长 / 张宜冬：高密市老年大学教务主任兼声乐教师）

老年大学志愿服务教师考评激励体系初探

◎ 许会娟　朱素雯

摘要：随着老龄化速度的加快、老年人文化养老需求的日益增长及老年大学的快速发展，对老年大学教师素质和办学质量提出了更高的要求。重使用、轻培训与考核是老年大学教师管理中存在的突出问题，也是制约老年大学发展的“瓶颈”。本文以寿光市老年大学为例，主要从考核评价体系、激励机制构建的角度进行探索，以促进对现有状况的改善。

关键词：县级老年大学　考评激励体系　探讨

教师是立教之本、兴教之源。随着老龄化速度的加快、老年人文化养老需求的日益增长及老年大学的快速发展，出现了现有师资队伍的管理状况与学校的规范化建设不相适应的情况。寿光市老年大学立足发展实际，通过实践探索，建立了完善的志愿服务教师考评激励机制，不断吸引优秀人才、建设名师队伍，提升师资队伍的整体素质和办学质量。

寿光市老年大学校区目前有直管教师 46 名，系主任及学员党支部书记 10 名，全部为外聘志愿服务教师，平均年龄 45 岁。教师年龄结构：70—79 岁 2 名，60—69 岁 7 名，50—59 岁 5 名，40—49 岁 11 名，30—39 岁 21 名。这些教师中具有教授、副教授、中学高级教师等相应高级职称的占 20%，本科及其以上学历教师占 60%；21 位 40 岁以下的年轻教师中，有 18 位具有本科以上学历，且所学专业与任教学科一致；大专学历及以下的教师主要集中在瑜伽和太极拳类课程，但他们在本专业上具有较丰富的经验。29 处镇街分校及教学点教师共 102 名，年龄大多集中在 55 岁以上，来源主要是附近学校的退休教师及文体爱好者。

一、志愿服务教师考核评价现状分析

通过对志愿服务教师开展问卷调查和对“智慧老年大学办公系统”中志愿服务教师队伍情况进行查询，可以发现志愿服务教师的考核评价主要存在下列问题：

（一）选聘程序不规范，导致考核评价制度难以实施。问卷统计结果显示：志愿服务教师中 88.9% 是通过熟人介绍的，11.1% 是学校领导主动联系聘请的，没有人是通过公开竞聘上岗的。这是在学校发展初期选聘程序不健全的情况下，由建立在“熟人关系”“朋友模式”基础上的临时性选聘方式导致的。因为缺乏正式的选聘程序，考核评价结果对这些志愿服务教师影响不大，更因为各种熟人关系的存在，对他们进行考核评价也存在较大困难。

（二）志愿服务教师社会身份复杂，评价标准难以统一。现有的志愿服务教师来源及其身份比较复杂，既有京剧团、文化馆等企事业单位的退休人员和高职院校的在职教师，也有书画家协会、美术家协会、体育协会及社会培训机构的专业人员。从统计数据看，来自高职院校及社会培训机构的人员占63.73%，他们的专业背景与学校的专业设置相符合；来自书画家协会、美术家协会、体育协会及文化馆、京剧团的专业人员占36.27%，他们在知识水平、专业能力等方面较有优势。因志愿服务教师在年龄、学历及职称上存在较大差异，且不同背景的志愿服务教师在专业水平、教学经验、授课方法及时间安排等方面存在很大不同，故无法采用统一的评价标准。

（三）志愿服务教师考评制度不规范，难以做到有效评价。寿光市老年大学是寿光市委老干部局所属事业单位，与教育、老龄等部门联合力度不够，缺乏有力的制度保障。教育系统正式教师到老年大学开展志愿服务工作缺少政策支持，常常因为所在单位工作变动，导致其在老年大学教学中频繁出现调课、停课、请人代课等情况。目前，老年大学的教师都是兼职，教师外聘导致老年大学的师资队伍存在流动性强、结构不稳定等突出问题，在一定程度上影响了志愿服务教师考核评价工作的开展。

（四）激励机制不完善，志愿服务教师工作动力相对不足。志愿服务教师按课时发放任教补助，而现有补助标准较低，同时缺少行之有效的激励机制，使老年大学的吸引力下降，志愿服务教师工作动力不足。同属于舞蹈系任课教师，教师的工作量也不尽相同，比如瑜伽课程属于热门课程，老师同时教授5个班，民族舞班的老师只教1个班，教师的志愿补贴差距较大。从学校现有激励机制来讲，不同课程教师的教学补贴差距较大。对于教学效果好、责任心强且积极配合学校管理的志愿服务教师，学校缺少相应的激励机制。这种没有培养过程、缺乏沟通交流和激励机制的管理方式，不利于志愿服务教师教学的可持续发展，容易影响教师的工作积极性和教学质量。

二、志愿服务教师考核评价体系的构建

培养高素质的教师队伍，需要制定合理有效的考核评价机制，不断完善考核评价内容，提高教师教学的积极性和主动性。

（一）公开招聘志愿服务教师，建立教师后备人才库。学校通过网站、微信公众号和报纸等媒体，公开招聘志愿服务教师，建立师资后备人才库。大力实施“名师带动”工程，面向社会招聘优秀教师。2021年底，评选出首批不少于5人的名师团队，初步建立了名师库。力争在2023年底，形成一支10人左右的专兼结合、相对稳定的

名师队伍。学校按照《志愿服务教师管理办法》，对应聘者开展资质材料审查、笔试、试讲、面试等选聘程序。试讲与面试环节要求有学校领导及相关专业骨干教师的参与，综合考查其专业知识、教育教学能力、师德师风、工作态度以及对老年教育教学规律的认知水平。

（二）完善岗前培训，提高志愿服务教师的执教能力。针对不同来源、不同身份的兼职教师进行岗前培训，并在培训内容上有所侧重。对新任教师进行系统的岗前培训，让他们了解和掌握人口老龄化基本国情及发展趋势、老年教育的发展历史和现状、老年教育的目的和特点、老年大学的办学形式、学校基本情况、教师基本要求、学校规章制度等，重点培训新任教师学习思想政治、老年教育学、老年心理学等课程和老年教育教学的基本方式、方法和技能等。对于有专业背景的教师侧重授课方法和教学经验的培训，对于来自高职院校的教师侧重教学理念和课堂管理的提升，重点解决管理角色不适应、专业能力不适应、教学效果不理想等问题。

（三）多维度评价，注重过程评价和结果评价相结合。一是师德评价。把师德作为评价教师素质的第一标准。主要内容是拥护中国共产党的领导，遵守国家的法律法规和学校的规章制度；尊重学员，不拉帮结派，不歧视学员；不在校内开展任何形式的盈利活动；不做有损学校声誉的事。师德考核采取发放调查问卷、征求教学管理人员评价意见、召开学员座谈会和教师互评相结合的方式进行考核。学校将师德考核结果作为评先树优、续聘解聘的首要依据。二是课堂教学评价。开展“三课一会”活动，每学期开设推门课、公开课、观摩课和评课研讨会“三课一会”，由教学科负责牵头组织，将全体教师纳入活动范围。推门课主要是面向首次到老年大学任教的教师，从备课上课情况、教学方法合理度、教学目标完成情况来评价。专业教师至少举行一次公开课，主要从教学过程实施、课堂互动效果、教学重难点分析来评价。专业名师至少举行一次观摩课，主要从课堂设计理念、教学方法创新和学员个性化研究来评价。校领导、教学科及各系主任、专业教师参与“三课”并及时召开评课研讨会，进行课堂点评和打分。通过教学研讨会交流教学经验，改进教学方法，提高教学质量。三是教学项目评价。主要从教学计划的制订与实施、备课、教材选用、教学满意度测评、教研活动及成果、教学活动成果展示6个项目进行考核。教学计划制订并实施项目——按照教学大纲制订教学计划，按时到岗授课；备课项目——每节课有翔实的备课记录，备课质量高；教材选用项目——使用固定教材或编撰校本教材、讲义授课，教材内容适合学员；教学满意度测评项目——学员对课堂进行教学满意度测评；教研活动及成果项目——撰写调研论文、上公开课、参加学校组织的教学研讨会情况；教学活动成果展示项目——参与学校组织的各项展演活动的节目质量、次数。每学年末对以上考核项目进行量化打分。

三、构建基于考核评价的激励机制

为了进一步调动志愿服务教师的积极性和工作热情，要提高教师的待遇和社会地位，以考核评价结果为导向，建立健全激励机制。

（一）教龄津贴及绩效奖励。寿光市老年大学制定实施《志愿服务教师费用补贴办法》，发放教龄津贴，鼓励优秀教师留下来长期任教。教龄津贴按学年发放，每学年末一次性发放。从教师连续任教满两学年开始发放教龄津贴，按照教龄长短进行教学激励。对师德评价、课堂教学评价和教学过程评价进行综合量化，划分为优秀、良好、合格、不合格四个等级，并结合学校实际情况分别发放有区别的绩效奖励，不合格的无绩效奖励。

（二）评先选优。对于经考核确定为优秀的教师，除了给予其较高的绩效奖励之外，学校还会颁发优秀志愿服务教师荣誉证书，充分利用学校宣传栏、微信公众号、校报、网站广泛宣传，并积极推荐其申报省市老年大学名师、“长者有为·时代先锋”优秀个人、“寿光市文化之星”等荣誉称号，提高教师的社会知名度，增强教师的获得感、成就感、荣誉感。成立“寿光市老年大学名师工作室”，引导名师发挥示范引领作用，带动身边教师参与课题研究和教学改革，互学共进、共同发展。

（许会娟：寿光市老年大学教学科科长 / 朱素雯：寿光市老年大学综合科副科长）

【参考文献】

[1] 王继华：《360° 考核法下民办高职院校教师激励机制构建研究》，《经济研究导刊》2020 年第 21 期。

[2] 张静：《民办高校教师激励机制创新研究》，《黑龙江科学》2020 年第 12 期。

[3] 李俊祥、 啜丽敏：《抓品牌专业 树教师榜样》，《老年教育（老年大学）》2020 年第 26 期。

[4] 李新民：《加强教师队伍建设点滴谈》，《老年教育（老年大学）》2018 年第 7 期。

[5] 仰艳平：《独立学院兼职教师考评与激励机制构建》，《产业与科技论坛》2020 年第 19 期。

办学理念对老年大学办学实践的重要意义

◎ 赵志满　刘廷欣

摘要： 办学理念对一个学校来说至关重要，对基层老年大学的发展也起着重要的指导作用。诸城市老年大学在管理与教学实践中，结合广大中老年学员的自身实际，以老年大学办学理念为指导，在专业选择、教学环节、学习场景设计上进行创新，让党员的个性特点得到充分发展，取得了丰硕的成果，真正实现老有所学、老有所乐、老有所为的教学目的。

关键词： 办学理念　引领　办学实践　探索

办学理念对基层老年大学的发展起着至关重要的指导作用。科学合理的办学理念有助于推动学校的特色发展。在老年大学的办学实践中，应重视和突出办学理念的引领作用。

一、办学理念的内涵及诸城市老年大学的办学理念

（一）办学理念的内涵。办学理念是学校教育的精髓，是学校自主构建起来的总体的办学指导思想。它能够反映一所学校长期形成的特点、办学特色和人文追求方面的文化底蕴，指导学校的办学方向，定位学校的品牌形象，以一种文化氛围、一种价值期望、一种理性目标的形式陶冶师生。良好的、先进的办学理念是一面旗帜，对内是凝聚力、向心力，对外是核心竞争力和品牌影响力。因此，许多人把办学理念视为学校发展的灵魂和命脉。

（二）学校的办学理念。老年教育的目的是充实老年人的精神世界、提高晚年生活质量、促进老年人自我完善与发展。对于老年大学学员来说，工作竞争压力已经不存在，劳动技能的提高和学位文凭的获得也无太大意义，他们更关注的是晚年闲暇时间的利用、生活的丰富充实。

诸城市老年大学成立于 2001 年 8 月，一直本着“走进老年大学　再塑青春梦想”的办学理念，重视老年人的个体差异和智能特点，努力满足老年大学学员多方面的学习需求和精神文化生活需求，力争把老年大学办成老年人的精神家园，让老年人在这里重拾自己的爱好，再塑青春梦想。

二、在办学理念指导下的办学实践

在管理与教学实践中，学校结合广大中老年学员的自身实际情况，以老年大学办学

理念为指导，在专业选择、教学环节、学习场景设计上，充分考虑老年大学学员的特点，让他们的个性得到充分发展。

（一）全面了解学员的特点，帮助学员合理选择专业。每位老年大学学员都有自己的特点，都是可以培养的。老年大学学员在学习专业的选择上，大多很迷茫。什么专业是比较适合自己的，这是老年大学学员进入老年大学学习必须首先要搞清楚的一个问题。为此，学校在招生环节采取了“两步走”策略。首先，在招生专业的设置上，学校充分征求学员的意见和建议，尊重学员的学习意愿和需求。其次，在招生过程上，学校充分发挥专业教师及部分学员骨干的作用，让他们参与招生环节，通过考试、谈话等形式充分了解每位学员的情况，帮助他们选择适合自身的专业课程。

（二）善于发现学员的强项，帮助学员调整所学专业。在人才观上，学校认为几乎每个人都是聪明的，但聪明的范畴和性质存在差异。“天生我材必有用”，老年大学学员的差异性不应该成为教育上的负担，要用欣赏和发现的目光去看待学员，认识到每位学员都是可塑之才。

倡导专业教师在教学过程中做“有心人”，从学员的日常行为中去发现，从学员的学习经历中去发现，从与学员的日常交流中去发现，从学员的作业及活动表现中去了解每一个学员的个性特点、兴趣爱好、智能强项等，从而确定该学员是否适合该专业课程的学习，是否能在学业上取得一定的成果。若发现某些学员确实不适合该专业的学习，在充分了解该学员的前提下，可帮助学员选择更适合的专业课程，这样才有利于学员的个性发展。

（三）采用多元教学方法，调节教学行为。在教学方法上，学校强调应该根据每位学员的优势选择最适合学员的方法，考虑个体差异，因材施教。在教学中，根据学员的差异，运用多样化的教学模式，促进学员潜能的开发。

一是要了解学员，采取不同的教学方式。因经历、年龄等方面的差异，每个学员的性格、心理特点和接受能力都有所不同。在教学实践中，任课教师要全面了解学生的心理特点，采取不同的教育方式和方法：有的学员自尊心很强，内心很脆弱，要采取委婉的教育方式；有的学员性格开朗，要采取直接的教育方式；有的学员受到打击后容易消沉，教师就要不断鼓励，给他以动力等。尽管教无定法，但教师只有在对学员充分了解的前提下，才能真正做到因材施教。

二是要转变观念，调节自己的教学行为。教师备课、上课，不应该仅仅是为了完成教学大纲的要求，而是应该关注、尊重学员的兴趣爱好和特点特长，并依此不断创新教学模式，给学员以自由发展的空间。在诸城市老年大学，各具特色的教学方法受到学员的普遍欢迎。比如，楷书班的“评、导、练”三步教学法，摄影班的多维教学法，诗词班的参与式教学法，山水画班的写生教学法，隶篆班的“返童式”教学法，摄影后期、工笔画班的微信大课堂等。走进各班课堂，到处可见老年大学学员各显其能，学员们有的挥毫泼墨，有的弹琴放歌，有的登台演讲，有的小组切磋，虽然方式不同，但有一个共同特点，那就是人人笑逐颜开。都说爱学习的人不会老，这些快乐的学员们在老年大学内寻回了青春、找到了梦想。

（四）创设多元活动场景，让每位学员享受到学习的乐趣。老年教育应以技能培训为主，让每位学员都感受到参与活动的愉悦。在教学实践中，学校非常注重设置符合学员个性的多元化学习活动场景，构建符合其智能发展的学习活动，使每位参与者都能享受到学习带来的快乐。

一是用好老年大学艺术团、老年书画研究会平台。成立老年大学艺术团，积极组织学员参与庆新春广场文艺专场演出、“文明之夏”广场文艺演出、中秋晚会、重阳节主题演出等重大活动，积极参与上级相关部门组织的演出活动等。与老年书画研究会联合共事、共谋发展，联合举办书画理论专题讲座、研讨会以及送书画进社区、送文化下乡等活动，给广大书画爱好者提供了自我展示的平台，丰富了老年人的精神文化生活。

二是用好“老年大学关心下一代工作委员会”平台。发挥学员的专业所长，让学员加入关心下一代的伟大事业中，组织学员深入社区、学校，开展红色精神传承教育等活动。

三是用好“琅琊诗社”平台。依托老年大学诗词班成立“琅琊诗社”，借助采风、观看展览，以及组织举办庆祝建党、国庆等专题诗词会等活动，极大地调动了学员的创作积极性。

四是用好校报《新生代》等媒介平台。《新生代》是学校自 2015 年创办的校刊，主要开设学校要闻、师生风采、教学论坛、作品精粹等栏目，为广大师生展示风采提供了一个很好的平台；广拓渠道，鼓励学员向当地市报、上级老年教育部门主办的刊物、《中国老年报》、《老年日报》等报刊积极投稿，调动学员撰稿的积极性。

三、办学理念指导下的办学成果

在办学理论指导下，诸城市老年大学不断探索与实践，取得了丰硕的成果，真正实现让老年大学学员们老有所学、老有所乐、老有所为，得到了老年大学学员和社会各界的广泛赞誉和认可。

（一）学员获得了更多的快乐和成就。通过对办学理论的实践，让每一位老年大学学员真正找到了适合自己的专业、适合自己的学习方法，真正实现了“走进老年大学　再塑青春梦想”的愿望。电脑班学员李奎芬由于年龄较大，接受新事物的能力比其他学员要慢，曾一度失去学习电脑的兴趣。电脑班任课教师李华在教学实践中，积极探索多元智能理论与电脑教学的结合，构建了多元智能学习区，充分挖掘学员的多元智能，解决了学员在电脑学习上的困惑。近期，李奎芬兴奋地告诉我：“原来对学电脑很迷茫，觉得这对自己是可望而不可即的事情，在李老师的专业指导下，不仅学会了电脑打字，还学会了网上购物、看新闻、收发电子邮件、视频聊天等，享受到了现代科技的诸多便利。”工笔画班学员陈思新，刚来时想要报名声乐班，但经过智能测评，学校认为她不太适合学习声乐，后来，学校引导她报名了工笔画班。通过两年来的专业学习，她的工笔绘画水平小有成效。她激动地跟我们说：“多亏老年大学推行的办学理念，让我发现了自己的强项，在绘画上收获了信心和快乐。”

（二）学员得到了更为充分的发展。学校坚持教学和社会活动相结合，在搞好课堂教学的基础上，积极开展多种形式的活动，如文艺演出、送艺下乡、书画展览与交流、关心下一代等。学员在“学习新知识、掌握新技能、结识新朋友”的理念指导下，积极参加班级和社会活动，在活动中交流沟通，专业技能得到了很大的提升。在潍坊市首届离退休干部艺术节中，学校的京剧表演《故乡是北京》荣获一等奖，舞蹈《永恒的歌谣》荣获二等奖。同时，在其他评选中，学校取得了书画类一等奖 1 人、二等奖 1 人、三等奖 3 人、优秀奖 6 人，摄影类一等奖 1 人、三等奖 1 人的好成绩。这充分展示了学校在办学理念指导下的办学成果，更反映了老年大学学员在专业技能方面得到了提升。

（三）进一步扩大了老年大学的社会影响力。在办学理念的指导下，经过多年的发展，诸城市老年大学创出了品牌，得到了社会各界的广泛赞誉，成了广大老年人增长知识、交友娱乐、强身健体、丰富生活的理想场所。2021 年秋季招生，为满足广大老年人日益增长的精神文化需求，老年大学新开设了声乐合唱、形体时装、篆刻、瑜伽等专业。招收学员 40 人的班级，现场报名人数接近 300 人。另外，声乐、健身、楷书、工笔、交谊舞、民族舞等传统专业也受到了极大关注。这充分反映出老年大学的社会影响力得到了很大提升。

目前，诸城市举办的众多老年社团活动，很多都是由老年大学的学员唱主角。在全市举办的各种各样的节日活动中，都能看到老年大学学员的身影。每年的诸城市春节联欢晚会上，老年大学的节目都是必不可少的重头戏。每年的“庆新春”广场文艺演出、“文明之夏”广场文艺演出，老年大学专场最吸引眼球。老年大学艺术团的学员演员们用不同的艺术形式，充分展示了当代老年人积极向上的精神风貌，丰富活跃了诸城市社会文化生活，得到了市领导和社会各界的高度评价。

总之，办学成果的取得，得益于学校在办学理念指导下的实践与探索。在今后的办学实践中，学校将更加注重领会办学理念的深刻内涵，在应用与实践过程中不断丰富完善，真正把老年大学办成广大老年人的精神文化家园，开创老年教育的美好明天。

（赵志满：诸城市老年大学校长 / 刘廷欣：诸城市老年大学教务副校长）

老年大学合作办学模式与机制探究

——以济宁老年大学、济宁市文化馆合作办学为例

◎ 李俊彤

摘要：随着人口老龄化速度的加快，老年人对老年教育的需求呈现爆炸性增长。中老年人日益增长的学习需求同老年大学数量的相对稀少成了一个矛盾点，因此，拓展老年大学发展路径，加强同文化部门的合作，实现社会资源优势互补，探索老年大学合作办学模式成为解决供求矛盾的重要渠道。

关键词：老龄化　合作办学　供求矛盾

一、山东老年教育发展现状

当前我国老龄化程度日益加剧，提升老年人生活质量成为重要的时代课题。老年大学作为老年人精神文化生活建设的主阵地，将会发挥越来越重要的作用。

（一）老年大学发展历史

山东老年大学创办于 1983 年，是伴随着干部离退休制度的建立而开办的全国第一所老年大学。随后，山东各地市创立了自己的老年大学。比如济宁老年大学，创建于 1988 年，为济宁市委老干部局所属正处级一类事业单位。作为济宁老年人文化生活的主阵地，济宁老年大学在相当长的一段时间内为提升老年人文化修养、丰富老年人精神世界做出了重要贡献。

（二）面临的现实问题

伴随着计划经济发展开办的老年大学也有其弊端，如受众范围过窄，社会上仍然存在老年大学只面向离退休党员干部开放的现象；再如优秀教师资源稀缺，老年大学自身往往没有教师资源，大多数教师是学校自主聘请的教师，同时缺乏严格准入制度，教师待遇偏低。就拿济宁老年大学来说，目前教师的工资待遇经过调整后可分为三档，高级职称教师 150 元一课时，中级职称教师 120 元一课时，初级职称教师 100 元一课时。经过学校调研，声乐课程在社会上的课时费可以达到 200 元一课时，钢琴等器乐课程可以达到 300—500 元一课时，与社会上教师授课收入的平均水平相比，当前老年大学授课待遇仍然偏低。同时，老年大学聘请的教师往往还会在社会上有其他兼职，无法将老年大学教学工作作为主业去经营，老年大学师资力量薄弱的现象依然严重。

针对上述问题，合作办学成为破解当前老年大学困境的一种新方式。

二、与文化部门合作办学模式的开展

山东省文化厅和山东省委老干部局联合印发的《关于在全省公共文化服务机构建设老年大学艺术分校的通知》（以下简称《通知》）指出，开办老年大学艺术分校要以中央和省有关文件精神为指导，以扩大老年教育供给为重点，发挥老年大学的示范带动作用，统筹老年大学与公共文化服务机构的经验优势、资源优势，为推进老年教育事业发展做出积极贡献。《通知》对经费投入等事项进行了明确，指出各地应坚持资源共享、集约使用的原则，充分利用现有的各类公共文化服务场所和设施，为老年大学艺术分校提供固定校舍，改善老年大学学员的学习环境和条件。老年大学艺术分校建设主体单位应广开渠道筹集办学资金，在保证财政资金投入的基础上，鼓励热心老年教育事业的社会团体、企事业单位、社会组织和公民个人捐资助学，积极吸引社会资金作为老年大学办学资金的有益补充。山东省文化厅要求，各地要结合实际，在培育特色课程、地方课程、教研开发、数字化校园建设、教材编写、老年大学远程教育等方面进行积极探索，不断提升老年大学艺术分校的办学质量。

在这一文件的指引下，济宁老年大学顺势而动，主动联系山东省一类公益馆——济宁市文化馆，提出合作办学的设想，并结合分校开办条件，对办学场所、经费来源、教学设施、教师队伍等内容进行了协商探讨。

三、以济宁老年大学、济宁市文化馆合作开办老年大学文化馆分校为例，分析探究合作办学模式与机制

（一）优势互补、资源共享

1. 双方沟通商定了办学方式、课程设置、学籍管理、师资配备、安全保障等事宜。济宁老年大学总校加强对老年大学文化馆分校的办学指导，为分校提供师资力量、专业管理人员的支持；济宁市文化馆提供场馆设施，配备专业教室、钢琴、桌椅、电子屏幕、多媒体教学一体机、中央空调、安全监控、电子储物箱、大字指引牌等设施设备，聘请物业公司负责卫生保洁、安全保卫，提供全方面后勤保障服务。济宁老年大学负责招生教学，统一安排教师到老年大学文化馆分校任教，并确保教学计划、教学大纲以及师资聘任、评价考核等制度均与老年大学总校保持一致，并按照统一标准收取学费，用于文化馆分校办学。文化馆的所有馆室，如有教学活动需要，经双方协商，均可调剂使用。

2. 分校力争实现教学管理特色化。分校在教材建设、课程设置、教学质量、教务管理等方面，建立了与总校相统一的制度规范。济宁市文化馆将自身活动队伍纳入济宁老年大学管理范畴，实现队伍系统化、正规化。在学员录取、培养上，济宁老年大学及文化馆分校各有侧重、相互衔接，有计划地培养社区文艺骨干，为基层老年教育输送人才。

分校还设立了声乐提高班、模特提高班等精品课程，利用设备优越、演出众多等独特优势，为老年大学学员的日常练习提供充分保障，为学员登台表演提供大力支持。

3. 济宁老年大学与济宁市文化馆建立定期联系机制，将老年大学文化馆分校建设纳入老年大学建设布局总体安排和本地区公共文化建设总体安排。制订老年大学文化馆分校发展目标和年度工作计划，成立班级党支部，组建班级管理团队，充分发挥老同志的经验优势和管理才能，实现自主管理、自我服务。同时，综合利用老年大学教学管理系统和学校门户网站、微信公众平台等信息化渠道，实现咨询服务、预约报名、缴纳学费、参与活动的网络化，为老年大学学员提供快速便捷服务。建立健全年度报告、信息公开、公众监督和教学评估等各项配套管理制度。

4. 建立老年大学与文化馆分校的师资共享机制，建立完善的师资聘任、评价和考核制度。完善经费保障机制，按照当地老年大学的统一标准，确保老年大学文化馆分校建设的各项经费，并按照标准落实资金、配备设备。老年大学文化馆分校学费收缴按照老年大学标准执行，所收取资金用于老年大学文化馆分校办学。老年大学与公共文化机构联合共建老年大学文化馆分校，能有效适应老干部局工作高质量发展的需要，对扩大老年教育供给、构建现代公共文化服务体系具有十分重要的意义。

（二）“轻装”模式、多方共赢

1. 共建老年大学文化馆分校与公共文化机构免费开放任务相结合，在积极服务离退休干部学习的同时，面向社会开放，努力为更多不同年龄层次、文化程度、收入水平、健康状况的老年人提供学习机会。注重挖掘和培养文化系统的特长人才，充实基层老年大学师资队伍和群众文艺队伍。济宁老年大学（含济宁市文化馆分校）教学活动面积4000平方米，教室15间，其中三楼有教室8间，五楼有教室7间，双方共用群星剧场、艺术作品展厅等场地。2021年秋季，招收班级50个、学员1000余人，开设声乐、舞蹈、器乐、书画四大类课程。进一步拓展了全市老年教育布局，形成老城区校总部与新城区艺术分部两极带动、社区老年大学多点开花的老年教育事业发展新格局。

2. 济宁老年大学根据济宁市文化馆的特点，科学编制特色课程。以社会主义核心价值观为引领，大力弘扬优秀传统文化和时代精神，积极为学员参与经济社会活动搭建平台。突出文化馆在非遗传承、舞蹈、书画等方面的优势和文化馆馆员深厚的文化素养，为教师任教提供便利，现已开设剪纸、舞蹈等课程，并邀请专业教师任教。同时，发挥老年大学学员的经验优势和作用，引导老年大学学员老有所学、老有所乐、老有所为，推动济宁老年大学学员形成积极向上的精神追求和健康文明的生活方式。

3. 合力开展精品课程探索，举办优质讲座。济宁老年大学利用自身传播平台大、老年受众群体多的特点，利用文化馆的现代化场地，举办名家专题讲座。如邀请著名散文家李木生先生到市文化馆进行了“写作方法、写作技巧”专题授课，取得了良好的社会反响和文化效益。学校积极邀请市文化馆“非遗大讲堂”的名家来校举办讲座交流活动，实现优势互补，为济宁市的文化繁荣和老年人精神文明生活的提升起到了助推作用。

（三）解决方案、破题之笔

当前老年教育普遍存在人员编制短缺、财政投入不足这两大难题。第一个问题，人员编制短缺问题。以济宁老年大学为例，当前在编人员仅 18 人，而文化馆分校只由一人负责管理班级 50 个、学员 1000 余人。因此，该工作人员需身兼数职，既要管理又要服务，难免顾此失彼。第二个问题，费用支出问题。随着疫情防控常态化，政府工作报告指出：财政支出要相应大幅缩减，针对老年大学的财政补助也大幅减少。以济宁老年大学文化馆分校为例，声乐、舞蹈等大类专业一学期学费平均 100 元，一学年学费 200 元。以收费最高的钢琴专业为例，一学期收费为 300 元，一学年为 600 元。一学期共 16 节课，每节课两小时纯授课时间，相比社会上同期钢琴课一小时数百元的收费，极具公益性。因此，以课程费用承担学校支出的设想并不成立，而政府财政拨款的减少也制约着老年大学分校的发展。例如，文化馆分校冬季需要使用石墨烯供暖、书法绘画班需要批量采购专用书法投影设备，还有最基本的课桌、教学设备、物业管理等，这些都需要不断投入保障资金。

济宁老年大学为破解这些问题，探索提出了一些新思维、新方法。一是在优秀学员中选择责任心强、思想境界高的学员担任班长职务，兼任老年大学学员管理人员。在疫情防控期间，学校面对开学压力大的情况，选拔两名班长进行辅助性工作，极大地缓解了工作人员的压力。下一步，学校将统筹考虑，通过优秀人才选拔等方式向文化馆分校派驻人员，探索建立班委会用来实现学员自治，从根本上解决管理人员力量不足这一难题。二是文化馆分校由老年大学总校派驻人员管理，场地、课桌、教学设备等由济宁市文化馆提供，物业、保洁、停车管理等由济宁城市投资发展公司负责，形成了三方共管的局面。济宁老年大学、济宁市文化馆在人员配备、管理服务上有丰富的经验，城投发展公司作为实力雄厚的国资企业有丰富的运营管理、日常维护的经验。三方充分利用自身优势强强联合，对老年大学来说实现了自身管理优势最大化，避免了大量的财政支出，使管理人员精力可以更好地集中到提高教学质量和开发特色课程上来。对济宁市文化馆来说，通过老年大学这一平台，为“非物质文化遗产”论坛、文化馆群星剧场演出实现了引流。对城投管理方来说，文化馆人气的增加和人流量的大幅增长，实现了其社会效益的提升。

这种多方互利共赢的合作办学模式，为老年大学分校建设提供了一种新思路。

（李俊彤：济宁老年大学教务部副科长）

老年大学学员体育健身类课程需求研究

——以邹城市老年大学龙山路校区调查为例

◎ 何风洋

摘要：本文通过对邹城市老年大学（龙山路校区）学员体育健身类课程需求展开调查，得出如下结论。

1. 邹城市老年大学学员人口特征：学员男女比例约为 1 ∶ 4；年龄在 50—60 岁这一区间为主；学历层次主要分布于高中、大学学历阶段；身体状况整体良好，学员能够认识到体育健身的价值，自主参与体育健身。

2. 邹城市老年大学学员体育健身课程需求分析：九成以上的老年大学学员明确表示需要体育健身类课程，且需求程度较高；多数老年大学学员希望有每周 2—3 次、每次 60 分钟左右的体育健身服务；九成以上的老年大学学员参与体育健身课程主要是出于增进健康的目的（治疗和预防疾病、保持体型、促进身体健康）；在体育健身课程类型方面，操舞类和武术类最受欢迎。

关键词：老年大学　邹城市　体育健身课程　需求研究

一、研究目的与意义

随着年龄的增长，老年人的身体出现了功能性退化，专业科学的体育健身课程对于延缓老年人身体功能性退化具有十分重要的作用。老年大学是以中老年人为主要服务对象的政府公益机构，有必要开展好体育健身课程，引导老年人选择适合自己的健身课程，科学地进行体育健身锻炼。邹城市人民政府拨款 8000 余万元建设老年大学，完善老年教育设施，满足广大学员需求。本文通过对邹城市老年大学学员的人口学特征和体育健身需求进行分析，深入调研邹城市老年大学学员体育健身需求的特征，为管理部门制定针对中老年人的体育健身服务政策提供了依据，为老年大学开设相关课程、更好满足老年大学学员的需求提供了参考。在学术方面，针对老年大学学员体育健身需求进行系统分析，丰富了该领域的研究内容，进而为社会各界不同形式的老年人体育健身服务研究提供了现实依据和理论支撑。

二、研究对象与研究方法

（一）研究对象

本文以邹城市老年大学学员体育健身需求为研究对象，以邹城市老年大学（龙山路校区）2021 级学员作为调查对象。

（二）研究方法

文献资料法：根据研究需要，通过中国知网等数据库以老年大学、体育健身、健身需求等关键词进行检索，查阅现有的研究文献，明确当前老年大学学员体育健身的研究现状，为本研究提供理论基础。

问卷调查法：根据研究需要制作调查问卷，在邹城市老年大学（龙山路校区）进行发放，发放对象为 2021 级新生，采用现场发放、现场回收的方式。

访谈法：为深入了解邹城市老年大学学员的生活状况及其体育健身需求，获得更为全面的资料，对问卷调查情况进行补充，在老年大学对部分学员进行访谈和了解。

数理统计法：利用 SPSS22.0 等软件将收回的数据进行建库，对数据进行描述性统计。

三、结果分析

（一）邹城市老年大学学员人口学特征分析

1. 性别分析。

表 1　2021 级学员性别统计表

性别	人数	百分比（%）
男	73	21.8
女	262	78.2

如表所示，在调查的 335 名邹城市老年大学（龙山路校区）2021 级学员中，男性学员为 73 人，占学员总人数的 21.8%；女性学员为 262 人，占学员总人数的 78.2%，男女比例约为 1 ：4，女性数量远高于男性。

2. 年龄分析。

表 2　2021 级学员年龄分布统计表

年龄	人数	百分比（%）
50—59 岁	229	68.3
60—69 岁	87	26.0
70—79 岁	17	5.1
80 岁以上	2	0.6

如表所示，本次调查对象中，年龄最小的学员是 50 岁，这一年龄的设置是源于邹城

市老年大学的招生简章规定，因此没有低于50岁的学员。根据邹城市老年大学实际情况，调查设置4个年龄层次，分别为50—59岁、60—69岁、70—79岁、80岁以上。处于第一年龄层次的学员有229人，占学员总人数的68.3%；处于第二年龄层次的学员有87人，占学员总人数的26.0%；处于第三年龄层次的学员有17人，占学员总人数的5.1%；处于第四年龄层次的学员仅有2人，占学员总人数的0.6%。由以上数据可知，邹城市老年大学学员年龄主要在60周岁左右，处于刚退休或者临近退休的状态。

3. 文化程度分析。

表3 2021级学员文化程度分析表

文化程度	人数	百分比（%）
小学	1	0.3
初中	35	10.4
高中	129	38.5
大学	167	49.9
研究生及以上	3	0.9

在本次调查中，将老年大学学员的文化程度划分为5个等级，分别为：小学、初中、高中、大学、研究生及以上。如表所示，处于这5个等级的学员人数分别为：1人，占学员总人数的0.3%；35人，占学员总人数的10.4%；129人，占学员总人数的38.5%；167人，占学员总人数的49.9%；3人，占学员总人数的0.9%。

由以上数据可知，邹城市老年大学学员的文化程度相对较高，大学及以上学历的学员高达170人，占学员总人数的50.7%。值得注意的是，由于本次调研的对象大都是“60后”甚至年龄更大的学员，根据当时的历史条件，高中学历已经属于较高学历，与当今社会的高中学历具有不同的意义。高中及以上学历的学员人数为299人，占学员总人数的89.3%，说明邹城市老年大学学员的文化程度是比较高的。这也反映出了一个值得注意的问题，那就是老年大学作为一所公益性机构，所招收的学员除了身体健康原因外不受其他入学条件的限制，但是根据数据显示，学员中低学历人群少，而且农村学员数量极少，这反映出不同居住地区的老年人的精神需求存在很大差异。如何赢得农村和社区低学历老年朋友的信任，使他们享受到同样的社会公益福利；如何发挥市县老年大学的辐射带动作用，助力镇街、社区等基层老年大学教学管理步入正轨等问题，应当引起有关部门的重视。

4. 健康情况分析。

表 4 2021 级学员健康情况分析表

健康情况	人数	百分比（%）
很不健康	0	0
不太健康	2	0.6
一般	26	7.8
比较健康	109	32.5
非常健康	198	59.1

为了保证老年大学学员们的安全，也为了杜绝社会资源的浪费，邹城市老年大学不提倡自身患有疾病的老年人报名，对于一些年龄偏大、患有慢性疾病的老年人，在不影响其健康并取得家属同意的前提下，允许报名学习，尽最大努力满足更多老年人的学习要求。

正是由于邹城市老年大学对学员健康状况进行了提前筛选，所以如表所示，学员整体健康状况良好，99.4% 的学员身体健康状况处于一般及以上的状态，仅有两名学员表示身体情况不太乐观。通过访谈了解得知，这两名学员分别患有眼疾和耳疾，但是并不影响自己所报专业的学习，也不存在生命安全隐患。允许具备学习能力、没有生命安全隐患的学员报名学习，充分体现了邹城市老年大学的人性化管理理念，反映了学校以人为本、灵活多样的管理模式。

（二）邹城市老年大学学员体育健身课程需求特征分析

1. 体育健身课程需求度分析。

表 5 2021 级学员体育健身课程需求度分析表

程度	人数	百分比（%）
非常不需要	0	0
比较不需要	3	0.9
一般	18	5.4
比较需要	36	10.7
非常需要	278	83.0

如表所示：在调查的 335 名老年大学学员中，有 278 人明确表示自己对体育健身课

程是非常需要的，占学员总人数的83.0%；有36人表示对体育健身课程是比较需要的，占学员总人数的10.7%；另有18人表示一般需要，占学员总人数的5.4%；仅有3人表示比较不需要，占学员总人数的0.9%。在对这3人进行访谈后得知，这3位学员是年近80岁的高龄学员，所选专业是较为安静的绘画和书法，由于年龄和自身身体原因，认为体育健身课程不是那么重要，需求度不高。

2. 体育健身课程目的分析。

表6　2021级学员体育健身课程目的分析表

目的	人数	百分比（%）
治疗和预防疾病	65	19.4
保持体型	36	10.8
促进身体健康	188	56.1
结识好友	12	3.6
提升自我	34	10.1

如表所示：老年大学学员参与体育健身课程的主要目的在于促进身体健康，选择该选项的人数为188人，占学员总人数的56.1%；其次是治疗和预防疾病，有65人选择该选项，占学员总人数的19.4%；分别有36人、34人参与体育健身课程的目的是保持体型和提升自我，占比分别为10.8%、10.1%；有12人想要通过体育健身课程结识好友，占学员总人数的3.6%。通过以上数据可知：老年大学学员参与体育健身课程主要是出于健康的目的（治疗和预防疾病、保持体型、促进身体健康），这类人群约占调查总人数的九成，因此在今后的课程设置中也应当考虑到这一需求，注重健康教育。

3. 体育健身课程频率分析。

表7　2021级学员体育健身课程周频率分析表

次数	人数	百分比（%）
1	22	6.6
2	122	36.4
3	132	39.4
4次及以上	59	17.6

由表中的数据可知：每周进行体育健身2—3次，是绝大部分学员的选择，约占学员总人数的八成；喜欢每周进行两次体育健身的学员有122人，占学员总人数的36.4%；喜欢每周进行3次体育健身的学员有132人，占学员总人数的39.4%；喜欢每周进行1次体育健身的学员有22人，占学员总人数的6.6%，通过访谈得知该部分学员平常运动较少，甚至部分学员患有腰膝关节的慢性疾病；喜欢每周进行4次及以上体育健身的学员有59人，占学员总人数的17.6%，该部分学员大多是舞蹈班学员，平常运动量较多，有的甚至每天都参与体育健身课程。

4. 体育健身课程时长分析。

表8　2021级学员体育健身课程时长分析表

时长	人数	百分比（%）
30分钟以内	68	20.3
31—60分钟	201	60.0
61—90分钟	66	19.7
91—120分钟	0	0

老年群体有其自身的特殊性，与青年相比，老年人的运动强度不宜过大、运动时长不宜过长，老年大学的体育健身课程应本着促进健康、延缓衰老的目的为老年大学学员提供专业服务。表中的数据也直接反映出老年大学学员运动时间不宜过长的情况。如表所示：60.0%的学员表示自己体育健身的时间在半小时至一小时左右；20.3%的学员认为时间应该控制在30分钟以内；也有一些精力充沛的老年大学学员认为，运动时间可以达到一小时至一个半小时。总体而言，老年大学学员最佳的运动时长是半小时至一小时左右。

5. 体育健身类型分析。

表9　学员体育健身课程类型分析表

类型	人数	百分比（%）
操舞类（健身操、广场舞）	136	40.6
球类（门球、乒乓球、足篮排等）	46	13.7
武术类（八段锦、太极拳等）	98	29.3
健身器械类（跑步机、杠铃等）	55	16.4

由表中的数据可知：操舞类项目最受老年大学学员的青睐，有136人选择该选项，占学员总人数的40.6%；其次是武术类项目，选择人数为98人，占学员总人数的29.3%；选择健身器械类和球类项目的人数相当，分别为55人、46人，占比分别为16.4%、13.7%，通过访谈得知，球类项目中最受欢迎的是乒乓球。

四、结论与建议

（一）结论

邹城市老年大学学员以女性为主，男女比例约为1∶4；从年龄层次上看，60岁左右的学员是主力军；邹城市老年大学学员的文化程度相对较高，近半数的学员学历在大学及以上，高中及以上学历的学员近九成；学员整体健康状况良好，无不适合学习的疾病，不存在生命安全隐患。

在接受调查的老年大学学员中，超九成的老年大学学员表示自己需要体育健身；老年大学学员参与体育健身课程主要是出于健康考虑（治疗和预防疾病、保持体型、促进身体健康），这类人群约占调查总人数的90%；在体育健身频率和时长方面，大部分学员倾向于每周3次左右，每次60分钟左右；关于体育健身课程的类型，学员的喜好以操舞类和武术类为主，除此以外，乒乓球运动也受到部分学员的青睐。

（二）建议

扩大现有教室数量，增加学员招收数量，满足广大老年人入校学习的需求；增设种类齐全的体育健身课程，招聘体育专业的教师，提供专业的体育健身指导服务；注重发挥老年大学主体功能，向偏远乡村地区进行辐射，进一步促进社会老年教育公平。

（何风洋：邹城市老年大学教研室负责人）

关于选好老年心理健康教育课程建设切入点的研究

◎ 马娟

摘要： 目前，我国老年大学严重缺乏老年心理健康教育课程。其主要原因在于，相关学习需求不足、师资力量弱、认识存在偏差。心理健康教育的特点是隐形、全面、创新，老年心理健康教育课程倾向于建成活动课程、综合课程、校本课程。选择游戏活动、诗文诵读、记忆训练作为老年心理健康教育课程建设的切入点，既有理论依据，又有现实可能性。

关键词： 老年心理健康　课程建设　游戏活动　诗文诵读　记忆训练

《老年教育发展规划（2016—2020 年）》明确要求，“丰富老年教育内容”即“积极开展老年人思想道德、科学文化、养生保健、心理健康、职业技能、法律法规、家庭理财、闲暇生活、代际沟通、生命尊严等方面的教育”。目前，我国的老年大学课程建设严重缺乏老年心理健康、生命教育等方面的课程。造成这一现状的原因是什么，又需要怎样的对策呢?

一、缺乏老年心理健康教育课程的主要原因

缺乏老年心理健康教育课程的原因是多方面的，最主要的有以下三点：

（一）老年大学学员对心理健康教育课程认识不足。心理学知识在我国公众中的普及率偏低，大多数老年大学学员在过去的学习、工作、生活中没有接触过心理健康教育课程，或者对其存在不准确的认识，认为有心理疾病的人才需要学习该课程，致使在老年大学调研课程设置时，没有发现明显的相关学习需求。

（二）老年大学缺乏心理学专业师资力量。由于管理体制的原因，老年大学的师资力量结构不合理，以退休人员、体制外有专长人员为主，待遇不高、发展前景不明朗，师资队伍流动性强、稳定性差，加之设有心理学专业的高校偏少，心理学专业毕业生总量偏少，导致老年大学心理学专业师资力量缺失。

（三）对老年心理健康教育课程的认识存在偏差。老年大学管理人员对老年心理健康教育课程的认识存在偏差，过度强调理论性、专业性以及专业师资和设施设备，认为只有引进一批心理学专业硕士、博士作为师资，并且满足了建设心理实验室及咨询室、购置专业设备软件等教学条件时才能设课。

二、心理健康教育应当具备的特点

心理健康教育的特点，对老年心理健康教育课程的建设有直接影响。

（一）心理健康教育应当是隐形的教育。人的身体处于最佳状态的时候，几乎感觉不到身体的存在，感觉到的是轻松舒适；心理处于最佳状态的时候，也几乎感觉不到心理的存在，可以毫无阻碍地学习、工作、生活。基于此，心理健康教育就有了明确的发展方向。在最初阶段，可以大力宣传心理健康知识，开展心理健康状况普测，为开展心理健康教育造势，推出“心理健康教育月”“心理健康工程”等项目。随着心理健康教育的深入开展，应当追求“静水流深”“润物无声”的最佳效果，逐渐使之成为一种隐形的教育，减少因高调外露对相关群体和个体产生的消极暗示及负面影响。

（二）心理健康教育应当是全面的教育。心理健康的人，身心是协调发展的，可以摆正位置，面对现实，拥有目标，积极进取，高效率地学习、工作、生活。基于此，心理健康教育应当帮助学员提高心理健康水平、增强心理素质、开发自身潜能，从而使学员融入全面发展的教育之中。心理健康教育应成为一种全面的教育：“面向全体”——全体学员都是心育对象；“全员参与”——教师、家人以及社会有关人士都应参与心育工作；“全程渗透”——涉及学员学习生活的一切时间和空间都要渗透心育内容。

（三）心理健康教育应当是创新的教育。生活中遇到的问题，起因不止一个，解决问题的办法也不止一个。“一条道走到黑”“不撞南墙不回头”，说的都是缺乏灵活性、变通性的人。心理健康的人，是头脑灵活的人，能复杂地看问题、简单地做事情，相信“条条大道通罗马”，可以“一计不成，又生一计”。基于此，心理健康教育应当是创新的教育：因地制宜、因材施教，内容丰富、方法多样，精益求精、不断完善。

三、老年心理健康教育课程的性质定位

教育学教科书中对课程类型的划分是：学科课程与活动课程；核心课程与综合课程；国家课程与校本课程。老年心理健康教育课程的性质定位有其特殊性。

（一）老年心理健康教育课程倾向于建成活动课程。学科课程与活动课程有明显区别：从目的上讲，学科课程主要是向学生传递人类长期创造和积累起来的种族经验精华，活动课程则主要是让学生获得包括直接经验和直接感知的新信息在内的个体教育性经验；从编排方式上讲，学科课程重视学科知识逻辑的系统性，活动课程则强调各种有教育意义的活动的系统性；从教学方式上讲，学科课程主要是以教师为主导去讲解人类种族经验，而活动课程主要以学生自主的实践交往为主获取直接经验；在课程评价方面，学科课程强调终结性评价，侧重考查学生学习的结果，而活动课程重视过程性评价，侧重考查学生学习的过程。老年心理健康教育课程，倾向于建成活动课程。

（二）老年心理健康教育课程倾向于建成综合课程。核心课程是更加重要的，对学生发展具有更直接意义的，是所有学生都要长期学习的课程。如我国基础教育中的语文、数学、英语。综合课程又称广域课程、统合课程、合成课程，坚持知识统一性的观点，贴近社会现实和实际生活。老年心理健康教育课程，倾向于建成综合课程。

（三）老年心理健康教育课程倾向于建成校本课程。国家课程也称国家统一课程，它是自上而下由政府负责编制、实施和评价的课程，具有权威性、统一性、强制性的特点。校本课程是由学校的教师编制、实施和评价的课程，它更能体现学校的办学特色，更能有效利用学校的现有资源。老年心理健康教育课程，倾向于建成校本课程。

四、游戏活动、诗文诵读、记忆训练的心育功能

游戏活动、诗文诵读、记忆训练之所以能纳入老年心理健康教育课程，是因为它们具有强大、集中的心育功能，可以为老年心理健康教育课程建设提供理论依据。

（一）游戏活动的心育功能。游戏活动能够健身怡心，促进身心的协调发展，这就是它的心育功能。以中国象棋为例，常下中国象棋，能强化人的角色意识——棋子和棋盘的结构，印证了角色与位置的重要性；常下中国象棋，能强化人的规则意识——在中国象棋中，什么允许做，什么不允许做，依据的是象棋规则；常下中国象棋，能强化人的成本意识——中国象棋的新手向高手迈进，必然要经历一个学会计算得失、懂得深谋远虑的过程。借助中国象棋，不仅可以开发人的智力因素，培养人的非智力因素，还能强化人的社会意识，使人更好地融入社会。

（二）诗文诵读的心育功能。优秀的诗文具有思想性、知识性、艺术性、教育性，是深化思维、陶冶情操、开发潜能、塑造人格的绝佳素材。诗文诵读，涉及人的视觉中枢、听觉中枢、运动中枢等不同脑区的功能联动，以及音、形、意、理、情、趣等不同信息的重构整合，其心育功能直接、高效。

（三）记忆训练的心育功能。记忆训练，重点在于开发自身潜能、增强心理素质、提高心理健康水平。其目的是让学员建立明确的奋斗目标，唤起上进心、增强好胜心，培养生活情趣，避免学员因缺乏目标而导致消极度日、萎靡不振。记忆训练能让人学会发散思维，并心境平和地解决问题，能帮助个别学员改善行为固执、情绪冲动的问题。借助记忆训练，促进潜能开发，人在心理上的收获进步是全方位、多方面、受益终身的。

五、游戏活动、诗文诵读、记忆训练的丰富资源

游戏活动、诗文诵读、记忆训练为老年心理健康教育课程建设提供了现实可能性。

（一）游戏活动的丰富资源。中国人智慧、乐观、勤劳、善良，创造出许多丰富多彩的民间游戏。游戏在健身怡心、挫折教育、融洽人际关系方面能起到非常重要的作用。

随着国际交流的增多，游戏的种类成倍增加，尤其在电脑和手机普及以后，电子游戏的数量更是爆炸式激增。要想让游戏活动进入老年心理健康教育课程，还需要对游戏活动进行选择、挖掘、改造等工作，使之成为具有心育功能的游戏活动。

（二）诗文诵读的丰富资源。古往今来，各类诗文总集汗牛充栋、数不胜数。以诗文诵读作为切入点进行老年心理健康教育课程建设，是新时代老年教育的题中应有之义。诗文可分为“敬心经典”“静心文论”“净心诗词”“警心歌谣”等多种类型，将精心选编的优秀诗文纳入老年心理健康教育课程，发挥诗文诵读的心育功能。

（三）记忆训练的丰富资源。首先，记忆训练要学习关于记忆的实用知识，可以概括为“记忆一二三四五”，即重视“脑”这一物质基础；处理好“记”和“忆”这两个时段的关系；遵循“特征”“联系”“趣味”三个提高记忆效果的原则；选取“远山观牛”“胡同赶牛”“长绳串牛”“定桩拴牛”四种不同的记忆模式；掌握“形象记忆法”“怪诞记忆法”“谐音记忆法”“歌诀记忆法”“简缩记忆法”五种常用的记忆方法。其次，要在记忆数字、名称、诗文、棋谱、各科知识等的实际操作中，活学活用、熟能生巧。记忆训练的发展方向，一是实用记忆，为学习、工作、生活服务；二是竞技记忆，为参加竞赛、表演等。掌握好方法总能事半功倍。将理论与实践相结合的记忆训练纳入老年心理健康教育课程，是一项有益的探索与尝试。

进入新时代，积极老龄化背景下的老年教育，必须尽早摆脱缺乏老年心理健康教育课程的窘境。通过分析发现，建设老年心理健康教育课程的难度并不算大，需要的是发现问题、找到症结、对症下药、解决问题。只要选好切入点，巧借资源、突破阻碍、因地制宜、注重实效，就可以使老年心理健康教育课程建设实现跨越式发展。

（马娟：泰安市老年大学心理学教师）

【参考文献】

［1］谢宇：《老年教育课程体系建设策略研究》，《高等继续教育学报》2020年第4期。

［2］全国十二所重点师范大学：《教育学基础》，教育科学出版社，2002。

老年大学如何开展心理健康教育

◎ 狄会霞　范海娟

摘要：随着社会的进步和经济的发展，我国人口平均寿命逐渐延长，人口老龄化程度也日趋加深，老年人的心理健康问题越来越受到社会的关注。如何用好老年大学这个平台开展好心理健康教育，合理疏导老年人的不良情绪，帮助老年人解开心结、快乐生活，就显得至关重要。

关键词：心理健康教育　课程

人到了60岁就到了老年期，不仅身体的脏器功能逐渐老化，还会出现一系列心理问题。比如：由于社会角色的改变而产生失落感；由于丧偶、独居、离退休、人际交往减少、社会及家庭地位改变等原因产生孤独感；由于担心患病、自理能力下降，心理负担加重而产生的恐惧感；由于受到慢性疾病的困扰或者死亡威胁而产生抑郁心理、健忘等。良好的心态有益于身心健康，而糟糕的情绪则可导致心理或精神障碍，进一步影响身体健康。因此，如何用好老年大学这个平台开展好心理健康教育，合理疏导老年人的不良情绪，帮助老年人解开心结、快乐生活，就显得至关重要。

然而，当前老年大学在教育观念、教育思想、教育方式等方面存在着不足，比如重知识技能，轻人格健康；重统一要求，轻个性发展等，这些都忽视了老年人的心理健康问题。对老年大学来说，关注学员的心理健康，开设专门的心理健康教育课程，或者将心理健康教育贯穿于整个教学活动中，是当前需要推动的重要工作。

一、老年大学心理健康教育的目标

老年大学心理健康教育的目标，就是要通过开展预防性与发展性心理健康教育，并对有心理障碍的学员进行必要的心理咨询和辅导，促进老年大学学员的心理健康；以创新老年教育体制机制为关键，以提高老年大学学员生命和生活质量为标准，整合社会资源、激发社会活力，提升老年教育现代化水平，促进老年教育事业和老龄事业全面发展。

二、加强心理健康教育的途径

（一）在课堂教学中渗透心理健康教育

心理健康教育绝不是定期开展一两次轰轰烈烈的活动就能实现的，它需要以“润物细无声”的意识和观念，在点滴的生活实践中完成。因此，日常的教育教学活动应成为开展心理健康教育的主要渠道。只有将心理健康教育的思想、内容渗透到具体的教育教学工作中，才能使心理健康教育真正落到实处。

1. 提高教师自身综合素质水平。教师作为教育的主体，其自身的综合素质对开展心理健康教育起着至关重要的作用。这主要体现在两个方面，一是教师在有专业知识和教学能力的基础上，提高自身综合素质水平，从而进一步了解学员身心发展的规律。教师具备心理教育能力，将会大大地强化课堂心理教育的效果，使学员更容易接受课堂教育的内容。二是身教胜于言传，高素质的教师在日常与学员们的相处过程中，会不自觉地将身上的乐观、豁达、谦逊等优秀品质和积极向上的人生态度潜移默化地传递给学员，给学员营造充满正能量的环境，这能有效帮助学员正视自身的消极情绪。为此，应当重视对教师心理健康知识的培训，通过理论讲座、专家课堂、案例分析、经验交流等活动，强化教师自身的心理教育意识和素质，以便更好地在教学中渗透心理健康知识。

2. 改变授课方式。各校区、各学院应以素质教育的总目标为依据，结合自身教育教学的内容和要求，建立相应的心理素质培养目标，并与专业、技能教育互相渗透、互相促进。充分发掘教学中所包含的心理教育功能，使授课方式由过去的“大水漫灌”变为更加重视老年大学学员的参与感、获得感，主动引导学员参与讨论，从讨论中深挖学员的真实想法，及时捕捉学员的不良情绪，并加以教育疏导，从而实现促进老年大学学员心理健康的目的。

（二）优化文化环境

老年大学在教育活动中，应进一步重视与加强校园文化心理环境建设、班集体建设。通过开展丰富的活动，发挥学员在班级生活中的自主性、创造性，培养学员自我管理能力和人际交往能力，加强集体主义的价值取向。

1. 丰富老年教育内容。积极开展老年人思想道德、法律法规、科学文化、养生保健、职业技能、家庭理财、生命尊严等方面的教育，帮助老年人提高生活品质。同时，将课堂学习和各类文化活动有机结合，引导开展读书、讲座、参观、展演、游学、志愿服务等多种形式的老年教育活动。组织美术馆、图书馆、科技馆、文化馆、博物馆、公共体育设施、乡村文化设施等教育实践活动。发挥文化、教育、体育、科技等资源优势，在不同主题、富有特色的老年心理教育学习体验基地定期组织老年人开展体验式心理素质教育教学活动。

2. 积极开展志愿服务活动。推动每所老年大学培育 1—2 支老年志愿者队伍，广泛开展老年志愿服务活动。推动各类老年社会团体与大中小学校合作，发挥老年人在教育引导青少年继承优良传统、培育科学精神等方面的积极作用。充分发挥老年人的智力、经验、技能优势，鼓励老年人利用所学所长，在文化传承、技艺传授、科学普及、社区治理、治安维稳以及引导青少年培育和践行社会主义核心价值观等方面发挥作用。鼓励院校与老年教育机构结对开展服务活动，为社区、老年教育机构及养老服务机构提供支持服务。

（三）完善老年大学心理健康教育体制机制

推动老年大学心理健康教育面向全社会办学，推进老年大学心理健康教育教学改革、规范教学管理、创新教学方式，发挥老年大学的带动和引领作用，将院校集聚的心理教育资源向基层和社区辐射。

1. 开展老年大学心理服务体系建设试点工作。结合省级高校先进经验，将心理服务工作纳入心理教育，打造专业的老年心理教育人才团队。积极开展学校心理健康教育队伍等应用型技能队伍的培训教育，扩大心理健康服务志愿者规模，加强学科专业建设和人才培养培训。

2. 鼓励高校开设老年教育相关专业。加强专业建设，扩大人才培养规模，加快培养老年教育教学、科研和管理人才。鼓励普通高校、职业院校相关专业毕业生到老年教育机构工作。鼓励老年教育机构的专任教师和管理人员在职进修老年教育专业课程，攻读有关专业学位。

3. 推进实施“互联网＋老年教育”模式。建设老年教育网络学习平台，开发适合老年人远程学习的数字化资源，推动信息技术融入心理健康教育教学全过程，为老年人提供导学、助学等学习支持服务，同步开展心理健康教育管理咨询和教师的信息技术应用能力培训。支持举办“基层老年大学”或“网上老年大学”，并把老年大学延伸至乡镇、社区（村），建立老年学校教育教学网点。

（四）在老年大学开设心理健康教育专题课程

在老年大学中，以日常教育为主，以心理健康教育专题课程为辅，对老年学员进行全面的心理健康教育。通过不定期举办心理健康专题讲座或开设专业课程，传授老年大学学员心理健康知识与技能。

1. 设立老年大学心理咨询室。聘请心理教师及时有效地开展心理咨询与辅导活动。咨询教师要运用心理学原理及方法，对来访老年大学学员的内在愿望及心理状态进行把握，与老年大学学员进行心灵的互动。

2. 引导学员增强自我教育意识。引导学员在自我教育中提高心理素质。学校要将教育手段与其他方面的教育措施密切结合，从受教育者的主体角度调整、优化教育计划和教育要求。老年大学要把学员的自我教育纳入整体教育计划，通过开展课内外教育活动，提高学员的心理素质。

〔狄会霞：泰安市泰山区老年大学泰山区老干部活动中心副主任（副校长）/
范海娟：泰安市泰山区关心下一代工作服务中心教育关爱科科长〕

老年大学同职业院校合作办学模式初探

——以肥城市老年大学为例

◎ 谭健 王琛玺

摘要： 在当前老龄化不断加深的背景下，老年教育的发展不断面临新情况和新问题，老年人对于老年教育质量的要求也越来越高，同职业院校合作办学成为老年大学秉持开放共享理念、发展社会力量的新模式。肥城市老年大学同泰山技师学院合作办学，有利于资源的优化配置，也可以解决老年大学当前面临的师资力量短缺的问题。在此背景下，肥城市老年大学进一步树立老年教育新理念，在实践中探索、在探索中创新，不断优化教育管理，提升老年教育水平，满足广大老同志日益增长的精神文化需求。

关键词： 职业院校 合作办学 师资 资源配置

一、当前老年教育背景

第七次全国人口普查数据显示，我国 60 岁及以上人口为 26402 万人，占总人口的 18.7%；65 岁及以上人口为 19064 万人，占总人口的 13.5%。与 2010 年相比，我国 60 岁及以上人口的比重上升了 5.44 个百分点，人口老龄化程度进一步加深。未来一段时期，我国将持续面临人口发展的压力。老年教育是应对人口老龄化的战略举措，能够使老年人增长知识、充实生活、结交朋友、愉悦身心，从而为社会减轻医疗负担、减少教育成本，并能够开发老年人力、人才资源，直接和间接地减少社会养老成本。

二、探索合作办学模式

党和国家高度重视老龄工作，积极推动老年教育事业发展。目前，我国有 700 多万老年人在老年大学等机构学习，有上千万老年人通过社区教育、远程教育等各种形式参与学习，初步形成了多部门推动、多形式办学的老年教育发展格局。同时必须清醒地看到，我国老年教育还存在资源供给不足，城乡、区域间发展不平衡，保障机制不够健全，部门协调亟待加强，社会力量参与的深度和广度需进一步拓展等问题。

为了解决老年人日益增长的精神文化需求同当前老年教育发展不平衡不充分之间的矛盾，需要充分利用高校、企业等资源，而职业院校就是一个很好的选择。

国务院办公厅印发的《老年教育发展规划（2016—2020 年）》提出，要探索院校利用自身教育资源举办老年教育（学校）的模式，要推动普通高校和职业院校面向老年人提供课程资源，特别是艺术类、医药卫生类、师范类院校和开设有养生保健、文化艺术、信息技术、家政服务、社会工作、医疗护理、园艺花卉、传统工艺等专业的职业院校，应结合学校特色开发老年教育课程，为社区、老年教育机构及养老服务机构等积极提供支持服务，共享课程与教学资源。

三、形成合作办学机制

（一）形成优势互补。肥城市老年大学以“增长知识、丰富生活、陶冶情操、促进健康、服务社会”为办学宗旨，坚持“教、学、乐、为”相统一的办学原则。但是，学校在发展老年教育的过程中，也面临着不少矛盾和问题，主要是教育管理人员较少、专业化程度不高，与快速发展的老年教育不相适应；教师队伍建设薄弱，教学质量和水平受到限制，不能最大限度满足老年大学学员求知求学的愿望；老年教育投入机制不健全，社会办学力量薄弱，基层老年教育的推进缓慢。而与职业院校合作办学，可以弥补老年大学在师资力量、专业设置、班级管理、教学资源等方面的不足。同时，老年大学在制度建设、办学机制创新、教学多样化等方面，对职业院校也有正向引导作用。

泰山技师学院在“金蓝领工程”培训、退役士兵技能培训、农村劳动力技能培训、大中专毕业生就业创业技能培训、企业职工技能培训等培训方面具有丰富经验。他们面向社会和企事业单位采取多种形式广泛开展技能培训，在社会化教育上也有一定经验，可以作为肥城市老年教育资源的补充。

（二）探索合作办学。《关于鼓励职业院校兴办老年大学的通知》（鲁老干〔2020〕16号）要求统筹社会资源，扩大老年教育资源供给，以建立老年教育长效机制为目标，以扩大丰富老年教育供给为重点，充分发挥职业院校资源优势，积极开展老年教育，推动全省老年教育事业持续发展、科学发展、健康发展，满足广大老年人对文化养老、终身学习和美好生活的需要。

肥城市老年大学坚持“分工合作，优势互补”的原则，充分发挥老年大学办学模式示范、课程资源开发和招生宣传渠道等教育教学优势以及职业院校师资、专业等资源优势，推动联合办学试点工作逐步展开。同时，将两者优势继续放大，把老年教育办到老年人家门口，为老年人提供就近、便捷的教育服务。

（三）发挥特色优势。一是发挥泰山技师学院优势。在不影响学校正常教育教学活动的前提下，提供师资力量，支持老年大学相关专业建设；利用学院优秀教师资源、教学资源，为老年人提供高质量的专业课程。二是发挥老年大学优势。立足老年大学区位优势，依托“市—镇（街）—村（社区）”三级老年教育网络，为老年人提供就近、便利的教学场所。建设“家门口的老年大学”“没有围墙的老年大学”。三是发挥远程教育优势。将两者信息化手段相结合，合作开发网上学习资源。推进“泰山技师学院网课教师＋老年大学远程教育平台”机制，构建老年教育个性化、移动式学习服务平台，实现学习形式互动、教学内容互通、教学资源共享。

（四）建立管理机构。以建立职权分明的综合管理机构为目的，肥城市老年大学开展了很多有益探索。例如，成立合作办学管理机构和领导小组，在计划规划、安排部署、组织协调、督促检查等方面下功夫，建立由双方领导共同参与的新型管理机制，充分发挥管理人员的才能。同时，要在机构设置上下功夫，完善大学合作办学工作机制，科学设置工作机构，进而创新管理机制，提高老年大学管理效率，建立科学的人事制度和绩效分配制度，形成高效、精干的管理队伍。

肥城市老年大学按照“文化共享、资源共享、共建共享”的办学原则，明确合作办学是一种能够统筹办学场地、教学设施、办学经费、招生宣传、教学组织、师资配备、管理服务等方面资源的、面向老年人的教育模式。

在班级建设和日常管理中，党员干部是一支不可或缺的重要力量，老年大学的班级主要依靠自我管理，学员党员在其中起到了表率、集聚和监督作用，并促进班级内向心力的形成，推动教学工作的开展。

在完善管理机构的同时，注重党建统领。在原有班级和专业的基础上，老年大学成立党总支，下设以专业、班级为单位的临时党支部，加强组织指导和政治教育。在课程上，注重针对性、特色性、创新性。肥城市老年大学把泰山技师学院能够与老年大学教育教学活动联系起来的资源都利用好，在满足老年人“娱乐性”学习的基础上，注重丰富和提升学员的学习内涵。通过规范教学内容、构筑基础课程体系、对接优秀教师、实地教学指导，形成满足不同群体需求的特色课程体系，不断提高合作办学的宽度、深度、广度。在巩固传统课程的同时，拓展社会课堂模式。把泰山技师学院在实践课程中的经验同老年教育实际情况相结合，把社会实践作为老年教育的重要形式和内容，逐步形成系列化、专业化、层次化、模块化课程体系和教学模式。

（五）整合师资力量。在各地老年教育发展中，都存在一个短板，就是师资力量短缺。老年大学的教师与学历教育阶段的教师有很大区别，在老年教育发展过程中，老年大学教师的角色内涵也在不断丰富和完善，这一过程是动态的。在积极老龄化背景下，老年大学教师的作用也在慢慢充实，现在的老年大学教师的角色定位，是知识的传播者、老年教育活动的参与者、积极老龄观的引导者、社会道德的示范者和为社会提供相关服务的合作者。

随着老年教育的发展，老年大学学员的需求变得更为多样化，老年游学、志愿服务、线上课堂等教学形式日益受到学员们的喜爱，老年大学教师的定位也因此变得更加多元化，职业院校师资力量成为对老年大学师资力量的补充，使老年大学教师由教师向导师进行转变，以引领学生更好地走向社会，引导社会更好地看待老年阶段。

肥城市老年大学探索职业院校教师“一带多”的机制，利用泰山技师学院的教师资源，积极开展教师培训、校本培训、业务培训、师德教育以及角色认同教育等培训。老年大学多是外聘教师，而职业院校教师多为专业教师。职业院校教师对老年大学教师的培训和教育，尤其是教学方法、专业内容等方面的培训，让老年大学教师提高了基本的专业素质；对老年大学教师的师德教育，让教师从学员专业技能的领航者，发展成为学员精神层面和道德领域的导师，引导老年大学教师认识到自己与学历教育阶段教师的不同之处，明确自身所肩负的特殊使命。

四、存在的问题和不足

教育管理人员较少、专业化程度不高，与快速发展的老年教育不相适应。受场地、设施等因素限制，老年大学课程单一、专业门类较少，教材也不固定，多是由教师自行确定。在课程安排上，缺乏系统性和逻辑性。现有的教育资源只能满足学校周边学员的要求，很难惠及所有老年人。

教师队伍建设薄弱，教学质量和水平受到限制，不能最大限度满足老年大学学员求知求学的愿望。目前，肥城市老年大学教师平均年龄偏大，知识结构老化，课堂缺少活力，教师队伍亟须新生力量的补充；教师待遇整体较低，极大地限制了老年大学教师工作的积极性。

老年教育投入机制不健全，社会办学力量薄弱，基层老年教育的推进缓慢，财政投入少，资金较为紧张，使老年教育面临着较大的经济压力。因此，在合作办学项目上投入的资金有限，得不到政策保障。

五、几点建议和思考

（一）致力于不增加社会负担。不增加社会负担，是老年教育的显著特点。老年大学借助职业院校的教学资源办学，能够更好地为社会分担、为社会尽责，能够更多地为社会传播好声音、传递正能量，成为社会主义核心价值观的传播者、各种技术知识的教育者、优秀传统文化的弘扬者、基层群众文化的引领者。

（二）着眼于老年教育共建共享。老年大学发挥阵地优势，同职业院校合作，也能够更好地发挥阵地服务功能，加强老年人才队伍建设，发挥社会服务新功能，从而做大做强老年教育品牌，用高质量的发展成果造福更多的老年人。广大学员也会更加珍惜学习机会，明确“学习就是最好的养老”的意识，在不断充实自己退休生活的同时，积极弘扬优秀传统文化、化解社会矛盾、维护社会稳定、发挥在关心下一代工作中的优势，利用所学，服务社会、回报社会。

（三）着眼于规范合理的办学制度。合作办学工作需要对管理工作严格规范，各项教学管理活动应纳入老年大学的整体工作之中。老年大学负责对职业院校的教学业务予以指导辅助、检查督导。学员学费由老年大学在组织招生时按物价局核定标准收取，上缴财政专户管理，用以支付教师讲课等一系列费用。职业院校则负责购置、维护教学设施设备，安排日常教务工作，选聘管理人员和教学人员，做好教师和学员的日常管理与服务工作。面对全面深化改革的新形式，深入探索老年大学合作办学的创新发展，必须树立广阔的理念，更好地洞悉发展大势，创新模式，让合作办学机制更好地为老年人提供参与社会、融入社会的机会，促进老年大学学员为社会贡献余热。

〔谭健：肥城市委老干部局副局长 / 王琛玺：肥城市老干部活动中心（老年大学）科员〕

关于开展老年游学的研究

◎ 唐千惠

摘要：随着社会经济的不断发展，老年大学传统的课堂教学方式已很难满足老年大学学员的多样化求学需求，很多老年大学学员都希望能将课堂教学与课外实践有机结合在一起，在学中游、在游中学。但目前尚存在对游学活动认识不足、缺少课程体系建设、缺乏理论研究及人才保障等问题。游学的本质是学习，是流动课堂，是有明确教学主题的、系统化的教学过程，要与旅游严格区别。作为老年教育部门，应积极探索设立游学课堂。

关键词：老年游学 现状问题 做法建议

一、开展老年游学的必要性

威海市是山东省老龄化程度最高的地级市，目前全市 60 岁以上老年人口占比达到 27.3%，且以每年 4.33% 的速度递增，而随着社会经济收入的增长和人们生活水平的提高，老年人对精神文化生活的需求日益增加。威海是全国著名的滨海旅游休闲度假胜地，有绵延近千公里的海岸线，山、海、岛、泉各有景致，同时也拥有深厚的红色文化、历史文化、海洋文化等文化内涵，老年游学需求旺盛、前景广阔。因此，2022 年初，威海市老年大学将打造老年游学基地列为年度工作重点，积极探索老年办学与旅游业态融合发展的新路径。

《老年教育发展规划（2016—2020 年）》（以下简称《规划》）提出“创新教学方法，将课堂学习和各类文化活动相结合，积极探索体验式学习、远程学习、在线学习等模式，引导开展读书、讲座、参观、展演、游学等多种形式的老年教育活动”，把游学作为一种老年教育活动的形式予以确认和倡导。

（一）发展老年游学符合老年人的内在需求。截至 2020 年底，我国 60 岁及以上老年人口 2.55 亿人，占总人口的 18.7%。预计到 2050 年前后，我国老年人口数量将达到峰值 4.87 亿，占总人口的 34.9%。2017 年，山东进入中度老龄化社会，老年人口达 2100 多万，居全国之首。威海市又是山东省老龄化最严重的地区，老年人口比例高达 27.3%，总人口量为 76 万。按照《规划》中提出的到 2020 年 20% 的老年人要经常性参与教育活动来看，威海这样一个面积不到 6000 平方公里的城市，将有 15 万老年人加入“学生”队伍。如何满足这一庞大群体的精神文化需求，提供高质量的游学产品和服务，是我们迫切需要解决的现实问题。

目前，老年教育已经取得了很大的发展，以威海市老年大学为例，每年报名的学员数量都在增长，这充分说明老年大学作为老年人追求梦想、学习知识的平台，得到了广大老年人的认可。但是，课堂教学及一般层面的教育活动，已经凸显出很大的局限性。许多老年人退休前很难有时间外出旅行开阔眼界，退休后却拥有了大把的时间，因此在上课的同时，他们更希望能有机会通过出游来陶冶情操、安享晚年生活。

（二）发展老年游学为区域经济注入新活力。老年人是一个非常庞大的消费群体。长久以来，提及“银发经济”，人们的目光更多是关注保健品、养老院这些传统行业。但随着社会的发展，老年人的需求不再局限于基本的吃、喝、住，而是转变为关注身心健康、关心生活幸福指数以及如何让“老有所养”更有质量。游学产业应运而生。

据统计，2016 年以来，我国中老年人旅游消费年均增速达 23%，2018 年我国老年人出游人次数较 2017 年同比增长 50%，60 岁左右的老年人是老年游的主要人群。“银发旅游”的势头日健。

不同于传统课堂，老年游学是集休闲、学习于一体的综合性活动，通过让老年人“动起来”，在增强趣味性的同时，帮助老年人获得知识、陶冶情操。老龄产业与新兴经济的加速碰撞、智能化的广泛应用、新型社会化服务模式的兴起使得老年人的出行更加容易、便捷；而文化程度、收入水平等方面的逐渐上升，进一步使得老年群体的休闲旅游成为“刚需”。

（三）老年游学是地区间文化交流的重要平台。老年游学是不同文化间的磨合与交融，是人们对陌生文化和生活习俗的体验。老年游学因其独特的文化交流特性，不仅能搭建起各国、各地区之间亲善往来的桥梁，促进各地区不同文化的交流传播，也能让这些地区因为老年游学更具发展活力。老年人人生经历丰富、文化底蕴深厚，在游学过程中既可传播本地区的文化精髓，也可吸收其他地区的优秀文化成果。

以威海市为例，威海是世界闻名的宜居城市，四季分明、气候宜人、空气清新，特别适宜养老、养生和游学。立足这一独特地缘优势，学校开发了若干游学路线，向老年朋友们展示威海的美景，展现威海深厚的红色文化底蕴。

二、老年游学的现状及存在的问题

（一）缺乏上级主管部门对老年游学的总体设计。由于老年游学属于新兴领域，上级主管部门对游学的研究和管理相对滞后，缺乏相关的政策加以规范和扶持。老年游学市场乱象很多，很多旅行社打着老年游学的名号推出低端旅游产品，对老年人的身心造成了不好的影响。而就目前而言，老年大学开展游学也只能委托旅行社。虽然旅行社可以规划路线、保障交通出行及食宿等，但是无法保证游学品质和层次，且老年大学委托旅行社开展游学存在为旅行社拉客户的嫌疑。

（二）缺少课程体系，老年人接受度不高。在设置游学的过程中，我们不难发现，老年大学学员更热衷于“游学”中的“游”，而对于一些知识性比较强的课程则兴趣一般。因此，老年大学应该把握游学的正确含义，引导老年大学学员平衡“游”与“学”的关系。游学的本质是学习，是教育，是流动课堂，游学不等于旅游，而且也不是旅游和学习的简单相加，因为游学的目的地以历史人文遗址为主，以山川形胜、自然风光为辅，且游学有明确的教育主题、教育目标和教学体系，在游学线路和内容安排上紧紧围绕主题展开且适当兼顾地理上的便利性，而不是以地理上的便利性为原则来安排学习内容。目前，老年游学作为传统课堂教学的延伸，迫切需要建立一套相对完备的课程体系。虽然国内不少地方在老年游学方面做了一些探索和实践，并积累了一定经验，但是仍未使它从根本上超越一般意义上的旅游，在制度建立方面基本处于空白状态。

（三）缺少理论研究和专业人才。目前国内对老年教育的研究本身就存在短板，对老年游学的研究更是缺失，与老年游学相关的专业人才也比较匮乏。因此，老年大学作为老年教育部门，应该加强老年游学方面的理论研究，为教学提供理论基础。

三、推动老年游学的做法及建议

学校依托威海市丰富的旅游资源和深厚的文化底蕴，与威海市文旅集团共同协商拟定老年游学合作方案，设计制作游学路线，以游学形式创新老年教育新模式，使老年教育更符合新时代发展要求。

（一）校企合作，资源共享。威海市老年大学现有书法、美术、音乐、舞蹈、运动、保健、语言、培训、游学 9 个系，设 70 个专业、210 个教学班，在校教师 95 人，在校学员 6000 人次，是全国示范老年大学、省级示范校，拥有 20 多年的办学、治学经验，在威海市建立起的老年大学“一体化”管理体系和老年大学系统中具有广泛的影响力。威海文旅集团发展有限公司是威海市文化旅游行业的龙头企业，集团旗下有文化产业、旅游产业、体育产业等优质资源，同时集团承担胶东（威海）党性教育基地刘公岛教学区、研学旅行等教育培训，拥有丰富的现场教学资源、游学课程研发和产品运营能力以及专业的游学宣传服务团队。双方本着“资源互通、优势互补、合作共享”的原则开展校企合作，已经初步达成了关于老年游学的合作方案，共同设计游学课程，开发老年游学主题线路，充分融合双方各自的资源优势，推动威海市老年游学事业发展。

（二）立足威海，培育特色。目前，市场上真正适合老年人游学的产品比较少，传统商业式、走马观花式的游玩比较多，缺乏文化内涵，而且游学行程节奏较快，很少考虑老年人的脑力、体力局限。依托威海市丰富的自然旅游资源和深厚的文化教育底蕴，威海市老年大学与威海市文旅集团共同开发设计了康养篇、激情岁月篇、乡愁篇、艺游篇四个特色老年游学主题线路，其中康养篇围绕威海独特的温泉、养老类休闲度假资源设计打造；激情岁月篇围绕威海红色革命历史文化资源设计打造；乡愁篇围绕威海特色的村落和民俗类资源设计打造；艺游篇围绕威海山海文艺风情资源设计打造。所有主题线路的设计融教学性、参与性、趣味性于一体，在游学的每一处行程设计上尽量多留时间，让老年大学学员有充足的时间体验学习；致力于把景点中的历史文化内涵讲深讲透，引导学员“慢学深品”，慢慢体会、用心品味。同时，组织威海本地老年大学学员与前来游学的老年大学学员之间开展文化展示交流活动，让老年人在游学中不仅能感受到威海优美的自然风光，也能感受到威海独特的人文氛围，还能使自己在知识交流中有所提高。着力打造真正有威海特色的、有城市亮点的老年教育游学基地。通过老年游学，让老年人成为“精致城市·幸福威海”的体验者、研究者、传播者。

（三）把握关键，学游结合。老年游学是老年教育的重要组成部分，这就意味着老年游学不能脱离老年教育的范畴，不能仅是为了游山玩水。如何寓学于游，把学习与旅游有机结合起来，是游学能否成功的关键，也是学校一直探索和努力的方向。学校初步计划，疫情结束正常开学后，在学校开设游学专业，结合老年教育特点，科学设置游学课程。一方面，在“学”上下功夫。威海拥有悠久的历史文化和宝贵的非物质文化遗产，拥有非遗名录项目 114 项，涵盖传统文学、传统美术、传统音乐、传统技艺、民俗等类别，学校深度调研挖掘这些非物质文化遗产，设置“海派剪纸”“威海面塑、泥塑”“海参、海蜇加工技艺”“虾酱、豆面酱、咸鱼干制作”“乳山喜饼、文登包子制作”“打铁豆腐制作”等非遗特色课程，传承、发扬威海非遗文化，增加游学课堂的吸引力。每次在游学开始前，会先行组织学员学习目的地的历史文化背景，培养学员的游学兴致，增加出游意义；到达目的地后，通过实地参观、交流、互动等方式强化学员的知识印象；游学结束后，还会组织学员分享游学体会、提出意见建议。

另一方面，在“游”上下功夫。首先，学校立足威海本地游学资源，组织学员游览本地的特色景点，打开本地游学市场，同时采取“请进来”的方式，吸引全国各地老年大学学员到威海游学；其次，学校根据不同专业特点，提前调研各专业游学需求，与文旅集团共同开发国内游学线路，比如根据书画专业的学员需求，到书画之乡、毛笔发源地考察并设立游学线路，或根据摄影专业学员需求，到风景优美的摄影胜地考察并设立游学线路等；最后，学校还将依托威海独特的地缘优势，开发日、韩等境外游学线路，让学员感受中外文化差异，适应全球化趋势。总的来说，在研发游学线路时，要依据老年教育规律与特点，赋予和挖掘线路中蕴涵的教育元素，开展立体教学，做到“学中有游，游中有学”，以市内游学为中心，逐渐辐射国内、国际游学，使游学范围逐步扩大。

（唐千惠：威海市老年大学科员）

老年教育发展趋势研究

◎ 刘金英

摘要：随着经济社会的发展、人口老龄化进程的加快，老年人数不断增加，这为老年教育事业带来严峻挑战的同时，也带来了难得的发展机遇。本文分析了老年教育发展的现状，研究总结了发展老年教育存在的几个问题，同时根据这些问题分析了新时代老年教育发展的趋势。

关键词：老年教育状况　发展机遇　发展趋势

老年大学是广大离退休干部和社会老年人再学习、再教育，以及文化养老的重要平台和阵地，是基层治理的重要力量。在新时代，办好老年大学，引领好老年教育发展，是老年大学工作者所应承担的光荣任务。结合新时代的老年教育高质量发展要求，浅谈一下老年教育发展趋势。

一、老年教育肩负着重要的职责使命

（一）老龄化程度的加深需要老年教育。2021 年 5 月，第七次全国人口普查结果显示，全国 60 岁及以上人口已占总人口的 18.7%（60 岁及以上人口超过总人口的 10% 即进入老龄社会），老龄化程度进一步加深。中国人口老龄化形势严峻，突出表现为现有规模大、发展速度快、解决难度大。人口老龄化不是一个时期的问题，而是将贯穿 21 世纪中国发展全过程的重要问题。随着养老观念的改变，人们的老年生活观也随之发生变化。走出家门、融入社会、完善自我、实现自我，成为新时代老年人的生活价值观。老年教育是以老年人为教育对象，对老年人实施有组织、有计划的教育活动的总称。具体来讲，老年教育是指以提高老年人思想道德和科学文化素质，使老年人增长知识、丰富生活、陶冶情操、增进健康、服务社会为目的，所实施的老年大学教育和其他形式的老年人教育活动。它既是文化养老的重要组成部分，又是全民教育的重要组成部分，是终身教育的最后环节。随着社会老龄化进程的加快，老年教育的社会需求迅速提升。因此，加快发展老年教育，扩大老年教育优质供给，创新老年教育体制机制，促进老年教育高质量发展，不断满足老年人终身学习需要，是实施积极应对人口老龄化国家战略的应有之义与重要举措。

（二）党和国家高度重视老年教育。《中华人民共和国老年人权益保障法》规定，“国家发展老年教育，把老年教育纳入终身教育体系，鼓励社会办好各类老年学校”。党的十九大报告指出，要“认真做好离退休干部工作”，这是将老年教育纳入了教育战略格局，为我们抓好老年教育提供了重要政策遵循。

（三）老年人渴望发挥余热、服务社会，乐于接受老年教育。老年大学坚持把“让老年人满意”作为办学的第一追求，按老年人的实际需求设置课程，广泛开展老年人喜闻乐见的教学活动，不断激发广大老年人服务社会、奉献社会的热情。老年大学是老年人的益智学府和开心乐园，是惠老工程。去老年大学学习已成为老年朋友欢度晚年的新时尚，送老年人上老年大学已成为年轻人敬老孝亲的新风尚。

二、当前发展老年教育存在的问题

（一）有限的老年教育资源与庞大的老年生源之间的矛盾。当前，临沂市60岁及以上人口占总人口的19.63%，老龄化程度高于全国平均水平。临沂市老年大学创办于1989年，现拥有1.8万平方米的办公和教学大楼，开设书法、卫生保健、舞蹈、器乐、戏剧、太极拳等十大系列课程，共开设51个专业、120个教学班，在校学员达到6600余人。2021年新增设2个分校，新增教室9间，新增学员1600余人。尽管办学规模不断扩大，但依然难以满足广大老年人就学的需要。在招生报名时，场面依旧火爆，个别热门课程不到十分钟就已报满。在老龄化进程不断加快的形势下，有限的老年教育资源与庞大的老年生源之间的矛盾越来越突出。

（二）老年大学办学规模不断扩大与管理模式提升之间的问题。近几年，各级老年大学的办学条件都有了一定的改善，办学规模也在不断扩大。但办学理念、管理制度还不够完善，在转变学校发展方式上和推进老年大学向更高层次发展上还有待提升。转变学校发展方式、坚持提高核心竞争力、加强规范化建设迫在眉睫。

（三）资金不足是影响老年教育发展的主要因素。发展老年教育事业，兴办老年大学，需要一定的资金做保证。由于资金缺乏，学校难以改善教学环境、增加教学设备、提高教学质量，也难以聘请到高水平的教师，因此，许多老年大学很难扩大规模，学员人数较少。老年大学的数量与规模相对于全国的老龄人口来说，还远远不够，而且各地发展不平衡，远远满足不了广大老年人的实际需求。

（四）老年教育的教师队伍结构不够合理，专业性有待提高。老年教育普遍存在中青年教师缺乏、有专业背景的教师较少的情况。老年大学所面对的学员，大部分为离退休人员，他们本身的学历和素质较高，来到老年大学就是想接受更高、更专业的教育。既然他们有这方面的诉求，教师就更应注意提高自己的专业水平。想给学生一碗水，教师自己必须有一桶水，甚至一缸水。

（五）老年教育的管理、办学不规范。目前国家对老年大学的行政管理并没有完全理顺，各级老年大学的办学体制、机制不同，办学单位性质不同，经济来源不同。同时，老年教育从内涵到外延、从内容到形式的不确定因素、不规范因素还有很多，这些都严重制约着我国老年教育事业的健康发展和整体水准的提高。

三、老年教育发展趋势越来越多元化

随着老龄化社会的到来、老年人口的迅速增加，党和政府越来越重视老年教育，这给老年大学的发展提供了空间，也使老年教育未来发展的趋势越来越多元化。

（一）提高重视程度，将老年教育纳入经济社会发展整体规划。各级党委、政府应站在时代的高度，用发展的眼光看待老年教育、重视老年教育，采取有力措施，把发展老年教育纳入社会发展的总体规划，制定本地区老年教育发展的近期规划和远景目标，坚持老年教育事业发展与国民经济和社会发展相适应，建立老年教育投入与经济社会发展水平和老年人口增长挂钩的调节机制。坚持老年教育的公益性，加大对老年教育的资金投入，实行政府主导、市场机制推动、社会各方参与相结合的投入机制，推动老年教育快速发展。

（二）办学创新，社区老年教育是老年大学的延伸。老年教育发展的广阔空间在社区基层。社区老年教育是普及发展老年教育的重要形式，是老年教育向基层延伸的重要方式，对老年教育的普及与提高起着至关重要的作用。社区教育要突破原来的管理模式，突出社区管理的主体，增强社区服务老年教育的自觉性和主动性，有力保证社区老年大学各项工作的健康发展。要积极依托社区现有资源，大力发展老年远程教育，应用现代化技术手段与信息资源，组织学员通过线上教学进行学习。社区老年大学的设立，凝聚了社区老年人的力量，他们利用学到的知识奉献社区、服务社区，营造了和谐稳定的社会关系。社区老年教育扩宽了老年教育的办学空间，是老年教育向基层延伸的重要平台。

（三）一体化办学，推进教育资源融合共享，实现市县（区）工作联动。近年来，临沂市老年大学发挥场所建设、办学经验、活动组织等优势，不断推进全市老年大学资源整合，推动全市老年大学办学思想更加端正、办学规模逐步扩大、办学水平稳步提升，更好地满足了全市广大离退休干部和社会老年人日益增长的精神文化需求。2019 年，临沂市老年大学提出“市县老年大学一体化办学”改革举措，成为推进市域基层老年教育跨越式发展的一项务实行动。在改革过程中，印发《关于推进全市老年大学一体化建设的实施意见》，成立全市老年大学教学工作委员会，推进市县两级老年大学管理体制开展工作。此项改革被纳入全市《贯彻落实党的十九届四中全会重要改革举措实施规划（2020—2021 年）》，市老年大学被市委、市政府表彰为“改革创新狠抓落实”先进集体。

（四）提高科学研究水平，规范教学管理。科学研究是衡量办学水平的重要标志，也是向老年大学学员传授思想方法和实践能力的保证；科学研究是提高老年大学教学质量的源泉，是促进学科建设的坚实基础。老年教育要有自己的理论研究队伍，要充分发挥高校、科研单位等有关部门的作用推进理论创新，准确把握老年教育发展规划促进学校科学发展。制定科学规范的规章制度，使教学管理工作规范化，从而保证教学质量和老年教育整体水平的提高。一是建立考核机制，规范化、高质量发展老年教育。党委、政府要落实老年教育工作目标，对基层开展老年教育工作实行目标考核，调动基层开展老年教育工作的积极性。二是建立培训机制，优化教师队伍。要适时调整教师队伍，加大引进专业教师、年轻教师的力度，建立教师人才资源库，面向大中专毕业生、职业院校招聘专业教师，优化教师结构。对基层老年大学的教师进行业务培训，提高基层老年教育教师队伍的业务素质。要让有社会影响力的专家、教授成为学科带头人，起到提升专业形象、吸引生源、指导教学研究、培养师资的作用。三是建立激励机制。制定老年教育办学标准，开展评选评优活动，推动表彰先进的工作。

（五）党建引领，发挥党组织的正能量作用。“党政军民学，东西南北中，党是领导一切的”，必须坚持党对一切工作的统一领导。这是新时代坚持和发展中国特色社会主义的一条基本方略，也是我国政治和社会生活的最高政治原则。老年大学的各项工作，必须在党建引领下推进落实，这也是坚持政治立校、政治建校的根本要求。推进“把党支部建在班级上”制度，不断加强教学管理和学员管理，切实把政治建校落到实处。学校在学员班级管理中设立临时党支部，由班长兼任支部书记，发挥模范带头作用，从而更好地搭建老年人服务社会的平台，把党建工作与服务社会有机结合，迈出学员服务社会的新步伐。

（六）教学课程、教学方式多种多样。一是课程设置上要结合实际，不断创新。老年大学要有鲜明的地区特点，要创新特色课程。只有走科学创新的道路，才可以将老年事业可持续地、健康地、良好地发展下去。当前，老年人参加学习的动机已从求知、求乐、求健康向奉献、实现人生价值方面转变，他们除了想通过学习充实、丰富自己的精神文化生活外，还有志于发挥自身特长，通过学习知识技能解决一些实际问题。老年人共同的特点是经验阅历丰富、自主意识强，但他们的记忆力、视力、听力相对较差。这就要求老年教育应充分考虑到这些特殊因素，从实际出发，制定相应的学习内容，采取灵活的教学方法。在学科内容方面，注重贴近并直接服务于老年人的生活；在教学方法上，注重讲授与示范、课本与现实、理论学习与实践操作的有机结合。培养“现代化”老人，开设创作、网络、外语、早教等课程，培养老年人多方面的技能，使其从各方面快速融入现代社会，追赶时代潮流。真正做到学用结合、用以促学，使老年人在乐中求学、在学中找乐，学、乐相得益彰。二是教学方式要线上线下灵活多样。可利用广播、电视、互联网远程教育等现代化传播手段，开办老年教育网站和老年教育空中课堂，逐步形成覆盖城乡的老年远程教育体系，方便老年人就地、就近学习。

（七）大力发展老年远程教育。近年来，随着社会老龄化进程的加快，传统教学无论是形式还是内容都早已无法满足老年人日益增长的多样化学习需求，鼓励多渠道、多层次发展老年远程教育，以信息化建设补足老年教育需求短板。各村、镇、街道、社区依托省老年远程教育“三屏覆盖”优势，充分利用腾空、闲置的农村学校校舍、企事业单位闲置房屋等创办、扩充老年远程教育教学点，不断提升老年远程教育覆盖面。

（刘金英：临沂市老年大学教务科科长）

推进老年舞蹈教育课程创新及教学创新的实施策略

——以临沂市老年大学为例

◎ 王哲

摘要：临沂市老年大学舞蹈类课程非常受欢迎，老年舞蹈学习逐步升温。以临沂市老年大学的舞蹈类课程为例，分析推进老年舞蹈教育课程创新、教学创新的做法。现阶段存在的问题是：课程开发欠规划，课程设置缺乏固定性；在教学体系上缺乏对学员的基础训练及理论培训；课程设置和教学内容上缺乏自创性及独创性。因此，要制定专业、科学的教学体系及教学大纲，精选课程内容；加强学员的基础训练及理论学习；在课程设置及教学内容上进行创新。

关键词：老年舞蹈教育　创新　实施策略

随着社会的不断发展，老年群体对精神文化生活的需求日益增长，舞蹈已成为他们生活中的一部分，已经有机地融入他们的日常生活中。舞蹈在改善老年人身心状况、陶冶老年人的性情、增进老年人的社会交往等方面有着不可替代的作用，对于提高老年人的生活质量、构建和谐社会有着积极的作用。舞蹈类课程是临沂市老年大学最早开设的课程之一，如今已发展为拥有 18 个教学班次、近千名学员的大学科，并且仍在不断发展壮大中。每年报名季，舞蹈类课程都供不应求，这也体现了老年大学学员对于舞蹈类课程的需求，因此，如何在舞蹈类课程现有的基础上进行课程创新、教学创新就显得尤为重要。

一、临沂市老年大学舞蹈类课程建设情况

临沂市老年大学是临沂市开展老年教育的重要场所。在日常教学中，临沂市老年大学把自由、快乐、愉悦、想象、创造作为舞蹈教学宗旨，这有助于提高老年大学学员的学习热情，促进学员的身心健康，并且有利于进一步完善老年舞蹈教育，促进老年舞蹈教学改革。多年的老年舞蹈教学实践证明，通过开展老年舞蹈社会活动，可以充分发挥老年舞蹈强身健体、提升审美能力、改善心理问题等作用。

（一）课程设置及教学内容。临沂市老年大学舞蹈类课程涵盖民族舞、古典舞、芭蕾舞等传统舞蹈课程，还开设了交谊舞、国标舞、广场舞等新兴舞蹈课程，在课程的设置上不断推陈出新，探索出众多适合老年舞者的课程，让老年人在学习传统舞蹈的基

础上有机会接触快节奏的流行舞种，达到培养老年人兴趣、强健体魄的目的。

在每年7月份学期结束时，临沂市老年大学都会开展“学年教学成果展演”活动，在这台由老年大学学员自编自导自演的晚会上，总能看到舞蹈班学员的优美舞姿。每年的这个时候，他们都会将自己一年所学尽情地展现在舞台上，为学校呈现的不仅仅是他们的学习成果，更是一种积极向上的力量。

（二）师资聘请概况。临沂市老年大学现有舞蹈类教师7人。其中，有1人是通过事业单位招考以管理岗考聘进入老年大学的专职教师，其余6人是聘请的具有本专业教学背景的专业教师。临沂市老年大学的专职教师是舞蹈专业科班出身的，在教学上能将老年舞蹈课程带上更专业、更科学的层面。专职教师除教学工作外，还担任教务服务和教学管理等工作。专职教师平时在老年大学工作，对老年大学的教学情况及学员情况比较了解，在制定教学大纲、规定学制和教学管理中都游刃有余。6位外聘教师均是校外聘请的，他们大多有着多年的舞蹈教学经验，虽然有的教师并不是舞蹈专业出身，但这部分教师对舞蹈事业具有高度的热情和专注力，对待课堂教学极其认真，而且很多外聘教师在所教授的领域内具有一定影响力，学员对他们也有较高的认可度。同时，这6位外聘教师本身也都是中老年人，无论是心理年龄还是生理年龄都跟学员有很高的契合度，在课程本身的设计上也能更好地照顾到老年大学学员的情况。

临沂地处革命老区，舞蹈类教师资源相对匮乏。相比于省级老年大学或是其他一线城市的老年大学来说，临沂市老年大学教师力量相对薄弱，但与县区老年大学相比，已经形成了一定规模的专职教师队伍和影响力较大的外聘教师队伍，起到了承上启下的作用。

（三）学员情况分析。随着老年人生活水平的提高和终身学习观念的普及，越来越多的老年人开始进入老年大学学习。舞蹈类课程一直是老年大学中报名人数较多的课程，学员来自各行各业，只要是年龄在50—75岁之间的学员都可进行报名学习。目前，临沂市老年大学的教学环境也有了较大改善，现有能够容纳50人的高标准舞蹈教室2个，容纳30人的排练厅1个，并有2个新的教室正在使用中，在教室内配备了舞蹈专业所需的镜子、把杆和木地板，同时增设高级音响、无线麦克、中央空调、钢琴等设备。这些都为学员创设了良好的学习环境，使很多学员都能够长期坚持舞蹈训练。舞蹈教学的广度和深度都得到了发展。

在现有学员中，按照心态和诉求的不同可以将学员大致分为“普及型”和“提高型”两类。“普及型”学员热爱舞蹈，注重生活质量，希望通过舞蹈学习增强身体的律动，达到强身健体的目的，自娱自乐的同时，不希望在舞蹈上有太大的压力，并且不愿意参加汇报表演及登台演出。这部分学员常常在同一个班级内学习较长时间且不愿意升班，不过这并不影响他们热爱舞蹈、欣赏舞蹈。有些老年大学学员因年龄或是身体等原因致使舞蹈动作无法达到一定的要求，对于这部分学员不应强求，学员只要愉悦身心、享受过程就好。“提高型”学员大多数在年龄上较为年轻，这些学员通过一段时间的普及学习，发现普及学习满足不了自己对舞蹈学习的需求，反而激起了自己强烈的学习兴趣。他们不仅在日常学习中对于自己有较高的要求，同时会要求教师在日常教学中不断地提高教学内容的难度，从而使自己达到更高的水平。这部分学员更愿意通过参加汇报表演和各种舞蹈比赛检验自己的学习成果，同时希望上专业教师的舞蹈课。

二、现阶段存在的主要问题

（一）课程开发欠规划，课程设置缺乏固定性。“老面孔”现象是老年教育值得关注的问题，尤其是像舞蹈类课程这种学员数量众多的课程，许多老年大学学员在同一个班级学习了好几个学年，既不愿意毕业也不愿意升班。这里面有感情因素，但最为关键的原因是找不到后续课程和关联课程，说明学校在课程的开发和管理上欠缺规划。同时，由于老年教育课程的设置比较灵活，常常是在学期初根据师资情况以及学员的报名数量增减课程科目，因此会出现“课随人走”的现象，一个优秀教师的离开往往意味着这门课程的结束，即使有其他老师代替，也可能因为没有固定的课程大纲而导致课程内容相差很大。因课程缺乏固定性，致使课程设置缺乏系统性和连贯性。

（二）在教学体系上缺乏对学员的基础训练及理论培训。因为老年舞蹈的教学没有统一的教学大纲，中国舞蹈家协会也没有制定统一的教学规范，所以各老年大学的舞蹈教学走的是一条相互观摩、取长补短的道路。老年舞蹈教学与一般的舞蹈专业教学和少儿舞蹈教学有所不同，它在形体上没有那么高标准的要求，训练幅度也没有那么大，但其作为舞蹈教学的一个分支，“美感”一定是首位的。这种美感不仅是挺拔的后背、矫健的身姿所带给我们的美的享受，更应该是从内心散发出的自信以及精神上的美感。而这两种美感一定是在长期的基础训练和扎实的理论学习中沉淀出来的，老年舞蹈教学所欠缺的也恰恰正是这两点。

（三）课程设置和教学内容上缺乏自创性及独创性。老年舞蹈的参与群体有其特殊性，这些学员基本都是退休的本市市民，涵盖社会各个职业领域，年龄大多在50—75岁之间，而且多为女性。他们一生的打拼基本结束，孩子大了、家务也少了，可自由支配的时间多了，没有什么经济压力，因此完全有时间让自己的生活更加丰富多彩。临沂市老年大学在课程设置和教学内容上与其他各地老年大学基本一致，缺乏自创性，缺乏本校的特色。

三、解决途径及对策

（一）制定专业、科学的教学体系及教学大纲，精选课程内容。目前，老年大学教学管理中涉及课程的部分主要有课程的设置、教学大纲的制定、教学计划的安排等几个方面。在老年舞蹈教学开展之前，应首先确定的是教学体系、开班计划、师资分配、课程管理、教学计划等。虽然舞蹈类课程没有纸质教材，但每位舞蹈教师都应该制定详细的教学大纲和每一节课的教学计划，并在课后做好教学反思，只有这样才能给老年大学学员更好的舞蹈学习体验。

课程标准是课堂教学活动的基本依据，所以，精选课程内容是课程创新的突破口。老年大学应采取“众用先编，急用补编，先易后难”的方式，强调“针对性”“实用性”“趣味性”“适用性”的原则，鼓励教师根据本校、本班学员的实际情况，有针对性、有选择性地使用可套用的教材或自编教材，并加以逐步改进优化，形成适用的校本教材，更好地满足老年大学学员日益增长的多样化、多层次的教育需求，切实做到“教有所本”“学有范本”，实现教育为民、教育惠民的目的，使老年教育从“吃老本”的活动层面进一步向深化文化内涵的方向发展，不断提高老年教育的质量和老龄群体的素质。

（二）加强学员的基础训练及理论学习。根据不同学员的诉求进行人才梯队建设，以达到因材施教的目的。在老年舞蹈教学过程中，教师应充分考虑群体差异与个体差异，选择不同的教学方式，因材施教；掌握循序渐进的教学节奏，不能操之过急，要充分考虑老年群体的身体素质和接受能力，开展基础训练；把学员对舞蹈的好奇心，转化为持续参与舞蹈学习的兴趣，以达到教学目的。同时，在课堂教学中让学员了解舞蹈的起源、演变、发展，了解舞蹈在社会中的意义和作用，理解舞蹈作品传递的精神与内涵，激发学员对舞蹈的热爱。如果仅仅把形体动作当成老年舞蹈教学的任务和目标，就会走上简单的、教学模仿的道路，辜负了舞蹈这一优美艺术的内涵。对于“普及型”和“提高型”这两类不同诉求的学员可以进行分层教学，建立不同的教师梯队进行教学，除现已开设的初级、中级、高级、表演班课程外，还可以成立临沂市老年大学舞蹈团，为“提高型”学员搭建更广阔的平台，同时也可以使“普及型”学员更安心地进行基础学习。

（三）在课程设置及教学内容上进行创新。可以结合本地的文化特征进行采风，并结合老年舞蹈的特点，设计突出学校自创性的舞蹈课程。临沂市地处沂蒙山革命老区，拥有独特的地域特色和深厚的文化底蕴。临沂自古以来就是文化名城，书圣王羲之、智圣诸葛亮都出生于此，这也给临沂这座老城奠定了深厚的文化自信。在这样深厚的文化背景之下，老年舞蹈教育也应充分发挥临沂的文化优势，创造出独具临沂特色的老年舞蹈作品。艺术是综合的，可以将舞蹈与书法结合，创作出像《扇舞丹青》一样经典的作品；也可以将舞蹈与临沂的革命故事相结合，创作出像《蒙山沂水》一样说临沂、道临沂的作品；还可以将舞蹈与柳琴艺术相结合……创作出独具临沂特色的老年舞蹈作品，设计出具有临沂市老年大学自创性的舞蹈课程，这是学校和教师不断努力的方向。

在老年教育事业蓬勃发展的今天，老年舞蹈教育也在逐步升温。大批有追求、高素质的老年舞蹈爱好者对舞蹈教学提出了新的要求。各地老年大学所开设的舞蹈类课程种类丰富、渐成体系，老年舞蹈教学也随之产生新的教学模式和教学观念。要办好有特色的老年舞蹈教育，必须结合老年大学的办学特点尤其是课程校本化的特征，对教学管理进行有效支持和改革创新。临沂市老年大学的舞蹈教学按照《老年教育发展规划（2016—2020 年）》的有关要求，不断丰富教育形式和内容要求，不断推进老年教育课程创新，在教学创新的做法及实施策略上，取得了较为显著的效果。

（王哲：临沂市老年大学教研室科员）

老年教育呼唤创新型教师

◎ 郭友华

摘要： 我国老年教育正经历着一场深刻而激烈的变革，由传统的传授模式向以培养创新意识为核心的发散教育模式转变。只有教师具有创新意识，并不断在教学活动和日常交流中表现出这种创造倾向，才会激发和促进老年大学学员的创造力。老年教育是一个提高老年人人生价值的过程。创新型教师具有创造性、综合性、多样性的特点。老年教育中的教师要有热爱老年教育、关爱老年人的精神，要有研究精神和较高的综合素质，要积极参与老年教育决策。

关键词： 创新型教师　健康养老　研究精神　终身学习　精神家园

21 世纪是追求知识创新和可持续发展的时代，世界已进入全球化知识经济时代。一个拥有持续创新能力和大量高素质人才的国家，将具有发展知识经济的巨大潜力。创新的关键在于人才，人才的数量、质量、结构和整体作用的发挥是一个国家能否在知识经济竞争中取胜的根本条件，知识经济呼唤具有创新精神的人才，这就对教育提出了重要而紧迫的要求，老年教育也不例外。

目前，我国老年教育正经历着一场深刻而激烈的变革，由传统的传授模式向以培养创新意识为核心的发散教育模式转变，这是老年教育的发展趋势，也是 21 世纪老年教育教学的必然选择。创新型老年教育作为一种崭新的老年教育体系，与传统的老年教育相比，在教育思想、教育目的、教育内容、教育方法、教育评价等方面有着本质区别。实施创新型老年教育的关键在于教师。在深化老年教育改革的过程中，以培养创造性、发散式人才为主的老年教育对教师的素质提出了新的要求，使教师必须由传授型向创新型转变。创新型老年教育模式并非“空中楼阁”，要使创新发散式老年教育由理论形态转化为实践形态，要使传授教育向创新教育转化的可能性变为现实性，整个老年教育过程都要充满着创新，能够担当起这一重任的教师必须是创新型教师。教师本人的创造性对老年大学学员创造性的培养具有榜样示范作用，如果教师很有创新意识，不断地在教学活动和日常交流中表现出这种创造性倾向，就会在无形中激发和促进老年大学学员的创造力。创新型教师往往会在情感上认同并鼓励学员的创造性，激发学员的创造力，从而帮助学员创造自己的辉煌人生。皮格马利翁效应认为，认同和赞美能增强人的自信，并使人的能力得到更好的发挥。因此，发散式老年教育模式的实施呼唤创新型教师。

一、创新型教师首先应树立以“老年大学学员发展为本”的教育理念

21世纪的教育是以科学主义为基础、以人文主义为价值方向、以创新教育为根本的教育。追求人的价值正成为21世纪的教育目标。老年教育是一个提高老年人人生价值的过程，老年教育的价值关系是以尊重人的自身价值为主体的价值关系。离开了对人的尊重，离开了对人潜能的挖掘及人格的陶冶，教育就不能被称之为教育。在教育过程中，始终应该以人为中心，高扬人的主题性。以个性塑造和行为方式的变革为目的的教育已成为当今世界老年教育发展的潮流和趋势，以人为基础开展教育正成为21世纪国际老年教育的主要内容与方法。以人为基础开展教育，其根本宗旨是尊重人的需要，弘扬人的个性，考虑人的兴趣特征，一切从人出发，一切又都是为了人。因此，21世纪的老年大学教师应从根本上树立“以学员发展为本”这一重要教育理念。老年教育不仅是培养人的手段，而且是老年大学学员全面发展和提高康养生活质量的重要途径；学员不再是教育的工具，而是教育的主体。老年教育的目的就在于关注每个学员的个性特点，创造各种机会让学员得到适合自己的教育，开发老年人的潜质，使每个老年人都能充分学会学习与养生。教师的角色也由实践者转化为研究者、由管理者转化为引导者。教师由实践者转化为研究者，是指教师不仅要做一个教书匠，更要做一个研究者，使自己不再是“匠才”，而要成为“将才”。教师不再只是系统地阐述和讲解教材内容，而要精心组织和再现教学情境，指导学员感受和体验，引导学员形成主动性学习的动机，帮助学员学得知识、形成能力，帮助老年大学学员发现、处理、分析、解决生活中遇到的各类问题。教师要以开放的思想、灵活的方法去进行机智的指导和循循善诱的启发。

二、创新型教师要有崭新的教育观念

创新型教师在教学过程中与传授型教师相比较，区别主要在于以下几点：

（一）教学过程的创造性。传授型教师强调的是学员的服从性，这使学员的一些新观点、新思考由于和教师的教学目标不一致而被打入“冷宫”，忽视了对学员的创造力、逆向思维的训练，学校所培养的人才可以说是一种“继承式”人才，而不是创造型人才。创新型教师表现为：教师在教学过程中，采用多种教学组织形式相结合的办法，有目的地设障立疑、拓展思路、启发诱导，充分调动学员学习的积极性和创造性。这不仅包括对知识的发展和创造，也在于形成对种种教育现象的质疑与反思的态度。不以某种“正确答案”为满足，而应让学员自己设计解决问题的方案，鼓励个体创新意识的形成。

（二）学员学习过程的主动性。传授型教师注重“满堂灌”“一言堂”，强调死记硬背，学员的学习目标不明确，大多为记忆知识而学，学习的兴趣和热情不高，掌握知识、发展能力只能成为一种虚无的假设。而创新型教师表现为：在教学过程中，充

分发挥学员的主观能动性，要求学员以主动探索的方式不断地加工和改造已有的信息和材料，达到对知识间相互关系的理解，使学员全面深入地掌握知识、发现真理，改变过去那种用“正确逻辑”统治头脑而使头脑成为“单向道”的状况。

（三）育人过程的综合性。传授型教师只重视基础知识和基本技能的传授，不注重培养学员的综合运用能力和综合性的发现问题、处理问题、解决问题的能力，忽视了学员的精神世界，造成了老年大学学员理想与信念的失落、学问和人格的背离，创造力的萎缩、意志力的退化等问题。而创新型教师表现为：教师在教学过程中传授给学员的并不是系统的学科知识，而是综合运用各类知识的能力、发现新知识的方法和本领；注重对学员人格、情感、意志、品质、性格的培养，以及高尚的审美情操和科学的世界观的塑造。

（四）评价手段的多样性。传授型教师对学员的评价标准是单一的。知识掌握的多少成了评价学员是否优秀的唯一尺度，以致出现忽略发散认知的现象，这不仅不能适应老年教学的需要，而且造成了人力资源和物质资源的浪费。而创新型教师表现为：教师对学员学习的评价着眼于学员学习的过程，重视学员在学习过程中表现出来的认知度和创造意识，让学员在学习过程中体验成功的乐趣和失败的教训，并对其在困难面前表现出来的能力进行评价。

三、创新型教师要有研究精神

传统意义上，教师被视为教学法及教育的理论者，他们的主要角色是“传道、授业、解惑”。长期以传授知识为主的传统教育模式，造就了知识传授型教师。但是在老年教育的实施过程中，创新性教育研究十分重要；在培养健康养老的创造性人才过程中，必须要求教师是富有创造性的。培养教师的创造性、建设创新型教师队伍最好的方式就是培育教师的研究精神。教师的研究内容不只包括传统意义上的学术性研究，而且包括现代意义上的教育与教学科学的研究。教师要培养自己的研究精神，首先应树立“终身学习”的理念。联合国教科文组织在 1972 年的报告《学会生存》中指出，“只有通过不断学习，才能完善自身成长”。教师只有不断地更新知识结构，才能把握人类文明发展的脉搏、把握教育发展的趋势，才能把老年教育引向世界、引向未来；只有与时代同步，才能在全新的老年教育融入现实教育的过程中，实现老年教育现代化，解决推进老年教育过程中遇到的新问题、新情况。从事老年教育的教师应该是研究者。教师的研究，应去粗取精、去伪存真，吸取精华、剔除糟粕。教师通过确定课题、制订计划、采取行动，批判性地反思自身的教育行为。这种反思既有对过去的理解性、继承性反思，也有对未来的尝试性、探索性思考；既有对个人的自我反思，也有对学员及教育环境的反思。种种思考共同交织于教师的行动中，使得教师的行动可以系统地、理性地、螺旋式地向着满足老年教育需求的目标靠近。

四、创新型教师要具备与新时代新要求相适应的综合素质

创新型教师对老年教育培养创造性人才具有至关重要的作用。当代的老年教育，对教师的素质提出了更高的要求。首先，教师要有积极的创新意识，要有较高的创造性思维能力，要掌握创造性思维训练的技法，要掌握创造学的基本知识，这是创新型教师的必备素质。其次，教师要有立体的知识结构，除了精通本专业知识、教育科学知识之外，还应当具有：（1）综合性知识结构。自然界的统一性和现代科学的整体性决定了创新型教师的知识结构的综合性。知识结构的综合性，主要表现对各学科知识的综合运用和融会贯通上。具有综合性知识结构的教师，较单一知识结构的教师更富有创造性，更能适应当今科学技术的发展和未来社会的需要，更能适应老年教育需求。（2）动态性知识结构。随着科学技术的不断发展，社会对人才的知识结构提出了更高要求。只有不断将知识结构除旧布新，才能保持知识的生机和活力。因此，创新型教师的知识结构须是开放性的动态结构。

五、创新型教师要参与老年教育教学决策

创新型教师的养成，在很大程度上取决于教师在教育的发展中是否具有真正的主体地位。传统意义上，教师大多不参与对教育的方针、政策，教学计划，教学大纲，教科书乃至学校的教学规章制度等的制定，而只是依照规范尽职尽责地“传道、授业、解惑”，更多地体现出工具性价值。在这种情况下，不可能培养出创新型教师。当前，人们已经认识到，没有创新型教师参与的教育改革是不会成功的。要培养创新型人才，就必须充分发挥教师的主体作用，使老年教育真正成为教师自己的事业，使学校成为教师的精神家园和滋养创新型教师的土壤。

发展老年教育、培养创造性人才，要靠创新型教师来完成。老年教育的发展，需要创新型教师，这就要求我们更新观念，制定新策略，选拔和激励热爱创新型教育的老年大学教师。我国近代教育家夏丏尊曾说：“没有爱就没有教育。”因此，在选拔未来老年教育师资的时候，就应对热爱老年教育、关爱老同志的教师，给予充分关照。那种只把理论知识的简单传授作为目的的老年教育已经不再适应时代发展要求。教师如果不热爱老年教育，又怎么能培养学员的创造精神、发展学员的个性呢？相反，老年大学教师如果以强烈的事业心、崇高的教师职业道德，以及为真理而奋斗的大无畏的探索精神和开拓精神来进行教学，那其所培养，以及影响的学员就绝不仅仅只是对学习感兴趣的学员，而是一批真正能老有所养、老有所为的学员。因此，各级各部门应高度重视对老年教育创新型教师的培养。

（郭友华：临沂市临沭县老年大学校长）

论老年合唱教育的提高与发展

◎ 王传涛

摘要：在老龄化趋势越来越明显的今天，怎样挖掘老年人的社会价值，减少社会负担，使老年人享受丰富、健康的晚年生活是亟须研究的问题。本文主要从老年合唱教育的教学实际出发，结合合唱教育的重要意义以及老年人的心理特征，对老年合唱教育的发展现状及未来发展方向做了初步的研究与分析。

关键词：党的十九大　老龄化　合唱教育

在党的十九大报告中，习近平总书记明确提出了关于老龄化的相关观点。中国现阶段已经进入老龄化社会，但中国的老龄化与其他国家的老龄化相比，未备先老、未富先老的特征十分明显。在老年教育中，存在着城乡差距大、教育设施不足等问题。增强老年教育能在一定程度上促进社会的和谐发展。

一、我国现阶段的人口状况

第七次全国人口普查结果显示，截至2017年，全国60岁及以上的老年人总数达2.6亿，占全国人口总数的18.7%，人口老龄化非常严重。要在这样一个老龄化社会的基础上建设、打造一个积极健康的中国，就必须解决养老问题。居家养老是中国传统的养老方式，但是随着独生子女家庭的父母陆续步入退休年龄，居家养老陷入困境，空巢老人日渐增多。老龄化社会的到来给现阶段正在发展的中国带来了一系列的社会问题，例如老年人的养老问题、健康问题等，这些都给社会发展带来了很大压力。

在党的十九大报告中，习近平总书记明确提出，要“积极应对人口老龄化，构建养老、孝老、敬老政策体系和社会环境，推进医养结合，加快老龄事业和产业发展”。人口老龄化既是一种机遇，也是一种挑战，我们不应该把老年人当作社会的负担，而应当作社会的资源。面对人口老龄化这一现状，我们要积极应对，让老年人能在老年阶段实现自我价值。在教育方面要实现教育公平、教育平等，保障老年人的受教育权利。

二、北京的景山现象带来的启示

几年前，北京景山公园里面仅有几十个人聚在一起唱歌，但是现在一到周末，北京景山公园里面就有几千位老人自发组织唱歌队伍。这些唱歌队伍中的老年人有的是退休工人，有的是退休教师，还有的是退休工程师，虽然他们的职业背景相去甚远，但是一旦美妙的歌声响起，这些老人们就忘记了彼此之间工作经历的不同，都沉浸在美妙的歌声当中。据了解，这些老人比较喜欢唱一些革命歌曲，例如《四渡赤水出奇兵》《没有共产党就没有新中国》等。一些老人在采访中表示，他们喜欢这类歌曲的原因是听到熟悉的歌声就感觉自己又年轻了。

因此，笔者认为老人们对合唱的喜爱，是对于归属和爱的需求的一种表现；步入老年生活的他们希望和身边的人进行交流，希望被社会接纳与重视。由于退休而引起的心理上的落差需要通过参与一些社会活动来调节，而合唱恰恰是符合老年人内心需求的一种消遣方式，能够帮助老年人恢复自信、融入社会，从而促进社会和谐。

三、老年合唱教育的发展现状及特征

（一）合唱组织数量多。合唱由于参与人数多、门槛低，活动量适中，而受到很多老年人追捧。现阶段，全国范围内老年合唱团的数量已经超过600个，人数较多的合唱团能够达到几百人，相关会员单位已经超过300个，还有一些自发组织的社区老年合唱团。

（二）组织形式多样，水平不一。一是社区自发的合唱组织。这种组织在公园、社区活动中心较为多见，每天都会安排活动，歌曲的选择和训练较为随意，他们大多没有专业的教师，指挥和老师多数为音乐爱好者。二是各地音协组织的合唱团。这类合唱团的教师和指挥均为专业人员，一般一周活动一次，水平相对较高。三是大型机关单位、高等职业院校离退休干部组成的老年合唱组织。这类合唱组织的参与人为企事业单位、高等职业院校的离退休人员，活动场所固定、经费有保障、人员素质较高。四是各地老年大学的合唱班。在老年大学最受欢迎的科目中，声乐毋庸置疑位列首位。以临沂市老年大学为例，已经开设了4个声乐班，每个班级人数为100人，但仍不能满足老年大学学员的需求。在这种情况下，各地老年大学往往会选拔声乐素养较高的学员组成合唱团，一方面可以分流声乐班学员，另一方面能便于组织排练节目。老年大学合唱团的团员虽然相对声乐班学员水平较高，但因老年大学学员声乐素养整体较低，声乐水平也不易提高，因此在曲目选择上受到限制。当然，在这些组织中，有很多发展较好的合唱团，例如金陵老年大学合唱团、江苏省老年文化大学合唱团等。在江苏省老年文化大学，所有申请加入合唱团的老年大学学员都要经过一系列的音乐考试，例如识谱、歌唱等。只有通过考试的老年大学学员才能够加入合唱团，这种考核方式给合唱教学课程带来了较好的教学基础。

四、现阶段老年合唱教育存在的问题

（一）对于合唱指挥的认识不够。在现阶段的老年大学合唱教育中，指挥的整体水平相对较低，一方面是因为学校对合唱指挥重要性认识欠缺，另一方面是指挥人才缺失，在合唱指挥的选择上过于随意。

（二）频繁调换教师和指挥。从事老年合唱教育的教师大多是外聘人员，他们中很多人有自己的主业，从事老年合唱教育只是兼职或者本着服务奉献的理念，而一旦与自己的主业发生矛盾，就可能放弃教学。这就造成教师和指挥频繁更换，合唱团的教学和训练经常被打乱。

（三）老年人的参与度不高。参与老年教育学习的学员基本上都是经济状况良好或受教育程度较高的老年人，而在一些农村或者偏远地区，老年人则没有办法或者说没有想法来参加老年教育。造成这种情况的原因主要是社会上对于老年教育的重要性以及必要性等方面还存在着认识不足的问题，影响了老年人参与老年教育的积极性。这一情况导致很多热爱声乐、热爱合唱的老年人参与不到老年教育中来。

五、老年合唱教育的发展建议

（一）提高老年人的音乐素养。归根结底，老年合唱教育发展受到阻碍的主要原因是老年人的音乐素养普遍较低。因此，首先要加强对老年人的音乐培训，制订一套合理可行的计划与方案。老年人对于音乐的理解简单而又固定，改变起来非常困难，所以在对他们进行乐理知识教学时不能以灌输为主，要使用一点技巧，让老年人在轻松的氛围中获得提升。比如，可以给老年人播放一些经典音乐，让老年人在娱乐中享受和品味音乐，体会作品中所蕴含的情感。其次，在合唱教学中，要加强管理力度。合唱不是个人独唱，合唱团是一个音乐团体，因此，一套完善的管理体制必不可少。在进行合唱的过程中，每个人都要集中精神、尽到全力，不应该散漫、懒惰。无论是在日常的合唱练习中，还是在比赛中，都要听从指挥。对于一些态度散漫、不认真的老年人，要及时进行教育。在每次日常练习中，相关的管理人员也要尽到责任与义务。

（二）在具体的合唱教学中，根据老年人的特点因材施教、有的放矢。首先，加强科学的发声训练。虽然是合唱，但是对每个人的发声也有要求，要求每一个人都要有正确的、合理的发声方式。开展这方面的训练，要从发声训练入手。老年合唱团的成员是老年人，因此要根据老年人的实际情况以及心理承受能力去开展发声训练，不要强行让老年人拔高音域。其次，根据老年人的特点选择合适的曲目。选择的合唱曲目要与老年人的喜好相符，在这个基础上再进行理论讲解与传授会取得更好的效果。再次，提高老年人的音乐审美能力。在对老年人进行教学的时候，可以多让老年人欣赏各种类型的合唱表演，来扩大自己的音乐视野，提高感受能力。同时，欣赏一些高水平的音乐曲目，能够让老年人得到身心上的放松、心灵上的享受，从而激发老年人对音乐的追求。

（三）加强对老年合唱教育的投入。老年合唱团的建设面临着很多困难，例如资金不足、基础设施建设不足等。对此，各地政府、相关部门应该加强重视，在资金上予以倾斜、在场地上进行支持等。同时要注重培养专业的合唱教育人员。老年教育领域的很多教师都是兼职教师，许多教师并没有专业知识背景，而合唱教学不同于普通的声乐教学，它有自己专门的体系，需要专业的人员。

六、小结

现阶段，老年人日益增长的美好生活需求与我国老年教育发展不平衡、不充分之间的矛盾日益凸显，加强老年教育刻不容缓。提高老年合唱教育质量、兼顾教育平等等有效举措，给老年人的生活注入了很大的活力。开展老年合唱教育是社会发展的大势所趋，有利于社会的和谐与稳定。

党的十八大明确指出，教育的根本任务是立德树人。老年教育也要以立德树人为目标，既要传授知识、讲授技巧，同时也要给老年大学学员树立正确的“三观”。随着社会时代的变迁，各种新的价值观念、理念以及新鲜的事物都冲击着老年人的思想观念。老年大学要引导老年人与时俱进，在合唱教育中陶冶情操，坚持社会主义核心价值观，坚持为社会服务。

（王传涛：临沂市老年大学教务科科员）

【参考文献】

［1］王敏霞：《影响老年人身心健康的原因分析及护理对策》，《解放军护理杂志》2008 年第 8 期。

［2］李琨：《老年合唱艺术活动的初步研究与实践体现》，南京师范大学硕士论文，2016。

［3］孙慧琴：《保定市老年合唱艺术活动研究》，河北大学硕士论文，2010。

［4］石英：《从中国合唱教育现状看高职合唱教育存在的问题与对策》，曲阜师范大学硕士论文，2012。

［5］张全：《枣庄市老年合唱团发展现状与探究》，曲阜师范大学硕士论文，2014。

老年教育在老年人心理健康方面的作用研究

◎ 郭玉强　刘桂青　袁琛

摘要：本文目的是通过对老年教育在老年人心理健康方面作用的研究，探寻老年教育对老年人心理建设的作用。方法是选取德州老年大学学员635名，收集年龄、性别、受教育情况等一般资料以及在老年大学的学习时间、选学课程数量等老年大学学习情况，应用焦虑自评量表（SAS）、抑郁自评量表（SDS）来评价学员的焦虑、抑郁状况，采用“多元线性回归分析”来解析学员的心理状况及其影响因素，并探讨老年教育在其中的作用。结果是学习1种老年大学课程的学员SAS评分及SDS评分显著高于学习至少2种老年大学课程的学员的对应评分，患有慢性病（冠心病、高血压、糖尿病、脑梗死等）的学员SAS评分及SDS评分亦显著高于无慢性病史的学员的对应评分；相较于老年大学学习时间小于等于3年的学员，学习时间超过3年的学员SDS评分更低，差异有统计学意义（$P<0.01$）。多元线性回归分析显示，患有慢性疾病是学员SAS评分及SDS评分升高的重要影响因素，而学习老年大学课程的数量与SAS评分呈负相关，老年大学学习时间与SDS评分亦呈负相关，提示老年教育在改善学员的焦虑及抑郁状况方面具有积极作用。结论是老年教育在改善老年人心理健康方面具有积极作用。

关键词：老年教育　焦虑　抑郁

根据2021年第七次全国人口普查结果，全国65岁及以上人口约为19064万人，占总人口的13.5%。根据联合国关于老龄化的划分标准，我国将进入中度老龄化社会。目前，国家从多个层面推进健康老龄化，其中，实施老年人心理关爱项目尤为重要。本研究尝试通过对老年教育在老年人心理健康方面作用的研究，来探寻老年教育对老年人心理建设的作用。

一、对象与方法

（一）研究对象。选取2021年4月至2021年6月德州老年大学学员为研究对象，总共发放调查问卷775份，回收有效问卷635份（占总问卷数的81.9%）。其中，男139人、女496人，年龄在43—83岁之间，平均年龄58.78 ± 6.07岁。所有研究对象均被告知研究内容并自愿参与本研究。

（二）研究工具。自编一般情况调查表，由研究对象本人填写，内容包括性别、年龄、受教育程度、生活状态（独居/和配偶或子女一起生活）、有无慢性疾病（冠心病、高血压、糖尿病、脑梗死等）及选学的老年大学课程数量、老年大学上学年限等老年大学学习信息。焦虑自评量表（Self-Rating Anxiety Scale， SAS），该量表包括 20 个题目，评分分为 4 个等级，粗分为所有条目得分相加，标准分为粗分乘以 1.25 后的整数部分，SAS 标准分的分界值为 50 分。其中，50—59 分为轻度焦虑，60—69 分为中度焦虑，70 分及以上为重度焦虑，本研究以 50 分为分界值。抑郁自评量表（Self-Rating Depression Scale， SDS），该量表包含 20 个条目，评分分为 4 个等级，粗分为所有条目得分相加，标准分为粗分乘以 1.25 后的整数部分，SDS 标准分的分界值为 50 分，其中 50—59 分为轻度抑郁，60—69 分为中度抑郁，70 分及以上为重度抑郁。

（三）测评过程。由专业精神科医生对测评人员进行培训，方便其熟悉、理解量表条目。所有调查量表由研究对象本人填写，对因年龄偏大、文化程度偏低、书写困难等原因不能自行完成问卷调查的研究对象，由测评员仔细询问后代为填写。

（四）统计学处理。采用 SPSS 22.0 软件进行数据统计分析。对于数值型变量进行 K-S 正态性检验，正态分布数据用均数 ± 标准差表示，符合正态分布的计量资料采用独立样本 t 检验，对于单因素分析中具有统计学意义的变量进行多元线性逐步回归分析。$P<0.05$ 为差异有统计学意义。

二、结果

（一）研究对象焦虑及抑郁状况。根据 SAS 标准分评分，合并焦虑者（SAS 评分 ≥ 50 分）18 人，占总体的 2.8%，SAS 评分为 30.06 ± 7.48 分；根据 SDS 评分，合并抑郁者（SDS 评分≥ 50 分）35 人，占总体的 5.5%，SDS 评分为 31.58 ± 8.40 分。

（二）总体 SAS 评分单因素分析。如表 1 所示，SAS 评分在性别、年龄、生活状态、受教育情况、老年大学学习时间方面无统计学差异（$P>0.05$）；选学至少 2 种老年大学课程的学员 SAS 评分低于只选择 1 种老年大学课程学习的学员；相较于伴有慢性疾病的学员，无慢性病的学员 SAS 评分偏低，差异有统计学意义（$P<0.05$）。

表 1 SAS 评分及影响因素分析

变量	分类	N	SAS 评分（均数 ± 标准差）	t 值	P 值
性别	男	139	29.58 ± 7.49	0.851	0.395
	女	496	30.19 ± 7.48		
年龄	＜ 65 岁	522	29.77 ± 7.01	1.773	0.078
	≥ 65 岁	113	31.41 ± 9.27		
生活状态	独居	32	30.78 ± 7.67	0.559	0.576
	非独居	603	30.02 ± 7.48		

续表

变量	分类	N	SAS 评分（均数 ± 标准差）	t 值	P 值
受教育情况	≤ 12 年	333	30.52±8.03	1.600	0.110
	＞12 年	302	29.57±6.81		
课程数量	1 种	488	30.50±7.89	3.218	0.001*
	≥ 2 种	147	28.60±5.71		
老年大学学习时间	≤ 3 年	491	30.27±7.82	1.288	0.198
	＞3 年	144	29.35±6.18		
慢性疾病	有	144	31.78±8.21	2.946	0.004*
	无	491	29.55±7.18		

*P<0.05 为差异有统计学意义

（三）总体 SDS 评分单因素分析。如表 2 所示，SDS 评分在性别、生活状态、受教育情况方面无统计学差异（P>0.05）。年龄大于等于 65 岁、学习 1 种老年大学课程、老年大学学习时间小于等于 3 年、有慢性疾病的学员 SDS 评分高于年龄小于 65 岁、学习课程数量大于等于 2 种、老年大学学习时间大于 3 年、无慢性疾病的学员 SDS 评分，差异有统计学意义（P<0.05）。

表 2 SDS 评分及影响因素分析

变量	分类	N	SDS 评分（均数 ± 标准差）	t 值	P 值
性别	男	139	31.78±8.91	0.308	0.758
	女	496	31.53±8.27		
年龄	＜65 岁	522	31.18±7.99	2.256	0.026*
	≥ 65 岁	113	33.43±9.94		
生活状态	独居	32	33.31±9.28	1.195	0.232
	非独居	603	31.49±8.35		
受教育情况	≤ 12 年	333	31.98±8.69	1.235	0.217
	＞12 年	302	31.16±8.07		
课程数量	1 种	488	32.09±8.78	3.165	0.002*
	≥ 2 种	147	29.91±6.80		
老年大学学习时间	≤ 3 年	491	31.97±8.61	2.170	0.030*
	＞3 年	144	30.25±7.54		
慢性疾病	有	144	33.67±9.51	3.099	0.002*
	无	491	30.97±7.96		

*P<0.05 为差异有统计学意义

（四）SAS 及 SDS 评分性别分层分析。为进一步明确性别对 SAS 评分及 SDS 评分的影响，进行性别分层分析。女性 SAS 评分在课程数量及慢性疾病方面均有统计学差异（P<0.05），在年龄、生活状态、受教育情况、老年大学学习时间方面无统计学意义（P>0.05）。女性 SDS 评分差异在课程数量、老年大学学习时间及慢性疾病方面均有统计学意义（P<0.05），在年龄、生活状态、受教育情况方面无统计学意义（P>0.05），具体如表 3 所示。

表 3　女性 SAS 评分及 SDS 评分影响因素

变量	分类	N	SAS 评分（均数 ± 标准差）	t 值	P 值	SDS 评分（均数 ± 标准差）	t 值	P 值
年龄	＜ 65 岁	430	29.97±7.35	1.739	0.083	31.37±8.22	1.122	0.262
	≥ 65 岁	66	31.68±8.18			32.59±8.54		
生活状态	独居	28	30.86±8.15	0.483	0.629	33.04±9.18	0.993	0.321
	非独居	468	30.15±7.45			31.44±8.21		
受教育情况	≤ 12 年	272	30.67±8.10	1.529	0.127	31.83±8.29	0.849	0.396
	＞ 12 年	224	29.64±6.63			31.19±8.25		
课程数量	1 种	371	30.77±7.96	3.525	＜ 0.001*	32.15±8.65	3.297	0.001*
	≥ 2 种	125	28.50±5.52			29.68±6.71		
老年大学学习时间	≤ 3 年	389	30.33±7.70	0.783	0.434	31.91±8.52	1.967	0.050*
	＞ 3 年	107	29.69±6.62			30.14±7.12		
慢性疾病	有	88	32.34±8.12	2.785	0.006*	33.17±9.05	2.061	0.040*
	无	408	29.73±7.26			31.17±8.06		

*P<0.05 为差异有统计学意义

男性 SAS 评分分层分析各项均无统计学差异（P>0.05）。男性 SDS 评分方面，65 岁及以上学员 SDS 评分高于年龄不足 65 岁者 SDS 评分，有慢性疾病男性学员 SDS 评分高于无慢性疾病男性学员 SDS 评分，差异均有统计学意义（P<0.05），具体见表 4 所示。

表 4　男性 SAS 评分及 SDS 评分影响因素

变量	分类	N	SAS 评分（均数 ± 标准差）	t 值	P 值	SDS 评分（均数 ± 标准差）	t 值	P 值
年龄	＜ 65 岁	92	28.85±5.06	1.320	0.192	30.33±6.76	2.338	0.023*
	≥ 65 岁	47	31.02±10.70			34.62±11.62		

续表

变量	分类	N	SAS 评分（均数 ± 标准差）	t 值	P 值	SDS 评分（均数 ± 标准差）	t 值	P 值
生活状态	独居	4	30.25±3.10	0.180	0.857	35.25±11.27	0.790	0.431
	非独居	135	29.56±7.59			31.67±8.86		
受教育情况	≤ 12 年	61	29.85±7.74	0.374	0.709	32.69±10.35	1.068	0.287
	＞12 年	78	29.37±7.34			31.06±7.58		
课程数量	1 种	117	29.66±7.64	0.273	0.785	31.88±9.20	0.315	0.754
	≥ 2 种	22	29.18±6.80			31.23±7.30		
老年大学学习时间	≤ 3 年	102	30.02±8.27	1.470	0.144	32.22±8.97	0.964	0.337
	＞3 年	37	28.38±4.62			30.57±8.73		
慢性疾病	有	56	30.91 ±8.35	1.729	0.086	34.45±10.21	2.811	0.006*
	无	83	28.69±6.76			29.98±7.44		

*$P<0.05$ 为差异有统计学意义

（五）SAS 及 SDS 评分年龄分层分析。为进一步明确年龄对 SAS 评分及 SDS 评分的影响，进行年龄分层分析。

对于 65 岁及以上学员而言，伴有慢性疾病的学员 SAS 评分及 SDS 评分均高于无慢性疾病的学员的对应评分，差异有统计学意义（$P<0.05$）；SAS 评分及 SDS 评分在性别、生活状态、受教育情况、老年大学课程数量及学习时间方面无统计学意义（$P>0.05$），具体如表 5 所示。

表 5　65 岁及以上老年学员 SAS 评分及 SDS 评分影响因素

变量	分类	N	SAS 评分（均数 ± 标准差）	t 值	P 值	SDS 评分（均数 ± 标准差）	t 值	P 值
性别	男	47	31.02±10.70	0.372	0.711	34.62±11.62	1.016	0.313
	女	66	31.68±8.18			32.59±8.54		
生活状态	独居	10	35.00±10.00	1.287	0.201	36.00±10.57	0.854	0.395
	非独居	103	31.06±9.17			33.18±9.89		
受教育情况	≤ 12 年	71	31.13±8.70	0.416	0.678	33.45±10.00	0.024	0.981
	＞12 年	43	31.88±10.26			33.40±9.96		

续表

变量	分类	N	SAS 评分（均数 ± 标准差）	t 值	P 值	SDS 评分（均数 ± 标准差）	t 值	P 值
课程数量	1 种	94	31.87±9.57	1.189	0.237	34.18±10.26	1.795	0.075
	≥ 2 种	19	29.11±7.44			29.74±7.30		
老年大学学习时间	≤ 3 年	75	31.83±9.90	0.674	0.502	34.13±10.39	1.052	0.295
	＞3 年	38	30.58±7.95			32.05±8.96		
慢性疾病	有	64	33.67±9.88	2.318	0.022*	35.71±10.16	2.169	0.032*
	无	49	29.67±8.45			31.69±9.48		

*P<0.05 为差异有统计学意义

对于 65 岁以下学员而言，学习 2 种及以上老年大学课程的学员的 SAS 评分及 SDS 评分均低于学习 1 种课程者的对应评分，差异有统计学意义（P<0.05）；老年大学学习时间 3 年以上者的 SDS 评分低于学习时间小于等于 3 年者的 SDS 评分，差异有统计学意义（P<0.05）；其余比较均无统计学意义（P>0.05），具体如表 6 所示。

表 6　65 岁以下老年学员 SAS 评分及 SDS 评分影响因素

变量	分类	N	SAS 评分（均数 ± 标准差）	t 值	P 值	SDS 评分（均数 ± 标准差）	t 值	P 值
性别	男	92	28.85±5.06	1.389	0.166	30.33±6.76	1.133	0.258
	女	430	29.97±7.35			31.37±8.22		
生活状态	独居	22	28.86±5.63	0.618	0.537	32.09±8.62	0.545	0.586
	非独居	500	29.81±7.07			31.14±7.97		
受教育情况	≤ 12 年	262	30.35±7.85	1.898	0.058	31.59±8.28	1.132	0.258
	＞12 年	259	29.19±6.01			30.80±7.69		
课程数量	1 种	394	30.17±7.41	2.710	0.007*	31.59±8.32	2.262	0.025*
	≥ 2 种	128	28.52±5.44			29.94±6.75		
老年大学学习时间	≤ 3 年	416	29.99±7.36	1.685	0.093	31.58±8.20	2.288	0.023*
	＞3 年	106	28.92±5.38			29.60±6.89		
慢性疾病	有	95	30.81±7.06	1.605	0.109	32.61±9.03	1.932	0.054
	无	427	29.54±6.99			30.86±7.71		

*P<0.05 为差异有统计学意义

（六）老年大学学员心理健康影响因素分析。对 SAS 评分进行多元线性回归分析发现，老年大学课程数量及慢性疾病是影响 SAS 评分的影响因素（P<0.05），详见表 7。

表 7　SAS 评分的多元线性回归分析

变量	偏回归系数	标准误	标准化偏回归系数	t 值	P 值
课程数量	−1.097	0.554	−0.078	−1.981	0.048*
慢性疾病	2.134	0.708	0.119	3.013	0.003*

*P<0.05 为差异有统计学意义

将各变量引入多元逐步回归分析模型，结果显示，老年大学学习时间及慢性疾病是 SDS 评分的影响因素（P<0.05），详见表 8。

表 8　SDS 评分的多元线性回归分析

变量	偏回归系数	标准误	标准化偏回归系数	t 值	P 值
老年大学学习时间	−0.831	0.420	−0.078	−1.980	0.048*
慢性疾病	2.933	0.795	0.146	3.688	<0.001*

*P<0.05 为差异有统计学意义

三、讨论

近年来，随着人口老龄化进程的加快，老年人心理健康问题日益突出。生理机能退化、认知能力下降、社会参与度降低、家庭小型化及空心化等因素导致老年人更易于出现心理问题。Meta 分析显示，我国社区老年人抑郁发病率约为 22.8%。各地区发布的数据由于调查方法及选用量表的不同又存在地区差异。滕海英等人研究指出，西安市社区老年人心理疾病发病率约为 27.1%，牛建梅等人采用老年抑郁量表（GDS）对银川市 5 所养老机构及 5 个社区的 1043 名老年居民筛查发现，抑郁发病率约为 32.0%。本研究结果显示，德州老年大学学员心理健康状况整体较好，焦虑发生率约为 2.8%，抑郁发病率约为 5.5%，远低于全国平均水平及各地区发布的数据，这说明老年教育可提高老年人的心理健康水平。

本研究共纳入 635 名学员，其中女性 496 名，比重高达 78.1%，表明德州老年大学学员以女性为主，提示可进一步细化老年大学的课程设置，关注性别差异，进一步满足不同学员的需求；65 岁及以上者 113 名，占比 17.8%，65 岁以下者 522 名，占比 82.2%，表明学员以 65 岁以下的老年群体为主；教育年限超过 12 年者 302 名，占比 47.6%，受过高等教育者占比将近半数，提示德州老年大学学员整体文化水平较高；伴有慢性疾病者 144 例，占比 22.7%，无慢性基础疾病（冠心病、高血压、糖尿病、脑梗死）者 491 例，占比 77.3%，表明德州老年大学学员的整体健康状况尚可。对于老年大学学习方面，选学 2 种及以上老年大学课程者 147 名，学习年限超过 3 年者 144 例，均仅占 23.1%，提示学员学习积极性有待进一步提升。

目前，多数研究认为性别差异影响老年人心理健康状况。如戴黄艳等人采用焦虑自评量表、老年抑郁量表对广东省粤西地区 739 名老年大学学员进行调查研究，发现性别是学员心理健康的重要影响因素之一。王晓燕等人应用焦虑自评量表（SAS）、抑郁自评量表（SDS）对江西省吉安市 2258 例社区老年居民进行调查研究，发现婚姻状况、性别、文化程度可影响 SAS 评分及 SDS 评分。然而，本研究结果并未发现 SAS 评分及 SDS 评分存在性别差异，考虑与选取样本整体结构及地区差异有关。性别差异在老年人心理健康方面的作用尚需用大样本的研究做进一步的探讨、论证。此外，之前研究倾向认为，独居老年人心理健康状况较差。但在本研究中，独居在 SAS 评分及 SDS 评分方面亦未发现统计学意义，考虑与德州老年大学学员以城镇居民为主有关。相比于农村地区的社会支持系统，城市的社会支持系统较为完善，独居老人生活较为便利；对比农村独居老人的心理健康水平，城市独居老人的心理健康水平更高。

本研究发现，相较于 65 岁以下男性，65 岁及以上男性的抑郁评分偏高，提示年龄是影响老年男性心理健康的重要因素。与此同时，随着年龄的不断增长，老年人身体机能逐渐下降，慢性疾病的发病概率上升，慢性疾病成为老年人心理健康的重要影响因素之一。厦门市针对 382 名社区老年人进行调查研究，发现合并慢性疾病是引发老年人焦虑、抑郁的独立危险因素。本研究结果显示，冠心病、糖尿病、高血压、脑梗死等慢性疾病是影响 SAS 评分及 SDS 评分的独立危险因素，与上述研究结果一致，提示我们在今后的老年大学工作中，可针对老年人的健康状况，联合相关医疗部门及机构，开设健康科普讲座及培训课程，进一步提升老年人的健康理念，改善其健康状况。

本研究中，选修多种课程的学员 SAS 评分、SDS 评分均低于只选修 1 门课程的学员的对应评分，特别是在女性学员及 65 岁以下学员群体中差异明显；学习年限超过 3 年的学员 SDS 评分低于学习年限不足 3 年及整 3 年者 SDS 评分，在女性学员及 65 岁以下学员群体中差异显著；通过多元线性逐步回归分析发现，课程数量与 SAS 评分呈反比，老年大学学习时间与 SDS 评分亦呈反比，提示选学老年大学课程的数量可影响学员的焦虑状况，老年大学学习时间可影响学员的抑郁状况，所以，选修多种课程及长期学习有助于改善老年人焦虑、抑郁等心理健康状况。

四、结论

德州老年大学学员焦虑发生率约为 2.8%，抑郁发病率约为 5.5%，远低于全国平均水平及各地区发布的数据。学员整体心理健康状况良好，提示老年教育可提高老年人的心理健康水平。

选学老年大学课程的数量可影响学员的焦虑状况，老年大学学习时间可影响学员的抑郁状况，所以，选修多种课程及长期学习有助于改善老年人焦虑、抑郁等心理健康状况。

合并慢性疾病是老年人心理健康的重要影响因素。要针对老年人的健康状况，加强医疗支持，开展医学科普及保健培训，提升老年人的健康理念，改善其健康状况。

（郭玉强：德州老年大学教研室档案馆员 / 刘桂青：德州老年大学副校长 / 袁琛：德州老年大学教务科长）

【参考文献】

［1］Dugan W, McDonald MV, Passik SD, et al. "Use of the Zung Self-Rating Depression Scale in cancer patients: feasibility as a screening tool" *Psycho-Oncology* 7, no. 6 (1998) : 483-493.

［2］段泉泉、胜利：《焦虑及抑郁自评量表的临床效度》，《中国心理卫生杂志》2012 年第 9 期。

［3］聂晓璐、王红英、孙凤等：《2000—2012 年中国社区人群老年期抑郁情绪检出率——系统综述和更新的 Meta 分析》，《中国心理卫生杂志》2013 年第 11 期。

［4］滕海英、王倩云、熊林平等：《西安市社区老年人心理健康状况及其影响因素分析》，《第二军医大学学报》2012 年第 10 期。

［5］牛建梅、孔繁智、张研婷、尚玉秀：《老年居民抑郁与情绪调节策略的相关性研究》，《中华流行病学杂志》2017 年第 12 期。

［6］戴黄艳、罗京滨、方建生、吴胜权、林静：《粤西地区老年大学学员心理健康及其影响因素》，《中国老年学杂志》2021 年第 7 期。

［7］王晓燕、戚燕：《江西省吉安市社区老年居民焦虑抑郁现状及影响因素》，《中国老年学杂志》2016 年第 6 期。

［8］张梦洁：《居住方式对老年人健康的影响研究》，华中科技大学博士论文，2019。

［9］张河川、张晓芬、郭思智：《独居老年人心理健康状况与社会支持关系》，《中国公共卫生》2010 年第 4 期。

［10］陈凌炜：《影响社区老年人焦虑、抑郁发生的相关因素及干预对策》，《江苏医药》2014 年第 1 期。

多元融合打造新时代老年大学校园文化

◎ 张宏祥

摘要：随着老年大学学员参与校园学习活动的频次逐渐增多，很多老年大学学员将更多精力投入到校园文化活动中。加强老年大学校园文化建设，增强学校软实力，已经成为提升老年大学办学水平的重要工作。德州老年大学通过不断探索改进，逐渐形成了以红色文化为底色、以为老文化为支撑、以志愿者文化为延伸的校园文化。

关键词：老年大学　校园文化　红色文化　为老文化　志愿者文化

随着老年人对精神文化需求的不断增长，老年大学的发展越来越受到社会关注。近年来，德州市委、市政府将“大力发展老年教育，办好老年大学”明确写入全市“十四五”规划和2035年远景目标建议，切实将老年大学建设作为一项民生工程来抓。在此基础上，德州老年大学硬件设施不断提升，办学规模不断扩大。如今，老年大学学员参与校园学习活动的频次逐渐增多，很多老年大学学员已经不再满足于仅到学校学习知识技能，而是将更多精力投入到校园文化活动中。因此，增强学校软实力，实现规范化管理、人性化服务，建设多层次、开放性、综合性的校园文化已经成为提升老年大学办学水平的题中应有之意。

老年大学校园文化是学校在自身发展过程中形成的独特文化形态。近年来，德州老年大学以“政治立校”为根本，将党史学习教育、创建全国文明城市等多种元素与老年大学学员的学习、生活相融合，不断探索改进，逐渐形成了以红色文化为底色、以为老文化为支撑、以志愿者文化为延伸的校园文化，并潜移默化地影响着每一名教师和学员的校园生活。

一、坚持政治立校，弘扬红色文化

2021年7月，德州老年大学党支部开展的“不忘初心，永远跟党走”主题党日活动被德州市直机关工委评为优秀主题党日案例。在做好“规定动作”的基础上，此次活动创新性地邀请了学员临时党支部书记、各党小组组长、教师代表、学员代表参加，听取建议、交流讨论，制定出一系列针对全校老年大学学员的党史学习教育活动方案。方案旨在发掘班级中每位学员的特长，运用丰富多彩的形式，让越来越多的学员参与到党史学习教育活动中来。

喜迎建党100周年，是全党政治生活中的一件大事，深入开展党史学习教育是一项重要政治任务。德州老年大学以此为契机，将党史学习教育与推动老年教育高质量发展的主责主业紧密结合，充分发挥学员临时党支部的领头雁作用，创新性地建立了包括“在线微课堂”“课前微宣讲”“课间微展播”“公益大讲堂”的“三微一大”党史学习模式，不断加强老年教育思想政治建设，促进全校教职员工、党员干部和学员进一步坚定理想信念、强化政治担当、创造优异成绩，营造“感党恩、听党话、跟党走”的红色校园文化。

搭建“在线微课堂”。坚持把党史学习教育融入日常教学和学员管理中，组建老年大学微信“班长群”“班级群”，定期发布、转发“党史上的今天”“历史瞬间”“百年先锋人物”等典型事迹以及“灯塔－党建在线”“学习强国”等平台的党史学习教育内容。搭建“党史学习云平台”，组织开展“红色电影云端看”系列活动，让广大学员可以通过微信扫码收听、收看系列有声读物、在线专题讲座和百部红色电影，让老年大学学员随时随地线上学党史、悟初心。

组织“课前微宣讲”。定期邀请老年大学优秀讲师和学员中的老教授、老专家以及“五老”志愿者担任党史宣讲员，为学员做课前宣讲。将“四史”学习、德州历史学习、老年大学建校史学习相结合，既讲党史国史，也讲德州本地和老年大学自己的发展史，还讲身边先进人物的典型事迹，有效激发了学员参与学习的热情，增强了党史学习教育的针对性、实效性。

开展“课间微展播”。精心选取党史微电影、“德州 e 党史”初心讲堂、《百炼成钢》党史微纪录片中的优秀作品，制成 100 余集学习视频，利用课间 10 分钟，通过班级多媒体智能教学黑板循环展播，让老年大学学员在课间休息时学习党史知识、交流观影感悟、接受思想洗礼。

举办“公益大讲堂”。大讲堂分为党史学习教育、专业知识、名师授课、班级竞赛、作品展示等模块，每个模块由若干期组成，每期都有明确的主题，并邀请专业领域内的知名专家学者、优秀教师，围绕党史学习、智慧助老、医疗保健、文学艺术、防诈骗等专题开展公益讲座、培训，让更多老年人共享德州老年大学和老年教育发展成果。目前，德州老年大学的公益大讲堂已经举办了“呵护爱眼”“智慧助老”“国粹新声”“瑜伽形体”“武韵太极”“写意书画”等多期讲座，受到老年大学学员的广泛欢迎。目前，已举办“公益大讲堂”12 期，受众超过 1500 人。

二、立足学员满意，打造为老文化

老年大学是老年人更新知识的课堂、健身养心的场所、开心娱乐的园地、广交朋友的平台。老年大学学员满不满意，是衡量老年大学工作成不成功的关键。近年来，德州老年大学将为老文化渗透进学校工作的方方面面，在学校发展建设、报名招生方式、专业课程设置等工作中，积极满足老年群体多样性、层次性、实用性的需要，明确学校工作的方向，努力提高老年大学办学质量，使老年大学学员真正感到老有所教、老有所学、老有所乐。

启用新校区实现就近入学。2021 年上半年，德州老年大学东校区经过两年的筹备正式投入使用。东校区的教学面积达 7400 平方米，配备了瑜伽、舞蹈、钢琴、电子琴等 12 间教室，年可接收学员万余人次；在声乐、书法等教室启用了电子智能大屏，使学员无论坐在教室里的哪个位置都能看清楚屏幕。东校区的启用填补了德州市主城区东部老年教育的空白，方便了学员就近上学，扩大了德州老年大学的办学规模，改善了办学条件，缓解了热门专业“一座难求”的情况。

合作办学满足上学需求。2021 年 7 月 2 日，德州老年大学与德州职业技术学院合作办学协议签订暨德州职业技术学院老年大学和德州老年大学教学培训基地、志愿服务基地揭牌仪式举行。为满足更多老年人到老年大学学习知识技能的需要，德州老年大学努力扩大老年教育的覆盖面。近年来，德州老年大学与德州职业技术学院、德州市青少年宫、德州市水利局、长河街道尚德社区、广川街道岔河社区等符合条件的单位、社区开展合作办学，成立了德州职业技术学院老年大学、德州市水利局老年大学以及德州市青少年宫、尚德社区、岔河社区办学点，加强老年教育资源的有效供给。老年大学与合作单位在办学方式、资源建设、在线学习、专业设置、沟通协作等方面探索建立新机制，为老年人提供就近、便捷、高品质的教育服务。

网络报名缓解报名困难。近年来，老年大学“一座难求”，老年大学学员报名入学时排长队的现象引起了较大社会争议。为彻底解决这一问题，2021 年 3 月，德州老年大学引入相关技术软件，首次实现信息化网络报名，使老年大学学员可以通过微信小程序在线选课、缴费。同时，为使用智能手机有困难、子女不在身边的老年人进行线下补录。这一做法为学员报名入学提供了便利，受到了广大老年大学学员的好评。

拼图课程增加“学科内涵”。德州老年大学通过对学校近几年招生情况、学员结构、学员学习需求等数据的分析，发现学员的年龄结构日益年轻化、文化水平逐年提高。新形势下，如何增强课程的吸引力，满足学员更多的学习需求，成为老年大学面临的重要课题。为了解决这一问题，德州老年大学在实际工作中从科学合理设置课程入手，精准选择教学内容。在选择课程时，面向社会开展了学习需求问卷调查。调查结果显示，老年人对和日常生活密切相关的小妙招、小技能等方面的知识很感兴趣。同时，随着生活节奏加快，人们对于时间的利用效率越来越高，很多学员希望可以用更短的时间获取更多的知识。为适应这种需求，学校经过反复调查研究，开办了拼图式品质生活课。首期品质生活课由烘焙、茶艺、插花、整理收纳 4 个小专业拼成，各专业间隔轮流上课，上课方式以动手操作为主、老师讲授为辅。一学期下来，学员可以基本掌握 4 项技能。在山东省老年大学协会举办的 2020 年全省老年大学工作创新案例评选活动中，德州老年大学提报的《打造创意生活综合专业，创新“拼图式”教学模式》获得了一等奖。

精心筹备确保顺利开学。为满足学员日益增长的学习需求，确保招生工作的有序进行，德州老年大学念好“早、贴、细、严”四字诀，全力以赴做好各项准备工作。安排部署突出“早”。加强组织领导，明确工作重点，建立进度清单，精心组织推进，做到早谋划、早部署、早实施。设立专业突出“贴”。贴合老年人口味，合理设置办学课程，新增朗诵、彩铅画、服饰搭配等专业，并聘请名师任教。工作落实突出“细”。从细节入手，推动准备工作落细落小落实。整合教学资源，新设置教室 4 个，可容纳学员 120 余人。对教学设备等基础设施进行巡检，更换老旧设施设备，并全力做好各项后勤服务工作。防疫工作突出“严”。组织专业人员对教室、校园进行全面防疫消杀，为广大老年大学学员创造安全舒适的学习环境。

三、培育志愿者文化，展示老年人风貌

2021 年是德州市创建全国文明城市的开局之年。为助力创城，德州老年大学积极培育志愿者文化，发挥自身优势组建老年大学学员志愿服务队和学员党员志愿者服务队，打造志愿服务特色活动，大力弘扬“奉献、有爱、互助、进步”的志愿服务精神，在老年人中普及志愿服务理念，营造志愿服务的良好氛围，为城市实现和谐发展、跨越发展做贡献。

学员志愿者服务队是德州老年大学开展创建工作的一项特色活动，满足了学员们积极参与创建文明城市的意愿，展现了老年大学学员的良好精神风貌。德州老年大学写意画高级班学员曲建红是学校老年志愿服务队的一员。自学校开展创建文明城市志愿服务活动以来，曲建红一次不落，每次必到，用她自己的话说就是“召之即来，来之能干”。学员党员志愿者服务队是德州老年大学依托学员党员临时党支部成立的，目前共有 40 余名学员党员参加。志愿者们充分发扬党员先锋模范作用，从实际出发，根据自身条件，发挥自身优势，把服务对象的需求和自我服务能力结合起来，尽己所能助力创城。

两支志愿服务队伍积极参与文明交通志愿劝导工作，发放文明市民宣传资料及倡议书，每周到社区开展创城帮扶工作，清理广告、打扫路面、捡拾垃圾、摆放车辆，并对照社区创城工作标准，通过实地走访梳理问题，联合社区督导问题整改工作。志愿者们作为普通居民，通过影响带动，引导更多市民正确认识文明创城，为德州的文明城市创建贡献自己的力量。志愿者们用辛勤的汗水，使社区环境焕然一新，赢得了居民们的广泛好评。

“莫道桑榆晚，为霞尚满天。”在德州老年大学志愿者服务队，志愿者们精神饱满地投入工作、无私奉献，不受年龄的桎梏，用行动打破了“退休以后只能颐养天年”的传统观念，通过将志愿者文化融入校园、注入社会，绽放出属于老年人的独特风采。

（张宏祥：德州老年大学教务科科员）

学员的诉求是我们的改革指南

◎ 么彩霞

摘要：老年大学的教学、管理、运营、发展既有教育行为的共性，又有自己的特殊性，需要从事这项工作的人有强烈的责任心和使命感，不断改革、持续创新。老年大学要最大限度地服务于学员，为学员尽可能多地提供便利的学习条件，倾听他们的诉求，满足他们的需要，让他们心情舒畅、健康快乐地学习。

关键词：老年大学　学员　改革

一、来自教务处的调查问卷

1. 你在老年大学报了几个专业？（　）

2. 所学专业名称：

①：________ ②：________ ③：________

3. 学习动机：

① 丰富老年生活，消除寂寞；（　）

② 圆年轻时的大学梦；（　）

③ 活到老，学到老，选择健康向上的生活方式；（　）

④ 学到真本领，争取大器晚成；（　）

⑤ 玩出高雅，玩出高兴；（　）

⑥ 为辅导孙辈做文化知识储备；（　）

⑦ 多交老年朋友；（　）

⑧ 提高素质，改变形象；（　）

⑨ 纯属个人爱好；（　）

⑩ 其他动机。（　）

4. 你希望老年大学设置什么新专业：

①：________ ②：________ ③：________

5. 你对老年大学的教学和管理有什么意见和建议：（可以写在背面）

注：在契合自己想法的题干后面打“√”，其他项按要求写文字。谢谢您的配合。

以上是我们抽样调查的问卷。

二、调查问卷的统计与分析

我们进行了认真的布点，在两千多名学员中进行了随机采样，对收到的368份有效问卷进行了统计分析，结果如下。

1. 学员中，只报一个专业的占78.1%，报两个专业的占20.3%，报三个专业的占1.6%。

2. 学员中，报两个以上专业的以选修相关、相近专业者居多。

3. 在学习动机的板块里，前三项的认可率分别为70.1%、55.7%、90.8%；

第四项的认可率为11.1%，主要集中在书画、京剧和声乐等专业；

第五项的认可率为24.0%，主要集中在舞蹈、声乐和器乐等专业；

第六项的认可率为6.1%，主要来自英语、普通话、书法和电钢琴等专业；

第七项的认可率为17.7%，各专业都有；

第八项的认可率为18.5%，主要集中在舞蹈、瑜伽、太极拳和时装走秀等专业；

第九项的认可率合并第十项补充填报爱好意向的为60.1%，分布在各专业。

4. 在第四大项里，希望设置的新专业有腰鼓（62人）、烹饪（23人）、棋类（16人）、图案剪纸（15人）、广场舞（14人），还有茶艺、插花、乒乓球、国学、吉他、礼仪、诗词与写作、口琴、笛子等。

十几年前，在老年大学的办学初期，我们也做过这样的问卷调查。和本次调查结果有所不同的是，当时几乎无人选择大器晚成、辅导晚辈等学习动机。在办学意见和建议里，几乎无人提及“关怀和关注老年人学习”这方面的建议。

而纵观此次调查结果，可以得到这样的结论：学员的入学动机集中在学习知识技能（老有所学）、玩出健康快乐（老有所乐）、满足兴趣爱好（老有追求）、提高文化素养（老有所为）几个方面；学员的学习诉求集中在拓宽专业领域、增加学习自由度、提高授课质量、改进授课模式、增加课程的趣味性等几个方面。

“健康快乐、有趣有用、速成高效”，是对新时代学员们入学动机和学习诉求的简要总结。这是社会发展的必然，是新时代老年大学学员与时俱进的表现。鉴于此，老年大学的工作者也应该顺应潮流，改革创新，更好地适应新时代老年大学学员的学习需求，跟上时代的步伐。

三、对专业课程管理的新思路

根据老年大学当前的办学条件，大刀阔斧地进行改革是不现实的，会受制于资金、人力和思想认识等因素的制约，不可能一步到位。因此提出以下整改设想：

（一）开展融合性改造

从调查的结果看，学员有强烈的课程拓宽要求。因此，可以对部分相关、相近专业进行整合。如果进行了小专业的整合，整合后的专业所涉及的知识技能范围自然而然地拓宽了，专业适应能力会得到有效提高，竞争机制也能得以形成。教师之间相互听课、相互学习、取长补短，就能有效避免教学过程中的自由主义，提高教学质量。

（二）提供开放性选择的机会

1. 专业内选择。老年人往往对于某些新事物、新知识、新观念存在着固有的否定和排斥意识。为了调整他们的偏见，就必须给他们一定的选择空间，让他们在专业内有针对性地听他们喜欢的课。随着听课时长的增长，老年人的知识不断丰富、认识不断提高、见识不断增长，偏见自然也会消除，从而形成正确的价值观和认知体系，全身心地投入到学习中来。

2. 跨专业选择。老年人有一种群体性心理特点，即从众心理。在专业的选择上，典型的表现是：哪个专业报的人越多，越去报哪个专业。在分析调查问卷时，学校发现有的学员让人替自己报名、替自己填写问卷，并告诉对方："你选什么专业我就选什么专业，你填什么选项我就填什么选项。"这样跟风的弊端是：学员目标不明确、爱好不准确、选择不正确；一旦进入某个专业后，发现自己并不是真正爱好这门专业，学起来也不适应。为了让这部分学员的学习走上正轨，可以给他们一定时间的犹豫期，让他们在犹豫期内进行跨专业选择，找到适合自己学习的专业，不必办理休学或第二年重报。

3. 跨年级选择。在老年大学的办学初期，有些老师对所教专业不做年级上的划分，导致新学员在学习时常感到费力并且学习不连贯、不系统，甚至因此而退学。如今，学校把年级分得很清楚，使学习有了层次性、系统性、阶段性，可是新的问题又出现了：有些老年大学学员接受知识较慢而遗忘较快，经常会觉得一种技能还没有真正学会，就升到高年级去学习更高层次的知识和技能了。这就造成了学员前面没学会，后面没法学的尴尬局面。对于这类学员，允许他们重修，并把学籍保留在原年级。但也有相反的现象，有的学员起点较高，对低年级的知识、技能很快就掌握了。我们应当允许这类学员跳到高年级学习，并在尊重学员意愿的基础上，允许他们把学籍保留在低年级。

（三）优化课程结构

在调查中发现，有部分学员认为在专业课程上学习的内容过窄、接触的知识面过于狭小，导致技能单一。部分学员甚至感觉学不到东西，认为翻来覆去就那点知识，以至学员流失严重。要改变这种现状，可以采取两种方法：一是拔高专业知识层次，二是拓宽知识技能层面。而前者不容易实现，因为老年大学学员的基础本就不扎实，一旦盲目拔高，会出现揠苗助长的现象，效果适得其反。而后者则是可以实现的。

总之，老年大学要最大限度地服务于学员，为学员提供尽可能多的学习条件，倾听他们的诉求，满足他们的需要。只有这样，才能让他们心情舒畅、健康快乐地学习。

四、对教学模式的变革

（一）老年大学教师队伍的特殊性

老年大学的教师队伍结构复杂、来源广泛，有高校教师，有中小学教师，有企事业单位和社会团体中具有某些特长的人员。这些人有的受过专业的教育学、心理学训练，长时间从事教学或教育管理工作，有教师资格证，属于学院派。有的没有从事过正规的教学工作，但有丰富的实践经验，善于示范操作，但对教学的系统性、整体性、教育性和艺术性把握不够。前者应当在适应老年教育方面做出改变，后者应当在教学方式和方法上做出努力。

（二）逐步改善老年大学松散的教学管理模式

由于老年大学学员的特殊性和老年大学教师队伍的特殊性，老年大学不可能采取也不适合采用正规高校的管理模式。老年大学在组班、教学和过程管理上都给予教师较大的自由度，但自由往往会被放大而成为一种放任，这对教学工作是不利的。所以，在总体要求和关键环节上还是要有章可循。

1. 要有三年的教学计划和总体目标。教师在教学过程中易犯自由主义错误的重要原因是没有教学计划和目标。有了计划，就能激励教师为执行计划而努力；有了目标，教师就有了完成教学任务的大方向。老年大学虽然是快乐学习的场所，但也不能完全变成老年人的“伊甸园”。老年大学的办学历史较短、成熟的经验不足，开设一个新专业后，所聘教师不一定有编制教学大纲和教学计划的能力，致使“三无”（无大纲、无计划、无教材）教学成了老年教育的常见模式。解决这一问题，需要省级老年大学整合全省的教学力量组成统一的管理研究机构，编制各专业的教学大纲、计划和教材，或者委托对某些学科有科研管理能力的地市级老年大学完成这一工作，以便其他老年大学借鉴或使用。这对于提高老年教育的质量、满足老年大学学员的学习诉求是十分关键的一环。

2. 要强化教师编制教案的意识。教案，又叫课时执行计划。任何一个老师上一堂课，都要有一个预案，否则就容易使教学过程变得随意，削弱教育的严肃性，甚至偏离教学目标。这样的教学肯定是不受学员欢迎的。有了教案，在课堂上讲课就能有目标、有方向；而没有教案，就是对教学行为的不负责任，是对知识技能的不尊重，甚至是浪费学员的时间。

3. 要把学院派教学模式向趣味教学模式转化。二十世纪五六十年代，西方一些教育心理学家曾对趣味教学做过系统的研究，结果发现兴趣是学习的最大动力。我们在前期的调查中也发现：哪些教师的教学突出了趣味性，哪些教师就受学员欢迎，就能取得好的教学效果；否则，就会受到学员的冷落。把概念、原理、方法系统地教给学员，的确顺应了国民教育的要求，但是忽略了老年大学学员的特点和心理需求，往往达不到预想的教学效果。我们有必要对其进行适应性改进。只要教师的知识技能储备足够，这样的改进是很容易做到的，因为它需要的是合理地降低课程的高度和难度。最怕的是教师的知识技能储备不足，又不善于学习，以至把原有四十人的班最后带得只剩下几个人。当然，这是多方面因素造成的，但也与教学内容枯燥乏味不无关系。

4. 突出术科课教学的特点。我们把教学内容按不同的性质分成两大类：一是学科课，二是术科课。偏于知识性、依赖于逻辑思维的是学科课，偏于技能、依赖于形象思维和操作能力的叫术科课。前者如数学、哲学、物理学等，后者如书画、舞蹈、烹饪等。

在老年大学里主要设置的是术科课专业，所以要让教师把所教授的理论知识切实地应用到实际操作中，让学员觉得所学内容有现实意义和社会作用，突出理论联系实际，让知识技能可用、好用、够用。

5. 把考评变成点评。我们在分析调查问卷时发现，在老年大学学员的群体里，老有所乐的观念是主流目的观之一，因而快乐学习就应该成为主要的学习方式。美国心理学家第纳斯认为，快乐学习是可持续学习的重要原则，而快乐的来源是多方面的，其中一条就是受到肯定，有尊严感或成就感。因此，应当让学员在考评测试中受到足够的表扬以满足其荣誉需求，要多表扬少批评、多点赞少指责。当然也不能违背马克思主义“一分为二”的原则，要用恰当的方式进行有效的点评，指出和明确学员努力的方向。这也是学员学习过程中快乐情绪的重要来源。

6. 让学员参与到教学活动中来。问卷调查发现，有的学员有强烈的教学参与意识。如：愿意替老师做示范动作，愿意帮老师进行示范朗诵，愿意让老师给自己一个演唱的机会，愿意讲一讲最拿手的技能……鼓励学员参与教学，对“教”与“学”两个方面都是有益处的。

老年大学说到底就是一个用教学的方式服务于老年人的机构。它的教学、管理、运营、发展既有教育行为的共性，又有自己的特殊性，需要从事这项工作的人有强烈的责任心和使命感，不断改革、持续创新，只有这样，才能把党和人民交给我们的老年教育事业办好。

（么彩霞：聊城市老年大学副校长）

浅谈中老年舞蹈教学

◎ 赵成龙

摘要：舞蹈作为运动方式的一种，不仅有益于身心健康和完美体态的塑造，还能使人心情愉悦、缓解情绪。如今，随着人们生活水平、文化艺术素养的不断提高以及老龄化人口的增多，越来越多的中老年人特别是女性，对自身的外在形体以及内在气质的重视程度与日俱增，这给舞蹈事业带来了更多的机遇，但同时也带来了新的挑战。为应对挑战，舞蹈教师应制定更适合中老年舞蹈教学的教学方法。如：改变体态、提高能力，以芭蕾形体训练为基础；完善舞蹈美感与神韵，以古典舞身韵之韵律为借鉴；感知舞蹈动律，以民族舞为强化；提升兴趣爱好，以鼓励式教育为主导。

关键词：老年舞蹈教学　芭蕾形体　古典舞　民族舞教学

中老年舞蹈主要针对的群体是40—65岁之间的人群，而这部分人群的身体机能以及骨骼的状态与幼儿和青少年相差甚远。经过多年的教学发现，中老年对舞蹈的热爱程度不比幼儿和青少年低，可以说他们的学习热情更高。近两年，各种大型晚会和比赛都设置了中老年组的组别，可见中老年舞蹈已经不像从前那样，只是以健身和陶冶情操为目的，而是更趋于专业化。因此，对一名专业舞蹈教师来说，在中老年舞蹈教学中应做到“一切从实际出发，具体问题具体分析”，要从专业的角度去设置适合非专业中老年学员的课程，扬长避短、量体裁衣、吸收借鉴，不照搬照用。在此，笔者对中老年舞蹈教学提出以下几点意见和建议。

一、改变体态、提高能力，以芭蕾形体训练为基础

孕育于意大利的芭蕾艺术，经过17世纪在法国的日臻完善，于19世纪在俄罗斯走向繁荣。如今，经过历史的打磨，芭蕾已经成为趋于完美且被全世界认可的一种艺术形式。其中，芭蕾本身最重要的四大元素“开、绷、直、立”可以实现对人体体态的塑造、肌肉的拉伸、控制力的提高以及艺术审美的提升，可以说，芭蕾是一种内外兼修的综合性艺术，只有打好基础才能完成舞姿的展现。中老年人群由于多年养成的生活习惯，或多或少会有一些不标准的体态，比如驼背、肩膀高低不平。而随着年龄的增长，中老年人群的小腹、臀部以及大腿的赘肉增多，柔韧性、弹跳力以及接受能力都相对减弱，要

想展现优美的舞姿、成为合格的舞者，他们需要付出比年轻人更多的努力和汗水，因此，芭蕾基础训练对于中老年人的舞蹈教学尤为重要。笔者在中老年舞蹈教学中一直坚持以专业化教学方案为借鉴，针对中老年学员自身状况及特点进行由浅入深、循序渐进的教学。针对中老年学员的体质特点，从最基础的地面练习开始教学。首先，要以基本体态和手位来纠正学员体态上的不足，并告知每一位学员其自身的缺点，要求他们在平时生活中注意改正，养成良好的习惯。在教学中，不要忽略这个最基本的训练，只有规范了基本体态，才能更好地进行接下来的教学。其次，节奏的掌握至关重要。舞蹈的基本要求包括：节奏、表情和构图。节奏很重要，它是舞蹈最基本的一种表达情感的方式，通过不同的节拍，组合成不同动律的舞蹈，因此，舞蹈离不开节奏。然而，在舞蹈教学中发现，中老年学员很难掌握节奏，对一些简单的节奏型只能做到会数节奏，却不能将动作跟音乐很好地结合，原因在于学员的节奏感不强，没有形成数节奏的习惯。对于节奏的训练应从最基本的勾绷脚、压腿这些动作较单一的训练开始，以最简单的动作和节奏，编排成适合中老年学员的组合动作，在训练动作的同时，让学员加强对节奏的重视，有意识地数节奏，最终才能使学员的动作与音乐完美结合。最后，芭蕾训练中软开度以及跳跃练习要有度。随着年龄的增长，人体骨骼的密度逐渐降低，关节随之发生退化，关节软骨的弹性渐渐消失，这样就使关节承受压力的能力减弱。笔者在多年的教学中发现，中老年学员在膝关节、肩膀、颈椎和腰椎处患病的占大多数。因此，为了避免中老年学员发生关节挫伤、韧带拉伤等问题，应编排适合中老年学员的组合动作，把专业的动作先简单化，当学员们能够接受现有动作的幅度后再在现有的基础上增加难度。中老年舞蹈的基础训练是一个缓慢的过程，作为舞蹈教师，在教学过程中需要有耐心、方法和尺度，要时刻记住一句话：“量力而行，不能急于求成。”

二、完善舞蹈美感与神韵，以古典舞身韵之韵律为借鉴

笔者在对中老年学员教学的过程中发现了两个问题和一个需求。中老年舞蹈教学中除芭蕾形体外，民族、民间舞教学占据大部分，教师多以教授舞蹈作品作为主要教学方式。从专业的舞蹈教学上看，这种揠苗助长的教学方式忽略了教学的过程，导致了两大问题。首先，对于学习者来说，基础差、韵律感知差；其次，出现了在欣赏者眼里“走样”的舞蹈。从社会需求上看，现如今的中老年学员对舞蹈的追求不仅限于最基础的芭蕾和民族、民间舞，对中国古典舞的热爱也愈加强烈。因此，为提高和完善中老年舞蹈的美感与神韵，笔者将古典舞身韵融入中老年舞蹈教学中，如此一来，不仅能够满足社会需求，还可提高中老年学员的舞蹈水平。舞蹈以肢体语言来表达情感，肢体动作赋予了舞蹈思想感情，每个动作的表达都经过了内在韵律与情感相结合的过程，最终将感情完美传达。古典舞中的四大元素“形、神、劲、律”是身韵训练中不可分割的四个方面。通过这四

大方面的训练来提高舞者的表演技巧，提高舞者的肢体灵活性，使其在表演时能够游刃有余地表达自身的情感。在教学中，笔者以“形、神、劲、律”四大元素为主，将其贯穿于整个舞蹈教学中，并以专业的教学方式将“提、沉、冲、靠、含、腆、移”等动律元素改编为适用于中老年舞者的组合，让他们懂得舞蹈中的韵律如何而来，每个元素的发力点在哪里。而身韵的训练除了基本动作元素之外，还包括气息的运用。气息的运用是贯穿每一个动作的动力之源，也是身韵之根本。例如：提、沉的训练，是让气息与外部运动相配合，是由提、沉带动身体的终端和头部的上下运动，这种内外结合、以气带形的运动方式，是通过不同的动作和节奏的变化来掌握外在形态与呼吸之间的内在联系，从而加强肢体表达的能力。要想使感情表达得更加细腻，须把握好古典舞身韵的练习，从而将舞蹈情感表达得淋漓尽致。

三、感知舞蹈动律，以民族舞为强化

舞蹈是一门“残酷”的艺术，对身体的柔韧度、协调性、模仿能力，以及个人对音乐的理解、感知等都有非常严苛的要求。当然，我们不能急于用专业的眼光去看待初次接触舞蹈的中老年群体，因为一个舞蹈演员是从小经历长期专业、科学的训练才能培养出来的。所以在教学中要针对中老年学员的年龄、生理特点进行教学，使学员通过学习舞蹈、音乐培养气质、素养，达到身心健康、心情舒畅、陶冶情操的目的。在学习中要循序渐进，从学习各民族舞蹈的基本动律开始，掌握好舞蹈动作的节奏、要求及特点，最后掌握舞蹈的身韵、身法。近日，有研究人员发布报告称：“舞蹈可以改善老人身体健康状况，增加他们的幸福感，甚至可以延缓衰老。”愿我们的学员朋友，通过学习民族舞蹈，跳出自我、跳出自信，展示形体和内在美，显现高贵典雅的气质、时代女性的风韵。总之，要教好民族舞蹈，就要把动作分解得非常细。教师要反复教授，学员要认真练习。学员要掌握好民族舞蹈的风格特点、找到感觉，这样才能逐步提高。现在有些学员仅仅靠一星期一次的课堂时间学习，待下星期上课时便忘记了上星期所学的内容，所以只学习不复习也是不能提高的。希望学员在学习民族舞蹈时多训练、勤复习，只有这样才能收到事半功倍的效果。

四、提升兴趣爱好，以鼓励式教育为主导

对于中老年舞蹈教学，不仅要在基础课程的设计上符合该年龄段的骨骼特点，更要以学员的兴趣爱好为基础开展教学。中老年学员学习舞蹈，追求专业化的同时目的性也很强，大部分中老年学员学习舞蹈是希望自己能够独立完成一部作品，或是参加比赛圆“舞蹈梦”。因此，在教学中，笔者会针对学员的进步情况增加或是减少基础训练所占的时间比例。考虑到中老年学员的身体机能和素质情况，过大的体能训练对他们而言是不宜

的，对骨骼尤其是关节处的损耗特别大，而且枯燥乏味的基本功训练会消磨他们对舞蹈的兴趣。中老年学员更喜欢民族舞，现在也有很多人喜欢古典舞。在教学中可以从学员喜爱的舞蹈种类入手，先编排一些舞蹈短剧，再由浅入深地进行教学，最终达到中老年舞者的要求，圆他们的舞蹈梦。在教学中，除了因材施教，还要注意上课时的教育方式。一般来说，鼓励式教学不仅适用于教育孩子，也同样适用于中老年学员。由于这些热爱舞蹈的中老年学员来自各行各业，他们或许在自己的工作、家庭中是极为优秀的人，但对舞蹈这个领域却很陌生。他们这个年纪的人会有些好面子，担心自己做得不够好。因此，作为舞蹈老师，要了解每一位学员的身体状况、优点及缺点，在教学中运用“换位思考”的方式对待学生，秉承着一颗真诚的心去欣赏和鼓励他们，去体会他们的艰难和不易，对学员的每一点细微的进步都要及时捕捉并给予表扬；看到学员不足的地方也要加以指正，但语气要委婉，使教学氛围和谐愉快，让他们在学习舞蹈中获得自信，并且看到自己的进步。

以上几点是笔者在多年教学中总结的一些教学方法，还不够成熟，希望能对中老年舞蹈教学提供一些帮助。今后我会继续总结教学经验，为舞蹈教学做出应有的贡献。

（赵成龙：滨州市老年大学职员）

浅析县级老年大学师资队伍建设

◎ 石伟

摘要：师资队伍是学校的重要组成部分，是学校兴衰的决定性因素，办好老年大学关键在师资，培养、建设一支教学能力强、专业知识扎实、品德优良、有奉献精神、热爱老年教育事业的师资队伍至关重要。学校应把师资队伍建设放到优先发展的战略位置上，树立良师兴校的理念，采取多种举措不断加强师资队伍建设。

关键词：老年大学　师资队伍　举措

随着老年教育事业的蓬勃发展，县级老年大学也迎来了繁荣，但是，县级老年大学在发展中还存在许多需要解决的问题、需要完善的方面，尤其是在师资队伍建设上仍有许多不足。县级老年大学师资力量不强严重影响了自身的发展。县级老年大学应从学校实际出发，找准问题，精准施策，补齐短板。

一、县级老年大学师资队伍现状

（一）部分专业师资短缺。县级老年大学在师资队伍方面面临的现状之一是师资力量相对短缺。学校缺乏专业教师主要有两种情况：一是某个专业无相关专业人员可聘；二是有相关专业人员可聘，但是相关专业人员不应聘。师资力量短缺引起的是一连串的连锁反应：某些专业因教师短缺无法开课，从而影响学校的进一步发展。

（二）教师队伍不稳定。县级老年大学教师队伍稳定性较差，教师流动过于频繁，任教时间能够持续两年的教师比较少，部分专业教师在任教一年后就选择辞职，更甚者任教一学期就辞职。教师流动性较大首先对教学的有序进行产生严重影响，尤其体现在教学效能方面，由于教师队伍的不稳定导致教学内容不能较好衔接，即使有新教师及时任教，教学效果也仍然会受到影响。其次，经过长时间的磨合以及情感的交流，学员已经对本专业教师有了较高的认同感，教师离职会让学员的情绪产生较大的波动，在一定程度上影响学员学习的积极性。

（三）教师专业素养参差不齐。县级老年大学师资队伍整体专业素养参差不齐。大部分教师有较高的专业水平和理论素养，能较好地完成专业教学，但是仍有部分教师专业素养相对较差，不能较好地完成教学任务，在专业方面辅导学生有些吃力。专业能力不强的教师所任教的班级易出现学员退学的情况，学员越教越少，最后严重影响了专业的设置与发展。

（四）教师整体科研能力不强。随着老年教育的发展，老年教育对教师的要求也相应提高，单一型的教师素质结构已经远远不能适应新时代老年教育发展的需求。老年教育教师应往科研型、学者型方向发展，应具备高水平的教育科研能力，否则就无法适应老年教育的发展需求。调查发现，县级老年大学教师整体科研能力不强，不能根据学校实际情况积极开展探索研究。教师进行科学研究，是教师提升理论水平、业务能力的有效途径。教师科研能力相对不高对所教专业的发展、教学效果以及自身的发展都会产生较大影响。

二、现状形成的原因

（一）地域影响。县级老年大学区别于市级老年大学，在地域上有其局限性，由于地处县城，专业性人员相对紧缺。以本校为例，书法、电子琴、二胡等大部分学科都能找到专业对口的教师，但是也有部分学科缺少专业型教师。总而言之，学校所处的县域内专业型人才较少，即使有，他们也大多在各中小学、剧团等单位任职。因其本身有工作任务，只有极少数专业型人才能兼职到老年大学上课。

（二）课时费不高。由于县级老年大学大部分教师是外聘教师，专职教师较少，因此教师费用一般以课时计算，两个小时的课时费一般在 100—150 元之间。由于课时费的计算不考虑职称、学历等因素，都是按一个标准执行，所以部分教师感觉课时费较低。在招聘过程中，很大一部分人因课时费较低而不应聘。

（三）教师归属感不强。在某种程度上，外聘教师的归属感及身份感不强，他们或多或少会觉得自己只是临时教师，不是学校的一员。这样的心理，一是会对教师队伍的稳定性产生影响，二是会削弱教师在日常教学工作中的积极性以及主观能动性。当然，大部分教师还是能避免这样的心理，真正把自己当作学校里的一分子，并在教学工作中发挥主观能动性，积极开展教学工作。

（四）教师集中学习的时间较少。由于教师基本都是兼职任教，每个人能协调的时间有所不同，加之教师本身还有其他工作，因此能组织所有教师集中学习的时间较少，部分专业素养相对较差的教师就很难在教学能力以及专业素养方面得到提升。

三、多措并举加强师资队伍建设

（一）多渠道聘用教师。学校应以发展的眼光看问题，不断拓宽教师聘用渠道。一是从本校学员中选拔有较强专业能力的人员。老年大学聚集了各行各业的退休人员，学员中不乏专业能力较强的佼佼者，如果学员的专业与学校课程专业对口，学校就可以考虑选拔其担任教师。从学员中选聘的教师在一定程度上更了解学员，更明白学员所需，能更好地开展教学工作。二是与市级老年大学建立专业教师人才共享机制。距离市区较近的县级老年大学，应充分利用自身地理位置方面的条件优势，与市级老年大学建立专业教师人才共享机制。市级老年大学的教师资源更为优质，教师数量多、专业素养高。县级老年大学应尽力争取、多方协调，利用好市级老年大学的师资来解决本校师资短缺以及教师专业素养不高的问题，如果能利用好市级老年大学的教师资源，势必会对本校师资队伍建设起到较大的推动作用。三是争取本地教育部门的支持，利用好本地教育部门的教师资源。教育部门一般在音体美专业方面拥有较强的师资力量。教育部门在招聘教师时会从专业对口的人员中招聘，因此，教育部门中的教师一般都具有较强的专业能力，不仅如此，他们还具有丰富的教学经验。从教育部门中聘请专业教师对县级老年大学来说是比较好的选择。县级老年大学应尽量争取教育部门的支持，充分利用好这个优质资源。四是尽力争取其他单位的支持，努力挖掘专业人才。像文联、剧团、融媒体中心等单位，就拥有大量文艺方面的人才，县级老年大学应争取这些单位的支持，尽可能多地引进师资。近年来，本校积极争取，从这些单位中获得了优质的师资力量，大大提升了本校教师队伍的素质。在争取部门单位支持的同时，学校还应尽力挖掘社会中有专业特长的人员。总之，学校应努力拓宽教师聘用渠道，通过多种渠道建立一支素质优良的教师队伍。

（二）建立储备教师资源库。“凡事预则立，不预则废。”在师资队伍建设中，建立储备教师资源库十分重要。学校在专业设置方面，一是根据学员需求设置专业，二是根据师资条件设置专业，三是根据学校发展情况设置专业。总体而言，无论从哪一个角度出发，学校首先都应达到师资力量充足的要求。师资力量是影响专业设置的重要因素，如果不做好教师储备这个功课，学校在后期发展中就会受到较大限制，尤其是师资力量相对匮乏的县级老年大学，更应该重视建立储备教师资源库，积极联系、积极挖掘，切实储备一批具有较高素养的师资。

（三）加强教师培训，提高教师素养。针对县级老年大学教师素养现状，学校应通过多种渠道加强教师培训，提高教师整体素养。基于现状，学校可以从以下几个方面入手。一是集中培训。对于教学能力不足的教师，可以通过集中培训弥补其教学能力不足的短板；集中培训还可以不断加强教师的科研能力，培养研究型教师。二是交流学习。由于县级老年大学每个专业的班次相对不多，因此大部分专业只有一名专业教师任教，这在一定程度上限制了同一专业教师之间的交流学习，针对这样的情况，学校可以组织教师走进其他县区老年大学，甚至走进省市老年大学交流学习，使教师教学和专业能力得到提升。

（四）不断加强教师对学校的归属感。学校应多措并举，不断加强教师对学校的归属感。归属感与认同感在稳定师资队伍方面有重要作用。对于兼职教师较多的县级老年大学，增强教师对学校的归属感显得尤为重要。兼职教师本身存在不稳定性，如果对学校的归属感与认同感不强，这种不稳定性就会增加。学校可以从几个方面增强教师对学校的归属感与认同感。一是学校要尊重教师。在学校里，无论是领导还是工作人员，都应树立尊师重教的观念，认真听取教师的心声，对教师提出的建议要及时予以回复，对于不合理以及不能采纳的建议要动之以情、晓之以理地做好解释说明，让教师在学校中能切实感受到来自学校的关注与尊重。二是学员要尊重教师。学校要引导学员在学习过程中分清教师与学员彼此间的角色，不能因自己年龄大或者在职时的“职务光环”就对教师颐指气使。学校应加强引导，在学员中树立尊师重教的良好风气。三是学校应加强对教师的关心。学校要及时了解每位教师的近期情况，对于有困难、需要帮助的教师，要尽力给予帮助，做到常问候、常关怀，让教师真正感受到来自学校的关心。四是利用教师节以及其他节日开展活动。通过开展活动，在活动中加强学校与教师的相互了解，增进学校与教师的感情。总之，学校应积极通过多种方式不断增强教师对学校的归属感与认同感，从而进一步助力师资队伍稳定。

（五）提高教师福利待遇，设立绩效奖金。教师的课时费一直都是围绕在教师与学校之间比较敏感的话题，但是，教师待遇又是必须探讨的问题。解决好教师待遇，采取合理的激励方式是师资队伍建设的重要保障。在提高教师待遇方面，学校应积极争取上级领导与财政部门的支持，切实提高教师工资。在激励方式上，学校应结合本校实际，在基本课时费之外，设立绩效奖金，每学期末利用多种方式对教师进行评价，根据每名教师的评价结果分等次对教师进行奖励，提高优秀教师的待遇。

县级老年大学师资队伍建设，任重而道远，学校应本着与本校实际相结合的原则，本着推动学校发展的原则，积极探索师资队伍建设的有效途径，通过各种方式建立一支优秀的师资队伍，切实为老年大学学员提供优质的教育资源。

（石伟：滨州市沾化区老年大学干部）

老年大学课程设置和建设研究

◎ 董玲

摘要：老年教育历经近40年发展，教学管理逐步规范，而老年教育又有其自身的特殊性和原则性，所以老年大学的课程设置就有着多样性、趣味性和创新性等特点。老年大学的课程建设与课程设置息息相关，做好课程设置和建设工作能够让老年教育工作更上一个台阶。

关键词：老年大学　课程设置　课程建设

教学质量是学校工作的生命线，是办学成果和办学水平的综合反映，而科学合理的课程设置是提高教学质量的必要条件。不同于其他成人教育，老年大学的课程设置具有特殊性，是以老年人的需要进行设置的，所以老年大学的课程设置应遵循灵活多样、丰富多彩的原则。只有认真探索研究，及时总结经验教训，才能不断提高课程设置的质量，才能将老年大学越办越好。

一、老年大学课程设置的原则

（一）适应性原则

老年大学的课程设置要满足大部分老年大学学员的学习需求。接受老年教育的学员年龄主要在50—80岁之间，年龄、学历等方面跨度大，学习理解能力参差不齐，所以课程设置既要专业又要通俗。博兴县老年大学建校30余年，从只有4个专业逐步发展到现在20多个专业。每个专业要经过充分准备才能开课，所以我们在开设新课程的时候，首先要了解老年大学学员的诉求，其次要了解他们的年龄与知识结构，为课程设置提供依据。

（二）丰富性原则

老年大学的课程设置要丰富多彩。老年大学的办学目的就是不断提高老年人整体素质，提升老年人文化生活水平。因此，课程设置要考虑老年人的需要，广开思路、多设课程，让他们能够选到满意的课程。如交谊舞班，最初只是教授基本步法，只要学员会跳且能得到身体锻炼就可以了，后来我们又增设了摩登舞、华尔兹等课程，使广大学员在专业的多样性学习中有所收获。婴幼儿护理课程的开设，深受学员欢迎，学员们将学到的护理知识应用到生活中，获得了家人和朋友的赞扬、鼓励，减少了家庭矛盾，促进了家庭和谐。

（三）科学性原则

老年大学的课程设置要有科学性，即要符合实际、以人为本。课程设置的科学性体现在“两个需要”：一是社会的需要，主要表现在政治文化建设，构建和谐社会和终身教育等方面；二是满足老年大学学员的需要，主要表现在增长知识、提高生活和生命质量、适应和参与现代社会的需要。因此，面对大量的备选课程，务必要认真筛选，力保学校所开设的课程是科学的，是对老年人身心健康发展有积极意义的。

二、老年大学课程设置的依据

课程设置直接影响着老年大学对老年人的吸引力。学校课程设置的依据一般有两个方面：一是学生需求，二是社会需求。学校主要以社会需求为主，兼顾学生需求。因为一般学校培养的是社会发展所需要的人才，所以首先考虑的是社会政治、经济、文化等事业发展方面需要什么样的人才。但是老年大学正好相反，它是以学员需求为主要依据，兼顾社会需求。

（一）满足表层性、感受性需求的“按需设课”

“按需设课”是现在设置课程的主要依据，一般就是通过学员的反应和对老年人需求的调查，按照老年人不同的需求方向进行课程设置。有人将老年人对课程设置的需求分为“老有所养、老有所乐、老有所医、老有所为”四个方面。

1. 老有所养：通常是适应时代需求、提高生活质量、促进家庭和谐的课程。老年人通过这些课程能够跟上时代步伐，调节自己的生活，从思想上减少与年轻一代的隔阂。比如早期开设的电脑、烹饪课以及现在开设的手机应用、家庭教育课等课程。

2. 老有所乐：通常是提高艺术修养、增长知识的课程。老年大学学员通过学习感兴趣的知识，能够开拓视野，使身心愉悦、精神饱满。比如声乐、舞蹈、书法、美术、摄影、走秀等课程。

3. 老有所医：通常是疾病预防、体育锻炼和身心保健的课程。比如太极、瑜伽、中医保健、家庭急救等课程。

4. 老有所为：通常是在参加公益活动、社区服务中发挥余热方面的志愿服务课程。比如组织志愿服务队进社区、养老中心服务，参加“关心下一代”工作，面向社会提供专业咨询等。

（二）满足深层性、理智性需求的“引导课程”

伴随着老年大学规模化、规范化的发展，课程设置将从“按需设课”逐渐转变为“引导设课”，其中包含了以下两类。

第一类，专业性课程。此类课程可以提升老年人各方面的素养内涵，课程有难度，属于小众课程。但随着课程的开展，老年人体会到课程的意义，课程就发展起来了。比如电钢琴课，最初只有十余名学员，如今却期期爆满；又如葫芦丝、京胡和笛子课程，初时学员非常少，现在也都增开了班次。

第二类，心理关爱课程。老年人可能无法清晰地意识到自己的内在需求。比如，有些老年人非常喜欢写回忆录，这其实就是一种怀旧的表现。基于此，我们常常组织老年大学学员为年轻人讲党史和传统美德故事，让学员将他们的亲身经历讲述给青年一代，既激励了下一代，又让红色精神和优秀传统文化得以传承。

三、课程的具体设置

课程的具体设置，通常要从课程类型和课程层次来考虑。

（一）按课程类型设置

1. 健身保健类课程：包含健康保健、家庭护理、心理健康教育等。老年人格外关注身体机能和精神状态的变化。科学健身、合理饮食、良好护理、健康心态是老年人身心健康的保障。

2. 生活技艺和科技类课程：包括家庭生活、文艺文化、现代科学及科普等。老年人的生活节奏和方式较年轻时有很大改变，因此他们需要学习生活中的新技能，以提高老年生活质量。比如在智能手机普及后，很多老年人感叹："我们出去就像文盲一样，什么都办不了。"不会使用智能手机使老年人独立生活的信心受到打击，所以，开展手机使用培训就能教会他们在信息时代更好生活的方法。

3. 政治经济与文化类课程：包括文学、哲学、道德修养和爱国主义教育等。许多老年人都喜欢回顾过去、品味历史、审视社会，进一步感悟人生价值。现在接受老年教育的学员大部分都生在新中国，为共和国的建设做出过贡献，见证了祖国从站起来到富起来再到强起来的整个奋斗历程。正确引导老年大学学员的思想价值观是这类课程的重点。

（二）按课程层次设置

老年大学招生不设门槛，学员的文化水平、知识积累、人生追求差别较大，课程设置应体现年龄、文化、需求等多方面的层次性，以适应不同层次人群的需求；此外，同类型课程还需要考虑学员基础的不同，分设基础、提高、专修、研讨等不同等级的教学班，既体现教学过程的渐进性，也符合教学规律。如书法课程的设置，以楷书、隶书的基本笔画、字体结构和运笔等知识作为基础课程，以行书、草书等书法知识作为提高课程。课程按类型设置与按层次设置常常是交叉的，我们可以根据学员需要和客观条件，做有针对性的、灵活的分层设置。

四、老年大学课程建设

课程建设与课程设置两者紧密相连，课程建设要为课程设置服务，课程设置向课程建设提出要求，这里主要从新开课的建设、已开课的内容建设和教学方法的改进三方面进行讨论。

（一）新开课的建设

开设新课程，既要了解老年大学学员的需求，还要及时对接教师，明确授课内容。首先，学校要对任课教师的授课水平进行了解，选择热爱老年教育、具有奉献精神、态度认真、经验丰富、教学效果良好的教师来任教。其次，对教师提供的教学计划进行审查，确保课程内容适应老年大学学员当前的需求。再次，组织试讲活动，通过试听教师的讲课，观察其教学能力。最后，综合各方面的信息，进行评测，决定是否开设新的课程。

（二）已开课的内容建设

教学内容要与制定好的课程相适应，以保证教学活动有条不紊地进行。在教学活动中，要做到适时调整教学内容。学校教务人员要随时跟进教学过程，走进课堂听课，认真听取学员和老师的意见建议，及时对教学计划做出相应的修改和补充，把知识性、趣味性、实用性融为一体，确保教学活动顺利开展。

（三）教学方法的改进

课堂教育要从老年人的身心特点和实际出发，坚持以人为本、因材施教。在教学过程中要做到以下几点。一是以启发鼓励为主。鼓励学员组建学习小组，通过讨论、观摩，实现自主学习。二是理论与实践相结合。教师的授课语言要符合学员的认知水平，力求生动形象、通俗易懂。三是做好知识点的衔接。老年人容易“前面学后边忘”，所以课前回顾和课后小结很有必要。四是提供展示学习成果的平台。通过作业、作品展示和社会实践等方式，让学员在运用和操作中巩固学习成果。比如每学期的教学成果展演、书画摄影展以及组织学员骨干到社区担任志愿者等。

五、老年大学课程设置的发展方向

（一）引导性课程设置将进入老年人的视野

目前，老年大学对课程设置没有统一的要求，各个地区的学校都是按需设课，这样的课程设置方法比较灵活，能够最大限度满足老年人的学习需求，紧跟社会潮流。但是老年大学不仅是老年人的快乐家园，还是他们提升文化思想素养的殿堂。

将来，老年大学会在引导性课程的设置上有所突破。在思想道德、文化修养、心理健康、代际沟通等方面进行课程的开发。

思想教育方面。学习习近平新时代中国特色社会主义思想、国家的大政方针、国内国际政治经济形势等，这类的课程可以让老年人开阔视野，从正面引导他们的思想走向。

文化修养方面。文史哲美类的课程在我国老年大学所占比例很少，县级的老年大学甚至没有这些课程，原因在于教师难寻，爱好者甚少，这就需要学校去引导。

代际沟通方面。由于观念不同，老年人经常会和年轻人产生矛盾，所以老年人要学会如何与后辈交流、沟通。如婴幼儿护理班的许多学员就是抱着与孩子们减少摩擦的目的前来学习的。现在很多老年大学在这方面已有所尝试，一、二线的城市也增加了这类课程，满足了老年人更高水平和更深程度的需求。

（二）课程体系的构建逐渐成熟

原来，学校的课程比较单一，比如舞蹈课因为师资力量的缺乏，授课内容比较单一，使学员们不能进行细致、专业的学习。近几年，学校对课程进行了细化，分别开设了民族舞、交谊舞、摩登舞，让学员们学得更专业，使教学更有针对性。同时，学校对学员的课程安排会给予一定的引导建议，如对学习声乐的会建议去学习一下普通话，对学习戏曲的会建议学习一下形体等。但是学校的课程仍旧比较单调，课程体系化、层次化建设还有待提高。

（三）充分考虑课程设置对不同年龄段的影响

如今，老年大学出现了很多低龄段的学员。所谓“低龄段”就是55—65岁之间的学员，他们的精力相对旺盛、求知欲强，对知识掌握得很快。而且，他们有意愿进行系统专业的学习，并乐于学习有难度且在社会上有用的知识。而中年龄段（65—75岁）的老人身体条件尚可，但精力有所下降，对社会新鲜事物不再敏感，他们比较关注养生保健、写写画画。再就是高龄（75岁以上）老人，大部分高龄老人的体力、精力下降，不能来到老年大学学习，对外界社会消息闭塞，他们的需求是了解外边发生了什么，所以在社区和养老院开设的远程课堂是他们最需要的。

老年大学的课程设置是一门科学，不再是原来想开什么课就开什么课、无目的地领着老人们“找乐子”了。如何将课程设置做到更加科学化、系统化，满足广大老年人的需求，将是我们以后努力的方向。

（董玲：滨州市博兴县老年大学教务室主任）

提升老年大学服务管理能力的研究

◎ 田思凯　段淑文

摘要：随着我国经济的发展，许多老年人不再仅满足于物质生活的富足，也开始对精神生活提出更高要求。顺应老年人需求而出现的老年大学，不仅成为老年人学习文化知识的平台，也成为老年人参与社会活动的重要桥梁。本文通过分析、对比国内外老年大学发展现状，找出当前我国老年教育存在的问题，并提出对策，为进一步优化我国老年大学的管理运行机制提供了思路。

关键词：老年大学　管理研究　对策建议

随着社会的发展，人民生活水平不断提高，人口结构也发生了很大变化。我国自1999年以来步入老龄化社会，呈现出老年人口基数大、老龄化速度快等特征。针对老龄化严重的社会现状，我国也在思考如何能充分利用老年人资源，丰富老年人晚年生活。在相关人员推动和政府扶持下，老年大学应运而生，全国第一所老年大学于1983年在山东省创办。在那之后，全国各地纷纷响应，创办老年大学。截至2020年底，我国在校老年人高达837万，老年大学也超过11.1万所，并且呈现增长趋势。

我国老年教育的发展和老年大学的创办时间短，政府创办老年大学的实践更是处于初步尝试阶段，在此方面的研究不但少，而且研究的范围和深度也不够，基本上停留在经验交流与总结的层次，还没有形成具有中国特色的老年教育模式。

目前，越来越庞大的老年人队伍已成为社会发展、维护稳定的重要力量。由此可见，调查和了解我国老年大学的现状，找出问题的关键点，提出相应的解决对策，进一步完善我国老年大学的发展和运行机制，这既是我国老年教育理论建设的需要，也是在新时代、新形势下社会服务职能拓展的需要。所以，开展老年教育不仅可以提高老年人的整体素质，而且对于建设学习型社会、构建和谐社会具有重要的理论意义和现实意义。

一、国内外老年大学发展情况的对比分析

通过对国外老年大学的发展情况进行系统分析，并和我国老年大学的发展情况进行一系列对比分析，有助于我们发现自身的不足，为我国老年大学的发展指明方向，探索出有利于我国老年大学发展的路径。

（一）国外老年大学的发展情况分析

1. 美国老年大学的发展情况分析。根据一项 20 世纪末的调查显示，美国老年人平均一年参与学习活动的时间有 300 个小时，而到了 2005 年，该数据每年以 23% 的速度在增长。美国老年教育的结构、组织、方法、内容、目的等呈现出多元化的特征，一般公立机构或政府不直接参与具体方案的实施，仅负责制定宏观政策或进行资助、补贴。社区化、非营利组织是美国老年教育的重要推动力。美国的老年大学主要以社区学院的形式存在，为老年人提供减免学费的课程；一些州级公立大学学院，只要有空位就允许 65 岁以上的老年人免费登记学习。同时，大学会有免费提供场地、免除学费等优惠政策，更是吸引了大部分老年人前来学习，受到他们的普遍欢迎。

2. 英国老年大学的发展情况分析。英国的老年教育由许多全国性的机构实施，主要有政府、高等教育大学、第三年龄大学、社区和民间自主团体等。民间机构一般采用会员制，对老年人提供照护与服务。英国的第三年龄大学具有以下几大特色：一是大多数老年教育方案由老年人自己设计、筹划和负责；二是老年教育的过程强调老年人自身的经验交流与传递，不像传统师生之间的授课关系。随着人口结构的变化，生育率降低，传统大学出现入学名额空余，加之老龄化问题的严峻和终身教育理念的广泛普及，许多传统大学打开大门，面向老年人开放。其中，开放大学和英国第三年龄大学在英国老年教育机构中最具盛名，亦富有特色。

（二）中国老年大学的发展情况分析

1. 中国老年大学的发展现状。中国的老年大学主要由各级地方政府、各类国有企业和事业单位的老干部局开设。老年大学对于促进社会经济文化发展、维持社会稳定发挥了重要作用。各老年大学的基础设施、师资力量等教学条件和教学水平参差不齐，位于经济发达地区的老年大学可以获得较好的教学条件，而位于欠发达地区的老年大学教学条件比较差。此外，由于中国人口基数大，老年人口的绝对数量很大，且增长速度很快，老年教育的教育资源实际上是供不应求的。

2. 中国老年大学发展存在的问题。一是经费来源单一。我国老年大学的典型特点是经费来源于政府，学校受政府管理，自身发展空间小，发展能力不足，不利于老年大学的进一步发展，并且很多地方政府的财政预算并没有考虑到老年教育经费的投入问题，导致老年大学的经费紧张，社会对老年大学的关注和经费投入也不多。二是师资力量不足。老年大学的教师能力有限，教学水平参差不齐，这也是因为社会对老年教育和老年大学的关注度不高，加上老年大学自身经费不足，更吸引不来优秀的教师。绝大多数的老年大学教师是普通高校的在职教师，他们以兼职的身份教学，必定会影响教育教学质量，而薄弱的师资力量无疑是老年教育发展的阻碍。三是课程设置单一。起初，老年大学建立的目的是丰富老年人的退休生活，所以在教学过程中，课程设置多以休闲娱乐、兴趣爱好为主，知识技能类的课程相对较少。单一的课程设置并没能达到为我国社会发展贡献老年人力资源的目的。四是缺乏科学的管理模式。我国老年大学行政管理机构不统一，呈现出多部门管理的特征。管理上存在很多障碍，由于老年大学的特殊性，需要涉及多部门、多行政机构共同管理、沟通、协调，但是我国老年大学缺乏科学合理的管理模式，导致多项命令可能出现冲突。

二、山东省老年大学发展情况的分析

（一）对老年大学的经费投入不足

对老年大学的经费投入不足可以分为政府投入不足和老年人及社会投入不足。老年大学对社会的影响需要时间的积淀，而其丰富老年人精神世界的效果又是隐性因素，难以衡量，正因如此，老年大学得到的关注度并不高，政府对于教育的投入虽然比较客观，但往往会忽略对老年教育的投入。而对于老年人个人以及社会而言，往往会“重物质、轻精神”，导致其投资老年教育和老年大学的意愿并不强烈，这些因素共同导致了对老年大学经费投入不足的现象。

（二）老年大学的资源没有得到充分利用

目前山东省有一些大学会提供老年教育机会，甚至一些高校提供的机会与其本校学生的相同，老年人可以与高校学生选择同样的课程，接受相同的教师传授的知识，但是，这些资源往往容易被忽视。老年人参与这类课程的积极性并不高，大多数老年人对于高校特设的兴趣班等热情更高，因此，一些教育教学资源并未得到合理和充分的利用。

（三）申请老年大学的意识不足

当前，老年大学和老年教育发展现状受老年人口现实状况、社会经济发展水平和老年教育资源等诸多因素的影响。虽然老年大学学员大多是具备一定文化水平和修养的离退休人员，但他们缺乏继续学习的意识。退休不意味着退出社会进步和发展的舞台，离退休人员应该充分把握学习机会，争取为党和国家事业做出新贡献。

（四）城乡发展不均衡

老年教育难以满足老年群体的实际需要是当前老年大学存在的主要问题，这种问题具体体现在区域发展不均衡上。目前，省内城乡发展差距明显，从调查数据可以看出，市级老年大学数量和乡镇老年大学数量存在一定差距，学员数量也有很大差距。

（五）师资队伍有待提高

由于绝大多数老年大学的办学定位、组织机构、人员编制、资金来源不像全日制基础教育那样明确，所以，目前大多数学校是根据学员的需求开设课程，按需设岗、按岗求师。因此，老年大学教师在诸多方面存在着较大差异，具体表现为专业差异、年龄差异和素质差异。

三、关于加强老年大学管理的几点建议

如何建立新型老年大学的管理体制，是关系到我国老年大学发展和老年教育质量提升的重要问题。

（一）政府的重视和支持是办好老年大学的基础

老年大学的成功创办离不开政府的支持，其中主要包括两方面。第一，财力方面的支持。重视老年教育经费的投入，要根据财政情况来决定对老年大学教育经费的拨款。重视号召社会大众对老年大学的支持，合理利用社会闲置资源，鼓励社会力量对老年大学进行投资，拓宽老年大学教育经费的来源渠道，为老年大学发展提供有力的物质基础。第二，政策方面的支持。完善政府对老年教育的法律法规建设，根据我国老年大学近40年积累下来的经验，借鉴其他国家发展老年教育的政策法规，建立起有利于我国老年大学发展的法律体系，做到有法可依、有章可循。

（二）建立统一的老年大学管理体制

老年大学是以老年人为本，全心全意为老年人全面发展所服务的。第一，对老年大学的管理，包括资金财务和资产管理都要严格按照制度管控。第二，建立科学的人事制度和劳动分配制度，从而有效提高职员的工作效率，这是办好老年大学必不可少的重要因素。第三，建立职责明晰、运转通畅、科学合理的老年大学管理体制。第四，建立透明公开的工作责任制度和财政制度。

（三）注重整合利用老年大学的教育资源

整合各类教育资源对老年大学的建设具有重要影响。应充分利用远程教育以及社区教育等资源，鼓励各高校向老年人开放，设置相应的课程，集中各方力量形成一股教育合力，从而不断提升老年大学的教学质量和办学水平。还应加强校际交流和中外老年教育交流，共同讨论和分享彼此的老年大学办学资源和成果，吸取先进经验。

（四）加强老年大学自身的创新与发展

老年大学的管理要跟进时代，要设置一些符合老年人需求的课程：一类是健康型课程，如基础养护知识、医疗护理知识、饮食营养等课程；一类是技能型课程，如计算机、外语、手工编织等课程；还有一类是自我发展型课程，与老年人自我认识和发展有密切关系，如老年心理教育、老年创业教育等。老年大学在教材建设上，主要有以下几种做法。第一，采购教材。根据课程需要，在对选用的教材进行全面的筛选审定后进行采购。第二，自编讲义。教师认为现有教材无法满足教学内容要求的，可以自编教学讲义。第三，教学大纲。有的课程无固定教材，由教师编写教学大纲，按照大纲进行内容讲授。

（五）加强宣传，提高社会对老年大学的认识

传统观念认为，老年人对家庭或者社会的贡献基本停滞，这种消极的认知应该得到

纠正。正是因为社会对老年大学的功能定位存在认知偏差，认为老年大学只是提供休闲娱乐的场所，才会忽视老年大学所具有的知识传承、技能学习和帮助老年人重整生活、实现价值等教育功能。老年人能够通过老年大学，重新认识自己的老年生活、丰富自己的精神世界，从而拥有一个幸福的晚年生活。

（六）加强指导教师队伍建设，建设新时代的老年大学

一要确立新时代老年大学的教师标准。老年大学教师要有高尚的思想道德素质，热爱老年教育事业，有强烈的使命感、责任感。学校要用社会主义核心价值体系武装教师队伍，使老年大学教师成为知识技能的传播者、智慧的启迪者、人格的影响者、道德的建设者、和谐的促进者。二要以优质的教学环境吸引教师。学校应在整体工作中突出并落实以教学为中心的工作要求。学校各个部门为教学工作服务，在教学管理上可借鉴学历教育阶段的管理模式。三要以积极的政策激励教师。建立激励机制是现代管理工作的重要一环，积极的政策可以使老年大学教师充分发挥他们的才智，满足他们高层次的心理和精神需求，最大限度地调动教师的积极性和创造性。

（田思凯：菏泽市巨野县教育和体育局秘书科副科长 / 段淑文：菏泽市巨野县委老干部局副局长）

谈老年大学声乐课教学中的小组有效合作

◎ 袁丽霞

摘要：以教育部新课标新理念为指导，以课程改革实践为依据，力求站在新课程改革的高度，结合老年大学音乐课合作学习中存在的问题，科学论述合作学习的内涵、价值，透彻分析影响合作效果的因素，并从组建方法、合作内容、合作形式、合作评价以及教师的作用等方面具体阐述实现老年大学声乐课小组合作学习的教学策略。

关键词：老年大学　声乐　教学　有效合作

随着教育部课程改革步伐的逐步深入，老年大学学员学习方式的转变被放在了课程改革的中心位置。传统的音乐学习方式，建立在人的客体性、被动性上，突出了知识技能的掌握；而新课标理念倡导的音乐学习方式，更多地关注学员的情感、态度及对学习环境、学习内容、认知方法的取向方面，重视学习过程的体验和方法、获得的感悟。作为老年大学教授声乐的老师，笔者不但感受到新课程改革带给音乐教学的变化，更是将现代先进的初中音乐课堂教学理念和方式方法运用到老年声乐课教学中，取得了一定效果。

新课程的实施，赋予了音乐课堂教学崭新的面目。笔者将小组合作学习应用到老年大学的声乐课后，课堂教学效率得到极大提升。老年大学学员能利用这种方式共同讨论、互相交流，来感受和体验音乐、探讨和表现音乐，同时完成音乐技能的学习，扩大音乐文化视野。另外，在合作交流的过程中，学员互助协作的精神、与他人和谐相处的良好素养等非智力因素也得到了很好培养。

一、小组合作学习的优势

小组合作学习的优越性以及它为教学带来的优势，在小学、初中音乐课堂教学中屡次得到展现，同样，在老年大学音乐教学中，这种方式也能大大节约教学时间。音乐课包括声乐课、欣赏课、乐理课等内容，还要求学员做大量的技能练习。学员个人能力不同，每节课的授课时间又是有限的，因此，老师很难在一节课的时间内给每个学员都讲明白。考虑到学员对知识和技能的理解能力有强有弱，能力和素质较强的学员接受得比较快且学得扎实，如果将接受能力较强的学员设为组长，接受能力较弱的学员在课上或课下小组练习时，就能得到组长的有效帮助，这样一来，既节省教师课堂上的授课时间，又能增加教师课堂上巡回指导的时间。通过实行小组合作的方式进行教学，可以激发组长的责任意识，督促小组成员认真学习，同时激发他们互帮互助的意识，增进人与人之间的情感，保证教学内容的练习效率。最重要的是，小组合作增强了学员的集体意识和集体荣誉感，极大地提高了教学效率。

二、分析影响小组合作学习效果的因素

（一）与合作学习的内容有关。形式是为内容服务的。为了让学员在小组合作学习中积极主动参与，使学习富有成效，教师必须设计合理的学习活动和学习内容。合作学习的内容首先要有价值，其次要能引起学员兴趣。例如，在声乐学习必须要具备的视唱练习环节，由于大部分学员是零基础，而从音符的唱名到小节线、小节、音乐符号、节奏节拍等音乐基础知识又零碎且难记，所以需要有人提前学会，这些接受能力较强的学员可以辅助老师帮助其他学得较慢的学员。此外，要充分利用学员大都退休赋闲在家的优势，在课下集中练习，这样在保证教学任务完成的同时，又能调动学员学习积极性，培养艺术骨干人才。新冠肺炎疫情期间，老年大学的学员和笔者就利用网络教学，采用小组合作方式实现了停课不停教、停课不停学。

（二）与合作学习的能力有关。学员受认知水平、交往水平、自律水平以及家庭环境、社会环境的制约，交流和合作的机会很少，非常不利于小组学习。因此，要使小组合作学习富有成效，教师必须提供有效的帮助，引导学员制定小组活动规则，探索小组合作学习的方式。教师也可以教给小组长一些组织管理的办法，如怎样引导成员在小组中表达自己的观点，怎样聆听他人的发言等。在排练小合唱《望月》时，笔者请学员采用“任务分割、结果整合”的形式，使学员人人参与、人人畅谈对乐曲的感受。学员的积极性被调动了起来，有的从情绪上谈，有的从速度、力度上谈，有的从节奏、旋律上谈，纷纷发表了意见。学员之间互相帮助、取长补短、协同作战、共同享受成功的快乐。合作学习是一种集体的学习，学员在学习过程中会不自觉地发现他人的优势，学习他人、悦纳他人、完善自己，学会与他人合作。

（三）与合作学习的时间有关。在合作学习的过程中，教师首先要向学员提出时间要求。这个要求不是硬性的，其目的是提醒学员要充分、合理地利用时间。合作学习的时间过短，会使学员在刚刚进入角色、展开思维时中断思考，无法深入讨论问题，达不到小组合作学习的效果。教师不能为了完成教学任务而草草了事，既然组织了合作学习，就应该保证学员主动参与的时间，否则，小组合作学习永远都只是形式而已。随着学习的深入，学员的理论水平、视唱练耳水平有了逐步提高，既可以节约小组合作的时间，提高学习效率，也为学员个人能力的展示提供了时间保障。总之，在时间有限的课堂上，如何利用好小组合作的方式，使更多的学员收获满满，是授课教师首先需要考虑的问题。

三、提高小组合作学习成效的教学策略

要有效地保证小组合作学习的效率与质量，除了要把握好合作学习的内容、能力、时间外，笔者认为还应从以下几方面进行把握。

（一）把握影响合作效果的因素，组建合作小组。实践证明，简单随意的分组必然影响合作学习的质量。笔者建议可以按照“组内异质、组间同质”的原则来分组，将每组的学员在学习能力、组织能力、性别、个性、兴趣、特长等方面合理搭配，以此来保证组内成员间的差异性、互补性和组间竞争的公平性。纯梁老年大学的学员里有的擅长歌曲演唱，有的喜欢舞蹈表演，有的擅长乐器演奏，有的擅长朗诵，在教学活动中，学校会根据合作学习的内容来确定合作的组别。

由于老年大学的学员们大多没有接触过小组合作教学模式，所以，最初笔者布置了合作学习的任务后，学员们你看我、我看你，不知所措，偶尔发出几声“嘻嘻哈哈”的笑声，觉得新鲜有趣，却根本不知道该怎么合作。由此，笔者认为除了要正常开展合作学习外，还应对学员进行“合作品质”的培养。有时，笔者会利用教学中恰当的时机向学员提供开展合作所需要的指导，尤其是有关合作的行为表现方面的渗透教育。比如倾听（尊重与信任）、交流（理解与沟通）、协作（互助与竞争）、分享（体验与反思）。经过一段时间的尝试，不仅大大提高了合作学习的实效，还培养了一批具有合作品质的学员。

（二）提供利于合作的环境，开展合作学习。老年大学的声乐课教师对合作学习有一种“担忧”，即担心在课堂上一旦放开合作讨论就不易“收回来”，所以在教学中不轻易甚至不敢组织合作学习。对于这一点，笔者的做法是：首先，从小问题着手，从“小小组”合作开始，逐步推广合作学习，从二人到四人再到七八人的合作，在实践中提升合作的质量，逐渐形成规范、生动的小组合作学习；其次，在课堂教学的座位安排方面可以跳出传统的“秧田式”结构，根据教学内容的实际需要进行选择。这样，既能体现声乐课的美感又有利于小组合作学习的开展，为学员提供合作学习的空间。

再者，要给予合作学习充足的时间。教师不要担心合作过程会花费过多的时间，甚至拖延教学进度，影响教学效果。“磨刀不误砍柴工”，合作学习要保证学员主动参与、探讨交流、发言补充、辩论表现的时间，让学员在动脑、动口、动手的交互式合作中找到感受、表现音乐的方式，如此一来，学员获得的对音乐的体验、对学习过程的体验、对学习方式的感悟也将是截然不同的。另外，在小组表现中应尽可能让不同程度、不同特长的学员尽情地发挥智慧，尤其是激发所谓学习困难者的兴趣和自信，使更多学员能够顺利地完成合作学习，从而实现合作学习的价值和有效性。

（三）斟酌合作学习的内容，确立合作形式。在音乐课堂教学中，有的合作内容只需两人讨论交流即可完成，有的可能需要 4—6 人的小组合作，还有一部分则需要更

多的同学 (10—12 人) 合作才能很好地完成。这时，可以根据教学内容的需要来确定合作学习的形式，是“小小组”合作、小组合作还是大组合作，是采用生生合作还是师生合作。在具体操作过程中，笔者是这样做的：在音乐教学的某一环节中，遇到交流聆听感受等一些单项问题时，如果有合作的必要，只需安排“小小组”中两人面对面的合作即可，既省时又有效；在教授音乐表现、创造领域时，如果其中的一部分内容有合作价值，如创编歌曲表演、创编歌词等，那么就将它作为课堂教学中一个单独的环节开展小组合作；而与音乐相关的文化学习、音乐会形式的音乐评价等内容则需要以大组合作的形式完成，有时它会从课堂延伸到课外。

在老年大学的音乐课堂上，生生合作屡见不鲜，这是由音乐及音乐学习的特性决定的。音乐需要合作，而学员本身就是很好的教学资源，刻苦认真的学习态度使得他们已经不再是单纯的知识和技能的接受者了，每个学员身上都有耀眼的闪光点，教师应合理地利用这种财富、智慧、资源，创设相互启发、相互帮助、相互交流、共同进步的气氛，鼓励学员共同完成音乐实践活动，从而促进学员间的合作学习。而师生合作又可以很好地融洽师生关系，激发学员学习音乐的兴趣和热情。

四、注重合作学习中教师的角色转换

随着新课程改革的启动，学员的学习方式也发生了转变，而教师角色则面临重新定位的问题。在合作学习的过程中，教师的身份逐渐向顾问、交换意见的参加者、参与课堂活动的“平等中的首席”转变。因此，教师在学员学习的过程中，要时刻改变自己的身份，时而是一个促进者，时而是一个合作者，时而是一个帮助者。由此看来，教师和学员之间是互相合作的关系。

目前普遍的师生合作的形式主要有两种。一是平等参与式。老师走下讲台，走到学员当中，与学员一起探讨、一起表演，以一种民主、平等、和谐的关系参与学员的学习，与学员共同体验学习的快乐。二是合作互补式。在课堂上，老师可以应学员要求为小组进行伴奏或扮演其中的一员，学员也可以在老师的演唱中加入伴奏或表演。这样的师生合作，既弥补了教学活动中师生不能单独完成任务的不足，也使学员体验到与教师合作表现音乐的乐趣，满足学生全面发展的需要。

五、提倡合作学习的科学评价

当学员的合作活动结束后，教师应当根据自己对合作学习的监控情况和合作学习小组的反馈情况（包括口头和书面的反馈），对学员的合作学习进行评价。评价方式要以激励为主，强化学员良好的合作学习行为，促进学员今后更加有效地进行合作学习。

对合作学习的评价，可以小组评价为主，评价合作学习小组的学习质量和数量、合作过程和效果，并对有效合作、成功合作的小组进行表扬和奖励，把个人之间的竞争变成小组之间的竞争，从而使学员认识到相互合作、共同进步的意义。同时，也要适当关注小组成员，例如，对积极主动地与同伴合作、互帮互学的小组成员，应给予表扬。这一点对每个学员来说都是必要的。通过小组合作式教学，纯梁老年大学声乐班涌现出一大批优秀学员，他们都是声乐班的骨干，在小组合作学习中既巩固了自身的艺术理论，也极大地锻炼并提高了自身的组织能力、舞台表演能力等各种能力。

综上所述，在音乐教学中实现有效的合作学习是教师教学所追求的目标，也是学员实现有效学习的重要方式。它能充分调动学员主动参与各种音乐实践活动的积极性，培养学员感受音乐、表现音乐和创造音乐的能力；能培养学员的群体意识、互助协作精神和实践探究能力；能激发学员不甘落后的竞争意识，提高学员的自尊心；能改善学员间的人际关系，培养学员与他人平等相处的良好习惯；同时也可以弥补音乐教学难以面向不同学员的不足，使每个学员实现以自己独特的方式学习音乐、享受音乐、表达情智的权利。

在新的课程环境下，使老年大学声乐班学员学会合作学习是新时期音乐教师的职责，而让学员学会进行有效的合作更是现代音乐教育工作者的追求。有效的小组合作学习是音乐课堂上一道亮丽的风景，必将焕发无限的生机和无穷的魅力，为老年大学声乐班学员们的退休生活涂上浓墨重彩的一笔！

（袁丽霞：胜利石油管理局有限公司老年大学纯梁分校声乐班教师）

三

基层教育改革篇

基层老年教育融入新时代社会治理体系研究

◎ 温洪军 肖建

摘要：本文通过研究基层老年教育融入新时代社会治理体系的现实需求及政策依据，总结济南老年人大学以“三融”促“三改”，努力探索构建开放办学、多元融合、资源共享、作用发挥的新时代老年教育发展格局，分析当前基层老年教育融入新时代社会治理体系存在的问题和原因，提出大力发挥各级政府部门的协同程度、着力增强多种形式平台的建设力度、有力加强多样合作共建的融合深度、强力延伸服务社会治理的拓展广度等方面建议。

关键词：基层　老年教育　融入　社会治理

党的十九届四中全会强调，要“构建服务全民终身学习的教育体系”，并提出“建设人人有责、人人尽责、人人享有的社会治理共同体”目标。基层老年教育是创新社会治理、深化社区治理的有效载体。为此，应着力发挥基层老年教育的作用，不断将基层老年教育融入新时代社会治理体系中。

一、基层老年教育融入新时代社会治理体系的现实需求与政策依据

基层老年教育具有促进社区和谐、增强社区认同等功能，对提升社区治理和社会治理水平发挥着重要作用。

（一）基层老年教育融入新时代社会治理体系的现实需求。从第七次全国人口普查结果看，济南市常住人口 920.2 万人，60 岁及以上人口为 183.71 万人，占比 19.96%，65 岁及以上人口为 129.5 万人，占比 14.07%，与第六次全国人口普查相比，65 岁及以上人口的比例上升了 4.92 个百分点，济南市老龄人口比重仍然呈上升趋势。截至 2020 年底，济南市已建成市级老年大学 1 所、区县级老年大学 12 所（全覆盖）、乡镇（街道）级老年学校 78 所（占比 53.06%）、村（社区）级老年学校 362 所（占比 6.35%），在校老年学员共计 53149 人。由此可见，在人口老龄化形势十分严峻的前提下，老年人对精神文化和老年教育的需求愈加强烈，推进基层老年教育发展任重道远。基层老年教育的发展是提升整体社会治理能力不可或缺的重要组成部分，是社会治理体制创新的一个重要支撑点，基层老年教育融入新时代社会治理体系的现实需求日益凸显。

（二）基层老年教育融入新时代社会治理体系的政策依据。基层老年教育的发

展是提升社会治理能力和治理水平现代化的重要组成部分，是创新社会治理体制机制的有机构成。国家、省、市的政策规章都明确要求通过发展基层老年教育的方式，一方面确保老年人的社会价值得以充分发挥，实现老有所乐、老有所为，另一方面着力形成共建共治共享的社会治理格局。国务院和省、市层面出台的规划、意见均为基层老年教育融入新时代社会治理体系提供了有力依据和政策支持，明确了工作目标和任务要求，具有较强的指导意义和借鉴意义。

二、基层老年教育融入新时代社会治理体系的济南实践及成效

济南老年人大学坚持问题导向，坚持推动机制创新，以“三融”促“三改”，努力构建开放办学、多元融合、资源共享、作用发挥的新时代老年教育发展格局，奋力书写基层老年教育融入新时代社会治理体系的新篇章。

（一）加强老年教育与社会资源的统筹融合，使办学主体由过去的一元化转变为现在的多元化，老年教育参与度得到提升，为基层老年教育融入新时代社会治理体系提供强力支撑。学校聚焦解决“一座难求、供给单一”的问题，采取统筹联动、合作共建等形式，不断深化“1+N+X”办学模式，引导各级各层老年教育资源和社会力量积极参与，为基层老年教育融入新时代社会治理体系打下坚实的基础。一是在自身建设上抓“聚力”。在着力建设与省会经济发展相匹配的高水平、高质量的全国一流老年大学基础上，把“指导基层老年教育”的职能纳入济南老年人大学“三定”方案，以市校为“龙头”、区县校为“龙身”、社区校为“龙尾”，以联席会议制度为“筋脉”，统筹全市老年大学工作，形成了多点联动、携手并进的强大工作合力。二是在分校建设上谋“合作”。依托社会力量，按照“自主管理、分级指导、统一课程及师资力量”的工作思路，与高新区、济南日报报业集团、济南城建集团、济南幼儿师范高等专科学校、济南广播电视台和齐鲁银行等不同类型的单位合作建立起6所分校，扩大了老年教育覆盖面。三是在基层延伸上善“借力”。借助街道、社区党建活动阵地资源和兴业银行等企业资源，在全市设立了71个基层教学点，把老年学校真正开到了老年人的家门口。四是在深化发展上做“联合”。做好“校校联合”，深入挖掘济南大学、济南职业学院等驻济院校资源，融入专业师资，引进专家智慧，提升办学品质；做好“建设联合”，与省老年大学加强同城一体化建设，实现师资共享、远程教育共组、活动共办；做好“展演联合”，与济南广播电视台和济南日报报业集团联合搭建“我们的芳华”中老年梦想秀动态展演平台、“泉城晚晴·翰墨光影”老年文化艺术季静态展演平台，为老年大学学员展示老有所学成果提供了更为丰富的载体。

（二）加强老年教育与社会治理的深度融合，使培养目标由过去的自给型转变为现在的供给型，老年教育功能性得到拓展，为基层老年教育融入新时代社会

治理体系注入新鲜活力。学校聚焦解决“闭门办学、自娱自乐”的问题，通过创建“党建＋老年教育＋志愿服务”工作机制，让老年教育走出校园，走进社区、走向基层，为基层老年教育融入新时代社会治理体系注入新鲜活力。一是学员党建引领志愿服务。以教学系为单位，建立学员党支部，在班级设立党小组，在日常教学安排中增设思政课，坚持党建引领、政治立校，充分发挥学员党组织的战斗堡垒作用和党员的先锋模范作用，引导更多的学员参与到志愿服务中。二是健全架构推进志愿服务。秉持“以学促为”理念，在校园设立了志愿服务推进中心，以党员为骨干建立了文艺服务队、社区志愿辅导队、泉城老年记者团、党史宣讲团和医疗服务队五支学员志愿者队伍，明确服务校园、服务社区、服务市直部门、服务养老院这四个方向，开展精准化服务，共有近千名党员、学员加入志愿服务队伍，直接服务社会老年人近万次，老年大学已经建设成为服务、引领及发挥老年人作用的重要阵地和平台。三是“双嵌入”参与社会治理。创新探索“将社区教学点嵌入社区党群服务站，开展教学服务；将志愿服务点嵌入社区新时代文明实践站，开展志愿服务”的老年教育社区“双嵌入、双服务”新模式，融入社会治理的大格局，实现基层党建、文明实践和老年教育在社区层面的有机融合、协同共进。

（三）加强老年教育与产业经济的有机融合，使发展方向由单维度办学转变为服务银发经济、开发老年人力资源的多维度拓展，老年教育原动力得到激发，为基层老年教育融入新时代社会治理体系贡献价值。学校聚焦“学无所用、学无所能”的问题，深入挖掘老年教育的经济价值，在助推产业发展、培育“银发人才”方面做文章，激发基层老年教育的原动力，为基层老年教育融入新时代社会治理体系贡献价值。一方面，以老年游学来激发文旅市场活力。着眼“黄河流域生态保护和高质量发展”战略要求，学校探索以老年游学、教研合作、联合展演、竞赛交流等为主要形式的黄河流域老年教育“共同体”，为发展“银发经济”、激活市场潜能增添动力支撑。另一方面，以技能课程来培育“银发人才”。联合驻济职业院校、“阳光大姐”等技能型培训机构，开设相关的社会服务、职业技能型课程，培育技能型的老年人力资源，强化老年人生活保障，盘活老年劳动力资源，让“银发人才”继续发光发热，从根本上缓解人口老龄化带来的不利影响，为新时代现代化强省会建设注入发展动力。

三、存在的问题

（一）基层老年教育融入社会治理体系的重视程度不够。基层老年教育管理体系的不完善源于基层老年教育治理理念的缺失，有的区县、街道和村居至今对基层老年教育的重要性认识不足，发展目标不明晰，这直接导致居民对老年教育不了解，参与度不高。多职能部门参与的管理体制机制尚未确立，基层老年教育助力社会治理的作用不明显，管理协同度亟须提高。

（二）基层老年教育融入社会治理体系的支撑力度不够。区域发展的不平衡导致基层老年教育网络构建不完善，农村老年教育发展水平明显落后于城市社区的老年教育发展水平。人员、经费、设施“三缺”现象普遍存在，尤其是街镇、村居老年学校，基础办学条件弱，未能形成制度化、规范化的基层老年教育体系，老年教育的吸引力不足，从而影响其组织居民参与社会事务平台作用的有效发挥。

（三）基层老年教育融入社会治理体系的融合深度不够。虽然通过不同形式的合作办学，开办分校和社区教学点、志愿服务点，促进了社会多元力量参与基层老年教育，但是相关教育类、文化艺术类、科技类的社会机构、社会团体等社会组织对服务基层老年教育和社会治理相对缺位，参与基层老年教育的程度仍然较低，服务社会治理的效能有待进一步发挥。

（四）基层老年教育融入社会治理体系的拓展广度不够。近年来，基层老年教育资源的形式、种类和容量虽有大幅度增加，但依然存在结构失衡、质量参差不齐等问题。有助于提升居民参与社区治理能力的资源不足，导致基层老年教育无法与社区事务有机衔接，偏离社区事务和社区生活；基层老年教育的部分内容和城乡社区发展、社区治理脱轨，弱化了其对居民参与社区治理能力的培育。

四、意见建议

（一）大力提高各级政府部门的协同程度，不断提升基层老年教育融入社会治理体系针对性。应在政府主导的框架下，形成协同有序的社会治理体制机制，大力提高各级政府部门对基层老年教育的协同程度，厘清各职能部门分工，制定权责清单，形成并巩固跨部门广泛参与合作的动态协同关系。鼓励和引导各级各类教育机构、企事业单位、社区自治共同体和居民个人积极介入，构建相互合作的基层老年教育系统，更好地为社区治理和社会治理服务。

（二）着力增强多种形式平台的建设力度，不断提升基层老年教育融入社会治理体系有效性。注重基层老年学校实体化建设，着力开发公民素养课程体系，提升老年居民社区治理参与能力。持续增强基础能力建设，强化基层社区老年教育体系和课程资源的有效性，加强以社区老年学校为重点的基层老年教育三级网络建设，推进社区老年学校实体化、标准化建设，完善师资配备、经费保障、教学管理和督导评估等环节，使基层老年教育有效地融入社区治理。

（三）有力加强各类合作共建的融合深度，不断提升基层老年教育融入社会治理体系广泛性。持续增进多元主体的良性互动，不断提升基层老年教育融入社会治理体系广泛性，显著提升社会治理的协商共治实效。基层老年教育要为社区居民、政府部门、社会组织、志愿服务的沟通搭建协作平台，促进多元主体间的互联互通，努力塑造“政府治理—社会调节—居民自治”的良性互动格局，吸引越来越多的社会力量参与基层老年教育，使基层老年教育更好地融入社会治理、服务社会发展。

（四）强力延伸服务社会治理的拓展广度，不断提升基层老年教育融入社会治理体系深入性。充分整合社区各类资源，细分服务目标人群，优化基层老年教育内容方式，以善学促善治，不断深化基层老年教育服务社会治理。以提升社区治理能力为导向，不断满足社区老年居民的个性化学习需求，顺应社区治理城乡一体化趋势，坚持问题导向，突出团队学习和体验式学习，借助社区网格化优势，有效满足各种类型老年群体全面发展的学习需求。不断深化拓展老年游学、老年人力资源开发等内容，推动基层老年教育与社会治理深度融合。

（温洪军：济南市委老干部局副局长，济南老年人大学校长 /
肖建：济南老年人大学合作发展部八级职员）

济南市农村老年教育发展的思考

◎ 孙雪梅 赵光君

摘要：农村老年教育作为乡村终身教育体系的重要一环，对于构建学习型社会具有重要作用。但是，当前农村老年教育存在着一些问题，如政府层面缺少法律制度保障、责任主体不明晰、缺乏经费支持；老年学校层面教育模式简单、课程设置不合理、师资队伍不稳定；个人及家庭层面受思想认识、时间精力、家庭经济条件限制等。因此，农村老年教育发展应积极发挥政府主导作用，加强老年学校科学性建设，提高农村老年人的参与性，从而实现农村老年教育的健康发展。

关键词：济南市　农村老年教育　发展

据统计，济南市 60 岁及以上常住人口为 183.71 万人，占比 19.96%，与 2010 年相比，60 岁及以上人口的占比上升 5.83 个百分点，这表明济南市人口老龄化的程度在进一步加深。其中，济南市 60 岁及以上农村老年人口约 48.75 万人，占全市老年人口的 1/4。相对于城市老年教育，农村老年教育的问题更加突出。近期，笔者围绕“济南市农村老年教育发展的思考”这一课题，通过查阅分析资料，赴平阴县、商河县、济阳区、莱芜区等地走访调研，采取座谈交流等方式，在一定程度上了解了济南市农村老年教育发展的现状及存在问题，并提出几点济南市农村老年教育发展的思路。

一、济南市农村老年教育发展现状

为积极应对人口老龄化，加快发展老年教育事业，济南市制定了《关于加快发展老年教育的实施意见》（济政办字〔2018〕92 号），明确了“完善基层社区老年教育服务体系，积极依托市、区（县）、镇（街道）及村（社区）各级文化活动中心（站）、社区教育机构和市民学校等，建立健全四级社区老年教育网络”的建设要求。据统计，截至 2020 年底，全市共建有乡镇（街道）老年学校 85 所，占全市乡镇（街道）数量的 51.83%；全市共建有社区（村）老年学校（学习点）399 所，占全市社区（村）数量的 6.79%。

济南农村地区的老年教育呈现出乡镇政府集中组织、村民自行开展的特点。例如，莱芜口镇老年学校和莱芜羊里老年学校，均由政府组织开办，学校自行招生并开展老年教育工作，按照老年大学常规教学模式开展教学，市老年大学给予其一定的师资支持。再如，平阴县自 1996 年就开始推进农村老年学校建设工作，建立了 34 所乡村老年教育教学场所，这些场所多由其所在的乡镇政府和村“两委”管理运行，基本以娱乐性集体活动的形式开展老年教育，没有固定的师资，教学活动均由群众自发组织开展。商河县贾庄镇农村老年教育的开展，也基本上是以村民自发的教育活动为主。

在教育场地方面，现有的农村老年学校都有开展学习、活动的场所，如乡镇政府的大会议室、村“两委”大院、村民活动广场等。在基础设施设备方面，一般是由乡镇政府和村集体出资配备，能够满足学员基本的学习、活动需求，但缺乏乐器和现代化电子教学设备。

二、济南市农村老年教育存在的问题

（一）政府层面

1. 缺乏法律法规及政策保障。现阶段，省、市层面还没有制定专门针对农村老年教育的法律法规。济南市于 1999 年、2018 年分别出台了《济南市保障老年人合法权益若干规定》和《关于加快发展老年教育的实施意见》，但实际运行效果并没有达到社会预期，农村老年教育在发展过程中仍缺少强有力的法律制度保障。通过对基层工作人员的访谈了解到，他们虽然对老年教育的政策文件有基本了解，但这些政策文件并未明确规定农村老年教育应当怎样开展、具体应当怎样实施。总体来看，全市农村老年教育在法律制度保障方面存在法律法规缺失、政策保障不力等问题。

2. 缺乏明确的责任主体。目前，乡镇一级基本没有专门的农村老年教育负责机构，学校有的依托党群服务中心，有的依托文化或民政部门。比如莱芜区口镇、羊里的两所老年学校，就是由其党群服务中心具体负责的。此外，乡镇政府中负责农村老年教育的工作人员大多是临时调配或兼职工作，对老年教育业务较为陌生，在重视程度上也有一定的欠缺。

3. 缺乏财政资金保障和支持。通过查阅济南市及部分区县《2020 年预算执行情况和 2021 年预算草案的报告》发现，农村老年教育经费在教育资金使用中未有体现。在农村，老年教育经费投入力度严重不足。对于乡镇政府而言，财政收入水平有限，开支事项也比较多，导致对农村老年教育的投入较少。从村级层面考虑，有集体经济收入的村还能组织开展些农村老年活动，而没有集体经济收入的村，则纯粹由村民自发组织活动。

（二）老年学校层面

1. 教学方式比较单一。农村老年教育多以讲座报告、知识培训、文娱活动、广播电视等传统模式为主，系统化、规范化的课程班和运用现代化技术的远程教育模式较少。此外，农村老年学校在缺少任课教师及基础设施设备不完备的条件下，经常采取“一锅炖”式的教学，这种模式在忽视了学习者的学习需求的同时，也降低了学习者的学习效率。

2. 课程内容及时间安排不合理。相比城市老年人在舞蹈、书法、绘画、乐器、表演等艺术娱乐性质方面的需求，农村老年人更热衷于政治、科普、民俗文化、技能培训、健康卫生等方面的内容。当然，有的农村老年学校也照搬了城镇老年学校的课程内容，但与农村老年人的实际需求不匹配，课程吸引力不强，致使学校办不起来、办不下去。有的农村老年学校虽然制订了丰富的教学计划，但因为时间、师资、场地等多种因素，有些课程实际上无法按照计划开展。此外，农村老年学校还存在着开课时间不固定、上课时间间隔长等问题。

3. 师资队伍的稳定性和专业性不强。农村老年学校的师资力量主要来源于以下几个渠道：一是在城镇区域聘请，除课时费之外，学校还要额外承担老师的路费。考虑时间和成本，即便是薪酬相对较高，老师也不愿去农村地区授课。二是在当地中小学聘请教师，但由于中小学在职人员不能兼职取酬，现在这种情况已基本不存在。三是聘请本地的能工巧匠、地域特色文化的传承者以及文化娱乐活动的组织者或带头人。通过调研得知，大部分农村老年学校任课教师在任教前从未接触过老年教育，对农村老年人的学习方式、性格特征及教育需求等都缺乏必要的了解。

（三）个人及家庭层面

1. 受个人时间、精力限制。随着城镇化进程加快，大量中老年和青壮年劳动力涌入城市，当城市中 50—70 岁的中老年人已经开始享受养老生活时，同年龄段的农村老年人却大都需要工作，留在农村的老年人在田间劳作的同时，还要承担抚养下一代的责任，身心压力极大，更没有时间和精力参与到老年教育中来，老年人受教育的权利难以实现。

2. 受家庭经济条件限制。农村老年人除了农业收入之外，基本没有其他生活来源，受既往生活习惯和固有思维模式的影响，他们平时舍不得吃穿，基本都是把钱存起来以备不时之需。而对某些老年人的子女而言，养老、养小、人情世故、生病吃药等方面的开支，使生活成本不断增加，加之收入有限，经济和生活压力较大，对老年人舍不得投资，更谈不上支持他们参加老年教育。

3. 受个人思想认识限制。多数农村老年人平时关注的多是农村的生产和生活，对老年教育的概念是模糊的，对是否愿意接受老年教育持一种茫然态度。农村 60 岁以上的老年人，多出生于二十世纪五六十年代，他们生在农村、长在农村，文化水平普遍较低，观念相对陈旧，思想封闭，对接受新事物存在一定的抵触心理，更认识不到老年教育对生产生活和身心健康的积极影响。

三、济南市农村老年教育发展的思路

（一）政府层面

1. 推动老年教育立法，完善法律法规制度保障。根据 2021 年立法计划安排，山东省司法厅会同省人大法工委、省教育厅、省老年大学对《山东省老年教育条例（草案）》

进行了审查修改，面向全社会公开征求草案的意见建议阶段已结束。《山东省老年教育条例》已于 2022 年 1 月 1 日正式实施，农村老年教育在政策支持、教育资源有效供给等方面得到实效。各级政府可结合实际，依法、循法而为，研究制定有效的贯彻落实措施，进一步健全完善本地农村老年教育工作机制。

2. 建立农村老年教育责任架构，明晰权责义务。发展老年教育是乡镇政府的重要责任，乡镇政府可以在财政、党群、民政、教育等方面建立领导小组，统筹本地老年教育工作，领导小组下设办公室，具体负责工作的推动和落实。同时，明确专门人员抓好农村老年教育的日常工作。区县老年大学应加强对乡镇农村老年教育的指导工作，对农村老年学校的开办、课程设置、教学管理等方面提出合理化意见和建议。

3. 发挥基层政府主导作用，落实经费保障机制。一是加大政府对农村老年教育的财政投入。政府可以设置老年教育发展专项资金，在专项资金中要划分出部分资金专门用于发展农村老年教育，以此保证资金的专款专用。二是鼓励引导社会力量、公益力量参与乡村老年教育。积极拓宽农村老年教育经费的筹措渠道，鼓励社会团体、商业企业捐助和赞助农村老年教育，以此充沛农村老年教育的资金。对给予资助的商业企业与社会团体，政府可牵头制定税收减免、表彰表扬等激励措施。

（二）老年学校层面

1. 扩大教育供给，建立“线下 + 线上”教学模式。在做好农村老年教育“线下”发展的基础上，探索开展“线上”渠道。在省市一体化发展的大背景下，可利用省、市老年大学的远程教学资源，实现农村老年教育“线上”资源共享。其中，济南老年人大学打造的学员回看课堂、网络精品课堂及电视入门课堂的三位一体“空中课堂”，依托济南老年人大学门户网站、济南电视台都市频道等平台，有效拓宽了农村老年学校的教学渠道。

2. 加强农村老年教育课程建设，科学设置课程内容。农村老年教育课程设置要结合农村实际和农民需求。一是设置生活类课程，如家庭防火防盗、家用电器使用、医疗保健、防诈骗等课程，不断提高农村老年人融入社会的能力。二是设置思想类课程，如时政、历史、政策等课程，保证老年人思想认识不与社会脱节、不与形势脱节。三是设置技能类课程，如农作物栽培、家政服务、果树扦插等课程，为农村老年劳动力再就业、服务乡村振兴培养队伍。四是设置特色类课程，如民俗文化、技艺传承等课程，培养传承特色文化的骨干力量。五是设置心理类课程，关注和关心农村老年群体心理健康，适时进行精神疏导，保证农村老年人的身心健康。

3. 加强师资队伍建设，保证稳定性和专业性。一是乡镇政府可公开招考具有一定专业水平的人员，负责老年教育教学工作。二是积极开展农村老年教育“蒲公英”工程，在学员中培养骨干，由其在农村老年学校开展教学和服务。三是聘任辖区中小学专业课老师担任农村老年学校义务兼职教师。四是组建医疗卫生服务、教育、农技方面的技术人才教师队伍作为公益教学力量。五是挖掘民间“草根讲师”，担任特色课程教学。通过以上多种途径，建立以专业教师为主、兼职教师为辅的师资队伍。

（三）个人和家庭层面

一是发挥乡镇政府和村“两委”的作用，加强老年教育工作的宣传，引导帮助农村老年人对老年教育形成正确的认识和理解，鼓励农村老年人积极参与老年教育，培养兴趣爱好，提高自身素养，促进身心健康。二是培养农村老年人的社会责任感和尊严感，使其认识到自身对家庭、社会的价值，进而主动学习、提升自我，并带动身边更多的老年人一起学习。三是正视农村老年人对精神文化生活的追求，教育引导农村家庭关心关爱老年人的精神文化生活，满足老年人接受学习教育的愿望，让他们晚年生活更幸福、更美好。

（孙雪梅：济南老年人大学副校长 / 赵光君：济南老年人大学合作发展部七级职员）

【参考文献】

［1］济南市统计局：《济南市第七次全国人口普查公报》，http://jntj.jinan.gov.cn/art/2021/6/16/art_18254_4742896.html。

［2］济南市人民政府办公厅：《关于加快发展老年教育的实施意见》，http://www.jinan.gov.cn/art/2018/12/28/art_2615_2784136.html。

浅谈基层老年大学规范化运行及发展路径

◎ 李翠青

摘要：近年来，老年教育越发受到党和国家的关怀和重视。老年大学作为老年教育的主要载体，承担着“引导教育老年人把为党和人民的事业增添正能量作为价值取向”的任务，在提高全民素质、促进社会稳定方面起到了积极的推动作用。老年大学有其明确的功能定位，要想真正发挥其功能作用，就必须以规范化的管理运行为保障，只有这样才能与时俱进，更好地促进老年教育事业健康发展。

关键词：发展现状　问题分析　规范化管理　长远发展

一、基层老年大学发展现状及问题分析

（一）报名积极性高，但新学员吸收率低。每年招生季，老年人的报名积极性都很高，但基层老年大学受场所、硬件设施等条件限制，往往无法实现老年教育的供求平衡。矛盾之处在于两方面：一是严卡招入新生人数；二是老学员出不去，新学员留不住。之所以形成这种局面，总体来说有三方面原因：一是缺乏学制管理机制，一些十多年的老学员至今都不毕业，占据了多数名额与资源。二是缺乏科学的走班制度，不同专业间的学员流动性低。三是课程设置缺乏层次划定，教学内容过于笼统。受教学场地、办学经费等因素约束，新老学员在同一教室学习知识的情况比较普遍，教师授课既要照顾基础较好的老学员，又要兼顾基础薄弱的新学员，导致教学内容笼统，老学员觉得没有新鲜感，新学员又觉得学起来比较吃力，久而久之，课程就失去了吸引力，部分学员会选择中途退学。

（二）教师队伍不稳定，教学质量难以提升。依据教育现代化的观点，教师是教育活动的决策者、组织者、指导者和调控者，其主体性作用的有效发挥直接影响着整个教育活动的进程和学生发展的方向，老年教育也是如此。然而，专业教师队伍的缺失严重影响了老年大学的教学质量，难以实现教学发展的与时俱进。一是目前基层老年大学任课教师多为志愿服务者，但仅靠为老年人服务的精神难以确保教师队伍的稳定。由于缺乏教师信息统筹，有些课程的开设直接受到教师是否到位的影响，教学由于教师队伍的不稳定而变动大。二是缺乏教学考核监督机制。由于没有专业稳定的教师队伍，外聘教师教学的临时性、变动性大，难以形成规范的考核监督机制，造成了教学管理工作存在缺位，无法对任课教师的教学质量进行评价和监督，教学考核管理流于形式等问题。三是由于老年教育的特殊性质及场地限制等外在因素，课程设置连续性差，教师课时收

入偏低，无法将教学作为固定工作，难以吸引优秀教师长期留用。

（三）缺乏教学理论研讨，规范化教学难以保障。老年大学的课程设置主要是按照老年人的求学需要，根据实际条件、环境而开设的，变动性大，且多数无教学大纲、无统一教材，教学内容连续性差，且各科教师一般上完课就走，少有机会针对教学改进和提升开展有效的研讨活动。因此，他们对老年教育的教育原则、教育策略、教育方法都缺乏系统的研究，老师讲课比较吃力，学员接受知识也受到了一定程度的影响。

（四）班级管理效能弱化，管理自治有待加强。老年大学的班级管理是学校行政和教学管理工作的基础，在很大程度上决定着学校的管理水平。基层老年大学现行的班级管理模式是学校领导下的班长负责制，但随着办学规模、人员结构、运行机制的变化，面对班级工作的复杂性和日常管理的特殊性，出现了班干部在班级里话语权不够、学员的集体意识不强、学员对担任班干部的热情度不高等问题。这直接导致了班级管理效能的弱化，从而影响学校教学管理全局。

二、实行规范化管理，化解发展中的难题

调研的目的是基于事实找出问题并有针对性地提出改进意见和建议。下面结合实际，为老年大学实行规范化管理提出几点意见和建议：

（一）畅通学员进出渠道。推进规范化教学管理，畅通进出渠道，解决新人入学难的问题。一是通过增加班次、设置阶梯课程、限制每人报名科目数、与社区联合办学等办法以增加新人入学机会。二是采取制定学制、实行期满结业、设置合理的走班制度、鼓励学员到社区参加学习等措施以实现学员分流，畅通老年大学“出口”，避免学员长期学习固定的课程，占据老年教育资源。

（二）融通师资渠道，强化教师队伍建设。建设一支稳定的、有教育实践经验的教师队伍是提高教学质量的关键，也是提升老年大学生命力和吸引力的决定因素。一是要加强多部门融合发展，加强与卫生、文化部门以及驻地高校等单位的协同合作，加强师资队伍建设，打通聘用专业教师资源渠道，形成“资源共享、合力共进”的老年教育新局面。二是完善管理机制，建立老年教育师资后备库，通过教育系统掌握各类学校退休教师资料，积极联系沟通，充分调动广大退休教师参与老年教育的积极性。三是通过社会公开招聘、与培训机构合作等方式，招聘具有教学资格的专业人员，引进社会力量，使教学向专业化、标准化转变。四是加强在校教师队伍建设，通过制定管理制度、建立理论研讨机制、拟定教学大纲等措施，建立一支相对稳定、专业水平高、管理规范化的教师队伍。

（三）创新课程建设，完善教学评价体系。长期以来，老年大学在课程设计上过多考虑老年教育的个性化，忽略了老年教育的规范化，而老年教育十分需要建设规范化课程。一是明确课程学制设定，将同一课程的学制按初、中、高级设置阶梯，对每一阶

梯设置固定学年。学员入学凭基础分班，跟班升级直至毕业。这一制度有利于缓解学员留级、不愿毕业的现象。二是保证课程内容相对稳定。教师要制定教学大纲，固定每学期教学内容，使教学内容相对连续和稳定，避免教学的随意性。三是建立科学完善的老年教育课程评价体系，制定考核评价机制，鼓励学员积极参与课程设计、课程实施、教学成果评定等教学环节，构建多元化的评价体系，及时对教学效果做出反馈。

（四）规范班级管理，提升教学管理水平。由于老年大学自身的特殊性、班级结构的复杂性及学员的变动性，班级管理就成了老年大学管理工作的关键。一是注重以人为本，实现自我管理。将学员党支部书记、各班班长、社团团长、骨干学员召集起来组建学管会，充分发挥老同志的经验和能力，协助学校做好日常的班级管理、活动安排调度等工作，凝聚志愿精神，实现学员自我管理、自我服务。二是规范制度，明确责任。从抓好班委会队伍组建、制定班级管理制度、协调好各方关系出发，建立和谐、友善、稳定的班级教学环境。制定班委会职责、学员守则，明确学员及骨干队伍的职责所在，确保责任到人。三是制定班级、学员考核评优制度。每学年根据学员的表现及学习情况按比例评选年度优秀学员及优秀班干部。这样既能增强学员遵纪守规的意识，提高学员自我约束力，又极大地鼓舞了学员们“比学赶超”的学习热情，为提高教学效果奠定基础。

（五）转变办学思路，统筹推进合作路径。推动老年教育融入社区共享共建，充分利用社区资源，开展多层次、多样化的教学活动。一是转变合作办学思路，将社区作为老年大学的分阵地，由区老年大学统一招生，统筹开设新课程。一方面可以在社区开设与中心校区不同的课程，将部分学员分流到社区学习，这样既能减轻中心校区的满员负担，又可以增设新的课程，增加老年教育的吸引力；另一方面建设“家门口的老年大学”，便于距离社区较近的老年人参与学习活动，降低他们学习的时间成本、经济成本，使社区资源得到充分利用；再者，可以根据老年人共同的兴趣爱好成立学习小组，以灵活多样的教学形式鼓励老年人学习自治。二是抢占社区活动阵地，组建老年活动社团。中心校区培养骨干学员到社区牵头组建社团，发挥社团的主观能动性，在社区引导社团成员开展志愿服务活动、学习成果展示等，帮助社区老年人实现就近学习、就近活动、就近服务。

三、推动基层老年教育长远发展的几点建议

（一）基层老年教育发展思路。随着社会的进步，老年人的学习需求正由知识需求向综合素质需求转变，这就要求新时代老年大学明确现代化的办学理念，掌握科学管理手段，根据形势发展变化和老年人的需求，不断提升师资和教学质量。一是在办学功能上，老年大学教育要由娱乐性、享受性教育向培养“有快乐、有作为、有进步”的新时代“三有”老人的发展性教育转型；在课程设置上，要从以娱乐性课程为主逐步向以“更新知识、开发潜能、提升素养”的知识技能性课程为主转型。二是要在老年大学规范化建设的基础上，

实现老年大学的教育现代化。老年大学教育现代化的前提是理念现代化、教学设施和手段现代化，核心是课程设置及创新，关键是师资和教学质量，保障是现代管理手段。

（二）强化学员党组织建设。坚持以“政治立校”为根本宗旨，牢记老年大学“姓党、为老”的特点，做好学校党建工作，真正使老年大学成为老同志思想政治教育基地。一是要发挥学员党组织作用，实现学员党员教育全覆盖。结合老年大学学习活动集中优势，按照“一方隶属、多方管理”和“三个有利于”原则，综合考虑班级、兴趣爱好等因素，组建功能型党支部，成立教学班党小组，实现组织全覆盖。二是充分发挥党组织功能型作用。在组织学习、开展活动、上联下通等方面有效开展工作，发挥“智囊团”“咨询团”“顾问团”的作用，为老年教育发展积极出谋划策，帮助学校加强党建工作、凝聚人心、提升教学管理水平。三是要引导党员当好践行者、宣讲者。发挥学员党员的政治优势，调动他们的积极性，利用重大节日开展各种形式的主题党日活动，通过开展学习、征文、成果展示等活动，讴歌党取得的伟大成就。学员党员在做好实践者的同时也要当好宣讲者，传播党的好声音，倡导社会主义核心价值观，辐射带动社会上的老年人形成共识，为党的事业贡献余热。

（三）夯实文化养老基础。老年大学是提升老年人文化素养的关键平台，也是“文化养老”的主要渠道。促进文化养老的实施，可以帮助老年人启迪心智、强身健体、提高素养，更好地适应社会发展。一是盘活“三个课堂”。随着老年大学教学组织形式的协同发展，“三个课堂”被大力推广，搞活“第一课堂”、丰富“第二课堂”、拓展“第三课堂”，将课外、社团活动及社区课堂有机融合，突破传统教学组织形式，鼓励学员自愿参与组建志愿服务队，在传导文化、传递文明等方面发挥示范带动作用。二是老年大学要充分发挥广大老年人的精神“加油站”和“服务台”作用，多角度、全方位提升老年人终身学习的满意度，让老年人在实现生命价值的过程中保持阳光心态，提升精神境界，从而实现文化养老的真正意义。

（四）提升校园文化建设。提升办学品质和校园文化建设是老年大学的灵魂和精神所在。一是要明确课程建设服务方向，大力促进教学的创新，将老年教育主动融入地方经济建设与社会发展之中，明确课程建设思想，集中力量构建优质课程，引领老年大学在发展中彰显特色。二是自觉开展校园文化建设，通过加强教育引导，不断培育和形成“学养相宜、康乐有为”的精神文化，促进老年人自觉养成文明的行为习惯，形成健康、规范、和谐的校园文化。加强校园橱窗、展厅、文化长廊等校园文化设施建设，凸显文化品位，弘扬社会美德，传播先进文化，努力引导师生践行社会主义核心价值观，弘扬长者风范，推动老年素质教育，体现终身教育的功能。

（李翠青：济南市章丘区老年大学科员）

淄川区打造“家门口老年大学”过程中存在的问题及对策研究

◎ 李聪

摘要：“十二五”“十三五”规划把老年教育提到了国家战略层面，充分体现了党和国家对老年教育事业的高度重视。“促进老年教育事业可持续发展，不断满足更多老年人在精神文化生活上更高层次的需求”是摆在我们面前最核心、最重大的理论和实践课题。2022 年 1 月 1 日起实施的《山东老年教育条例》，对老年教育做出了明确定义，指出老年教育是以老年人为对象，为满足老年人终身学习需求所开展的教育活动，它是社会公益事业，是终身教育和老龄事业的重要组成部分。淄川区基层老年大学作为从事老年教育活动的重要机构之一，在过去的几年中有了较大的进步，但是与省市级老年大学相比还存在着一定差距。要想缩小差距，必须多管齐下，逐步完善各项机制，让“家门口老年大学”走上快速发展的轨道。

关键词：家门口老年大学　老年教育　发展

近年来，随着人口高龄化、空巢化趋势的日益加快和城镇化建设的快速发展，大量老年人由“农村人”转变为“社区人”，机关企事业退休人员由“单位人”转变为“社会人”，整个老年群体正在向镇办、社区转移。以区县级老年大学为主阵地，发挥好社区老年教育“前沿堡垒”作用，打造“家门口老年大学”成为新时期老干部局工作的重要课题。淄川区老年大学在区委老干部局的统一指挥领导下，以建设“家门口老年大学”工作为重点，不断满足老年群体精神文化和学习需求，着力破解困扰老年教育“最后一公里”的难题。

一、淄川区“家门口老年大学”的发展现状

（一）分校规模和数量得到较大发展。淄川区以老年教育供给侧改革为切入点，通过创新“三级联动、共建共享”的形式和“区老年大学负责业务指导及师资支持 + 镇街分校负责业务指导 + 社区工作人员负责教学管理 + 社区住户志愿者参与班级服务”的办学模式，逐步形成“区—镇街—村（社区）”三级联动的普惠性、下沉式老年大学网络体系。同时，区老年大学借助社区党群服务中心、日间照料中心、文化站所、远教站点等机构不断拓展老年教育覆盖面。目前，淄川区老年大学在全区设立乡镇、社区分校

共12所，校舍面积共4100余平方米，开设班级共54个，在校学员共3200余人，以点带面，逐步形成基层老年教育网络。同时积极探索“校校联合、校医联合和校企联合”等多种联合办学新模式，由淄博市老年大学牵头，淄川区老年大学与淄博师范高等专科学校成立“淄博师专实践教学基地”、淄川区老年大学与淄川区中医院成立“淄川区老年大学中医文化研学中心”、淄川区老年大学与淄川区新星集团成立“淄川区老年大学新星集团分校”，多措并举积极推进老年大学向学校、街道、社区和企业延伸，努力打通老年教育“最后一公里”，让老同志们一出家门就能进校门。

（二）各类资源得到较大融合。区老年大学发挥带动作用，采取合作、统筹、借用和“一站多用”的方式，盘活各类资源为老年教育服务，如借助社区党群服务中心、日间照料中心、文化站所、远教站点等机构，成立老年大学分校、教学点，实现教学资源向基层延伸，不断拓宽老年教育覆盖面。同时，人员队伍得到了较大充实。区委老干部局提出要求，对区内各镇办、社区老年大学基层工作队伍进行了初步充实改造，使每所基层老年大学都能配备一到多名专职工作人员进行日常的管理服务工作。

（三）教学形式多样化得到了较大提高。学校结合基层老年大学自身实际，拓展多渠道、多形式、寓教于乐的教育模式，有课堂教学型、实践教育型、联谊活动型、报告讲座型等；借助社区原有群体开展如送戏下乡、送春联下乡、关爱困难群众等公益服务活动，带动周边居民积极参与；推进老年远程教育发展，与区远程教育中心紧密合作，利用现有的远程教育设备，依托各级老年教育资源网、党员远程教育网站、淄川区老干部局信息网等开展教学，使镇办、社区老年大学在无需另聘教师、新辟场地、再添设备的情况下，便可享受优秀师资、优质课程，逐步实现对区、镇、村三级老年远程教育全覆盖。

（四）教学内容因人设课得到较大推广。由于老年群体学习需求的多样化，区老年大学着力推动基层老年大学课程设置的科学化、多样化。目前，各分校、教学点开办有二胡、葫芦丝、电子琴、声乐、戏曲等课程，课程丰富，选择面宽。在教学内容安排上学校坚持以人为本，先易后难，从群众喜闻乐见的专业开始，尽量满足老年人的需求。如将军路街道西关一社区教学点设在老年养生中心，该教学点年龄偏高、行动不便者居多，以开设红歌、书画、养生保健等课程为主；洪山镇洪铝社区为企业下放、退休人员集中社区，居民年龄整体偏大，以开设戏曲、讲座、组织联谊活动为主；将军路街道南苑社区地处商业圈，人员复杂、文化程度不一，以开设广场舞、声乐等易掌握的课程为主。教学内容因人设课，较好地满足了老年人的个性化需求，得到了老年群体的广泛欢迎和一致好评。

二、制约淄川区“家门口老年大学”发展的关键问题

（一）社会重视程度不够。“家门口老年大学”面对的是老年群体，但它又是最

年轻的教育，因为老年大学的服务对象是老年人这一特殊群体，相比于国计民生、经济指标、社会发展等方面，社会各方对老年教育都有所忽视、认识不足，使得老年大学缺乏有力的政策支持和保障机制，特别是在老年大学功能定位上一直比较模糊。有部分人认为，老同志辛劳工作一辈子了，休息下来在家养花种草、遛弯散心、颐养天年就够了，认为老同志年龄大了就没有学习的需求和欲望了；还有部分老同志埋头于家务琐事，缺乏学习的自觉性，对终身学习的重要性认识不足，参加学习的积极性不高；社会各方对老年大学、老年教育工作的重视程度不够，导致老年大学和老年教育的社会参与性不足，在资源共享、社会捐赠等社会支持方面严重缺位。

（二）相关政策不完善。一是山东省老年教育工作基本都是依靠老干部局工作部门单打独斗，基层老年教育工作更是没有专门的机构、人员进行管理。二是教育经费视各级财政收入状况和领导的重视程度而定，没有统一的执行标准。三是没有吸引社会力量投入和资助的激励机制，社会投入和资助力度不大。

（三）教师队伍不稳定。教师多数为外聘、教师队伍缺乏稳定性、教师力量严重不足、教师素质参差不齐等问题在很大程度上限制了“家门口老年大学”事业的发展。以淄川区基层老年大学为例，学校所有的教师均为外聘，其中有退休教师、医生、技术人员、培训机构教师等。有的教师是经人介绍推荐来的，有的教师是校方慕名上门邀请来的，教师队伍不稳定，一些授课教师缺少责任感和使命感，进而导致学员与教师缺乏感情交流与互动，并造成课程连续性缺失，使上课效果大打折扣。另外，教师的待遇不高，付出与回报不成正比，出现个别教师应付差事的现象。

（四）教育设施设备不配套。在硬件设施方面，大部分社区存在老年大学场所不足、设备短缺老旧等方面的问题。远程教育载体未被充分利用，目前老年远程教学主要依靠老干部局主办的新媒体远程教育平台，缺乏教育资源共享平台，在老年人就近就地学习模式上不够人性化。

三、推动淄川区“家门口老年大学”健康快速发展建议

（一）凝聚共识，充分认识发展老年教育的重要意义。要提高对老年教育的重视程度。发展老年教育既有利于丰富老年人的闲暇生活，使老年人晚年生活过得更加充实且富有意义，也有利于增长老年人的文化知识，使未受过正式教育的老年人有机会学习文化知识，使已经受过正式教育的老年人的文化知识得到更新；既有利于实现老年人的继续社会化，使他们更顺利地适应退休生活和新的社会角色，也有利于构建学习型社会，提高全民族的文化素质水平。老年人最大限度地发挥潜能、贡献余热，有利于传播社会主义核心价值观、建设文明家风、助推经济社会科学发展、促进社会和谐稳定，有利于凝聚、推动、放大和释放老年群体的正能量。

（二）明确主体，加强社区老年教育的统筹规划。目前，各地普遍存在缺乏健全完善的老年教育管理机构的情况，特别是基层老年大学大多实行交叉管理，这不利于老年教育事业的长远发展。各级党委、政府要统筹规划，理顺组织、老干、财政、教育、民政、人社等相关部门之间的关系，健全老年教育组织协调机构，明确管理主体的职责、权利和义务，逐步形成各部门各负其责、共同参与的新格局。建议各级财政部门以辖区老年人口基数为标准，结合自身的财力和实际状况，给基层老年大学拨付建设和管理运行资金，把基层老年大学定位为服务和推动本区域老年教育普及和老年人终身教育、就近教育的纯公益性机构给予专项资金支持。同时，注意调动社会、个人办学的积极性，鼓励他们在区老年大学的帮助和指导下，运用市场力量，多渠道筹集教育资金，构建多元的投资格局，吸引更多关心老年教育的有识之士参与社区老年教育实践，利用社会资源、发动社会力量，延伸区老年大学的触角，扩大老年大学的覆盖范围，促进基层老年大学办学主体的多样化。

（三）合理供给，健全社区老年教育的保障机制。老年教育应当坚持政府主导、社会参与、面向基层、规范发展的原则。但目前基层老年大学普遍在软硬件建设方面还存在诸多问题。要充分认识到基础设施和办学条件的重要性，要建立相关保障机制，对基层老年教育工作的人员配备、活动场所、经费保障等问题予以明确。

在硬件资源上，社区要积极探索“一个场所、多块牌子”“一套设备、多项用途”等模式，实现资源综合利用。新建社区在建设文体活动场所时也要充分考虑发展老年教育的需要，留足老年大学建设场地。各级各类公益性体育场馆、群艺馆、文化馆、图书馆、文体活动中心，以及操场、球场等文体场馆要向当地基层老年大学开放共享。要努力加快老年教育信息化进程，与宣传、广电、文化等部门配合协作，运用网络、有线电视网、多媒体课件等现代化手段，发展老年远程教育。

在软件资源上，要理顺管理体制，稳定师资队伍。加强老年大学师资队伍建设，要建立健全部门、学校、社会机构之间的沟通合作机制，建立区级老年大学师资库，把优秀人才纳入师资库。建议教育部门参与管理，因为教育部门师资雄厚、人才济济。一方面可以向社会招聘和返聘机关、事业单位中有办学经验的退休人员参与教学、管理工作，保证他们在上岗前接受系统、严格的职业培训并做到持证上岗。另一方面鼓励部分高校开设老年教育学的相关专业和课程，为老年大学教师队伍储备高素质人才。此外，建立合理的职称评选体系，解决教师的实际困难和问题，确保他们的待遇标准与同级教育部门一样，营造和谐的工作环境，让教师安心工作。

（四）搭建平台，提升“家门口老年大学”的影响力。部分地区基层老年大学招生困难，学员人数增长乏力，与其在本区域老年人群中的影响力和对老年群体的吸引力不足有直接关系。一方面，鼓励基层老年大学的工作人员与本区域的新闻媒体加强联系，积极报道基层老年大学的发展动态和文体活动情况，让老年人了解所在区域的老年大学；另一方面鼓励基层老年大学的学员们积极地展现自己的才华和在老年大学学习的成果，让身边的老年朋友看到学员们在老年大学的学习收获。地方各类媒体要尽量配合基层老年大学的宣传工作。学校要满足学员服务社会、展示自我的需要。老年人不仅有求知求乐的需求，还有服务社会、展示自我的强烈愿望。区老年大学应利用一切可利用的机会，积极开展“第二课堂”，组织基层老年大学学员参加区、市甚至省级比赛表演，为社区的学员们展示自我、体现自身价值搭建平台。比如，组织基层老年大学深入到农村、学校、工厂等基层单位，为群众写对联、表演文艺节目；为学生做红色文化宣传教育报告；组织学员为本县经济社会发展献言献策等。充分发挥学员们的自身优势，体现他们的人生价值，唤起老年大学学员们的成就感。

《山东老年教育条例》中指出，发展老年教育应当以“老有所教、老有所学、老有所为、老有所乐”为目标。但随着社会老龄化程度的不断加深和中国老年人精神文化需求的提高，老年教育尤其是“家门口老年教育”发展不平衡的问题日益突出。要解决这一问题，需要从社会认识、体制机制等方面多方努力，形成合力，促进老龄化社会加剧形势下家门口老年教育的蓬勃发展。

（李聪：淄博市淄川区老干部服务中心科员）

社区老年教育发展研究

——以淄博市张店区老年教育为例

◎ 刘一瑶

摘要：老年教育事业是构筑终身学习体系的重要组成部分。老年大学作为老年教育的重要载体，是实现老年教育的重要窗口、阵地和平台。随着我国经济的不断发展，人们的生活水平不断提高，老年人的数量也在不断增多，老年人的需求问题逐渐成了社会关注的焦点。社区老年教育是满足老年人需求的重要方式。发展老年教育，必须完善社区老年教育办学条件，加强、重视社区老年教育，丰富社区老年教育教学形式，加大社区老年教育宣传力度，这样才能最大限度地满足老年人精神上的需求。

关键词：社区　老年教育　创新发展

一、张店区老年教育现状

张店区作为淄博市的中心城区，现有常住人口约 85 万人，其中 60 岁以上人口 14.1 万人，约占全区人口总数的 16.6%。如果按照 10% 的比例计算，有意愿参加老年大学学习的人数应在 1.4 万人左右。一方面，张店区老年大学虽然通过扩建改造、与市校开展联合办学等方式，扩大了办学规模，但可容纳老年大学学员人数也仅在 1500 人左右，比较热门的专业如古筝、瑜伽、钢琴等，曾出现报名比例 10 ： 1 的情况，张店区老年大学“一座难求”的现象较为突出，办学规模已满足不了全区老同志的需求。另一方面，张店区社区建设水平较高，目前 84 个城市社区党群服务中心面积基本都在 500 平方米以上，普遍设立了党员活动室、书画室、多功能厅、日常照料中心等功能室，为社区居民开展党员教育、文体活动、社区养老等提供了便利。每个社区都有一批相对固定的利用社区资源开展文体活动的老同志，他们在社区就近学习、就近开展活动的意愿也比较强烈，是社区发展老年教育的重要基础。

二、普及社区老年教育的优势

（一）能满足老年人就近入学的需要。社区在老年人的日常生活圈子之内，在社区开展老年教育活动可帮助老年人就近入学，使他们花费较少的时间就能享受到教育的乐趣，即使高龄老人也能参与教育活动，具有很强的便利性。到社区老年学校学习，既省时、省力、省费用，又安全方便，具有广泛的群众基础。社区老年教育具有一定的福利性质，许多教育是免费的，一些教育活动即使收费，费用也不高，使老年人接受教育的成本降低，更具普及性和平民性。

（二）有助于老年人调试好社会关系。老年人退休后，他们的人际交往圈会逐步缩小，家庭和社区成了老年人重要的活动区域。由于老年人的发展与社区发展紧密相连，社区老年教育往往把社区作为老年教育的实践场所，具有很强的社会参与性。社区老年教育可以让老年人更好地了解当今社会的变迁，掌握更多的新知识、新规范，了解年轻人的生活方式，减少代际冲突，有助于老年人加强与其家庭成员之间的沟通，并协调好相互之间的关系。

（三）为老年人提供交流平台。社区老年教育通过开展各种形式的教育活动把社区中的老年人组织起来，不仅向老年人提供参与活动的机会，也为他们的交流提供了良好平台。老年人可以自由地从事他们喜欢的活动，讨论大家共同感兴趣的话题，在沟通中产生共鸣。这样不仅可以消除老年人的孤独感、寂寞感，还可以让老年人产生一种归属感。

（四）为本社区老年人提供定制服务。各社区的地域分布、人文环境、经济发展、教育资源各有不同，老年人的年龄、性别、健康状况、兴趣爱好等也有所差异，社区在开展老年教育的过程中可以有针对性地为本社区老年人提供教育服务。

（五）使本社区教育资源充分利用。社区有较丰富的教学场地、设备、人才等教育资源可供使用，可以减少政府拨专款兴建教学场地和配备专职教师管理人员的费用。社区不仅有从事老龄工作的干部和一定的经费，更有各类老年组织、热心老年工作的积极分子，为办好社区老年学校提供有力的组织保证、人力支持。

三、老年大学如何助力社区老年教育

（一）坚持党建引领。始终坚持党建引领是确保老年大学教学管理、活动组织沿着正确方向前进的关键。坚持政治立校，通过“把党支部建在班级上，党小组建在兴趣团队上”，充分发挥老年大学学员中党员的先锋模范作用，彰显党组织战斗堡垒作用。制作党建宣传展板，设立党员先锋岗，在各个班次开设课前十分钟“微党课”，组织老党员参与基层社会治理，积极争做“六员”（红色故事宣讲员、基层党建指导员、清廉家风倡导员、矛盾纠纷调解员、城市管理监督员、基层治安协管员），传播正能量。

（二）坚持联盟统筹。壮大“1+N”老年大学教育联盟，“1”即区老年大学本校，“N”即多所社区分校。教育联盟作为全区老年大学工作的指挥部，统筹指导各社区分校教育教学工作。制定《张店区老年大学教育联盟章程》，明确联盟性质、运行规则等，教育联盟指导社区分校建立“课程、师资、活动”三张清单，统筹安排各校课程设置、教师调配、活动组织等工作。教育联盟在办学模式示范、教学业务指导、课程资源开发、师资力量调配、活动设计组织等方面对社区分校发挥示范和带动作用。

（三）坚持课程联设。一是从实际出发，完善课程体系。每学期开学前，张店区老年大学都会深入各社区分校开展调研，及时掌握广大老年大学学员的所需所盼，根据老年大学学员需求，不断调整、重设相关专业，灵活设置课程。对报名火爆的如声乐、摄影等课程及时扩大规模，开设基础班、提高班等不同层次课程；对需求强烈的如瑜伽、古琴等专业，及时开设新班。各社区分校严格按照张店区老年大学编制的教学大纲和教学计划管理教学，逐步形成了横向扩大课程覆盖面、纵向丰富专业深度内涵的课程体系。二是突出差异，增开热门专业。针对调研发现老年大学学员具有年轻化、知识化的特点，张店区老年大学根据各社区分校实际量身定制，及时将先进理论、新兴专业引入社区分校课堂，满足老年大学学员差异化需求。三是突出特色，弘扬传统文化。在传承齐文化、五音戏等淄博地方特色的基础上，张店区老年大学通过相互调剂，分别在柳毅社区分校、潘苑社区分校等开设了京剧、脸谱画、剪纸、古筝等传统文化课程。原先在本校没有的课程，如今在社区分校广受欢迎。许多课程实行免费入学，进一步弘扬了地方特色和传统文化。四是突出创新，开展线上教学。在各社区分校均设立一处“云课堂”远程教育教学点，推出网络教学软件“乐活学堂”，该“学堂”涵盖声乐、绘画、养生等 16 大类 200 多门课程，课程时长超过 30 万分钟，实现任课教师现场教学与学员在线学习相结合，为更多老年大学学员参加学习提供了便利。

（四）坚持师资联用。一是建立教师资源库。张店区老年大学与各社区分校通过动员、挖掘、老同志联络、骨干学员返聘等方式，选聘有志愿服务意愿的中小学教师、有经验的退休教师、文化传承人、社区特色人才等，将他们充实到师资队伍中，并由张店区老年大学建立教师资源库，按照专业分门别类将各分校教师登记造册，做到优势互补。截至目前，在册专、兼职教师人数已达 84 人，涵盖了钢琴、葫芦丝、摄影等 22 个专业。对一些老同志学习愿望强烈但教师资源缺乏的课程，学校通过到教育培训机构特聘、按课时结算等方式聘请专业教师，进一步加强师资力量。二是召开教师联席会议。张店区老年大学针对各社区分校课程设置和教师数量的实际，建立起了社区分校教师联席会议制度，每季度定期召开联席会议，畅通交流渠道，共同研讨确定教育计划和活动设置，及时解决各社区分校在教学上遇到的困难和问题。通过召开联席会议，加强了对教务人员的管理，在提高教学规范化水平的同时，又为老年大学学员及时解决了学习过程中的诸多问题，拉近了与老年大学学员的距离。三是做好教师交流调配。张店区老年大学根据每学期开学前的调研，统筹安排各社区分校课程设置和教师的上课时间，资源库中的教师可以在各社区分校之间灵活调配。通过教师交流调配，之前因教师缺位而没有开设的如剪纸、葫芦丝、古琴等课程，如今已在多个社区分校开设。

（五）坚持活动联办。一是注重成果风采展示。张店区老年大学指导各社区分校开辟文化墙、设立宣传栏，不定期交流其他社区分校学员的优秀作品，相互学习、共同提高。结合重要节日，张店区老年大学还组织各社区分校联合举办书画摄影展、文艺会演等文体活动，“庆祝新中国成立 70 周年”文艺展演、“最美秋天”摄影展等活动广受社区居民欢迎。老年大学注重整合各社区分校资源优势，组织各社区分校骨干学员共同参加“银领齐颂新时代　共庆华诞七十载”文艺展演、“桑榆正红”文艺会演、“幸福张店”合唱节、百姓大舞台等品牌文化活动 20 余次，参与学员达 1100 余人次，展示了老年大学学员积极向上的精神风貌。二是注重基层文化传播。发挥社区老年大学“文体团队孵化器”的作用，先后组建了欢颜合唱团、民星艺术团、常乐艺术团等 10 余支文化队伍。结合重要节日和重大活动，由张店区老年大学统筹安排，组织各社区分校骨干力量，走进社区、学校、军营、养老院等场所，通过举办书画展、文艺演出、诗文创作等活动，开展文化交流、文化下乡、文化服务 100 余次，延伸和丰富了老年大学的教学内容。三是注重正能量传播。张店区老年大学根据社区需求，有计划、有组织地挑选各社区分校理论功底好、阅历丰富、语言表达能力强和有艺术特长的老年大学学员，参加形势政策报告团、普法宣讲团、艺术表演团等，开展革命传统报告、形势政策教育、普法宣传和文艺会演 30 余次，受众社区居民达 5000 余人，充分发挥了老年大学学员特长。各社区分校也积极组织政治觉悟高、身体素质好、热心公益事业的老年大学学员参与基层社会治理，进一步发挥老同志优势。

（六）坚持信息助力。加强信息化建设是老年教育现代化的重要保证，对社区老年大学的发展起促进、补充、提高作用。老年大学推出涵盖 16 大类 200 多门课程、时长超过 30 万分钟的网络教学视频，实现任课教师现场教学与学员在线学习相结合。通过钉钉、微信、QQ 等软件开展视频教学，先后开设钢琴等 9 门直播课，实现疫情期间“停课不停学”。开展“云课堂”实时教学，购置高清摄像机、多功能麦克风等视频教学设备，借助政法系统专网探索开展市、区老年大学和社区分校同步教学新模式。

四、对策与思考

（一）要坚持需求导向。只有通过充分调研，了解广大老同志的愿望和需求，课程设置才能更加合理，教学安排才能更加灵活，教学手段才能更加丰富，教学效果才能更有保障，从而增强学校的凝聚力和吸引力。只有开设学员喜闻乐见的专业，不同层次的老年大学学员才能真正选到自己喜爱的课程。通过召开联席会议，满足学员、任课教师的共同需求，形成学校、教师、学员相结合的教研制度，从而保证教学顺利进行。

（二）要主动融入社区。在开办社区分校时，只有充分了解社区位置、软硬件设施、辖区老年人数量等情况，做到有的放矢，才能确保老年大学开办顺利。通过挖掘、邀请社区特色人才加入老年大学，整合社区资源、开办特色课程，既可以增加老年大学的吸引力，也能充实师资队伍力量，提升教学管理水平。通过组织老年大学学员有选择地到合适的、有受众群体的社区开展活动，不断激发老年大学学员的热情。

（三）要创新教学方式。根据老年大学学员理解力强、记忆力弱和普遍存在“速成”“实用”心理的特点，应做到在教学内容的设置上由简到繁、循序渐进，使理论讲解与实例讲解相结合；在教学方法上采用多媒体教学，倡导互动交流式教学，使知识性与趣味性相结合；在教学形式上积极开辟“第二课堂”“第三课堂”，组织学员外出采风、展示作品等，拓宽他们的知识面，使课堂学习与课外实践相结合。只有在教学方式上不断创新，才能增加老年大学的吸引力，才能取得良好的办学效果。

（四）要做到“学”“为”结合。通过积极引导老年大学学员加入志愿服务队伍，开展文明劝导、环境整治、基层社会治理、矛盾化解、关心下一代等志愿服务活动，不仅能展示学员的学习成果，扩大老年大学的影响力，吸引更多老年人加入老年大学学习，更能体现出学有所用，使老年大学学员更好地融入社会、服务社会，为社区管理贡献力量，实现二者的“双赢”。

（刘一瑶：淄博市张店区老干部服务中心科员）

社区老年教育发展研究

◎ 刘大鹏

摘要： 社区老年教育是老年教育体系的重要组成部分。本文就社区老年教育的概况、取得的成绩、存在的不足等做了简要论述，对社区老年教育发展提出建议。

关键词： 社区老年教育　发展　老年人

社区老年教育发展质量的好坏在一定程度上影响着地域整体老年教育的发展。由于在重视程度、管理体制、经费投入、办学模式、师资力量等方面存在短板，一些社区老年教育发展缓慢甚至滞后。老年大学要以党的十九大和十九届六中全会精神为指导，认真贯彻落实《山东省老年教育条例》，通过提高重视程度、理顺管理体制、畅通经费来源、丰富办学模式、充实师资力量等途径，有效促进社区老年教育更快更好地发展。

一、社区老年教育概述

老年教育是一种特殊的教育形式。随着老龄化进程的加快，社会对老年教育的需求越来越迫切，社区老年教育作为老年教育体系的重要组成部分，在丰富老年人精神文化生活、提升老年人整体素质、促进家庭稳定和社会和谐等方面发挥着十分重要的作用。社区老年教育虽然取得了一系列可喜成绩，但是在管理体制、经费投入、办学模式、师资力量等方面仍需加强。

党的十九大报告指出，中国特色社会主义进入新时代。在新时代大背景下，做好社区老年教育工作，既要充分认清当下社区老年教育面临的挑战与机遇，在精细化上下足功夫，又要从整体上做好统筹规划、着眼长远，以此实现社区老年教育高质量发展。

二、发展社区老年教育的必要性和重要性

（一）发展社区老年教育有利于提升老年人的整体素质。广大老年人虽然已是银发群体，年龄普遍较大，但是他们大多与时俱进、关心国家大事，读书看报的热情不减，参与学习活动的信念依旧。大力发展社区老年教育，让学校本着因材施教的原则，通过开办丰富多彩的课程，举办适合老年人的文体活动，既能满足老年人的学习意愿，增强老年人的身体素质，又能充实老年人的精神世界，进而不断提升老年人的整体素质。

（二）发展社区老年教育有利于维护基层社会的稳定。将发展老年教育融入服

务基层社会治理格局中，是积极应对老龄化的必然要求，是建设和谐社区的有效途径。老年人是基层治理的参与者、贡献者、服务者，可以发挥十分重要的作用。依托社区老年大学开展思想政治教育专题讲座，让老年大学学员认真学习党史，可以促进老年大学学员不断坚定理想信念、筑牢政治意识、勇担社会责任；通过与社区共建文化养老站点，可以有效提升社区的幸福指数；学校通过在社区老年大学搭建“老有所学、增长知识”的平台（例如远程教育基层站点），可以把社区老年群体更好地凝聚在一起，更好地传递、释放正能量。

（三）发展社区老年教育有利于促进家庭和谐。由于子女忙于工作，无法随时陪在父母身边，因而一些老年人很难经常见到子女。老年人虽衣食无忧，但难免会产生一定的孤独、寂寞和烦躁感。通过大力普及社区老年教育，能够使广大老年人找到心灵的家园。广大老年大学学员在一起能有较多共同语言，可以互帮互助、排解烦恼，学员之间的相互交流有利于提升广大老年人的幸福感，有利于老年人保持心理健康。

三、社区老年教育已取得的成绩

（一）社区老年教育普及度得到较大提升。当前，科技不断进步、人们的生活水平不断提高、文化养老意识不断加深、社会宣传力度不断加大，这些都使社区老年教育的普及度得到较大提升。在广大社区，越来越多的老年人积极主动地接受老年教育，加入社区老年大学大家庭，分享喜闻乐见的事情，共同成长进步。老年大学学员在接受社区老年教育的同时，又能积极主动地宣传、塑造社区老年教育的形象，使更多的老年群体关注、参与社区老年教育，从而形成社区老年教育的良性循环。

（二）社区老年教育软硬件建设得到进一步加强。社区老年大学的课程设置相较以往有了较大改善，无论是课程种类还是师资队伍建设，都有不同程度的提升。一些社区老年大学还有图书室、文体活动室、心理咨询室，这些设施既方便老年人学习知识，又有利于老年人锻炼身体、保持良好心态。因此，无论是硬件建设还是软件建设，社区老年教育的发展相对以往都取得了较大进步，既为广大老年群体提供了继续教育的资源，丰富了广大老年群体的知识面，又使老年人身心愉悦，开阔了老年人视野。

（三）社区老年教育搭建起老年人发挥余热、服务社会的重要平台。许多老年大学学员有一技之长，有的在退休前是单位的业务骨干，有的老同志在接受老年教育后又学到了新技能，他们有服务社会、服务群众的愿望。通过发展社区老年教育，搭建老年大学学员发挥余热、服务社会的平台，发挥起广大老年大学学员的经验优势、威望优势、专业优势，充分发挥老年人老有所为的积极性、主动性、创造性，引导老年人适度、适时参加社区服务、展现才能、传承技艺、帮扶基层、关爱下一代等，既彰显了老年人老有所乐的精神面貌，又展现出银发群体老有所为的时代担当。

四、社区老年教育存在的不足

（一）重视程度不够。社区老年教育的发展，离不开充分的宣传引导和足够的重视。老年教育面向的是全社会老龄群体，目前，省、市、区（县）有较完备的老年大学，但社区（城市居民区和村居）老年大学发展不够完备。在社区大力普及老年教育，是时代的呼声，是科学发展的必然选择。虽然社区老年教育所服务的群体更加明确和固定，但一些社区的老年教育事业缺少必要的政策支持，导致工作较难深入开展。一些干部对社区老年教育工作重视程度不够，在认识上存在一定的偏差，部分城居、村居的老年人也对加强自身学习的重要性认识不到位，主动参加社区老年教育的意愿不高。

（二）管理体制不健全。社区老年教育在管理体制上的问题，主要表现在两个方面。一方面，主管部门不固定。当前，区（县）级老年大学主管部门多数是老干部局，社区老年大学主管部门有的是民政部门，有的是街道（乡镇）。另一方面，工作体制不顺畅。有的社区老年大学是由区（县）自行设置；有的社区老年大学是区（县）老年大学或街道（乡镇）老年大学在社区设立的分校、辅导站，挂牌多、指导少。有的社区老年大学内部没有设立固定的管理队伍，缺少老年教育专职工作者，即使有兼职老年教育的工作者，在业务能力上也存在与岗位不匹配的现象。

（三）发展不平衡。社区老年教育发展不平衡表现在三个方面。一是社区老年教育区域性差异明显。总体而言，东部地区好于西部地区，城市地区好于农村地区，交通便利地区好于偏远地区。二是远程教育在基层社区大面积普及还存在困难。老年人在接受信息技术时存在不同程度的困难，且社区配备的现代化信息技术设备远不及市、区（县）的老年大学，这些都不利于老年人远程教育的普及。三是经费投入力度不均衡。社区老年教育一般不具备经济效益，需要多渠道经费投入才能有效运行。目前，经费来源主要是依靠区（县）、街道（乡镇）公共预算；还有的社区老年大学将学员学费作为预算外收入补充经费来源，但弥补的数额有限。东部地区社区老年教育经费投入力度一般大于西部地区，经济发达地区社区老年教育经费投入力度一般优于经济落后地区。

（四）办学模式单一。由于在经费、软硬件等方面存在短板，社区老年教育缺乏创新性。一方面，办学模式拘泥于传统模式。传统的填鸭式教学模式在一定范围内仍占较大比例，不少社区老年大学仍缺少因材施教的智慧和勇气。信息化平台建设滞后于经济社会发展步伐，导致一些社区老年大学一直将开设网络课堂停留在纸面，没有付诸行动。另一方面，教学内容不新颖、不规范。缺少标准的教学大纲、教案和必要的教学规划，同样的课程在授课内容上存在较大差异，缺少严谨的统编教材。上述因素影响了老年大学学员的学习质量，不利于社区老年教育的长远发展。

（五）师资力量薄弱。由于缺少必要的管理流程，社区老年教育在教务教学、师资队伍管理方面缺少切实可行的规章制度。社区老年教育的授课教师多为外聘教师，缺少专职教师，授课教师待遇按照课时费标准计发，一般不存在其他形式的薪酬保障，优秀年轻教师较难长期在社区固定授课，师资队伍呈现老龄化倾向。现有的授课教师缺乏系统的培训，因年龄、学识、职业素养、教学方法和经验等因素的限制，在授课质量上较难做到与时俱进。

五、发展社区老年教育的对策建议

老年教育是社会公益事业，是终身教育和老龄事业的重要组成部分。要以党的十九大和十九届六中全会精神为指导，认真贯彻落实《山东省老年教育条例》，加快发展社区老年教育。

（一）提高思想认识。为适应新时代老年教育发展的步伐，要从思想认识上下足功夫。要提高对社区老年教育的重视，大力发展社区老年教育。县级以上人民政府要做好统筹规划，既考虑经济发达地区，又要将资源重点向偏远地区和发展相对滞后地区倾斜；要出台适合本地区的社区老年教育发展规划和地方性法规，为社区老年教育长远发展提供切实可行的政策保障。

（二）理顺管理体制。县级以上人民政府教育行政部门应负责老年教育工作的统筹规划、统筹协调、宏观管理。教育行政部门、负责老龄工作的部门、老干部局工作部门和其他有关部门在各自职责范围内分别负责相关的老年教育工作。老年教育机构应当接受教育行政部门的业务指导。

（三）加大支持力度。财政部门要加大对老年教育场地建设、设备购置等方面的经费投入；人社部门要进一步打通老年教育专业技术人员在职称晋升方面的通道；发改部门要加强规划设计、推动老年大学阵地建设；编制部门要在老年大学人员编制方面予以支持。要充分发挥职业院校资源优势，鼓励职业院校自主举办老年大学或与所在地老年大学合作办学。拓宽办学路径，积极探索创办老年开放大学或者网上老年大学。图书馆、美术馆、爱国主义教育基地、科普教育基地等机构也应当为开展老年教育提供便利。

（四）加强自身建设。学校应加强信息化建设，推动教务管理、校园管理智慧化运行。深入了解老年人的需求，推动课程精准化建设向前迈进。高标准、严要求，完善管理制度，规范服务到位，推动规范化建设。着力打造一支信念过硬、政治过硬、责任过硬、能力过硬、作风过硬的新型教职员工队伍。积极探索线下教学与线上课堂同步推进的模式，大力发展远程教育，推进网上直播课堂建设。加强学科建设、专业建设，着力打造一批体现地方特色、传统特色、时代特色的精品课程资源。加大理论研究人员队伍建设，鼓励更多人才加入理论研究队伍，着力解决老年教育理论研究中的痛点、难点、堵点，不断改革创新。

（五）优化供给结构。将老年教育场所建设纳入社区（村）建设和治理规划，建立健全社区老年教育网络。整合、利用好现有的社区（村）老年教育设施，结合本地实际予以改造升级；市校、区（市）校在乡镇（街道）、社区（村）增设老年教育函授站（点），合理引导省、市、区（市）各级优质课程资源向基层倾斜，鼓励优秀教师去基层老年教育机构授课。以互联网、融媒体等手段为依托，提高远程教育在基层老年教育中的覆盖面，扩大基层老年教育受众群体。

（六）充实师资队伍。要以高素质、专业化为目标，着力打造一支与新时代老年大学任务使命相适应，信念过硬、政治过硬、责任过硬、能力过硬、作风过硬的新型教职员工队伍。通过制定教务教学、师资队伍管理等相关规定，明确教师的权利、责任、义务、年龄上限及退出机制，在薪酬待遇、人员培训、考核奖励等方面更加明细化、精准化。有条件的地区应启动外聘教师人才库规划，通过长期招聘外聘教师不断充实师资队伍，切实做到标准化、专业化。鼓励高校优秀教师到老年大学任教，支持社会上的专业技术人才参与老年教育工作，充实老年教育师资队伍。

（刘大鹏：枣庄老年大学教务教学科科长）

办好老年大学　赋力新时代文化养老工作

◎ 董国

摘要：新时代赋予了文化养老新的内容。办好老年大学，是积极应对老年人精神文化生活需求的有力举措，是推进文化养老、助推老干部工作转型发展的题中应有之义和具体体现。本文结合对党的十九届五中、六中全会精神和党史学习教育体会，结合巩固老年大学省级规范化示范校工作的实践，对新形势下推进文化养老工作做以解读。

关键词：文化养老　新形势　老年大学

一、对文化养老的认识

（一）"文化养老"基本含义

"文化养老"指的是政府、社会或家庭在满足老年人物质赡养、生活照料的基础上提供的一种精神慰藉，使老年人有积极向上的精神追求，使他们的精神生活更加丰富多彩、身心更加健康。"文化养老"以文化为主线、以活动为载体、以愉悦老年人为目标，使老年人能够心悦身健、安享晚年。"文化养老"是一种积极的养老理念。"文化养老"是相对于"物质养老"或"待遇养老"而言的，它是养老工作的一项重要内容，是一种高品位的养老方式。它涵盖了老有所教、老有所学的基本内容，为改善和促进老有所养、老有所医提供了有利条件，同时，它也是实现老有所为、老有所乐的基本途径。发展"文化养老"是一个系统工程，直接涉及老年福利、老年教育、老年文化、老年卫生、老年体育和老年产业等事业的进一步发展。"文化养老"需要一种适宜老年教育健康发展的社会环境、社会秩序和社会心理，需要相关部门的联手协作、配套措施的及时跟进。树立"文化养老"新理念，建立新型的老年价值观，将传统的"物质养老"向高层次的"文化养老"转变，把敬老养老融入"教、学、为、乐"文化元素中，让"文化养老"进一步推动老年人"物质养老"的落实，是健康老龄、和谐社会的具体体现。

（二）新时代文化养老内涵

党的十九届五中全会清晰表达了新时代中华民族的文化雄心，提出要在2035年建成文化强国。《山东省国民经济和社会发展第十四个五年规划和2035年远景目标纲要》明确提出"大力发展老年教育，办好老年大学"，这是聚焦文化养老事业，贯彻党的十九大、十九届五中全会精神的行动纲领。《山东省老年教育条例》的出台，为老年教育良性发展保驾护航，具有十分重要的现实意义。

1. 文化养老彰显政治属性。推进文化养老事业，是坚定文化自信、助推“两个一百年”奋斗目标、实现中华民族伟大复兴中国梦的现实需要。中国梦，其梦有“根”，“根”在文化。在全面建成小康社会的今天，广大离退休干部和社会老年人不仅是文化的受益者，也是文化的创造者、促进者和传承者。推进文化养老，一方面，可以发挥老同志在文化建设中的优势，推动社会主义文化大发展大繁荣，使中国梦根植文化发展的沃土；另一方面，可以用积极健康的思想观念和民族的、科学的、进步的文化滋养离退休干部的身心，不断提升他们的思想道德境界，增强他们的文化自信，使他们始终保持健康向上的精神风貌，最大限度地激活、凝聚和释放正能量，书写余热生辉的华章。

2. 文化养老的社会意义重大。推进文化养老，是全社会老年人安享幸福晚年的内在需要，是老干部局工作转型发展的重要内容。一项在退休干部中进行的问卷调查显示，70% 的老同志把精神文化需求作为各项需求的首选，远高于基本养老等需求。文化养老，符合老年人晚年生活方式自主化、多样化、个性化的趋势，既融“教、学、乐、为”为一体，又使娱乐性与知识性相统一。提高养老生活品质，文化养老要走在前。文化养老不但能够提高离退休干部的思想境界、生活品位，而且能够引导离退休干部在文化互动中重新融入社会、参与社会，使他们有更多的获得感、实现感、归属感，不断提高晚年幸福指数。文化养老为老龄事业提供了可资借鉴的经验。同时，大力推动离退休干部文化养老，可以产生更多老年文化产品、文化服务需求，扩大文化消费内需，这也是为供给侧结构性改革贡献力量。

离退休干部文化养老以促进离退休干部老有所养、老有所依、老有所乐、老有所安为目标，以满足离退休干部日益增长的精神文化需求为前提，以引导离退休干部沟通情感、交流思想、强心健体、益寿益智为基本内容，以组织离退休干部文化学习、文化活动、文化服务、文化参与为主要途径，与孝亲敬老相照应、与礼遇养老相呼应、与待遇养老相对应。文化养老体现中国传统文化和现代人文关怀，是更高品质、更高境界的养老方式，是对老年人引领方式的创新、服务内容的延伸、管理方式的拓展。客观认识和科学定位文化养老，是推进此项工作的前提和基础。

二、老年大学的使命与责任

老年大学作为开展老年教育、推进文化养老的主阵地，肩负着光荣的使命和重要的责任。

（一）工作方向要明

明确方位才能找准方向，把握大势才能赢得未来。当前和今后一个时期，要深入学习贯彻习近平总书记系列重要讲话精神特别是对老干部工作的重要指示精神，深入学习贯彻《中共中央 国务院关于加强新时代老龄工作的意见》，全面落实国家和山东省老年教育规划，坚持老干部工作姓党、为党、护党、兴党的政治方向，转型发展的工作趋向，为党和人民事业增添正能量的价值取向，牢固树立文化养老、文化兴老、文化惠老理念，以扩大老年文化供给、满足离退休干部精神文化需求为主线，以塑造有作为、有进步、有快乐的离退休干部为目标，着力加强政治引领、组织凝聚、家园建设，深化文化学习、文化活动、文化服务、文化参与，凝神聚力开创工作新局面。

（二）工作着力点要准

1. 以思想政治引领文化养老。离退休干部的文化养老工作具有政治属性，属“老”姓“党”，既养“能”、也养“德”，必须见政治、见活动、见导向。推进离退休干部文化养老，要把思想政治引领放在首位，让离退休干部在文化学习中听到党的声音，感受到组织的关怀，弘扬主旋律，永远跟党走。

2. 以组织建设凝聚文化养老。推进离退休干部文化养老，要发挥组织优势，特别是发挥好非建制功能型党组织作用，把老同志组织起来、凝聚起来、激励起来。设计特色鲜明、生动活泼的文化养老主题，探索离退休干部喜闻乐见、务实管用的活动形式，组织离退休干部参与、融入文化养老活动，实现以文化育活动、以活动促党建、以党建增活力的目标。

3. 以平台建设促进文化养老。科学定位老干部服务中心、老年大学、老干部活动中心的功能，使这些机构实现由单一承接学习活动，向组织、指导学习活动转变，向文化活动的展演平台、工作骨干的培训基地、文化养老的示范引擎转型，真正确立文化养老的主渠道地位，使老年大学成为文化养老的主平台和排头兵。要强化开放思维，主动对接政策导向，以“不求所有、但求所用”的眼光，努力盘活、整合、用好各类资源，把文化养老融入公共文化服务体系中，推动现有的公共文化设施和活动场所向老同志全方位开放，实现公共文化资源的共建共享。打造“没有围墙”的老年大学和老干部活动中心。特别是要推进社区文化资源共享，实现离退休干部就地、就近参加文化活动，打造各类社区文化养老平台。不断提高信息化工作水平，引导离退休干部学员上网、学网、用网，开展健康向上的网络文化活动，拓展信息传播渠道和空间，使他们思想常新、精神充实。

工作实践中，老年大学要把握新形势下文化养老工作的方向，不断创新思路，注重发挥老年书画研究会、老干部艺术团等各类文体组织的作用，组织和带领广大老年大学学员踊跃参加各项文化活动和文化实践，推动老年大学转型升级，实现高质量发展。

三、着眼当下，抓好落实

（一）社会层面各显其能

树立全局观点，系统谋划，多方发力，形成齐抓共管、整体推进的工作机制和老年教育合力，共下“一盘棋”。

党委、政府要将老年教育纳入经济社会发展规划，纳入民生实事项目，把老年大学建设工作列入议事日程，研究解决工作中遇到的重大问题；老年人工作小组成员单位要按照职责，加强沟通协调，主动担当作为，形成推动老年大学建设的合力；财政部门要采取多种方式增加对老年大学的投入，切实拓宽经费投入渠道，形成以政府为主，市场、社会组织等多主体分担和筹措老年大学经费的机制；教育部门要协助做好老年大学教学大纲和教材的编写工作，支持老年大学尽快提升办学质量；各高校老年课堂和老年大学要优势互补，实现资源共享、一体推动；卫生健康部门要配合老年大学，将老年健康教育纳入老年大学课程体系和教育内容，面向全社会宣传倡导健康老龄化理念；文旅部门要协调抓好适合老年人的文化艺术活动，指导图书馆、文化馆、博物馆、美术馆等公益性文化场所，为老年大学开展活动提供方便和优惠服务；体育部门要积极支持、配合、协助、指导老年大学组织开展适合老年人的各项体育活动，宣传和普及老年人体育健身知识；宣传部门要将老年教育纳入文化建设和文明城市创建活动之中，充分利用广播、电视、期刊、报纸以及新媒体，广泛宣传文化养老的意义，宣传为老年大学做出贡献的爱心人士，营造浓厚的舆论氛围。

（二）老年大学抓好自身建设

老年大学要突出政治引领，把思想政治教育贯穿老年大学教学活动全过程，教育引导广大老同志增强“四个意识”、坚定“四个自信”、做到“两个维护”；加强基础设施建设，扩大有效供给，切实解决老同志入学难的问题；提升教学质量，加大课程开发力度，形成具有本地特色的课程体系，不断满足老同志多元化的学习需求；充分发挥老年大学人才集中的优势，积极引导老同志发挥作用，为党和人民的事业增添正能量；完善管理制度，逐步构建起职责明确、规范有序的教学与服务管理机制；积极推进信息化建设，缓解老年大学场所有限、“一座难求”的现象，提高服务管理效能；加强师资队伍建设，打造一支数量充足、结构合理、素质优良、热心老年教育事业的师资队伍；加强管理机构及管理队伍建设，配强、配齐与工作开展相适应的领导班子及工作人员。

客观上来说，对标省级规范化示范校标准，身处基层的县级老年大学普遍存在着软硬件方面不足的问题。老年大学要立足自身，对标先进，努力补齐规范化示范校短板，持续巩固省级规范化示范校创建成果。合理利用、充分使用现有资源，积极开展文化养老活动，为文化养老提供强有力的支撑和服务。实现老年人文化养老事业常态化、制度化、经常化，让更多的老年人享受到文化的滋养，推动健康老龄化和积极老龄化。一是按照规范化、精准化、信息化要求，持续加强阵地建设，补短板、强弱项、完善功能，不断夯实学习活动载体，拓展文化养老功能。二是树立创新意识，在文化养老活动的内容和形式上不断创新。具体实践中突出问题导向和需求导向，探索开展老年教育嵌入社区模式，推进老年教育、基层党建、志愿服务与社区有机融合、协同发展。探索走出“立足社区、发挥功能，政治引领、突出主干，点面结合、拓展提高，涵养身心、服务大众”的文化养老工作路子。三是扬服务之长，做实干创新的表率。每位同志都要立足本职工作，认真履职尽责，不务虚功求实效，沉下心来抓落实，不断优化服务，实现创新发展。

工作实践中，薛城老年大学坚持问题导向，结合实际，积极主动开展工作，认真续写县级老年大学规范化示范校建设的篇章。2021 年，老干部服务中心（老年大学）主动融入组织工作、党建工作大局，对标先进，不断提升文化养老的平台功能。始终坚持正确办学方向提高政治力，持续改善硬件设施增强承载力，细化过程管理加强服务力，聚焦聚力教学活动主责主业，优质课率达到 90% 以上，促进了老年大学的可持续发展。在常态化做好老干部服务管理、教学及活动的同时，不断深化文化养老内涵，围绕“庆祝建党百年，喜迎建市 60 周年”这一主题，结合全国文明城市创建和换届工作，全年举办、联办、承办并组织老干部参加省、市大型文体比赛交流活动 10 余次，组织老干部文艺团队开展下乡活动 20 余场次，推动全区老干部文化养老工作走深走实。

四、结语

学习是最好的养老。办好老年大学，深化老年教育，就是直接的赋力文化养老事业。面对快速到来的老龄社会，全社会都应做好更充分的准备，都应承担起“文化反哺”的责任，让老年人在时代发展中体会到更多的获得感、幸福感。实现“健康老龄”是永不落伍的新课题，需要我们从更宽广的社会视野去主动回应、积极探索，也唯有如此，才能让更多老干部、社会老年人拥有快乐、充盈、有价值的晚年生活，才能为健康老龄提质增效，为和谐社会添彩增辉。

（董国：枣庄市薛城区老干部服务中心主任、薛城区老年大学校长）

油地融合 推动老年人“再社会化”走深走实

◎ 李忠乐

摘要：东营市东营区坚持从老年教育入手，大力推进老干部工作向基层延伸、与社区融合，积极引导老同志学习教育在社区、文化养老在社区、服务保障在社区、发挥作用在社区，有力推动老年人全方位融入社区、奉献社区。但是，相关政策不完善、油地发展不平衡、作用发挥不明显等问题也较为突出，亟待从组织领导、资源整合、人才队伍、文化共享、油地融合等方面改进提升，更好地推动老年人“再社会化”走深走实。

关键词：老年教育 油地融合 再社会化

近年来，东营市东营区立足胜利油田移交社会职能，依托 64 个社区，倾力打造集学习教育、文化养老、服务保障和作用发挥于一体的共享式社区生活示范点，着力全方位实现老同志就近就地开展学习活动、得到关心照顾，发挥老同志的积极作用，进一步推动老年人“再社会化”走深走实。

一、背景起因

城市社区是离退休干部生活的主要空间，也是现代社会治理的基本单元。如何更好地推动老同志融入社区、服务社区，既是老干部工作积极推进的重要实践，又是城市社区治理必须直面的紧迫课题。中办发〔2016〕3 号及相关文件都明确提出，要健全完善离退休干部就近学习、就近活动、就近得到关心照顾、就近发挥作用的社区平台，完善和创新离退休干部服务管理工作。这就要求我们必须大力推进老干部工作进社区，不断引导老同志充分地融入社区、奉献社区。

东营区立足油地融合，超前谋划设计，按照一方隶属、多方管理的原则，大力推进老干部工作向基层延伸、与社区融合，积极引导老同志学习教育在社区、服务保障在社区、文化养老在社区、发挥作用在社区，有力推动了老同志服务管理和城市基层治理的双提升。在离退休干部职工日益增多，城市社区老龄化程度不断加深的背景下，我们实地调研、深入分析研判，选择了玉景、雅苑、商隆、中山等城市社区作为老干部工作进社区的牵头单位，集中精力建好集党建活动、服务保障、老年教育、作用发挥于一体的离退休干部共享式社区生活示范点，不断推动老同志服务管理与社区有效治理之间实现互补双赢。

二、实践探索

一是突出政治引领，激励老同志“退休不褪色”。优化离退休干部党组织设置，采取社区学校单建、邻近社区学校联建、单位社区学校共建3种方式，推动离退休干部党组织走进离退休干部心里。扎实办好社区老年大学，在各个班级建立功能型党支部，倾力打造“情暖夕阳红”老年教育品牌，发挥区、镇街9处老干部活动室（中心）、64处社区党群服务中心（站）和油田即将移交的99处活动场所的阵地功能，为离退休干部党支部加强政治建设提供活动场所。创新主题党日载体形式，结合教师节、国庆节等重大节日和老干部政治生日，举办情景体验分享会，引导广大老年大学学员讲初心故事、话本地发展，筑牢老同志信仰根基。

二是突出标准示范，助力老同志“退休不退后”。我们以区直离退休干部集中的中山社区为试点，组织引导276名居住在社区、组织关系尚在原单位的离退休干部党员到社区报到，鼓励老同志自觉自愿将组织关系转入社区，理顺管理服务工作机制，让老同志就地就近开展文化活动。持续推进老年大学向基层延伸，在所有城市社区成立社区老年大学或教学点，精选师资队伍，开设精品课程，增强老同志对优质精神文化生活的获得感和幸福感。特别是聚焦油地融合型社区，立足油田离退休职工文化层次较高、文化艺术团体活跃的优势，及时将党支部建在社团上，为油田离退休职工划转地方后的管理服务工作探索路子、积累经验。

三是突出用心用情，保障老同志“退休不退爱”。坚持区、镇街、社区协同联动，在老年学校开展“结对大走访　上门送温暖”活动，详细了解老同志的思想动态、身体状况及所思所盼，用心、用情、用力帮助他们解决难题。健全关爱帮扶机制，建立离休干部“一对一”亲情服务卡、建立退休干部“重病、失能、半失能”人员名单，整合社区、卫生健康部门、养老机构等资源力量，在生活照料、康复护理、精神慰藉等方面，为老年大学学员提供更加精准暖心的服务保障。同时，建立离退休干部原单位与居住社区关心关爱离退休干部“双向反馈”机制，建立干部退休时“开一次座谈会、过一次组织生活、送一封慰问信、留一句祝福语、领一个微心愿”的“五个一”常态化机制，营造关心关爱离退休干部的浓厚氛围。

四是突出价值彰显，推动老同志“退休不退志”。结合离退休干部的性格特点、专业特长、兴趣爱好，组织推荐选聘油地1000名老年大学学员，担任社区党建指导员、小区业委会成员、城市网格协管员、邻里矛盾调解员等，发挥他们有威望、有经验、有智慧的优势和作用，调动他们广泛参与基层治理。依托油地各级老年学校，组建100个老干部志愿服务团队，通过“点单”方式，为基层党员干部、社区居民、中小学生提供志愿服务。组织举办第六届全区老干部艺术节，展示老干部积极健康向上的良好精神风貌，引导、鼓励和支持越来越多的老干部争做银龄先锋，倡导新风尚，弘扬正能量。

三、瓶颈难题

一是相关政策不完善。老年教育缺乏强有力的政策支持，突出表现为办学经费短缺。从东营区来看，区老年学校每年仅有少量的固定经费，勉强能够维持学校运转；社区分校及教学点的经费则大多“一事一议”，很难被列入财政预算。在阵地场所方面，基层老年学校校舍大多为共用或者临时借用，很难满足常态化教学的需要。在规划愿景方面，对如何将老年学校纳入社会大系统建设体系、如何发挥文化养老的主体作用，都缺乏明确清晰、具体可行的发展计划。在资源共享方面，党群服务中心、社区活动室等场所资源配置好、使用率高，如何让老年学校在共建共享、合作办学的基础上使用这些资源，也亟待上级部门出台政策加以引导。

二是油地发展不平衡。受思想观念、经济发展、人口规模等因素影响，油田社区老年文化活动好于地方社区，地方社区老年学校硬件设施好于油田社区。东营区原有社区老年学校主要分布在政府驻地周围，油田社区老年学校分在各个油田人口聚居区周围。在胜利油田逐步移交社会职能的同时，油田对原有社区老年学校的支持力度逐渐减小，而政府受限于财政状况，对油田社区老年学校的支持力度相对有限，油田社区老年教育存在一定程度的萎缩迹象。

三是作用发挥不明显。社区老年教育的志愿服务还仅仅停留在“点上开花”阶段，尚未“蔚然成风”。由于老年群体的特殊性，更多的老同志退休后习惯于居家养老，对再次发挥作用认同感差、热情不高，模范带头作用不明显。老干部发挥作用的平台载体较少，创新方式不多；发挥作用的岗位以临时性工作居多，缺乏长期性、制度性安排，整体作用发挥不突出。老干部的作用发挥缺乏支持保障，激励措施多以建议性、倡导性为主，不够具体和细化，在政策扶持、正向激励方面有待于进一步深化。

四、思路对策

一是加强领导，健全机制。各级党委（党组）要强化组织领导，谋划有效措施，确保老年教育各项任务落实落地。财政部门要统筹安排工作经费，确保社区老年学校有序运转、文化活动正常开展；教育部门要加强对社区老年学校的指导支持，帮助社区老年学校协调解决教学师资等问题，并督导各学校落实好老干部进社区工作；文旅部门要积极推动老年文化活动进社区，指导社区开展健康有益的老年文化活动；卫健部门要加强社区卫生服务体系建设，深入推进医养结合，为老年人提供方便的医疗服务；民政、社区部门要加强社区老年人服务设施和服务网络建设，加强社区老干部社团的日常管理。同时，要建立、完善老年教育考评监管体系，加强成绩考核，引入各方监督，形成良好秩序，不断推动社区老年教育事业发展。

二是整合资源，共建平台。要整合现有资源，系统优化、综合统筹，打造一体化的教育平台。各个社区的设施配置日趋完善，很多社区都设有诸如党群服务中心、老年活动室等活动场所或教室，开办社区老年学校完全可以利用现有设施，不用政府再拨付专款。通过咨询专家学者和实地走访调研，科学分析社区内外可利用资源，把政府资源和居民需求相结合，鼓励、引导民间资本参与社区老年学校的建设，逐步完善老年学校建设的社会环境，增强社区老年教育的发展后劲。要注意立足社区实际，开展具有社区特色的教育教学活动，逐渐形成教育教学品牌，提升活动的示范带动作用，尤其是要积极开展“第二课堂”，增强教学内容和活动内容的实用性，引导学习和实践相结合，逐步提升社区老年教育水平。随着胜利油田“三供一业”移交地方，东营区接收到大量优质资源，老年大学要适时对接油田有关单位，探索推进油地共建共享老年学校的方式，不断推动老年教育深入发展。

三是集聚人才，强化师资。要通过高薪聘请等方式，积极引进高水平的老年教育教学和管理人才，鼓励、支持他们积极扎根社区，对社区学校严格管理，不断推动社区老年教育发展；同时要加大原有教师队伍的学习、交流和培训，全面提高教师队伍的思想认识和业务能力，逐步打造一支思想过硬、管理有效、教学突出的教师队伍。要强化教师队伍的考核和激励机制建设，比如，加强对教师的职称评定，推进教学管理质量与薪资奖金挂钩等。通过强化质量立校和利益激励观念，不但可以保证社区老年教育的质量，更能充分调动起教师队伍的工作积极性，逐步建立起一支稳定而又高质量、高素质的老年教育师资队伍。

四是共建文化，创优提升。要积极借鉴先进地区的做法和经验，结合地区实际情况，创新教学模式和活动形式，创新发展授课内容，坚持与时俱进服务社会，不断提升教育教学的品质和声誉，唯有如此，才能吸引更多的老年人加入社区老年学校的建设大潮中。社区老年学校建设要秉承创新、超越的理念，不断优化提高自身品质，提供高质量的教育服务。要积极加强校园文化建设，深化学校文化认同，让学习的理念深深植入老年人的内心。要加强终身学习理念的传播，引导形成终身学习的社会氛围，强化社会公众终身学习的文化自觉。要努力打造老少共读、文明共建等载体，使老年教育校园文化和社会文化相得益彰、融合促进，不断提升社区老年教育品质。

五是油地融合，共享发展。要立足油城特色，丰富老年人文化生活，推动文化活动联办、联庆。2021 年，油地共同举办了 10 余场老年人文化活动，实现油地联办文化活动常态化开展；精心组织开展“进千村　乐万家”文化惠民巡演、“欢乐黄河口　美丽中国梦”广场文化演出等老年人喜闻乐见的文娱活动，挖掘培育“舞动油城”广场舞大赛、合唱比赛、消夏晚会、村歌大赛等特色鲜明的老年文化活动形式，丰富老年人文化生活、提升老年人文化品位；规范老年广场舞活动，出台文化场所管理办法和广场舞活动管理制度，绘制广场舞活动的位置区域图，引导老年人有序开展文化活动。要强化油田老年文艺骨干参与度，通过在油田社区的文化分馆、图书服务点与油田文艺骨干深入座谈，充分掌握各油田社区老年文艺骨干基本情况，在文化惠民演出、文艺精品打造工作中邀请油田老年人积极参与，进一步推动油地老年人交流融合、共享发展。

（李忠乐：东营市东营区老干部活动中心职员）

广饶县老年教育发展现状及对策建议

◎ 王子伟

摘要：广饶县老年教育坚持政治立校，建设“本色家园”；发展线上教育，开通“空中课堂”；延伸办学网络，实现“就近入学”，促进了老年教育发展。但同时也存在着制约因素，如人口老龄化突出，教育普及率低；办学规模小，教育教学工作滞后；师资力量薄弱，后备人才不足；刚性支出大，办学经费不足；分校及教学点少，发展后劲不足。因此，建议加快推进县老年大学新校建设，调剂办公场所缓解入学压力，加强老年教育的师资队伍建设，完善老年教育经费保障体系，创新办学模式，扩大老年教育覆盖面。

关键词：老年教育　发展现状　对策建议

近年来，随着东营市广饶县人口老龄化进程加快，老年人不断增加，老年教育资源供需矛盾日益突出。这一状况已严重制约了广饶县老年教育的发展。近期，县老干部服务中心、县老年大学开展了专题调研，分析了广饶县老年教育存在的问题，提出了解决对策。

一、广饶县老年教育现状

广饶县老年大学成立于 1994 年 9 月，是东营市最早的老年大学。建校以来，学校秉持“增长知识、开阔视野、丰富生活、陶冶情操、促进健康、服务社会”的宗旨，着力抓投入、强管理、求规范，不断提升办学水平和教学质量。目前，县老年大学有南北两个校区，教学总面积 2150 平方米，开设 15 个专业、33 个教学班，组建 1 个艺术团，在校教师 26 人、学员 960 人。广饶县老年大学是省级规范化示范校、全国老年远程教育实验区，2019 年被评为全省老干部工作先进集体。

一是坚持政治立校，建设“本色家园”。广饶县老年大学突出党性教育，每学期开学首先给学员上政治课，把学校建设成为传递正能量的主阵地。学校坚持“把党组织建在课堂上”，2017 年成立特色党支部，按专业划分 5 个党小组，每月开展一次活动。组建老年大学“枫红乐安”志愿服务队，党员担任服务骨干，带动老同志在全国文明城市创建、抗击新冠肺炎疫情、社区文明建设中发挥作用。

二是发展线上教育，开通“空中课堂”。学校投入 20 万元，用于改造电缆、购置电脑、开设远程教育课，让学员享受省级优质教学资源。学校开通微信公众号，开发“智慧校园”小程序，开通运行“灯塔－金秋在线”系统，使书法、绘画、瑜伽等6门课程实现线上授课，被评为东营市第一批“全国老年远程教育实验区”，国安、西苑等6个社区教学点被确定为第三批“山东老年大学远程教育教学点”，使老年大学远程教育覆盖面进一步扩大。

三是延伸办学网络，实现就近入学。制定《关于规范广饶县老年大学镇级分校、社区级教学点建设工作的意见》，推动成立镇街老年学校4所、村（社区）教学点8个。支持基层分校因地制宜办学，以李鹊镇老年学校为试点实施办学条件提升工程。该试点教学面积达到2000平方米，相关配套设施完善，吸引周边300余名老同志入校学习。

二、制约老年教育发展的突出问题

（一）人口老龄化突出，教育普及率低。截至2020年底，全县总人口521742人，其中60岁以上老年人114985人，占全县总人口的22.04%，比全国老龄化人口占比高出了4个百分点；预计到2030年，全县总人口约549400人，其中60岁以上老年人将达到194000人，年均增长8000人左右，人口老龄化将进入快速增长阶段。目前县城区总人口（含广饶街道、乐安街道所有人口）204648人，其中60岁以上老年人34255人，这个数字会随着城市规模的扩张而不断增加，会有越来越多的老年人渴望接受更好的教育。据不完全统计，目前全县参加老年教育的人数约3600人，占比3.1%，与国务院《老年教育发展规划（2016—2020年）》提到的“到2020年，以各种形式经常性参与教育活动的老年人占老年人口总数的比例达到20%以上”目标相比，普及率还远远不够，与东营市4.38%的平均水平也有一定差距。

（二）办学规模小，教育教学工作滞后。从办学面积来看，广饶县老年大学校舍面积仅2150平方米，在东营市各县区老年大学中规模最小。目前，市老年大学占地35.2亩，总建筑面积23000平方米，东营区、河口区教学面积都超过3000平方米，利津县老年大学教学面积5400平方米，垦利区老年大学教学面积10700平方米。与市老年大学和其他县区相比，广饶县老年大学既没有用于教学活动的多功能厅、演播厅、展览厅，也没有用于老年人健身娱乐的健身房、棋牌室、乒乓球室等活动室，导致广饶县老年教育发展滞后，校舍紧张成为制约老年教育发展的最大瓶颈。从办学设施来看，南校区建于1989年，教学面积1280平方米，由原县工会办公楼改造而成；北校区建于1993年，教学面积870平方米，由原县老干部活动中心改造而成。两个校区仅有12间教室供33个班教学使用。因建设年限长、建筑设计较落后等原因，不仅教室少、面积小，而且办公设施简陋、水电暖老化，已不能满足现代化的教学需求。

（三）师资力量薄弱，后备人才不足。广饶县老年大学现有教师26名，其中专职教师7人，兼职教师19人；60岁以上教师7人，40—60岁教师10人，40岁以下教师9人。教师队伍整体数量少，兼职教师多，专职教师少，部分教师年龄偏高，已不适合教学工作；教师结构不稳定，无法保障教学质量；教师后备人才不足，已不能满足当前教学需求。在校学员960人（已满员），其中退休人员占2/3，在县城内居住的学员占3/4。每到报名季，众多老年人踊跃报名，书法、绘画、舞蹈等多个专业“一座难求”现象非常突出，现有的办学条件已远远满足不了老年人的入学需求。

（四）刚性支出大，办学经费不足。县老年大学每年财政预算拨款20万元，但每年仅教师、教务人员工资补贴就超过20万元，办公楼修缮、日常办公、物业支出、水电暖支出、教学支出、远程教育等项目经费多是从县老干部服务中心调剂，另外学校每年组织运动会、书画展、文艺演出等活动，经费缺口较大。2021年，县老年大学财政预算18万元，收取学费约14.7万元，共32.7万元。支出方面，教师及教务人员劳务补贴20万元，“百千万工程”、书画展、文艺演出等活动支出8万元，参加省、市老年大学组织的文化活动支出4万元，教学用品、日常办公支出3万元，卫生保洁、房屋设施修缮支出3万元，“两刊”征订支出1万元，校刊校报印刷支出2万元，学员保险支出0.8万元，共需支出41.8万元，缺口约9万元。

（五）分校及教学点少，发展后劲不足。目前，广饶县仅有陈官镇、花官镇、李鹊镇、大码头镇等4所镇级老年大学分校，以及广饶街道西苑社区、商业社区、民生银行、恒丰大厦、大王镇韩庄村、大码头镇李官村等8个教学点，基层教学还没有实现镇街全覆盖。由于镇街分校、部分教学点经费无法保障，办学条件差、基础设施配套简陋、师资力量匮乏，老年人的入学积极性不高，教学活动无法正常开展。

三、老年教育发展的建议及对策

老年教育是以老年人为根本，用于满足老年人需求，提升老年人生活质量，让老年人共享社会发展成果的一种教育方式。为更多的老同志提供好服务、引导老同志发挥余热、推进老年大学内涵式发展是新时代老年教育工作被赋予的新使命。

（一）加快推进县老年大学新校建设。老年大学新校建设已列入“十四五”发展规划，建议尽早将县老年大学新校建设列入县重点工程、重点项目，明确责任分工，确保项目早选址、早立项、早建设、早配套、早投用，把老年大学建成集多功能厅、演播厅、展览厅、健身房及各学科教室、棋牌室、乒乓球室、羽毛球室于一体，可同时容纳3500—4000人学习和文体娱乐活动的场所。学校建成后，将成为老年人集学习、活动、健身娱乐、作用发挥、离退休干部党建等为一体的综合性学习活动场所，更好地为老年人服务。

（二）调剂办公场所缓解入学压力。考虑到县老年大学新校建设周期较长、难以短时间建成投用的情况，为缓解老年大学“一座难求”的入学压力，建议县委党校搬迁后，将县委党校原教学场所调剂为老年教育教学使用场所，重点设置书画、舞蹈、电子琴、太极拳等学员人数较多的专业；将学校原北校区恢复老干部活动中心职能，以健身娱乐为主，设置棋牌室、乒乓球室、台球室等功能室，用于开展老年人日常文体娱乐活动。

（三）加强老年教育的师资队伍建设。鉴于老年大学现有师资力量薄弱的实际情况，建立老年教育师资库迫在眉睫。下一步，建议通过面向社会招聘，教师互荐，与县委党校、东营科技职业学院等院校联合办学等形式，精心挑选教学和实践经验丰富、专业能力强、热心老年教育事业、敢于奉献担当的同志担任老年大学专兼职教师，不断提升广饶县老年教育教学水平。

（四）完善老年教育经费保障体系。建立、完善政府投入和社会力量支持相结合的老年教育发展体系，根据实际情况逐年增加老年教育经费预算，确保老年大学必要的经费开支，并将老年教育工作纳入各级成人教育规划和社会发展规划。同时鼓励企事业单位、社会团体及公民捐资助学，支持发展老年教育事业。

（五）创新办学模式，扩大老年教育覆盖面。在持续抓好镇街分校、社区（村）、企业教学点建设的基础上，采取开放式办学模式，加强与社会教育机构、大中专职业院校、康养机构的合作，搭建办学平台，提升办学水平。同时建议省、市老年大学在课程、教学、管理等方面更多地向基层延伸，以便服务更广泛的老年教育群体。

（王子伟：东营市广饶县老干部服务中心副科级干部）

烟台老年大学进社区工作的创新探索与研究

◎ 苏德刚　陈亮

摘要：随着经济社会的快速发展和人们思想意识水平的不断提高，养老观念、养老需求和养老方式都发生了深刻变化，广大老年人的晚年追求已不再仅仅是物质生活的富足，还包括精神文化生活的充实。习近平总书记指出，老年是人的生命的重要阶段，是仍然可以有作为、有进步、有快乐的重要人生阶段。老年群体人生阅历丰富、见多识广、社会责任感较强，许多老年人有着老有所学、老有所为、实现晚年人生价值的强烈愿望和追求。基层社区是老年人集中居住、生活的地方，积极推动老年大学进社区，把老年大学办到老年人的家门口，以吸引力增强凝聚力、组织力，这既是破解老年大学“一座难求”问题、扩大老年教育资源供给的首要途径，更有利于引导老年人发挥自身优势，积极参与社区治理，成为基层社会治理的重要力量。

关键词：老年大学进社区　社会治理

一、创新探索

烟台市牢固树立以人民为中心的发展理念，在广泛调查研究的基础上，坚持系统观念，统筹谋划推进老年大学进社区工作。先后召开了“全市老年大学进社区”座谈会、“老年大学进社区（基层）”工作推进会议，出台了老年大学进社区的指导意见，积极推进老年大学进社区工作扎实有序开展。截至目前，全市共开办基层社区老年大学 86 个，在基层社区、养老院等场所开设太极、声乐、书法、绘画、剪纸等老年人喜爱的课程 36 个，为 6000 余名社区老年人圆了在家门口上学的梦，有效带动近万名老年人在基层社会治理中发挥作用。与此同时，烟台老年大学还积极牵线搭桥，引导市老干部志愿者协会、老年书画研究会和老年大学关工委 3 个社团组织与 12 个社区进行了对接，帮助社区成立老干部智囊团、宣讲团等社团组织 67 个，吸纳成员 2000 余人。

（一）推进老年大学教育功能进社区，扩大老年教育资源供给。老年大学通过加强与专业人才长期合作、老年大学教师队伍下沉社区等途径“稳定一批”；通过与市教育局、市文联等部门合作，聘请老干部社团专业人才志愿服务和返乡高校学生授课等途径“兼职一批”；通过鼓励老年大学学员以老带新“补充一批”；通过发挥老年大学骨干培训功能“培养一批”，从而建立了专业齐全、数量充足、素质优良的师资队伍。在破解“经费困难”的问题上，探索将社区老年大学办学经费纳入城市社区党组织服务群众专项经费使用范围"支持一部分"，鼓励社区"双报到"单位和企业"赞助一部分"，社区提供场地和后勤保障"免掉一部分"，形成政府、社区、老年大学学员分担和多方赞助的经费筹措机制。在办学形式上，坚持因地制宜、分类施策，探索形成市县老年大学一体化办学、社区自主办学、老年大学与社会力量联合办学等多样化办学模式；倡导学员自我管理，加强招生、教学、安全管理等制度建设，推动社区老年大学办学制度化、规范化。

（二）推进老年大学政治功能进社区，推动老同志思想引领提质增效。把政治建设摆在首位，将思政课列入必修课程，通过"微党课""舞台党课""艺术党课"等感染力、亲和力强的教育形式，使思政教育日常化、具体化、生活化；在具备条件的社区（基层）老年大学成立了32个临时党组织，构建老年大学学员原单位和社区（基层）老年大学双重党建工作机制；鼓励学员党员特别是其中的离退休干部，发挥先锋表率、模范长者引领示范作用，团结凝聚更多老年人发挥作用、服务社区，为基层社会治理增添正能量。目前，已有2100余名老年人参与社区网格治理、红色物业创建等工作，成为基层社会治理的智囊团、生力军。

（三）推进老年大学惠民功能进社区，提升老年人文化养老获得感。突出社区（基层）老年大学公益属性，发挥社区（基层）老年大学驻在社区、近在身边的优势，为老年群体构筑积极养老、健康养老的幸福家园；以社区（基层）老年大学为依托，推动各级老年大学文体社团下沉基层，培养社区文体骨干，培育社区文体社团，壮大社区文体活动力量；发挥社区（基层）老年大学学员带动作用，开展群众性文体活动，吸引、组织更多老年人走出来、动起来、乐起来。目前，以老年大学学员为主体的老干部文艺团队遍布城乡，带动2万余名老年人参与文化活动。

（四）推进老年大学平台功能进社区，发挥老年大学学员助力基层社会治理的"引擎"作用。支持社区（基层）老年大学中威望高、能力强、爱奉献的老年大学学员积极参与"银帆·光源"行动，领办创建社区社会组织，主动认领社区服务项目，帮助解决基层社会治理中的难点问题；积极引导老年大学学员通过法定程序进入基层党组织、社区居委会、小区业委会等社区组织，担任党组织委员、居委会成员、业委会委员、网格员、楼栋长等，充分发挥老干部优势，服务基层社会治理；积极培育老年大学学员牵头的志愿服务组织，在社区（基层）设立志愿服务驿站，带动老年大学学员围绕党委、政府中心工作，在宣传政策法规、参与公益慈善、调解邻里纠纷、收集社情民意、关心教育下一代等方面积极开展志愿服务活动。目前，260余名老年大学学员领办社区社会组织362个，140余名老年大学学员在社区居委会及社区党组织任职。

二、工作启示

一是老年大学进社区是应对人口老龄化的民生工程。只有坚持工作重心下沉，扎根基层社区，才能有效破解老年大学“一座难求”问题。破解老年大学“一座难求”问题，不仅要“眼睛向内”，进行资源整合、内部挖潜，练好“内功”，而且要“眼睛向外”，做好社会资源整合这篇大文章。烟台各级老年大学以“民有所呼、我有所应”为己任，充分发挥老年大学老干部活动中心联盟作用，借助基层街道社区已经或正在建设的党群服务中心，积极推进老年大学进社区，拓宽了新时代老年大学工作的发展思路。

二是老年大学进社区是助力基层治理体系和治理能力现代化的主动探索。只有坚持系统观念，统筹推进“学、乐、为”融合发展，才能不断为老年大学工作注入新活力。社区是社会治理的最基本单元。老年大学进社区以社区老年大学为“引力源”，搭建离退休干部文化养老、作用发挥以及思想政治引领相融合的平台，让老年人从家里走出来，让社区活起来。一方面老年人可以享受有进步、有快乐、有作为的晚年，另一方面社区工作有人帮、难题有办法、力量有依靠。老年大学进社区是老年大学工作围绕中心、服务大局的生动实践。

三是老年大学进社区是创新老干部党建工作的有力抓手。只有抓住老年教育这个最具活力的元素，才能更好地实现以吸引力增强凝聚力和组织力的工作目标。老干部党员居住分散、自由度高，集中活动难度大。创新老干部党建工作的方式方法一直是各级探索的重点课题之一。烟台各级老年大学坚持需求导向、顺势而为，以老有所学为切入点，通过推进老年大学进社区，在老干部居住地把他们组织起来，把政治引领、作用发挥的要求落到实处，为做好新时代老干部党建工作蹚出了新路。

三、对策建议

（一）加强组织领导，强化政策倾斜。构建“党委领导、政府统筹，教育、组织、民政、文化、卫计部门密切配合，其他相关部门共同参与”的工作格局，打通老年大学进社区（基层）工作的堵点。各级老年大学要通过主管部门，加强与相关部门的沟通协调，通过规划编制、政策制定、指导监督，共同研究解决老年大学进社区（基层）工作中的问题。要将老年大学进社区（基层）工作纳入对各级相关部门绩效考评。各级要把老年大学进社区（基层）纳入本地区教育事业发展规划，结合实际提出推进老年大学进社区（基层）的具体实施方案，分阶段、分步骤组织实施。要围绕老年大学进社区（基层），制定出台相应的扶持政策，拓宽经费渠道，加大对基层社区老年大学资金投入，形成政府、市场、社会组织和学习者等多主体分担和筹措经费的机制。要充分利用信息网络和新兴媒体，持续加大宣传力度，凝聚全社会对老年大学进社区工作的共识，积极营造社区老年教育的良好氛围。

（二）完善基层老年教育发展规划，为老年大学进社区（基层）创造条件。坚持“党委领导、政府主导、社会参与、全民行动”的工作方针，以扩大老年教育供给为重点，以创新老年教育体制机制为关键，以提高老年人的生命和生活质量为目的，进一步健全完善基层社区老年教育服务体系。有效整合利用现有的社区教育机构、县级职教中心、乡镇成人文化技术学校等教育资源，以及群众艺术馆、文化馆、体育场、社区文化活动中心（文化活动室）、社区科普学校、社区党群服务中心等文化资源，以推进老年大学进社区（基层）工作为抓手，促进基层老年教育活动。要建立健全“县（市、区）—乡镇（街道）—村（居委会）”三级老年大学教学网络，方便老年人就近学习。在此基础上，充分发挥市、县老年大学的教学优势，推进城乡老年教育对口支援。市、县老年大学通过建立分校或教学点、选送教师、配送学习资源、提供人员培训等方式，为社区老年教育提供支援，在办学模式、业务指导、课程资源开发等方面发挥对区域内社区老年教育工作的引领带动作用，将老年大学教育资源向基层社区辐射。

（三）明确路径方向，让老年大学进社区（基层）成为凝聚、释放老年群体正能量的“放大器”。推进老年大学进社区（基层）工作，从“学”切入，以“为”落脚，最终实现以吸引力提升凝聚力和组织力的工作目标。具体工作中，着力抓好以下三个环节。一是推进老年大学教育职能进社区。要坚持开放办学理念，本着社区老年人“有什么需求就办什么班”的原则，在专业设置、授课方式、上课时间等方面充分尊重老年人意愿，把社区（基层）老年大学办到老年人心坎上。二是把党建和思想政治工作融进去。“政治引领、组织凝聚”是老干部工作部门的职责和优势所在。在推进老年大学进社区（基层）工作中，各级老年大学在抓好专业教学的同时，要配合社区同步建好学员党组织，推进思政课进社区、到课堂，通过“微党课”“艺术党课”等教育形式，团结带领社区群众听党话、跟党走。三是把各类社团协会组织嫁接进来。老年大学要密切与民政、关工委等单位的合作，引导所属社团协会组织、志愿组织、公益组织主动与社区搞好对接，通过发现培养社区老年大学学员人才、建立社区活动点、成立社区微社团等途径，为老年大学学员参与社会活动、社区治理搭建平台、提供支持。

（四）构建远程教育网络，大力发展远程教育。各级老年大学要充分借助现代网络信息技术优势，推进线上线下老年教育同步展开，扩大老年教育的覆盖面。一方面，要健全市、县、镇街、村（社区）远程老年教育四级网络体系。在各级老年大学成立远程教育中心，依托市委组织部远程教育网、开放大学远程教育网、网络党校等平台，根据“有人员、有制度、有场地、有设施”的“四有”标准，构建以市老年大学远程教育中心为龙头、以县市区老年大学远程教育中心为支撑、以镇街老年大学远程教育中心为骨干、以村（社区）老年远程教育教学点为延伸的远程教学网络。另一方面，要高标准办好“网上课堂”。加大远程教育硬件投入，在各级老年大学教室安装同步录播系统，使老年大学的优质专业课程资源能及时分享到社区老年大学分校、教学点，惠及更多社会老年人，满足他们多样化、个性化的学习需求。

（苏德刚：烟台老年大学副校长，烟台市老干部活动中心副主任/陈亮：烟台老年大学调研宣传科副科长）

地（市）级老年大学区域一体化发展实践与研究

◎ 刘军鹏

摘要：老年教育作为终身教育的重要组成部分，在推进积极老龄化、满足老年人精神文化需求等方面发挥着重要作用。由于种种条件的限制，基层老年教育成为制约老年教育高质量发展的难点、痛点、堵点。如何转变工作思路，创新工作机制，推进老年教育区域一体化发展，解决基层老年大学资源供给不足和城乡、区域间发展不平衡等问题，是实现老年教育全方位、内涵式、高品质发展必须思考的新课题。

关键词：老年教育　区域一体化　开放　融合　共享

老年教育作为终身教育体系的重要组成部分，在建设学习型社会中占据着重要的地位。随着经济的发展和社会的进步，老年教育事业在迎来良好发展机遇的同时，也面临着严峻的挑战。如何站在新的起点上，以党的十九大精神为指导，推进老年教育事业健康、快速、可持续发展，是一个迫切需要解决的新课题。

一、潍坊市老年大学区域一体化建设的实践与探索

为解决老年大学资源供给不足，城乡、区域间发展不平衡的问题，潍坊市建立了老年大学教育联盟，推进优质教育资源共建共享，分三步走实现“全域整合、统筹推进、一体发展”的目标，绘就横向到边、纵向到底的“全市老年教育联盟图”。

第一步：从市走到县，绘制市域发展图。2018 年 4 月 20 日，潍坊市老年大学教育联盟成立。联盟把 12 个县（市、区）校全部吸纳为理事校。其中，有 4 个县（市、区）在联盟理事校的基础上，设立了潍坊市老年大学分校，形成了市县一体的布局，老年教育向基层延伸跨出一大步。

第二步：从县走到镇，绘制县域发展图。寿光市率先成立县级老年大学教育联盟。这个联盟把所有镇、街校吸纳为理事校，并且把教育、民政等部门也吸纳为理事，从而形成了县镇一体的布局。与市联盟相比，县联盟老年教育又向基层跨出了更大一步。目前，已有诸城、临朐等 5 个县（市、区）成立了县老年大学教育联盟，形成向基层进军的强大阵势。

第三步：从镇走到村，绘制镇域发展图。诸城市作为全省基层老年教育示范点，在

布局市区“东西南北中”五位一体城市老年教育新格局的同时，力推老年大学向镇街、社区拓展，向村居、家庭学习中心户延伸，创新农村老年大学办学模式，推动老年教育全域发展。其中，百尺河镇作为试点镇，筹建了镇级老年大学教育联盟。这个联盟，把所有村校吸纳为理事校，并且把中心户校也吸纳为理事，从而形成了镇、村、户一体的布局，打通了老年教育向基层延伸的“最后一公里”。

在市校的示范带动下，各县（市、区）老年大学围绕老年教育区域一体化发展进行了一系列有益探索，成效显著。

诸城：坚持高位谋划，打造城区“五位一体”老年教育综合体。善于借势借力，办活农村老年大学，探索实施“农村办大学、农民上大学、民师登讲台、三农进课堂”的农村老年大学办学模式，积极推动老年大学向镇街、农村社区拓展延伸。

临朐：坚持“开放、共享、融合”理念，形成了“一体两翼、多点开花”的老年教育工作体系。“一体”就是建好县老年大学主体校，“两翼”就是建好镇街（社区）老年大学和各社区（村）教学点，“多点开花”就是抓好远程教学和引进社会力量办学。

寿光：坚持走多元化办学道路，探索开放办学新模式，通过“校企联合、校校联合、市镇村联合”等多种方式，创建“夕阳圆梦”老年大学教育联盟，推动老年大学教育实现城乡全覆盖。

二、老年教育区域一体化建设中存在的主要问题

（一）管理体制不够健全，权责不够明晰。目前，全省老年教育已经形成“党委领导、政府支持、组织牵头、老干组织、大学主办”的领导体制，但与教育、民政、财政、卫健、人社等部门的联系较少，还没有形成齐抓共管的格局，导致老年大学缺乏有效的办学、经费保障，基层老年大学发展面临经费、场地、人员等多方面的困难。老年教育主管部门权责不够明晰，也没有进行老年教育立法，使基层老年大学执行起来没有文件依据，处在比较尴尬的境地。

（二）老年教育资源整合力度不够，缺乏工作合力。统筹社会力量参与老年大学办学的力度不够，各县（市、区）老年大学存在各自为政、独立办学的情况。《老年教育发展规划（2016—2020 年）》提出，鼓励社会力量参与老年教育，充分激发市场活力。目前，老年大学对现有的各类教育机构、老年体协、文化馆（站、中心）、新时代文明实践中心等资源整合利用不够，所开展的合作多数还停留在场所共用的层面，在融合发展上思路不多、效果不明显。老年大学与高校、职业院校合作办学力度不够，对高校丰富的教育资源整合利用不够，对老年教育人才吸纳不足，造成师资力量短缺、教师队伍不够稳定等问题。

（三）师资队伍不健全，教学质量难以保证。师资队伍是决定老年教育质

量的关键，老年大学现有的教师队伍大多以兼职为主，存在人员流动性强、教学水平参差不齐的问题。相对来说，市校的师资队伍比较稳定，具备高级职称的老师不在少数，精品课程较多，名师课堂吸引力较强，往往出现“一座难求”的情况。基层分校的教师队伍相对不够稳定，受到各方面因素的制约，因地制宜开展的特色课程较少，特色课程的吸引力不强，老年大学学员生源难以保证，导致有些课程出现“招不满”的尴尬局面。

（四）地区发展不充分、不平衡问题突出。受地区经济、区位等因素的影响，老年教育呈现出冷热不均，发展不充分、不平衡的问题。在潍坊市有老年教育发展较好的地区，比如，诸城市建设镇街老年大学16处、农村社区老年大学17处，设立村居、家庭教学点34个，老年教育覆盖点多、覆盖面广，呈现良好的发展势头。但是，部分县（市、区）老年大学还停留在仅仅建立县（市、区）老年大学的阶段，基层分校及教学点寥寥无几。客观原因是受到当地经济发展水平、群众基础的制约，老年教育还没有引起足够重视，老年教育供需矛盾比较明显。

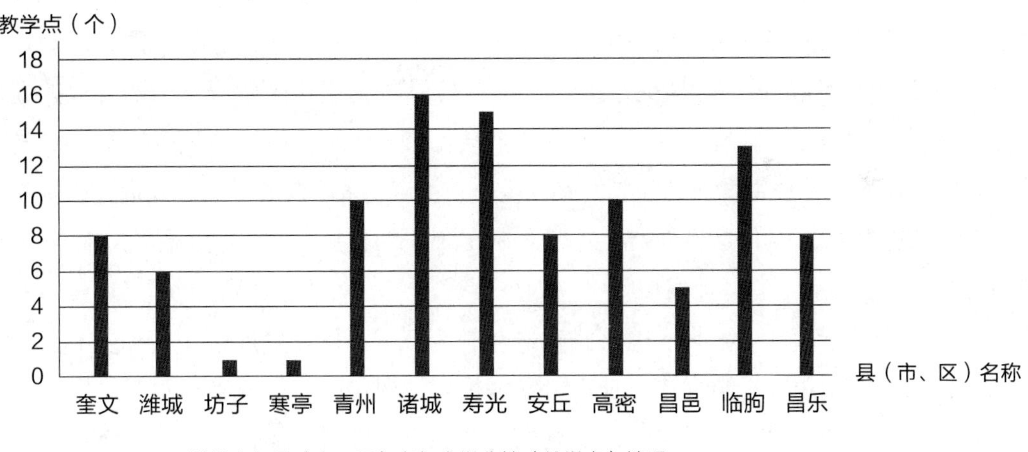

潍坊市各县（市、区）老年大学分校（教学点）情况

三、全面推进老年教育区域一体化发展的思路举措

据潍坊市统计局发布的《潍坊市第七次全国人口普查公报》数据显示，截至2020年11月1日零时，潍坊市常住人口数为9386705人，占全省总人口的9.25%，在山东各市人口排名中位居第三，仅次于临沂市和青岛市。潍坊全市常住人口中，60岁及以上人口为2043071人，占全市总人口的21.77%，其中65岁及以上人口为1483602人，占全市总人口的15.81%。潍坊市老年人口总数居全省第一，人口老龄化程度不断加快将成为潍坊市未来一段时间的重要市情。潍坊市老年人口基数大，老年人学习需求比较强烈，而老年大学“一座难求”问题突出，老年大学教育供给与需求之间的矛盾仍然存在。

潍坊市第七次全国人口普查数据

年龄	人口数	比重（%）	同比变化（%）
60 岁及以上	2043071	21.77	6.56
65 岁及以上	1483602	15.81	5.71

潍坊市在前期成立老年大学教育联盟实践探索的基础上，坚持守正创新、巩固提升，结合新时代老年教育发展规律，明确老年教育发展方向，推进老年大学教育区域协调、统筹发展，加速推进老年教育内涵式、高品质发展。

（一）制定规划，分类推进。科学制定区域一体化发展目标是关键，可以达到纲举目张的效果。计划成立老年大学教育工作委员会，按照党委领导、政府主导的原则，由市委老干部局牵头，组织、教育、民政、财政、卫健、人社等部门和各镇（街道）共同参与，形成“一方牵头、各方参与、分工负责”的管理体制，针对老年教育过程中的难点、痛点、堵点问题，集体协商，共同解决，推动形成老年教育区域一体化发展的大格局。要在充分调查研究的基础上，明确全市老年教育区域一体化发展的目标，同时，要结合不同地区经济社会发展的实际情况，充分考虑地区发展的不平衡性，分区分类统筹推进。对于底子较好的诸城、临朐、寿光、高密 4 个县（市、区），指导其积极探索，率先实现区域一体化发展并提供发展经验。发展较慢的县（市、区）要通过学习先进，查弱项、补短板，提升标准、强化措施、奋力攻坚。制定统一的分校（教学点）标准，促进老年教育标准化、规范化、一体化发展。

（二）细化目标，分步推进。推进老年教育区域一体化发展是一项系统工程，需要久久为功，持续用力，制定“三步走”发展规划，即：一年打基础，两年促规范，三年促提升。立足老年教育发展实际，细化推进老年教育区域一体化路线图，稳扎稳打，步步为营。要科学设计不同发展阶段的区域一体化发展目标，分阶段、有计划、有步骤地推进，不可以搞一刀切，要量力而为，确保办一个成一个，保证教学的质量和效果，办好人民满意的老年教育。要顺应时代发展需要，紧跟时代步伐，坚持需求导向，推动老年教育与当地的经济社会发展紧密结合、相互促进，大力发展技能教育，为乡村振兴、关心下一代、社会治理等工作培养老年人才，满足老年人对美好生活的向往，提升老年人的获得感、幸福感、满足感。

（三）因地制宜，精准推进。区域一体化发展的最终目的是扩大老年教育供给，办好“家门口的老年大学”，满足广大老年人的学习需求。老年教育的重点和短板都在社区和乡村，要立足地区之间、城乡之间老年教育发展的不平衡性，精准、精细推进老年教育区域一体化。工作重点应该集中在教育基础设施薄弱、资金短缺、人才匮乏的欠发达地区，对欠发达地区加强扶持，发挥老年大学教育联盟互联、互通、资源共享的作用，进行相应的帮扶，补齐短板，协调发展。对于教育资源丰富的地区，鼓励高校、职业院校开设老年教育专业，充实老年教育志愿者队伍。对于养老机构集中的地区，联合民政部门积极开展“学、养、教”结合的老年教育，丰富老年教育资源供给。

（四）上下联动，创新推进。为适应新时代老年大学教育发展新要求，市老年大学要发挥龙头示范带动作用，积极开拓创新，转变思路，探索适合区域一体化发展的经验做法，在全市范围内进行推广。目前，潍坊市老年大学正在以市校原址新建项目为契机，组织实施市老年大学“塑形铸魂赋能”工程，制定三年行动方案，全方位推进老年大学教育内涵式、高品质发展。老年大学工作重点是聚焦主责主业，把“一大、一名、四优”作为主要任务，建新大学，塑好形象。老年大学坚持姓党、为老，实施名师战略，优化学科、教学、教材、管理体系；赋能学员家庭美好生活，赋能社会文化教育养老事业，赋能党委、政府中心工作大局，着力将市老年大学打造成红色校园、学习乐园、幸福家园，力争到 2023 年底，把潍坊市老年大学建成全国地市级综合实力一流的老年大学，争做全国老年大学教育的引领者。“塑形铸魂赋能”工程是一项系统工程，计划在全市广泛推开，形成上下联动、齐抓共管的工作格局，一张蓝图绘到底，锚定目标、争创一流，推动潍坊市老年教育内涵式、高品质发展。

随着人口老龄化的进一步加剧，老年教育的工作重点在基层，难点在基层，突破点也在基层。《山东省老年教育条例》明确指出，要将老年教育的重点放在基层和农村，优化城乡老年教育布局，促进老年教育与经济社会协调发展。该条例明确了老年教育的发展路径，为基层老年教育发展指明了方向。相信在各方的共同努力下，老年教育事业定会蓬勃发展、蒸蒸日上。

（刘军鹏：潍坊市老年大学教研科科员）

【参考文献】

［1］叶忠海：《老年教育学通论》，同济大学出版社，2014。

［2］齐兰芬：《老年教育发展不平衡的对策研究》，《老年教育（老年大学）》2018 年第 11 期。

临朐县创新“一体两翼”办学模式的实践与思考

◎ 谭小月

摘要：近年来，临朐县老年大学坚持以老年人为中心，秉持“开放、融合、共享”的办学理念，围绕“随处可学、随时可学、学有所用”的老年教育发展目标，积极搭建“长者有为·时代先锋”文化养老平台，创新“一体两翼”办学模式，大大提高了老年人的幸福指数。

关键词：一体两翼　家门口的老年大学　校友会　艺术团

一、临朐县老年教育的发展现状

临朐县位于潍坊市西南部，属沂蒙革命老区，总面积 1831 平方公里，山区面积占总面积的 87.3%；总人口 92 万人，其中 60 岁及以上老年人 19.8 万人，占全县总人口的 21.4%。随着中国老龄化程度的加剧和人们生活水平的不断提高，文化养老问题成了社会焦点，随之引发的老年教育需求也越来越旺盛。

近几年，县老年大学招生简章一经发布，报名现场便排起长队，十分火爆，老年大学“一座难求”的现象使许多老年求学者被挡在了门外。一方面，不少老年人行动不便，无形中使上学成了“高门槛”的事，老年大学又没有学制限制，常规的学位数量已经难以满足社会需求；另一方面，县老年大学毕业学员人数相对较多，他们有再学习的意愿，也有为社会做奉献的积极性，不再单纯满足于“老有所养”，而是追求“老有所学、老有所乐、老有所为”。在这一现状下，临朐县务实创新、精准发力，通过建好“一体”、发展“两翼”，有力地解决了当前老年大学的一些服务痛点。

二、创新“一体两翼”办学模式的主要做法和成效

（一）强“一体”，建起“家门口的老年大学”。“一体”是指建好老年大学学习阵地。学习阵地建设是办好老年教育基础中的基础，临朐县在办学过程中树立全县老年教育发展“一盘棋”的理念，多举措办好老年大学主校、分校和网校，丰富老年人精神文化供给，真正建立起临朐县老年人“家门口的老年大学”。

一是筑牢老年教育根基。县老年大学是全县老年教育发展的根基，只有将县老年大学办好了，全县老年教育才能得到稳固、健康的发展。县老年大学始终坚持“高标准建设、高标准配套、高标准管理、高标准教学”的原则，强化校本部主体建设，从政治立校的

办学宗旨、需求为主的办学方向、奉献社会的价值追求等多方面入手，不断满足不同层次老年人需求，始终致力于将县老年大学打造成集学园、乐园、家园于一体的综合大学。二是创办镇街和社区分校，抓实老年大学分校建设。出台下发《关于加快临朐县老年大学镇级分校建设的意见》，要求各镇街、社区在场所建设、师资配备、财政投入上予以保障，把老年教育开展情况纳入老干部工作考核加分项目。镇街、社区分校建设齐头并进，实现“一镇一街一所社区老年大学”全覆盖。通过学习外地先进经验，探索学养结合新模式，建成全县第一家养老机构老年大学——景福养老护理院分校，为特殊老年群体接受老年教育搭建了平台。三是实行联合办学，合理规划教学点布局。县老年大学选择在“家门口”“活动点”“文旅景点”建教学点，保证更多老年人就近就地参加学习、接受教育，为老年人发挥作用、开展活动提供便利。同时，县老年大学与有办学意愿的部门、单位和企业加强联系，积极开展合作办学。县老年大学在县书法家协会开办高级书法班，将老年大学书法专业毕业的学员输送到县书协进行培训再提高，在县人才管理服务中心开设月嫂班，在新华书店开设书画、剪纸、阅读课程；与山东富山集团、嵩山小黄谷村艺家客栈和朐山文会阁合作，建成 3 处老年大学游学基地，为广大老年大学学员提供拓展学习技能、开展社会实践的平台。四是打造老年人学习“空中课堂”。建立起以网上老年大学为主，综合利用县内各种信息平台资源的覆盖全县城乡的信息化老年教育体系，打造老年教育信息化的“临朐模式”。县老年大学注重加强数字化学习资源跨区域、跨部门共建共享，加强优质老年学习资源对农村、边远地区的辐射，通过网络教学为老年人居家学习提供了便捷、精准、高效的服务，使老年人足不出户就能参加学习，实现“停课不停学，教学不断档”。

通过发展壮大“一体”力量，临朐县老年教育发展实现“三个打开”。首先，打开了老年大学规模发展的视野，不再将老年大学的办学点限制在一处、一地，而是多处、多地发展老年教育，形成了星罗棋布的格局；其次，打开了老年大学开放办学的大门，使“报名难”的状况得到了一定缓解；再次，打开了老年大学与乡镇（社区、村居）联系的渠道，实现优质资源的开放和服务品质的对接。

（二）壮“艺术团”之翼，搭建老年人交流、深造的平台。两翼中的其中一“翼”，是指办好老年大学艺术团，即老年大学提高班。在老年大学骨干学员中组建老年大学艺术团，不仅为老年大学学员搭建了学习深造的艺术平台，还较好地满足了他们展示自我、奉献社会的强烈愿望。

一是以骨干带群众，壮大老年团队力量。老年大学艺术团成立后，实行“双培双带”发展模式，孵化老年社团，最大限度地凝聚力量、服务社会、帮助他人。“双培双带”就是把学校的骨干学员培养成为老年大学艺术团团员，带动广大学员“比着干、赛着上”；把艺术团团员培养成为老年社团负责人，带动本社区及周边地区老年人开展各类文体活动。近两年，艺术团的不少团员都组建了自己的老年活动队伍，如形体专业的李秀菊组建的“梦之队”健步队、舞蹈专业的胡玉芝组建的玉芝舞蹈队、戏曲专业的刘兴民组建的龙韵戏迷俱乐部等，参与者近千名。二是以党建促团建，规范团队组织管理。在艺术团成员中，党员占了一大半，他们对知识的需求很迫切、服务社会的意愿很强烈，却一直缺乏有效的组织引领。2017 年，艺术团党总支开展了“阳光团员”创评活动，“阳光团员”成为引导广大团员和学员展示阳光心态以及支部深入联系党员的“排头兵”。他们所承担的工作，大到组织收听、收看党和国家重要会议，小到帮大家化解家长里短的纠纷。2019 年初，党总支将 78 名党员划分为 3 个志愿服务队，成立了志愿服务队党支部。近几年，志愿服务队党支部在朐山公园、文化公园等各大广场公园开展“爱绿护绿”“不文明行为劝导”等志愿服务活动，取得了良好效果。三是创树团队品牌，增强老年教育影响力。在日常学习和活动中，艺术团一方面“内练功力”，在学好、学精上下功夫，不断加强团员素质教育并组织外出学习交流，培养团队协作精神；另一方面“外树形象”，编排富有临朐特色和符合时代气息的节目，积极参加省、市、县各级文艺演出和赛事以及社会公益活动。仅 2021 年，老年大学艺术团进机关、企业、学校、社区等举办的书画展、联谊活动就达 38 场，开展送文艺下乡、书画摄影展等活动 67 次，并与全县 78 名中小学生结成对子，开展“大手拉小手”活动 45 次。其中，编排的舞蹈《那一片红》、旗袍秀《江南之恋》、三句半《凯旋在明天》等节目多次参加市、县级各类比赛及大型文艺演出，受到社会各界的一致好评。

老年大学艺术团的成立，在使老年人发挥作用的同时，也扩大了县老年大学的办学影响力，调动、激发了广大团员和学员“比着干、赛着上”的良好风气，既方便了社区老年人就近就地学习，又为老年人提供了参与健康向上的“学、乐、为”活动的平台。

（三）建“校友会”之翼，实现老年人终身教育。两翼中的另一“翼”，是指组建老年大学校友会，即老年大学高级研修班。为推动老年教育事业高质量发展，2020 年 4 月，临朐县成立老年大学校友会，探索出一条老年人学以致用、奉献社会的新路子，为基层文化建设贡献了老年力量。

一是回应诉求，应势而建。在老年大学中，有的学员甘当“留级生”，有的毕业学员多次向学校表达出想继续参加学习活动的意愿。起初，部分毕业学员联名提出了组建老年大学校友会的建议。对此，县委老干部局和县老年大学进行了深入研究，认为成立校友会有助于把毕业学员团结在学校和党组织周围，有助于加强学员与学校间的沟通，有助于引领学员助力社会“微治理”，并达成了成立校友会的共识。在推荐考察的基础上，成立了由历届毕业学员中的党员、班长等骨干学员组成的筹备工作领导小组。领导小组各成员利用班级微信群、电话通知等多种形式向广大毕业学员发出了成立校友会的倡议，得到广大毕业学员的一致响应，目前入会校友已达到 328 人。

二是建立组织，规范管理。根据校友报名情况，经各专业和班级民主推荐、个人自荐的方式，推选出了70名会员代表。由筹备工作领导小组认真研究起草了《校友会章程（草案）》《校友会理事选举办法（草案）》等文件，并在校友会成立大会上表决通过了《校友会章程（草案）》，通过选举产生了由25名理事组成的校友会第一届理事会及领导机构，形成以会员代表大会、理事会以及分会为主要体系的组织机构。校友会成立后，按照建管并重的思路，加强了校友会制度建设，完善了工作运行机制，先后制定出台《校友会章程》《经费管理制度》《议事制度》等规章制度，明确了组织原则、组织架构、会员条件和入会程序等，保证了校友会各项工作有序开展。

三是发挥作用，效果初现。首先，校友会的成立破解了老年大学面临的难题，使学员毕业后有了去处，找到了“出路”，增强了归属感，更好地凝聚在老年大学周围，增强了学校的引领力；其次，有效延伸了老年教育链条，把历届毕业学员纳入老年大学大家庭，搭建了学员间相互沟通、交流学习、开展志愿活动的平台，扩大了老年教育的范围；再次，通过在校友会成立党总支，各分会组建党支部，强化了党建引领，扩大了离退休干部党建覆盖面，打造了团结引领老年大学学员学习活动、发挥作用的坚强核心。

四是拓宽了老年大学学员参与新时代文明实践活动的渠道。依托校友会，各分会成立了书画、器乐、舞蹈等老年文体志愿服务队伍，定期组织送文化下乡活动，利用所学专业知识回馈社会。县老年大学摄影教师刘清田带领学员开展了“镜头看强镇”系列采风活动，用镜头宣传家乡，其短视频号粉丝数超过7万人，成为“网络达人”；高考期间，县老年大学校友会、艺术团组织开展“爷爷奶奶助力高考”志愿服务活动，在考点附近设立服务点，为考生提供帮助；暑假期间，校友会组织老年大学学员积极做好青少年防溺水宣传和劝阻工作，在弥河沿线各大公园悬挂警示条幅40余条，发放宣传资料1250份；环卫工人节前夕，开展向“城市美容师”赠书画暨庆祝环卫工人节慰问演出活动，向32名先进工作者和优秀城市美容师代表赠送了“福”字。

老年大学校友会成立以来，组织开展线下采风活动60多次，为在校和毕业的学员提供了广阔的学习实践平台。2021年，共有12名骨干会员被选树为全县“长者先锋”个人典型，18名会员入选“临朐好人”榜，他们在繁荣基层文化、调解邻里纠纷、监督社区卫生、传承红色基因等方面发挥着积极作用。

三、经验和启示

通过创新“一体两翼”办学模式的实践，临朐县老年教育工作水平显著提升，促进了老年教育工作的内涵式发展。广大老年人成为推动老干部工作发展、助力秀美临朐建设的重要力量。

我国的社会主义现代化建设离不开教育的现代化，作为终身教育重要组成部分的老年教育，同样应该是国家教育现代化的一个重要组成部分。在实现老年教育现代化发展的进程中，各级各地老年大学应努力做到：鼓励引导多渠道投资，保障老年教育的经费投入；积极探索多形式的老年教育，扩大老年教育的有效供给；丰富、促进老年教育的内涵式发展，提高老年教育的满意度。

发展老年教育事业，任重而道远。临朐县将继续探索创新办学之路，为实现新时代老年教育高质量发展，建设全民学习、终身学习的学习型社会而不懈努力。

（谭小月：潍坊市临朐县老干部服务中心教学活动科科长）

浅析农村老年教育发展的影响因素及对策

◎ 刘佳

摘要：在我国老年教育发展实际中，农村老年群体的参与率一直很低，城乡老年教育发展不平衡、不充分。在新时代乡村振兴背景下，发展农村老年教育，需要通过提高农村老年教育重视程度、制定农村老年教育相关法律法规、加大农村老年教育宣传力度、完善农村老年教育办学条件、打造农村老年教育专业团队、加强农村老年教育理论研究等渠道加以推进。

关键词：农村老年教育　影响因素　对策

随着我国人口老龄化程度的不断加剧，在城区老年教育加速发展的同时，农村老年教育存在的群体参与率低，教育内容单一，发展不平衡、不充分等问题日益突出。发展农村老年教育是新型城镇化建设的需要，对社会发展起着非常重要的作用，有利于促进农村老年人和社会协调发展、推动乡村振兴和实现中华民族伟大复兴中国梦。

新型城镇化背景下的农村老年教育，不是传统老年教育的延续，也不是城市老年教育的简单重复，而是一个全新的教育类型。因此，要聚焦农村老年教育在发展中存在的问题，探寻解决农村老年教育发展问题的路径，以此促进农村老年教育的有效发展，促进以人为本的新型城镇化建设顺利实现。

一、农村老年教育发展的价值

（一）乡村振兴的实现需要农村老年教育的蓬勃发展。21世纪以来，我国农村人口老龄化程度一直高于城镇，预计最大差值将于2033年出现，达到13.4个百分点。通过发展农村老年教育，充分发挥农村老年人的重要作用，将人口压力转变为人口优势，有助于乡村振兴的实现。对农村老年教育困境的突破不仅有利于提高农村老年人生活质量，提升他们的安全感与获得感，也有利于老年教育的整体发展，更有利于推动乡村振兴与新农村建设。

（二）农村老年人生活质量的提升需要农村老年教育。农村老年教育能够帮助农村老年人正确认识及顺利接受老年角色的转换，建立良好的社会关系，丰富日常生活，增强自我医疗保健意识和防骗能力。农村老年教育能够不断提高农村老年人的生活质量，发挥农村老年人的余热，帮助农村老年人找到精神寄托，避免他们因衰老而出现过度焦虑的情况。

（三）发展农村老年教育对构建和谐社会、学习型社会具有重要意义。发展农村老年教育有助于防止城乡老年教育的“马太效应”，促进社会的公平公正，使农村老年人感受到国家的关怀。同时，农村老年人通过参加教育活动，可以增长知识、陶冶情操、服务社会，成为健康快乐、适应社会发展需要的老年人。发展农村老年教育也是我国建设学习型社会的重要一环，是实现国民终身学习的有效途径。

二、影响农村老年教育发展的因素

老年教育发展的难点在农村，老年教育向镇、村延伸是一个现实而又紧迫的问题，但从近年来的实际情况看，这种延伸并不容易实现。据调查，大多数城市的城区老年教育工作开展得都比较好，但在农村老年教育方面却比较滞后，甚至没有开局。笔者认为，影响农村老年教育发展的因素有很多，概括起来主要有以下几点。

（一）加强农村老年教育的思想认识不到位。各地对发展农村老年教育的重要性和紧迫性认识不足，主要表现在三个层面：一是把老年教育工作重点放在了城区中心校和亮点社区教育上，而对农村老年教育工作，口头上重视、行动上忽视、措施上轻视，导致农村老年教育发展不快、效果不好。二是在农村发展老年教育、创办老年学校是一项新生事物，村民对农村老年教育的重要性也没有正确的认识，认为农村老年人应该在家“颐养天年”。农村老年人自身的思想观念也还没有转变，终身学习意识比较淡薄，对老年教育的认识还存在误区。三是对农村老年教育的宣传不到位，在广大农村居民群体中还没有形成全民学习、终身学习的浓厚氛围。

（二）农村老年教育学习参与率难以提升。很多地区虽然建立了老年教育四级网络，也投入资金修建了村级老年学校及老年远程教育教学点，但利用率不高。究其原因，主要是在新型城镇化进程中，大量青壮年劳动力涌入城市，留在农村的多是老人和儿童，导致农村人口结构失衡，出现了农村人口空心化与农村凋敝的情况。农村老年人自己照顾自己的情况较多，老年人空巢现象日益严峻。大量青壮年的流失使许多老年人需同时承担田间劳作和对孙辈抚养的责任，他们投入学习的精力和时间都不充足，对参与老年教育的热情也不够。

（三）农村老年教育办学条件不完善。农村老年教育在办学条件方面还存在不完善的问题。第一，基础设施差。存在校舍缺乏、设施不全、设备简陋、场地狭小等问题。第二，目前农村老年教育经费主要来源于政府统筹、社会支援、自筹经费三种渠道。从政府统筹角度，大多数镇、村财政拨款不固定，甚至有些地方政府尚未将老年教育纳入经费预算，同时还存在对经费使用监督不力等问题。

（四）农村老年教育师资不足、教材缺乏。农村老年学校师资不足，教育管理人才、教学人才缺口大，教学质量难以保证。个别地区甚至没有教师，只能依靠网络教学。少数几个从事教学的教师大部分是村干部或村里的自学成才者，专业性不强，缺乏教育理论支撑。同时，农村老年学校缺少统一的教材，大多靠教师自己编选教材，边编边教，缺乏系统性。由于留守农村的老年人大都是年老体弱、孤寡空巢、文化水平较低的弱势群体，要找到贴近实际、贴近其认知水平的教材就更难了。

（五）农村老年教育内容、形式单一。受教育资源制约，目前农村老年学校已开设的课程以校本课程为主，基本上是有什么课程开什么课程，凑够人数就开一个班或一门课，课程单一且随意性较大。总体来看，农村老年学校大多基于现实条件开展课程，系统规划设计的课程少；文艺类课程多，针对农业生产生活的课程少；保健讲座多，思想政治宣传少；陶冶情操的课程多，致富技能培训课程少。

三、发展农村老年教育的对策

大力发展农村老年教育事业是完善农村养老服务体系的有效途径，是应对我国人口老龄化的重要举措，更是老年教育事业发展的新机遇和新挑战。认清其所面临的困境，找准对策，才能实现高质量、高水平发展。

（一）提高全社会对农村老年教育的认识度与参与度。要通过多种渠道让社会各界看到老年教育给农村带来的实际利益和成果，意识到农村老年人接受再教育的重要性，提高对农村老年人参与学习的支持力度。因材施教，增强农村老年人接受教育的信心，提高其学习积极性，把学习内化为自觉行为。政府部门要完善规划，指导农村老年教育工作发展，鼓励社会组织参与农村老年教育；要明确各行政部门的工作任务，厘清教育服务部门职责，细化农村老年教育办学条件，让农村老年教育办学有章可循。农村基层组织要把老年教育作为完善村级公共服务体系的重要组成部分，安排专人负责老年教育工作，为农村老年教育发展提供必要的办学场所，在政策服务、管理咨询、教学组织、经费统筹等方面提供支持，努力打造具有自身文化特色的农村老年教育品牌。

（二）健全农村老年教育法律法规。政府要加快出台有利于农村老年教育发展的政策和法律法规。整体上可以通过国家立法的形式，将农村老年教育纳入基本养老保障体系，保障每个老年人公平受教育的权利。具体到不同的地区，则可以分类指导、分类施策。政府可以利用财税政策，提供财政、税费、土地等方面的支持，提高社会力量参与老年教育开展的积极性。同时，出台政策，统筹乡镇学校、图书馆、文化馆等公共服务机构的资源，引导和推进农村老年教育的一体化发展。

（三）丰富农村老年教育的教学内容和教学形式。开发适合农村老年人的教学内容和课程。一是要满足学员个人需求。农村老年人的学习积极性与教学内容有着密不可分的关系，准确把握农村老年人的学习需求更能提高他们的学习兴趣和热情，要开设诸如心理健康、隔代教育、厨艺知识培训、保健养生、政策解读等符合农村老年人主要需求的课程。二是要注意文化传承。随着城镇化水平的提高，乡村文化与城市文化正在逐渐融合，农村老年教育的课程应增加文化传承的相关内容，培养现代老年人、文化传承人，努力提升农村老人的文化自觉，促进农村优秀传统文化的传承与发展。三是教学形式要灵活多样。农村老年教育应当结合当地实际，充分利用网络平台，开展远程教学，逐步实现农村老年教育的远程化、网络化、数字化、共享化。同时，配备远程教育辅助教师，降低农村老人对网络学习环境的陌生感、焦虑感，解决农村老年教育在网络化中遇到的困难。因地制宜，组建老年人声乐队、太极拳队、腰鼓队等符合老年人特点的文体团队，定期开展棋牌比赛、趣味运动会、“村晚”文艺会演等活动，把文化教育与老年文体活动结合起来，激发老年人群的参与兴趣。

（四）完善农村老年教育办学条件。要逐步改善农村老年教育基础设施落后的局面，结合当地实际，逐步解决场所不足、设备简陋的状况。对有固定场所办学的农村老年学校，要争取政府支持，多渠道争取经费，改善教学设施、更新教学设备，满足当地老年教育的办学需要。对尚未解决办学场所的村级老年教育机构，要提供必要的场所和设备，保证老年教育的基础需求。要逐步提高办学规范，健全管理制度，完善学籍制度、教学制度、评估制度，规范开展农村老年教育工作。要加强教学计划、教学大纲及教材、教学反馈等教学环节的管理，转变农村老年教育教学无序管理的状况。乡镇中心老年大学可以定期组织对各村级老年学校教育教学进行评估，促进村级老年教育教学质量提升。

（五）统一协调，提高老年教育师资队伍建设。根据农村老年人文化水平相对较低、生活圈狭小、孤独和空虚感较为突出的特点，尽可能扩大教育资源选择范围，发挥当地乡镇教育资源的共享作用，组建一支热爱农村老年教育事业的专兼职教师队伍，采取专题培训、非正式学习小组、送教上门等形式开展农村老年教育。借助具有社会服务性的大众媒介，如图书馆、文化站等社会教育机构，满足农村老年人查找资料、咨询信息等需求。

（六）加大农村老年教育宣传力度。农村老年教育宣传力度要进一步加强，应当构建多元化的宣传体系，促进农村老年教育推广，增强老年人的参与度。要打造品牌，做好教育教学服务，提高教学质量，扩大农村老年教育知名度和影响力，提高宣传推广实效。应当顺应时代发展，通过社群、公众号、网络信息平台等媒介推广、宣传农村老年教育工作，提升农村老年教育的影响力。要重视广播、电视、报纸等传统媒体在老年群体中的作用，大力推广农村老年教育理念，宣传老年教育特色，提高农村老年教育宣传效果。要多与媒体加强沟通合作，宣传农村老年教育在终身教育体系、学习型社会建设中的重要地位。要依靠政策领导、理念引导、教育指导、媒体倡导、乡镇主导有序推进农村老年教育宣传工作有效开展。

（七）加强对农村老年教育的理论研究。农村老年教育的对象一般为农村老年人，农村老年人相较于其他学习群体属于特殊群体，所以，要针对农村老年教育进行单独的研究。由于农村老年教育的发展较慢，我国对农村老年教育理论和模式的研究起步较晚，相关教学理念和管理思想尚未完善，目前从事研究农村老年教育的人员数量不足。下一步需要加强研究力量，提高对农村老年教育研究的力度和深度，加快理论成果对农村老年教育资源建设和农村老年教育开展的指导，不断满足农村老年教育发展的需求。

（刘佳：济宁市任城区老年大学副校长）

关于构建县（市）、镇（街）、村（居）三级老年远程教育网络的研究

——以乳山市为例

◎ 赵虹光

摘要：本文通过对山东省乳山市着力构建县（市）、镇（街）、村（居）三级老年远程教育网络的探索与研究，总结县域老年远程教育网络建设的工作经验，分析现阶段老龄化社会背景下县域老年远程教育存在的实际问题，并根据本地工作实际提出相应的对策建议，以期引发全社会对老年远程教育的关注和研究。

关键词：老年远程教育　总结经验　分析问题　研究对策

为积极应对人口老龄化，按照党的十九大决策部署，2019 年 11 月，中共中央、国务院印发了《国家积极应对人口老龄化中长期规划》。该文件的出台，给老年远程教育的发展带来了新的机遇和挑战。近年来，乳山市以高度的责任感和务实精神大力发展老年远程教育，已经构建起县（市）、镇（街）、村（居）三级老年远程教育网络体系，为县域老年远程教育工作的发展创造了有利条件。乳山市老年大学在全市区域内选取了 30 个样本村的 200 名老年人、15 处镇级分校和 15 个村级教学点，利用 10 个月时间，通过调查问卷、口头询问、征求意见、实地调研、召开座谈会、入户访谈等形式，对农村老年群体和基层教学点进行了细致的调查和研究。

一、乳山市三级老年远程教育网络的发展现状

乳山市共有 15 个镇（街）、601 个行政村，总人口 56 万，其中 60 岁以上人口 18 万，占总人口的 32%，老龄化程度严重。针对人口老龄化加快的趋势，乳山市委、市政府高度重视、积极应对，采取有效措施大力发展老年远程教育。目前，全市开办县级老年大学 1 所，镇（街）老年大学分校 5 所，村（居）老年远程教育教学点 648 个。2019 年 3 月，乳山市老年大学远程教育网通过与市委组织部党员远程教育网并网运行，实现老年远程教育镇、村全覆盖，形成了“一网覆盖、贯通三级”的县（市）、镇（街）、村（居）三级老年远程教育新格局，使全市老年人中经常接受老年教育的占比达到 24.4%。

二、乳山市构建三级老年远程教育网络的探索与实践

乳山市在构建市、镇、村三级老年远程教育工作中积极探索、勇于创新，形成了一套适合本地实际的新思路、新模式。概括起来，主要有以下五个方面。

（一）加强组织领导，理顺管理体制。乳山市委、市政府对老年远程教育工作高度重视，将镇级老年远程教育全覆盖工程作为便民利民实事之一进行重点调度，先后投入300余万元用于老年远程教育平台体系建设。市委组织部牵头成立市级领导小组，形成了“组织部门牵头调度、领导小组成员单位分工协作、各有关部门积极参与、镇党委政府密切配合”的工作格局。各镇街也成立了由党工委副书记、组织委员、老干办主任、镇级老年大学分校校长、老干部党支部书记组成的领导小组，统筹协调解决镇（街）、村（居）老年远程教育的发展规划、校点布局、经费投入、硬件建设、招生规模、办学方向等方面的重要问题。乳山市还通过制定相关政策，明确了由镇、村负责远程教学点设定、管理人员配备、听课学员组织、学员意见收集反馈等方面的工作，把老年远程教育工作层层落到实处。

（二）加强队伍建设，筑牢工作基础。为进一步做好老年远程教育工作，乳山市打造了四支队伍：一是联络员队伍。建立由镇（街）老干办主任组成的远程教育联络员队伍，负责及时发现和协调解决远程教学过程中出现的问题，实现远程教学各环节无缝衔接。二是管理员队伍。构建镇级以离退休干部党支部书记为主、村级以“两委”成员为主组成的镇、村远程教育管理员队伍，负责远程教育设备操作、日常教学管理及档案管理等工作，确保远程教育设备专人管理、专人负责，最大限度地发挥远程教育系统的实用价值。三是技术员队伍。打造由本地科技公司专业技术人员组成的远程教育技术员队伍，根据各镇、村实际情况制定设备安装及维护方案，负责定期开展设备维护升级、提供技术支持、进行故障维修等工作，确保远程教育系统正常运行。四是志愿者队伍。由镇、村热心老年教育事业、乐于奉献、身体健康、具有一定文化水平的低龄老人组成，负责收拾教学点卫生、组织学员收看视频、收集学员意见反馈等工作。四支队伍人数已超过1000人，能够确保全市远程教育系统正常运行。为加强对远程教育工作的统一协调指导，市老年大学专门成立了远程教育工作办公室，配备专职人员负责远程教育工作的协调、组织和考核。

（三）加强制度建设，规范工作行为。为保证远程教育系统的顺利运行，乳山市印发了《乳山市老年大学远程教育全覆盖实施意见》，对老年远程教育全覆盖工作进行整体部署、提出具体要求；出台《乳山市老年远程教育管理制度》等5项规章制度，明确了远程教育设备的管理、使用、维护，课程开发，教学秩序等20余条工作细则。乳山市将检查考核作为推动老年远程教育规范化运行的重要手段，研究制定了《乳山市老年

远程教育考核办法》，重点围绕管理机构、制度建设、组织教学、活动开展、基础工作五大方面进行考核。将镇级分校的老年远程教育工作纳入全市组织工作考核，村级教学点纳入村党组织“双十星”考核，层层压实责任，确保老年远程教育工作干出实效。

（四）加强统筹协调，力促资源整合。为打通老年远程教育向村级延伸的“最后一公里”，2019 年，乳山市将老年远程教育工作纳入全市组织工作一盘棋，统筹谋划、共享资源，实现了三大融合：一是老年远程教育系统与党员远程教育系统融合。把老年大学远程教育网嵌入组织部党员远程教育网，在投资极少的情况下，短时间内解决了远程教育网络传输向农村延伸的难题。二是老年远程教育学习内容与党员远程教育学习内容融合。把老年远程教育模块融入党员远程教育界面，进一步丰富了老年远程教育学习内容，使两者相得益彰。三是老年远程教育教学点与党员活动室融合。在短时间内建成了覆盖市、镇、村（社区）的三级远程教育场所 648 处，真正实现老年远程教育市、镇、村三级全覆盖。通过三大融合有效缓解了镇级分校师资力量薄弱、办学经费不足、课件匮乏、沟通不畅等问题，收到了良好的社会效益。

（五）创新教学内容，转变教育形式。在内容设置上，做到“尊重兴趣 + 有效引导”双管齐下。平台建设前，乳山市老年大学面向全市老年人发放了 3000 余份调查问卷，将每个教学点呼声最高、票数最多的专业作为固定授课内容，实现个性化教学。同时，将思想政治教育纳入教学计划，每月向基层教学点推送政治教育课件，把以休闲娱乐为主的教育形式向以满足老年人政治、文体等多层次需求为主的教育形式转型。为保证教学质量，采取了“直播与点播并行，线上与线下互动”的运行模式，使学习形式更加灵活、课堂氛围更加生动。直播课由市老年大学中心校教师授课，点播课则根据需求选择课件，两种方式相辅相成。除线上学习外，各镇（街）都根据需要，聘请了 3—5 名专业人员作为辅导教师。目前，各镇（街）共聘请专业辅导教师 48 名，累计开展线下教学辅导 1200 余次。据统计，2019 年乳山市经常性参加老年教育活动的老年人已经突破 4 万人，老年群体的整体素质得到进一步提高，提前实现老年教育发展规划的目标。

三、乳山市构建三级远程教育网络存在的问题及原因

（一）老年人参与意识不够强。老年远程教育作为新型教育形式，远没有在全社会形成共识，导致老年人参与意识不够。在社会层面，由于宣传推广力度不够，许多人不知道老年远程教育是什么、学什么、怎么学。在个人层面，一方面，大部分老年人文化程度不够高，对新生事物认识不足，接受继续教育的愿望不强、学习能力较弱，因而参与活动不积极；另一方面，由于农村年轻劳动力大量外出，不少老年人承担着较多农活以及照顾下一代的责任，容易产生工学矛盾，影响了老年人参加学习的积极性。

（二）远程教育师资问题较为突出。师资水平是提高教育水平的关键，但在远程

教育实施过程中，镇、村两级缺乏必要的指导教师。县级老年大学中心校自身师资不足，很难安排足够的教师到教学点指导镇、村教学工作。由于现行老年远程教育课程大多是点播课程，课程种类多、缺乏互动，导致教学中遇到问题无法及时解决，容易影响学习效果，从而影响镇、村两级老年远程教学的持续开展。

（三）镇村管理员队伍不稳定。镇、村远程教学点的管理员大多是兼职，文化水平较低，年龄普遍偏大，有些管理员对网络、电脑传输和课件播放等技术并不熟悉，且目前管理员无相应待遇，容易出现队伍不稳定的情况，在一定程度上影响了老年远程教育工作的开展。

（四）课程种类单一、授课水平不高。一是远程教育课程以健身、休闲、娱乐为主，课程种类单一，缺少老年人如何更好融入社会等方面的社会适应性教育。二是目前全市老年远程教育课件仅依靠市老年大学提供和购买，资源有限，现有课件的数量和质量无法满足全市老年教育受众的多层次需求。

四、构建县域三级老年远程教育网络的对策与建议

（一）提高认识，宣传发动。要大力宣传老年远程教育在积极应对人口老龄化、发展老年教育中的重大意义和作用，积极营造全社会关心、重视老年教育事业的浓厚氛围。要组织多方力量，深入镇、村开展宣传工作，让更多农村老年人了解远程教育及其优越性，进而自觉接受远程教育。要充分发挥镇、村党组织和老干（教）部门的作用，依靠农村党员干部和教学点学员对老年群众进行动员引导，帮助农村老年人树立终身学习理念，激发其求学热情，使远程教育成为农村老年人日常生活不可缺少的组成部分。

（二）完善机制，激励约束。老年远程教育发展的重点在镇、村，应形成党委领导下的政府主管、分级管理的管理体制。首先，必须明确镇级政府的职责。镇级政府应负责本镇行政区域的远程老年教育工作，制定本镇老年远程教育发展规划和年度计划。其次，建立远程教育考核制度。把老年远程教育发展情况列入镇、村干部考核和文明乡村评比活动中，以此调动发展老年远程教育的积极性。再次，建立镇、村老年学校评估制度。每年定期组织专家对镇级老年大学分校和村级教学点进行评估，使老年学校在办学条件、办学质量、制度建设等方面都有所提高。最后，建立定期表彰奖励制度。要关心长期从事老年远程教育工作的老同志，为他们开展工作搭建平台、创造条件，要定期对在发展老年远程教育事业中的突出贡献者进行表彰。

（三）保障经费，稳定队伍。老年远程教育的中心工作是办好镇级老年大学分校和村级教学点，这需要一定的经济支撑。随着老年远程教育的不断发展，要形成远程教育经费逐年增长机制，为老年教育资源供给的稳定性、常态化、均等化提供物质基础。要根据当地经济发展状况，给予基层教学点管理人员相应待遇，确保队伍稳定，为远程

教学活动顺利开展奠定基础。

（四）多管齐下，扩充师资。一是党委、政府要给予政策保障，搭建教育资源共享平台，为老年远程教育储备一批高水平师资提供必要支持、创造良好条件。二是老年教育机构要定期对镇、村教学点管理员和志愿者开展培训活动，帮助他们掌握必要的知识和技能、提高业务水平，培养一批能够独立开展远程教育工作的人员。三是镇、村要挖掘自身潜力，从公职人员和社会中选聘一批人员，充实远教工作队伍，弥补师资不足的短板。

（五）结合实际，因需设课。一是要充分、合理地运用全国、省、市老年远程教育资源，帮助学员有针对性地选学各级远程教育网的相应课程，最大限度地利用网络优质资源。二是要加强本地远程教育资源开发，因地、因人、因时制宜，开发和整合一批与老年人精神文化生活、与乡村振兴相结合的老年远教课程。三是要加强基层调研，及时收集、反馈老年大学学员对教学内容、授课方式、收看效果等方面的意见建议，认真改进，不断增强老年远程教育的针对性、有效性和吸引力。

发展老年远程教育是一项利国利民的大事。老年远程教育是积极应对人口老龄化，满足老年人多样化、多层次学习需求的新型老年教育模式。乳山市利用“互联网+老年教育”构建三级老年远程教育网络的初步探索，为新时代老年教育可持续发展提供了新的经验。相信随着措施的进一步完善和工作的进一步推进，这一模式将会呈现出更好的发展前景。

（赵虹光：威海乳山市老年大学校长）

县级老干部大学在推进区域老年教育中的实践与思考

◎ 汪清

摘要：五莲县老干部大学以办好有特色老干部大学为目标，立足实际，着力抓好党建引领、领导班子建设、教师队伍配备、课堂教学研究、专业课程设置、课外实践活动等各项工作，为促进离退休干部老有所学、老有所乐、老有所为发挥了重要作用。作为一所县级老干部大学，学校存在重视程度不够、教师水平受限、办学经费不足等问题。着眼县级老干部大学长远发展，要在更新观念、加强宣传、创新管理、规范教学等方面下功夫。

关键词：县级老干部大学　高质量发展　对策

五莲县老干部大学创建于1996年，始终是全县老年教育的主要平台和阵地。20多年来，学校立足实际，以“办有特色老干部大学”为目标，遵循“增长知识、丰富生活、陶冶情操、促进健康、服务社会”的办学宗旨，与时俱进、不断创新，使老干部大学走上了健康发展的轨道，为促进离退休干部老有所学、老有所乐、老有所为发挥了重要作用，受到广大离退休干部的欢迎和社会各界的赞誉，得到党委、政府的肯定。

一、基本做法

五莲县是一个山区县，由原周边县的几个乡区组成，经济发展基础相对薄弱，现有总人口51万人，离退休干部5000余人。县老干部大学创立之初，在积极学习外地经验做法的基础上，着眼于当时情况，确定了学校“滚雪球”式渐进发展的思路，不贪大求全，努力走出了一条山区欠发达县老年教育的探索之路。

（一）治校理念突出“政治引领”。老干部工作是党的组织工作和中国特色干部人事工作的重要组成部分，是党建工作的一大特色。老年教育是老干部工作的重要组成部分。学校坚持把党的建设摆在首位，将党建工作纳入学校整体工作，做到党建工作常抓不懈、常抓常新。学校成立了临时党支部，带动全体党员亮身份、勇担当，在班级管理、实践活动、社会生活中持续凝聚和释放正能量。实际教学中，每一名党员教师除了传授知识外，还力争做好党建宣传员。书画班的曹乃鼎老师，是一名有着50余年党龄的老党员，经常在课前或课后利用10分钟左右的时间，结合自己的经历、体会或感悟，追古思今，给学员们讲党的优良传统、讲改革开放以来的各种变化，引导老同志展示阳光心态、体验美好生活，其语言风趣又实在，通俗而不失庄重，学员们亲切地称他为“曹（党）代表”。

（二）班子配备强化“本土优势”。经县委研究同意，学校由离退休的县级领导担任校长、副校长，县直相关单位领导任校务委员。校长领导下的校委会根据需要召开会议，研究解决学校建设和发展中的重大问题。学校办公室设在县老干部活动中心，由活动中心安排专人负责日常服务工作。学校协调县教体局，从教育系统聘任了一名有教学管理经验的退休人员担任常务副校长，具体负责学校教学和管理工作。领导班子成员本身就是离退休干部，政治站位比较高，管理经验丰富，有社会威望，对学员的所思所想有充分的了解和理解，制定的学校发展规划也就更符合实际，更贴近学员需求。

（三）师资队伍注重“专兼结合”。老干部大学不同于普通教育，学员存在年龄差距大、社会经历差异大、文化水平参差不齐、身体状况不一的特点，他们参加学习，没有功利目的，主要是“求知、求乐”，这些特点对教师的选任提出了更高的要求。在选聘方式上，不求所有，但求所用；在选聘范围上，除了争取文化、教育等部门支持，安排相关专业技术人员授课外，应重点关注全社会有书法、绘画、舞蹈等专业特长和爱好的离退休人员，从中选聘热爱老年教育，乐于奉献，具有宽以待人、团结协作品质的老年人担任兼职教师。实践证明，这些兼职教师任劳任怨、不计报酬，凭着其认真、实干、耐心、热心、诚心的优秀表现，为学校的发展做出了重要贡献，受到了学员们的爱戴。

（四）课程设置做好“加减文章”。根据社会发展和学校实际以及老年人的需求，及时合理调整专业设置。在县老干部大学成立初期，因为学员成分比较单一，教室条件相对较差，教师人才储备不足，仅仅开设了书法、绘画两个专业。随着学校的社会影响力越来越大，老年人文化生活水平不断提升，学员招收范围逐渐扩大到社会老年群体，他们渴望内容更为丰富、形式更为多样的学习娱乐生活，于是学校增加了舞蹈、太极拳、摄影、戏曲、诗词、器乐等专业。同时，结合近些年来的形势发展与五莲县现有的文化资源，开办了近水楼台的特色课程，比如，戏曲班的教学内容为五莲特色戏曲茂腔；在芙蓉社区分校开设青山太极初级班与高级班，同步开通直播课程，将具有地区影响力的课程引入老年教育；结合中老年人的喜好，开设旗袍秀班等特色课程。

（五）教学内容坚持“供需改革”。支持和鼓励教师不断钻研和改进教学方法，最大限度地发挥潜在能力，做到既对学员因人施教，又使学员整体提高。要求教师在熟悉教材、了解学员、制订计划、设计教学框架、改进教学方法、实现教学目的等一系列工作中，充分准备、一丝不苟。对没有固定统一教材的专业，教师则广泛征求学员意见，对“教什么、怎么教”做到心中有数，制订符合学员要求及其生理、心理特点的教学计划。例如，书法教学班，全班四五十个学员的年龄跨度大、基础不一样，有常年习练书法的爱好者，有几乎从未拿过毛笔的初学者。对此，教师与学员讨论研究决定集中进行书写技能训练，以颜真卿的正楷为主要范字，采取“由浅入深”“即学即用”“两头吃小灶”等学习方法，让学员从临写《多宝塔》和《勤礼碑》入手，逐步打下坚实的正楷书写基础。对具有一定基础的学员则进行个别辅导。

（六）课堂内外力求“融合共进”。课堂教育是学员接受知识的主要途径，在保障时间安排、硬件设施、师资配备等方面的同时，学校积极开展了课堂外教育活动，通过“第二课堂”实现对课内知识的巩固升华、对课外知识的认识与体验，以及对老有所为品格的塑造、团结协作精神的锻炼、社团创新能力的培养等。各专业班的学员组建了若干个社团和兴趣爱好小组，既有学校统一安排的活动社团，又有自发组织的学习实践小组，两者相得益彰，极大地提高了学员能力和学校知名度。其中，舞蹈、广场舞、太极拳剑、合唱团、交谊舞、戏曲等表演队，每个队都有自己的拿手节目，随时可以组织起一台较高品质的文艺演出；书画班学员春节前到社区和乡村义务为群众书写对联，送文化进社区、下农村，在城乡各处都留下了他们的足迹。全校文体会演、县内外文体表演及重大节庆活动，成了学员们展示魅力的平台。城市社区分校的不断完善和教学点的不断扩展，将老年教育资源由集中转变为均衡分配，助推实现老年人家门口的文化养老模式。

二、存在问题

时代在前进，社会在发展，当前老干部工作也在转型发展，以更好地满足老干部、老同志日益增长的美好生活需要。但从县级层面看，仍存在老干部大学的属性、定位比较模糊，办学行为规范不够明确等问题，这也成为阻碍老年教育事业发展的不和谐因素。具体表现在：

（一）各级重视程度普遍不够。老龄化社会已经到来，但各级对老年教育的认识还没有上升到足够的高度，仍有少数领导同志把老年教育当成边缘工作，认为就是“找个地方哄老干部玩玩”，无足轻重、可有可无，没有将老年教育当作一个重大的社会问题进行思考和对待，没有从足够的政治高度和新时代中国特色社会主义背景下充分认识发展老年教育事业的重要性、必要性和紧迫性，没有投入足够的精力、财力和物力，也有些同志认为老年教育“说起来重要，做起来次要，忙起来不要”。

（二）教师教学水平有待提高。学校大部分教师是从离退休人员中聘任的，少数教师是在职教师兼任。虽然学校始终严把关口，坚持选聘热爱老年教育事业、具有奉献精神、教学经验丰富、在社会上有一定知名度的同志到校任教，但从长远、转型发展的角度来看，目前的教师教学水平与学员的期望和需求相比，还存在一定的差距。受人口和文化资源限制，县一级具备较高专业水平的教师相对较少，可供选聘的余地比较窄。教师的专业知识大都是通过自学而来，缺少正规、系统的教育和培训，从而影响了教学水平的提升。

（三）保障支持力度先天不足。资金投入不足是影响县老干部大学发展的关键，学校成立以来，尽管县级财政部门给予了大力支持，将办学经费列入财政预算，但经费仅能维持日常课堂教学的需要。为了加强学员学籍管理和弥补经费不足，2002 年起，学校开始对学员象征性收取学费。由于资金限制，学校难以聘请到高水平的专业课教师，这对开展创新性教学活动和提高办学质量造成了不利影响。同时，县老干部大学建校以来一直没有明确的机构和编制，没有配备专门人员进行教学和管理工作，日常管理和服务也多局限于应对教学以及完成上级部门安排的事务，这在一定程度上制约了学校的高质量发展。

三、对策思考

老年教育是老年人关爱服务体系的重要组成部分，发展老年教育、办好老干部大学是广大老干部的需要。随着我国进入老龄化社会，物质生活条件的改善已不再是当代老年人的唯一需求，他们对知识的追求、对精神文化生活的追求开始变得强烈。探索新时代、新形势下老年教育的特点和规律，把老干部大学推向高质量发展的新阶段，是摆在我们面前的重要课题，县级老干部大学在这方面应该努力实现更大的作为。

（一）聚焦思想解放，推动转型发展。老年教育是老年人关爱服务体系的重要组成部分，应该和幼儿教育、学历教育、成人教育一样，纳入党的国民教育事业，是要高度重视和切实完善的。老干部大学要实现跨越式发展，必须从解放思想、更新观念入手，及时跟上转型发展的要求，及时调整办学理念，准确把握老年教育的发展方向，选准老年教育的立足点，树立起符合新时代要求的老年教育观，不断拓宽老年教育思路。同时，要努力把培养具有现代意识和时代特征的新型老年人作为重要目标，充分发挥老年教育在建设和谐社会中的正能量作用，促进老干部大学的新发展。

（二）聚焦改革创新，提高办学水平。老干部大学有没有生命力、能不能越办越好，关键在于教学质量。教学质量的高低，直接决定着学校的发展水平，而教师的教学水平又是决定教学质量的关键因素。要建立“教师人才库”，广招人才，加强业务培训，逐步形成一支相对稳定且素质较高的教师队伍。要注意选聘思想政治觉悟高、热爱老年教育事业、具备专业知识、有较高学历的人员到老干部大学工作。在做好教师选聘工作的基础上，充分调动教师的热情，使其能上好每一堂课。抓好教师施教关，通过制定教师职责目标，组织教师针对老年人特点开展教学研究，并注意征求学员对教师教学的建议；抓好学员学习关，调动学员学习积极性。同时，教学方法要灵活，授课内容要通俗易懂，要更加注重实用性和趣味性。

（三）聚焦学员需求，稳步扩大规模。老干部大学只有达到一定规模，才能更好地发挥其社会影响力。一是增设新的专业，扩展老年人到校参加学习的内容范围，满足不同层次老年人的学习需要，吸引更多的老年人参加到学员队伍中来。课程设置要符合老同志的需求、适应社会发展的需要。二是鼓励、动员老年人到校学习。采用多种形式宣传老年教育，通过在校学员联系、离退休干部党支部动员、老年人单位组织支持、学校组织开展社会活动等方式，引导老年人到校求知、求乐、有为。三是积极推进老干部大学进社区工作。按照就近学习、就近活动的要求，在取得经验的基础上，与更多社区共享资源，创建老干部大学社区分校或教学点，让老同志们不出远门就能增长知识、陶冶情操。

（四）聚焦以人为本，规范教学管理。学校要发展，管理服务要先行。学校要在坚持民主治校、民主管理的前提下，从提高教学质量出发，进一步完善教学管理制度。实施人性化、规范化的管理服务，既是学校管理的需要，也是对学员关怀的体现。要按照学校的办学宗旨，学习借鉴省级示范校的办学经验，开阔视野、取长补短，不断提高学校管理水平，更好地促进学校发展。在管理服务中，要充分体现建设和谐校园的理念，使学校的管理更亲情化、服务更精细化。在教学上要尊重教师的意见，在工作上支持他们、在生活上关心他们，主动帮助他们解决一些实际困难；同时，要让学员在进校学习的过程中感受到尊重、关心，使其学习兴趣和动力得到充分的激发。

（五）聚焦统筹整合，凝聚各方力量。老年教育事业是一项社会公益事业，也是一项社会系统工程。办好老干部大学，发展老年教育事业是全社会的共同责任，需要社会各界的关心支持。党委、政府要把发展老年教育事业的规划列入全局性的发展计划之中，统一安排、统一部署。要通过宣传，提高学校的社会知名度，使老年教育事业的重要性深入人心，更好地取得社会各界的理解支持和老年群体的参与。争取各级各单位领导和社会各界对老干部大学工作给予更多的关心，在学校机构设置、人员编制、经费保障等方面给予更多的支持，为学校的快速发展奠定坚实基础。

（汪清：日照市五莲县老干部活动中心主任）

发展社区老年教育 创新老年教育形式

◎ 顾淑臻

摘要：本文立足现有社区老年教育现状，使用文献分析法、访谈法等研究方法，分析提炼社区老年教育发展的目标追求，并针对社区老年教育存在的问题和不足，提出了明确指导部门、出台政策法规，引入连锁化运营模式、形成品牌效应，调整课程体系、促进养教结合，整合社会力量、激发办学活力等对策，为现有社区老年教育发展提供参考依据。

关键词：社区 社区老年教育 养教结合

习近平总书记强调："有效应对我国人口老龄化，事关国家发展全局，事关亿万百姓福祉。"老年教育在积极应对人口老龄化、满足老年人不断增长的精神文化需求中，起着提供平台、引领发展的重要作用。《老年教育发展规划（2016—2020 年）》中提到"优先发展城乡社区老年教育"是主要任务，并要求"在办好现有老年教育的基础上，将老年教育的增量重点放在基层和农村"。这一指导规划为解决"老年教育机构受场地、师资、人力等因素的限制，远不能覆盖日益增长的老年群体"这一困境提供了政策遵循。积极发展社区老年教育，扩大老年教育受益面，对创新老年教育载体、整合老年教育资源、弥补老年教育发展不足具有极大的促进作用。

一、社区老年教育的现状

（一）老年大学（学校）是开办社区老年教育的主渠道。各地老年大学为解决老年大学"一座难求"、老年人参与老年教育比率较低等问题，积极下沉社区，建立了"市、县、乡、村"四级办学网络。各级老年大学在社区老年教育开办过程中起着主导作用，在课堂组织形式、教学课程安排、招生教学管理等环节提供指导。同时，街道文化、卫健、民政等部门也在场地、保障等方面发挥各自作用，为社区老年教育发展增添力量。

（二）远程教育和社区文体活动成为社区老年教育的重要组织形式。社区老年教育覆盖对象以本社区居民为主，开办规模小、连续性不足，难以留住优秀师资。因此，不受时间和空间限制的远程教育成为社区老年教育的重要组织形式，特别是对于一些对师资要求较高的文学理论、实用技术等专业来说，远程教育已成为不可或缺的教育形式。另一方面，由于广场舞、老年健身操等文体活动对师资的要求相对宽松，这一类活动在社区老年教育中所占比重也相对较高。

（三）“养教结合”成为社区老年教育开办的价值目标。在基层社区，养老模式还是以传统居家养老为主，社区通过提供各项配套服务和措施，让社区内老年人得到关怀和照顾。在此基础上，引入满足社区老年人文化娱乐、养生保健等需求的求知益智类老年教育，使社区养老和教育得以有机结合，让养老浸润文化气息，让接受老年教育成为文化养老的生动写照。“养教结合”成为众多社区开办老年教育所追求的价值目标。

二、社区老年教育的现存问题

社区老年教育的蓬勃发展，得益于老年人口的日渐增多，但由于我国老年人口基数大、老年教育发展不平衡，社区老年教育在发展中也面临诸多问题。

（一）主体不明确，体制不健全。现有的社区老年教育多数没有明确的主管部门，部分社区的老年教育是开发商出于营销目的，以提高社区品质、打造社区品牌、吸引置业者为目标而建立的；部分社区的老年教育脱胎于社区文体活动中心，因文体中心长期活动者为老年群体，久而久之便转型为社区老年教育。大多数社区老年教育缺乏健全的体制机制，没有鲜明的办学理念和目标，存在发展随意、保障缺失、经费不足等问题，这些问题严重制约了社区老年教育的发展。

（二）认识不到位，要求“一刀切”。一是老年群体自身认识不足。很多老年人受传统观念影响，认为老年人就该在家帮助操持家务、照看孙辈，消极地看待再学习、再教育，形成了消极的自我定位，这种观念不利于社区老年教育的发展。二是社区老年教育主办者对自身功能定位认识不足。社区老年教育是老年教育的重要补充，在不同层面有不同意义及作用。在省市一级，社区老年教育主要是为缓解老年教育机构的办学压力，满足更多老年人接受老年教育的要求，办学重点应放到提高教育水平、满足受教育需要上。在县乡一级，老年人参与老年教育的热情不高，部分老年人还有继续为家庭获得经济收益的想法，因此，社区老年教育的开办重点是吸引老年群体，让更多老年人享受老年教育福利。社区老年教育主办者未能充分认识到这种不同，在开办中盲目照搬经验，对办学形式和内容“一刀切”，限制了社区老年教育的发展。三是社区管理者对社区老年教育认识不到位，不能深刻理解社区老年教育在社区养老、社区治理中所起到的作用，仅将其作为一项工作任务，而未能用心研究和开发更符合自己社区的老年教育内容和形式。

（三）内容不丰富，形式待更新。现有的社区老年教育的形式，以闲暇教育和娱乐教育为主，多数社区只是组织社区老年人唱唱歌、跳跳舞、打打牌，此种形式的社区老年教育内容片面、课程涉及面窄，缺乏心理引导、代际沟通、意识唤醒、作用发挥等与老年群体密切相关的课程，不能发挥社区老年教育深层次的作用。在教学形式上，以传统的课堂教育为主，灌输式的宣讲制约了老年群体积极性和主动性的发挥。

（四）师资不充足，人员不专业。一是教师队伍不稳定。现有的老年教育教师多由其他教育阶段教师兼任，有的甚至没有教育工作背景，这样的教师队伍存在着不稳定性。社区老年教育受生源、规模等方面的影响，对优秀教师吸引力不足，很多社区只能在本社区寻找带头人代替教师角色。二是办学资金不充足。社区老年教育没有专项办学经费，多是依靠社区管理资金支持，无法保障基本运行。三是管理服务人员不足。社区管理服务工作千头万绪，人员紧张是常态。很多社区对老年教育工作只是兼顾，有的甚至在开办之后只提供场地，任其自由发展，对管理服务无暇顾及。

三、社区老年教育发展的目标追求

社区老年教育的开展要融入社区工作、社区治理等多维内容，要通过开展老年教育使老年人的受教育权利得到保障，增强其社会生活能力，其核心要义为“赋权增能”。

（一）唤醒社会参与精神。通过开展社区老年教育，引导老年人自我学习、自我管理，创造崭新的生活方式。以唤醒社会参与精神为目标的社区老年教育，不能仅停留在带领老年人开展文化、娱乐、体育等活动上，而要赋予老年人自我学习、自我管理的能力，挖掘老年人力资源，培养老年人的社会意识，从而引导参与社区治理等工作。

（二）构建“养教结合”模式。深度人口老龄化给社会养老带来巨大挑战。我国目前以居家养老为主、机构养老为辅的养老结构在实践上将更多的养老任务放在了社区。社区养老除了要为社区老年人提供健康服务以外，也应通过教育活动的开展，满足老年人养老和受教育的双重需求，从而构建起一个既具有“健康养老”功能又具有“文化学习”功能的社区老年教育模式，即“养教结合”的社区养老、教育模式，实现以学促养、以养促学、学养融合。

（三）完善终身教育体系。《中华人民共和国老年人权益保障法》规定：“国家发展老年教育，把老年教育纳入终身教育体系，鼓励社会办好各类老年学校。”《老年教育发展规划（2016—2020年）》要求构建覆盖广泛、灵活多样、特色鲜明、规范有序的老年教育新格局。老年教育是终身教育体系的最后阶段，是建设学习型社会、提升全民素质的有效路径，老年群体的社区属性要求老年教育回归社区，让社区老年教育成为老年教育的重要形式。因此，发展覆盖更加广泛、形式更加灵活的社区老年教育是完善终身教育体系、建设学习型社会的应有之义。

（四）增强社区治理力量。以居家养老为主的养老模式决定了老年群体的活动范围以社区为主，开展社区老年教育可以有效地凝聚老年群体力量，通过文化活动开展、教育活动引导等途径，吸引老年群体加入社区治理，充分发挥其经验、智慧和时间优势，增强社区治理力量，实现社区自治、共治，做到“教育搭台、治理唱戏”。

四、发展社区老年教育的对策建议

（一）明确指导部门，出台政策法规。社区老年教育是文化养老的重要平台，因此，办好社区老年教育，政府责无旁贷。首先，应该明确社区老年教育牵头指导部门，避免“政出无门”。具体到不同地区，可以根据老年教育职能归属明确社区老年教育的指导部门，以加强对社区老年教育工作在创办、运行各环节的指导。其次，政府要在政策层面加大对老年教育的支持力度，出台并完善有利于社区老年教育发展的政策和法规，将社区老年教育纳入养老保障体系，保障每个老年人的受教育权利。

（二）引入连锁化运营模式，形成品牌效应。现有的社区老年教育多是“单打独斗”、各自为政，办学规模小、办学成效不明显。要想实现规模化社区老年教育发展，必须改变这种现状，进行统一建设、统一管理，构建连锁化、品牌化、专业化、标准化的运营模式，坚持各社区之间“求大同、存小异”的基本原则。首先，由社区老年教育指导部门成立专门科室，负责社区老年教育指导工作，在班级规模、课程内容、教学形式、管理服务等方面形成标准。其次，社区老年教育部门应利用自身优势统一招聘、统一培训、统一调配教师资源，根据各社区需求配备教师。最后，各社区根据社区老年群体的不同需求开办相应课程，并提供教学场所和设施，配合指导部门调配的教师，根据标准提供相应管理服务。连锁化运营模式可以有效地整合和利用资源，减轻社区工作负担，提高办学水平，形成品牌效应。

（三）调整课程体系，促进养教结合。社区老年教育的目标不仅是满足老年群体的精神文化需求，还包括唤醒老年人社会参与意识、促进养教结合、贡献社区治理。在课程体系的设置上要紧紧围绕这些目标，设置社区老年群体易于接受的、便于开展的课程。一是要确保课程设置和老年人需求相融合。根据老年人身心发展规律，充分考虑老年人的经历、体力和思维能力，开设老年人喜闻乐见的课程，吸引老年人加入社区老年教育。二是促进课程学习与老年群体生活相结合。社区老年教育的课程设置应更注重多样性和丰富性，不仅要确保课程种类的丰富性，而且要从理论与实践结合的视角出发，增强课程学习与老年人生活的关联性，设置和社区老年人生活密切相关的课程，从社区实际情况出发，做到课程和环境的统一，满足社区老年群体需求。[①] 三是推动教育活动和社区治理相促进。习近平总书记指出，“老年是人的生命的重要阶段，是仍然可以有作为、有进步、有快乐的重要人生阶段”。社区老年教育要围绕这一指示，引导老年群体发挥潜能、服务社区、参与管理，在原有课程基础上加入公民素养、社区治理、志愿服务、政策解读等相关内容，引导社区老年人学以致用、融入社区、服务社会，为基层文化建设、

① 徐胜阳、梁鹏：《愿景与路径：美好生活视域下养教结合社区老年教育模式研究》，《当代职业教育》2021 年第 3 期。

社区社会治理、关心教育下一代等工作贡献力量，充分发挥老年人的价值。

（四）整合多方力量，释放办学活力。政府要通过政策支持、税收优惠等形式，鼓励、引导和吸引多方力量参与社区老年教育。一要适当拓宽老年教育准入渠道，扩大老年教育资源供给。鼓励具备条件的企事业单位、社会组织和自然人通过社会捐助、课程支持、提供服务等方式参与老年教育；二要尝试探索养教结合的老年教育模式，在福利院、养老院以及规模化的居家养老照料中心等服务机构开办老年教育，实现老年教育的社会化；三要培植壮大社区老年教育市场，增加社区老年教育机构的数量，并提升其质量，赋予老年教育机构更强的市场竞争力；四要促进社区老年教育和周边产业相融合，将老年教育和快速崛起的养老地产、老年旅游、老年游学和文化休闲等产业融合发展，延长上述生活性服务业的产业链。

（顾淑臻：临沂市老年大学教研室主任）

兰山区老年教育发展现状调查报告

◎ 魏淑一

摘要：兰山区老年大学成立三十年以来，承担着全区老年教育的主要任务，为全区老年教育事业发展做出了重要贡献。然而，随着社会老龄化程度的加剧和老年人对精神文化生活需求的快速增长，区老年大学目前的服务能力已经远远不能满足社会需求。为此，在兰山区老年大学成立三十周年之际，兰山区委老干部局开展了专题调研，就全区老年教育发展现状进行调查研究，分析问题、研究对策，为下一步兰山区老年教育事业的改革发展进行了有益探索，进一步推动全区老年教育事业高质量转型发展。

关键词：基本情况　主要做法　制约因素　对策建议

随着社会老龄化程度的加剧和老年人对精神文化生活需求的快速增长，兰山区老年大学目前的服务能力已远远不能满足社会需求。当前，兰山区老年大学在办学体制机制、办学场地及设施建设、人力财力投入、受社会重视程度等方面存在不同程度的问题和不足，制约了兰山区老年教育事业的发展，兰山区老年大学急需摸清情况并进行改革。为此，区委老干部局领导班子召开专题会议，讨论研究兰山区老年教育事业发展现状、制约因素及发展方向，坚持问题导向，深入基层进行调研。本文结合调研情况，就兰山区老年大学发展现状进行问题分析并提出对策。

一、基本情况和主要做法

近年来，随着我国社会的快速发展，社会对老年教育事业发展提出了更高要求。为了适应这一变化，兰山区积极转变工作思路，紧紧围绕“增加老年教育供给侧改革”这一重点，力求在现有基础上，积极拓展老年教育的服务数量和质量。

首先，全方位拓展老年大学发展维度。一是筹建区老年大学分校，依托区教体局现有场所和办学优势，建立区老年大学教育分校；二是提升现有老年学校，按照区级老年大学标准重新规范打造了兰山区老年大学和方城镇老年大学；三是积极向基层、社区延伸，培育基层教学点，大力发展远程教学，已累计成功申报山东省远程教育教学点19个，其中社区（村居）教学点6个；四是积极与辖区内其他老年教育力量合作，实现资源共享，就近为当地社区服务，目前已经与临沂市老年大学启阳路分校展开了合作；五是引导社会力量办学，一方面加强与医养、康养机构的合作，大力引导、发展涉老服务机构的文化养老服务，指导建立了兰山区老年养护院睿雅老年大学并为其挂牌，目前正积极与一所民办康养机构进行对接，另一方面主动联系职业院校，寻求合作办学，目前已与兰山区职业学院完成对接。基于拓展发展空间的思路，下一步，还将继续加大力度培育新校、鼓励社会办学、引导教育资源共享。一是加大社会办学力度，认真贯彻落实“鲁老干〔2020〕16号”和“临老干通〔2021〕2号”文件要求，深入加强与各类高等院校、职业院校、大型企事业单位、涉老社会服务组织、民营企业、城乡社区等机构的合作力度，以自主办学、联合办学、指导办学等多种形式开展合作；二是着力培育打造区直部门管理的老年学校典型，以区老年大学教育分校为典型，引领带动较大规模的机关单位发展本系统、本部门的老年教育事业，重点选择有一定教育资源或者离退休干部较多的区直单位部门开展典型培树试点工作，发挥政府主办老年大学的示范引领作用；三是加强对各级老年教育教学资源的共享利用，继续加强省远程教育教学点申报工作，积极融入市域老年大学一体化发展布局，筹划好区老年大学基层教学站点设置。

其次，重新认识老年教育的社会意义，实现老年教育的多重价值。将党建工作、关工委工作、学习型社会建设工作渗透到老年教育工作中，发挥老年教育的更大社会价值。同时，提升办学质量，注意总结老年教育规律。2018年，为了避开区老年大学的场所劣势，积极开拓区老年大学发展空间，在充分调研的基础上，选择在全区有着4000余名离退休人员的教育系统来开办分校。一方面，可以保证学员的来源和学员整体素质的相近性，便于开展老年教育的专题研究，便于总结教学成果和教育规律，进而探寻可以复制推广的教育新模式和新思路。另一方面，教育系统有着非常明显的自身优势。一是离退休人员受教育程度较高，渴望接受继续教育的需求程度也更高，同时，该群体的综合素质较高，便于新课程的开发，以及老年大学课程体系改革的推进。二是该群体在接受老年教育服务的同时也可以为老年教育提供优秀的教师资源储备，是对兰山区老年教育师资力量的有益补充，也是兰山区关工委工作和“五老”志愿服务工作的重要力量。三是相同系统的凝聚力较强，便于老干部离退休工作的开展，有利于挖掘老年大学离退休干部党支部工作新方法、新路子。分校的建立，立足老年教育的同时又综合了老干部党建工作和关工委工作，把三项工作同时抓起来，避免工作中出现顾此失彼的现象，同时也有利于发挥老年教育的最大力量。基于以上种种考量，我们依托区教体局原离退休干部党建活动室，投资30余万元整修改造了3000平方米的场地，建设了区老年大学教育分校。教育分校集区教体局离退休干部党支部、关工委办公室及活动室、青少年校外教育辅导中心、孤困儿童志愿者服务工作办公室于一体，实现老年大学老干部相关工作的高效链接，具有很好的示范作用。

再次，解决办学场所问题，积极争取区委、区政府的支持。区老年大学建于20世纪

90年代初，楼体为楼板房且面积较小。为了改善区老年大学办学硬件设施，2010年以来，区委老干部局领导多次向区委、区政府提出改善办学条件的要求，提出了旧地重建或选新址建新校的方案，并切实开展了场地实地考察选址工作，但由于种种原因，这一想法未能实现。到了2017年，现任的区委老干部局领导班子在规划区老年大学发展工作时，再次将区老年大学校舍改善问题提上了工作日程。通过一系列考察调研、汇报分析，最终在区委、区政府的大力支持下，将区老年大学东侧的一处房屋公产划归区老年大学教学使用，由区财政拨款200余万元对这一场所及区老年大学的老校舍进行了提升改造。目前，区老年大学东西校舍均已提升改造完毕，教学和办公设备均已配备完善，并已如期开课。

二、改革发展的制约因素

当前，兰山区的老年教育事业已具备一定的社会影响力，同时，在国家对老年教育重视程度不断增加和社会对老年教育需求日益增长的大环境下，老年教育事业也迎来了改革发展的大好机遇，但是，要改变以往简单粗放型办学的整体面貌，实现高质量转型发展，还面临着不少因素的制约。

一是社会上对老年教育的认识还不够。对中青年人群来说，其关注点主要是在青少年的学校教育上，对老年教育缺乏相关了解。而对老年群体来说，同样存在这种现象，并且这种情况在农村地区更为普遍。即便有些老年人对老年教育有所了解，也大都停留在表面，对其重要性缺乏深入思考。同时，尽管老年大学学员和老年教育参与者越来越多，但参与老年教育主要还是个人的自发行为，缺乏严格的统一要求和管理。老年教育不是学历教育，因此给人的印象就是老年教育比较随便、不够正规，这不利于老年教育的组织开展。

二是政府的重视程度有待加强。长期以来，老年教育由于其受众面小、非学历性、非强制性及自发性强等特点，一直未被社会重点关注，也处在政府工作的边缘地带。但随着老龄事业和老年党建工作的不断发展，老年教育在政府工作中的重要性将愈加凸显。

三是管理体制机制建设不足，制度保障有待加强。长期以来，兰山区的老年教育事业存在“重行动、重实效”而“轻管理、缺制度”的现象，管理体制不够健全、机制运行不畅，导致老年教育事业整体发展水平受到很大限制。同时，老年教育相关的法律法规等制度建设亟待加强。《中华人民共和国老年人权益保障法》第七十一条中明确规定：“老年人有继续受教育的权利。”但对于如何让老年人真正实现“老有所学”，却缺乏全面有力的制度保障，这也是必须解决的问题。

四是缺少资金支持。区老年大学由政府主办，其经费来源完全依靠政府的财政拨款，而政府的财政拨款是有限的，这极大地限制了老年大学的软硬件设施建设。在老年教育的改革发展过程中，无论是场馆的新建、扩建、改建，还是教学及办公设备的添置更新，抑或是在各类信息化平台的建设等方面，都需要较大的资金支持，但当前的财政拨款力度是远远不够的。

三、对策建议

针对老年教育改革发展的制约因素，提出以下五点对策建议：

（一）提高对老年教育重要性的认识。一是随着我国人口老龄化程度的加剧，老年人口呈逐年增长趋势，并将长期处于人口比例高位。老年教育在实现老有所学、老有所乐，丰富老年人生活、充实老年人精神需求上，无疑发挥着重要的引领作用。二是随着老年群体的扩大，老年群体中的人才力量也在逐步强大，要想“加快建设人才强国”，必然要重视老年人建设。老年教育作为终身学习、建设学习型社会的重要组成部分，必须发挥积极作用。三是老年教育阵地是凝聚广大老年人，特别是具有一定文化水平的老年人和老党员的重要组织和机构，为开展老年党建工作、加强老年人思想政治教育提供了有力抓手。四是依托老年教育机构建立的老年社团组织、老年志愿者组织等，为广大老年人发挥作用提供重要平台。大力引领老年人发挥余热，做好“传帮带”，用自己的知识和经验服务社会，做好思想和文化传承工作，在奉献社会中谱写出人生晚年的美丽新篇章。

（二）各级党委、政府要全方位做好保障工作。各级党委、政府要把老年教育工作纳入年度重点工作，把老年教育现代化与国家的教育现代化事业联系起来，严格要求、同步推进；要对关系老年教育的工作适当给予政策上的倾斜，提供有力的政策支持；要在财力物力上增加投入，根据需要适当增加老年教育经费，对于办学场馆建设和改造及土地使用，要予以大力支持，减少不必要的审批流程，保障办学场所的现代化建设顺利进行；要将老年教育工作作为有关部门考核测评的重要指标。

（三）理顺管理体制机制，加强相关制度建设。要按照上级老年教育工作的指示精神，理顺老年教育事业管理体制，创新工作机制；要结合老年教育现代化的规划发展，在隶属关系、管理模式等基本方向上进行长期规划、综合考量；要出台相关的法律法规，保障老年人受教育的权利和老年教育活动的切实开展，保证老年教育现代化工作的正常开展。

（四）积极拓宽办学及改革的资金渠道。在向政府争取更多财政投入的同时，还要积极拓宽其他资金渠道。老年教育是一项政策性很强的公益事业，学校可向政府申请从体育彩票、社会福利彩票、精神文明建设经费中每年按一定比例提取适量资金，用于支持老年教育的发展。老年大学作为一种非营利性的公益教学机构，有一定的自身价值和宣传价值，可适当引进企业投资，利用老年大学的社会影响力增加其品牌影响力，还可以接受相关慈善机构的捐助办学。同时，鼓励社会团体、企业、个人向老年大学捐赠教学资源。

（五）建立专职工作队伍，加强工作汇报宣传。当前，机关事业单位的改革工作已经结束，从改革效果来看，区老年大学的重要性得到提升，这充分说明了老年大学工作愈加重要、大有可为。要结合人员岗位调整，完善老年大学工作专职队伍建设，打造强有力的工作队伍；主动做好老年教育改革发展汇报工作，积极争取党委、政府的关心和支持；结合老龄事业、老年党建工作、关工委工作及各类老年活动，做好老年教育的宣传工作；利用老干部工作部门的各类融媒体平台以及广播电台、电视台等媒体平台，加强老年教育宣传力度；切实办好新时代的老年教育，用办学成果说话，赢得社会的关注和认可。

（魏淑一：中共兰山区委老干部局离退休干部管理服务科科长）

乡村振兴战略机遇与基层老年教育资源调动

◎ 秦承良

摘要：本文从分析党和国家乡村振兴战略实施可能给包括基层老年教育在内的乡村各领域发展带来的积极影响入手，提出乡村振兴战略是基层老年教育继进增长和现代化提升的一次机遇。建议老年教育责任主体顺势而为，挖掘和厘清自身资源潜力，合理调动系统资源，依托自身治理属性，积极融入乡村振兴战略大局，并从中汲取发展智慧和能量，确保与其同频共振、协调推进，为国家的全面现代化担当责任。

关键词：乡村振兴　基层老年教育　资源调动

进入新发展阶段，基层老年教育与党和国家乡村振兴战略不期而遇。在这个历史交汇点上，基层老年教育如何借力乡村振兴，解决自身发展长期存在的不平衡、不充分的问题，实现基层老年教育的高质量发展，已成为新的时代命题。

一、乡村振兴战略内涵丰富，为基层老年教育资源的跟进配搭提供了实体支撑

（一）乡村振兴战略体现党的乡村治理智慧，带动老年教育治理功能平行释放。乡村振兴战略聚焦新时代中国社会的主要矛盾，解决了城乡发展不平衡、农业农村发展不充分的问题，集中反映了党中央新时代治国理政的新思维。乡村振兴战略涵盖了基层老年教育在乡村社会层面需要理顺和调节的所有方面和环节，也为基层老年教育如何融入其中创新发展提供了契机。长期以来，乡村基层老年教育与当地经济社会发展相一致，城乡之间、乡镇与村居之间、村居与村居之间的发展不平衡、不充分的问题依然存在，理应纳入乡村振兴战略的关注和兼顾之列。

（二）乡村振兴战略聚焦农业农村现代化，引领老年教育现代化同步发展。乡村振兴指向的全面现代化，是包括基层老年教育在内的农村各领域的现代化，即城乡之间在差距缩小后，最终达到发展状态的相互融合和协调一致的目标。新时代，党和国家在农村实施乡村振兴战略，旨在推动农业农村经济、社会、人文生态的全面发展，与其他领域同步实现现代化，这其中当然包括乡村基层老年教育的现代化。

（三）乡村振兴战略惠及全体农民的发展，启示基层老年教育关注农村老年人的身心解放。乡村振兴战略全面体现习近平新时代中国特色社会主义思想，贯彻“以

人民为中心”的发展理念，关注包括农村老年人在内的全体农民生产生活质量的提升，追求基层群众自由全面的发展。基层老年教育的普及与增长，与老年群体从劳务家务中逐步解放是密不可分的。乡村老年教育的实施，就是充分保障广大农村老年人的受教育权利，引导他们逐渐认识老年教育对其晚年生活的积极影响，并促使其尽快融入老年教育，尽情分享经济社会发展的成果。

（四）乡村振兴战略倡导社会公平正义，助推基层老年教育基本公共服务全覆盖。乡村振兴战略致力于解决的实质性问题是缩小城乡差距，彻底改善城乡之间、乡镇与村居之间、村居与村居之间发展不平衡、不充分的问题，激励城乡融合，推动乡村社会基本公共服务均等化，构建以“共建、共治、共享”为特征的乡村社会治理新格局。基层老年教育作为乡村振兴的一项重要内容，是基层社会重要的基本公共服务类事业，均等、共享、普惠是其突出特征，这与乡村振兴战略目标一致、优势互补。

二、基层老年教育传统体量末梢虚空，为乡村振兴战略的眷顾提携预留了充足空间

（一）基层老年教育适龄老年群体尚未全员纳入。基层老年教育囊括县城驻地，面向广大乡村。实践表明，如何将适龄老年群体全员纳入、共享教育资源一直是基层老年教育工作亟须解决的问题。究其原因，一是文化修养制约。由于农村老年人的文化层次普遍较低，致使这一群体中的相当一部分老年人对老年教育需求不高。二是生产生活束缚。传统、持家，循规蹈矩、内敛沉稳是这一群体共有的特点，他们中很少有人渴望在琐碎的家务与繁重的劳务之外再去接受老年教育。三是大环境影响。进入新时代，农村老年人的生活质量虽然有了明显的改善，但对于精神上的获得感、幸福感和全面发展意识仍有所欠缺。

（二）基层老年教育网络尚未全域覆盖。县、乡、村三级老年教育长期受自身基础条件的制约，三级协同、联网联动、同步提升一直是基层老年教育主体的痛点。究其原因，一是老年教育的社会治理属性长期被忽视，尚未实质纳入县域经济社会发展目标规划，使考核考评机制无法对老年教育相关工作实施干预，导致部分有资质参与社会治理的老年教育责任主体不能参与其中。二是财力上捉襟见肘，无法满足县、乡、村三级老年教育网络建设的投入需求。三是基层老年教育资源供给不足。基层老年教育资源需求不强，导致供给力疲软。

（三）基层老年教育资源历史“存量”量小质低。近30年来，基层老年教育发展坚持“以县级老年大学规范化建设为引领，逐渐向乡村延伸”的思路，较为贴近域内老年受众需求实际，但是，老年教育资源存量仍然单薄，发展质量不够均衡、不够充分，无法满足新时代基层社会发展需要。

三、基层老年教育应积极协同乡村振兴战略实践，围绕自身现代化预期调动资源

（一）乡村振兴战略全面谋划乡村发展的美好未来，基层老年教育资源调动应着眼于长远稳控发展基调。一是基层老年教育应紧贴乡村振兴战略总要求，深度做好“结合”文章。无论是从服务对象、作用形式与目标追求来看，还是从理念指引、资源共享与效益评价来看，基层老年教育与乡村振兴的“20字”总要求目标一致、互融共生。乡村振兴战略需要基层老年教育元素的融入，以丰富实践内容、增加体量厚度。基层老年教育要因势利导，精心研究乡村振兴战略的实践内涵，在深度融入、有效结合及精准借力上做文章。

二是基层老年教育应紧盯乡村振兴战略发展趋势，精心揣摩“融入”细节。在城乡之间的各种差距缩小后，如何达到“融合”状态，进一步推进乡村治理现代化，是乡村振兴战略的发展追求。基层老年教育的社会治理属性鲜明，应积极融入乡村振兴战略，逐一优化细节，确保与乡村振兴战略携手并进。

三是基层老年教育应紧跟乡村振兴战略的现代化方向，统筹开拓借力渠道。依托乡村振兴战略的不断发展，国家现代化建设将有序进行，共同富裕将全面推进，包括老年群体在内的全民的获得感、幸福感将得到全面提升。置身这一历史背景下，老年教育的现代化亦如箭在弦，应不断在乡村振兴战略行动中激发灵感、汲取营养、获取能量、校正方向，与乡村现代化同频共振，进一步深化融入乡村振兴战略的动态研究，广泛参与乡村振兴的各项工作。

（二）乡村振兴的制度设计调理乡村传统格局，基层老年教育资源调动应立足改革促进转型发展。乡村振兴战略根植于新发展阶段，贯彻新发展理念，构建新发展格局，处处体现着新时代党和国家推动乡村实现更高质量、更有效率、更加公平、更可持续发展的改革精神。基层老年教育作为乡村振兴战略的一项重要内容，唯有坚持改革不动摇，才能确保谋篇布局和资源调动频出新意，满足更高标准的需求。

一是促进乡村老年农民群体的全面发展，不断为基层老年教育高质量发展创造条件。现阶段，我国乡村以家庭为主要生产经营单元的劳动分工，使农民尤其是老年农民至今尚未完全从传统劳作中解放出来，仍然无法成为真正的老年教育受众。促进乡村老年人的自由全面发展，要以乡村振兴战略实施为平台，使老年群体能够借助合理的政策支持、适度的社会调节、良好的秩序营造，不断突破固有的社会关系束缚，积极寻求自身全面发展的条件、空间和能量，以社会关系的调整和优化逐步实现自身的自由全面发展，并开始主动追求受教育的权利，实现老有所学，使乡村振兴战略成果能够惠及自身。

二是大胆尝试基层老年教育合作办学新模式，吸引城市老年教育资源向乡村有序流动。基层老年教育要实现全域同步增长，合作办学是其融入乡村振兴战略、超越传统格局的根

本出路。随着乡村振兴战略目标的逐步实现，不仅全体农民的自由全面发展水平得到了提升，而且广大农村社区在理念引领、产业拉动、环境支撑、区域治理和道德规范等方面也得到了改观，这为基层老年教育多渠道合作与融入提供了充足的机会，也为合作办学造就了一批广泛、新型、多元的合作主体，这有助于开创更多的合作办学新模式，催生更加多样的养老新业态。应加强城乡对口协作，激励和吸引城市老年教育资源向乡村振兴的最前沿和基层老年教育的主阵地有序流动，最终实现真正意义上的老年教育的城乡融合。

三是将“积极老龄化”理念导入乡村振兴战略，科学谋划乡村基层老年教育发展定位。以健康、参与、保障为基本支撑的积极老龄化理念为老龄社会的发展保驾护航。乡村振兴战略是在中国社会老龄化、全面建成小康、开启建设社会主义现代化强国的背景下，用以解决城乡发展不平衡、不充分问题的乡村社会新实践。将“积极老龄化”理念导入乡村振兴战略会大大丰富乡村振兴战略的内涵，有利于乡村振兴战略与基层老年教育融合互促、平衡推进、同步提升。

（三）乡村振兴战略贯彻新发展理念，基层老年教育资源调动应依托创新不断丰富自身实践。乡村振兴是在国家进入新发展阶段、构建“城乡一体化”新发展格局的新形势下，推进农业农村实现平衡发展和充分发展的三农战略行动，是始终贯彻和践行新发展理念的国家重大战略。因此，基层老年教育必须深层融入乡村振兴战略的各个实践环节，拓宽发展思路、推动创新创造，为自身体量增长与提质，撑开一片新天地。

一是动态优化服务格局，推进基层老年教育服务措施“多样化”。乡村振兴战略非一朝一夕之功，基层老年教育也要做好长期作战的准备，其服务对象不仅是现有的老年群体，还将面对更加全面发展的下一代、新时代老年人。因此，要紧贴乡村振兴战略实践，不断推进服务手段的多样性，从而有效应对老年群体不断发展的更高层级、更为复杂的需求变化。

二是疏浚信息共享渠道，推进基层老年教育服务平台“数字化”。基层老年教育应在远程老年教育发展基础上，寻求信息化资源的高效供给、高端配置和高质量应用，要在理念传播、招生宣传、教学实践、活动组织、志愿行动、社会服务等领域打通信息共享渠道，一方面提升数字化服务能力，另一方面广泛培育能熟练运用信息技术的受众，让大数据、云计算、人工智能、物联网等技术助力基层老年生活，引领老年教育发展新潮流。

三是构筑人文精神高地，推进基层老年教育服务质量“温馨化”。基层老年教育应围绕乡村振兴“20字”总要求，力争在提升产业科技含量、保护生态、维护社会公序良俗、助力乡村社会治理等方面发挥自身敬老、亲民、济弱等优势，不断在老年教育服务中增加“情怀”元素，努力建设成为便于乡村老年群体分享改革红利、交流增信、养老互助、体验社会亲情关爱的银龄社交平台和人文精神高地，使更多的老年人自愿参与其中。

（秦承良：临沂市蒙阴县委老干部局副局长、县老干部综合服务中心主任）

县级老年大学校本教研的实践和探讨

◎ 邵帅

摘要：校本教研是当前老年大学发展过程中具有重大理论和实践意义的教学研究课题。它从学校实际出发，以教研制度为依托，以教师为研究主体，以组织活动为载体，以提高教育教学质量、促进教师专业发展为目的，通过教学观察、教学研讨等形式，探索教育教学的规律、原则和方法，解决教育教学存在的问题。本文结合郯城县老年大学校本教研工作采取的“制度管理、规范活动、保障措施”等方面的做法，对县级老年大学开展校本教研工作进行了探讨。

关键词：校本　研究　实践　探讨

一、解读老年大学校本教研

“老年大学校本教研”是老年大学以校为本的教学研究的简称，是学校为了提高教育教学质量，以课程实施过程中所面临的问题为研究对象，让教师在教学实践中以研究者的心态置身于教育教学情境之中、以研究者的思维来思考和分析教学实践中遇到的各种问题，并依托学校自身的资源优势和特色进行的教育教学研究。“在学校中研究”是校本教研的基本要求，因为每一所学校都有其他学校所不具备的特质，每一所学校产生的问题往往是用其他学校的研究成果所不能解决的。“教师的互助合作”是校本教研的标志和灵魂。教师不但是问题的直接研究者，更是研究的直接受益者。

二、郯城县老年大学的具体做法

郯城县老年大学基本情况：学校现有 1 处校本部、6 个分校。其中，校本部开设 12 个系（专业）、41 个教学班，学员 1671 人；分校开设 13 个专业、37 个教学班，学员 1357 人。校本部现有在编教师 3 名、管理人员 3 名、聘任教师 26 名，分校有聘任教师 46 名、管理人员 11 名。

郯城县老年大学立足实际搞校本教研，将“学研做”与“知思行”进行有机结合，形成了具有鲜明特色的“校本教研”模式。

（一）建立管理制度，确保校本教研有序开展

一是整合教导处、分校科、教研组和备课组等多方力量，直面学校教育教学实践，以问题为中心，服务于校本教研，构建融合行政管理与业务指导于一体的“教—学—研”

服务机制。二是建立“校本教研计划制度”“校本教研考评制度”“分校教研制度”“教师伙伴互助制度”“教师与学员互动制度”，完善校本教研制度体系。三是根据教研重点的不同，有针对性地确定教研主题，以此来保障、监督校本教研活动的有序开展，有效避免了校本教研活动的盲目性、随意性。

（二）规范活动程序，将“学研做”与“知思行”有机结合

一是发挥示范课作用，促进“理想课堂”发展。通过骨干教师亲自上课或指导其他教师上研究课，发挥骨干教师在教学中的引领、示范和榜样作用，运用示范课活动的独特优势，探讨教学规律、研究教学方法、推广教学经验，促使教师课堂教学水平和教研水平的提升，让每一次主题研究得以落实。

二是发挥主观能动性，做足公开课准备工作。课前，根据课程要求，教师充分发挥个性特长，在教学设计、课件准备上精雕细刻，同时广泛征求其他教师、上课学员的意见。课中，教师通过结合实际，发挥自己的专业能力，把教学过程变成自编、自导、自演（少数学员当群众演员）的教案剧，以此达到教学相长的目的，实现“传道、授业、解惑”的目标，力争让每堂公开课成为优质课。课后，教师通过自我反思，对教学过程进行认真总结。

三是做好交流研讨，促进教学质量提升。在校本教研的研评环节上，采取“提出问题—设计方案—采取行动—反思评价—优化方案（一教多研）—成果表述”的形式，首先由上课教师介绍公开课的课前准备、教学设计、课堂感觉、课后反思，其次由部分上课学员分享学习感受、提出意见和建议，最后由听课教师从讲课教师的基本功、知识引入、新知与能力的生成、多边教学效果等方面进行归纳与总结。讲课教师在授课、反思、研讨的基础上，写出教学研究案例，同时参评教师写出观摩与研讨感受，并相互交流，提高课堂教学和教研水平。

四是发挥“团队 +”作用，放大互助效能。教师以学科组和学习型小组为载体，结合所教授专业、学科，各自“结伴互助”。通过对话、互助、合作等方式，做到课前互助研讨、课中分析研讨、课后比较研讨，彼此分享经验、互促互进，在交流合作中发展自我，在资源共享中体验快乐。特别是分校教师与校本部教师“结伴互助”的教研活动，提高了分校教师的积极性和教研质量。

五是创新聊天话题，将闲聊变成“研聊”。利用课余时间，教师之间主动就某个教学问题或教育现象表达自己的观点并进行评论，引发其他教师共同参与讨论，从中获取有价值的教育教学做法或经验，透过“小”现象，研究“真”问题。郯城县老年大学聘用教师年龄较大，在编教师则以年轻教师居多，创新“研聊式”的教研方式，以老带新“传帮带”，以新促老共成长，增强了校本教研活力。

六是教研主题鲜明，活动过程扎实。每次校本教研活动的开展，都是按教研计划中

安排的活动主题组织实施的，在活动开展的主题设计、实施人员、流程安排等方面，避免了杂乱、盲目，使教研过程与步骤的“准备、实施、结题”三个阶段得以全面落实。

（三）发挥保障作用，精准服务校本教研

一是组织保障。注重思想引领，加强组织领导，把教师的校本教研工作凝聚到学校发展的主线上来。二是学习保障。学校保证在校本教研设施设备、教学资料等方面的经费投入，为教师校本教研提供学习、实践的教学资源。三是培训保障。开展多种形式的交流学习活动，增加教师参加县内外研究学习机会，提高教师校本教研的理论水平和实践质量。

三、郯城县老年大学校本教研上有待提高的方面

从郯城县老年大学的教学实践上看，校本教研实施过程中仍存在不同程度的问题。主要表现在以下几个方面：

（一）缺乏必要的理论学习和专业引领

对前沿性老年大学教育教学理论的学习和应用不够。学校、教师层面对校本教研的内容关注点相对集中在提高教研能力、教育教学的实践能力等方面，表现在专题讲座、公开课研讨、集体备课等形式上。聘请校外优秀教师做指导，或聘请省、市级老年大学教研专家来校做理论指导和学术支持的次数较少，与外界交流不多，整体教研水平层次不高。

（二）校本教研成果并未上升到理论层次，推广意识薄弱

学校校本教研实施效果好、有特色，形成了本校的研修风格，取得了一定的研究成果，但是没有很好地对教研成果进行总结评估，仅限于总结经验和教研心得，教研成果大多没有上升到理论层次，没有进一步推广，没有形成教研成果的辐射效应。

（三）工学矛盾突出，培训时间难以保证

无论是校本部还是分校，由于在编教师数量少（分校没有编制内教师）、工作量大、教学任务繁重，不得不聘用大量的代课教师，聘用的教师大多数是县内其他行业的在岗工作人员，因此，学校无论是举办教研活动，还是组织集中学习、培训，聘用教师的参加时间都难以保证，工学矛盾非常突出。

四、县级老年大学开展校本教研的基本思路

鉴于郯城县老年大学开展校本教研活动的做法和存在的不足，笔者结合自己的管理与教学工作实践，认为县级老年大学开展校本教研工作的基本思路有以下几点。

（一）抓学习，武装思想，提高素质

古人说：“大学之道，在明明德。”思想是行动的先导，理论是实践的指南。习近

平新时代中国特色社会主义思想是对马克思主义的继承和发展，是老年大学办学的指南。上到校级管理者，下到教师，要积极学习习近平新时代中国特色社会主义思想，努力研究老年大学前沿性的教育教学理论，提高认识，为参与校本教研做好理论储备，使校本教研具有时代特色性、务实求真性和开拓前瞻性。

学校要创造“物格而后知至，知至而后意诚，意诚而后心正，心正而后身修”的学习氛围，从提升教师个体素质入手，采取集中培训与个人自学相结合的方式，增强教师专业本领、充实教师能力结构、增强教师专业意识，提高校本教研的技能和水平。

（二）抓制度，规范管理，促进落实

明确各项管理制度，是校本教研开展、实施、监测、落实的保证。从外驱力上讲，学校需要建立起引领教师专业发展的教研管理机制、奖惩机制、评价机制、监督机制，为校本教研提供组织保障和制度保障。从内驱力上讲，学校要激发教师的内在需求，鼓励教师在校本教研中进行交流、分享，体验教研成果带来的满足感、价值感、成就感，让其建立自我成长的内在激发机制。这些机制的实施和成果的取得，有赖于老年大学校本教研管理系列制度的建设、规范与落实。

校本教研管理系列制度规范了校本教研活动的领导、组织、协调、监督等过程，在保证校本教研内容的确定和活动时间、场地、人员的落实方面起着关键作用，特别是把校本教研的量化评估结果与教师的评优、评先以及晋升挂钩，促使教师积极主动地参与校本教研活动，提高教研水平。

（三）抓重点，注重环节，优化细节

校本教研要以本校编写的教学大纲为依据，抓住“亟待解决的教育教学问题和教师在教育教学中的困惑问题”这个重点，以制度为依托、以活动为载体，注重环节质量，将着眼点放在理论与实践的结合上、切入点放在教师教学方式的转变上、生长点放在促进教师自我提升上、结题点放在问题的解决上、思考点放在校本教研的深化上，努力提高校本教研水平。

每一个主题的校本教研活动，都有一套“开题—研究过程—结题”的全流程。

1. 开题阶段。这一阶段即教研准备阶段，一是要确立教研主题，制订教研计划；二是要组织理论学习，鼓励教师进行课堂实践探索。

2. 研究过程阶段。一是课例展示过程。教师针对教研主题进行课例展示研究，相关人员进行课堂观察。二是互助研究过程。以课例为载体、以研究为主线，展示讲课教师实践、反思的过程。发挥教师“结伴互助”的团队作用，以“专家讲评”为引领，对课例进行研讨分析，激荡智慧火花，点评课例的成功与不足，并提出改进措施或方法。特别是有分校的老年大学，在校本教研工作中，要对校本部教师与分校教师“结伴互助”搞教研“高看一眼，厚爱一层”。

3. 结题阶段。这一阶段主要是盘点总结，交流提高，并最终形成辐射效应。一是学校对校本教研成果及时总结，从学校、学科、教师三个层面总结典型经验，形成具有本校特色、本校教研风格的研究成果，尤其是要在总结经验的基础上提炼出理论成果。二是教研科室对校本教研进行“一阶段一总结”，及时找出本阶段存在的问题，修正下一阶段的研究方案。三是讲课教师在授课、反思、研讨的基础上，写出教学研究案例感悟，同时参评教师也要写出观摩与研讨感受。学校要整合这些教研成果材料，并在相关的研讨会上进行交流或推广。

（四）抓机制，凝心聚力，服务到位

校本教研工作需要学校的大力支持和协调，校本教研活动能否顺利开展、能否成功实施、能否取得成果，学校的教研机制起着非常重要的作用。

一是建立组织保障机制。学校必须对校本教研工作的开展做好精心策划和组织，做到任务明确、责任到人。比如，建立组织领导、计划制订、协同行动、时间统筹等相关规章制度。

二是建立资源保障机制。包括学校的人力资源、信息资源、物力资源和奖励措施等方面。如针对学校聘任教师占绝大多数，且他们不能在学校“坐班”办公的特点，加强“互联网 +”建设，这在学校布置工作，校本部与分校互动，教师网上办公、学习或培训等方面发挥着重要作用。

三是建立时间保障机制。学校要在校本教研参与人员进行工作研讨、经验交流、学习培训等活动时提供保障，要巧妙化解工学矛盾，尽可能地保证他们的时间投入，提高他们的工作能力和理论水平。

以上是笔者对县级老年大学开展校本教研工作进行的肤浅探讨，其可行性有待专家、领导的指正。

（邵帅：临沂市郯城县老年大学教师）

乡镇社区及农村老年教育发展状况问题研究

——以邹平市码头镇为例

◎ 成鑫凯

摘要：乡镇社区及农村老年教育事业是构筑终身学习体系的重要组成部分，对建设学习型社会、社会主义和谐社会具有重大意义。如何发展乡镇社区及农村老年教育事业，是新时代老年教育工作亟须研究和探索的一个重要课题。本文以邹平市码头镇社区及农村老年教育发展状况为例，做了一些粗浅的探讨与分析。

关键词：老年教育　社区农村　老年人口　问题研究

一、绪论

（一）选题背景及意义

乡镇社区及农村老年教育事业是构筑终身学习体系的重要组成部分，对建设学习型社会、社会主义和谐社会具有重大意义。在当前老龄化的大背景下，对邹平市码头镇社区及农村老年教育发展现状、问题进行调查分析，既可以丰富国内乡镇社区及农村老年教育发展状况的研究资料，为其他研究者提供借鉴，又可以发现邹平市乡镇社区及农村老年教育所面临的现实困难和问题，并以此提出意见建议和解决方案，促进邹平市老年教育发展。

（二）国内外研究综述

1. 国内研究综述。我国人口老龄化程度较高，截至 2021 年 5 月，我国 60 岁及以上的老年人口已经达到 2.64 亿，占总人口的 18.70%。发展社区及农村老年教育，是积极应对人口老龄化、实现教育现代化、建设学习型社会的重要举措，也是满足老年人多样化学习需求、提升老年人生活品质、促进社会和谐的必然要求。随着空巢老人、高龄老人的增多，传统家庭养老模式已经无法适应时代的需求，无法满足当代老年人的养老与教育需求。对此，应立足于社区及农村开展老年教育，通过社区及农村教育活动，为老年人提供文化熏陶、精神慰藉以及健康教育指导，最大程度上惠及老年人群。这既是对终身教育理论和学习型社会建设的有效实践，也是解决老龄化问题的有效举措，具有一定的理论和现实意义。

2. 国外研究综述。英国老年教育机构中的一大类是由英国政府和公立机关共同支持的具有地方性质的机构，最典型的就是第三年龄大学。从教学形式来看，第三年龄大学多采用小组学习方式，只要学习人数达到一定数量，就开设相关课程，既有学术性的，也有娱乐性的，同时，上课地点比较自由，并不局限于学校或机构内。

美国老年教育虽然局限于传统的课堂教学，但采用了灵活多样的教育形式，既有高等教育机构采取的正规教育形式，又有社区学院等方便灵活的非正规教育形式，还有各种民间教育机构的非正式教育形式，如老年补习班、退休人员大学、老年人俱乐部、老年人文化中心等。

（三）论文的切入点及研究方法

1. 本文的切入点。随着人口老龄化程度的不断加剧，中老年人将成为一个愈发庞大的群体。有些地区的社区及农村老年教育发展不完善，导致很多中老年人无所事事，长此以往，不利于其身心健康发展。发展好乡镇社区及农村老年教育，将在很大程度上解决上述问题，让更多的中老年人老有所学、老有所乐。本文以邹平市码头镇为例，探讨乡镇社区及农村老年教育所面临的诸多问题，提出解决方法。

2. 本文研究方法。① 个案访谈法。就邹平市码头镇社区及农村老年教育情况，与乡镇领导进行个案访谈。首先了解码头镇社区及农村老年教育状况，并向乡镇领导询问老年教育方面还有哪些问题没有解决。然后与乡镇领导进行访谈，了解码头镇社区及农村老年教育的发展情况是否得到老年群体的满意，另外了解镇政府在老年教育方面都做了哪些工作。② 深度走访法。深入邹平市码头镇各社区和农村，首先观察社区及农村老年群体的娱乐活动方式，了解老年人是否进行了有组织的书法、声乐等活动，活动水平是否专业、是否有专门的教师带领学习。然后与老年人面对面交流当地老年教育发展状况，倾听老年人的心声，了解他们的实际难处。最后通过与村干部的交流，了解为解决当地老年教育状况所采取的各项措施，以获得宝贵的研究资料。③ 问卷调查法。通过向邹平市码头镇社区及农村老年人发放调查问卷，了解当地老年教育发展所面临的问题，并且通过分析问题找出解决问题的办法。

二、邹平市码头镇社区及农村老年教育发展现状调查分析

（一）发展现状

通过发放问卷和深度走访，我们了解到现阶段邹平市码头镇老年教育的发展现状。

1. 老年群体对社区及农村老年教育的认识有偏差，参与度和积极性不高，认为老年教育可有可无的人不在少数。

2. 老年教育尚未得到当地党委、政府的足够重视，相比于精准扶贫、美丽乡村建设、民生工程等重要任务来说，老年教育被边缘化，投入的时间和精力少，经费来源没有保障。

3. 管理体制未理顺。现阶段当地社区及农村老年教育管理主体不尽相同，没有得到其他单位的支持，难以实现各种教育资源共享，导致有关工作难以推进。

4. 社区及农村老年教育经费没有被纳入财政预算，经费匮乏。老年学校办学条件有限，大部分是利用老旧办公楼稍加改装后作为教学场所，缺乏应有的办公设备，这严重影响了当地社区及农村老年教育发展。

（二）调查分析

1. 码头镇远离城区，大部分老年人常年下地劳作，没有空余时间接受老年教育。通过向老年群体发放 300 份问卷，发现有 65% 的老年人忙于农事没时间接受老年教育；20% 的老年人对接受老年教育不感兴趣；15% 的老年人由于家庭条件稍好，愿意接受老年教育。

2. 当地老年群体以农民为主，缺乏接受老年教育的意识。同时，老年教育未得到当地政府部门的关注，导致当地老年教育的发展缺乏专门的资金来购买软硬件设施、聘请专业的老师等。通过发放 200 份问卷，调查老年人是否支持政府拿出财政资金来发展社区及农村老年教育，有 60% 的老年人认为这些钱不如用来改进农业设施，发展农业；31% 的老年人认为无所谓，发不发展社区及农村老年教育跟自己无关；有 9% 的老年人认为政府应该拿出财政资金来发展社区及农村老年教育。

三、邹平市码头镇社区及农村老年教育发展所面临的困境

（一）对社区及农村老年教育发展认识不足

首先，邹平市码头镇老年群体自身对社区及农村老年教育的认识不足。长期以来，以居家养老方式为主的老年人对健康生活、服务社会、实现自我价值的认识不够，导致老年人缺乏社会参与力度。其次，当地缺乏对老年教育发展的正确认识。没有认识到老年教育发展对创建学习型社会、建立终身教育发展体系、积极应对人口老龄化等问题的重要意义，从而阻碍了码头镇社区及农村老年教育的发展。

（二）社区及农村老年教育发展内容欠缺

目前，码头镇社区及农村的老年学校开设的课程多以健身休闲类为主，课程种类仅局限于生活实用类，缺乏对老年人心理状态和健康状态的引导。实行老年教育的初衷是为了保持老年人和“准老人”的心理健康，帮助他们更好地适应老年生活。在老年人的社会适应性教育方面，缺少“生死观教育”与退休前教育。就目前而言，码头镇的老年教育对心理健康方面的教育发展关注程度还不够，因此导致不少老年人在初期无法适应学习生活，从而引发一系列生理与心理上的不适，严重者甚至会引发精神方面的疾病。

（三）社区及农村老年教育的师资力量匮乏

发展社区及农村老年教育需要建设一支素质高、专业强、服务好的师资队伍。当前，码头镇社区及农村老年学校基本没有专职教师，而聘任的教师则难免有“过客”心理；从事社区及农村老年教育的教师待遇相对较低，有些甚至是无偿劳动。该地区的老年学校没有固定的教师队伍，多是从社会上临时聘请，一般按课时标准给付报酬。由于待遇

较低，对专业教师的吸引力小，导致当地社区及农村老年学校往往难以找到好教师，教师队伍不稳定，也就无法保障教学质量。

四、关于解决邹平市码头镇社区及农村老年教育发展状况问题的建议

（一）提高对社区及农村老年教育的认识

当地政府应大力宣传社区及农村老年学校的办学宗旨、办学成绩，以取得该地区领导的进一步重视、社会的关注以及老年人的支持，认识到社区及农村老年教育开展的重要性和紧迫性。同时，要依靠社区、农村干部向老年群众进行深入动员、谈心和引导，帮助老年人排除顾虑，激发老年人的求学热情。要使老年人充分认识到，继续受教育是老年人应该享有的权利，是受到法律保护的，同时也是提高老年人整体素质、促进老年人身心健康、实施积极健康老龄化的有效途径。

（二）建立和完善多元的教学内容和灵活的教学方法

从老年人的教育需求出发，设置多样化的课程体系，保障不同年龄、性别的老年人受教育权利。提倡老年人学习文化理论，提高思想和文化涵养，积极实现自身价值，继续为社会的发展做贡献。积极鼓励老年人学习科学知识以提高他们享受现代生活的能力，为创造文明、科学、健康的生活方式提供保障。帮助老年人认识到自身生理、心理的变化，培养老年人健康的心理，引导老年人树立科学的养生观。培养老年人用法律知识维护自身合法权益的意识，提高人际交往能力，协调家庭和社会群体的关系。从社区及农村老年教育发展的特点、规律和本地的实际出发，选择和确定适应老年人文化教育发展需要的多样性、多层次的教学方法。可以采用专题讲座、问题研讨、案例分析、自学辅导、实地考察社会实践等方法来提高老年教育教学质量。要建立一支热爱老年文化教育发展事业的专业的教师队伍，同时，也应充分发挥老年群体自身资源的优势，提倡能者为师、互教互学。

（三）加强社区及农村老年教育队伍建设

要采取“专兼结合、以兼为主”的方式，加快培养一支结构合理、数量充足、素质优良的社区及农村老年教学管理队伍，鼓励和支持教师按有关规定到校外老年教育机构兼职任教或从事志愿服务，逐步吸收优秀年轻人进入社区及农村老年教育行列中。要建立社区及农村老年教育师资库，完善社区及农村老年教育教师岗位培训制度，支持社区及农村老年教育机构教师、技术和管理人员的专业发展，确保专职人员在薪酬福利、业务进修、职务（职称）评聘、绩效考核等方面享有与同类学校工作人员同等的权利和待遇。要支持通过社会购买服务等途径充实乡镇社区及农村老年大学（学校）工作队伍，鼓励专业社工等人员参与老年教育工作。

（成鑫凯：邹平市老干部活动中心、老年大学工作人员）

浅谈县级老年大学规范化建设

◎ 胡淑芳

摘要：2021 年 3 月，为适应老年教育发展新形势和新要求，惠民县老年大学、惠民县老干部活动中心整合组建为惠民县老年大学，挂惠民县老干部活动中心牌子，为中共惠民县委组织部所属的正科级公益一类事业单位，职责、机构、编制等随之发生变化。加快新形势下老年大学规范化建设成了摆在老年教育工作者面前的重要课题。

关键词：老年大学　老年教育　规范化建设

一、县级老年大学规范化建设的认识前提

1978 年，我国的干部离退休制度开始实行，老年大学最初就是为了适应干部离退休制度而诞生的。随着老龄化问题的日益严重，老年大学受到了党委、政府的重视和中老年人的热烈欢迎。如今，老年大学在我国已形成全方位、多层次、多学科、多学制的开放性教育体系，成为构建全民教育、终身教育体系和学习型社会的重要组成部分。老年大学不仅可以丰富老年人的精神文化生活，还能通过老年大学的继续教育有效提高老年人的整体素质。所以老年大学既具有教育属性，又具有老龄特色，因而决定了老年大学办学模式的多样性和管理体制的多元化。由于学员需求的差别、地域文化的差别、办学条件的差别，加上办学体制的不统一，各地老年大学的表现各具特色。惠民县作为山东省财政贫困县，经济基础欠发达，老年大学建设起步较晚，鉴于惠民县老年人的文化养老意愿强烈，2014 年 4 月，惠民县老年大学与社会合作办学，由最初仅开设书法、绘画两个班级到最后办学规模的不断扩大，但与彻底满足全县广大老年人再学习、再教育的需求还有很大差距，建设规范化的老年大学势在必行。

实现县级老年大学规范化，是“老有所教、老有所学、老有所乐、老有所为”得以贯彻落实的有效途径。老年大学作为“老有所学”的主要载体，与“老有所教”“老有所乐”“老有所为”相辅相成，共同促进老年人的身心得到全面发展，要使老年大学全面发挥作用，就必须坚持正规化办学、科学化办学、规范化办学。实践证明，惠民县很多老同志进入老年大学后，结交了许多朋友，淡化了孤独感、寂寞感和失落感，同时经过学习，既增长了知识又陶冶了情操，既促进了身心健康又焕发了青春活力。老年大学不仅是老有所教、老有所学的最好场所，还可以丰富老有所养的内涵、增进“老有所医”

的效果、提高老有所乐的品位、开发老有所为的能力。只有把老年大学办得规范化，才能吸引更多的老年人参加学习，才能不断地提高办学水平和教学质量，使老年人获取更多的知识和技能，产生更大的社会效益。

实现县级老年大学规范化，是老年教育实践的必然结果。山东老年大学作为全国老年大学的先行者，经过近40年的健康发展，成为引导、服务老年人学习新知识、新技能，推进文化传承，促进社会和谐，满足老年人精神需求的新型养老场所。惠民县老年大学顺应老年教育实践理论成果，在省财政扶持资金支持下，于2019年4月建成并投入使用，广大中老年人踊跃报名。随着老年大学办学规模不断扩大，新时代的退休人员知识、文化层次越来越高，对惠民县老年大学建设的要求也越来越高，2022年老年大学在事业单位机构改革试点中重新进行了调整，职责、机构、编制等随之发生变化，惠民县老年大学规范化建设所面临的问题也自然提上了议事日程，成为学校建设的一项主要工作。

二、县级老年大学规范化建设的基本标准

（一）要有规范化的办学理念。老年大学是以老年人为服务对象的，因此其办学宗旨与其他学校有明显的区别。建校之初，惠民县老年大学确定办学理念为“政治立校、质量建校、特色强校、文化兴校”。老年教育阶段是非学历性的，主要以“学养相宜、康乐有为”为目的，它既有社会属性，又有福利属性，主要目的在于培养造就“弘德、尚学、修身、乐为”新时代老人，这也是惠民县老年大学的培养目标。通过学习，进一步发挥老年人的作用，促进其服务自身、服务家庭、服务社会。

（二）要有规范化的规章和管理制度。健全的规章管理制度是老年大学实现正规办学、正规管理的重要保障。健全的规章制度，对学员来说不仅不是一种束缚，反而会激发学员的学习热情，焕发他们的活力，使他们学有所获，精神愉悦。对工作人员来说，要明确岗位职责，时时感受到工作的压力，再变压力为动力，从而促进自身素质的提高。因此，学校要制定各项管理制度，包括对学员的管理、对工作人员的管理、对教师的管理、对教学工作的管理等。制度是关系全局管理的根本所在，只有靠制度规范服务行为、规范工作运行，才能从根本上保障老年大学工作持续、健康、高质量开展。

（三）要有相对稳定规范的教师队伍。教师是老年大学的支柱，是办好老年大学的关键所在。从一定意义上说，没有一支相对稳定的教师队伍，就没有老年大学的快速发展。老年大学的兼职教师队伍很难保证稳定性，因为他们有自己的本职工作，只有在完成其本职工作后，才能到老年大学来任教。这种状况不仅会影响正常的教学，也会为老年大学的长远发展和老年教育的深入开展带来一系列的问题。因此，从长远来说，要建立一支相对稳定的师资队伍，聘用一些政治素质高、业务能力强、认真负责、热心于老年教育事业的专职教师，这样才能促进老年大学的规范化发展。

（四）要有全心全意为老年人服务的管理人员队伍。老年大学的管理队伍，是指行政、教务科研、学员管理、活动开展、后勤保障等方面的管理人员队伍。完善的管理队伍能熟悉掌握老干部有关政策，能够以敬爱致恭的态度对待老同志，能用心、用情、用力地扑下身子投入老年教育工作中。因此，选拔聘用一批热爱老年教育、能开展理论研究、懂教学、会管理的事业人员进入老年教育队伍，是促进老年大学规范化发展的必要条件。

（五）要有健全的领导体制和领导班子。健全的领导体制和领导班子是老年大学事业发展的根本。领导体制主要是指学校的领导模式，目前惠民县老年大学是在党委领导下，隶属于县委组织部（县委老干部局），与老干部活动中心合并的正科级事业单位。领导体制的规范，有利于老年大学的规范化管理和建设。另外，当地党政领导、党政职能部门对老年大学和老年教育的重视程度和支持力度，以及社会各方面对老年大学的关注度和支持度，对于老年大学的规范化建设也至关重要。政府的主导作用是基础条件，没有党委、政府的大力支持，就不可能办好老年大学。健全的领导班子，也是老年大学办学管理和持续发展的核心，是进一步加强规范化建设的关键。老年大学的班子，应是一支开拓创新、贯彻执行老干部工作政策的集体；能团结合作、凝心聚力，能办学、会办学的集体；能民主决策、高效廉洁、按章办事的集体，只有这样才能推动老年大学的全面、协调、可持续的健康发展。

（六）要有完善的办学场地、设施和经费保障。办学场地、设施是老年大学存在和发展的基础，是决定办学条件和质量的主要因素之一。办学场地和设施建设水平往往与当地经济、文化，以及对老年教育工作的重视程度相关，也与办学主体的主观努力相联系。办学场地、设施的配备和维护，都应该适应老年人的特点、满足专业教学需求。老年大学是公益性的事业，经费保障也是老年大学规范化建设的保障，老年教育的公益性质，决定了财政拨款应是老年大学的主要经费来源。所以，老年大学应积极争取当地党委、政府和领导的重视，将老年大学经费开支列入财政预算，使办学经费得到很好的保障。

三、县级老年大学规范化建设的有效路径

做好老年大学工作既是政治任务，又是一项适应老龄化社会的公益事业，要进一步科学发展老年大学，就必须在规范化建设上用心探索、真抓实干。

（一）建立健全系列规章管理制度。要确保老年大学各项工作正常运转，就必须建立健全教务、活动、后勤管理等规章制度，形成良好的工作运行机制。一是健全和完善各项管理制度，如任课教师和工作人员及班委会成员的职责、学员守则、人员聘用制度、教学管理制度是否符合老年大学办学实际的规章制度，通过建立健全这些制度，保

证老年大学的各项工作有章可循，逐步形成科学的管理评价体系，促进老年大学的发展。二是要建立班级管理机制。每个班级都要配备班委会，加强对班级的管理，充分发挥班主任的主观能动性，引导学员自我管理、自我服务、自我学习，激发学员的参与意识，减轻学校教职工少但工作量大的压力，营造良好学风和校风。三是健全和完善激励机制。制定优秀班干部、优秀学员、优秀班级的评选标准和民主评选办法，对在日常学习、班级管理和重大活动中表现突出的学员、班干部、班集体、班主任和教师，予以表扬和奖励。四是健全和完善校委会、教学研讨会制度。学校定期召开校务会和教学研讨会，传达贯彻上级文件精神，研究制定学校教学发展规划，解决教育教学中出现的问题，从而提高老年大学的管理水平，实现对各项工作的规范化、科学化管理。

（二）加强老年大学队伍建设。教师、学员骨干、工作人员这三支队伍是老年大学建设的生力军，充分发挥他们主观能动性，是老年大学健康发展的关键所在。一是要加强教师队伍建设，努力提高教学水平。在老年教育中，教师队伍是办好老年大学的重要支柱，其素质如何，直接影响着老年大学的教学水平和教学质量，直接关系着老年大学的前途和发展，教师不仅要向老年人传授知识、教授技能，更重要的是教会老年人如何实践老年教育的办学理念。在教师队伍建设上，要把教师的政治品格放在首位，广纳高校专业老师和社会名师加入老年大学教师队伍，争取教育部门支持，鼓励在校专业老师加入，要用事业吸引人、用情感关心人、用激励鼓舞人，从而保证教师队伍稳定、资源充足。在教学方法上，要根据老年人的年龄、文化程度、职业、兴趣等个体差异，采取灵活的教学方法，因人而异，分层次施教、按需施教。在教学过程中，要做到宽严结合，既严谨有序、又宽松和谐。老年大学必须把教师队伍建设当作一项战略任务来抓，努力提高教学层次和水平，形成良好的教学氛围。二是加强工作人员队伍建设，进一步提高管理能力和服务水平，为老年大学学员提供优质满意的服务。在工作人员中树立“在管理上体现服务，在服务上促进管理”的理念。在管理上，从工作内容、工作职责和工作人员的岗位职责等方面入手，建立管理办法或措施，工作中要充分体现出“以学员为本”的工作意识和服务理念，让老年大学学员学有所乐、学有所得，努力建设一支懂教育、会管理、能干事、会干事、热心老年教育事业的工作人员队伍。老年大学是文化含量较高的领域，在老年大学学员当中，高素质、高智商、能力强、阅历丰富的人比比皆是，因此，工作人员队伍也应该是高素质、高智商、能力强的一支队伍，这样才能适应工作的需要，为老年大学规范化建设提供智能保证。三是加强学员班委会队伍建设，充分调动学员的积极性，更好地发挥自治能力。学校要充分发挥班委会的管理作用，加强班级的自治，加强学员的自我教育、自我管理、自我服务的能力。班委会是学校得力的参谋和助手，是学员们学习和活动的带头人，是学员与学员、学员与老师之间团结的核心，是连接学校与教师、学员之间的桥梁和纽带，抓好学员班委会队伍建设，学校的各项活动才能有条不紊地开展。

（三）经常性组织开展各类寓教于乐活动。坚持不懈地抓好学员的活动，是不断巩固和发展老年大学的需要，也是检验其是否具有生机和活力的重要标准。在组织老年大学学员开展经常性文体活动的同时，应将活动的管理制度化、规范化。在活动开展上，要坚持日常活动与比赛活动相结合、室内活动与室外活动相结合、分散活动与集中活动相结合、对内研讨活动与对外交流活动相结合；在活动管理上，要坚持“小型多样、自娱自乐、就地就近”的原则；在活动项目上，要做到适合老年人的特点，经常举办文艺演出、诗歌朗诵、书画展览、戏剧演唱、摄影展览、门球比赛等文体系列活动，让丰富多彩的活动吸引老年大学学员“学起来、动起来、乐起来”，丰富他们的晚年生活，把老年大学建设得更巩固、更完善、更具生机和活力。

（四）强化老年大学体制机制和阵地建设。首先，要加强体制机制建设，加强相关部门和单位的联系和协调。健全党委领导、政府统筹，组织部门主管主办，财政、教育、文化、体育、民政、老干（老龄）部门密切配合，相关部门共同参与的老年教育管理体制。其次，老年大学要有固定的教学场所，保证教学工作的正常进行，要坚定不移地始终把加强老年大学工作与老干部工作、老龄工作放在同等重要的地位。要不断加强老年大学的阵地建设，结合自身实际着力改善学习和活动的场所和设施，以适应老年大学学员学习和活动的需求，为广大老年人创造一个温馨和谐的精神家园。

（胡淑芳：滨州市惠民县老年大学校长）

菏泽市发展老年教育的探索与创新

◎ 王常勋

摘要：随着菏泽市老年人口的日益增多，加快发展老年教育成为破解老龄化、畅通社会治理、增进老年人幸福指数的重要渠道。通过明确发展目标、理顺体制机制、扩大老年教育有效供给等方式，扎实推进全市老年教育顺利转型、快速发展，满足广大老年人享有优质、多元的老年教育的需求，为打造美丽菏泽、健康菏泽、幸福菏泽不断探索新路径。

关键词：老年教育　示范引领　规范化

随着老龄化步伐的加快，菏泽市的老年人口日益增多，老年人对老年教育的需求也越发迫切。截至2020年底，菏泽市60岁及以上老年人口约为161万人，市县老年大学10所，乡镇老年学校15所。多年来，各级老年大学坚持以习近平新时代中国特色社会主义思想为指导，认真落实党和国家关于老年教育的系列方针政策，在努力扩大自身办学规模和水平、不断提高辐射带动能力的同时，着眼基层、积极探索、完善机制、上下联动，有效推动了老年教育向基层扩展延伸。

一、明确目标，完善体系

（一）统一认识，科学规划。《老年教育发展规划（2016—2020年）》提出五项量化目标：到2020年，以各种形式经常性参与教育活动的老年人占老年人口总数的20%以上；全国县级以上城市原则上至少应有一所老年大学；50%的乡镇（街道）建有老年学校；30%的行政村（居）建有老年学习点；推出一批创新老年教育办学模式的典型，各省（区、市）选取若干个养老服务机构，开展养教结合试点。为落实老年教育发展规划，菏泽市老年大学广泛开展实地调研、座谈，摸清老年教育发展现状及特点，确立了将市老年大学打造成全省一流、全国示范老年大学的目标定位。同时，研究确定了各阶段工作重点及举措，明确了市及各县区重点打造10所规范化老年大学，由点及面、以强带弱，逐步构建“老年大学＋分校＋教学点”的办学模式，推进城乡老年教育对口支援，鼓励在乡镇（街道）建立分校或办学点，市县老年大学通过向基层选送教师、配送学习资源、提供人员培训等方式，推动基层老年教育快速发展。

（二）健全机制，完善体系。建立健全基层老年大学领导体制，形成齐抓共管合力，促进基层老年教育的健康发展。成立全市推进基层老年教育工作领导小组，由市委常委、组织部部长任组长，分管老干部工作的市委组织部副部长、老干部局局长和市老年大学校长任副组长，市老年大学副校长和各县区老年大学校长为成员。市老年大学校长主动作为，负责老年教育的统筹规划、组织协调和指导工作。各县区积极推进基层学校建设，在乡镇（街道）普遍建立了相关机构，设立了老年学校，由当地主要领导或分管组织老干部工作的领导兼任校长，社区、村老年学校校长由社区、村书记或主任担任，负责基层老年学校教学管理工作的组织实施，形成了由党委、政府主导，各级老干部工作部门主管，市县老年大学主抓，“一级抓一级、层层抓落实”的组织领导体制，有效地促进了基层老年教育工作的稳步发展。

（三）突出重点，规范提升。2022年，为创建全省一流、全国示范的老年大学，市老年大学重点在信息化、规范化和精准化三方面持续用力。一是突出信息化建设。以打造“智慧老年大学”为抓手，引入网上报名系统、智能教学管理系统、档案管理系统等，以信息化建设带动学校规范化发展，让数据多跑腿，让学员少跑路。二是提升规范化水平。以制度化建设为抓手，结合学校实际，起草、修订了包括会议制度、教师选聘制度、学员管理制度在内的20多项规章制度，并向县区和市直有关单位征求意见建议，最终形成《菏泽市老年大学规章制度汇编（试行）》。通过健全规章制度，建立了长效机制，提升了工作效能。三是强化精准化理念。通过发放调查问卷，摸清学员学习需求，坚持按需施教，在教材选定、课程设置、师资配备等方面提高针对性和实效性，尽可能做到精准化，受到广大学员的欢迎。

二、巩固阵地，示范带动

市老年大学是开展文化养老的主阵地、主渠道，通过探讨运用中华优秀传统文化养老，运用地方特色文化办学，对全市各级老年大学特色办学起到了引领带动作用。

（一）探索运用优秀传统文化资源服务文化养老的新路子。为积极响应党中央关于弘扬中华优秀传统文化、践行社会主义核心价值观的号召，菏泽市老年大学开展了优秀传统文化进校园、进课堂活动。一是通过《给全体师生的一封信》，提出学习优秀传统文化、践行社会主义核心价值观的倡议。各班级结合所学专业，引入优秀传统文化学习内容。各类文化活动、艺术创作更多展现优秀传统文化的精神和内涵。弘扬孝道文化、慈善文化、诚信文化，开展节俭养德行动和爱心公益志愿服务活动，弘扬主旋律，传播正能量。二是新设传统文化公开课，邀请驻菏高校教师到市老年大学为学员讲课，围绕学习传统文化、传承家风、弘扬传统美德、践行社会主义核心价值观等方面开展宣传教育活动，并到县区、乡镇各级老年大学举办专题讲座，带动活动向纵深发展。三是建立菏泽市老年大学传统文化微信公众号，全市各级老年大学学员都可加入，目前各级各类老年大学学员已有2000余人参与，增强了广大学员的文化自信心，巩固了意识形态阵地。

（二）注重将地方文化与教学活动相结合。紧紧围绕“一都四乡”的独特优势，依托菏泽市丰厚的历史文化、红色文化、传统文化资源，菏泽市老年大学开设了声乐、器乐、戏曲、舞蹈、书画、摄影等25门专业课程。书画专业方面，着力开发牡丹文化，多名学员在省市活动中获奖；舞蹈专业方面，整理发掘非物质文化遗产，创作反映老年人快乐生活的《乡村舞韵》等节目，在社会上引起广泛好评，并被山东省委老干部局授予“山东省优秀老干部文艺团队”称号；戏曲班发挥戏曲之乡优势，和县区老年大学联合，积极发掘保护四平调、枣梆、两夹弦等各类剧种，运用两夹弦形式演唱的《习主席寄语》深受社会各界欢迎。

（三）整合活动场所，扩大办学规模。市老年大学原有的教学场地严重不足，教学设备也比较简陋，严重影响了基层老年教育工作的开展。市老年大学积极向市委、市政府汇报办学情况，争取各级领导的支持，并于2016年获批建设新的老年大学（老干部活动中心）。目前，建筑面积约1.5万平方米的市老年大学已经完成主体建设，具备交付使用条件。在市老年大学的示范带动下，牡丹区、定陶区、单县、郓城县等区县也开工建设了新的老年大学。为整合利用现有的平台资源，市老年大学提出了场地共享、合作双赢的办学思路，与菏泽职业学院、市图书馆等机构开展合作办学，利用他们的现有场所举办牡丹公益大讲堂，进一步拓展了办学渠道，培育了老年教育特色文化品牌。

（四）整合教师资源，提高办学质量。菏泽市基层老年教育面临优秀教师难找、课程单一、教学质量亟待提高等现实问题。针对这些情况，菏泽市积极应对，一是在全市选派优秀教师深入基层，举办讲座，保障基层老年教育的教学水平。二是积极组织基层教师交流培训，努力提高基层教师的专业水平。三是针对基层老年学校师资短缺的问题，在大力招聘高水平教师的基础上，开办老年教育网站和网上老年大学，形成远程老年教育体系，扩大老年教育的覆盖面。

三、兴办分校，扩展延伸

为进一步提升老年教育覆盖面，利用现有的优质教育资源服务老年教育，各级老年大学重点与驻菏高校、文化体育单位和社区服务中心等机构加大合作力度，适时挂牌建立老年大学分校，努力满足社会对老年教育的多样化需求。按照“打基础、抓提升、扩影响”的思路，对校外分校进一步加强了管理和指导。一是拓展校外分校的办学模式，在文化馆、体育馆、大剧院、美术馆、图书馆等文体单位建分校；同时，培育“第二课堂”“第三课堂”，将老年教育延伸到市区广场、公园、凉亭以及农村树荫下，由老年大学学员示范带动，引领周围老年人积极参与各类文化养老活动。各级老年大学及时组建讲师团，围绕学习传统文化、传承家风、弘扬传统美德、践行社会主义核心价值观等方面开展宣传教育活动，方便更多老年人就地就近学习。二是将分校深入到更广大基层，在乡镇（街道）、村庄（社区）建立分校。利用乡镇、村庄现有的场所设施，组织教师授课、宣讲团宣讲政策形势、文艺骨干表演节目，开展“送教上门”活动。比如，鄄城县在左营镇、彭楼镇、凤凰镇等政府驻地建立了四所老年大学分校，吸引周边退休老教师、老干部及社会老年人纷纷走进老年学校学书法、练唱腔等，为老年人打造了愉悦身心、康乐有为的平台，较好地发挥了老年大学的职能作用。三是在大中专院校建分校。利用驻菏高校教学资源丰富的优势，重点加强工作调度和宏观指导，使老年教育渗透到老教师相对集中的区域。2020 年 12 月，经过实地调研，菏泽市老年大学与菏泽职业学院签订了合作意向书，为老年大学提升师资水平、拓宽办学平台开辟新渠道。四是在敬老院建分校。如，牡丹区老年大学在何楼办事处敬老院开办老年学校，不仅将单一的物质养老变为物质文化双养老，还带动了周边群众的文化活动，实现老年教育向城乡接合部的延伸。目前，全市分校学员人数是本校学员人数的 4 至 5 倍，初步满足了市区及周边老年人就近上学的需求。

四、搭建平台，共同提高

为提高基层老年大学的教学水平，促进基层老年教育事业健康发展，菏泽市老年大学积极举办各类文体活动，搭建平台，积极组织各县区、乡镇老年大学的学员参加活动，把基层学员请上来，共同活动、同台演出、直接交流。

一是综合型文体活动展示成果。举办“菏泽市老年文化艺术节”，发动了 5000 多名老年大学学员参加老年文艺表演、健身操专场展示和集邮、书画、摄影、手工、诗词等展览活动，全市 9 所县区老年大学、45 所基层老年学校共同参与。二是专项文体活动提升老有所学获得感。举办“菏泽市首届中老年广场舞大赛”“菏泽好声音”“菏泽市中老年歌唱大赛”“菏泽市网络春晚”“金域湾杯”菏泽首届团体舞争霸赛，以及全市老年人公益健身系列活动，40 多所老年大学的 3000 多名老年学员报名参加了舞蹈、器乐、服饰、戏曲、声乐、体育健身、乒乓球、广场舞等选拔比赛活动。三是老年文化下乡互带互促。举办“迎重阳”“迎中秋”等文化活动，组织城区老年大学学员带着精彩文艺节目、书法绘画作品、老年保健知识等，走进社区、走进乡村，与当地老年大学学员联欢。四是定点文化活动服务社会。在市区天香公园、人民路口公园、大堤剧场，各县区人民广场，村镇活动广场等地开辟“美丽夕阳”文化点，定期举办文艺演出，由各基层老年学校文艺团体轮流为市民表演专场节目，扩大老年教育辐射面，促进老年教育深入基层、快速发展。

五、培育品牌，唱响菏泽

多年来，菏泽市老年教育工作依托资源优势，突出地方特色，着力打造三大活动品牌和四大文化品牌，形成了独具菏泽特色的文化养老品牌。

（一）培育三大活动品牌。在市县老年大学学员的带动下，全市共成立各类老年人协会120余个，推广开展的主要活动项目30余个，每年举办各类老年大型活动300余场次、吸引参与者6万余人次，其中门球、太极拳、台球等项目成为全国知名活动品牌。市老年门球协会多次成功举办全国门球公开赛和苏鲁豫皖四省联赛，并多次获得冠军。东明县依托老年体协积极开展村级门球培训推广工作，成为全国知名的“门球之乡”。市老年太极拳协会在全市开展太极拳公益教学活动，站点覆盖到村级，在全国比赛中，协会成员多次获得金奖。市及市直老年台球协会承办了“牡丹杯”全国老年台球比赛。

（二）擦亮四大文化品牌。一是牡丹文化品牌。市老年旗袍协会以老年大学为阵地，把牡丹文化引入旗袍表演，成为菏泽老年文化活动的一道亮丽风景线，央视第七频道曾到菏泽市老年大学录制牡丹旗袍文化纪录片。二是非遗文化品牌。各类协会将多种传统文化融入非遗文化，既完成了对传统文化的传承和保护，又赋予了传统文化新的时代内涵和生命力。市老年大学舞蹈班以非遗“花伞”和“鲁锦”为背景，编排了《鲁锦阿婆》《古韵花香》等节目；鄄城县老年大学艺术团对国家级非遗项目——商羊舞进行编排，该作品在全省老干部艺术节中获奖；市老年戏曲音乐协会对八大地方剧种进行传承和保护。三是历史文化品牌。立足弘扬优秀传统文化，依托菏泽历史文化，一批老干部历史文化专业协会相继成立。市伏羲尧舜文化促进会围绕习近平总书记指出的“伏羲之桑梓、尧舜之故里”开展研究，先后在大众日报、菏泽日报整版刊发《尧陵在鄄城谷林》等文章，宣传了菏泽祖源文化。市中华文化促进会、市历史文化与中华古代文明协会整理编辑了《菏泽历史文化丛书》等书。四是红色文化品牌。市革命老区建设促进会参与和组织编纂了《冀鲁豫边区干部南下文集》《菏泽文化通史》等书。

（王常勋：菏泽市老年大学教学研究科副科长，副教授）

县域老年教育现代化的探索与思考

◎ 马崇岩

摘要：县域老年教育现代化是指具备科学规范的老年教育体系、老年教育治理体系并实现治理能力现代化。满足城乡老年人的终身学习需求是老年教育现代化的重要目标。县域老年教育应在2030年基本实现现代化，2035年总体上实现老年教育现代化。应采取制定规划、分类推进，健全机制、规范运作，细化目标、分步实施，开拓创新、多元发展，城乡统筹、一体发展等措施，推进县域老年教育现代化。

关键词：县域　老年教育　现代化　探索

《中国教育现代化2035》的总体目标是：到2035年，总体实现教育现代化，迈入教育强国行列。老年教育作为全国教育的组成部分，也应在2035年基本实现现代化。老年教育现代化的重点难点在基层、在县域，因此，推进县域老年教育现代化是实现全国老年教育现代化必须面对、必须解决的问题。县域老年教育现代化的内涵和基本特征是什么？它应有怎样的老年教育体系？县域老年教育现代化的总体目标是什么？应采取什么样的实施路径？针对以上问题，本文进行了分析和探讨。

一、老年教育现代化的内涵和基本特征

（一）县域老年教育现代化的内涵

1. 科学规范的老年教育体系是老年教育现代化的应有之义。其内容包括发达的老年大学教育、社区老年教育、远程老年教育。县城老年教育应推广先进的教育和学习方式，充分发挥网络教育和人工智能的优势，创新教育和学习方式，创办面向每个老年人、适合每个老年人的老年教育，建设与全国教育现代化相适应、与国家两个百年奋斗目标相适应的老年教育。

2. 老年教育治理体系、治理能力现代化是老年教育现代化的重要体现。促进老年教育从依靠人来管理向制度管理转变，促进老年教育治理能力更加高效公平，更加科学化、民主化、制度化。落实县乡村各级各类老年教育管理组织的职责权限、运行规范和活动准则，提升老年教育的综合保障能力，建立起政府主导、各界参与、公办民办并举的管理体系，形成全社会参与的老年教育管理新局面。

3. 满足城乡老年人终身学习需求是老年教育现代化的重要目标。老年教育现代化

要充分体现教育公平。老年教育现代化要覆盖城乡、布局合理、发展充分，实现城乡之间、地域之间的发展平衡。老年教育现代化要以老年人为本，因人施教，满足不同老年人群体和个体的需求。老年教育现代化要体现普惠的基本方向，通过法律保障等手段，实现老有所学、老有所乐，满足老年人的精神文化需求。老年教育现代化要推动养老方式的现代化，通过加强养老方式和老年教育现代化融合发展，满足广大老年人文化养老的需求。

（二）县域老年教育现代化的基本特征

民族性。我国是具有5000年历史的文明古国，老年教育必须扎根在中华民族传统文化的土壤上，使它具有中华民族的文化基因。因此，中国老年教育的现代化必须与中国传统文化相结合，与中国的理论、道路、制度相适应，具有民族性特征。

时代性。党的十九大把习近平新时代中国特色社会主义思想确立为我们党必须长期坚持的指导思想并写入党章。这为各级老年大学的发展注入了崭新的内涵、提出了崭新的要求、开阔了崭新的视野，夯实了思想基础。在老年教育成为各国应对老龄化对策的时代背景下，各级老年大学应明确历史使命和责任担当，以习近平新时代中国特色社会主义思想为指导，把老年教育工作更好地融入时代潮流、体现时代精神、彰显时代要求，在推动中华民族伟大复兴中国梦的实践中推进老年教育现代化。

人本性。以人为本，促进人的全面发展，是科学发展观的本质和核心。一方面，老年人的身体机能退化、思维弱化；另一方面，老年人的社会参与淡化、知识技能老化，因此人生老龄阶段全面发展的任务更重。老年人全面发展的主要途径是参与学习、更新知识，愉悦身心、健康体魄，融入社会、安享乐为。老年教育在促进人的全面发展方面具有不可替代的地位和作用。同时，老年人的全面发展又对老年教育提出了新的要求。新时代的老年教育必须与人的全面发展要求相适应：在教师与学员的关系上，要把学员放在中心地位，促进学员的全面发展；在教与学的关系上，要以学为主，把教作为手段、学作为目的，激发学员的学习积极性；尊重教育规律，尊重学员的个性和人格，实施个性化、人性化、多样化的教育；在课程内容设置上，从需求性配置变为规范性导入，重点进行退休教育、健康教育、休闲教育、知识技能教育，生死观教育等。

开放性。随着全球老龄化程度的加剧，发展老年教育事业、实施文化养老，成为各国应对老龄化的重要战略。老年大学作为老年教育的专门机构，要顺应改革开放的时代潮流，主动融入互帮互学、合作共赢的老年教育共同体。通过加强国际交流合作，找出共同的规律。在与国外老年大学的比较中发现自己的办学特色，在学习借鉴国外老年大学的办学经验、成功案例和研究成果中开拓视野，形成有特色的中国老年教育模式。

二、县域老年教育现代化的主要指标体系及标准

项目	子项目	县域老年教育现代化主要标准
县域老年教育理念现代化	政治立校	建立学员思想政治建设所需设施、场所、师资、课程，健全学员党员的基层组织、完善组织活动制度，定期开展主题教育活动，把思想政治工作纳入教学、服务、管理的全过程。
	崇尚学习	活到老、学到老，构建学习型社会和终身教育体系。
	以人为本	推进学员文明程度提升、知识技能完善、行为理性增长、精神心灵净化，促进学员自由全面发展，办有中国特色、人民满意的老年教育。
	康乐有为	为乐而学、学中求乐、学教同乐、健康快乐，学员融入社会、服务社会，参与社会发展，受到社会保护。
	“积极老龄化”理念	具有“积极老龄化”的理念，使老年教育与人口老龄化的形势相适应，与老年群体日益增长的需求相适应。
	公平理念	具有教育公平、老年教育现代化的基础和重点在乡村社区的理念。
	开放办学理念	在老年教育办学主体上，实现资源、供给主体的多元化；在办学布局上，实现老年教育乡村化；在教学手段上，传统教育手段与现代化教育手段相融合；在国际交流中，既借鉴国外经验，又体现中国特色。
	创新理念	实现教育模式、教学内容、教育形式、教育管理、教育成效标准上的改革创新：实现由封闭型向开放型的转变，由休闲型向发展型的转变，由单一型向多元型的转变，由“师生”型向“亲情”型的转变，由低层次向高层次的转变。
	可持续发展理念	外延式发展和内涵式发展协调统一，互相促进。
县域老年教育规模指标体系	镇、街道、村、社区办学率	镇、街道100%办老年学校，行政村、社区60%办老年教育教学点或远程老年教育收视点。
	老年人参与老年教育的参与率	60岁以上老年人以不同方式参与老年教育的比例达到40%。
	分类设置课程	建立县域课程中心，编写教学大纲和教材。
	教学组织和教学方式多样化	通过班级常规教学、定期讲座、远程教学等多种形式，实现教学组织和教学形式多样化，建立学习团队、游学团队、创作社团等组织。
	教学层次化	设立初、中、高三类班级，实行层次化教学，根据老年人的个性特点设置课程标准、教学任务、教学要求。
	课堂教学评价	语言具有规范性、内容具有针对性、方法具有艺术性、工具具有现代性、效果具有可比性，各类内容占比可量化。
	服务社会	县域内大型老年活动经常化、制度化；建立老年志愿者队伍，开展社区管理和关心下一代工作；组建书法社团、舞蹈队、合唱团等艺术团体，开展社区服务活动。

续表

项目	子项目	县域老年教育现代化主要标准
县域老年教育规模指标体系	建立县、镇（街道）、村（社区）三级老年教育管理组织	建立县、镇（街道）“老年教育领导小组”，明确村（社区）老年教育管理人员，形成党委和政府主导、组织部门管理指导、相关部门参与，上下联动，规范有序、务实高效的管理体制。
	制定县域老年教育发展规划	有专门机构制定发展规划，指导监督推动老年教育健康发展。
	建立财政支持机制	保障老年教育场所和基础设施建设，镇（街道）必办一所老年学校，村（社区）达到60%以上建校。老年教育经费按县域老年人口总数人均30—50元拨付。
	建立实施老年教育公平的服务保障机制	县老年大学建立师资培训中心、教学研究中心、老年文化展演中心、老年志愿者活动中心，引领镇（街道）、村（社区）老年教育健康发展。
	打造信息化管理系统	建设切实可行的老年远程教育网络。建设“互联网+老年教育”平台，实现办学目标、课程设置、招生报名、学籍管理、教学过程、考核评价的数字化管理，增强老年教育管理的科学、高效、规范化。
	形成高质量的教师队伍	通过定编制、外聘等方式，采取现代教育管理方法，建设一支政治强、业务精、作风硬、结构优的老年教育教师队伍。

三、县域老年教育现代化的预期目标和路径分析

（一）县域老年教育现代化的总体目标

1. 基本实现阶段（2021—2030年）。建成主体多元、资源共享、灵活开放、规范有序的，覆盖城乡社区的，有特色的老年大学办学网络。实现老年教育质量优质、教育生态和谐、教育结构科学、教学管理先进、教育评价积极、教育设施完善、教师队伍合理的目标任务，让不同年龄层次、文化程度、收入水平、健康状况的老年人均有接受教育的机会，老年教育现代化达到与当地经济社会现代化、教育现代化相匹配、相适应的水平。

2. 总体实现阶段（2031—2035年）。老年教育质量公平优质，教育管理智能高效，教育设施配套完善，教育理念开放先进，教育评价科学规范，教育方式与养老方式深度融合，满足全县老年人全方位、多层次、广领域的精神文化需求，建成服务老年人终身学习的现代化老年教育体系，实现老年教育现代化的目标。

（二）县域老年教育现代化建设的路径分析

1. 总体规划，同步推进。县委、县政府制定了老年教育现代化的发展规划，分别从生态系统、老年教育系统、高质量老年学校三个方面推进全县老年教育现代化进程。一是以培养“三有”老年人为目标，构建老年学校、老年教育系统、其他社会部门分工明确、协调一致的老年教育现代化生态系统，推动学习型社会建设。二是建立结构完善、联系顺畅的立体式老年教育系统，推进老年教育公平、全面发展。完善县、乡、村三级老年

教育体系，补齐乡、村两级老年教育短板，确保不同类型、不同层次、不同镇街的老年教育学校联系顺畅，形成立体式老年教育系统。三是建设高质量老年学校，让各级各类老年学校成为老年人向往的地方。

2. 健全机制，规范运作。建立健全六大机制，规范各级各类组织的责任和权利，推动全县老年教育现代化规范、有序发展。一是建立健全老年教育领导管理体制，形成上下联动、左右协调的工作合力。二是完善老年教育现代化人才培养机制，提升老年教育治理现代化水平。三是建立老年教育经费与社会经济发展同步增长机制，为老年教育现代化提供物质保障。四是建立老年教育合作机制，主动融入交流互学、合作共赢的老年教育共同体。五是建立科学有效的评价与检测机制，促进老年教育规范化建设。六是建立信息技术与老年教育教学深度融合机制，用信息化带动老年教育现代化。

3. 细化目标，分步实施。县、乡各级老年教育工作领导小组，精准制定工作目标，细化分解工作任务，稳扎稳打，逐步完成老年教育现代化的任务目标。不同阶段、不同层次的老年教育制度、教育内容、教育手段、教育目标、教育方法、教育评价等工作任务，要精准到县、精准到乡、精准到村、精准到校、精准到人、精准到事。确保部署到位、责任到位、人员到位、物资保障到位、督促检查到位，把老年教育现代化的目标任务落实落细、做实做好。

4. 开拓创新，多元发展。牢固树立大教育发展的理念，利用资源共享的方式和多主体办学的模式，推进老年教育现代化。一是利用现有政策条件，鼓励政府机构和有关部门参与老年教育，实现优势互补、资源共享。二是发挥市场作用，扩大老年教育的有效供给。充分发挥市场在资源配置中的基础作用，探索老年教育资源供给主体多元化，支持社会力量办学，鼓励社会力量创办更多、更优质的老年教育学校。三是适应社会发展趋势，鼓励社会组织打破边界，为老年教育提供社会化服务。通过出台优惠政策，进一步制定标准、规范制度，鼓励各类教育机构和市场主体开办形式多样的老年教育，开发老年教育课件，满足老年人需求。

5. 城乡统筹，一体发展。老年教育现代化既要统筹兼顾，又要突破难点。应采取特殊政策，对欠发达地区和广大农村在资金投入、基础设施建设、人才培养等方面大力倾斜，把农村老年教育纳入乡村振兴规划，解决农村老年教育现代化建设的实际困难和问题，推进全县老年教育现代化的一体化发展。

（马崇岩：菏泽市成武县老年大学校长，副高级讲师）

聚焦基层实际需要　解决老年教育短板

◎ 许丽

摘要：随着人口老龄化程度的加剧，建设学习型社会，不断提升老年人的整体素质和社会参与度，是老年教育义不容辞的责任。本文从基层角度分析了现阶段老年教育在教育理念、场地、课程设置、师资力量等方面存在的问题，并提出了解决办法，为推动老年教育的良性发展提供了一定参考。

关键词：基层　需要　老年教育　短板

根据2021年5月国家统计局发布的第七次全国人口普查数据显示，我国已步入老龄化社会，60岁及以上的老年人占总人口的18.70%，而且这个比例未来十年还会不断上升，预计到2025年将超过20%，距离进入深度老龄化社会越来越近。老年人如何适应未来的生活，如何获得满足感和幸福感，如何体现自己的价值，是摆在所有老年教育工作者面前的重要课题。

一、老年教育的目的和意义

老年教育是全面教育和终身学习的一部分，但它不同于一般普通教育和职业培训，不是为了选拔人才或解决就业问题，而是针对老年人的心理和生理特点所开设的一种特殊教育，主要目的是使老年人增长知识、愉悦身心、拓宽眼界。尤其是对一些高龄老人来说，他们更多是为了健康、娱乐和交流。

老年教育可以帮助老年人更好地获取知识、融入社会，可以丰富老年人的闲暇生活，使他们的生活更加充实，有利于帮助老年人更好地提高自身修养，获得高质量的晚年生活，有助于促进社会的和谐和稳定。

二、基层老年教育存在的问题

随着人口老龄化程度的加剧，老年人对老年教育的多样性和个性化需求不断提高，而现阶段老年教育的办学理念、教育模式、教学内容已远远满足不了老年人的需求，怎样才能促进老年教育的发展，更好满足老年人的需要，是亟待解决的问题。

缺乏系统的教育理念，制约了老年教育的长远发展。现在独立的老年大学都有专职管理人员，各项规章制度比较完善，管理更加正规，但对一些分校来说，管理人员大多是兼职，他们放在老年教育工作上的时间和精力有限，管理能力也有限，部分管理人员对现阶段老年教育的目的、意义，以及社会发展对老年教育的要求缺乏足够的认识，这些问题都制约着老年教育的发展。

教学内容单一，不能满足老年人多样化的需求。老年教育应该是一个涉及社会、生活、医学、教育等多方面的综合性教学活动，但就目前的情况来看，老年大学的课程涵盖面较窄，多数课程集中在兴趣爱好、健康养生等方面。但随着社会的飞速发展，老年人已不仅仅满足于这些方面的学习，他们在社会认同、生活质量、生命关怀等方面有更高的要求，而现有的教学内容已远远无法满足。

教学场地有限，限制了老年教育的辐射面。目前，各地老年大学的分布既不密集也不均衡，尤其是一些偏远地区或是老旧小区，受地理位置和设计规划的限制，没有老年大学或距老年大学较远。老年人上课通常需要乘坐公交车，这对年龄偏大、身体不好的老人来说，无疑是一种负担。而且受场地限制，学校的招生人数有限，有的课程对报名学员的健康状况也有要求，这就大大缩小了老年教育的覆盖面。老年群体的人数和受教育需求存在较大矛盾，供需关系不平衡。

师资力量有限，缺乏充足、稳定的教师资源。目前，老年大学的师资力量主要依靠外聘兼职教师，因此很多教师不能长期执教且流动性较大，教学质量不稳定，严重影响了教学效果。还有的老年大学因为师资力量的缺失，课程排不满、场地利用率不高，造成部分教室闲置。由此可见，建设一支数量充足、素质优良、结构合理的教师队伍是老年教育工作的重中之重。

教学模式单一，覆盖面窄，老年人参与度不高。老年大学的教学模式主要有两种：一种是线下授课，一种是线上授课。但通过老年人的实际反映和报名情况来看，线下授课多数人上不了、线上授课多数人学不会，这两种模式对高龄老年人均不友好，缺乏灵活性。另外，老年大学组织的活动也多为文体活动，这些活动对老年人的年龄、健康都有较高的要求，并且不适合无特长的老人和高龄老人参加，导致很多老年人被排除在外，活动参与率较低。

老年人自身年龄、身体状况和文化素养的差异，给老年教育带来了一定难度。目前，基层能够接受教育的老年群体主要是 70 岁以下、文化程度较高、身体状况较好的低龄老年人，而高龄老年人尤其是文化程度较低的高龄老年人，由于年龄、身体状况的影响，无法参与其中，使得老年教育无法普及。以东营市新和社区运发小区为例，小区建于 20 世纪 90 年代，目前运发老年站共有老年人 929 人，其中 70 岁以上的占比 63.7%，中小学及以下文凭的占比 53.8%，中小学及以下文凭的老年人在 70 岁以上老年人中占比高达 72.8%，其中相当一部分老年人只是年轻时参加过扫盲班，基本处在文盲和半文盲状态。这部分老年人或因为健康状况不佳无法参与，或因为接受能力太差跟不上教学进度，或因为没有适合自己的课程而不得不与老年教育擦肩而过，即便是受限较小的线上课程，大多数人也因为没有手机或者不会操作而放弃。

三、立足老年人实际需求，解决制约基层老年教育的发展短板

老年教育是一项长期工作，不能一蹴而就，需要在管理和教学等多方面下功夫。

提高工作人员对老年教育的认知，树立新时代教育理念。老年教育作为素质提升、终身学习的重要一环，还远远未达到构建学习型社会的要求。老年大学要加强对工作人员的思想教育和专业培训，积极探索新时代办学理念，把眼光从学校转向社会，把只重视单科教育转向提高老年群体的整体素质，从上到下统一认识，形成一套系统的、完整的教育体系，加快学习型社会的建设步伐。

从建设和谐社区的角度出发，设置有针对性的教学课程。老年人闲来无事喜欢在一起聊天，无论是家长里短，还是国内外大事、改革发展形势等，有很多小道消息都是通过这些渠道传播的，极易造成消极影响。学校可以针对老年人的特点，开设形势教育课，以老年人喜欢的方式，讨论他们感兴趣的话题，积极引导他们的思想言论，把握舆论主动性。还有很多老年人出身农村，有着朴素的农民精神，他们大多没有什么特别的爱好和兴趣，就拾起了“老本行”——种菜。在他们的眼里，种菜既能锻炼身体，又充满乐趣，但是现在的小区很难找到空地，他们就到处“开发”，有的甚至还占用了公共绿地，给社区管理带来了困扰。其实，他们中大多数在意的并不是吃菜，而是种菜的过程和收获的喜悦，这是他们获得幸福感的一种方式。像这种情况，学校就可以设置阳台种植课程，请老师教授阳台种菜、种花的技巧，还可以联合社区举办花展、蔬菜展、“最美阳台”评比等活动，既可以满足老年人的需求，又丰富了老年人的业余生活，还有利于和谐社区的建设。

坚持以人为本，充分开展调研活动，按需设置教学课程。没有调研就没有发言权，要想扩大老年教育的覆盖面，就必须了解老年人的兴趣到底是什么。举一个简单的例子，从受教育程度来讲，老年人中男性的文化程度普遍高于女性，但实际情况却是老年大学里的女性比例远高于男性，文体活动中也是如此，这使有些活动会有“男性参与的小组额外加分”的特殊规定，其实深入了解后就会发现，并不是男性不爱参与，而是缺少适合他们的课程和项目。老年大学的课程很多都是与兴趣爱好有关的，例如舞蹈课，男性本来对舞蹈感兴趣的就不多，即便有人想学，一看班里都是女性也十有八九会放弃；手工课大多是剪纸、编织等课程，而实际上男性心目中的手工课可能是木工课。例如在有的娱乐活动中，开场会用到锣鼓，这时候就会发现，男性老年人都会争先恐后地去敲两下，兴高采烈的样子比即将上场的演员们还要兴奋，但是老年大学却少有设置锣鼓课程的。还有刚退休的老年人，其中相当一部分有再就业的愿望，这部分老年人文化程度相对较

高、对新生事物接受能力较强，他们就希望开设一些技能培训课，满足他们再就业的需求。所以，老年大学的课程设置要坚持以人为本的原则，充分考虑老年人的性别、年龄、文化程度、生活环境等各方面的差异，设计贴合老年人需求的教学内容，尽可能地扩大覆盖面，从而提高老年教育的普及率。

盘活场地资源，扩大教学面积。一是盘活现有老年大学的场地，减少教室的空置率，以时间换空间，实现资源最优化。二是与其他社会资源合作。老年教育仅仅依靠老年大学已经不能满足老龄化社会的需求，这时候老年大学就应该主动出击，协调区域内的活动中心、党员服务社、学校等，整合资源，按照实际情况设立教学点，开设分校、长期班或短期班，实现资源共享，推进老年教育进社区、进小区，把老年教育办到家门口，为老年人提供就近、便捷的学习教育服务，打通老年教育的“最后一公里”，不断扩大招生规模和影响力。

教学制度要有充分的灵活性，从而提高教学质量。每个人的年龄、身体状况、文化程度、兴趣特长不同，对同一件事物的学习能力、接受能力也不同，老年人在这方面的差异尤为明显，所以在课程设置上要充分考虑老年人的特点，确保灵活性。例如，手机操作培训课程，有的老年人接受度较高，很快就能掌握，而有的老年人学习能力差、记忆力差，跟不上教学进度。这种情况下，教师就不应该拘泥于课时和教学计划的规定，应根据学员的具体情况及时做出调整，放慢进度、增加课时，或者重新细化分班，务必让教育真正起到作用，不能仅仅为了完成任务而教学。

开阔思路，多渠道、多形式挖掘人才，充实教师队伍。教师是教学活动的核心，是老年大学重要的人才资源，是满足老年大学学员文化需求的根本前提。要多方挖掘人才，充分调动各方面力量，积极引导和支持不同行业、不同领域内的“有才者、有力者、有闲者”加入，建立合作机制，保证充足的教师资源。

一是聘请有一技之长的退休人员丰富教师队伍。例如，退休老师有着丰富的理论知识和教学经验，在政治教育、历史传承、书画声乐、文化素养等方面具有优势，退休医生则可以教授健康养生、医学常识方面的课程，这些都是增强师资力量的首选。

二是建立合作机制，吸纳社会力量的加入。可以和当地学校、医院、公安、消防、企事业单位、党校等建立合作机制，邀请他们来教授短期课程。例如，邀请消防员传授逃生、家庭防火知识，邀请党校教师分析时政、讲述优良传统，邀请律师解答老年人关心的热点问题，邀请民警讲解防诈骗知识等。这样的课程以实用性为主，不需要占用太长时间，对学员的自身素质要求不高，可以覆盖老年人的各个群体，有效扩大老年教育的影响面。

三是在老年大学的优秀毕业生和在校生中选拔教学人才，将人才充实到教师队伍中，尤其像一些初级课程、入门课程等，完全可以采取“以老带新”的模式开展，也可以培训工作人员，在不影响其现有工作的情况下，将人员充实到老年教育的队伍中，这对一些比较偏远、人才较少的教学点来说是一个很好的补充教师资源的渠道。

四是招募志愿者，呼吁更多人加入老年教育队伍。当今社会有很多志愿者组织，其成员来自各行各业，老年大学可以借鉴志愿者组织的模式，建立一支特殊的志愿者队伍。无论是在校大学生还是企业职工，是白领还是厨师，只要有一技之长、热爱老年教育事业的都可以参加，这可以很好地满足老年人多样化、个性化的需求。

创新思路，加强教师队伍建设，稳固人才资源。老年大学要想持续发展，提高办学水平，好的教师是吸引学员的一个重要法宝，只有抓好教师队伍的建设，才能确保老年大学的良性发展。一是以区域为单位，建立教师资源库，将区域内的老年大学教师信息纳入信息库统一管理，在条件允许的情况下，适当调配，让教师流动起来，实现教师资源共享，促进不同社区老年教育的均衡发展。二是老年教育有其特殊性，老年人学得慢、忘得快，不能采用“满堂灌”“填鸭式”的教学方法，所以老年大学只注重教师的专业知识是远远不够的，还要在选人用人上下功夫，可以通过试听课、给教师打分等形式，选出最适合的教师加以聘用。三是老年大学的教师酬金都比较低，仅仅靠奉献容易使人失去动力，造成人才流失，所以要增加对教师的人文关怀，日常可以提供休息室、备课场所等，节假日可以组织开展一些联欢活动，教学上可以增加观摩教学、研讨交流等活动，营造尊师重教的浓厚氛围，增强教师对老年大学的归属感，对教学效果好、长期执教的教师也可以适当奖励，采用多种方式逐步稳固教师队伍。

总之，老年教育是一个长期的社会性活动，需要社会各界的广泛支持，老年大学要立足解决老年教育发展缓慢和老年群体受教育需求日益高涨之间的矛盾，以建设学习型社会为中心，推动新时代老年教育事业不断向前发展。

（许丽：胜利石油管理局有限公司老年服务管理中心胜东老年服务部运发老年站站长，经济师）

四

智慧校园建设篇

让科技赋能校园管理

——老年大学智慧校园建设研究

◎ 鞠栋

摘要：互联网信息化已经融入老年人生活的各个方面，我们必须顺应时代发展，将传统做法与现代信息技术相融合，带动提升老年教育工作精准化、规范化水平。打造智慧校园，其目的就是用具体的数字、精确的样本来实现老年教育工作管理规范化、服务精准化、运行高效化和方式多元化。

关键词：智慧校园　智慧化　高质量转型

随着信息技术特别是移动网络的飞速发展，越来越多的离退休干部开始关注并高频使用互联网。2018 年，中国社科院国情调查与大数据研究中心、腾讯社会研究中心等机构联合发布了《中老年互联网生活研究报告》。腾讯公司同年发布的《老年用户移动互联网报告》显示，2012 年以来，手机网民数量增长 79%，老年网民数量增长 130%，老年人触网速度是整体移动互联网普及速度的 1.6 倍。由此可见，互联网信息化已经融入老年人生活的各个方面。

新时代的老年教育工作，正面临着许多新情况、新要求。目前，东营市现有专兼职老年教育工作者 260 人，离退休干部总数 17905 人，平均每名工作人员管理服务 70 名左右离退休干部，传统手段已远远不能满足老年教育工作要求和老同志的服务需求。习近平总书记强调，要"使互联网这个最大变量变成事业发展的最大增量"。这就要求我们必须顺应时代发展，将传统做法与现代信息技术相融合，带动提升老年教育工作的精准化、规范化水平。

一、让科技赋能校园管理的愿景规划

打造智慧校园，其目的是用具体的数字、精确的样本来实现老年教育工作管理规范化、服务精准化、运行高效化和方式多元化。

（一）"信息化 + 文化养老"，开辟教学管理新路径

将党建、教务、活动、安防等工作进行信息化流程建设。利用云平台人像识别功能，通过校园监控设备，实现学员区域内精准定位、全过程轨迹再现和无感知课程签到。在活动开展上，无论校园内外，都可利用云平台发布活动通知、展示现场管理服务以及活

动掠影，使活动组织更加方便快捷。同时，可利用云平台大数据系统，分析研判各类活动参与率，为改进提升教学管理水平提供有效依据。

（二）“信息化 + 服务保障”，建立人文关怀新模式

积极与卫健、人社、民政、医保等部门进行数据对接，拟实现医疗保健、待遇查询等功能“一键落实”，让老同志使用时更加方便快捷。其中，最具特色的是运用物联网技术、与医疗机构合作共建的健康服务中心（适老人工智能研究中心），中心能够根据老同志的身体状况和差异化需求，实现就医取药、健康监测、远程诊疗、康复理疗等数据共享，并纳入个人健康档案长期保存，各医疗机构和老同志可通过系统随时调阅档案资料，既能满足老年群体健康疗养的需求，也能为医疗机构提供本地老年群体健康样本。

（三）“信息化 + 作用发挥”，点燃正能量、凝聚新引擎

为充分发挥老同志的政治优势、经验优势和威望优势，各级老年教育工作部门可利用平台定期发布情况通报，帮助老同志了解掌握东营市改革发展最新动态，并开设“交流论坛”栏目，组织引导老同志为城市点赞喝彩、建言献策。同时，还整合了全市各类老干部志愿服务队，相关部门可利用系统发布活动通知，引导老同志积极参与志愿服务活动，并将相关情况纳入大数据库，将相关数据提供给市文明网，计入老同志志愿服务活动信息。

二、东营市对智慧校园建设的探索实践

智慧化建设是一项根本性、长期性、基础性的工作，基于此，我们高起点规划设计打造了以“突出适老、集成互通、精准精细、智慧高效”为理念，以人工智能硬件为基础，以 5G 网络、软硬融合、模块集成、大数据分析为支撑，以积分量化管理为纽带，通过四类智慧化场景应用搭建起智慧、高效、便捷、安全的全系统链 5G 智慧校园。

（一）教务教学智慧化

以课程表作为教务教学的主轴，自动将报名选课、上课时间、上课地点、授课教师、门禁开放等信息进行关联，实现教务教学智慧化。

1. 线上选课。以学校无感知签到、门禁管理、电子班牌等硬件设施为基础，积极对接中国老年大学协会智慧校园教务系统以及界面 UI，定制开发选课报名、考勤请假等模块，使学员的体验感得到极大提升。

2. 课前提醒。上课前一天，系统会通过手机端向学员推送第二天的课程信息。

3. 自动签到。教室内配备的无感知签到摄像机会在规定时间完成学员签到，并生成考勤情况予以记录。

4. 活动开展。班级党支部书记、班长可以通过平台发布班内活动通知，活动现场通过手机端人像识别签到，活动完成后可在手机端及时上传活动的图文信息，使信息交互

更加便捷。

5. 积分管理。系统根据学员考勤情况、活动参加情况，以预先设定好的积分规则为依据，实现积分自动增减，将原来工作量巨大的人工计算方式转变为自动化计算方式，有效提升了积分管理的精准性和便捷性。学校陆续推出凭积分兑换奖品、查体服务、家政服务和优先选课机会，着力增强学员参与各类活动的主动性和积极性。

6. 信息发布。各班级电子班牌根据课程表安排，自动显示当前课程有关信息、天气情况以及校内推送的信息，实现信息覆盖无死角。课前通过云平台推送微党课等音视频，各班级可通过室内一体机同步观看、学习。

7. 云端课堂。在东营老年大学 App、微信公众号等端口链接中国老年大学协会官网“网上老年大学”，极大地丰富了学校云课堂内容。同时，依托 App 开设直播端口及录播端口，在远程教学中发挥了重要作用。通过广电专网开设双向远程互动教学课堂——灯塔“金秋在线”课堂，有效覆盖市、县、乡、村四级，市级优质师资得以下沉。

（二）校园管理智慧化

主要是通过软硬件融合的方式，将原来的校园管理进行信息化流程建设并予以拓展延伸，实现校园管理智慧化。

1. 中央集成。将校园内所有涉及控制类的设备全部集中于总控室，实现对门禁、空调、新风、消防、电梯、照明、道闸等设备的集中管理，提升了管理效率。如：自控门禁系统可于课前半小时自动开锁；课后半小时，系统通过多路摄像机比对，在确认教室内无滞留人员后自动上锁。

2. 场馆预约。根据功能室使用情况，系统将闲置功能室进行标注，学员以及前来参加活动的老同志可根据系统显示的情况预约乒乓球、羽毛球等场馆服务。

3. 智能办公。结合学校实际需求，以流程审批功能为主，完成预算支出管理、采购、报销、请销假、公车管理等流程的信息化建设，进一步提升工作效率。

4. 能耗监测。建立校园能耗监测系统，与省住建厅实行直连，实时上传有关能耗数据，起到绿色建筑节能示范作用。

（三）安全防控智慧化

学员的校内人身安全是重中之重。在系统开发过程中，全面对接中国老年大学协会智慧校园“安全云”，以高清人像识别摄像机和红外光电感应器等物联网设备为基础，通过合理化的程序设定，不仅实现校园整体安全，更是在学员校内人身安全防护方面实现新的突破。

1. 人像识别。整个校园配备了具备 600 万像素的高清人像识别摄像机 229 个，其他辅助摄像机 89 个，红外光电感应器 96 个、报警柱 2 处、报警对讲机 120 个、报警按钮 115 个，构成了校园安防体系的硬件基础。

2. 示警功能。在主通道，具备前置分析功能的摄像机可实时监控未注册人员，未注册人员一旦进入，系统就会及时发出提示音和画面提示，方便工作人员管理；对进入的临时人员，可通过年龄、性别、服饰颜色等特征进行筛查，实施后续追踪管理，实现安全管理无死角。学校部署的摄像机设置了非开放时段人员活动示警功能，有效地避免了偷盗、侵入等行为的发生。

3. 20 米安全圈。按照“20 米安全圈”原则设置报警对讲盒，学员无论在何处发生意外或需要服务，都可以通过附近报警盒与总控室联系，附近的摄像机也会将画面实时传输至总控室，方便尽快了解情况并予以解决。

4. 应急联动。通过软件系统将报警盒、摄像机、电梯等硬件设备进行关联，在确认发生应急事件后，系统启动预先设定好的应急预案，指挥电梯到达事件发生的楼层等候，自动开放沿线门禁和道闸等设备，形成绿色通道，为保障生命安全提速。

（四）学养结合智慧化

建设以物联网技术为支撑的健康服务中心（适老人工智能研究中心），打通“乐学”和“颐养”的链接，由此既能满足老年群体的健康疗养需求，也能为医疗机构提供本地老年群体的健康样本。

1. 健康管理。通过配备具有物联网功能的人体成分分析仪、中医体质辨识仪、动态心电血压等设备，可实现老年人需求量较大的基础监测，并实时将数据上传至服务器。同时，也可通过系统预约合作医院更加专业的生化检测、B 超等体检项目。系统依据监测结果，生成运动、饮食、就医等方面的专业化建议，为学员提供健康管理服务，在积极老龄化方面做出了有益探索。

2. 联网共享。打通与卫健委的数据链接，使老年人能够通过东营老年大学 App 享受到全市范围内医院的优先挂号、查看体检档案等服务。老年人在本中心检查的体检数据也会实时更新至卫健委平台，真正形成健康服务的闭环管理。

3. 智能穿戴。对有需求的老同志，可通过佩戴智能手环、实时睡眠监测带等 5G 窄带设备，随时监测自己的健康状况，并可在手机 App 上开通“一键帮”功能，当遇到突发情况时，可在最短时间内通知服务人员提供帮助。

4. 窗口展示。在健康服务中心配套建设居家养老设备展示中心，让广大老同志了解更多智能化养老设备，为服务积极老龄化提供有效窗口。

（五）数据管理智慧化

一是数据汇总。大数据系统对全平台产生的数据，比如学员和教师的基础数据、偏好数据、健康数据，教学以及活动过程中的数据，校园运转管理等各类数据，进行汇总并予以归类和统计。

二是数据分析。通过大数据分析引擎，对数据进行归集、挖掘、清洗和应用，从多角度进行多维度的智能分析。比如，可以分析不同年龄段、不同性别的老同志对课程的偏好程度，也可从整体分析各类活动的受欢迎程度，为工作推进提供参考依据。

三是数据应用。大数据系统不仅能够为工作提供参考依据，更重要的是，系统所获取的60—80岁年龄段老同志的大量数据为该年龄段文化养老需求、生命健康需求等特征研究提供了精准样本，为提升老年教育工作精准化、规范化水平提供了基础数据支撑。

三、关于老年教育工作高质量转型发展的启示

我们始终秉持中组部“一化带两化促三性”的工作要求，持续推进老年教育工作高质量转型发展，并逐渐探索出一条更加科学有效的实践方法。

（一）坚持用心用情用力，把老同志的需求放在首位

老年教育工作是一项需要付出、需要奉献的重要工作。在推动老年教育工作转型发展的过程中，无论形势怎样变化，无论采取什么样的办法，衡量老年教育工作做得好不好，关键看老同志满不满意。只有常抱敬老之心，才能善谋为老之策，真正使我们的工作让党放心、让老同志满意。

（二）坚持科学探索创新，积极主动把握时代脉搏

习近平总书记强调，“过不了互联网这一关，就过不了长期执政这一关”，这突显了信息化建设的重要性。把信息技术手段应用到老年教育工作中来，需要我们科学分析老年教育工作转型发展的规律性，增强信息化意识，找到与信息化建设的结合点，探索出一条与时俱进的新路径。

（三）坚持开放融合共享，优化整合各方优势力量

老年教育工作涉及多个领域、多个部门，事关全局、影响深远，需要各部门单位的支持配合。要把开放、融合、共享的理念贯穿到整个工作中，跳出老年教育看老年教育，积极与涉老部门单位对接合作，把各方优势力量通过信息化手段有效整合起来，这样才能推动老年教育工作向服务积极老龄化有效延伸，不断拓展老年教育工作成效。

（鞠栋：东营市老年大学职员）

开展老年智能技术教育探析

——从老年大学教学的视角

◎ 侯雷

摘要：为进一步推动解决老年人在运用智能技术方面遇到的困难，让老年人更好地共享信息化发展成果，国务院办公厅印发了《关于切实解决老年人运用智能技术困难的实施方案》。老年大学作为老年教育的主阵地，应认真贯彻积极老龄化国家战略，积极引导老年群体更新思想观念，多种形式开展智能技术教育，倡导家校合作和文化反哺，共育和谐愉快学习氛围，切实助力老年群体跨越“数字鸿沟”，不断增强老年群体的获得感、幸福感和安全感。

关键词：智能技术教育　老年教育　文化反哺

伴随着我国互联网、大数据、人工智能等信息技术的快速发展，智能化服务得到广泛应用，深刻改变了人们的生产生活方式，提高了社会治理和服务效能。但同时，我国老龄人口数量快速增长（据第七次全国人口普查数据显示，我国 60 岁及以上老年人口已达 2.64 亿人，占总人口的 18.70%），不少老年人不会上网、不会使用智能手机，在出行、就医、消费等日常生活中遇到不便，无法充分享受智能化服务带来的便利。尤其是在疫情防控工作落实过程中，老年群体面临的“数字鸿沟”问题更为突显。

2020 年 11 月，国务院办公厅印发《关于切实解决老年人运用智能技术困难的实施方案》（以下简称《实施方案》），就进一步推动解决老年人在运用智能技术方面遇到的困难，坚持传统服务方式与智能化服务创新并行，为老年人提供更周全、更贴心、更直接的便利化服务做出部署。

《实施方案》明确提出，要将加强老年人运用智能技术能力列为老年教育的重点内容，通过体验学习、尝试应用、经验交流、互助帮扶等方式，引导老年人了解新事物、体验新科技，积极融入智慧社会。为切实解决老年人运用智能技术存在的困难，各省、市也相继出台工作细则，进行任务分解落实。作为老年教育主阵地的各级老年大学必然要主动承担起相关的工作任务。本文以城区老年大学学员群体为例，主要从老年大学教学的视角，尝试对开展智能技术教育中遇到的问题进行探析。

一、开展老年智能技术教育的重要意义

（一）开展老年智能技术教育是贯彻落实习近平新时代中国特色社会主义思想的实践要求。习近平新时代中国特色社会主义思想坚持把人民立场作为根本政治立场、坚持以人民为中心的发展思想、坚持人民情怀的执政本色、坚持人民至上的价值旨归，体现了习近平新时代中国特色社会主义思想鲜明的人民性理论品格。开展老年智能技术教育，其目的就在于切实解决老年人在运用智能技术方面遇到的困难，让老年人共享智慧社会带来的便利性、快捷性和智能性，不断增强老年群体的获得感、幸福感和安全感，更好地满足人民日益增长的美好生活需要。

（二）开展老年智能技术教育是落实积极老龄化国家战略的必然需要。世界老龄化理论经历了从“成功老龄化”到“健康老龄化”再到“积极老龄化”三个阶段，前两个阶段都是将老龄化视为挑战，“积极老龄化”则以老龄价值观及老年财富观为理论基础，以全要素参与为实现路径，强调老年人继续甚至更好地参与社会生活。2020年，中国正式把积极应对人口老龄化确定为国家战略。要想贯彻积极老龄化新理念，打造老年人社会参与新格局，就必须帮助老年群体跨越“数字鸿沟”。

（三）开展老年智能技术教育是老年教育工作应有之义。《山东省老年教育条例》明确指出：“老年教育机构应当开展老年人运用智能技术教育培训，将智能技术应用纳入教学内容，提高老年人融入智慧社会的能力”。各级老年大学（学校）均把开展智能技术教育作为重点工作，并就课程设置、专题培训、活动开展等进行了周密安排。

二、开展老年智能技术教育遇到的问题及原因分析

（三）社会对老年群体的片面理解，忽视了老年群体对智能技术的迫切需要。“积极老龄化”把老年化过程看作是一个正面的、有活力的过程，倡导老年人必须有健康的生活和贡献社会的机会。“积极”不单是指积极地获得健康，也包括能持续参与社会、经济和文化生活。目前，社会中还有不少人没有树立起积极老龄观，错误地把老年人看作负担或问题，简单机械地把应对老龄化停留在老有所养、老有所依的层面，没有充分认识到老年群体学习掌握智能技术、积极融入社会发展的迫切需要，因而把开展老年智能技术教育视为可有可无、可急可缓的事情，没有引起足够重视。

（二）老年群体自身思维方式制约了学习内生动力的激发。人类通过思维能认识事物的本质和内部联系，这是一种高级、理性的认识过程，主要包括概括、类比、推理和解决问题的能力。内生动力指的是行为机制的原动力，是一个人不断获取知识、探求真理、创业创新的自觉意志和行为。老年人由于在感知和记忆方面的衰退，在概念、逻辑推理和解决问题等方面的能力有所减退，尤其是思维的敏捷度、流畅性、灵活性、

独创性以及创造性比中青年时期要差。智能手机、互联网等智能技术的学习运用，有别于老年群体原有的学习思维方式。比如：拿起智能手机，老年人首先问的是这个“按键”有什么作用、那个“图标”是什么意思，往往难以理解同样的操作在不同场景下效果的差异。原有学习过程中勤于记笔记的好习惯在智能技术学习过程中作用的衰减，也使得老年群体变得手足无措。学习过程中的挫败感强化了“我都这把年纪了，学了也没有多大用处，不学也罢”的思想，进一步制约了老年群体智能技术学习的积极性和持续性。

（三）现有教学方法的固化影响了智能技术教育的培训效果。教学方法是在教学过程中教师和学生为实现教学目的、完成教学任务而采取的各种活动方式、手段和程序的总称。老年大学在教学工作中贴合老年群体的实际，设置了老年人喜闻乐见的书画、声乐、舞蹈、器乐等课程，采取了老年人熟悉的讲授法、演示法、练习法等教学方法，老年群体易于接受，教学效果明显。但对于智能技术教育培训学习来说，仅仅采取以上教学方法是明显不够的。智能技术教育有别于传统教学内容，很多知识是看不见、摸不着的，这就需要积极创设学习应用情境，开展体验式学习、尝试性学习、应用式学习，让老年群体结合现实生活，有针对性地掌握基本智能技术知识，提升智能技术操作能力。

（四）家庭教育的“缺位”没能为老年群体进行智能技术学习提供温情支持。家庭教育，是大教育的组成部分之一，是学校教育与社会教育的基础，多是指在家庭生活中，由家长（其中首先是父母）对其子女实施的教育。美国人类学家玛格丽特·米德在《文化与承诺：一项有关代沟问题的研究》一书中将反映人类发展的传递文化类型划分为三类，即晚辈向长辈学习的“前喻文化”、同辈之间互相学习的“并喻文化”和长辈向晚辈学习的“后喻文化”。在现代通讯、交通和技术革命迅猛发展的背景下，长辈只有虚心向后辈学习，利用他们广博而新颖的知识，才能建立一个有生命力的未来。但在现实生活中，家长对孩子教育的“众星捧月”与年轻人对老年群体的“漠不关心”形成显著差异。当老年人就智能技术知识向子女提出需要帮助时，子女在多次尝试效果不明显后表现出来的不耐烦，使得老年人在学习过程中逐渐放弃了继续寻求子女帮助的想法。

三、开展老年智能技术教育的对策与建议

（一）贯彻落实习近平总书记关于老干部工作重要论述，加强宣传引导，树立培育积极老龄观。习近平总书记多次强调：“要积极看待老龄社会，积极看待老年人和老年生活。”要用以人为本的理念来认识和落实为老服务，常怀敬老之心、善谋为老之策、多做助老之事。《中共中央关于制定国民经济和社会发展第十四个五年规划和二〇三五年远景目标的建议》中 14 次提及“养老”。“十四五”期间，我国老年人口增长曲线相对平缓，经济社会不断发展，这是积极应对人口老龄化的宝贵窗口期。研究发现，智能

技术可以在身体健康、物质幸福、社会幸福、发展与活动、情感幸福等方面为老年人提供帮助，使老年人保持活跃，更方便地进行交流和学习，成为化解孤独、寂寞、无助和认知功能下降等困扰老年人问题的有效工具，能够极大地帮助老年人克服社交孤立，减少被现代社会抛弃的感觉。助力老年群体跨越“数字鸿沟”，就应该将促进老年人融入智慧社会作为人口老龄化国情教育重点，加强正面宣传和舆论监督。

（二）加强研究，贴合实际，多种方式开展智能技术教育。《实施方案》明确提出，将加强老年人运用智能技术能力列为老年教育的重点内容。各级老年大学作为老年教育的主阵地，要认真落实智能技术教育的方针和计划，创新性开展工作，勇于承担起相应的工作职责。一要引导老年人更新观念。要积极引导老年人树立自信、自强、自立的观念，在心理上摆脱“老年意识”，保持“永远年轻”的心态，从而消除对新生事物的排斥和对自身学习能力的怀疑。二要灵活开设特色课程。各类老年教育机构要针对老年特点，遵循贴近生活、图文并茂、简单易学等原则，征集、开发“互联网＋生活”“智能手机应用”“智慧生活”等体现适老化和场景化的全媒体课程资源，开设相应的学习类课程。可以通过各种现场活动向老年人展示智能技术的独特魅力，进一步激发老年人浓厚的学习兴趣。三要创新多种学习方式。在开展智能技术教育的具体操作中，要采取线上线下相结合、集中学习与分散学习相结合的方式，并做好学科结合、活动结合，全方位营造学习场景。山东老年大学远程教育微课堂设有智能手机基础、手机微信应用、诈骗应对小贴士等课程，学校可以将这些优质课程资源直接推送给老年大学学员进行线上学习。可以利用班前会的时间，就智能技术学习中的具体问题，进行有针对性的辅导；可以结合各种线上教学成果展示活动，将学科教学与智能技术教育相融合，帮助指导学员将其创作的书画摄影作品、诗词歌赋佳作、歌舞器乐精品等上传至网络，通过朋友圈、美篇、彩视等形式予以呈现，既能激发老年人的学习兴趣，也能提升老年人实际运用智能技术的能力和水平。四要多方协调社会资源。老年教育发展历来强调社会资源的积极参与，智能技术教育需要创设的体验实用场景，同样需要社会资源的加入。很多老年教育机构邀请电信运营商、网络平台、金融机构走进学校开展智能手机应用、网上购物、手机银行使用、金融防诈等专题讲座辅导，成效明显。同时，与大中院校开展共建，让年轻学生走近老年人，手把手指导具体操作使用，既保证了学习指导的全覆盖，还无形中弘扬了中华民族尊老、敬老、爱老的优良传统。

（三）家校合作，倡导文化反哺，共育和谐愉快学习氛围。研究发现，老年人从家人那里获得推荐是他们开始接触并使用智能设备的主要原因。很多老年人拿起智能手机就是从为孙辈发新年红包、与远方的亲人视频聊天开始的，使用的第一部智能手机也多是子女换代后的产品。因此，年轻人的帮助会让老年人愿意使用智能设备，消除他们对智能技术的误解，为他们体验智能技术的魅力打下基础。在社会急速变迁、科技急速发展的信息技术时代下，子代向亲代传授知识技能的现象越来越多地出现在每个家庭当中。这就要求我们在各种老年教育中要贯彻赋能理念，明确“后喻文化”的时代特点，倡导年轻人帮助老年人掌握智能技术、运用社交媒体。同时，老年人也要放下“权威”，秉持活到老、学到老的积极心态，主动请教年轻人。另外，网上信息良莠不齐、鱼龙混杂，网上谣言、诈骗对老年人造成侵害的案例时有发生，这需要格外注意。在信息信任方面，一方面，老年人对来自熟知群体（如亲属、熟人等）、官方媒体、居住社区的信息较为信任；另一方面，对某些非官方渠道信息（如网站或微信信息）也较感兴趣，容易轻信，但缺乏对有效信息的甄别能力，主动检索信息的能力较弱。这都需要家人及时关注老年人对于智能技术掌握运用的实际情况，更好地保护家人的健康安全。鉴于此，作为老年教育机构，老年大学要学习借鉴中小学“家校共育”的教育策略与实践，积极宣传和呼吁家庭成员更多地关注老年人的学习生活状况，倡树和谐文明家风，多种形式创设老少融合、老少同乐的学习活动模式，让老年人在愉悦的情绪中学有所获、学有所长。

〔侯雷：枣庄市老干部活动中心（枣庄老年大学）老干部活动室管理服务科科长〕

【参考文献】

［1］牟新渝、王晓庆：《树立和培育积极老龄观》，《人民日报》2017年11月9日第7版。

［2］刘嘉俊、王盼星：《积极老龄化视域下老年群体智慧学习研究综述》，《河北大学成人教育学院学报》2020年第3期。

［3］马丽、郭烨：《后喻时代中老年群体对微信谣言接触情况的调查研究》，《科技传播》2020年第11期。

老年远程教育的意义及实施策略的研究

◎ 郭伟杰

摘要：随着老龄化社会的到来和信息技术的发展，老年远程教育已逐渐成为老年教育的重要组成部分，这也是新时代老年教育发展的必然趋势。优质的老年教育资源通过互联网与老年人拉近了距离，满足了老年学者多元化的学习需求，提升了老年学员的获得感。本文通过分析当前我国老年教育因保障机制不健全、师资力量短缺、老年人生理特殊性导致远程教育开展受限的现状，提出了健全保障机制、建立专业师资、整合教育资源、提供经费支持、建立适合老年人使用特点的教育平台等发展老年远程教育的实施策略，从而进一步完善老年教育服务体系，助推老年远程教育事业再上新台阶。

关键词：老年教育　老年远程教育　教育资源

一、老年远程教育背景

2021年我国的人口总数为14亿人，从人口的年龄结构来看，60岁及以上人口占总人口的比重为18.1%，这个占幅比较大且仍在增长，未来我国将会进入深度老龄化社会，老年教育的需求也将日益猛增。借助互联网信息技术发展老年远程教育，打造老年教育新形势，是未来发展的大趋势。

《老年教育发展规划（2016—2020年）》中指出，要拓展老年教育发展路径，丰富老年教育内容和形式，创新教学方法，将课堂学习和各类文化活动相结合，积极探索体验式学习、远程学习、在线学习等模式，鼓励老年人自主学习，支持建立不同类型的学习团队。信息化建设是新时代积极应对人口老龄化、满足老年人智慧生活需求的重要举措。老年远程教育教学模式作为互联网时代老年教育领域的一种新形式，能极大地满足老年教育多样化的需求，更好地推动老年教育与老龄化社会需求相衔接、相适应，不断满足老年人日益增长的精神文化需求。

二、老年远程教育的作用及意义

目前，伴随我国老龄化社会的到来，老年教育资源的不足与老年教育需求的急剧增长，形成了巨大矛盾。如果将形式灵活、便捷的远程教育应用到老年教育中去，不仅可以扩大老年教育资源供给，还能丰富老年人的文化生活，满足老年大学学员多样性的学习需求。

（一）扩大老年教育资源供给。老年教育是全民终身教育的最后一棒，也是全民终身教育最薄弱的环节，存在诸多不足。如师资力量匮乏、教学资源短缺、教学模式单一、硬件设施不健全等问题。很多老年大学甚至出现“一座难求”“深夜排队报名”的现象，教育资源呈现供不应求的状态。开展老年远程教育教学模式，可以有效地解决老年教育资源供给问题，优质的老年教育资源通过互联网与老年人拉近了距离，满足了老年学者多元化的学习需求，提升了老年大学学员的获得感。

（二）解决基层老年教育发展困难的问题。现在全国各省都在大力完善老年教育体系，部分省市都已形成省、市、县、镇、村五级老年教育网络。但是由于各地政府政策的支持力度不同，财政对教育资源投入的资金不同，偏远地区、经济不发达地区的基层老年教育资源往往不能满足老年大学学员对学习的需求。开展老年远程教育，可以有效地解决基层老年教育发展困难的问题，使不同需求的老年人可以通过网络找到适合自己的学习资源，跟上时代发展的脚步。

（三）促使老年教育形式更灵活、更便捷。当下很多老年大学学员因为自身的原因，偶尔不能到学校进行线下学习，导致学习不能连贯、系统地进行，学习的效果得不到保证。开展老年远程教育，老年大学学员可以根据自己的时间安排，灵活地参与线上学习，并可以根据自己的需求、知识背景、个人喜好、学习风格来选择学习内容，增强学习的针对性，从而提高个人的学习效率。老年大学学员还可以根据实际掌握情况重听或重学部分内容，缺课时也可以重新补课，从而更好地掌握所学内容，并充分巩固学习效果。

（四）共享优质老年教育资源，提高教育质量。当前我国各地老年大学因地域政策不同，经费的投入、师资的配备、办学的规模都存在较明显的差异，很多老年大学学员因此不能享受名校名师的优质教学资源。大部分优秀的教师因时间、场地及地域的限制，不能有效地对所有有需求的老年大学学员进行授课。开展老年远程教育，可以有效地实现优质课程资源共享，使老年大学学员可以不受限制地、有针对性地选择自己需求的课程，接受全国顶级名师的指导。这样既能保证教育公正、提升教育质量，又能满足老年大学学员多样性的学习需求。

三、老年远程教育的现状

《老年教育发展规划（2016—2020年）》背景部分指出，目前有700多万老年人在老年大学等机构学习，有上千万老年人通过社区教育、远程教育等形式参与学习，可见老年远程教育在老年教育中占有举足轻重的地位。但同时我们也看到，老年教育事业在我国发展相对不够均衡，还不能完全适应人口老龄化发展的需要，相当部分地区的老年教育机构存在困难和问题，制约了老年远程教育事业的长足发展。

（一）保障机制不健全。当前我国各地老年教育发展不均衡，尤其是对老年远程教育来说，存在着管理体制不健全、规章制度不完善的问题，不仅资金保障、激励机制等方面尚未健全，而且没有形成完整的体系。主要体现为缺乏资金的支持，很难维持教学点的正常运行；缺乏激励机制，很难吸纳专业的师资技术力量；同时，很多老年远程教育教学点都存在工作人员少、场地有限、教学设备不足等情况，大多是聘请的志愿者和社会退休人员协助开展工作，专业从事远程教育教学工作的人员难以保证，致使老年远程教育工作的开展受到极大限制。

（二）老年教育师资短缺，结构不合理。据调研发现，各地老年教育机构普遍存在教育资源不足的情况，师资结构不合理，青年老师比例低于中老年教师比例。专业的任课老师短缺，很多教育机构的师资来源于社会组织、专业协会，年龄偏高，基本上都没有经过专业院校学习，缺少系统的授课经验和科研研究潜力，不利于老年教育的优化发展。老年远程教育的发展需要具有新兴技术理念和信息化专业程度较高的青年教师队伍，专业师资的缺少会阻碍老年远程教育的快速发展。

（三）老年人生理特殊性。进入老年后，人的各项生理机能都进入到衰退阶段，这是自然规律，也给老年人继续学习带来了不便。记忆力减退、注意力不集中、理解力退化、听力视力下降，这些都会导致老年人学习新生事物越来越困难，接受新鲜事物的动力慢慢下降。目前，使用平板电脑、手机点播上课的新学习模式没有得到老年人的接受和喜爱。同时，有的老年远程教育平台资源有限、更新缓慢、播放不流畅、操作不便、授课内容复杂，并且缺乏线下课堂的交流互动，致使很多老年人不愿参与老年远程教育课程，使老年远程教育工作的推广普及难以进行。

四、老年远程教育的实施策略

老年远程教育的开展，不仅要满足老年人对学习多样化的需求，还要遵循远程教育的教学特性。老年远程教育是老年教育现代化的重要组成部分，也是新时代老年教育发展的重要表现形式，要规范老年远程教育的实施，扩大老年教育的覆盖面，将各阶层老年人都纳入老年教育中来，逐步实现老年教育普及化。

（一）建立健全老年远程教育规章制度，促进老年远程教育工作有效推进。据调研显示，各地老年教育发展不平衡，区域政策支持力度不同，资金投入不能保证，思想重视程度不够，多地的老年远程教育资源形同虚设。要按照《老年教育发展规划（2016—2020 年）》要求，建立健全党委领导、政府统筹，教育、组织、民政、文化、老龄部门密切配合，其他相关部门共同参与的老年教育管理体制，推动相关法规制度建设，研究完善涉及老年教育的相关制度。同时，我们还要建立健全老年远程教育的管理制度，设立各项考核指标、评估指标，总结成绩，查找差距，落实整改，以此有效推进各级老年机构教学点开展老年远程教育工作。

（二）建立专业师资队伍，提供多元化特色教育课程服务。老年大学学员社会经验丰富、学习目的明确，具有不同程度的专业知识，他们对要学习的内容、授课的师资、教学的方式都有着不同程度的要求。授课老师不仅要有过硬的专业知识，还需要了解老年大学学员的需求，善于与他们进行沟通交流。当前各地老年教育机构都缺少专业的授课老师，应鼓励普通高校、职业院校相关专业毕业生及相关行业优秀人才到老年教育机构工作，鼓励教师和专业社工等参与老年教育工作，努力培养老年教育骨干教师，建立老年远程教育专家与志愿者人才库。优化老年教育人才的激励机制、晋升机制，吸引更多的优秀人才从事老年远程教育工作，提供特色的老年教育课程服务。

（三）联合高校整合教育资源，完善老年远程教育学习课程资源库。从各地老年远程教育平台上可以看到，平台上的学习课程资源的种类不够齐全、数量不够多、更新不够快的情况比较明显，缺乏老年特色。究其原因，主要是适合老年教育的教师人才短缺、资金投入不够、教育资源有限造成的。《老年教育发展规划（2016—2020年）》指出，联合普通高校和职业院校面向老年人提供课程资源，结合学校特色开发老年教育课程，为老年教育机构积极提供支持服务，共享课程与教学资源。通过和高校联合，编写适合老年人学习的课程教学大纲，开发一批通用型老年远程学习课程资源，整合优秀传统文化、非物质文化遗产、地方特色老年教育资源，建立起老年远程教育学习课程资源库，完善丰富老年远程教育平台学习资源。

（四）提供经费支持，健全软硬件设施和专业的人员队伍，为老年远程教育做好保障。老年远程教育教学点的健全发展，离不开教学设施的现代化配置、课程的开发与创新、教学平台的搭建、服务人才培养等方面的建设，这些都需要必要的经费和物质条件作保障。目前的文件多围绕老龄事业的资金投入机制，尚没有全国层面的、明确的、与老年教育相关的经费保障措施。经费投入不足也让老年教育发展捉襟见肘，要积极争取政府给予老年远程教育发展的财力和物力支持，同时，经济不发达地区也可争取社会力量与社会资本的支持和协助配合，以落实设备完善、场地配置和人员经费。

（五）建立操作简易、便捷的老年远程教育平台，提升老年大学学员操作舒适度。老年远程教育教学工作离不开远程教育平台，所以平台在建设初期就要充分考虑老年人使用信息技术平台的思维和行为惯性，既要考虑到老年人心理、生理的特征，又要满足老年人实际的操作需求。基于老年人对计算机网络技术运用困难的情况，要坚持易学易懂的原则，确保平台的设计人性化，操作简易、便捷、灵活。教育资源要满足不同领域、不同层次的需求，让老年人能轻松地使用智能手机和平板电脑登录学习平台进行学习。

五、结论

老年远程教育是现代老年教育发展的必然趋势，也是老年教育的重要组成部分，它扩大了老年教育的覆盖面，通过网络技术和多媒体数字技术将教育资源送到了老年人的眼前，将各级老年大学学员纳入老年教育中来，是对传统课堂教学的有益补充。但当前我国各地的老年教育发展不平衡，本身还存在一些问题，如服务保障机制不健全、教育资源不足、师资短缺等。我们要面对现实， 正视矛盾和问题， 以习近平新时代中国特色社会主义思想为指导，积极开展老年远程教育的理论研究与探索，不断提升老年远程教育的水平，完善老年教育体系，助推老年远程教育事业再上新台阶。

（郭伟杰：烟台老年大学合作交流与远程教育科高级工程师）

老年大学智慧校园建设研究

◎ 孙泽浩

摘要：智慧校园是指以促进信息技术与教育教学深度融合、提高学与教的效果为目的，运用多种新技术，提供一种环境全面感知的智慧型、数据化、网络化、协作型一体化的教学、科研、管理和生活服务，并能对教育教学、教育管理进行洞察和预测的智慧学习环境。在智慧校园建设如火如荼的时期，潍坊市老年大学对此开展了一系列有益的探索。

关键词：老年大学　智慧校园　建设　研究

智慧校园是指以促进信息技术与教育教学深度融合、提高学与教的效果为目的，以物联网、云计算、大数据分析等新技术为核心技术，提供一种环境全面感知的智慧型、数据化、网络化、协作型一体化的教学、科研、管理和生活服务，并能对教育教学、教育管理进行洞察和预测的智慧学习环境。

2021 年，潍坊市老年大学在新校建设伊始便开始了对智慧校园总体布局的筹划，计划打造国内领先的智慧数字系统平台，采用线上与线下多种教学方式来满足老年学员需求。基于此，笔者围绕潍坊市老年大学智慧校园建设的原则初衷、实践内容及现阶段存在的问题展开了一系列的研究与论述。

一、智慧校园建设的原则初衷

潍坊市老年大学按照《智慧校园总体框架》GB/T 36342-2018 标准执行项目建设及功能设计，以促进信息技术与教育教学服务深度有效融合、提高教与学的效果为目的，融合互联网技术、移动教学技术的新要求，着重分析学校教与学模式改变、功能建设和教学评价建设。遵循原则主要有三个：

（一）先进性与可靠性相统一

为保证智慧校园建设与时俱进，潍坊市老年大学采用了先进的设计思想、网络结构、开发工具以及市场覆盖率高、标准化和技术成熟的软硬件产品。同时，在建设过程中强调整体系统软硬件设备具有高可靠性，具备长期稳定工作的能力以及可实现系统冗余功能，并且具有防止因误操作等行为对系统造成破坏的功能。

（二）灵活性与发展性相统一

智慧校园建设首先采用积木式模块组合和结构化设计，系统配置灵活，满足学校逐步到位的建设预期，使网络具有强大的可增长性。同时，智慧校园建设在规划设计时预留了后续发展配置接口，满足了因技术发展需要而实现低成本扩展和升级的需求。

（三）实用性与开放性相统一

智慧校园建设方案设计符合国际相关标准和技术规范，并且相关软件容易使用、操作简便。在满足安全可靠和实用的前提下，系统设计具备良好的灵活性、兼容性，采用开放技术、开放结构、开放系统组件和开放用户接口，以利于网络的维护、扩展和升级。

二、智慧校园建设的实践内容

（一）依托平台

潍坊市老年大学智慧校园建设依托数字化平台开展日常学习、工作及服务，建设设计目标“前端”主要有网站、PC 端网络报名程序、微信公众号等，未来还会持续新增微信小程序、App、智能一体机、发票打印机、电子班牌、智能教室等。

这些不同的“前端”具有不同的针对趋向，PC 端网络报名程序能帮助学员实现网络报名、缴费、查询、请假等功能；微信公众号可链接学校管理系统，实现报名、查询、考勤、教学评估、电子学员证、实名认证、电子图书馆等功能；微信小程序则计划包含学员端、教师端以及工作人员端，按照不同角色相应形成不同版块以供使用者使用；App 分为五个模块，分别为首页、直播、应用、录播、个人中心；PC 端数据统计展示支持生成教务管理系统的各类数据统计。这些不同的“前端”平台支撑着潍坊市老年大学的智慧校园建设。

（二）智慧管理

智慧管理主要指校园空间管理。空间管理的各个应用通过基础平台可以非常方便快速地构建个性化服务。同时，基础平台可以实现单点登录及数据共享，有效地解决信息孤岛问题和标准不统一的问题，使管理信息化的各类应用集成为一个整体，有效地支撑起空间管理平台，为全校师生提供教育信息化服务。

潍坊市老年大学基础平台主要包含基础设置、用户管理、权限管理、日志管理等。基础设置即建立学校的组织结构，包含单位管理、部门管理、班级管理、用户管理和校园场地管理，按照学校组织结构管理教师和学生。用户管理教务设置关系到班牌终端的多个应用功能，如预约、考勤签到等。

（三）智慧教学

教学工作是老年大学的中心工作，提高教学质量是深化教学改革和培养创新人才的前提和基础。教学工作中心地位的保证与巩固需要教学管理工作与之协调配合。只有提高现代、科学的教学管理工作水平，才能使教学工作更有序地展开。为加快推进学校教学信息化的建设，促进教育内容、教学手段和方法的现代化，学校提出智慧教学应用建设规划，紧紧围绕全面提高人才培养能力这个核心点，加快形成高水平人才培养体系。

老年大学教学工作主要依托课堂，从传统课堂到智慧课堂，主要有三个方面的转变：首先是教学目标从“让学员学会”变成“让学员会学”；其次是教学方式从“知识灌输”型课堂变为“能力培养”型课堂；第三个是教学方法从“空洞说教”变为给学员提供切实有效的学习方法。

潍坊市老年大学契合政策引导和教学切实需求，形成了线上线下双系统。线下的智慧课堂系统和线上的在线学习系统，为管理者、使用者提供了全面、实时、精要、直观的学习分析视图，使其能实时精准地了解课堂教学的运行情况，并通过教学数据的沉淀，即时全面地了解教学质量。无论是线上教学还是线下教学，以录播教室为主的课堂会形成大量的课程资源，同时学校本身也具备较多的教学资源，以此来进行资源的展示和应用。不仅能帮助老师进行教学反思，也能推送学习视频给学员，实现为学员提供个性化教学的目的，帮助其建立成长轨迹。对于管理部门，可以对已有课程建设情况进行多维度的统计分析，帮助学校认清现状，让学校在后续的课程建设中做到有的放矢。

（四）智慧后勤

潍坊市老年大学在智慧后勤方面的探索主要有以下几个方面。

1. 智慧门禁管理系统。智慧门禁管理系统应用人脸识别、智能检测、互联网、物联网等技术，通过智慧门禁机实现门户出入控制、实时监控、安保告警、信息查询等功能，既方便内部工作人员凭权限自由出入，又杜绝外来人员随意进出，提高了学校的安全防范能力。门禁控制系统通过智能化集成，实现通道上的门禁与火灾报警系统联动，当发生火警或需紧急疏散时，人员不使用钥匙也能迅速安全通过。同时，可实现到访预约，校外来校拜访的人员、非上课时间来校办理业务的师生，可以提前预约来校日期及时段，系统会形成允许临时来校的电子证明，供安保部门查询。

2. 一键报警紧急求助系统。老年大学主要面向老年人招生，针对这类特殊人群，要做到安保措施的全面覆盖。在楼道、卫生间、教室等位置安装的报警按钮等可操作部件，可实现一键报警、可视化报警、紧急求助、远程对讲、定位等多种功能。

3. 停车场管理系统。停车场采用视频车牌识别方式，根据内外交通组织情况设计管理方式，出入口均配备快速道闸，单次动作时间在 1.5 秒以内。车库设置车辆引导系统，在车位上部设置超声波探测器，24 小时不间断地探测车位使用情况，并在车位附近设置指示灯进行停车引导。全部车位即时显示使用情况，并实时将使用情况传到控制中心。

4. 校园广播系统。在各个教室走廊部分室外公共区域位置设置扬声器，实现校园广播全覆盖，满足事务性语音广播的要求（可结合课间铃放轻音乐或者红歌）。多种方式信号输入、矩阵输出，系统具备接收电脑声卡、无线麦、有线麦的声音输入及输出功能。音乐和消防广播合用末端扬声器，实现一体化管理及老年大学后勤管理的智慧化、信息化，消防紧急报警可以强行接入。

三、存在的不足及面临的问题

老年大学智慧校园建设是一种新兴态势，在探索发展过程中不可避免地会出现一些问题与不足。

（一）存在的不足

针对当前潍坊市老年大学的智慧校园建设现状，主要还存在着以下几点不足：

第一，智慧党建待健全。一方面重视程度低，发展相对滞后；另一方面互动性不强，服务功能单一。智慧党建平台服务功能开发程度偏低，当前处在初级阶段，功能上局限于信息宣传与传播，还无法实现党费缴纳、党组织关系转接等业务的线上办理，缺少互动交流和实时反馈等功能。

第二，体制机制不完善。当前智慧校园建设架构的体制机制还存在上升空间，信息化基础设施不够完备，切合性信息资源缺乏，资源共享机制并未建立，校园信息缺乏统一整合分析。

第三，区县互通共享水平有待提高。教育网络建设不够全面灵活，没有形成市、县、镇、村四级老年大学间的互联互通、资源共享。

（二）面临的问题

除了上述不足外，当前潍坊市老年大学面临的最大问题是部分老年大学学员接受能力有限，无法跟上数字化发展的节奏，“数字鸿沟”在不断被拉大。2020 年 11 月 24 日，国务院办公厅印发了《关于切实解决老年人运用智能技术困难的实施方案》，要求坚持传统服务与智能化服务创新并行，为老年人提供更周全、更贴心、更直接的便利化服务。老年大学作为老年人的活动场所，更应该重视老年人运用智能设备的困难，积极主动帮助老年人解决这一难题，提升老年大学学员的幸福感、安全感和获得感。

四、解决措施及发展前景

“风物长宜放眼量”，要怀着正确的态度去看待当前老年大学智慧校园建设出现的问题与不足，积极改正，提高相关体制机制的“适老性”。对于这些问题，一是要强化老年大学学员的思想，更新主体意识。通过政策支持、媒体宣传、子女反哺等切实有效的措施帮助老年人培养对数字化的兴趣爱好，提高他们使用智慧校园的积极性。二是要加大投入。一方面要加大技术投入，在技术上下“硬功夫”，运用更多更有意义的“适老性”科技，从根本上解决老年学员接受难的问题；另一方面要加大师资投入，定期对老年大学的教师及工作人员进行信息化培训，丰富施教者的理论知识及实践能力，通过他们引导老年学员提高数字化水平。三是要严格管理。智慧校园建设平台囊括了老年大学日常工作学习的方方面面，是极其重要的信息库，在日常的运营过程及建设过程中要重视信息保密，做好信息安全管控，提高信息管理的高效性和保密性。

潍坊市老年大学智慧校园建设历经萌芽期、发展期、成熟期三个阶段，始终遵循“增长知识、丰富生活、陶冶情操、促进健康、服务社会”的办学宗旨，结合“一大、一名、四优”塑形铸魂赋能工程，不断向更高层次迈进，争取为教育改革、人才培养和当地教育发展起到促进作用，为推进潍坊市老年大学内涵式高品质发展增添助力。

（孙泽浩：潍坊市老年大学办公室副主任）

【参考文献】

［1］王运武、于长虹：《智慧校园——实现智慧教育的必由之路》，电子工业出版社，2016。

［2］吴琼、杨德广：《如何让“老龄化”搭上“数字化”的快车》，《终身教育研究》2021年第6期。

［3］刘瑞芳：《老年大学智慧校园建设的实践与感悟》，《老年教育（老年大学）》2021年第3期。

老年远程教育实践应用助推老年教育健康发展

——青州市推进基层远程老年教育发展的思考

◎ 刘宝利

摘要：青州市老年教育注重科学发展，各级在做好线下教学的同时，还高度重视老年远程教育的实践运用，通过对老年大学各分校、镇（街）老年大学持续加大投入，不断加强教学设备的更新和完善，使老年远程教育取得了长足发展和进步，为老年人扩大了学习空间，增长了他们的阅历和知识，形成了“老有所乐”的良好社会氛围。本文对青州市老年远程教育的实践应用进行了研究，发现了一些存在的问题，提出了一些可行的意见和建议。

关键词：老年远程教育　实践应用　助推　发展

青州市老年大学始建于 1988 年，三十多年来，在上级业务部门的指导和青州市委组织部、老干部局的领导下，始终坚持“老有所学、增长知识，老有所乐、健康长寿，老有所为、服务社会”的办学宗旨，坚持“文化引领、名家带动、贴近需求、资源共享”的办学思路，深入打造“文化老干”品牌，不断扩大办学规模、更新教学设施、提高教学水平，实现了又好又快的科学发展。目前，青州市老年大学拥有 10 个分校，教学总面积达 8000 多平方米，室外活动面积 5000 多平方米，包括分校和艺术团在内，开班总数达到 62 个，注册学员 1980 多人，其中主校区主体教学班达到 30 个，学员 1560 人。先后被授予“全省老年教育工作先进单位”“全省老年教育宣传工作先进集体”等荣誉称号。青州市老年大学在做好线下教学的同时，还高度重视老年远程教育的实践运用，通过对老年大学各分校、镇（街）老年大学持续加大投入，不断加强教学设备的更新和完善，使老年远程教育取得了长足发展和进步，为老年人扩大了学习空间，增长了他们的阅历和知识，真正帮助老年人乘上了时代的快车，让每一位老年人享受到了技术进步的红利，形成了“老有所乐”的良好社会氛围。2018 年，青州市老年大学被列为山东老年大学远程教育教学点。

一、青州市老年远程教育发展现状

（一）在组织形式方面，与市委组织部共用资源，定期组织远程教育学习。青州市老年远程教育与市委组织部共用“可视基层管理服务系统”资源，每月组织一次活动，在每月第三周的周四下午两点，镇（街）老年大学组织学员到相应教室集合，通过“可视基层管理服务系统”播放学习视频。在2020年新冠肺炎疫情期间，青州市的老年远程教育发挥了重要作用。

（二）老年大学分校充分发挥老年机构集中养老优势，组织远程教育学习。青州市老年大学于2015年成立了魏仕养老公寓分校、大福地社区分校。2018年，青州康乐年华养老中心建立了康乐年华分校，2019年又成立了东篱居分校。这些养老机构平时给老人提供衣、食、住、行等方面的精心服务，另外还单独设立了远程教育教室，通过青州市老年大学开设的精品“云课堂”平台，给那些喜欢上课的老人提供了较好的条件和资源，满足了他们的精神需求，丰富了他们的精神文化生活。

（三）老年大学根据学员需求，挑选精品课程进行远程直播。对远程网络直播的课程，老年大学都是精挑细选，设置主要涵盖预防网络诈骗、护理保健、教育孙子女等内容的课程，还根据学员需求有选择地进行直播，向农村、社区的老年大学学员教授微信知识，网上购物，网上缴纳电话费、水费、取暖费等内容，从而方便学员的生活，提高他们的兴趣和爱好，同时也有效预防了网络诈骗。另外，学校还从中国老年大学协会、山东老年大学协会的网站上下载了一些视频进行直播，在直播过程中，注重加强与学员的互动交流，认真听取他们的意见和建议，以提升网络远程直播的效果，帮助解决他们的后顾之忧。

（四）老年大学利用远程教育，适时邀请专家教授进行直播授课，以提高教学的直观性和时效性。老年大学根据学员的反馈意见，每年都会邀请专家教授来讲一些时效性强的课程。例如讲解一些农村老年人遭遇诈骗的事件。这些直观的讲述让老年人更有感触，提高了他们预防上当受骗的意识。另外，时效性强的课程还助推倡树文明新风、传播社会正能量，促进社会精神文明建设，维护社会的和谐稳定。

二、存在的问题

青州市老年远程教育取得了一定的进步和发展，但是还存在着一些问题，主要表现在以下几个方面：

（一）在思想上对老年远程教育不够重视。老年远程教育作为老年教育的一个重要组成部分，使老年大学学员可以通过远程教育在更广的范围内陶冶情操、增进健康，丰富自己的精神生活，还能够更新知识、开发智力、增长才干，创造条件继续服务社会，更好地维护社会和谐稳定。但是，仍有部分区县、镇街对老年远程教育发展不够重视、投入不足，设施上也不更新、完善，一定程度上不能满足老年远程教育发展的需要，影响了老年远程教育的发展。

（二）老年远程教育作为辅助上课模式，在实践教学中只是起到了填补作用。现在，青州市老年大学拥有10个分校，教学总面积达8000多平方米、室外活动面积5000多平方米，包括分校和艺术团在内，开班总数达到62个，注册学员1980多人，其中主校区主体教学班达到32个，学员1360人。相对老年远程教育来讲，青州市老年教育线下授课已经初步进入正轨，形成了一定的教学模式。在日常教学中，主要以线下实体授课为主，在思想观念及实践应用上，老年远程教育只是起到辅助填补作用。

（三）有的学员在思想认识上有差距，对老年远程教育重视不够。在实际中发现，有的学员对老年远程教育不重视，认为有没有、学不学都无所谓，看不到远程教育长足的后劲和发展趋向，只满足当前线下学习，看不到交通不便利及自身生理机能衰退的现实情况，看不到老年远程教育今后发展的优势，思想上还存在一定的错误认识。

（四）老年远程教育工作人员的配备及其资金投入与老年远程教育发展需求还有一定的差距。在社区及农村的老年学校中，老年教育的工作人员大部分是兼职的，他们还有很多其他的工作需要承担，在时间安排、组织管理上缺乏保证。另外，乡镇老年远程教育的办学条件还相对薄弱，在设施、资金等方面投入不够，一定程度上，乡镇老年远程教育的发展还有很大的空间。

（五）老年远程教育的课程设置还不够丰富、不够全面，针对性不够。尽管我们在老年远程教育发展上费了很多心思，但是从老年大学学员的反映来看，课程内容还不够丰富，针对性还不够强，特别是对一些防范电信诈骗的宣传力度不够。有的学员反映随着社会的发展，老年人跟不上社会的节奏，不会网上交纳电话费、水费、电费、取暖费以及网上购物等技能。在助力老人跨越“数字鸿沟”，解决老年人的实际困难方面，老年教育的工作还有很大的欠缺和不足。

三、改进措施

针对老年远程教育存在的相关问题和不足，采取的改进措施主要包括以下几个方面。

（一）思想上高度重视，不断加大财政投入。对老年远程教育，各级相关领导在思想上要高度重视，对老年远程教育不能只停留在口头上，要在实际行动上给予支持，在设施配备、人员编制、资金投入等方面，用实际行动来证明对老年远程教育的重视，从而促进老年远程教育的发展，更好地为老年人提供服务，维护社会的和谐稳定。充分利用社会资源，引入市场机制，将市场优秀资源引入老年远程教育，使老年远程教育迈向高质量发展。

（二）课程设置方面不断丰富、发展和完善。老年大学要充分利用各方面的资源，在课程设置上根据老年学员的需求，不断丰富、发展和完善。要充分利用中国老年大学协会、山东老年大学协会的优秀网络资源，给老年大学学员提供优质的服务。要根据社会的发展和进步，根据老年大学学员的需求，设置、调整相应远程教育的课程，以满足老年大学学员的愿望。

（三）加大舆论宣传力度，进一步做好老年大学学员的思想教育和说服工作。老年远程教育是一项长期的、为国利民的工作，老年大学工作人员要把老年远程教育作为一项重要工作来抓。在日常工作中，要注意对老年远程教育的宣传，让越来越多的学员认识老年远程教育、贴近老年远程教育，进而能够利用好老年远程教育，从老年远程教育中受益，提高自己的生命和生活质量，确保老有所学、老有所得。

（四）强化老年远程教育工作人员责任感和使命感，不断提高老年远程教育的服务和管理质量。老年远程教育是老年教育的重要组成部分，工作人员在思想上要高度重视，从自身做起，不断加强业务知识的学习，提高技术本领，在远程教育的教学实践中，注意倾听老年大学学员的意见和建议，不断丰富、改进、完善教学课程，不断加强线上教学管理和服务工作，用真心真情为学员服好务，为新时代老年远程教育事业发展做出积极贡献。

（刘宝利：青州市关心下一代工作服务中心主任）

老年远程教育研究

◎ 程大卫

摘要：随着老年人口日益增多，老年教育的重要性愈发凸显。在新冠肺炎疫情的背景下，发展远程服务型老年教育，运用信息技术服务老年教育，是确保老年群体老有所学、老有所乐、老有所为的重要措施，也是建设新时代老年教育体系的必由之路。本文在分析当下老年远程教育发展现状及问题的基础上，探索构建老年远程教育支持服务体系的有效路径：建立全方位、立体化的支持服务网络和网络资源共享的线上服务平台，提供多元化、特色化服务内容，建设老年远程教育专业师资队伍，创新老年远程教育服务形式。

关键词：老年大学　老年教育　远程教育　在线学习

一、老年远程教育的发展背景

（一）时代背景

1. 人口老龄化程度的加剧对老年教育现代化提出了新要求。山东省是全国老年人口最多、老龄化程度最高、应对人口老龄化任务较重的省份。根据山东省卫生健康委员会于 2020 年 10 月 23 日的新闻发布会介绍，2019 年底，山东省 60 岁及以上老年人口达到 2325.21 万人，占总人口的 23.09%，预计到 2035 年，山东省老年人口占比将达 30%。由此可见，目前山东省正迅速迈向深度老龄化，而这也必将带来长久而严峻的挑战，如劳动力短缺、老年赡养比例增加、国家财政（养老金）面临巨大压力等。老龄化社会中各种问题的缓解依赖于老年人能力水平的提升，而老年教育是提高老年能力水平的重要手段，不断满足老年人持续增长的终身学习需求，也是全面建成学习型社会的一项紧迫任务。同时，疫情仍未平息，各地老年大学线下课程都受到了一定程度的影响。在这一背景下，开展对老年远程教育的探索，成为当前老年教育工作的重要内容。

2. 互联网、信息技术发展为老年远程教育提供技术支撑。随着信息科学技术的发展，“互联网 + 教育”呈现热态。对于老年教育领域来说，互联网、信息技术使学习者在学习方式上有了更加多元化的选择，从而为个性化学习、社会化学习、跨文化学习、智慧学习提供了技术支持。学习者在学习过程中获得了个性化的体验，完成个性化学习任务；通过社交（媒体）技术提高了与他人知识共享、合作学习、主题参与的便利性，提高了社会化意识和能力。同时，在互联网技术的支持下，集成了计算机技术、网络技术、多媒体技术等的互联网系统为老年教育提供了丰富的教育资源、多样的教育交流方式、创新的教育模式、多元的教育平台。因此信息技术的不断进步为促进老年远程教育发展提供了技术支撑。

（二）现实背景

1. 老龄社会现象敦促老年远程教育不断发展。随着我国老龄化程度的加深，许多社会现象都不同程度地影响着老年人的心理。比如，老年人与子女分离导致的孤独、退休后难以适应社会角色、与子女缺乏良好的沟通交流等，这些现象都导致了老年人的精神无法得到寄托。因此，继续学习成为老年人寄托精神的不二选择。随着中国城乡居民预期寿命的延长及健康水平的提升，老年人具有更多的精力和时间去实现“老有所为”，希望能够在做到生活自理的基础上不断学习，跟上时代、参与社会，继续做出贡献。而老年远程教育具有多元性功能，不仅能够帮助老年人适应社会，还可以让其精神生活更加和谐完善。

2. 文化水平提升需要老年远程教育同步发展。改革开放以来，我国老年人受教育程度和受教育年限逐年提高。从近年人口普查数据来看，老年人接受教育的年限在 20 世纪 80 年代仅为 1.4 年，到 2010 年已提高到 5.9 年。随着老年人受教育程度的逐渐提升，具有较高文化水平的老年人对自身也提出了更高的要求，这就需要老年远程教育提供一个适合他们学习的平台。

3. 老年远程教育政策支持。为进一步加快老年教育事业发展，推进现代化强省建设，依据《国务院办公厅关于印发老年教育发展规划（2016—2020 年）的通知》（国办发〔2016〕74 号），我省制定了《山东省人民政府关于印发山东省“十三五”教育事业发展规划的通知》（鲁政发〔2017〕33 号），明确了运用信息技术服务老年教育的要求：要将信息技术融入老年教育教学全过程，推进线上线下一体化教学，实现学习资源跨区域、跨部门共建共享，扩大优质老年学习资源对农村、贫困地区的辐射作用，为老年人提供导学服务、个性化学习推荐服务；要推进老年教育信息化平台建设，利用现代信息技术建立山东省终身学习服务平台，开发网上学习资源库，构建适合老年人学习特点的个性化、移动式学习服务模式，开发适合老年人应用的学习客户端；要把传统教育与网络学习有机结合起来，开办老年教育网站和老年教育空中课堂，逐步形成覆盖城乡的远程老年教育体系，推进各地网上学习平台的互联互通和社区老年教育数字化学习资源共建共享，扩大老年教育覆盖面。这些政策为老年远程教育发展提供了支持，指明了方向。

二、老年远程教育发展存在的问题及原因分析

（一）老年远程教育资源建设不足

山东省各地老年大学均在摸索建设老年远程教育，其建设进度不统一，使用的远程教育平台也不一致，资源共享度不高，尚未有效融合形成在线远程教育应用的聚合效应。远

程教育对受众的智能设备使用能力要求较高。如当前多数使用的是CCtalk、腾讯会议、微信、钉钉等平台，这些平台对于老年大学学员来说操作流程过于复杂。目前还没有建设起一个通用的、适合老年人使用的远程教育平台。同时，远程教育需要通过终端设备连接网络观看课程资源，对课程发起者和接受者的网络、设备等条件的要求也比较高。在教育教学过程中，音质的清晰性与网络稳定性等都会影响老年大学学员参与远程教育的学习体验。

（二）老年远程教育教学模式比较单一

目前开展的老年远程教育多是延续了线下教育的教学方法，还是使用传统的教育管理模式，按班级开展管理考勤，借助一些现代化在线通信手段，实现网上教学、管理与服务，缺乏以老年受众为导向的定制研究和改变，没有运用好远程教育的优势。比如，目前的老年远程教育教学模式无法及时有效地识别老年人在远程教育中遇到的困难，老年人的网上学习互动有限，学习交流感与沉浸感难以达到好的效果，学习成果难以体现、学习效果难以量化。

（三）老年远程教育服务配套不完善

从老年远程教育平台的易用性来看，目前使用的平台没能结合老年人使用实际进行针对性改进，网站、界面没有根据老年人做出优化措施，吸引力、易用性不强，老年用户活跃度有限、黏性低。从老年远程教育师资队伍来看，目前从事老年远程教育的专业教师与技术人员极为缺乏，难以在短时间内自建高品质师资队伍。从老年远程教育教学资源来看，视频资源制作难度大、成本高，缺乏统一规范和标准，阻碍了学习资源的共享与使用。

三、构建老年远程教育服务体系的建议

（一）平台资源要统一管理、统筹发展

当前老年远程教育发展仍处于初期阶段，如果没有统一规划，就会造成各老年教育机构盲目建平台、买资源，从而产生资源重复与浪费的问题。对此，一方面，政府要积极鼓励、扶持老年大学教学主体的发展，增设远程教育培训课程，定期举办各种类型“云上”课程；另一方面，要着力统筹老年教育远程教育平台发展，集多方力量共同打造老年教育资源与学习平台，利用互联网教育特征，建立在统一平台上的教学资源共享机制。可以在平台上开通教育资源上传分享功能，制定审核、发布与奖励制度，鼓励各方人才加入教育资源建设队伍，健全人才选拔、人员管理和监督管理的相关制度来充实、管理人才信息库，鼓励懂管理、有责任心的年轻力量参与老年教育服务事业。可以采用聘用制与试用制并行的机制，保持管理队伍的优质化、专业化，让社会各界的志愿者助力老年远程教育发展。同时资源建设需要有步骤、有计划、分门别类地进行，在打破数据孤岛的前提下兼顾分类协作和地方特色创新，力争开发制作精良且符合老年人特点的资源，打造适合老年人特点的一站式学习分享平台。在建设资源与平台的同时，可利用大数据

和互联网问卷捕捉分析老年人学习行为和偏好，根据各地特点拟定学习清单，推送老年人喜爱的个性化学习资源，做好网络一站式服务。

（二）教育内容体系要实现内容丰富、按需施教

在老年教育新格局的目标导向下，老年大学需要健全老年远程教育供给的内容体系，多元化、层次化设计，精确对接学习者个性化需求，因地制宜地调整老年教育内容并配置资源。一方面，老年远程教育要基于体系化设计的角度，按照马斯洛需求层次进一步完善健康医疗教育，如保健知识、应急训练、认知训练等；也要加强文娱、文化知识教育，如艺术、健身、书法绘画等。另一方面，老年远程教育在给予或传授给老年人新知识的同时，也要利用其独特优势，通过视频、远程互动加强对老年人日常生活问题的科普和教育。比如，教育内容要涉及老年人养老保险、患病就医、合法权益以及社会治安等相关知识，增加老年人对维持生命功能的认识；教育形式要灵活多变，比如使用视频直播、短视频推送和问卷、考试等形式，实现再社会化教育与终身学习，帮助他们更好地适应老年生活。

（三）搭建互动交流平台满足老年人的互动需求

一方面，老年远程平台中互动界面应该更加人性化，满足老年学员自主学习的基本需求，实现由外到内、由粗到细、更加易用的互动资源搭建，同时也要开通在线社区、建立学生交流群，满足老年人之间的社交需求；另一方面，要实现学生与教师的交互，搭建教师为主导的线上线下同步教学模式，实现线上学习、考评、交流，线下教师教学及课后辅导答疑。

四、老年远程教育的前景

在新冠肺炎疫情期间，老年远程教育作为老年教育的一种新形式，意义重大。在这个特殊的时期，老年教育从线下转为线上，但老年教育的宗旨没有变，即满足老年人的精神文化需求，通过再教育更好地帮助老年人适应老年生活。老年远程教育既保证了受教育者的学习安全，又打破了地域的限制，让教育区域不平衡得到缓解，对偏远地区特别是老年教育服务无法送达的山区农村来说，老年远程教育无疑是一场及时雨，能有效地解决当地老年教育“有与无”的问题，让更多的老年人获得接受优质老年教育服务的机会。习近平总书记指出，当今世界，科技进步日新月异，互联网、云计算、大数据等现代信息技术深刻改变着人类的思维、生产、生活、学习方式推动教育变革和创新，构建网络化、数字化、个性化、终身化的教育体系，建设“人人皆学、处处能学、时时可学”的学习型社会，培养大批创新人才，是人类共同面临的重大课题，也是我们从事老年教育研究和实践的教育工作者孜孜以求的目标。

（程大卫：济宁市梁山县老年大学教师）

老年大学信息化教学研究

◎ 江海峰 蒋艳

摘要：本文以泰安市老年大学为基础，对教育信息化进行了研究。人口老龄化已经成为我国的现实国情，通过行之有效的途径大力开展现代化老年教育，对提高逐渐庞大的老年群体的素质和生存质量有着重要的意义。当今世界信息化革命的飞速发展，必将对未来老年教育事业产生巨大冲击，老年教育现代化刻不容缓。

关键词：现代化 老年教育 移动信息 教育信息化 老年学员

中国经济已经进入高质量发展阶段，随着我国进入小康时代，人们对于美好生活的要求越来越高，而老年大学教育作为老年教育的重要组成部分，也是满足老年人精神文化需求的重要途径。老年大学教育的现代化，不仅仅能满足老年人的美好生活追求，而且也能充实老年人的精神文化生活。在当今这个瞬息万变的世界里，信息化革命的飞速发展，必将对老年教育事业产生巨大冲击，促使老年教育信息化不断变化和发展。

一、信息技术对老年教育的影响

在科技日新月异的今天，信息技术以前所未有的方式和速度影响和改变着人们的生活、工作和学习方式，老年教育亦受深刻影响。如何实现老有所教、老有所学、老有所乐、老有所为，成为人们关注的热点。通过调研分析信息技术背景下老年人的学习需求，结合中国老年大学教育现状，探索和研究信息技术时代如何更好地开展老年教育具有重要意义。在中国，凭借互联网、手机、电脑的普及，老年大学学员几乎可以访问学习所有大学的公开课程，甚至诸多世界知名大学的公开课程都可以访问学习，大学的围墙正被互联网打破。老年大学借助于智能手机、平板电脑和移动基站，正于21世纪飞跃式地发展。

（一）老年大学网络课程设置的问题。泰安市老年大学坚持以老年大学学员需求为导向，着力建设多层次、多样化的课程体系，共设13个系部、46个专业、120个教学班；积极创新课程设置，开设了楹联、烹饪、瓷绘、泥塑、诗歌朗诵、钩针编织、母婴护理等特色专业；开办“专家讲坛”，创新提出“没有围墙的老年大学”办学模式，努力将办学根系向基层延伸，积极与高校合作，惠及了更广泛的老年人。为减少新冠肺炎疫情影响下学员学习中断、学校教学停摆的不利影响，学校及时通过微信公众号等平台积极应对疫情，开展线上学习，积极组织各教学班开展网络教学，让老年大学学员在家学习，做到防疫学习两不误，“宅”家照样有乐趣。新冠肺炎疫情发生以来，常规教学长期停摆致使大多数老年大学教师处于一种无用武之地的状态，老年大学学员流失问题日益凸显。

（二）老年网络教育成为全球性普及教育。事实上，各国的公共教育成本普遍高昂，而移动智能技术则可以将顶尖的老师和专家带到每一间教室。老年大学网络教育在改善教学质量的同时，节省了经费，并借助移动计算机技术，将教育推广到以前老年教育从未覆盖的角落，使更多的资金投入老年教育和基础设施建设，有效改善了老年教育条件。网络传播为现代远程老年教育拓展了广阔空间，启发老年大学以时不我待的紧迫精神，高度重视和发挥网络传播在老年教育中的正向作用；坚持内因驱动，抓好技术骨干、确保网络设备、用好信息资源、完善教学组织，快速推进泰安老年远程教育的大发展、大繁荣。

二、移动信息的应用

（一）建立老年大学智慧教室。组织学员在中国老年大学协会远程教育网学习健康养生课程。远程教育作为老年人的学习载体，丰富了学习内容和形式，赢得了老年人的欢迎。推进远程教育是老年大学科学发展和实现现代化的必然选择，要求老年大学开展教学改革、创新教学模式、自主开发课程、丰富教学资源、拓宽“远教”途径。基于老年大学的远程教育实践和启示，纵观我国老年大学远程教育实际，笔者特提出一些看法和建议：移动信息的发展，会使未来的教室为教师提供每一位老年大学学员的学习数据，甚至为每一名老年大学学员提供量身定制的课程安排。未来教师会利用信息技术学习平台，更好地通过老年大学学员学习、出勤情况等“纵向数据”来了解学员，通过云平台提供的数据分析，帮助教师判断哪一位老年大学学员存在学习障碍等，还可以为老年大学学员提供帮助。移动信息平台能驾驭好这些大数据，帮助老年大学实现这一目标。

（二）老年大学移动信息技术能否代替教师。老师的工作不只是传授知识，只有人格才能影响人格、只有感情才能唤醒感情，教师可以与老年大学学员分享人生和做人的道理，而计算机却不能分享。因此，信息技术不能取代老年大学教师的作用。教师利用网上大量的教学信息以及多媒体技术在老年大学课堂教学中的运用，丰富了教学手段，提高了教学质量。不少老年大学学员对信息技术的运用感到困惑，要不要用、能不能用、会不会用，成为老年大学在教学中的一个难题，因此一定要开设信息技术初级培训班。老年大学学员普遍存在这样的想法：一是已经退休了，谁还愿意花时间和精力来学习；二是年纪大了，学习精力体力都不足，还能够学会吗？三是一直以来接受的都是面对面的课堂教学，网络学习能否接受？基于上述的想法，对于学习现代信息技术，老年大学学员应在观念上做出转变，从最基本的学起。上网技术和网上课堂的学习使用并不是高难度的，年龄不是障碍、知识不是问题，只有不断学习，才能不断适应现代网络教学的发展，才能提高自身的学习质量。在学习中要放得下架子，退休后所有学员一律平等，没有高低贵贱之分。老年大学学员应该成为使用网络信息和多媒体的生力军，虚心向辅导教师请教，与辅导教师和同学结成同盟，采取一帮一等形式，以此达到良好的学习效果。

3. 教育的信息化

教育信息化的概念是在20世纪90年代伴随着信息高速公路的兴建而提出来的。美国克林顿政府于1993年9月正式提出国家信息基础设施在社会各领域的广泛应用，把IT在教育中的应用作为面向21世纪教育改革的重要途径。美国的这一举动引起世界各国的积极响应，许多国家的政府相继制定了推进本国教育信息化的计划。掌握各种信息工具特别是多媒体和网络技术工具，是实现终身学习和自主学习的一种方法。其核心是运用信息资源进行问题的解决和创新活动，利用信息进行独立、合作和终身学习，有独特的信息风格。

（一）从完整的老年教育技术理解出发。老年教育技术与未来教育的关系非常密切。未来的学习是终身化、自主化的学习，老年教育技术就是为了促进老年人更好地生活，尤其以实现老年人快乐学习为主。其目的是使老年人增长知识、开阔视野、丰富生活、增强体质。老年教育的对象是各个层次的老年人。老年大学是老年教育的一种普遍而重要的形式。各类老年大学情况各异。美国的“老年寄宿学习计划”是美国规模最大的一项老年教育计划，由教师M.诺尔顿1975年在新罕布什尔州新英格兰学院首创，此后逐步扩展，到1984年夏季，入学的老年人已达4.5万余人。每期为时一周，老年人住在大学宿舍里，学习特地为他们设置的课程，并参加各种课外活动。此外，法国的“第三年龄大学”也颇具特色。

（二）追求老年教育开放式大学的多样化。探索多领域合作开展老年教育的新模式。老年教育是积极应对人口老龄化的重要途径，可以帮助老年人树立积极老龄观，增强社会参与度，乐享退休生活。一是“公益机构＋老年教育”，将拥有专业背景的志愿者吸收到老年教育中来。二是“养老机构＋老年教育”，为教育元素深度赋能。三是“老年教育＋互联网”，通过线上线下一体化的方式，满足个性化、差异化以及更广泛的需求。国家开放大学老年大学开展“看江山”游学活动，依托优质的名师资源与课程资源，以文化教育为主体内涵设计老年特色学习服务项目，与旅行机构跨界共同打造国家开放大学老年游学品牌。围绕“康养学游”概念内涵、供给与需求研究、实践探索成果等方面逐步构建康养旅游理论知识体系。

4. 现代老年远程教育的发展

中国发展现代老年远程教育试点工作以来，在网络教育的管理机制、教学模式、教学管理模式、康养模式和资源建设等方面取得了卓有成效的进展，现代老年远程教育已成为我国教育事业的重要组成部分。随着信息技术的发展和社会经济文化的进步，现代老年远程教育在构建终身学习方面将发挥越来越重要的作用，也将成为创建学习型社会的重要手段。移动技术可以使老年远程教育成为可能。医生可以远程治疗病人，那么老年人也同样可以进行远程学习，可以从养生教授那里学习如何养生，从运动专家那里学习如何安全有效地运动，而且这已成为老年远程教育的发展趋势。

（一）传统的讲台上的老师会不会消失。传统的讲台上的老师不会消失，但人数会大大减少，而且他们将有新的任务。通过掌握软件和硬件的专业知识，很多老师将成为老年兴趣学习小组里的引导者、支持者和协调者。他们还将监督老年学员的学习掌握情况。现在我国国家开放大学老年大学就是这样做的。国家开放大学“数字化科研论坛”旨在为国家开放大学优秀中青年学者搭建一个基于网络的多领域、多视角、多元互动的学术交流平台，以传播优秀知识成果、拓宽学术视野、催生新研究。国家开放大学老年大学始终积极推动科研工作，已完成“老年教育基本标准、制度建设”等课题研究，并于2020年获批成为中国老龄协会首批科研基地。

（二）未来的老年教育是全球教育。随着世界经济的发展、人权运动的推动以及终身学习理念的普及，老年人的受教育权、学习权不断受到重视，从满足老年人的学习需求、保障老年人学习权的实现扩展到适应老龄化社会的发展特点、促进时代融合的社会福祉实现。教育作为一种重要的社会参与方式，对于老年人身心健康的发展发挥着积极作用。通过组织老年人参与各类学习活动，可以给他们重新分配新的角色，减少他们因“角色退出”而引发的“晚年孤寂”，同时引导老年人继续为社会发挥作用，以实现其自身价值。老年教育的形式不断多元、内容不断丰富，参与对象更是从老年人发展到社会全员；老年教育的内涵与教育边界不断扩大，老年教育在教育体系、社会发展中的地位越来越重要。剖析发达国家老年教育发展的进程，能够为我国老年教育的发展提供借鉴。

（江海峰：泰山护理职业学院心理学教授、高级心理咨询师 / 蒋艳：泰安市精神病医院副主任护师）

【参考文献】

［1］［美］迈克尔·塞勒：《移动浪潮》，中信出版社版，2013。

［2］中国老年大学协会课题组：《中国特色老年大学教育现代化研究》，2011。

［3］王彦钊：《老年大学教育现代化改进的关键》，《继续教育研究》2018年第10期。

［4］刘璟：《试论老年大学教育现代化》，《老年教育（老年大学）》2016年第9期。

［5］丰明聪、马思红：《信息技术背景下老年教育现状调查与对策研究——以无锡开放大学为例》，《南京广播电视大学学报》2017年第6期。

［6］虞红、夏现伟：《国际老年教育发展的新动向及对我国的启示》，《职教论坛》2019年第6期。

如何持续推动高质量的老年远程教育发展研究

◎ 王芳

摘要：近年来，威海市老年大学通过全市老年教育一体化建设，探索建立市（区）、镇（街）、村（居）三级老年远程教育网络。教育网络建设的基本情况及建设过程中存在的问题反映了当下老年远程教育发展的普遍现状。本文以威海市对突破老年远程教育发展瓶颈所制定的对策为例，研究推动老年远程教育高质量发展的对策，对于其他地区老年大学发展老年远程教育具有一定参考意义。

关键词：威海市　老年远程教育　一体化　高质量发展

随着人口老龄化问题日益凸显，养老已成为关系国计民生的重大问题，党和国家对老年人的关注逐渐从物质养老不断向文化养老转变，发展老年远程教育已成为积极应对人口老龄化和构建学习型社会的重要内容。“十四五”时期是我国积极应对人口老龄化的关键期，在线下老年教育课堂覆盖率不足的情况下，利用互联网技术大力发展突破时空限制的老年远程教育是积极应对人口老龄化的有力措施。如何持续推动高质量的老年远程教育发展，成为各地老年大学亟待解决的问题。本文将以近年来威海市发展老年远程教育的基本情况为例，分析制约老年远程教育发展的问题，研究推动高质量老年远程教育发展的对策。

一、威海市发展老年远程教育的基本情况

2016 年，威海市委组织部、市委老干部局联合印发《关于推进全市老年大学一体化建设的意见》，为实现市域老年大学一体化发展，按照“由点及面”的思路，把各区市、国家级开发区老年大学设为分校，在高校设立老年大学分校，作为区域的“中心点”，辐射带动周边发展，在符合条件的企业设立教学培训基地，在镇（街）、村（居）设立教学站点。目前，全市共设立分校 8 所、教学培训基地 2 处、教学站点 667 个。在一体化发展的背景下，威海市老年大学联合所有分校、教学培训基地、教学站点，统一开展老年远程教育工作，从体制机制、典型示范、管理利用等方面探索老年远程教育发展路径。

（一）建立机制，保障老年远程教育工作有序开展。成立老年远程教育工作小组，以“引领全市、覆盖镇街、衍射到村、延伸入户”为目标，建立覆盖市（区）、镇（街）、村（居）的三级老年远程教育工作网。按照《山东老年大学远程教育教学点开设办法》

的要求，每个远程教育教学站点明确1名分管领导和1名工作人员，负责与省、市老年大学及其他教学站点进行沟通联络，建立起一支能够负责教学站点管理、辅导收视学习、解疑释惑、交流互动的管理队伍。目前，威海市镇（街）老年远程教育教学站点覆盖率为77%，全市村（居）老年远程教育站点的覆盖率为50%。

（二）突出特色，推动老年远程教育工作突破发展。一是充分发挥实验区带动作用。根据区市发展特点，在各区市分校打造老年远程教育实验区，发挥示范带动作用。荣成市作为首批“全国老年远程教育实验区”，基本上做到每个乡镇和社区都有1至2个远程教育收视点。同时，依托“荣成智慧党建数字电视平台”，利用有线数字电视“户户通”，将老年远程教育设为该平台的子栏目，将信号通过电视机传播到每一个收视点和居民户家中，使老年人可以像收看电视一样选择收看老年教育节目。乳山分校获批第三批“全国老年远程教育示范区”，在15个乡镇全部开通老年远程教育站点，实现了中心校与乡镇、村居教学课程的直播互通和资源共享。文登分校以区老年大学为主校区，选取基础设施好、办学条件成熟的社区设立分校，着力打造“1+N”教育网格，通过与广电公司签订协议，为每个社区分校购置了“老年教育云课堂”设备，使学员可根据爱好通过云课堂点播线上教育课程。二是建立老年远程教育教学资源库。按照“录制一批、评选一批、引进一批”的原则，探索建立资源共享的老年远程教育教学资源库，根据老年人的不同需求，组织力量录制具有本地特色的视频课件，目前已经录制母婴护理、声乐、古诗词、太极拳等契合老年人需求的远程教育课程，定期开展优质视频课件评选活动，加强与外地老年大学交流合作，建立起互利互赢、互助共享、教学相长的工作机制。三是积极开展老年远程教育课题研究。突出问题导向，围绕新时代本市老年远程教育出现的新情况、新问题，积极开展应用性课题研究，深入基层开展调研，摸透基层老年远程教育现状与需求，探索发展路径，在第四次、五次全省老年教育理论研讨会中，威海市老年大学推荐的12篇论文获奖。

（三）抓好利用，实现老年远程教育工作常态发展。指导各老年远程教育站点建立起规范的组织管理制度，制订教学计划、教学大纲、课程表等，辅导远程教学站点接收、收看节目，培养老年学员熟悉网络直播、点播的学习方式和方法，利用网站、微信公众号将网络课堂的课程安排、授课教师情况、播放时间等进行公示和推介，让老年人积极参与，使老年远程教育成为基层老年人学习知识的常态化手段。

二、存在问题

据统计，威海市范围内60岁以上的老年人口数量超过75万，在线下老年大学课堂参加学习的老年人数约5万人，能够通过教学站点、电视等远程教育形式参与老年教育活动的老年人数约10万人。面对数量庞大的老年群体，老年远程教育的发展速度还远远跟不上老龄化的速度。

（一）缺乏积极的认识。一是社会对老年远程教育的重要性认识不足，认为老年远程教育是休闲教育，不像中小学义务教育那样正规，课程开不开设都行、学不学都行，对发展前景没有积极认识，因此各方面投入不足。二是部分老年人的日常生活多为帮子女照看孩子、养花遛狗、跳广场舞等，没有形成加强学习、自我提升的意识和意愿，参与学习的积极性不高。

（二）缺乏人力、资金支持。当前，威海市各级老年大学工作人员和学员比例高达1∶600，很多工作人员还在老干部局、老干部活动中心兼职，开展老年远程教育工作精力不足。搭建老年远程教育平台，将现有各种网络资源应用到老年远程教育网络上，购置教学设备和播放设备、租赁场地、聘用管理人员等都需要投入大量的资金，而现有经费无法满足老年远程教育快速发展的需要。

（三）缺乏高素质的管理员队伍。老年远程教育收视点管理员大多是退休后热心服务的老年志愿者，在工作中依靠的主要是热情和奉献精神，没有工资补贴。只靠自愿和精神鼓励不是长久之计。管理员管理水平的差异也导致各远程教育收视点设备维护情况、收视情况不一，教学效果差异较大，急需专业的技术人才、高素质管理人才充实到管理员岗位。

（四）课程缺乏吸引力。老年人到老年大学学习一方面是为了学习知识，另一方面是为了融入集体学习的氛围、结交朋友。线上课程内容虽然也比较丰富，但大多是单向的网络视频教学，授课老师不在现场，缺乏即时的互动，一些老年人即使住所距老年大学路程较远也宁愿报名线下学习，参与远程学习的兴趣不高。如今自媒体十分发达，抖音、快手等平台内容丰富、形式新颖，一些会操作手机的老年人更愿意选择从自媒体平台获取感兴趣的内容。

三、解决对策

（一）宣传老年远程教育的重要意义，改变原有认识偏差。受办学场地、硬件设施等条件限制，线下课堂容纳老年人学习的空间有限，只有通过整合各类资源，抓好老年远程教育平台建设，大力发展老年远程教育，才能不断扩大老年教育规模，提高老年教育覆盖面。对于社会来说，只有老年人都学起来，才能提升全民素质，建立全民学习、终身学习的学习型社会。社会、家庭应该鼓励老年人积极接受远程教育，帮助老年人建立学习的信心，提高老年人晚年生活质量。

（二）发挥一体化建设体制优势，实现老年远程教育资源共建共享。老年远程教育工作是系统工程，靠学校“单打独斗”无法建成，实行全市乃至全省、全国老年远程教育一体化建设十分必要。《山东老年大学五年行动计划（2021—2025年）》中指出：“优化升级远程教育网、手机云课堂、电视云课堂‘三位一体’的立体化远程老年教育平台，发挥‘互联网+’优势，办好网上老年大学，开展在线老年教育，实现省域内优质老年教育数字资源全覆盖。”这明确了未来远程教育资源获取的方式，各市县老年大学可通过“三位一体”平台积极上传、下载、共享优质课程，建设起内容丰富的远程教育资源库。同时，各市县老年大学还可通过一体化在体制机制、标准规范、经验理念等方面共筹共享、融合发展。

（三）实行“党建+老年远程教育”，整合远程学习平台资源。近年来，各地组织部门对党员的教育管理日益加强，党员远程教育已经基本实现全覆盖，直接延伸到村和社区。建议统筹老年远程教育资源和党员远程教育资源，实现资源共享。在这方面，荣成分校和乳山分校做出了尝试，荣成分校借助全市广电网络智慧党建平台的建设，把老年远程教育工作嵌入这个平台，将收视点建在各镇街、村庄的党员活动室，延伸了远程教育的触角；乳山分校将老年远程教育网与党员干部现代远程教育网进行融合，把老年远教模块融入党员远教界面，使上网学习的老年人可以充分共享该网络内所有的教育资源；并将农村党员活动室与老年远教收视点进行整合，建成了覆盖市（区）、镇（街）、村（居）的三级远程老年教育教学场所618处，实现远程老年教育网络的全覆盖，有效缓解了现有老年教育资源不足的问题。

（四）建立线上、线下联动机制，实行“自学+辅学”相结合的学习方式。老年远程教育形式多为收看视频，相对比较枯燥，建议在一些收看人数较多的社区老年教育站点，综合考虑远程教育站点需求，选派老年大学优秀教师开展实地教学，有针对性地进行辅导，现场为学员解答疑问。如文登分校采取了“线上+线下”联动的办学思路，在线上，通过与广电公司合作，为教学站点购置了远程教育设备，使学员可就近到教学站点收看节目；线下，选派老年大学教师下沉到教学站点开展实地教学，为学员提供课堂辅导，这种模式得到了学员们的广泛欢迎和认可。

（五）增加课堂吸引力，安排学员结对学习、以老带新。老年大学学员参加远程教育学习的积极性不高、学习过程中缺乏互动效果。因此，可以动员在老年大学上课的老年大学学员积极参加远程教育学习，同时，安排老学员担任远程教育教学站点管理员，在远程教育站点协助管理班级，倡导老学员与远程教育学习站点的新学员结对学习、共同提高，从而营造良好的学习氛围，增加学员的学习兴趣。通过网站、微信公众号、抖音等平台将远程教育课程安排、授课教师情况、内容简介等进行提前发布和推介，吸引更多的老年人积极参与。

（六）吸引社会投资，保障老年远程教育有效运行。要争取财政支持力度，将老年远程教育经费列入本级财政预算，实行专款专用，确保老年教育经费落到实处。鼓励社会力量兴办老年大学，可与大中小学、社会教育培训机构、养老院、博物馆、展览馆、体育馆等机构联合，充分利用本地的各类文化教育资源和社会公共资源建设教学站点、设立学习场所，配备教学设施设备，统筹使用，扩大远程教学承载能力，构建多元化的老年远程教育办学格局。

（七）加强队伍建设，建立老年远程教育管理机制。每个老年大学要明确分管领导、专职工作人员负责辖区内的老年远程教育工作，建立远程教育教学站点通讯员队伍，做到及时上传下达、沟通联络，负责确保组织到位、人员到位。引导有专业素养、热心服务、积极向上、有事业心和责任感的志愿者充实到老年远程教育的各个岗位，补充人力资源不足的状况，条件允许的情况下可给予一定的物质补贴。通过一体化建立规范的组织管理制度，统一制订教学计划、课程表等，增强管理的规范性。

（王芳：威海市老年大学办公室科员）

信息安全时代 怎样为开放的老年大学电子档案加道“防护锁”

◎ 刘桂青

摘要：随着计算机信息网络的发展，老年大学档案管理越加具有网络化的特点，随之出现了老年大学电子档案。与实体档案相比，老年大学电子档案的保存备份等管理工作越加便捷化，越加呈现出开放共享的特征，档案信息也安全了很多。但是这种安全不是绝对的安全，并不能保证信息安全的万无一失，同样存在档案信息安全问题。因此，在开放共享的环境下为老年大学电子档案加道“防护锁”，加强档案信息管理显得尤为重要。

关键词：信息安全 老年大学 电子档案 安全管理

档案是一种重要的信息资源，过去一直实行实体老年大学档案管理体制，随着老年大学电子档案的出现，对档案的管理越加依赖于计算机网络，在这种背景下确保档案信息安全成为老年大学档案管理部门需要高度重视的一项问题。对老年大学电子档案信息安全管理来说，电子化档案受到计算机网络的影响较大，因为网络自身和人为操作因素导致档案信息的丢失，往往会带来巨大的损失，因此要注重加强老年大学电子档案信息安全管理工作，采取有效的管理措施来规避这些不安全因素，以此营造和谐稳定的老年大学电子档案安全管理环境，从而为档案事业的发展奠定良好的基础。

一、老年大学电子档案安全管理概述

在信息时代，老年大学电子档案在为需求者提供有价值的信息资源方面创造了极大的方便，但这却对档案信息安全造成了影响。分析研究老年大学电子档案信息安全管理的含义，对丰富档案信息内容具有重要意义，有利于建立完善安全的管理体系，使信息工作更加和谐稳定、更加安全。在多样化的载体形式前提下，诞生了老年大学电子档案信息安全这门新兴学科，学科研究内容包括档案信息系统、档案信息应用管理等。档案信息具有开放性和共享性的特点，这是对其信息资源进行开发的目的所在，也为信息资源的开发提供了动力，通过将有利用价值的信息提供给个人与组织，有利于推进相关工作的开展。①

---

① 唐玲娟：《强化企业登记档案管理的实践与思考》，《浙江档案》2020 年第 9 期。

二、老年大学电子档案安全管理中存在的问题

（一）环境问题。在开放共享的老年大学电子档案管理环境中以及硬环境和软环境中，都有信息安全相关问题的存在。在硬环境中，档案信息安全问题体现在自然灾害、存储环境与载体自身问题上；在软环境中，档案信息安全问题体现在安全管理意识比较缺乏，相关事业发展速度比较缓慢，很少举办开放共享活动，应有的作用没有发挥出来，缺乏安全管理保障资金等方面。这些普遍存在的安全问题，给老年大学电子档案安全管理工作的开展造成了障碍。

（二）法规问题。当前在老年大学电子档案安全管理上还缺乏完善的法律法规，在对法规的建设上步伐有些缓慢，法律法规上的滞后性会对日常管理带来麻烦，所以要加快制定与落实相关档案法律法规，而且也要加以细化。① 虽然我国老年大学电子档案安全管理有关的法规已逐步出台，但这些法规尚未满足老年大学档案管理工作的需要，贯彻执行效果不是很理想，因此要对相关安全法规有针对性地加以完善。

（三）技术问题。老年大学电子档案信息安全技术与实体档案安全技术相比，实体档案有着原始唯一性的特点，在保存中需要特别谨慎，人为与环境因素常会影响到信息安全，当被破坏之后难以修复，这对档案信息资源来说是一种隐患。如何通过对高新技术的运用来修复档案，更好地对档案进行保存是尤为需要研究与解决的重要问题。在老年大学电子档案运用中，系统和网络安全是导致档案出现不安全因素的主要原因，对此类问题需要特别重视，并采取有效的解决措施，从而为老年大学电子档案安全提供保障。

（四）管理问题。当前的老年大学电子档案工作在呈现方式上越加多样，也越加具有现代化的色彩，这是对工作者能力水平的考验。伴随着档案整理保存与利用的变化，管理理念与思想、方法都会发生改变。对老年大学电子档案的规范是现代老年大学档案管理的重要内容，目前我国在老年大学电子档案管理方式上有些单一、在管理方法上有些滞后、在管理制度上也不够健全，传统方法仍在沿用，这会对管理效率、效果带来影响，对档案信息安全稳定问题也会造成影响。

三、针对老年大学电子档案安全管理存在问题的解决对策

（一）在硬件和软件上的对策。提高老年大学电子档案安全管理意识，加强对信息安全方式与内容、主体等方面的认识理解，建立系统科学化的保护理念并进行逐步培养，确保其贯穿于老年大学电子档案日常管理工作的每个环节。对老年大学档案管理工作者

---

① 张伟英：《农机安全监理中电子档案管理系统的应用》，《湖北农机化》2020 年第 17 期。

和信息利用人员、社会来说，老年大学档案管理工作者占据着主导地位，动力角色由信息利用人员扮演，社会则是前提。[①] 各级参与者应在思想上予以重视，自觉主动学习老年大学电子档案安全管理相关知识，开展相关安全教育主题活动，重视对信息安全道德的建设，以此对安全意识进行培养。

档案部门属于事业单位，其在环境建设和设备更换，以及软件维护保养等方面的费用由国家、政府承担，然而这些费用并不能完全满足老年大学档案管理工作的需要。因此，档案部门要共同筹划，通过各种渠道对资金进行筹措，为老年大学档案管理工作的开展起到推动作用。在保存环境建设方面，应加快对老年大学电子档案的建设，如数字影像形式的档案要避免放置在磁场强的地方，以防止因为消磁而产生损失的问题。

（二）在政策法规上的对策。我国在老年大学电子档案安全管理方面的法律法规数量较少，还不够完善，尚处于起步发展的阶段，国家应在这个方面予以关注。有关部门要对档案法进行修改和完善，明确规定老年大学电子档案安全管理的执法检查项目，定期检查督导相关项目的执行情况，予以大力宣传和引导，对老年大学档案管理人员的法律意识和安全意识进行强化，对老年大学电子档案相关安全法规进行建立完善，对计算机网络安全加强管理和指导，对开放共享环境下的档案信息安全予以特殊的保护，加强在档案信息保护方面的立法，为信息资源的真实完整、有效利用提供保障。

（三）在技术上的对策。老年大学电子档案安全管理技术主要为数据安全技术，一方面要加强计算机网络安全管理，做好日常网络安全维护措施，另一方面要做好对老年大学电子档案信息的保存备份工作，加强保密管理，采取随需随取、按需收费的措施，从而为老年大学电子档案信息安全提供技术保障。

（四）在管理上的对策。建立相关安全组织体系，加强对安全管理相关部门的设立，统一监督管理相关安全管理工作，地方老年大学档案管理部门要成立相应科室，大力宣传落实相应的政策法规。对档案安全管理制度进行完善，对制度体系进行建立健全，组织专家制定总体方针、发展目标，对档案安全管理工作的开展做好宏观的指导管理工作，在国家法规与政策指导之下制定与本地实际情况相符合的制度方法。加强在保密制度上的建设，保密制度为档案开放提供着重要的前提基础，各地要开展档案安全保密教育活动，对员工保密意识进行培养，将职业道德提高上来，对各项规定进行贯彻落实。要严格建立保管制度，对老年大学电子档案形成制度进行完善，对数字档案开放共享制度进行规范。

在信息安全时代背景下，要为老年大学电子档案安全管理增设“防护锁”，铸就坚强的防护后盾，就应该正确认识老年大学电子档案安全管理现状以及在档案信息管理中

① 李嫚：《大数据时代下医院人事档案电子信息化管理分析》，《兰台内外》2020 年第 29 期。

存在的问题，老年大学档案管理部门要成立安全管理部门，对安全管理制度体系进行建立和完善。当前关于老年大学电子档案信息安全管理方面的法律法规比较少，因此尤为需要加快在相关立法上的建设，做好信息保护措施，为创建安全稳定的老年大学电子档案工作的发展环境打下良好基础。

（刘桂青：德州老年大学副校长）

“空中课堂”助推胜利油田老年教育高质量发展的实践与思考

◎ 赵军

摘要： 近些年，以实时直播为主的“空中课堂”逐步延伸至我国老年教育领域，新冠肺炎疫情更是推动了老年大学的转型升级。胜利油田老年大学自使用中国老年大学协会免费提供的“网上老年大学”App以来，开设的网课数量和质量均位居全国前列，成效显著，而且帮助越来越多的老石油人圆了“大学梦”。本文重点论述了开设“空中课堂”的必要性、创新点、政策依据，对推动胜利油田老年教育的高质量发展具有较强的参考意义。

关键词： 空中课堂　胜利老年教育　高质量发展　实践思考

随着数字化、智能化、信息化的迅猛发展，以实时直播为主的“空中课堂”逐步延伸至我国的大中小学、职业技能培训和老年教育领域，尤其2020年以来暴发的全球新冠肺炎疫情，更是推动了老年大学的转型升级。中国老年大学协会将开发的“网上老年大学”App免费推给全国各级老年大学使用，使线上教育呈现百花齐放的局面。胜利油田自使用以来，开设的网课数量和质量均位居全国前列，成效显著，而且帮助越来越多的老石油人圆了“大学梦”。

一、推行“空中课堂”是老龄化社会现实发展的必然

自2000年开始，我国人口老龄化程度明显加快，截至2020年10月，全国60周岁及以上人口为2.64亿人，占总人口的18.17%。人口老龄化已成为21世纪我国的基本国情，积极应对人口老龄化也随之成为国家的长期战略任务，而发展老年教育，推进老有所教、老有所学、老有所乐、老有所为，就是积极应对人口老龄化的一项有效举措。

老年大学线下报名依然“一座难求”。作为老年教育普遍而重要的形式，每逢开学季，各个地区老年大学现场报名火爆，很多地方甚至出现凌晨排队报名的现象，胜利油田老年大学就是其中之一。尽管有27所分校、50余个教学点，但由于近年来企业退休人员日渐增多，受资金、场地等各类条件限制，现有的教学场所远远不能满足他们的学习需求。另外，尽管适合使用的音像、视频等线上学习资源也有不少，但通常只是作为教师授课

的辅助手段，或作为学员提高自身兴趣的有益补充，老年教育依然以传统的现场课堂教学为主。

互联网、智能手机的普及使线上教学成为可能。随着中国老年教育现代化进程的加快，智能手机以及互联网的日渐普及，线上教育相对于线下教学在时间、空间等方面的优势日益凸显。据初步统计，在胜利油田近 17 万人的老年群体中，会上网浏览、聊天甚至网购的人群超过一半以上，而其中又有相当比例的退休人员有继续学习知识的愿望。在线下老年大学“一座难求”成为常态化的新形势下，改变现有授课模式，实施网络教学，适应教育现代化大势所趋，成为满足老年群体多元化需求的有效途径，像“空中课堂”这样新的教育教学模式呼之欲出。

2020 年全球暴发的新冠肺炎疫情，使得全国 7 万多所老年大学按下了暂停键，但同时也加速了老年教育信息化的步伐。中国老年大学协会“网上老年大学”系统，自 2020 年 9 月起开始无偿推荐给全国各级老年大学使用。在此情形下，经过 2020 年上半年的强基固本、网络设备购置等措施，胜利油田老年大学史上第一次推行“空中直播”课堂，并取得巨大成功，使胜利油田老年教育信息化建设驶入快车道。

二、“空中课堂”具有独特的空间、时间优势及政策支持

1. 空中直播课堂的优势和创新点。“空中课堂”最大的优势和创新点就是老年学员不再受时间、空间的限制，不再受数量、名额的限制，足不出户即可通过手机 App、电脑终端或投屏的方式在家里完成老年大学的报名、选课和听课，有效破解了企业退休人员因所处地域和身体条件限制等导致的入学难问题；而且，学员如果一次没有学会，还可以反复回放视频学习，直到学会为止，学习效果也大幅提升。“空中课堂”在极大方便企业退休人员自主学习的同时，助推了老年教育现代化建设步伐。

2. 国家给予支持的政策依据。2019 年国务院办公厅在《关于推进养老服务发展的意见》中提到“实施‘互联网 + 养老’行动，大力发展老年教育……建立全国老年教育公共服务平台，鼓励各类教育机构通过多种形式举办或参与老年教育，推进老年教育资源、课程、师资共享，探索养教结合新模式”。2019 年国家民政部在《关于进一步扩大养老服务供给 促进养老服务消费的实施意见》中首提“打造‘互联网 + 养老’服务新模式……加快互联网与养老服务的深度融合……创新服务模式，培育服务新业态”。2020 年 11 月 15 日国务院办公厅印发的《关于切实解决老年人运用智能技术困难实施方案》要求聚焦涉及老年人的高频事项和服务场景，坚持传统服务方式与智能化服务创新并行，其中，方案第 20 条提出要“推动各类教育机构针对老年人研发全媒体课程体系，通过老年大学（学校）、养老服务机构、社区教育机构等，采取线上线下相结合的方式，帮助老年人提高运用智能技术的能力和水平”。

三、“空中课堂”助推胜利油田老年教育发展的具体实践及成效

（一）整合线上教学资源，推进信息化建设。随着新冠肺炎疫情的持续，胜利油田老年大学在第一时间关闭教学场所、引导学员居家抗疫的同时，组织教师自行通过微信、钉钉、抖音等平台进行录播、直播授课，及时协调中国老年大学协会和山东省老年大学协会，开通协会远程教育教学平台，并整合其他省市老年大学线上优质教学资源提供给学员，使13000多名学员通过网络平台实现了“停课不停学、学习不断线”。推进教务管理信息化，申请开通中国老年大学协会网上教务管理系统，组织专班人员与系统开发技术人员结合，短时间之内完成系统测试、功能完善，并通过组织分校负责人、教师、学员骨干的应用培训，指导退休人员使用手机注册报名等措施，使胜利油田老年教育初步实现总校与分校招生统筹、课程设置、教师管理、学员管理、信息统计等大数据功能，也为“空中课堂”的顺利开播奠定了技术基础。

（二）加强师资建设，筑牢网课教学基础。修订下发的《胜利石油管理局有限公司老年大学教师管理办法》，明确和细化了教师聘用、职责、待遇、考核管理等标准，在胜利油田退休人员和社会人员中公开招聘不同专业尤其有网上授课经验的优秀教师补充到教师资源库，实现了油区内总校、区域分校的优质教师资源共享。本着同一专业优选1名教师的原则，参照教学能力相对更强、学员评价相对更好的标准，按课程试讲、综合评定的程序，遴选出适合网络直播课的教师。

（三）做好网课调研，实施精准化设课。发起网上招生报名的调查问卷，超过6000名企业退休人员参与。配备直播所需设备（支架、音箱和话筒等），及时跟进做好后续技术指导，确保网课效果。优选出退休人员有较大需求、适合网络教学的专业课程，并将他们注意力集中、生活便利的上午9~10点、下午14点30分~15点30分作为直播时段，设定课时以60分钟为限，确保了退休人员的学习状态。在直播课前、课中、课后，安排学员助教的互动，设置教师、学员交流的环节，确保网课效果和质量。

（四）建立“四同步”机制，注重质量提升。同步建立班级群、党小组，以自荐、考察的方式选出班委，党小组长由党员班长兼任，始终把弘扬社会主义核心价值观和正能量作为根本；同步健全各项规章制度，从学员入学到日常教务，从基础教学到安全管理，建起完整的管理、考核、反馈、整改的闭环措施，同时强化制度的刚性执行，形成了以制度管人管事的良好氛围；同步开展课外实践、写生、公益服务等第二、三课堂，切实承担起服务社区、服务社会的责任；同步组织调研，老年大学总校不定期组织工作人员到直播间现场听课，并与教师座谈交流，征集他们的意见、建议，更好地提升网课效果，满足学员多元化的需求。

（五）配角变主角，“空中课堂”建设初显成效。经过几年来的探索实践，胜

利油田老年大学“空中课堂”由原来的“有益补充”变成当前的“教学主角”，网课数量和质量均居全国前列，在全国老年大学每周学时排行榜上遥遥领先，2020年以来，先后被授予首批全国老年大学抗疫教学先进单位、信息化建设优秀单位等荣誉称号。

从管理水平看，主要是提升了效率效能。一方面，降低了学校的管理成本、老师的时间成本，提升了学员学习效率，尤其使很多线下抢不到报名名额或行动不便的退休人员足不出户即可通过手机学到相关知识，使退休人员进校难、上课难等情况基本得到缓解。另一方面，降低了退休人员乘坐交通工具、匆忙赶路的出行意外风险，有效避免了新冠肺炎疫情对老年群体可能造成的感染风险。另外，“空中课堂”每门课设置了暂停、回放的功能，增加了学习的便利性，使得相当多的退休人员往往一报就是多门。2021年，为适应国家老年事业发展的需要，“空中课堂”首次开设了党史学习教育、积极老龄观、常见病预防、心理疏导、反诈骗宣讲、法律实务等6门公共课程，广受退休人员的欢迎。同时，胜利油田老年大学还主动融入油地社区文明共建，引导广大学员主动参与企业、社区组织的各种公益服务、红色展演活动，让更多的老年朋友从中体现人生价值，实现老有所为。

从社会效益看，一方面实现了从小到大。从前期的需求调查到网上招生，再到开通空中直播课堂，胜利油田老年大学迈出了里程碑式的一大步。更难得的是，首次开通网络教学即取得超出预期的效果，学员达到1.4万人，2021年以来又增加到19个专业、55门直播课程，参与学习提升的退休人员更是超过5万人次，为下一步继续寻求线上老年教育创新发展做了有益尝试。另一方面，初步形成规范化、开放办学机制。在2020年之前，胜利油田老年大学更多招收的是企业离退休人员，这两年适应国家教育现代化的形势，坚持开门办学、开放共享的思路，首次网上招生即把范围扩大至社会人群和非企业职工，截至2021年6月，超过2000名地方街道村镇社区和非企业退休人员成为企业老年大学的学员。

四、将“空中课堂”打造成“互联网＋养老”服务新模式，推进老年教育现代化的发展

从中国老年教育的发展路径和趋势来看，线上教学和学习已成为积极应对人口老龄化、打造“互联网＋养老”服务新模式、实现中国老年教育现代化的必由之路。而在万物互联，智能化、信息化已逐渐覆盖人们工作、学习、生活的大前提下，“空中课堂”日渐成为老年人获取知识信息、参与融入社会的非常有效且必要的方式之一，以及老年教育的一种常态化教学模式。其一，“空中课堂”本身就是现代信息技术应用在教学上的提升，不但让广大退休人员对过去“咫尺之间”的传统授课方式有了更多的认识和比较，而且一定程度上提升了老年人群运用智能技术的能力和水平，使其更快地跨过“数字鸿

沟”，更好地适应并融入智慧社会。其二，“空中课堂”本身即是老年教育方式和手段现代化的重要标志之一。

随着国企退休职工社会化管理工作的陆续完成，如何在加强与地方街道社区、政府办老年大学融合共建、区域共享的同时，进一步推进线上线下智能化教学常态化，将成为胜利油田老年大学下一步的工作方向。一方面，继续加强政治立校，发挥学员临时党组织、关工委、志愿者作用，利用微信公众号、学习教育网络平台及“学习强国”学习平台等丰富的网络教育资源，把老年大学打造成思想政治建设主阵地、老年人“学、乐、为”相结合的大平台，继续为构建胜利油田美丽和谐新高地贡献力量。另一方面，为适应退休人员社会化管理新时期要求，认真做好新形势下老年大学的统筹规划，要加强企业老年教育资源优化，补齐短板，持续做大做强老年教育阵地；加快老年大学信息化智慧校园建设步伐，充分利用教务管理系统及网上老年大学直播系统实现网上招生、信息化管理；针对新冠疫情的常态化防控要求，加快构建胜利油田老年教育“互联网+”模式，实现老年大学教学模式由传统线下课堂教学向线上线下相结合的模式转变，做大做强网上直播课堂，为学员提供优质远程教学资源，让“一座难求”彻底成为历史，实现胜利油田老年大学的高质量发展。

（赵军：胜利石油管理局有限公司老年大学老年教育高级主管，高级政工师）

五

综合发展实践篇

关于加强老年大学业务指导工作的思考

◎ 宋正宽 王太进

摘要：伴随着近几年新一轮地方事业单位改革的深入推进，各级部门围绕老年大学的业务指导工作做了很多探索和努力，形成了更加合理有效的老年大学区域协同发展新机制，条块结合推动发展的效果日益明显。本文旨在对当下老年大学业务指导的主体和模式进行梳理，着重分析业务指导工作的重点，提出几点做好业务指导工作的建议，以期对业务指导部门开展工作有所启发。

关键词：事业单位改革 老年大学 业务指导

伴随着人口老龄化程度的持续加深，老年人文化养老的需求愈加强烈，老年大学作为文化养老的主阵地，逐渐成为全社会广泛关注的对象，老年大学的规范化发展、高质量发展成为重要课题。老年大学长期存在的体制机制问题成为制约发展的瓶颈，而完善老年大学体制机制的关键就在于建立有效的业务指导关系。伴随着近几年新一轮地方事业单位改革的深入推进，各级各部门围绕老年大学的业务指导工作做了很多探索和努力，形成了更加合理有效的老年大学区域协同发展新机制，条块结合推动发展的效果日益明显。本文旨在对当下老年大学业务指导的主体和模式进行梳理，着重分析业务指导工作的重点，提出几点做好业务指导工作的建议，以期对业务指导部门开展工作有所启发。

一、老年大学业务指导的主体模式

业务指导并不是新生事物，而是政府部门间非常常见的工作关系，这种工作关系已经非常成熟。简单来讲，业务指导是指同一系统中上级业务部门与下级业务部门之间的指导与被指导的关系。由于国家层面没有老年大学的主管部门，缺乏统一的顶层设计，所以各地区为了推动发展，结合实际确定了一些指导业务的实施主体，在实践中形成了一些业务指导模式，不可避免地出现了老年大学被多主体指导的情况。经过调查和梳理，现阶段全国主要有以下 5 种老年大学业务指导的主体和模式。

一是主管单位开展业务指导。这种模式是目前最普遍的。老年大学的举办主体是多元化的，如老干部工作部门、主管老龄工作的部门、民政部门、教育部门、工会等。谁举办、谁管理是处理公共事务的重要原则，各举办主体作为老年大学主管单位承担了管理责任，负责指导老年大学开展工作。这种模式对于整合各方面力量推动老年教育发展起到了积极作用，但主管单位更多的是制定宏观政策，在具体办学方面因业务性质差异而指导的相对较少。

二是社会组织开展业务指导。这种模式是目前最活跃的。1983 年山东老年大学的成立拉开了各地开办老年大学的序幕，这也意味着老年大学的发展是自下而上的过程。1988 年中国老年大学协会成立，截至目前依然是唯一的国家层面负责老年大学工作的机构。在中国老年大学协会的带动下，各地相继设立了老年大学协会，各老年大学以会员形式加入协会，接受协会的业务指导。老年大学协会普遍设在省级或市级老年大学，有利于充分发挥省、市老年大学作用，带动区域内老年大学发展。由于社会组织职能的限制，这种模式下社会组织开展的多为具体和微观的教育教学方面的业务指导，带有明显的倡导性、自愿性、非强制性的特点。

三是老年大学开展业务指导。这种模式是目前比较少的，主要是部分省级老年大学明确了业务指导职能，如吉林省老年大学承担着对全省各级老干部工作部门创办的老年大学的业务指导职能，宁夏老年大学服务中心负责指导市、县（区）老年大学业务工作，山东老年大学负责对全省各级老年大学进行业务指导。老年大学或明确一个内设机构负责业务指导，或明确各内设机构均可开展业务指导。这种模式更加规范高效，让从业者、研究者成为指导者，理顺了老年大学系统间的工作关系，更有利于业务开展。

四是议事机构开展业务指导。这种模式也是比较少的，由于老年大学举办主体的多样性，单独一个部门统管一个地区的老年教育工作存在实际困难，为此各地探索成立了议事协调机构，各部门作为机构成员，在议事协调机构的领导下，各部门分别做好职责范围内的工作。如安徽、福建两省成立了老年教育委员会，贵州省成立了老年教育领导小组，江西省九江市成立了老年教育工作委员会，湖北省武汉市成立了老年教育指导委员会。议事协调机构的主要负责同志往往级别较高，议事协调机构的办公室多设在本级老年大学。这种模式有利于加强老年大学工作，也有利于工作的协调推动。

五是教育部门开展业务指导。这种模式是下一步的发展方向。各地为切实保障老年教育持续健康发展，陆续开展了老年教育立法工作，2002 年天津率先在全国颁布实施了《天津市老年人教育条例》；2007 年徐州颁布实施了《徐州市老年教育条例》，首次提出教育行政部门主管本行政区域内的老年教育工作；2020 年安徽颁布《安徽省老年教育条例》，提出教育行政部门主管本行政区域内老年教育工作；此外，山东正在制定《山东省老年教育条例》，草案已经省人大常委会初审通过，提出教育行政部门负责老年教育工作的统筹规划、综合协调、宏观管理。公办老年教育机构实行归口管理，接受教育行政部门业务指导。据了解，贵州等地也在开展立法的前期准备工作，由此可见，教育部门负责对老年大学进行业务指导将越来越普遍。

二、老年大学业务指导的重点工作

借鉴其他政府部门开展业务指导的成熟做法，结合老年大学系统业务指导工作积累的经验，指导老年大学开展业务应重点抓好以下 5 个方面的工作。

一是完善制度。制度建设是顶层设计，顶层设计管方向、管大局，是老年大学发展的根本推动力量。现阶段国家层面出台的老年大学相关文件屈指可数，各省出台的也多为落实国家文件的配套文件，因责任主体和督查主体的不明确导致落实情况并不理想。省级以上的业务指导单位应着重抓好制度设计，出台指导发展的宏观政策，逐步建立老年大学发展的制度体系，积极应对人口老龄化，破解老年大学发展不平衡、不充分的问题。应加快老年教育立法，确保老年教育有法可依，提供法制化保障，以各地的立法实践推动国家层面开展老年教育立法。

二是规划发展。目标管理是政府部门开展工作的重要方式，确定短期目标、长期目标和制订工作计划是业务指导单位的重要职责。相关部门应加强规划研究，深入调研，提高规划的科学性和可操作性，兼顾好提高欠发达地区老年教育覆盖面和提升发达地区老年教育质量，结合地方实际出台发展规划，并加强规划后续的落实工作，及时配套各项落实措施，明确责任单位，确保规划落到实处。

三是规范办学。老年大学长期存在的办学标准不统一问题制约着发展，摸着石头过河、互相学习借鉴是老年大学常用的工作方法。老年大学之间的访问交流次数相比其他部门和学校要多出几倍，正是说明了这一问题。业务指导单位应在办学标准化、规范化方面加以关注和研究，制定关于办学准入条件、办学场所、设施设备、课程教材、安全管理等方面的规定要求，便于各老年大学遵照执行；应制定办学质量评估体系和办法，定期对下级老年大学工作进行评估。

四是活动交流。老年大学主要开展的是兴趣教育，提供的多为艺术类、应用类课程，学员的学习成果需要通过一定平台进行呈现。业务指导单位应积极搭建教学成果展示平台，特别是面对疫情防控常态化的新形势，开办线上展示平台，举办相应活动，进一步宣传和展示老年大学办学成果；应确定老年大学年度重点工作，积极组织举办座谈会、现场会、推进会、经验交流会等会议活动，统一思想、增进认同，凝聚发展合力；应注重工作交流，通过开办网站、创办杂志、建立通讯员队伍等方式搭建工作交流平台，规范平台运转。应加大工作宣传力度，把宣传工作融入主流媒体，营造老年大学发展的良好氛围。

五是督导检查。一分部署，九分落实。业务指导单位应把督导检查落实情况作为日常重要工作，设立专门督导机构，配备专业人员，定期开展业务督查；应建立考核奖惩机制，运用好激励表扬和问责批评两种手段，推进工作落实。

三、做好老年大学业务指导的建议

随着老年大学体制机制的逐步规范和完善，业务指导关系将更加顺畅，各老年大学开展业务工作也将更加高效和严谨。通过对指导主体的分析，社会组织和议事机构的办事机构基本都设在老年大学，可以说多数市级以上老年大学间接承担了业务指导工作。市级以上老年大学应利用好业务指导工具，积极开展工作，为区域内老年大学发展贡献力量。

一是提高认识。老年大学经过近 40 年的发展，由快速发展阶段逐步转入高质量发展阶段，但现阶段老年大学面临着一系列制约发展的瓶颈问题。各业务指导单位应高度重视，本着破解难题、补齐短板的原则开展工作，找准着力点、克服一般化，努力解决老年大学发展中的实际困难。特别是市级以上老年大学既承担着本级办学任务，还要指导下级老年大学开展工作，应充分认识业务指导既是全局工作的需要，也是促进自身业务建设的需要，要做好统筹兼顾，搞好平衡，克服“重内轻外”，避免一头轻、一头重。

二是提升能力。业务指导水平的高低取决于指导能力的强弱。老年大学工作是业务性很强的工作，包含老龄、老干部、教育、文化等多重元素，仅靠条条框框是远远不够的，应以新的理念和思维处理当下问题，兼具灵活性和原则性。业务指导单位应有针对性地加强干部队伍建设，广泛吸收各部门的经验做法，提高分析问题、解决难题、指导工作的能力；业务指导者也应钻研业务知识，提升理论水平，丰富知识结构，拓宽工作思路，以积极应对新时期老年大学发展所需。

三是注重调研。业务指导的目的在于解决问题、推动发展。调查研究是科学决策的基础，业务指导单位应树立正确的指导思想，想基层之所需、解基层之所难，广泛开展调研，切实摸清情况，对症下药、精准施策；应树立扎实的工作作风，提升调研的主动性，避免制定脱离实际的制度。业务指导者应锤炼调查研究这项基本功，尊重基层、尊重学员，放下架子、扑下身子，加强沟通联系，倾听他们的呼声、总结他们的经验、吸取他们的智慧。

四是整合力量。实际工作中，一所老年大学往往要同时接受多个部门业务指导，各业务指导单位应加强联系和配合，树立一盘棋思想，避免安排重复任务，切实减轻基层老年大学负担；应积极推动老年大学融入中心、服务中心，探索老年大学与老龄事业、养老事业、旅游事业、非遗传承、关爱青少年、社区治理等方面的有机结合点，持续宣传，扩大老年大学工作的影响力，引导各部门进一步支持老年大学。

（宋正宽：山东老年大学副校长 / 王太进：山东省老年大学协会办公室主任）

抓好理论研究基地建设　打造理论研究新高地

◎ 孙峰　巨玉霞

摘要：山东老年大学理论研究基地，是全国第九个老年教育理论研究基地，其意义在于引领省域内老年教育理论研究的开展，畅通全国老年教育理论研究交流渠道，辐射示范省域内老年教育的发展，打造全国理论研究高地。理论研究基地发挥着搭建理论研究交流平台、加强队伍建设、课题研发和宣传出版的作用。目前理论研究基地还存在着一些问题：一是社会各界对老年教育理论研究的重要性认识不足；二是老年教育研究队伍缺乏专业性；三是缺乏科研经费投入机制；四是高质量课题成果不多。因此，要加强制度建设，建立基地科研激励机制；拓宽研究网络，组建多层次研究机构；健全投入机制，解决科研经费问题；建立课题导向机制，形成丰硕研究成果。

关键词：理论研究基地　课题研究　科研经费　理论高地

老年教育理论研究与老年大学的发展息息相关，随着老年教育的蓬勃发展，理论研究也方兴未艾，理论研究的广度不断扩宽，研究的厚度不断积累，研究的深度不断拓展。近年来，中国老年大学协会陆续在全国建立了十三个老年教育理论研究基地。山东老年大学理论研究基地，是全国第九个老年教育理论研究基地，积极发挥着理论研究基地作用，促进了全省老年教育的蓬勃发展。

一、理论研究基地的意义

山东老年大学理论研究基地立足全省、辐射全国，加强交流、促进发展，为我国老年教育事业发展提供了智力支撑。

一是引领省域内老年教育理论研究的开展。理论研究基地的设立就是一个标杆、一面旗帜，起到了思想引领作用，带动省域内各级老年大学重视老年教育理论研究工作，设立相关科室、组织相关人员，开展老年教育理论研究工作及活动。各级老年大学开办至今近 40 年来，经历了摸着石头过河的不断探索，目前已进入新的发展阶段，如何更好更快地发展老年教育，需要理论研究的指导。

二是畅通全国老年教育理论研究交流渠道。建立老年教育理论研究基地后，全国 13 个理论研究基地相互交流、相互学习、相互借鉴、取长补短，使沟通渠道愈加顺畅。

许多好的做法与经验，得以进入全国视野，为老年教育发展提供了多样化模式与选择。同时，加强了与中国老年大学协会的联络，承担了中国老年大学协会的诸多课题，并接受了中国老年大学协会专家的指导，使山东老年大学理论研究基地在理论研究中快速成长，在课题研究中快速进步。

三是辐射示范省域内老年教育的发展。理论是先导，用于指导实践。山东老年大学理论研究基地成立后，大力组织开展理论研究，对老年教育发展经验进行了系统总结，提炼出了省域内不同地区老年大学办学模式，开拓了思路、开阔了视野，各级老年大学在经验交流与借鉴中，发展出适合本地区的老年教育办学模式，有力地促进了老年教育发展。对老年大学办学理念课题的研究，促使各级老年大学更加重视内涵式发展。如受威海的老年大学办学一体化模式启发，潍坊提出了老年教育联盟。

四是打造全国理论研究高地。山东老年大学理论研究基地，在发展中不断积累理论研究经验，大力培养青年理论研究骨干，组建专家指导团队，逐步走在全国前列，致力于打造全国老年教育理论研究高地，为老年教育发展提供智力支撑，引领老年教育发展潮流。

二、理论研究基地发挥的作用

（一）搭建理论研究交流平台，实现资源共建共享。理论研究基地着力搭建老年教育理论研究平台，对内通过学术研究工作委员会搭建全省理论研究交流平台，对外组建山东老年教育研究院，搭建社会公共平台，服务老年教育理论研究，实现内外联动、资源共建共享，托起山东省老年教育理论研究的希望。一方面是山东省老年教育系统内部建立起来的学术研究工作委员会这个平台，这是自上而下包括省、市、县三级老年大学开展老年教育理论研究交流的纵向平台。学术研究工作委员会每两年召开一次全省老年教育理论研讨会，且已形成惯例，有效地推动了全省老年教育理论研究的开展。通过全省论文征集活动，每年都会挖掘出一批优秀论文、发现一批优秀青年研究骨干。近年来，从历届理论研讨会征文来看，论文的数量与质量实现了质的飞跃，理论研究水平逐步攀升。召开研讨会，促进地市沟通交流，碰撞思想的火花，升华思想、清晰思路，引发对老年教育的深邃思考，使后续办学经验有鉴、改革有据、举措有力、落实有度，推动各级老年大学相互借鉴、取长补短、共同提高。另一方面组建了山东老年教育研究院。这是面向社会、容纳全省各大高等院校、科研院所、社会组织等各方面力量的横向平台，将有志于老年教育理论研究的社会专家、高校等社会资源囊括进来，打造山东老年教育理论研究高地，进一步丰富完善“全国老年教育理论研究基地”这个平台，在老年教育理论研究领域发出响亮的“山东声音”。

（二）加强队伍建设，发挥人才聚力作用。老年教育理论研究，人才为要。为增强理论研究力量，吸纳专业人才广泛参与理论研究，理论研究基地着重抓好“三支队伍”建设。一是组建专家队伍，从全国老年教育理论研究知名专家、省城各大专院校和科研院所中选聘，从山东大学等驻济高校和科研院所先后聘请了15位知名专家，对老年教育领域重大问题进行研究；二是组建全省理论研究队伍，将省内各级老年大学具有理论研究潜力的一线工作者纳入全省研究队伍中，构建全省的理论研究网，调动全省老年教育理论研究的积极性，开启理论研究的新模式；三是组建校本青年研究骨干队伍，在山东老年大学中选拔年轻干部组成青年理论研究骨干，开展校本研究，在各学院成立教研室，选聘教研室主任，带动开展教学实践研究，形成浓厚的研究氛围。

（三）加强课题研发，推动专业化研究。近年来，山东老年大学理论研究基地认真履行全国理论研究基地的职责，陆续开展了多项课题研究，并圆满地完成了中国老年大学协会交办的各项课题任务，带动省域内老年教育理论研究联动发展。2019年，参与山东省社科规划课题“老年大学办学理念与实践研究”，形成7万字的研究报告，经过专家评审，圆满结题；2020年，完成了“十省（市）老年教育发展历史、现状和现代化路径”课题研究，形成了《现代化：老年教育发展的方向、途径和远景目标》课题研究报告；山东省还承担了《新时代老年大学校长读本》《新时代老年大学党建工作实践与探索》《全国老年大学示范校标准研究》等师资管理指标的多项课题研究，并提交了翔实严谨、高质量的研究报告，得到了中国老年大学协会的好评。多项课题研究的磨炼与深化，打造了多支集课题指导专家、青年理论研究骨干于一体的科研团队。学术研究与专项课题研究的深化，推动了山东省老年教育理论研究走向团队化、专业化、科学化。

（四）加强宣传出版，营造理论研究氛围。创办老年教育理论研究刊物，打造理论研究高端平台，提升理论研究社会化程度，既是老年教育发展的内在需求，也是推动工作的有力措施。2017年创刊的《山东老年教育研究》，已经产生了一定的影响力，为全省老年教育理论研究工作搭建了交流平台，在省内逐步培育起一批理论研究成员骨干；定期将《山东老年教育研究》寄送到全国各地理论研究基地进行交流，成为山东省理论研究交流的窗口。2020年，建立了全国知名专家库，每期向全国知名专家约稿，理论研究的质量越来越高，社会认可度越来越高，被重视程度也越来越高。山东老年大学理论研究基地于每届理论研讨会后将全省的优秀研究成果结集成册，公开出版，对全省各级老年大学的办学实践具有良好的指导作用，营造了浓厚的理论研究氛围，实现了“实践—理论—实践”的良性循环。

三、理论研究基地存在的问题

老年教育理论研究还处于初期阶段，有许多方面的问题亟待解决。

（一）社会各界对老年教育理论研究的重要性认识不足。老年教育理论研究存在圈内热、圈外冷的问题，老年教育从业者与工作者迫切需要相关理论研究的指导，然而老年教育没有形成学科，学术圈与社会各界没有充分重视老年教育理论研究的重要性，专门从事老年教育理论研究的专家学者偏少，导致理论研究成果数量不多、质量不高、学科建设不健全，缺乏可借鉴的有效成果经验。理论研究基地缺乏专职专家，聘请的专家有些是老年教育理论界的专家，有些是社会专家，而社会专家对老年教育问题研究较少。

（二）老年教育研究队伍缺乏专业性。随着老年教育的蓬勃发展，老年教育理论研究方兴未艾，建设一支专业化的理论研究队伍势在必行。然而工作现状与实际情况却是专业化人员极度欠缺。理论研究基地中老年教育理论研究专家偏少，以老年大学工作人员居多，而目前全省各级老年大学的工作人员以行政管理为主，缺乏对课题研究的积累，专业化明显不足，导致理论研究学术含量不高。而没有课题积累就无法申请专业化的课题研究，这就形成了一个恶性循环。因此，目前的老年教育理论研究徘徊在立项课题之外，专业性薄弱。

（三）缺乏科研经费投入机制。专项科研资金是开展老年教育科学研究的基石，事关老年教育发展长远之计。然而，目前老年教育的理论研究和教学研究没有专项经费投入。如山东老年大学是参照公务员管理体制，拨付行政管理经费，科研经费没有列支。理论研究基地在组织课题研究中也没有列支专项经费，这在吸引专业化的研究专家、构建专业化的研究团队方面无异于“巧妇难为无米之炊”。

（四）高质量课题成果不多。老年教育理论研究成果主要来源于中国老年大学协会课题、校本研究课题。由于研究团队自身局限性及其他现实条件的制约，老年教育科研课题成果存在着理论建构不足、系统梳理不强、成果形式单调、成果共享不足、专业学术性不强、高质量的课题研究成果不多等问题，这阻碍了老年教育理论研究的长远发展。

四、加强理论研究基地建设的对策建议

（一）加强制度建设，建立基地科研激励机制。习近平总书记在两院院士大会、中国科协第十次全国代表大会上强调，要“推进科技体制改革，形成支持全面创新的基础制度”。理论研究基地要列支科研专项经费，加强制度化建设，形成科研激励机制，带动、示范和推进老年教育理论研究。科学合理的科研激励机制不仅能够充分调动科研工作者的主观能动性，而且可以挖掘更多潜力，进而提升科研水平。因此，应当积极完善并优化科研激励机制，以此激发科研热情，扩大社会影响力，提升老年教育社会服务能力。要根据基地的实际情况设立专项资金，在机构改革中争取设立专项财政拨款。同时，加强社会化资金的筹集与管理。鼓励基地聘请的专家申请社科资金，给予专家更多资金

使用权。建立科研激励体系，对专家研究成果进行“量”与“质”的年度综合评估，奖励先进。校本研究层面，目前山东老年大学先后出台了《山东老年大学关于加强新时代教学研究工作的意见》《山东的老年大学校本研究实施方案》，完善了教学研究工作机制，下一步要加大对校本研究队伍中的教师的科研奖励力度，调动教师科研积极性。在职人员层面，要在评优评先方面增加科研成果指标，增设荣誉奖项，并为其创造更好的科研条件。通过制度建设，以改革创新推动基地科研激励机制的运行，服务老年教育高质量发展。

（二）拓宽研究网络，组建多层次研究机构。老年教育要拓宽研究网络，打造多层次、多方面的研究队伍。一是邀请专家专职于老年教育理论研究，打造理论研究领军人物。目前上海、南京等地都涌现出一批理论功底深厚、专职研究老年教育的领军人物，影响着全国各地。我们也要有的放矢，培养一批专家和领军人才。目前，山东老年大学理论研究基地返聘了省委党校的教授，结合老年教育研究院的成立，邀请了更多的理论研究专家关注老年教育、研究老年教育，形成了山东省老年教育团队，培养出一批领军人物。二是各级老年大学参照山东省理论研究基地设立老年教育研究院的路子。有条件的地市，在本市集聚高校、科研院所的地区，设立老年教育研究院，也可以与山东省老年大学联合起来，创办老年教育研究院分院，实现资源共享、力量共享，形成促进基层老年教育发展的研究队伍。三是山东省老年大学每年要确定研究计划，对全省各级老年大学的重点、难点、痛点问题设立专项课题，鼓励专家队伍、全省青年理论研究骨干联合地市老年大学协同攻关，共同进行专项研究，在课题研究中磨炼队伍，培养起大量的老年教育系统青年研究骨干队伍，解决基层老年教育理论研究发展难题。多层面的研究网络，有助于形成多支科研团队，促使老年教育全面开花结果。

（三）健全投入机制，解决科研经费问题。为进一步激励科研人员多出高质量科研成果，2021 年 8 月 13 日国务院办公厅发布了《关于改革完善中央财政科研经费管理的若干意见》，从七个方面提出了 25 条举措，为创新“松绑”，赋予了科研人员更大的经费管理自主权。科研经费既需要专项投入、持续投入，也需要发挥杠杆作用，撬动社会资金进入老年教育领域。老年教育要设立专项科研经费，健全投入机制。各级老年大学要进一步重视科研投入，实现经费列支。鼓励专家团队、领军人物申请市级、省级、国家级课题，尤其是社科部门相关课题，实现科研经费的科学管理，扩大专家科研经费自主权。同时，加大横向课题力度，参与卫健委、民政、文旅部门关于老年人的调查研究课题，用好社会资金。

（四）建立课题导向机制，形成丰硕研究成果。课题导向机制是科学研究的基本机制。课题申报过程，是整合组织框架、学术教育资源、科研力量的过程，是理论领军人物与青年研究骨干碰撞交流的过程，是理论研究创新人才脱颖而出的过程。一是组织申报省级老年教育相关课题，提高老年教育理论研究的学术含量，通过正规化的课题研究，形成高质量的研究成果，有力推动老年教育理论研究的“含金量”，增强社会声誉。二是组织力量完成中国老年大学协会的课题，进行老年教育宏观理论研究，发出“山东声音”，形成一系列研究成果。三是鼓励各级老年大学参照普通高校开展科研的路子，组织设立校级课题，鼓励教职员工和一线教师积极申报课题，进行教学实践研究，打造一支校本研究骨干，形成更多教学实践研究成果。

山东老年大学理论研究基地着力加强理论基地建设，实现专家带动、青年骨干参与，组建专业化的理论研究队伍，打造了高水平的理论研究高地，从而推动了各级老年教育科学发展。

（孙峰：山东老年大学教学研究处处长 / 巨玉霞：山东老年大学教学研究处二级主任科员）

新形势下山东老年大学如何进一步提升离退休干部服务质量

◎ 王静

摘要：离退休干部是党和国家的宝贵财富，老干部工作在我们党的工作中具有特殊重要的地位，是中国共产党党建工作的特色。做好新时代离退休干部工作是一项重要政治任务。2021 年山东省事业单位改革完成后，山东老年大学成立了离退休干部工作处，将离退休干部工作放在更高处统筹、谋划、着力，以期推动离退休干部工作迈上新台阶。本文通过分析山东老年大学离退休干部群体的现状和特点、存在问题和原因等，提出在新形势下提升山东老年大学离退休干部服务工作的途径。

关键词：离退休干部　现状　问题　提升途径

一、山东老年大学离退休干部的现状和特点

目前，山东老年大学共有离休干部 12 人，平均年龄 93.8 岁。从身体状况来看，离休干部基本不能独立生活，有 60% 的离休干部长期或经常住院，有 40% 的离休干部依靠子女或者保姆照料生活；从精神状态来看，大部分离休干部依旧对党和国家大事非常关心，80% 的离休干部愿意参加组织生活，但是仅有 30% 的离休干部能够在身体条件允许的情况下参加集体学习等活动。

退休干部 70 人，平均年龄 68.6 岁。从身体状况来看，大部分退休干部处于良好状态，90% 的退休干部无重大疾病，能够独立、自由活动；从精神状态看，退休干部的精神面貌明显好于离休干部，参加学习和活动的热情高涨，对新鲜事物的接受程度较高，50% 的退休干部能积极参与离退休干部党支部、社区公益、老年大学等组织的活动。

总体上来看，山东老年大学的离退休干部具有以下特点：

（一）离退休干部年龄结构差异较大，状况不一。山东老年大学离退休干部中，年龄最大的 98 岁，90 岁以上的占比 17%，而最年轻的是刚刚退休的 60 岁干部，70 岁以下的离退休干部占比 25%。相比之下，这两个年龄段的离退休干部无论是思想认识，还是生活状况和健康程度，都存在很大的差别，从而导致了他们的需求不一。

（二）住所分散，管理难度加大。随着社会发展，居住的可选择余地增大，离退休干部的住所越来越分散。根据统计，山东老年大学的 82 名离退休干部，居住地点分布在多个城市，即使在同一城市，也分散居住在不同方位的住宅区，并且近年来住所分散

的程度持续提升。这在某种程度上增加了离退休干部工作部门的管理难度。

（三）离退休干部身体状况及保健情况较好。山东老年大学的离退休干部，大部分从事老干部事业和老年教育事业多年，对老年保健等方面有丰富的认知，因此，在离开工作岗位后，大部分能够及时调整自身状态，正确认识到自身身体机能的变化，科学养生。他们乐于参与单位及社会团体组织的健康保健系列讲座等活动，坚持体检，加强锻炼，对自己的身体情况有一个科学、全面的认识，并且能够按照专业指导进行用药和保养，所以，相对其他离退休群体，山东老年大学的离退休干部的身体情况较为良好。

（四）离退休干部的生活幸福指数较高。经调查，虽然有10%的离退休干部在离开工作岗位后，有短暂的不适应，严重者伴有失眠、烦躁、轻度抑郁等状况，但是山东老年大学80%的离退休干部对离退休之后的生活非常满意，能够找到自己的角色定位，并积极“走出去”，通过参加社团活动、老年大学学习、组织近郊旅游等，进一步拓宽自己的活动范围、调节情绪，提高了生活质量。

（五）离退休干部政治觉悟较高，具有较强的感染力。由于从事工作的特殊性，山东老年大学的离退休干部深受老一辈革命者的影响，他们对中国特色社会主义信念至信而深厚，离开岗位后仍能够把工作中的热情延续到离职、退职后的生活中，对生活充满热情，并富有能量积极发挥余热。在新冠肺炎疫情期间，山东老年大学的离退休干部就起到了很好的表率作用，他们通过建言献策、发文发声、捐物捐款、参与疫情防控等多种形式，为打赢疫情防控阻击战贡献自己的力量。

二、山东老年大学离退休干部服务的突出问题分析

（一）习惯惯例多，政策依据少。山东老年大学的离退休干部由原省第二干休所、原省泰山干休所及山东老年大学的离退休干部组成。两个干休所原来是以服务离休干部为主，在离退休制度建立之初为党的离休干部服务做了大量贡献，但是，很多工作也由于历史原因，较多采用约定俗成的惯例，甚至有一些工作是缺乏政策依据的。这就意味着，在事业单位改革完成后，原来三个单位的离退休干部工作若要合成一个统一、规范的整体，势必要有一套规范、细致的政策和制度来约束和执行。目前，这项工作仍在推进中。在全省乃至全国范围来看，情况亦是如此：国家政策性文件滞后，近年虽然离退休干部工作得到了重视，但是并没有新形势下离退休干部服务工作的指导意见等政策文件；养老保险制度改革虽然进展很大，但是在职级并行等新问题下并没有及时完善，导致部分退休干部的退休待遇兑现不及时、不完整，从而导致服务和管理上的难题；医保虽然也在不断完善和调整，但是仍未完全解决异地就医问题，使得部分离退休干部的异地就医协调不顺畅、结算滞后等，进而影响了对离退休干部的医疗服务和离退休干部对医疗服务的满意度。

这些问题，有国家制度、政策层面的原因，比如制度不健全、更新不及时；也有单位内部的原因，比如对已有制度掌握不够全面透彻、对部分流程不熟悉、对离退休干部的意见与建议未能及时处理或者反馈等。

（二）工作人员多，专业人士少。山东老年大学离退休干部工作处是由原省第二干部休养所、省泰山干休所的部分工作人员组建而成的新处室，目前共有工作人员 18 人，其中干部 12 人、工人 6 人。从年龄结构上看，50 岁以上 12 人，占比 66.6%，40 岁到 50 岁 3 人，占比 16.7%，40 岁以下 3 人，占比 16.7%；从学历层次来看，全日制大学本科及以上人数 5 人，占比 27.8%；从专业层面来看，虽然 94% 的工作人员都有原干休所的工作经历、有服务离退休干部的意识和经验，但是，大部分人对离退休干部相关政策了解不多、不深。

这其中有历史原因，因为离退休干部工作处刚组建，原干休所重视服务但是忽视专业素质培养，年长工作人员的从业经历杂而不专，年轻工作人员又缺乏职业培训；也有现实原因，比如组建新处室后，仅仅合而未融，缺乏大融合和专业培训提升。

（三）生活重视多，精神关怀少。过去，离休干部的生活待遇是各老干部工作部门高度重视的环节，尤其是在计划经济年代，各种物品的采购都有优先权。现在，山东老年大学离退休处依然延续上门服务、认真细致的作风，对离退休干部的生活尽最大可能地保障，能够认真了解有关离退休干部政策，及时解决离退休干部的工资、遗属补助、抚恤金等问题；也能做到日常走访与重大节日、特殊事件走访慰问，能够及时发现问题并及时反馈、及时处理，帮助离退休干部解决实际生活问题。但是，随着退休干部的人数增加和年轻化趋势加快，他们的生活都能自理并且物质生活丰富，反而对文化需求更加迫切，但是目前的文化设施、文化活动并不能满足离退休干部日益增长的精神文化需求。问卷显示，有 15% 的离退休干部认为当前的文化设施和活动严重不足，有 38% 的离退休干部认为活动质量一般、针对性不强，不能达到他们的预期。

这其中，有很大原因在于离退休干部工作部门开展活动时的前期调研不足，为了开展活动而开展，忽视了离退休干部的真正需求；同时，在利用社会资源、整合社会力量方面用力不足，社会各方积极参与的离退休干部工作格局还未有效形成。

（四）传统观念多，创新动作少。面对新时期离退休干部的服务工作，山东老年大学离退休处还存在认识不足、责任意识和服务意识不强、重待遇轻服务等现象，很多服务管理工作的思想观念，还停留在过去的工作思维模式里。比如，认为服务好离退休干部就是为他们跑跑腿、买买东西，只要离退休干部不告状不上访就是工作做到位了。同时，离退休干部服务的工作模式也亟须创新。目前，离退休老干部的服务管理工作，仅限于原单位管理，服务管理工作模式过于单一。离退休干部养老也多局限于家庭养老这一单一模式，单位、社区、家庭“三位一体”的服务体系尚未健全。

破解这一问题的关键在于离退休干部工作者的观念转变。新时期新阶段，离退休干部工作也出现了新的特点和难点，相应的，离退休干部工作也要体现时代性、把握规律性，大胆创新，改进方法。离退休干部工作者作为与离退休干部接触最多最频繁的一线人员，如果还是用固有的思维模式禁锢工作方法，那么离退休干部工作不仅不能前进反而会落后。所以，这个问题的根本原因在于思想，山东老年大学应进一步更新离退休干部工作人员的思想观念、思维方式，以适应不断变化的新情况。

（五）个性化、精准化服务意识不强、力度不够。个性化服务有待创新。由于年龄逐年增大，慢性病较多，离退休干部尤其是离休干部对就近看病、便利就医的需求越来越大；很多离退休干部晚年失去生活自理能力，而其与子女又大多不生活在一起，离退休干部对家政服务的需求也逐年增加；而相对年轻的退休干部，则在文化养老、精神需求这方面有很大的诉求。因此，针对情况各异的实际，只通过统一的制度规定或者活动安排很难满足大部分离退休干部的需求，在具体工作中，更加精准化、个性化、有针对性的服务模式还有待完善。

这一问题，与领导的重视程度、离退休干部工作人员的水平和素质有很大关系。年龄越大的离退休干部，话语权越弱，有些诉求不能反映到领导层面，如果离退休干部工作部门的觉悟不够高、水平能力一般，那么离退休干部的个性化要求很可能就得不到满足。

三、进一步提升山东老年大学离退休干部服务工作的质量

（一）提高思想站位，增强服务意识。离退休干部工作是一项政治工作，姓党为党，必须旗帜鲜明讲政治，这是毋庸置疑的。离退休干部工作虽然在学校的整体工作中处于配角的位置，但不能否定其在整体工作中的重要作用。实践证明，做好离退休干部工作，保持离退休干部队伍的稳定，就是为单位的中心工作发展提供良好的内部环境，反之，若离退休干部工作不到位，在离退休干部中存在的问题长时间得不到合理解决，势必对整体工作造成不利影响。所以，学校应该把离退休干部工作放在一个合理的位置，既不能凌驾于其他主要工作之上，又不能忽略，而应该统筹在山东老年大学发展的整个规划当中，提供人力、财力、宣传等保障工作，以离退休干部工作处为主、各部门支持配合，共同做好离退休干部工作。

离退休干部工作者也要认清楚位置，要有围绕中心、服务全局的意识，为学校的发展提供助力；要坚守初心、不忘使命，离退休干部对美好生活的向往，就是离退休干部工作者的初心和使命；要站在政治高度上提高认识，不断地叩问为离退休干部服务的初心，提高为离退休干部服务的使命感；坚持问题导向，满足离退休干部合理需求，满腔热情搞好服务保障工作，把中央和省委的深切关爱转化为具体的政策措施，让离退休干部有更多的幸福感和获得感；要体现人性化的服务，变被动服务为主动上门联系，变定期集中为分散管理、到组到人，变统一管理为分类跟踪服务。比如，山东老年大学最近实施的校领导与

离休干部“一对一”结对子方案，就是一个很好的示例，不仅拉近了学校管理层与离休干部之间的距离，极大提升了离退休干部工作的标准，也大幅提升了离退休干部的满意度。

（二）规范管理，形成有序、合理的制度保障。制度，是调节各种关系的体制机制、法律法规的总和，它通过一系列规则为人们的活动划定界限、提供方向，为分工合作设定轨道，以其规范性和稳定性发挥着整合协调各种关系、调节各种矛盾冲突的功能，成为经济发展、社会安定的重要保障。国家重视制度的建构，一个单位更应如此。目前，全省事业单位改革已完成，山东老年大学的离退休干部工作也因为改革而增加了服务管理对象、增大了任务量。在这种情况下，如果继续沿用原有三家单位的惯例、制度就显得不合时宜，所以，首当其冲的是制定出台山东老年大学的离退休干部工作制度。在原有制度的前提下，参照国家和省级层面的政策制度，学习借鉴其他厅局在离退休干部工作方面的先进经验和做法，制定一套符合山东老年大学现状的离退休干部工作制度，进一步规范离退休干部工作的日常服务管理、党建学习引领、分类管理服务、精准服务等。制度应以离退休干部的需求为导向，进一步深化服务措施、细化服务标准、拓宽服务领域，同时，要完善经费支撑等机制，为离退休干部工作建立健全保障机制。

（三）提高创新意识，积极探索离退休干部管理服务模式和多种活动形式。一是准确把握新时代离退休干部的特点，积极寻求创新思路。离退休干部对新时代美好生活的向往就是我们离退休干部工作的着力点。除了强化政治引领、作用发挥，更要高屋建瓴，从政策制定和执行上主动拓展思路、创新发展。二是创新学习活动载体，为离退休干部组织学习和发挥作用搭建平台。比如，有的社区就针对离退休干部党员多、教育管理不便的现状，打破传统的党组织设置模式，以居民小区为单位，设立楼院党支部，将离退休干部的组织关系按区域划分到社区，实行属地化管理，这样不仅加强了思想管理，还为他们就近参加组织活动提供了便利条件。三是开展好离退休干部品牌创建活动。例如近几年山东省委老干部局开展的“本色家园”离退休干部党建品牌创建活动，不仅很好地解决了怎么创建品牌的问题，更是将品牌建设与离退休干部服务进行了有机结合，在创建过程中，激发了离退休干部的活力和热情，提升了离退休干部的凝聚力、战斗力。山东老年大学要充分利用课堂、课程凝聚人心，积极引导和协助各学院、各艺术团的临时党支部开展丰富多彩的活动，形成以老年大学学员为中心向外不断扩散的正能量圈，进而提升我省离退休干部的获得感和价值感。

（四）多措并举，形成合力。放眼整个社会，离退休干部工作不能仅仅依靠离退休干部工作部门一方的力量，而是要打破固有的思维模式，整合社会资源，汇聚各方力量推动和支持离退休干部工作的发展。同理，山东老年大学的离退休干部工作，需要离退休干部工作处的全力以赴，更需要其他处室的通力合作，比如在经费支持、调研宣传、活动场地等方面仅靠一个部门的力量很难协调。山东老年大学近年来的发展蒸蒸日上，正是得益于大时代发展，也与学校各处室之间通力合作密切相关。老年大学的主责主业是老年教育，但是除了做好日常教学和活动开展工作，学校也应注重舆论宣传和引导，尤其要注重宣传的细节，并以此作为有力推手，树立和推广了诸如“五老”志愿者等离退休干部的先进典型，对他们乐观向上的人生态度、敬业勤勉的工作热情、心中始终装着祖国和人民的情怀进行正面报道，从而带动老年大学学员服务社会的热情，并进一步激发全社会的责任感。

（五）适应时代发展，善于利用新科技新成果。一方面，以离退休干部需求为导向、以数字化平台为支撑，推动新时代离退休干部工作向信息化、智慧型加速转变。山东老年大学近年来在发挥作用平台建设方面进步显著，不仅是正常开设的各类课程深受离退休干部喜爱，为真正实现离退休干部老有所教、老有所学、老有所为、老有所乐贡献了力量，在关键、特殊时期，更是充分发挥了作用平台的重大能量。比如新冠肺炎疫情期间，山东老年大学广泛利用微信公众号发倡议书、召开离退休干部线上报告会、组织离退休干部党组织和离退休干部党员通过网络平台正常过组织生活等，使信息化建设的价值得到充分彰显。另一方面，可以借鉴泰安市老干部局 2017 年建成使用老年人才库的先进经验，建立山东老年大学离退休干部数据库。如此一来，既能充分调动离退休干部的积极性，又能利用大数据分析功能对日常工作和高层决策提供基础信息。

（六）加强离退休干部工作者人才队伍建设。离退休干部工作部门虽然不是整个单位工作的中心，但是工作不力也会影响到中心工作的开展；离退休干部工作部门的人员水平、素质又直接影响着离退休干部工作的水平。所以，山东老年大学必须加强对政治的高度理解和把握，对离退休干部工作队伍进行选配，要配备思想觉悟高、综合水平强、有爱心、有耐心、善于进取的工作人员，这样既能够沉下心为离退休干部服务，又能够积极开拓思路适应新时代离退休干部工作发展；同时，“打铁还需自身硬”，在提升离退休干部服务管理水平的过程中，离退休干部工作者首先要加强自身修养、提升专业素养。传统的服务和管理工作，对新情况、新政策、新要求的主动思考和创新思维不够，导致工作队伍的整体能力素质与新时代离退休干部工作需求不够匹配。所以，学校和离退休处应该把队伍建设提上重要议程。通过加强日常管理和学习，不断提高服务工作的水平和能力，在具备诚心、爱心、孝心、细心、耐心的基础上，不断提升工作细节，善于发现问题并有技巧地解决问题；创造和争取参加培训、外出学习的机会，学习先进的工作方法，借鉴成熟的工作经验，将离退休干部工作更好地与党建工作、全面深化改革、社会化养老服务等有机结合；注重内部培训和外部学习的结合，着力在学习教育、履职担当、精准服务、政治历练、创新创造等方面下功夫，强化政治素养、提升能力素质、淬炼务实作风，努力打造过硬的离退休干部工作队伍。

（王静：山东老年大学离退休干部工作处一级主任科员）

浅谈老年教育持续发展

◎ 刘向军

摘要：要实现长寿、常乐、畅学，老有所为，老年教育已是必选，而老年大学则是文化养老的主要阵地。当前，老年教育持续升温，老年人的学习需求日趋多样。面对需求，要想当好“答卷人”，满足“出卷人”的预期，就应做到做对“判断题”——想老年人之所想，做准“选择题”——急老年人之所需，做精“简答题”——解老年人之所盼，做足“论述题”——圆老年人之所愿。如何更加科学、有效、高质量地推动老年教育发展改革落实落细，是老年教育工作亟须思考和解决的问题。创新是发展的动力和源泉。老年教育没有单一固定的模式，要坚持与时俱进，求实与创新相结合、需求与实际相结合，要不断总结实践经验，不断将经验提炼成理论成果，用经验和成果推进事业的发展。

关键词：老年教育　持续　发展

随着经济发展和科技进步，我国迈入长寿时代。从工作时的紧张繁忙转换到退休后的安静清闲，新的环境势必催生新的心态和新的需求。怎样根据老年人的特点，探索、创新开展多种形式的教育活动，使老年人不断更新知识、充实精神生活、力所能及地继续发挥作用，满足因退休和“空巢”等产生的身心需求，已经成为新时代老年群体给各级有关部门出的一套必须做，而且要做好的综合“试题”。

这套“试题”的解答方法仁者见仁、智者见智，思路不一，但最终的方向和目标只有一个——老年教育持续发展。作为一名为老干部服务的工作者、一名老年教育的参与者、一名即将享受老年教育的受益者，针对当前和未来的实际工作，谈几点我对做好这套综合“试题”的认识和看法。

一、做对“判断题”，想老年人之所想

老龄化是时代课题，更是时代之问。发展老年教育，有利于促进经济社会可持续发展，促进社会和谐稳定，推进中国特色社会主义文化大发展，有利于老年人最大限度地发挥潜能。2017 年国务院印发的《“十三五”国家老龄事业发展和养老体系建设规划》指出：“预计到 2020 年，全国 60 岁以上老年人口将增加到 2.55 亿人左右，占总人口比重提升到 17.8% 左右；高龄老年人将增加到 2900 万人左右，独居和空巢老年人将增加到 1.18 亿

人左右，老年抚养比将提高到28%左右；用于老年人的社会保障支出将持续增长；农村实际居住人口老龄化程度可能进一步加深。”据济南市历下区统计，2015年年底，全区60岁以上老年人口为10.4万人，占总人口的18.63%；2018年年底，全区60岁以上老年人口为13.3万人，占总人口的19.37%。老龄化进程与家庭小型化、空巢化相伴随，与经济社会转型期的矛盾相交织。在严峻的形势面前，发展老年教育是积极应对人口老龄化的战略选择，是摆在各级各部门和广大老龄工作者面前重要紧迫而光荣的任务。老年教育的持续健康科学发展，必将会达成着力发挥老年人积极作用、改善老龄事业发展和养老体系建设的支撑条件，确保达到全体老年人共享全面建成小康社会新成果的目的。

发展老年教育是开发利用老年人力资源、帮助老年人不断更新知识和技能、提升人力资本、继续为经济发展做贡献的迫切需要和必然选择；是做好新形势下老年思想教育工作，用马克思主义中国化最新理论成果、社会主义核心价值观武装老年人，使他们不断加深对党的基本路线、方针、政策的理解，始终与党同心同德，支持改革发展的迫切需要和必然选择；是进一步丰富老年人的精神文化生活、提升老年人的思想境界、增强老年人的精神力量、提升老年人的人文素养、推进社会主义文化发展繁荣的迫切需要和必然选择；是满足老年人终身学习需要，不断提高老年人的生命和生活质量，促进老年人身心健康，使老年人更好地适应社会发展、更好地融入社会的迫切需要和必然选择。

二、做准“选择题”，急老年人之所需

以全面提升老年人素质、推动老年事业全面发展，不断实现老年人个人价值和社会价值为目的，多形式开展好自主教育和自主学习活动，进而真正解决老年人“老有所教、老有所学”问题，真正体现“老有所用、老有所为”的价值，是时代所需，也是老年群体所盼。

党的十八大报告指出，要积极发展继续教育，完善终身教育体系，建设学习型社会。党的十九大报告中明确指出，要加强社会保障体系建设，健全农村留守儿童和妇女、老年人关爱服务体系。2012年新修订的老年人权益保护法规定：“老年人有继续受教育的权利。国家发展老年教育，把老年教育纳入终身教育体系，鼓励社会办好各类老年学校。各级人民政府对老年教育应当加强领导，统一规划，加大投入。”这为终身教育指明了方向。老年教育是终身教育的最后环节，而代表着惠及老年人身心福利的老年教育机构——老年大学，完全可以承担起向老年群体提供多层次、多专业、多趣味教育的任务，是老年人不断丰富自已、展示自我、体现价值，不断适应发展、适应社会、适应形势的重要载体。但当前必须面对的是，老年教育事业发展不够均衡，还不能更好地适应老龄化社会发展的新需要。老年教育场所存在教学场地缺乏、教职工人员不足等问题，有的已经出现“一座难求”的入学难现象，一定程度上制约了老年教育事业的长足发展。面对新时代、新

形势之间，必须加快老年教育发展步伐。这就要求我们要将老年教育纳入社会事业发展总体规划和相关教育发展规划，纳入终身教育体系和学习型社会建设的重要内容，用公共财政给予保证；要探索多元化老年教育，以区县、街道、社区公办老年教育学校为主体，加强示范引领和交流合作，以扶持或联合创办（联办）老年教育机构等各种老年教育的民间协会和社会团体；要开展老年教育的基础理论研究，特别是应用理论研究，为各级党政部门更好地指导和加强老年教育科学发展提供参考性、可行性更强的建设性意见；要探索利用现代化媒体和网络信息技术手段，借助网络平台的强大功能，推进信息资源共享，为改善老年教育固有的、传统的模式提供现代化的支撑，不断提升老年学校的整体办学水平。

三、做精“简答题”，解老年人之所盼

老年教育的发展离不开社区老年教育。社区老年教育对全面提升社区居民思想涵养、文化素养、身心素质，提高社区整体文明水平，促进各项事业发展，维护社会大局稳定具有不可替代的作用。

社区老年教育是一个大的教育理念，是区别于基础教育的继续教育，是涵盖学历教育以外所有教育内容的教育，是满足以老带幼、以老辅幼、以老强幼的人生历程中的教育，更是围绕党的中心工作，主动服务于经济社会发展、促进社会和谐建设的教育，是体现政府公共服务能力水平的教育，是提升整体人文环境的教育。

当前，社区老年教育已成为教育发展的一个新的重要方向和目标，社区老年教育可以有效弥补普通国民教育体系的不足，从而实现全民终身教育和普通国民教育的有机结合，建立科学、有序、衔接的大教育体系，真正实现人的全面发展；可以更好地实现社区全体成员整体素质和文明程度的综合提高，为社区建设与发展打下坚实的人文基础。社区老年教育是接续普通国民基础教育的重要一环，老有所学、老有所为、老有所乐更多体现在区、街，特别是社区老年大学等寓教于乐、寓教于学的教育体系的构建和推进中，没有社区全体成员整体素质和文明程度的提高，社区的建设与发展就无法全面实现，整个社会的建设与发展就可能成为“无源之水、无本之木”。探索建设并不断完善社区老年教育，使全社会成员，特别是老年人终身都享有受教育的权利，是建设学习型社会、完善全民终身教育体系、夯实人文基础的重要一环，与和谐社会建设所需的物质基础、政治基础密不可分。倘若缺乏科学、有序、衔接的社区教育，和谐社会建设就不可能完整，甚至会出现“断层”。

四、做足“论述题”，圆老年人之所愿

随着全面建成小康社会宏伟目标的逐步实现，老年教育也迎来了更快更好的发展。

新的时代，老年人的教育诉求逐渐多元化，对老年教育工作提出了更高的标准和要求。这就要求我们既要提高站位、更新理念，又要切合实际、创新发展，还要符合愿望、精细服务。

老年教育工作只有坚持适应经济社会发展的要求，主动融入党政工作中心，才能拥有旺盛的生命力，才能在深度和广度上实现不断提升。老年教育事业作为上层建筑的组成部分，必须随经济社会的发展而发展，才能更好地为改革开放、经济发展和社会进步服好务。新时代，老年人对学习内容、教育方式的诉求会持续变化、不断更新。新时代的老年教育要以增长知识、丰富生活、促进健康、陶冶情操、服务社会为理念，充分体现学、乐、康、为相结合的发展思路，让先进文化占领老年教育阵地，通过加强学习和知识整合，使老年人乐在其中，提高他们的身心健康指数，鼓励他们充分展示并发挥自身价值。

创新是发展的动力和源泉。老年教育没有单一固定的模式，要与时俱进，求实与创新相结合、需求与实际相结合，不断探索提高老年教育的质量和档次。教育手段要因地制宜、因人而异、因势利导。当前，信息化已占据时代主流，高科技、多媒体和网络化发展日新月异，大大缩短了知识传播的时空界限，使知识传播的方式趋向多样化，这就要求老年教育将线下课堂、网络课堂、远程教育等传统和现代化教育相结合。

老年教育是突出公益性的朝阳事业，必须加强规范化建设才能保证其健康、稳定、持续地发展。随着老年人口数量的增长和老年教育的发展，老年教育也正在向普通居民群众普及。这就需要老年教育工作者不断总结实践经验，不断将经验提炼成理论成果，用经验和成果推进老年教育事业的新发展。老年教育事业发展潜力巨大，许多领域有待进一步研究、探索、实践。开展对老年教育的研究、探索、实践，是深化老年教育改革的需要，是全面提高老年教育质量的需要，是推动老年教育工作不断提高水平、迈上新台阶的需要。

“事非经过不知难，成如容易却艰辛。”只要我们始终心怀爱老、尊老、敬老、助老、为老的传统美德，将健康、科学的发展理念在实践中不断发扬光大，老年事业、老年教育工作必定会绽放出灿烂的光彩。

（刘向军：中共济南市历下区委组织部副部长、老干部局局长）

做好融合文章　推进老年教育供给侧改革的实践与思考

——以济南市章丘区为例

◎ 魏文艳

摘要：随着人口老龄化的加剧和经济社会的发展，越来越多的老年人不再单纯满足于物质养老，而是更多追求精神养老，但老年大学“一座难求”的现象却将他们挡在了门外。如何推进老年教育供给侧改革，让更多老年人共享老年教育成果，成为摆在各级老年大学面前的一个重要课题。本文通过总结近年来章丘区探索的实践经验，分析当前面临的制约瓶颈，从而提出对老年教育供给侧改革的一些建议。

关键词：融合　老年教育　供给侧改革

随着人口老龄化程度的加剧，老年人多元化、多层次的精神文化需求日益突出，老年教育供需矛盾日益凸显，全国各地老年大学“一座难求”的新闻频现报端。《老年教育发展规划（2016—2020 年）》明确提出，要以扩大老年教育供给为重点，以创新老年教育体制机制为关键，以提高老年人的生命和生活质量为目的，整合社会资源、激发社会活力，提升老年教育现代化水平。这为新时代加强老年教育指明了方向。对此，章丘区立足本地实际，进行了积极的探索与实践。

一、章丘区推进老年教育供给侧改革的探索实践

近年来，针对老年大学供给量不足、“一座难求”的问题，章丘区坚持“开放、融合、共享”理念，主动作为、整合资源，探索推行“1+N”（老年大学联盟）模式，积极推进老年教育供给侧改革，着力打造“一核心、多节点”的多元化老年教育供给体系，不断拓展老年教育阵地。

（一）抓好龙头建设，提高示范带动力。章丘区老年大学立足实际，结合学员需求，积极创新思路、强化措施，着力提升供给质量，为基层做好示范。一是坚持两个结合。老年大学和老干部活动中心相结合，工作人员、设施设备相融合，成立以学员骨干为主体的学管会，解决人员、场地不足问题；教室与功能室相结合，一室多用、一室多能，最大限度地提升区老年大学承载量。二是积极优化教学模式。坚持“适其所需、授其所宜”的原则，定期调整课程设置；依据专业特点，实行分层教学。注重教育与实践相结合，探索推行“走出去”办学新路子，努力拓展延伸“第二课堂”“第三课堂”，为学员提

供更为充分的学习交流空间。三是着力提升教学层次。重点采取“上挂下联”方式强化教学。“上挂”就是融合驻章高校、区委党校、区文化馆等资源，联合开展思政、养老护理、阳台种植等实用性、指导性、现实性强的课程，让老同志学有所长；“下联”主要是挖掘章丘本地教材、本土人才，建立乡土教室，开设部分非遗传承课程，在潜移默化中弘扬章丘传统民间艺术。同时，重视发挥社会专业培训机构资源优势，加大合作力度，与培训机构联合开设花样面点等课程，有效满足老年人的学习需求。

（二）抓好阵地整合，推动阵地向基层延伸。坚持“化整为零、共建共享”理念，探索实施老年教育阵地建设延伸拓面工程，不断扩大老年教育资源供给。一方面扎实推进镇街老年大学建设。研究出台《关于进一步加强老年人大学（分校）建设的实施意见》，坚持“镇街主导、老干部局奖补、老年大学业务指导”原则，明确总体要求、建设标准、推进步骤，依托开放式活动场所，合理建设老年学校，力争做到符合条件的镇街应建尽建。另一方面突出强化社区老年大学建设。探索推行党的建设、文体活动、老年教育、志愿服务“四位一体”与社区融合共建机制，选取部分示范点，分别签订“四位一体”合作框架、《老年教育合作办学协议》，指导帮助完善硬件设施，规范制度机制，不断提升办学的规范化水平。

（三）抓好信息化建设，促进优质资源共享。顺应数字化、信息化发展大趋势，积极探索运用“互联网＋老年教育”新模式，进一步拓展老年教育优质资源供给链。一是依托老年大学微信公众号、视频号，建立“芳华剧场”云平台，将学校优质课、精品课录制成适合老年人远程学习的数字化资源，上传平台，实施远程教育，让更多的老年人足不出户即可开展学习。二是申报省老年大学远程教学点，对接国家开放大学老年大学、山东老年大学远程教育网等优质网络课程资源，开设国画、剪纸、彩铅等班次，实现优质资源共享共用。三是全面推行和运用微信群这一现代媒介，建立校、班各级微信群，打造“微信课堂”平台、正能量宣传平台、学习交流互动平台和管理服务平台，突破线下教学的空间限制，大大提高学习效率。

（四）抓好社团建设，普及老年教育成果。着力运行“大学培育骨干—骨干带社团—社团带社会老年人”模式，让学员走出学校、奉献社会，扩大老年教育受众面。一是开展“换位教学”，将主校区专业水平较高、学有所成的学员请上讲台，让他们当老师，走进公园、广场（社区）社团进行才艺教学活动，让更多社会老年人共享老年大学教学成果。目前，章丘老年社团的数量达到59个，参与的老干部由300人扩大到了3600多人。二是建立“双进双送”普及机制，依托老年大学各社团，定期开展“进社区送欢乐、进农村送文化”活动。依据群众需求调整节目类型，选取更多贴近群众生活、简单易学的节目，让群众在看中学、看中思、看中做，努力变“送文化”为“种文化”，助力乡村文化振兴。三是打造“百脉银龄”志愿服务品牌，根据老同志兴趣爱好、特长优势，成立一支总队，下设16支分队，同步成立“功能型”党支部6个，以党建引领老年学员广泛开展红色记忆传承、乡村记忆传承等各类新时代文明实践和正能量活动，以个体带群体，推动老年教育成果动能转化，以品牌化扩大学校的教育影响力。

二、当前老年教育供给侧改革面临的困境

老年教育供给侧改革的核心是扩大优质教育资源的供给，其中既有对供给量的要求，也需要在质上实现提升。近年来，虽然章丘区进行了积极探索，并取得了一定成效，但与预期效果之间还有不小差距，面临一些亟待解决的问题。

（一）政策制度支持不充分。老年教育作为终身教育体系的重要组成部分，是一项系统化的民生工程，单靠一个部门难以为继。长期以来，老年教育的发展都缺少立法、政策方面的支持，虽然国务院《老年教育发展规划（2016—2020年）》提出要坚持政府主导、市场调节，但没有明确归口管理，没有明确在运行体制、施教主体、保障措施等方面做出规定。政策制度支持不充分，一定程度上导致老年教育发展过程中阻力重重。

（二）老年教育供给总量不足。以章丘区为例，目前全区老年教育供给总量还是相对不足，与需求之间存在较大差距，不能满足日益增加的老年人需求。究其原因，一是老年教育经费投入不足，特别是镇街、社区（村居）层面大都没有专项的老年教育经费，难以保障正常教学活动的开展。二是学校规范管理上有待探索加强，比如老学员出不去、新学员进不来，学员只进不出，更加剧了“一座难求”的问题。

（三）老年教育发展不平衡。由于城乡发展的不平衡，致使区域间老年教育资源的发展也不平衡，区域间在老年教育的师资队伍建设、办学规模、课程设置等方面存在极大的差异。很多老同志认为镇街（村居）不可能提供良好的老年教育机会，致使每到报名季，区级层面老年大学往往出现“一座难求”的火热场面，而偏远的镇街、村居老年学校却招不到学员。

（四）老年教育供给质量需进一步提高。主要表现为教育内容相对单一，缺乏系统性、规范性，与老年人日益增长的多样化、多层次的教育需求不相适应。一方面，由于老年大学是服务老同志的公益性学校，老师大都是义务上课，难以吸引专业水平高的教师为老同志服务，导致老年大学师资薄弱；另一方面，教学上没有统一的教学大纲和课程标准，教师专业水平参差不齐，教学内容随意性较大，很大程度上影响了教学的质量。

三、进一步推进老年教育供给侧改革的思考和建议

推进老年教育供给侧改革，扩大老年教育资源的有效供给，仅仅依靠老干部工作部门自身的力量是远远不够的，需要各级各部门通力协作、密切配合，做好融合文章。

（一）强化组织保障。认真落实中央、省市关于老年教育工作的要求，把老年教育纳入各级政府工作的整体规划，摆在重要位置，逐步建立健全党委领导、政府统筹，老干部、教育、文化和旅游、老龄部门密切配合，其他相关部门共同参与的老年教育管理体制，并明确各自的职责、任务，共同凝聚推进老年教育发展的合力。注重从顶层设计上明确老年教育的性质定位，着力探索形成各级老年大学人员配备、经费保障与工作业务相适应的机制体制，制定科学完备的教学规范和相应的考核评价体系，使老年教育工作更加规范化、制度化。老干部部门作为老年教育工作的牵头部门，要切实做好老年教育发展的部署和规划，积极加强与有关方面的联系协调，会同有关部门研究推进措施，总结推广好的经验做法；上级业务部门要适时通过调研、组织观摩交流等方式对下级业务部门进行工作指导，帮助厘清思路、抓好工作落实，确保老年教育健康有序发展。

（二）拓展老年教育的途径。一是坚持完善和落实与社区“四位一体”融合机制，充分发挥区老年大学的带头作用，在办好现有老年大学（学校）的基础上，采取镇街社区主办、相关部门支持等办法，积极推动老年教育进基层、进社区，方便老年人就近入学。二是探索多元主体办学模式，建议出台相关文件，进一步扶持、鼓励企业和其他社会力量开办老年大学，着力推动老年教育从单纯依靠政府供给到政府、市场、社会组织等多主体供给机制的转变。三是整合线上线下资源，大力发展远程老年教育，进一步完善“互联网＋老年教育”的数字化平台，实现老年教育的便捷供给。四是推进医养教结合，把老年教育纳入社会养老、社区养老、居家养老体系，在发展新型养老服务业中拓展老年教育内容。

（三）丰富优化供给内容。着眼老年人的群体特征和学习需求，积极调整课程设置、丰富教学内容，适时淘汰“同质化”课程，增加顺应信息化发展的新课程，科学合理构建和完善老年教育课程体系。适应老年人由“物质养老”向“精神养老”转变的大趋势，坚持教、学、乐、为的有机结合，进一步强化老年大学的教育功能，鼓励倡导开发、开设乡村文化课程和实用技能课程，开展展演、比赛、志愿服务等公益活动，满足老年人多元化的学习需要。全面推行学制和分层教学，根据老年大学学员的文化程度、学习需求、接受能力等，从教学计划、教学内容、教学方法等方面给予明确的分层指导，调动学员的学习积极性。另外，建议加强对精品专业、特色课程、优秀教材的研究，形成通用的教材大纲，让任课教师依纲执教，提升教学的成效。

（四）坚持加强质的提升。一是在促进区域平衡上下功夫。通过办学模式示范、教学业务指导、学习成果展示、优质师资共享等方式，持续加强对基层老年教育的指导和支持力度，使高层级优质教学资源向基层辐射。认真落实省老年大学的部署要求，积极开展全省基层老年教育示范校创建活动，以点带面、以面带全，推动老年教育整体水平的提高。二是在加强师资队伍建设上下功夫。持续加强与社会专业机构、高校、文化旅游等部门的合作，利用其在教育资源和公共文化服务方面的优势，实现教师资源共享；参照部分先进地区做法，探索运用社会化方式招聘教师，拓展教师招聘渠道。建议上级业务部门在条件允许的情况下，适时组织区域内老年大学教师进行业务培训、学术交流等，推动提高教学专业化。三是在营造氛围上下功夫。建立健全宣传引导机制，通过组织座谈会、交流观摩会、政策宣讲团等，加强宣传教育、凝聚思想共识，努力使全社会关心、支持和参与老年教育的氛围更加浓厚。

（魏文艳：济南市章丘区老年大学副校长）

运用平台思维全面推进
新时代老年大学发展的思考和探索

◎ 潘克选

摘要： 发展老年教育是积极应对人口老龄化、实现教育现代化的重要举措。青岛市老年大学作为青岛市老年教育的主要载体，近年来，通过探索实践运用平台思维的方式推进各项工作开展，取得了初步成效。

关键词： 老年教育　平台思维　推进工作

老年人是国家和社会的宝贵财富，老年教育是我国教育事业和老龄事业的重要组成部分。发展老年教育是积极应对人口老龄化、实现教育现代化、建设学习型社会的重要举措，是满足老年人多样化学习需求、提升老年人生活品质、促进社会和谐的重要元素。老年大学是老年教育的主要载体，是满足老年人教育、文化、健康养老等多样化需求的重要载体。

目前，社会发展已经进入到现代化和全球化时代，新的科学思想和技术方法层出不穷，老年教育工作也面临着新的机遇和挑战。近年来，青岛市老年大学在坚持传统工作思路和方法的基础上，守正创新、担当作为，探索运用全新的思维方式和工作理念指导各项工作的开展。在工作实践中，通过不断总结和探索，运用平台思维丰富和拓展老年教育的内涵和外延，为实现新时代老年大学高质量发展积极创造条件。

平台思维是现代互联网衍生出来的一种工作思维模式。所谓平台思维，就是通过建设一个平台，把信息、人才、技术、资本、人脉等优质资源都聚集起来，然后通过深度挖掘、整合和培养，使资源之间发生联系和互动，从而实现价值和效率倍增的创新和创造思维模式。对老年大学来讲，平台思维就是将学校、教师、学员、志愿者和社会各方的优质元素进行有效的整合、融合，从而产生更大的效能和作用，更有力地推动学校的发展，为教师和学员搭建教、学、乐、为的平台，产生更大的老年教育影响力和引领力，吸引社会各界更多地关注和投入老年教育，为促进积极人口老龄化发挥作用。

一、搭建管理系统平台，提升现代化管理水平

所谓现代管理，就是将管理科学、行为科学及电子计算机结合起来应用于实践，是

研究实施有关战略决策和全面系统管理的理论、方法和管理实践活动的一般规律的科学。进入中国特色社会主义新时代，要想完成规范化示范老年大学的建设，就必须具有现代管理的思维意识，努力在硬件和软件建设上创造条件，让现代化教学管理落地生根。

近年来，青岛市老年大学加快推进教学环境提升工程，现代化老年大学建设呈现新亮点。青岛市老年大学通过创建规范化工作机制、配备先进设施设备、提高管理服务水平等措施，用科学系统的工作方法解决了教学管理服务过程中遇到的新情况、新问题，实现了教学楼、教室出入人脸识别自动化，网上报名、空中授课全程覆盖，数据分析、教学设备互联互通等科学智能化管理，推动各项工作高效有序运行。同时，积极引进信息化教学系统，通过远程课程的开发和空中授课全程覆盖、教学活动大数据分析和教学设备的互联互通等科学智能化管理，使教学管理更加科学先进。这些措施不但弥补了传统教学的不足和短板，而且极大地丰富了老年大学的教学手段；不但能最大限度地满足年轻教师的创新愿望，同时也促进了年长老师的学习提高；不但扩大了先进教学手段的普及率，也为现代化新技术的开发创造了条件，为学校良性循环奠定了基础，使现代化老年大学发展初具规模、智慧校园建设初见成果。

青岛市老年大学在教学管理方面持续发力，全面加强教师队伍建设，实现教学管理工作新提升。通过组织教师召开教学工作研讨会，针对后疫情时代教学工作出现的新情况、教师和学员们的新需求展开集中研究探讨；组织修订并印发《青岛市老年大学课程标准》，对 5 大类 56 门课程的教学内容进行梳理规范，为老年大学标准化建设奠定基础；进一步加强对教师的考核管理，通过实行随机评议、阶段考评的定期和不定期考核机制，让教师考核更加科学公正；落实校领导，系、班主任和工作人员“四级”跟班听课制度，通过召开班长学员座谈会和进行单独交流，听取学员对任课教师的意见和建议，全面掌握教师队伍的教学情况；成立教师考评领导小组，组织工作人员、学员志愿者和部分学员骨干对全校 158 名教师定期进行考评，依据考评结果分别对优秀教师进行奖励、对存在问题教师及时提醒、对不称职教师实施解聘，全面提升和优化了教师队伍的教学水平和综合管理服务能力，为学员们营造了高层次、高水平的学习环境。学校在加强教师队伍管理的同时，还注重加强学员师资力量的培育，组织具备教学能力的学员骨干参与专业化集中学习培训，并输送他们到各区市老年大学和社区（养老机构）老年教育活动点开展教学活动，为老年学员老有所教、老有所为搭建新平台，为推动全市老年教育事业的发展发挥积极作用。

二、搭建政治教育平台，促进学习实践落实到位

所谓政治教育平台，就是在党组织领导下开展学习实践活动的落实渠道。青岛市老年大学在党史学习教育实践活动中，充分发挥学员党员的先锋带动作用，积极探索学员

党建、关心下一代、志愿服务工作“三位一体”融合发展新模式，坚持党建带关键，推动新时期老年大学工作的高质量发展。

（一）组织党史学习扎实见效。积极打造智能化学习平台，推动党史学习教育走深走实。为响应习近平总书记“只有坚持思想建党、理论强党，不忘初心才能更加自觉，担当使命才能更加坚定”的号召，青岛市老年大学主动聚焦青岛市委“项目落地年”和市委老干部局“强能力、抓落实、见成效”的行动要求，围绕校务会确定的“干部职工能力建设年活动”目标，优化“一建双推”管理运行方式，通过开展“述理论、述政策、述典型”的“三述”行动，全体党员干部职工把党史学习与工作实际紧密结合，学思践悟、学以致用，坚持问题导向，注重研究解决工作中遇到的难点堵点问题，推动教学管理工作实现规范化发展。

（二）推进党建工作创新发展。青岛市老年大学目前拥有在校学员 9000 余名，其中学员党员近 3800 人，占在校学员的 41.3%。学校先后组建了学员党建办公室、学员党委，建立了专业系（院）党总支、联合党支部和党员学习活动小组。党总支书记由系（院）副主任、副院长担任，党支部书记由班主任担任，党小组长由党员班长兼任。2021 年 5 月 28 日，青岛市老年大学举办了关心下一代工作创新发展暨智泉志愿服务总队成立仪式，调整组建了 8 个关心下一代工作团队，设立了 8 支志愿专业服务队、27 支特色服务分队。为充分实现各活动团队的工作效能最大化，学校在各活动团队的架构设置上，保持学员党总支、党支部、党员学习活动小组与关工委下设的各关爱团、志愿服务分队相互一致；在领导人员的安排上，坚持学员党组织书记与关工委的关爱团各团长、志愿服务队各队长相互兼任，从而建立起一体化的工作机制，实现党建引领与关爱志愿服务工作的资源互通、深度融合、协同发展。

（三）开展志愿服务成效明显。现代化老年大学与现代社会有千丝万缕的联系，要充分发挥资源优势，为社会文明进步做出自己的贡献。青岛市老年大学“三位一体”平台建立后，在党建统筹引领下，通过组织开展学员党员党史教育、党支部书记培训班、“树长者风范、做风范长者”活动，对学员进行思想政治教育和志愿服务技能培训，提升学员的政治理论素养和志愿服务能力，为争做“有作为、有进步、有快乐”的“三有”老人厚植基础。学校组织学员党员借势借力开展多种形式的关爱志愿服务活动，先后与市南区实验小学、海信学校、青岛第五十九中学等单位签订了“共建共育”协议，积极开展“关爱青少年成长，共育新时代新人”助教活动。利用志愿者中老党员的政治优势，通过理论宣讲、事迹报告等有效形式，教育引导学生增强爱国主义情怀；利用志愿者中艺术家的专业优势，在学校成立老年大学艺术院分院，举办绘画、舞蹈、乐器等辅导班，丰富学生的课余文化生活；利用志愿者中的文史特长资源，在学校设立文学讲堂，对学生进行传统文化教育，提升学生的人文修养。2022 年春季线下开学之际，老年大学的学员志愿者们还积极主动配合学校做好开学前的各项准备工作和校园疫情防控工作，引导学员安全入校上课。学校还积极组织志愿者们参加中小学早晚“护导”，地铁、车站高峰期人流疏导和“文化旅游志愿者在行动”等活动。“智泉”志愿服务队俨然成为老年大学文化建设的品牌和青岛市志愿服务的亮丽名片。

三、搭建文化建设平台，增强全面发展动力

所谓搭建文化建设平台，就是运用现代社会最新的科学技术成就，通过设置符合老年大学学员特点的教育制度和机制，组织开展最能反映时代精神的文学艺术活动和生动活泼的文化活动。文化平台的建设，不但能提高广大老年学员的知识水平，营造浓厚的文化氛围，而且可以更好地陶冶学员情操、丰富学员的精神生活，是提高学员思想觉悟和道德水平的重要抓手。通过构筑完善的文化建设体系，展示老年大学丰硕的教学成果和办学成效，为广大学员营造健康向上、文明和谐的文化氛围，满足老年学员多样化的精神文化需求。

（一）持续加强校园文化建设。老年大学的校园文化，是全校师生的精神家园，承载着广大老年学员的价值追求和奋斗目标。建设好校园文化，对于营造和谐温馨的校园、提升老年教育的内涵，以及加快推进规范化示范老年大学的建设步伐具有重要意义。

青岛市老年大学通过创建规范化工作机制、配备先进设施设备、提高管理服务水平等措施，提升了教学环境文化内涵，在建设现代化老年大学的征程中迈出了坚实步伐。通过新建录播室、智泉书吧，发布校歌，制作宣传片、微电影等方式，不断提升校园文化品质，展现学员积极向上的精神风貌。

（二）打造“一校四院”发展格局。青岛市老年大学艺术院于 2021 年 4 月 1 日正式成立，书画院、艺术院、文史院和影像院的“一校四院”文化格局基本形成。艺术院由合唱团、舞蹈团、时装表演团、朗诵团、戏剧团等艺术团队组成，拥有团员近 200 名。艺术院成立后，发挥习近平总书记倡导的“孺子牛”“拓荒牛”“老黄牛”精神，积极组织学员参加各类文化演出活动，特别是 2021 年七一前夕，为庆祝中国共产党成立 100 周年，献上了精心筹备的大型文艺演出，赢得了各级领导和社会各界的高度赞扬。青岛市老年大学书画院则为学校 3000 余名学习书画艺术的学员们量身打造了高水准、专业化的学习交流展示和作用发挥平台。

（三）不断展示与时俱进风采。2020 年疫情防控期间，书画院组织学员为青岛援鄂医护人员捐赠了 1286 幅书画作品，为学员奉献爱心提供了平台。2021 年上半年，书画院组织开展了“向经典致敬”书画教学成果评选和庆祝中国共产党成立 100 周年书画作品展活动，1500 余名学员挥毫泼墨，用手中的画笔表达了对党的崇敬和祝福之情。青岛市老年大学文史院和影像院也相继组织开展了庆祝中国共产党成立 100 周年主题征文和

摄影作品展活动，学员的摄影作品在青岛市 5 个主要地铁口进行展出，充分展现了老年大学学员的爱国情怀，弘扬了社会主旋律。青岛市老年大学“一校四院”文化发展模式，搭建起了展示学校教学成果、老艺术家老同志精神风貌和艺术才华的舞台，架起了联系校内外艺术爱好者间的桥梁和纽带，展现了老年大学学员“学、乐、为”的精神风貌，成为青岛市老年大学精神文明建设和文化建设的一面崭新旗帜。

（潘克选：青岛市老年大学学员管理处处长）

对青岛市老年教育的观察和思考

◎ 况桂

摘要：所谓老年教育，是以老年人为对象，为满足老年人的学习需要，提高老年人的综合素质，使老年人适应社会发展要求而开展的终身教育活动。加强老年教育是国家积极应对人口老龄化战略的重要举措。本文通过分析青岛市老年教育的现状和存在的不足，对进一步推进老年教育的落实提出了一些思考和建议。

关键词：青岛老年教育　观察分析　推进措施

当前，对于老年教育性质的认识是统一的，加强老年教育已经成为国家层面的共识。《国家中长期教育改革和发展规划纲要（2010—2020年）》首次提出，要“重视老年教育”。老年教育是教育活动，不是别的实践活动，老年教育的一切作用只能靠办好教育来实现；老年教育是继续教育和终身教育的组成部分，要按照继续教育和终身教育的要求办好老年教育；作为教育大业的一部分，老年教育必须执行国家的教育方针，尤其要跟其他教育形式一起，在2020年基本实现老年教育的现代化。国务院印发的《全民科学素质行动规划纲要（2021—2035年）》，在明确提出“老年人科学素质提升行动”的同时，做了进一步强调：“以提升信息素养和健康素养为重点，提高老年人适应社会发展能力，增强获得感、幸福感、安全感，实现老有所乐、老有所学、老有所为。”

本文通过观察和思考青岛市老年教育工作的现实情况，对青岛市老年教育的进一步发展提出了一些意见。

一、青岛市老年教育的现状

（一）老年人口基数和老年教育情况分析

全国第七次人口普查数据显示，青岛市60岁及以上人口为2042649人，占青岛市总人口的20.28%。人口老龄化对于党委、政府来说，是挑战也是机遇。

作为青岛市老年教育的最高学府，青岛老年大学在校学员人数为9092人，其中，60岁以下为2127人，61—70岁5164人，71—80岁1626人，80岁以上175人。由此可以得出如下判断：首先，60岁以下学员的数量占比较大；其次，70岁以上学员的数量占比不小，80岁以上的学员也大有人在。这说明高龄老人的学习需求依然存在，扩大老年教育规模任重道远。

（二）青岛市老年教育发展历程

1984年11月，青岛市的老年大学成立。青岛市38年的老年教育发展历程可划分为四个阶段。

第一阶段：首创探索阶段（1984—1995年）。1984年，青岛市老年大学成立。在其引领下，各县（市、区）纷纷创建老年大学，12个县（市、区）中有8个创建了老年大学，基层老年教育开始起步。

第二阶段：普及提高阶段（1996—2005年）。为贯彻1996年国家颁布的《中华人民共和国老年人权益保障法》，青岛市老年教育办学规模和办学水平实现新的突破。市(区)老年大学办学率达到100%，乡（镇、街道）和村（社区）老年教育快速发展。

第三阶段：创新发展阶段（2006—2015年）。在落实《国家中长期教育改革和发展规划纲要（2010—2020年）》的过程中，青岛市老年教育办学能力日益提升，多元化办学格局基本形成。

第四阶段：规范提升阶段（2015年至今）。为落实国务院颁布的《老年教育发展规划（2016—2020年）》，青岛市进一步提升老年教育规范化办学水平。

目前，青岛市的老年教育，还是以青岛市老年大学为主体，辐射带动各区（市）老年大学及其所属的基层老年学校开展教学的教育模式为主。据2020年底统计结果，全市老干部局系统老年大学在校学习人数约为16万人，约占全市老年人口的7.8%。

市级层面的老年教育办学机构主要包括：

1. 青岛市老年大学。受校舍面积不足和信息化建设程度不高的制约，其教育规模在全省处于较落后的位置。各区市老年大学的建设也普遍面临校舍不足和资金严重缺乏的困境。

2. 青岛老年生活大学。曾有过短暂的老年教育实践，但由于新冠肺炎疫情的影响以及发展规划的转变，老年教育功能已经在逐步减弱。

3. 少数大学和大型企业的老年大学。基本上是面向单位内部的退休教职员工和企业管理层的退休人员，其师资的优势作用没有得到有效发挥。

4. 民政部门和军休所等相关机构。在未来的老年教育中也将占有一席之地。

（三）存在的主要问题

青岛市在老年教育工作中存在的主要问题包括五个方面。一是模式单一，办学体制有待改革完善。二是校舍不足已经成为制约老年教育发展的瓶颈。三是资金不足。老年教育经费没有被列入政府财政计划，社会各方面也缺乏对于老年教育的资金支持。四是师资不足，导致教学质量难以保证。五是发展不平衡。主要表现在：市级老年大学学科较多，区（市）老年大学学科较少；市级老年大学报名人数较多，区（市）老年大学报名人数较少；中心城区招生人数较多，郊区的社区（村庄）招生人数较少，特别是在大多数村庄，老年教育几乎是空白。最终形成的局面就是，市级老年大学学员爆满、一座难求，区（市）老年大学报名不足、人数有限。

二、推进青岛市老年教育的对策

面对老年教育新形势、新任务，努力推进老年教育工作进入发展的快车道，是各级党委、政府义不容辞和刻不容缓的重要工作。各级党委、政府的决策者，不但要提高认识和统一思想，更要有抓好落实的工作担当。

（一）组建老年教育专属机构，探索“1+4”的工作模式

首先，可以设立青岛市老年教育工作办公室。随着各方面工作的逐步完善，再建立常设机构——青岛市老年教育工作委员会。其工作方针可以是：党政主导、社会支持、全民参与、全面覆盖。其主要职责是：启动顶层设计，完善规划立法，形成社会合力；制定教育规划和教学计划、确定教育场所和统筹师资，组织理论研究等。

其次，建立全市统一的老年教育工作管理体制。在各级党委、政府领导下，老年教育实行政府主管、分级管理、区县为主的管理体制，建立由市教委牵头，市老龄委、市民政局、市委老干部局等单位参与的市老年教育工作小组，负责统筹、规划、组织、协调、指导全市的老年教育工作。区市的老年教育工作办公室可设在所属教育部门，根据区市实际情况组建相关工作机构，抓好老年教育工作落实。

在过去相当长的时间里，党委的组织部门、老干部部门承担了老年教育的历史使命，为青岛市老年教育工作做出了重要贡献；在新时代的背景下，政府其他职能部门要尽快走向前，在老年教育方面承担更多责任。

1. 社区老年教育指导服务中心。其主要职责是抓好社区居民的就近学习安排工作。一是做好社区老年人的数量普查登记；二是掌握每一名老年人的受教育情况；三是掌握不同老年人的学习需求；四是合理安排每一名老年人的学习。

随着社区老年教育的普及，为了理顺教育实体之间的关系，可在命名称呼上加以区别。比如，对于公立的教育实体，区（市）级的可称为大学，街道、镇级的可称为分校，社区、村庄级的可称为班；如果是社会机构投资兴办的、具有一定规模的老年教育主体，可称作社区老年教育学院；如果是个体投资兴办的、规模较小的老年教育主体，可称作社区老年教育学堂；如果是个人开设的小型规模办学点，可叫作老年教育工作室。在农村社区，村委可协调能作为教室的房舍，鼓励那些有一技之长的村民来此授课；或者鼓励这些村民开设家庭辅导班，将村庄里有学习意愿的老人们组织起来进行学习，逐步带动更多的老年人走出家门、参与学习。

2. 社会老年教育管理服务中心。其主要职责是管理监督社会老年人教育机构的设立、教学质量、收费情况等。在管理内容上，主要抓好办学的申报、资质的审查，批复决定，

相关备案以及资质退出等。老年教育收费可采取三种方式：一是对短期教育福利化，实行免费学习。针对的人员主要是困难群体，教学的内容主要是实用性教育，施教者一般以志愿者为主。二是对初级教育半福利化，实行低收费学习。这是老年教育的主要收费方式，体现的是党和政府的支持。三是对中高级教育有偿福利化，适当提高收费，但可实行奖励退费学习机制。例如，对于出勤率高、学习成绩好的，给予适当退费奖励等。

3. 市区（市）老年大学协调服务中心。其主要职责是继续推进市、区两级的老年大学规范化教学。例如，建立“1+10”的老年大学联合体，鼓励市、区两级老年大学在校舍上互相调剂使用、在师资上统一调配、在生源上科学引导、在教学上缩小差距。

4. 全市老年教育志愿援助中心。主要职责是承担临时补课、交通支援、教学物品的采购、突发疾病的救治等。要发挥好师资平台作用，及时填补师资空缺，维护好正常的教学秩序；建设完善教学用品的供应网络，保证将质优价廉的老年教育用品送到教师和学员手中；配备大型交通工具，保证各级老年教育游学活动的需要；建立快捷的医疗救治通道，更好地应对学员的各种突发情况。

（二）全社会参与，构建“四位一体”的办学格局

开启老年教育的办学力量多元化模式，形成高等教育机构办学、社会办学、个人办学和政府办学多元发展的格局，促进青岛市老年教育的繁荣发展。

1. 高等教育办学。主要是指各级大学加入老年教育的行列，面向社会招生，开展中长期、高层次教育。

2. 社会投资办学。一些具备教学条件的培训机构，可面向老年人和社区招生，以短期学习培训为主，开设民间艺术、现代通信终端、游学等课程。

3. 个人投资办学。主要是面向经济条件较好且有学习意向的老年人开班办学，以中长期学习为主，一般教授书画、音乐等传统艺术类课程。

4. 政府办学。政府应加强对现有老年大学的教育投入。应该在现有的市、区两级老年大学的基础上加大投入，扩充校舍、提升软硬件水平，进一步助推各级老年大学的辐射带动作用。

与此同时，各级党委、政府的党校，行政学院、人社部门的劳动培训中心，各级工会、共青团、妇联、工商联等群团组织都要带头加入老年教育的行列，为推进老年教育发展做出贡献。

（三）做好资金统筹，形成“四足鼎立”的多元化资金保障机制

抓好老年教育持续健康发展，说到底就是要解决资金保障的问题，要在资金统筹上积极探索，力争打造一个“四足鼎立”的保障局面。一是财政支持。政府要设立老年教育专项财政保障机制，加大对老年教育的财政支持力度。二是奖励机制。政府可通过制定奖励政策，对于积极投身老年教育的社会组织实施资金奖励。三是建立老年教育基金。

动员社会各界资助支持老年教育，对投资老年教育的企事业单位在税收方面给予优惠政策。四是合作办学。鼓励企业与办学场所冠名合作，开办老年教育学校。

（四）建立高效实用的专兼职的教师队伍

老年教育是终身教育的重要组成部分。但是老年教育又不同于一般教育，有其自身的发展规律和特点，对教师素质更是有其特殊的要求。要深化研究，真正做到把那些特点突出、兢兢业业的教师招进来、管起来、用起来。

一是要厘清师资情况。在全市范围内，对从事老年教育的师资情况进行全面调查，掌握第一手材料。二是要招募更多的教师。师资来源包括各教育机构的在职教师以及活跃在社会上的各类教师。三是要加强师资培训。根据老年教育的特殊性和老年群体的差异性，对所有从事老年教育的教师进行系统培训，确保老年大学学员在老有所学上学得好、在老有所乐上品尝学习的快乐、在老有所为上坚定信念，主动为社会做出新的贡献。

总之，有关部门要建立起老年教育数据库，完善师资平台、教学点台账、课程菜单，实行规范教学、督查督学，全程跟踪教学情况，合理安排师资力量。

老年教育不仅要为老年人接受终身学习提供条件，更重要的是要落实对广大老年人的时代关怀。各级党委、政府和党员领导干部要提高政治站位和思想认识，发扬“功成不必在我”的精神自觉，像对待国民教育那样抓好老年教育工作；要早下决心、早行动，在新时代积极应对人口老龄化的国家战略中调动全社会积极性，为青岛老龄事业做出新的历史贡献。

（况桂：青岛市老年大学教研处返聘人员）

【参考文献】

［1］潘望远、贺慧敏、齐兰芬：《老年大学办学体制研究》，《天津老年教育论坛》2021 年第 1 期。

［2］叶瑞祥、陈先哲：《老年教育词典》，广东人民出版社，2020。

［3］陆剑杰、张宝林、岳瑛、费国良：《老年教育学》，河海大学出版社，2018。

浅析老年教育理论政策及发展方向

——以青岛市市北区为例

◎ 王萍

摘要：做好新时代老年大学工作，是深入学习贯彻习近平新时代中国特色社会主义思想和党的十九大精神的必然要求，是满足老年人美好生活需要的重要途径。党和政府对老年教育的重视和支持，重点体现在出台了一系列有关发展老龄事业和老年教育事业的政策法规，以及不断完善老年教育的顶层设计方面。作为基层老年教育工作者，不仅要做政策、意见的“浏览器”和“存储器”，更要主动当好政策、意见的“处理器”。坚持以需求与实效为导向，不断提升规范化办学水平，推动老年大学工作向纵深发展。

关键词：理论指导　老年教育　需求与实效导向　纵深发展

一、增强理论指导，提高政治站位，推进新时代老年教育向纵深发展

做好新时代老年大学工作，是深入学习贯彻习近平新时代中国特色社会主义思想和党的十九大精神的必然要求，是满足老年人美好生活需要的重要途径。

习近平总书记在党的十九大报告中指出：“建设教育强国是中华民族伟大复兴的基础工程，必须把教育事业放在优先位置，加快教育现代化，办好人民满意的教育。”《老年教育发展规划（2016—2020年）》开宗明义：“老年教育是我国教育事业和老龄事业的重要组成部分。发展老年教育，是积极应对人口老龄化、实现教育现代化、建设学习型社会的重要举措。”此外，加快建设学习型社会、大力提高国民素质，是党的十九大提出的新时代奋斗目标之一。随着老龄化程度的加剧，越来越多的“银发学员”成为学习型社会的重要组成部分。老年教育是终身教育体系的升华阶段，老年大学是打通终身学习的“最后一公里”，是提升老年人生活品质的重要学习场所，是新时代老年人激活正能量、凝聚正能量、释放正能量的重要阵地。

2019年2月，中共中央、国务院印发了《中国教育现代化2035》，要求各地区各部门结合实际认真贯彻落实。文件指出，要“大力发展老年教育。加快发展城乡社区老年教育，结合多层次养老服务体系建设，推进养教结合”。目前，全国各地经济社会发展不平衡，呈现分层现象。作为青岛市人口密集度大、老龄化速度快的市北区，发展区域老年教育也应注重层次性和阶段性。建立科学的、可行的老年教育现代化目标体系是当前市北区

老年大学的主要任务之一，应遵循层次化原则，根据区情规划、设立好区级、街道级、社区级（社区教育机构、驻区文教单位等）三级老年教育办学网络，积极推进健康老龄化、积极老龄化，找准区老年大学发展定位，主动作为，由单纯的活动、学习场所向文化活动的展演平台、工作骨干的培训基地、文化养老的示范中心转型，积极创新办学模式，探索市场化、公益化办学路径，发挥“平台、基地、中心”的效能。

二、解析政策实施落地，当好政策、意见的“处理器”，共享老年教育“红利”

党和政府对老年教育的重视和支持，重点体现在出台了一系列有关发展老龄事业和老年教育事业的政策法规，以及不断完善老年教育的顶层设计方面。作为基层老年教育工作者，不仅要做政策、意见的“浏览器”和“存储器”，更要主动当好政策意见的“处理器”。

2016 年至今，国家层面出台了一系列规划和政策，如 2016 年 3 月颁布的《中华人民共和国国民经济和社会发展第十三个五年规划纲要》，其中提到“发展老年教育”，这是从政府国民经济和社会发展的战略高度提出的。紧接着，国务院印发了《老年教育发展规划（2016—2020 年）》，中共中央、国务院印发了《国家积极应对人口老龄化中长期规划》等文件，山东省和青岛市也相继出台了《关于加快发展老年教育的实施意见》，对各级老年教育工作提出了明确的要求，这是从大教育观的角度为老年教育颁布的专项规划。2017 年 2 月，《“十三五”国家老龄事业发展和养老体系建设规划》颁布，其中有“发展老年教育”的专门一节，这是从老龄事业角度提出了老年教育的任务。2019 年 2 月，中共中央、国务院发布了《中国教育现代化 2035》以及《加快推进教育现代化实施方案（2018—2022 年）》，其中也提到了老年教育及其现代化发展等问题。此外，老年教育发展也有法可依，如《中华人民共和国教育法》《中华人民共和国老年人权益保障法》等对老年教育都有相关规定，老年教育已步入法治化发展道路。

国务院《老年教育发展规划（2016—2020 年）》以及山东省《关于加快发展老年教育的实施意见》中明确指出，要丰富老年教育内容和形式，积极开展老年人思想道德、科学文化、养生保健、心理健康、职业技能等方面的教育，帮助老年人提高生活品质，实现人生价值；创新教学方法，将课堂学习和各类文化活动相结合，积极探索体验式学习、远程学习、在线学习等模式，引导开展读书、讲座、参观、展演、游学、志愿服务等多种形式的老年教育活动。

三、坚持以需求与实效为导向，在规范化办学基础上不断提升，推动老年大学工作向纵深发展

（一）成效

市北区老年大学本着“规范、科学、创新、一流”的办学理念，以精细化、规范化管

理为重点，积极推进校园文化建设工作，抓住老年教育向社区延伸的契机，扩大社区办学辐射面，让更多老年人享受到政府办老年大学“红利”，形成多渠道、多层次、多形式、多样化办学新格局，取得阶段性成果。例如，加强工作人员队伍、教师队伍、学员骨干队伍三支队伍建设，定点、定专题召开教师班长座谈会、教育工作总结会、班长培训会。完善制度建设，结合校情、学情等方面，逐步修订学校学员管理办法等十余项管理制度，使各项工作有章可循，逐步进入制度化、规范化的轨道。针对区域化特点，以学员为本，科学设置学制。课程、教学内容安排做到“三结合”：一是不同专业类别课程相结合，设立多专业、多元化、多学科的适应新时代老年群体需求的新课程；二是科学设置学制与结业相结合，定学制、定年级、定期结业，让更广泛的老年群体享受到政府提供的优质资源；三是长、短班相结合，结合课程难易度，推行多学制、长课时、短期班等不同形式的学习模式。再如，在学校信息化建设方面，一方面加强校园网络硬件环境建设，安装网络教学一体化触屏白板，实现校园部分班级网络智慧教学平台的推广使用，借助“互联网 + 微平台”，提升教育教学实效；另一方面，利用互联网平台，全面推行网上报名。老年人只需在家中通过电脑、手机登录学校公众号，即可轻松完成报名、缴费操作，既解决了老年人现场报名费时费力的问题，又使学校实时掌握了各班级报名情况，精确掌握了每名学员的基本情况，为向老年大学学员提供更为精准的服务奠定了基础。

此外，在新冠肺炎疫情期间，学校不仅开通了远程教育网络学习平台，而且还利用“微平台”组织教师网上教研，实现部分专业系、社区分校的教师通过“微课、微点评、微指导”为老年大学学员进行授课、点评作业。在社区分校建设方面，积极探索“政府主导、街道参与、社区组织、大学指导”的工作模式，深化“老年教育向社区延伸”，形成“多渠道、多形式”的老年教育活动创新思路。在 10 个街道社区建立社区老年大学分校 13 所，招收学员千余人，不断创新办学模式，探索市场化、公益化办学路径。将老年教育纳入党建引领基层治理格局，积极尝试“1+N”联合办学模式，与半岛都市报社联合，在市北区洛阳路街道成立青岛市第一家半岛社区老年大学——洛阳路学院；创建新型老年教育和基层党建教育平台，推进对老年大学开进社区的升级探索，实现组织共建、资源共享，为居民提供便捷多样的教学服务；当好传播正能量的主阵地，利用公众号、校报等宣传阵地展示老年教育办学成果，组织学员积极参与重大节庆日活动。如国庆节大型宣传展演活动。教学活动得到市级媒体报道 10 余次，进一步扩大了老年教育工作的影响力。

（二）学思

1. 关于新时代老年人培养模式的思考。在“人工智能”“互联网 +”“大数据”“云计算”的时代，老年教育应紧跟时代、社会发展的脚步，在教育教学中广泛应用现代技术手段，优化老年教育教学过程。随着时间推移，受过较高教育的中老年人成为今后老年大学的教育对象。因此，对老年大学学员的培养方向也应向“智慧老人、时尚老人”的方向转变。

2. 关于加强老年教育教师队伍建设的思考。不断加强老年大学教师队伍建设，主动借用外力，既要争取外聘专业院校的优质师资资源，又要共享辖域内高校的教师资源；既要借用市老年大学的优质师资，还要发挥群众中的民间高手、区域工匠的作用，通过引进、培育高知高能的老年教育教师团队，加速提高市北区受教育老年人的整体素养，让一批批智慧老人、时尚老人走出课堂，走向社会。

3. 关于培育地方特色课程的思考。特色是学科专业建设的关键。在特色上下功夫，在原有的传统文化课程基础上，形成一批具有地方特色的专业课程，增添剪纸、编织、多彩年画等地方特色课程；同时拓展校外实践课堂，建立“游、学、养”基地，通过游学实践的特殊形式，带领学员走进本地及外市的博物馆、民俗馆等文化场馆，帮助学员开拓视野、提升素养、发挥正能量。

（三）践悟

要努力成为行业的“领跑者”，而不仅是“追随者”。在老年教育工作中，每一位老年教育工作者都要建立好“三种思维”。

1. 用户思维。用户思维是一切思维的核心。老年教育要以老年大学学员为核心服务对象，解决他们的教育需求，为他们提供优质、多元的教育平台，做好周到服务。借助互联网平台，积极建设“智慧校园”，在教育教学中广泛应用现代技术手段，优化教育教学过程，尝试“直播课堂”“热门课程在线小程序”等新模式，打造老年教育的品牌专业、特色专业。

2. 极致思维。要么不做，要做就做到最好。只有超出学员的期待，才能起到极致的效果。在工作中真心、真情、真诚地为学员服务，多为他们做好事、办实事、解难事，将工作做到学员们的心坎上，把老年教育做好。

3. 迭代思维。老年大学网上报名系统在前期的运行中收到了良好的效果。如何借助信息化网络平台，将其按照老年大学学员的需求进行完善，是我们今后要深入研究的课题。在日常教学和管理工作中，可以借助网络平台实行老年大学学员临时党支部“微党建”管理，定期举办专题“微讲座”，拓展老年大学党建学习渠道；也可以借助网络平台进行网上“刷脸”上课出勤统计，研发“家校通”App，随时关注学员在校上课情况，方便其与家人联系等。在工作中要从小处着眼，单点突破；要进行渐进式创新，及时调整、完善管理方法，用迭代思维促进老年教育健康发展。

总之，老年教育工作要在相关政策法规的引领下，始终坚持以需求与实效导向，不断提升规范化办学水平，实现高质量发展，适应新时代要求。

（王萍：青岛市市北区老年大学教务科科长）

浅议老年教育与老年人发展

◎ 马军

摘要：老年教育作为终身教育的重要一环，通过开展文化教育、能力教育、思想教育、生命教育提升老年人的综合素质，对老年人的发展起着重要的促进作用。

关键词：老年教育　老年人发展

人的一生是不断发展的，老年人同样处于追求“全面而自由的发展”之中。习近平总书记强调，“老年是人的生命的重要阶段，是仍然可以有作为、有进步、有快乐的重要人生阶段”，这深刻揭示了老年阶段和老年人发展的重要性。人的发展离不开教育，老年教育作为终身教育的重要一环，对老年人发展起着不可替代的促进作用。

一、老年教育与老年人发展的辩证关系

（一）老年人发展催生和催化老年教育。社会发展到一定阶段，老年人对发展的需求累积到一定程度，就需要产生与之相适应、相匹配的教育形态。在条件具备的情况下，老年教育应需而生。老年教育为适应和满足老年人的发展需求，不断拓展和完善自身功能，实现自我进化、自我发展。从这一意义上讲，老年教育产生的动因源于老年人自身发展的需求，老年人发展对老年教育起着催生和催化作用。

（二）老年教育的本质是促进老年人发展。老年大学的办学宗旨是“增长知识、丰富生活、陶冶情操、促进健康、服务社会”，表明老年教育的出发点是促进老年人发展；老年教育的目标是“培养全面发展的现代老人”，表明老年教育的落脚点也是促进老年人发展；老年教育涵盖德育、智育、体育、美育等方面，表明老年教育具有多方位促进老年人发展的功能。由此可见，促进老年人发展是老年教育的天然使命，老年教育的本质就是促进老年人发展。

（三）老年教育为老年人发展提供路径和载体。老年人的发展要在认识过程和实践过程中实现。老年教育中的教学活动能提高老年人的认识能力，老年教育中的文化活动和社会活动能提高老年人的实践能力，老年教育中实施的教育活动能为老年人发展提供路径选择。老年人发展需要载体，教学活动、文化活动和社会活动为老年人发展提供实践载体，教育过程和成效是老年人发展的实现载体。

（四）老年教育与老年人发展相辅相成。老年教育与老年人的发展密不可分。老年教育实施过程就是促进老年人发展的过程，老年教育发展得越好，对老年人发展的促

进作用就越大；老年人发展又反过来促进老年教育的发展，老年人不断增长的发展需求推动老年教育呈现螺旋式上升、阶梯式发展态势。两者相互交融、相互促进、相辅相成。

二、老年教育促进老年人发展的四个维度

（一）提高健康素质，为老年人发展夯基。健康素质是人的基本素质，是构成人全面发展的“硬件”，是人全面发展的起点。老年人生理机能逐渐衰退的规律不可改变，但老年人可以通过有效的方式延缓衰老进程，减少疾病的发生。老年教育要从健康教育入手，致力于保障老年人的生理健康、心理健康和精神健康，提高老年人的健康素质，为老年人全面发展夯基。

（二）提升文化素质，为老年人发展垒台。文化素质是文化积累的呈现，是人内在气质的展现，是构成人全面发展的“软件”。老年人历经岁月洗礼，有一定的文化积淀和文化基础，并有继续学习文化知识、提升文化素养的主观愿望。老年教育要充分发挥文化育人功能，努力提高老年人的文化素质，为老年人全面发展垒台。

（三）重塑人生价值，为老年人发展立柱。实现人生价值是每个人的毕生追求，是人全面发展的高级层面需求。老年群体虽已退休赋闲，但部分体力、精力尚好的老年人仍有发挥作用的意愿。老年教育要通过教育活动提高老年人发挥作用的本领、搭建老年人发挥作用的平台，使老年人的潜能得以开发、价值得以体现，为老年人发展立柱。

（四）实现精神自由，为老年人发展架梁。精神自由是人全面发展的最高境界，马克思认为“自由是全部精神存在的人类本质”，因而拥有丰富的精神世界是迈向自由发展的关键。老年人同样面临世界观、人生观、价值观改造的问题，需要通过教育涵养心灵、淬炼思想、丰盈精神，从而实现由必然向自由的发展。老年教育要为老年人建设精神文化家园，让老年人在丰富多彩的文化世界里实现文化自由，为老年人发展架梁。

三、老年教育促进老年人发展的实践路径

（一）文化教育，以文化人。一是课程教学，增长知识。课程教学是老年教育的基本形式，目前老年大学教学科目多样、教学内容丰富、专业种类齐全，能基本满足老年人的学习需求。随着信息科技的迅猛发展，老年教育线上教学迅速兴起，集聚起海量的线上课程资源，为老年人自主学习开辟出新途径。二是文娱活动，丰富生活。老年大学“第二课堂”是文娱活动的舞台，让老年大学学员在文娱活动中展示自我、释放自我、提升自我；老年大学社团把兴趣爱好相近的老年人凝聚起来，通过开展丰富多彩的社团活动，为老年人的生活添姿添彩；线上兴起的“云演出”“云活动”“云比赛”，拓宽了老年人的活动空间。三是文化浸润，涵养气质。“走进老年大学更年轻”，这句话不仅仅是口号，也是对老年大学涵养老年人气质的写照。老年大学的课堂教学、课外活动、

社团交流、环境美陈等各方面都充满了文化气息，在这样的文化氛围中，老年人潜移默化地接受文化熏陶，自然就养成了不凡的气质。

（二）能力教育，重塑价值。一是提高老年人适应社会的能力。当今社会处于高速发展时期，新知识、新技术层出不穷。老年教育通过普及健身类实用技能、生活类实用技巧、操作类实用技术，加强了对老年人应用能力的培养，尤其在信息技术应用方面，助力老年人跨越“数字鸿沟”，增强了老年人的社会适应性，提高了老年人适应社会的能力。二是提高老年人参与社会生活的能力。老年人离开工作岗位后，与社会联系不再密切，参与社会生活的机会减少。老年教育把老年人从家庭中吸引出来，在老年大学中为老年人重建“小社会”，使老年人过上集体生活，增强了老年人的社交能力；老年大学的社会实践活动密切了老年人与社会的联系，锻炼了老年人参与社会生活的能力，提高了老年人参与社会生活的积极性。三是提高老年人服务社会的能力。一方面，老年教育把老年人的潜能开发出来，为老年人服务社会创造条件；另一方面，老年教育通过开展社会活动，为老年人服务社会搭建平台。

（三）思想教育，丰润精神。一是政治引领。老年大学是旗帜鲜明讲政治的地方，通过主题教育活动，净化老年人的思想，使老年人的理想信念更加坚定，通过开设思政课和时事讲座，升华老年人的思想，使老年人思想常新，与时俱进；通过建立党组织，开展入心入脑的思想政治工作，引领老年人凝聚正能量、释放正能量。二是道德教化。德育教育是老年教育的重要内容。老年教育提出社会主义核心价值观培育计划，确立德育目标、树立崇德导向，组织引导老年人“树长者风范，做风范长者”。老年大学组织学员开展内容丰富的志愿服务活动，奉献他人、服务社会，助力学员升华个人思想境界，引领崇德社会风尚。三是人文感化。老年教育是有温度的教育，老年大学是有爱的地方。这里有党和政府的关怀，有老师的温情教学和工作人员的贴心服务，有老年大学学员间的互敬互助，人人洋溢人文情怀、处处充满人文关怀，使老年人的情感得以寄托、思想得以疏导、精神得以抚慰。

（四）生命教育，健康人生。人的生命可以分为自然生命、社会生命和精神生命，老年教育从不同角度促进了老年人的生命健康。一是调适身心，促进自然生命健康。老年大学的养生保健类、体育健身类课程，能够增强老年人科学养生、科学健身、科学生活的意识，促进老年人的生理健康；心理课、思政课和文艺类课程，能帮助老年人保持良好心态，促进老年人的心理健康。生理健康和心理健康对自然生命产生积极影响，帮助提高自然生命质量。二是社会活动，促进社会生命健康。老年教育是促进老年人再社会化的教育，老年教育通过教学活动和社会实践活动，提高老年人社会活动能力、拓展老年人的社会活动空间、提升老年人的社会影响力，使老年人在再社会化的过程中保持旺盛的生命力。三是涵养精神，促进精神生命健康。老年教育的深层次功能是涵养老年人的精神。文化艺术感染人生、文史哲学通达人生、生死观教育释然人生，老年教育带来的多维度体验能够丰富老年人的精神世界，使老年人的精神生命得到升华。

四、老年教育促进老年人发展的对策

（一）深化供给侧改革，扩大资源供给。一是强化政府主体责任和主导作用，建立与经济社会发展相适应的老年教育投入机制，加大公共投入，横向上扩大老年教育的覆盖面，确保老年人入学实现应纳尽纳。二是发挥市场机制作用，引导社会力量办学，纵向上运用市场手段增加高端和个性化老年教育供给，形成层次化供给，满足不同层次老年人的发展需求。三是推动社会资源共享与国民教育体系融合，共享教育资源；与文化旅游系统融合，共享文旅资源；与养老事业融合，共享养老机构资源；与社区工作融合，共享社区资源。通过资源共享拓宽供给空间，扩大资源供给。

（二）推动社会化融合，参与社会建设。一是融入基层社区治理。老年教育要重心下移，通过在社区办学，与社区治理工作深度结合，如组织老年大学学员在社区参与治安民调、关心下一代等实践活动，在基层治理中发挥作用。二是融入新时代文明实践。老年教育的德育导向与新时代文明实践导向一致，老年大学应建设成为新时代文明实践中心，组织引导老年大学学员积极参与新时代文明实践活动。三是融入乡村振兴战略。农村老年教育要在政策宣传、文化振兴、乡贤培育、科技推广、陋习破除等方面发挥积极作用，助力乡村振兴。

（三）加快现代化进程，提高质量效率。一是推进教育理念现代化。老年教育理念要实现“三个转变”，即老年教育由休闲娱乐型向素质提高型转变，由灌输型向“以老年人为中心”转变，由单一教育形式向多元教育形式转变。二是推进教育设施和教育手段现代化。老年大学要对设施设备及时更新换代，不断提高设施设备现代化水平；要建设数字化老年教育，构建“互联网＋老年教育”新模式，运用信息技术提高教学质量。三是推进教学管理现代化。逐步培养和配备专职教师队伍，提升教师专业化水平和教学创新能力，以促进老年人发展为目标不断创新老年教育内容，灵活运用课堂教学、体验式教学、远程教学、社会实践、游学等多种教学形式，实现教学现代化。

（四）推进制度化建设，确保规范运行。一是为老年教育立法，完善顶层设计，确立老年教育的社会地位，明确老年教育的社会公共服务职能，建立老年教育公共投入机制，形成老年教育发展的基本遵循。二是建立健全由党委领导、政府统筹、主管部门牵头、有关部门配合的老年教育管理体制，构建统一完善的老年教育体系，形成规范有序的管理体制机制。三是以促进老年人发展为目标建立老年教育质量考评体系，配套完善老年教育内部管理制度，进一步加强内部规范，加强教育教学质量监控，以过硬的教育教学质量促进老年人全面发展。

（马军：中共平度市委老干部局副局长）

合作办学促进老年教育创新发展

——以青岛市李沧区老年大学为例

◎ 孙光礼

摘要：新形势下如何创新老年教育，促进老年教育向纵深发展？青岛市李沧区老年大学坚持与高校共联共建，引导社会力量服务老年教育，不断拓展合作办学的广度与深度，同时将老年教育的触角向社区延伸，取得了较好效果。本文试以该校为例，就老年大学合作办学的趋势及实践谈一点粗浅看法。

关键词：老年教育　合作办学　实践思考

随着老年教育的深入开展，如何创新形式、促进老年教育向纵深发展，是各级老年大学面临的一个新问题。青岛市李沧区老年大学积极探索合作办学模式，采取“请进来”“走出去”等多种形式，与驻地的高等院校和基层社区积极开展联合办学，共建共享老年教育成果，不断扩大办学的开放度、覆盖面、影响力，不仅活跃了老年大学课堂教学，而且将老年大学教学工作向社会延伸，推动老年教育惠及更多老年群体。2020 年 9 月 20 日，中国老年大学协会常务副会长刁海峰在李沧区老年大学考察时，对学校合作办学等方面的工作给予了高度评价，称学校的做法在社会精神文明建设、推动老年教育向社区延伸等方面发挥了区级中心校的示范作用。

一、合作办学、融合发展是老年教育的必然趋势

《老年教育发展规划（2016—2020 年）》要求，推动老年大学面向社会办学。积极创造条件，采取多种形式，提高办学开放度。创新老年教育发展机制，鼓励社会力量参与老年教育，通过政府购买服务、项目合作等多种形式，支持和鼓励各类社会力量通过独资、合资、合作等形式举办或参与老年教育。

自 1983 年全国第一所老年大学建立以来，我国老年教育事业已经走过近 40 年的历程。就目前我国老年大学的现状来看，大都以党政部门主办主管，尤其是以老干部局主管的公办学校为主体，亦有公办民助、民办公助等多元化办学模式。但是，目前老年教育的发展速度和质量已经远远跟不上广大老年人的入学要求和学习愿望，有限的学习资源与汹涌而至的老年生源之间的矛盾，使老年大学呈现出“一座难求”的局面。

作为一所区级老年大学，李沧区老年大学经过 30 年的发展，已经具备一定的教学规

模，成为一所多学科、多门类、多层次的综合性老年大学，先后被评为省级老年大学示范校、省级老年大学先进示范校和全国优秀成人继续教育院校。但是随着老年教育事业的飞速发展，老年大学同样面临一些制约发展的瓶颈，主要表现在以下几个方面。

（一）缺乏稳定、高素质的师资队伍。目前各级老年大学的授课老师多为兼职，尤其是区级以下的老年大学，其师资力量相对更为匮乏，任课教师大都学历不高、未经过专业培训，缺少高校教师的参与，在一定程度上制约着教学水平的进一步提高。

（二）教学方式单一、课程设置不完善。老年大学最初的价值定位是为了丰富离退休干部的文化生活，教学内容以健身、娱乐和休闲类为主，活动中心式的老年大学没有承担起学校应承载的责任，福利功能远大于教育功能。随着新时期老年大学的发展，这种情况有所改善，但仍落后于时代的要求，在课程设置方面没有完全体现出老年大学应有的功能，加上近年来学员年龄趋于年轻化，精神和文化的需求越来越高，现有的课程已无法满足他们的要求。

（三）发展不平衡，区级老年大学的硬件相对较强，基层社区则存在薄弱环节，老年教育普及度不高。参与老年大学学习的往往是文化层次较高、经济条件相对较好的学员，尤其是退休干部、教师等层面的学员积极性较高。与之相比，面大量广、学历不高的社区居民接受教育的积极性不高，一些社区学校几乎是“门庭冷落”。老年大学在社会上的号召力度还不够，这也制约了老年教育向纵深发展。

针对上述情况，李沧区老年大学坚持认为：面对新的形势、新的要求，开放办学、合作办学将成为今后老年教育发展的一种必然趋势，只有顺势而为，广开门路，引进优势资源，弥补自身不足，走联合办学的路子，才能更好地完成老年大学的使命。同时，把老年教育的触角向基层社区延伸，既要提升中心校区的教学质量，也要突破基层学校的弱势局面。

二、积极探索合作办学的方法与途径

近年来，李沧区老年大学采取“请进来”“走出去”等多种形式，上与驻地的高等院校、下与基层社区等单位开展联合办学，共建共享老年教育成果，不断扩大办学的开放度、覆盖面、影响力。学校主要在几个方面做了探索：

（一）共联共建，不断拓展合作办学深度和广度。坚持借助驻地高校资源优势，积极引进高校优质师资力量，在做优做强上下功夫，有力促进了老年大学的教学工作。2017 年，李沧区老年大学借落实《老年教育发展规划（2016—2020 年）》的东风，与青岛酒店管理职业技术学院艺术学院开展了合作办学。该院派出优秀教师到老年大学任教，开设钢笔画、工笔画等课程，并在老年大学建立大学生社会实践教育基地；老年大学则发挥“五老”优势，定期为大学生进行传统教育。酒店管理职业技术学院的大学生积极参与老年大学组织的各项社会公益活动，参加老年大学组织的庆祝新中国成立70周年、建党100周年文艺会演，不仅为老年大学带来青春的活力，也使大学生得到了锻炼，取得良好的社会效益。2021年，双方又就建立老年教育师资库、为老年大学输送更多优秀教师、打造老年研学基地等方面达成多项共识，签订了合作办学协议，酒店管理职业技术学院派出文化旅游、营养配餐等多位教师到李沧区老年大学任教，为共同开创老年教育工作新局面奠定了坚实基础。

为认真贯彻山东省委老干部局等五部门联合下发的《关于鼓励职业院校兴办老年大学的通知》，李沧区老年大学抓住机遇、乘势而上，于2021年3月与青岛开放大学签订合作协议。双方携手共建，在李沧区老年大学设立“青岛开放大学李沧老年教育学院”，充分整合优势资源，在平台使用、师资共享、课题研究、老年教育活动开展、老年教育研究及老年学历教育等方面开展合作，实现互利互赢。

（二）广泛融合，引导社会资源，服务老年学员。老年教育工作需要全社会的理解和支持。近年来，李沧区老年大学积极与企事业单位开展合作，定期邀请省市专家来校开设专题讲座，丰富了教学内容。为扩展老年教育外延，自2015年起，学校与山东国旅合作，积极开展国内游学活动，先后组织学员赴沂蒙山革命根据地、威海刘公岛、兰考县焦裕禄同志纪念馆、淮安周恩来纪念馆等地开展游学活动。2019年，李沧区老年大学与港中旅国际旅行社、山东国旅等优质旅行社签署游学协议，开设了游学部，组织老年学员走出课堂、拓宽视野，并于2019年4月赴巴尔干地区相关国家游学，与当地敬老院开展文化交流活动。克罗地亚瓦拉日丁省副省长罗伯特·乌格林先生亲自会见来自中国的客人，并发表了热情洋溢的致词。双方演出了精彩的文艺节目，互相交换纪念品，加深了了解、增进了友谊，活动取得圆满成功。新冠肺炎疫情期间，游学部录制了四期游学“云课堂”，让老年大学学员足不出户便可饱览祖国大好河山，学习历史文化。2021年5月，学校与青岛蓝谷研学中心研学实践基地签约，定期为老年大学学员提供免费研学及游学咨询服务。

积极争取社会媒体支持，扩大学校影响力。2021年5月18日，李沧区老年大学与青岛广播电视台签订合作协议，并对学校当日举行的志愿服务联盟活动暨庆祝中国共产党成立100周年文艺演出启动仪式进行了全程直播。据青岛电视台统计，线下线上观看人数达16万人次，扩大了老年大学的影响力，取得了较好的社会效益。合作协议签订以来，已为14名教师录制了教师风采录像，为8名老年大学学员录制了学员风采录像。青岛电视台《老有才了》栏目播出后，在学员中及社会上引起强烈反响，掀起了一股“李沧区老年大学热”。2021年秋季开学伊始，与青岛李沧巨鹰法律事务所合作，该所派出法律工作者担任主讲老师，在老年大学首次开设全国老年大学通识类课程《法律务实与老年金融》，填补了学校法律课程的空白。

（三）突破难点，将老年教育的优质资源惠及社区，促进全区老年教育水平整体提升。基层老年教育历来是一个难点和重点。为解决老年教育资源分配不均、发展不平衡的问题，李沧区老年大学想对策、谋思路，将老年教育的触角延伸到最基层。学校在2016年开设大枣园分校、社会福利院分校的基础上，于2020年乘势而上，先后成立了东部校区及沧口街道分校。目前，全区北部、西部、东部均有老年大学分校，使全区老年教育资源得到均衡分配。对教师则采取“请进来”“派下去”的方式，将优秀教师向社区基层老年学校倾斜。仅大枣园分校，老年大学便派出了包括绘画、音乐、舞蹈、古筝等专业8位优秀教师，为基层老年学校提供了优质的师资力量。在多年的实践中，大枣园分校探索出社区学校分层次教学法，为其他社区学校提供了借鉴。李沧区老年大学还在文化馆分校专门开设基层教员培训班，为基层学校培训教学骨干。为调动基层办学积极性，持续开展基层示范校评比活动，对优秀基层校在办学资金上予以扶持，鼓励基层老年学校高质量发展。定期组织校际座谈交流、培训、文艺展演活动，提升街道、社区等基层老年学校的办学水平和工作人员的服务水平。李沧区老年大学党委、各党总支和党支部还与社区基层党组织积极开展共联共建活动，目前已与大枣园、东山、金水东路三个社区党委结对开展共联共建。通过活动，学习借鉴社区党建工作经验，发挥区中心校的优势，深入挖掘老年大学资源，为社区提供更优质的服务，实现优势互补、良性互动、聚力共赢，丰富了社区文化生活，为全区两个文明建设注入了新的动能。

三、关于合作办学的几点思考

通过实践，李沧区老年大学在合作办学方面积累了一些好的经验和做法，尝到了合作办学的甜头，推动了学校各项工作高质量发展。同时，在合作办学方面，也存在一些值得思考和注意的问题。

（一）发挥两个积极性，避免“一头热”。老年教育是一项事业，是全社会的共同责任，需要全社会的共同关心和支持。合作办学目的是融合发展、合作共赢，老年大学应当积极主动与当地有关高校对接，争取高校的支持和帮助，依托高校优质资源，努力提高教学质量；高等院校亦有责任积极支持当地老年教育事业的发展，应当站在加快建设终身学习体系的高度，发挥自己的硬件优势、师资优势、管理优势，主动作为。条件成熟的高校可以对外开设老年学员专修班，为老年教育事业做出应有贡献，尽量避免基层老年学校“一头热”。

（二）主动对接社区教育，实现双向融合发展。老年教育在积极应对人口老龄化工作中具有非常重要的战略意义。在新时代，老年人有着旺盛的学习需求，传统的老年教育形式已经无法进一步满足需求，老年大学“一座难求”的局面成为阻碍老年人参加学习的一大障碍。区级老年大学与社区教育各有办学特色和优势：老年大学有教师资源的优势，社区则有“近水楼台先得月”的优势，是老年教育扩大供给、高质量发展的主力军。所以，区级老年大学应主动将老年教育与社区教育相结合，充分发挥传统学校教育和社区教育已形成的各种资源优势，指导和帮助社区办好“家门口的老年大学”，促进双向融合发展。

（三）政府相关部门应该积极整合其他社会资源，采取灵活多样的形式，共同助力老年教育更好更快地发展。在实现老年教育资源共享的同时，重点助力“文化养老”“智慧养老”“老年游学”“健康养生”等，为老年人创造一个和谐温馨的环境，让他们共享老年教育的成果和美好的生活。

（孙光礼：青岛市李沧区老年大学书法绘画系党总支书记、主任）

老年大学高质量发展探讨：内涵、路径、关注点

——以青岛西海岸新区老年大学为例

◎ 于殿志

摘要：老年大学高质量发展内涵包括全面发展的质量更高、公平发展的质量更高、创新发展的质量更高、优质发展的质量更高、持续发展的质量更高、安全发展的质量更高六大方面。青岛西海岸新区老年大学坚持“提升组织力、推进新型校舍建设、开设多元化课程、深化信息化建设、做好科研和内外宣工作”的发展路径，实现学校的高质量发展。“十四五”时期，思想政治教育创新驱动、支持服务体系构建、教师专业发展制度化、智慧老年教育支撑成为老年大学高质量发展的关注点。

关键词：老年大学　高质量　发展

面对新的历史方位，党的十九届五中全会明确了“建设高质量教育体系”的任务目标。《中华人民共和国国民经济和社会发展第十四个五年规划和2035年远景目标纲要》对“建设高质量教育体系”的目标任务做了进一步部署。贯彻新发展理念、构建新发展格局、推动高质量发展，是新时代老年大学的工作重点。

一、老年大学高质量发展的内涵

老年教育是教育体系的重要组成部分，老年大学是老年教育的主渠道、主阵地、主力军，老年大学的高质量发展直接影响老年教育的高质量发展和教育体系的高质量建设。结合青岛西海岸新区老年大学发展现状，参考柳海民、郑星媛等教育专家的研究成果（《新时代中国教育改革发展新路向》），本文认为，老年大学高质量发展的内涵包括以下几个方面。

（一）全面发展的质量更高。全面贯彻党的教育方针，落实立德树人根本任务。全面发力深化改革，破除制约老年大学发展的体制机制障碍。

（二）公平发展的质量更高。增强老年大学供给的充分性与平衡性，优化改进分享机制和动力机制，提供相对平等的受教育机会和条件。

（三）创新发展的质量更高。实施老年大学创新驱动发展战略，培育新动能，突出问题导向，打破固化行为结构，激发创新活力。

（四）优质发展的质量更高。发挥现有老年教育资源的优势与潜力，促进老年大

学发展制度、发展动能、发展过程、发展方式的最优化。

（五）持续发展的质量更高。致力于资源节约型、环境友好型老年大学建设，打造老年大学可持续发展新常态。

（六）安全发展的质量更高。善于预见各种风险挑战，确保老年大学阵地稳固、人员稳控、校园稳定。

二、老年大学高质量发展的路径

实现高质量发展，是老年教育在新的历史起点上承载的新使命、新期待。青岛西海岸新区老年大学按照“制度化、规范化、标准化、现代化、国际化”目标，统筹谋划、凝心聚力，深耕细作、扩优提质，实现学校的高质量发展。

（一）提升组织力。坚持党建统领。要实现老年大学高质量发展，其首要任务就是加强党的领导。青岛西海岸新区老年大学坚持以政治建设为统领，全面加强党的建设，在学校成立功能型党委，在各校区和教学系成立党支部，在 3 名及以上党员的班级成立党小组。党委、党支部、党小组落实各自职能、职责。充分发挥党委在把方向、管大局、做决策、促改革、保落实中的领导作用，定期召开党委会、校委会联席会议，就学校发展中的重要事项进行集体决策。

强化管理主体。在 2021 年的事业单位改革中，学校升格为副处级单位，同时，内设办公室、教务科、教研科、远程教育科、教育活动科等 5 个正科级部门，依照分工明确、指挥灵活、信息通畅的组织原则开展工作。针对工作人员相对紧缺的实际，将现有的人员根据工作需要重新进行分配，确保了工作的连续性和一致性。

规范建设教师队伍和班长队伍。《青岛西海岸新区老年大学对受聘十年以上优秀教师离岗时授纪念牌赠纪念品的暂行办法》的出台，明确了离岗教师在最后一堂课结束即将离开讲台时，由校委会领导和全班学员向离岗优秀老师授予纪念牌、赠送纪念品、敬献光荣花的办法，以实际行动弘扬了尊师重教的风尚。《关于班长选任及考核奖惩的实施意见（试行）》的出台，明确了班长的选任条件、选任程序、考核与奖惩、任期，同时，制定了班长考核办法，开展争做“优秀班长”活动，“思想品德好、服从领导好、管理班级好、关心学员好、学员威信好”的“五好”班长队伍正在形成。

（二）推进新型校舍建设。优化办学布局。为不断扩大老年教育供给，学校提出“关于解决新区老年大学校舍问题的建议”：在原有 3 个校区的基础上，再建 2 个新校区。青岛西海岸新区高度重视老年大学新校区建设，2018 年 5 月，经工委（区委）常委会会议决定、管委（区政府）常务会议确定，在新区东区、西区为老年大学各建一处新校舍，从根本上解决老年大学学员“一座难求”的问题。

有序推进新型校舍建设。学校着重考虑学员的使用需要，为更方便地向学员提供服务，协助建设单位做好新校区的建设体量、功能分区、景观环境、交通节点、人性化设施、公共安全等方面的规划设计，对教学、管理、文化、服务等方面要通盘考虑。在智能化方面，建设老年教育专网和“互联网＋老年大学”平台，为老年大学高质量发展提供数字底座；建设物理空间和网络空间相融合的新校园，拓展老年大学新空间。

做好新校舍内配。学校成立了新校舍配套策划筹备工作小组，对两个新校区的电脑、桌椅以及各类教学器材等内部配置提出使用需求，为承建单位的筹资配置到位提供了精确的参考方案。校委会成员、各系主任、老师共同参与、共同考虑。根据各系的教学设备及设施的种类、规格、标准等所需明细，会同建设施工采购安装单位到学校实地考察，一起进行高质量配套装修。

（三）开设多元化课程。办好思政课。科学把握新时代思想政治教育高质量发展的逻辑内涵，注重强化政治方向为主导的基本内容、深化价值导向为标志的发展意图、凸显发展路向为结构的外化策略，共同描绘新时代思想政治教育发展的“精神图谱”，形塑思想政治教育发展的“精神秩序”，涵养思想政治教育发展的“精神动力”。[①]青岛西海岸新区老年大学坚持以习近平新时代中国特色社会主义思想铸魂育人，通过思路创优、师资创优、教材创优、教法创优、机制创优、环境创优，办好新时代老年大学思政课。

增设通识专业课程。从学校实际出发，设立周六公益课堂，专门开设通识课程。面向全社会老年人免费开设《树立和培育积极老龄观》《老年人健康教育与管理》《老年人权益保障法律实务》《老龄金融——防诈反诈》等公益课程。同时，将以上通识课程的课堂教学录制后通过广电云课堂传播到千家万户，让全区老年人共享学习、共同受益。

开设智能手机类课程。用行动落实国务院办公厅《关于切实解决老年人运用智能技术困难实施方案的通知》精神，开设智能手机课程，围绕老年人出行、就医、消费、文娱、办事等高频事项和服务场景，通过体验学习、尝试应用、经验交流、互助帮扶等提升学员运用智能手机的能力。

（四）深化信息化建设。推进老年教育信息化2.0“六大行动”。推进数字资源服务普及行动、网络学习空间覆盖行动、老年教育治理能力优化行动、数字校园规范建设行动、智慧教育创新发展行动、信息素养全面提升行动的老年教育信息化2.0“六大行动”，构建“互联网＋”条件下的老年教育服务新模式，形成“校区用平台、班级用资源、人人用空间”的良好格局。

推进广电云课堂建设。青岛西海岸新区老年大学着眼于新时代教育生产力的变革，

---

① 张国启、刘亚敏：《新时代思想政治教育高质量发展的逻辑内涵与实践理路》，《思想理论教育》2021年第5期。

高标准购置了教学用录像机和功能一体化直播设备。精心录制教学课件，链接山东老年大学协会远程教育课程，上传学校演出节目、高校微课系列课程，实现“家家是大学，人人能上学；人在家中坐，课从电视来；手拿遥控器，课程任意选”。

完善智慧教学设施。安装电子一体化黑板等设施，提升通用教室多媒体教学装备水平。购置了高清直播录播软硬件，支撑网络条件下个性化的教与学。在新校舍建设满足教学和管理需求的视频交互系统，支撑居家学习和家校互动。建设开放应用接口体系，支持各方主体提供通用化的教育云应用，构建多元参与的教育应用新生态。

（五）做好科研和内外宣活动。积极参与国家和省、市老年教育课题研究。学校先后承担了中国老年大学协会和省、市老年大学协会《新时代老年大学校长读本》《中国老年教育发展研究报告》《全国老年大学标准示范校研究》《新时代远程老年教育新方法及新热点研究》等课题研究，参加了省、市老年大学《老年教育历史、现状、现代化研究》《华东地区农村远程老年教育课程需求调研及开发》等课题研究，形成了有新区特色的研究报告。

紧紧围绕学校的中心工作开展老年教育理论研究。牢牢把握中心工作，开展了“加强党的建设、老年大学高质量发展、以广电云课堂促进线上教学、区域老年教育新生态共建”等研究，以理论研究为基础撰写的论文《平台、环境、机制：老年大学线上教学的要素分析》参加了中国老年大学协会“疫情防控常态化下老年大学‘线上’教学探索与实践”研讨会，获得一等奖，并作典型发言；《变而求道：老年大学高质量发展的路径探析》在《山东老年教育研究》“校长论坛”栏目刊发。

开展好内外宣传工作。以广电云课堂为突破口的线上教学，有力促进了老年教育线上教学的高质量发展。《老年教育》杂志社微信公众号推送了文章《行走在“云端”》，介绍了学校的“云端”平台；《中国老年报》发表了文章《搭建“云端”平台，推进线上办学》；由中国老年大学协会主管的《老年教育·书画艺术》杂志刊发了专稿《先行先试树标杆 善作善成展风采——青岛西海岸新区老年大学书画教学纪实》，并刊登了书画专业师生的优秀作品。

三、老年大学高质量发展的关注点

在梳理相关研究成果的基础上，本文认为，“十四五”时期，老年大学高质量发展有几个关注点。

（一）老年大学思想政治教育创新驱动。创新老年大学思想政治教育发展模式，大力推进新媒体技术和其他科技创新成果在思想政治教育中的应用，充分发挥创新第一动力的独特价值。同时，客观分析思想政治教育理论创新与实践发展之间的矛盾、协调解决思想政治教育内生动力与外在动力之间的张力、系统缓解思想政治教育“有效”供给与“个性”需求之间的张力等问题。①

（二）老年大学支持服务体系构建。老年大学支持服务体系是一个围绕老年人的学习需求，为老年人提供一切关于学习的支持和服务，帮助其解决学习困难的方式和手段的整合体系。一个相对完善的老年大学支持服务体系，至少应该包括服务中心、服务形式、服务内容、服务人员、服务手段与服务保障等构成要素，而且这几个要素之间是相互联系、相互作用、相互制约的关系。②

（三）教师专业发展制度化。构建教师共同体，是教师专业发展的有效途径。教师共同体为教师专业发展提供了精神家园，成为教师教学、研究和学习三合一的专业生活方式的载体。建设好教师共同体能有效促进学员的发展，并为深化课程改革、改进学校质量提供助力。③

（四）智慧老年教育支撑。智慧教育需要综合性的、全局性的变革思考，既需要智慧环境（由智慧终端、智慧教室、智慧校园、智慧实验室、创客空间、智慧教育云等构成的教学环境）的支撑，也需要智慧教学法（如差异化教学、个性化学习、协作学习、群智学习、入境学习、泛在学习等教学方法）的保障，还有待智慧评估（采用基于数据的全程化、多元化、多维化、多样化、个性化、可视化的以评促学、以评促发展的评估方式）的实践。④

（于殿志：青岛西海岸新区老年大学党委书记，校委会主任）

① 张国启、刘亚敏：《新时代思想政治教育高质量发展的逻辑内涵与实践理路》，《思想理论教育》2021 年第 5 期。

② 罗彤彤、乐传永：《论老年教育支持服务体系的构建——基于社会支持理论》，《中国成人教育》2015 年第 2 期。

③ 王天晓、李敏：《教师共同体的特点及意义探析》，《教育理论与实践》2014 年第 8 期。

④ 顾小清、杜华、彭红超、祝智庭：《智慧教育的理论框架、实践路径、发展脉络及未来图景》，《华东师范大学学报》2021 年第 9 期。

浅析老年教育现代化趋势

◎ 赵博文

摘要：2021 年是“十四五”规划开局之年，“十四五”规划纲要中明确提出，要“实施积极应对人口老龄化国家战略”，将应对人口老龄化提升至国家战略层面。老年大学作为养老服务的重要阵地，在开发老龄人力资源、健全养老服务体系、普惠性养老建设上发挥着至关重要的作用。中长期来看，在 2035 年中国基本实现社会主义现代化的进程中，老年教育的现代化同样是应有之义，本文从老年教育供给侧结构性改革入手，浅析当下老年教育现代化发展趋势。

关键词：老年教育现代化　积极老龄化　供给侧结构性改革

一、老年教育需求趋势

近十年来，中国老龄人口保持每年 3%—5% 的年增长率，根据 2021 年国家统计局发布的第七次全国人口普查数据来看，我国 65 岁及以上人口为 19064 万人，占全部人口的 13.50%。一般来说，一个国家或地区 65 岁及以上老年人口占比达 7% 时，即进入“老龄化社会”；当这一比例达到 14% 时，即成为“老龄社会”。由中国发展基金会发布的《中国发展报告 2020：中国人口老龄化的发展趋势和政策》，对老龄人口数量占比进行了预测——到 2022 年左右，中国 65 岁以上人口将占到总人口的 14%，进入老龄社会。

（一）老年教育发展路径。人口结构的持续老龄化，既不利于保持代际和谐与社会活力，也不利于维护国家人口安全和增强国际竞争力。2019 年，中共中央、国务院印发了《国家积极应对人口老龄化中长期规划》（以下简称《规划》），这是一份到 21 世纪中叶中国积极应对人口老龄化的战略性、综合性、指导性文件，《规划》中不仅明确了应对人口老龄化的重要意义和目标任务，而且给出了翔实具体的应对措施，其中便提到，要构建老有所学的终身学习体系，推行终身职业技能培训制度，加快终身学习立法进程，建立健全社区教育办学网络，创新发展老年教育，实施发展老年大学行动计划等内容，为人口老龄化背景下老年教育事业的发展提供了政策依据和措施路径。

（二）老年教育供需情况。老年教育作为整个教育事业的一个组成部分，从 1983 年山东省率先成立全国第一所老年大学至今已经发展近 40 年，公开数据显示，截至 2019 年，国内有 7.6 万余所老年学校，包括远程教育在内的老龄学员共有 1300 万余人，老年大学已然成为老年教育的主阵地，但老龄学员人数仅占60岁及以上老年人口的5%左右，在这种情况下，老年大学热门专业“一座难求”的情况并不罕见，老年教育的发展形势和任务也显得十分紧迫。

根据社科院发布的《大健康产业蓝皮书：中国大健康产业发展报告》预测，2050年我国60岁及以上老年人口将达4.83亿人，80岁及以上老年人口将达1.08亿人。随着我国少子化、老龄化程度的加剧，养老问题也将成为社会焦点，老年教育作为文化养老的一种重要方式，其需求将日益增加，要想满足更多老龄人口“老有所乐”“老有所为”的需求，势必要在供给侧结构性改革上下功夫，全方位地促进老年教育的高质量发展。

（三）老年教育现代化趋势。2019年2月，中共中央、国务院印发了《中国教育现代化2035》，对构建服务全民的终身学习体系、加快信息化时代教育变革、推进教育治理体系和治理能力现代化等内容做出了明确：建立全民终身学习的制度环境，扩大社区教育资源供给，加快发展城乡社区老年教育，推动各类学习型组织建设。

综合来看，宏观环境下老年教育的现代化发展成为积极应对人口老龄化国家战略的“金钥匙”，需求侧一端的显著特征是老年人的群体数量不断增加，对老年教育的要求不断提升；供给端则是对全民终身学习体系、教育现代化、扩大教育资源供给发出了呼声。一应一呼，体现出老年教育供给侧结构性改革对于激发老年人口“长寿红利”，维护国家人口安全和社会和谐稳定等具有深远意义。

二、老年教育现代化内涵

2002年，世界卫生组织在“健康老龄化”基础上提出“积极老龄化”理念，指老年时为了提高生活质量，使健康、参与和保障的机会尽可能获得最佳的过程。当下老年教育在理念、功能、方式等方面发生了更为深刻的变化，对教育基础设施、教师人才队伍、课程体系构建等提出了新的要求，其核心内涵是健康老龄化到积极老龄化的再丰富，发展路径是老年教育现代化与社会治理现代化的有机结合。

（一）理念：老年教育现代化与积极老龄化。老龄化并不意味着失去了参与经济社会活动的能力，相反，老龄化正是社会保障和医疗技术进步的体现。老年教育的现代化正是帮助老年群体在健康前提下，通过再学习、再教育，达到再参与社会生活的目的，以提高老年群体晚年的生活品质。

老年教育现代化是实现积极老龄化的必然要求。目前人口总量增速放缓，老龄人口持续增加，随之而来的是劳动力数量减少和老年人口抚养比追高的问题，这种情况下，将老年人简单地隔离出劳动力群体并不现实，老年人的经验、技能与知识优势成为闲置的“黄金”，老年教育现代化就是要做好社会高速发展和老年群体自身资源的接驳，让老年群体能更好地与时代接轨、与社会接轨，继续发挥所长，释放“老年人口红利”。

老年教育现代化是实现积极老龄化的有效途径。只有正确认识到积极老龄化的巨大作用，才能让老年群体实现“健康”“参与”“保障”的闭环。积极老龄化将老龄人口从社会边缘化再次发展为重要增长极，需要在顶层设计、课程优化、社会认可等多个方面加以引导，在老年人社会发展方面提供参与机会，深挖老年人力资源，为社会创造价值。

（二）体系：老年教育现代化与治理现代化。党的十九届四中全会提出，要坚持和完善中国特色社会主义制度，推进国家治理体系和治理能力现代化。老年教育不仅是终身教育体系的最后一环，而且是老年群体文化养老的重要方式，承担着调节社会和谐的作用，所以理应积极回应时代要求，将老年教育融入国家治理体系和治理能力现代化的进程中。

目前来看，随着人口老龄化程度的加剧，老年人参与社会治理层面的活动也越来越多，尤其是在街道、社区、农村等基层治理领域，老年人发挥着越来越重要的作用，而“家门口的老年大学”正是老年教育在社区生根发芽的积极探索，15 分钟的生活学习圈不仅满足了老年群体的受教育需求，同时照顾到了老年人的身体实际和生活实际，让社区治理和老年教育能够更好地相互促进、相辅相成。

具体到教育领域来说，终身教育理念的发展为老年教育推进老龄社会治理提供了路径，基于老龄社会治理现状和老年教育的特质，培育老年人“共建共享共治”意识，树立“积极老龄观”，积极参与城市和社区中的职业能力提升、健康安全、文明创建、环境保护等志愿活动，可以充分发挥老年人的技能、经验和智慧优势，为老龄群体的作用“再发挥”提供了施展的平台，使老龄化对人口红利的压力转化为促进社会可持续发展的动力。

三、老年教育现代化的发展维度

老年教育现代化应与国家发展战略相一致，党的十九大报告中指出：“从二〇二〇年到二〇三五年，在全面建成小康社会的基础上，再奋斗十五年，基本实现社会主义现代化。”《中国教育现代化 2035》中明确了目标：2035 年总体实现教育现代化，迈入教育强国行列。老年教育是国家战略和教育战略的一部分，也应融入社会整体发展目标中，将建立适应现代社会发展进程、科学应对人口老龄化的现代教育模式作为整体目标。

（一）教育观的现代化。首先，树立终身学习的老年教育观。老年教育是终身教育的最后一环，但是由于老年教育与义务教育和高等教育的阶段割裂感明显，要重点加强对老年教育重点任务、战略目标、社会适应性等方面的研究，推进老年教育体系化，在社会上营造终身学习的社会氛围，改变“老而无用”“老年大学就是唱歌跳舞”等传统观念，激发老年群体对学习的兴趣，达成“老有所为”的社会共识。

其次，树立文化养老的老年教育观。随着经济社会的不断发展，老年群体在物质上得到保障的同时，精神文化需求和自我发展需求日益旺盛，将“赋权增能”的观念融入老年教育是应有之义，以普惠式老年教育实现老年人的终身学习，能够有效保障老年人的受教育权利，丰富积极老龄化的社会内涵，通过政府、社会、高校等多方力量实现老年教育的充分供给，为文化养老事业创新工作服务载体。

最后，树立作用发挥的老年教育观。在积极老龄化背景下，老年人依然是社会活动的参与者，拥有自身独特的年龄优势、威望优势、经验优势，在社会单元中扮演着“主心骨”的角色，老年教育要以老年人为教育实践主体，通过再学习树立积极的老年观，在校园人际环境中，保持与社会的紧密联系，将所学所获通过志愿服务、作用发挥、自我发展进行成果体现，塑造自身的人生价值。

（二）课程供给的现代化。目前老年大学开设的教育内容主要为文体休闲类课程，例如书法、国画、舞蹈、声乐等，主要目的是颐养身心、丰富老年生活，但是随着社会发展，老年群体对自我发展的需求愈发旺盛，希望能够通过学习促进自身职业发展和掌握新的应用技能，这恰恰是当前老年教育的短板所在。

现实情况中，一方面，老年群体的时间比较宽裕，学习水平和知识层次日益提高，另一方面，老年教育还具有人力资源开发的重要作用。因此，在设计教育课程时，应该定期开展老年学员的需求调研，增强教育内容的针对性，满足多元化、多层次的学习需求，涵盖老年人休闲娱乐、技能发展、生活应用等多个方面，同时健全教学质量评估和考核体系，促进老年教育人才的职业化、专业化发展，开展具有特色的老年学习实践活动，促进老年群体学习和应用的成果化，为老年学员学习提供正反馈，使老年学员的学习更具成就感和幸福感。

（三）学习阵地的现代化。人的现代化离不开工具的现代化，老年大学作为老年教育的重要阵地，更要将现代化的管理和现代化的硬件建设放到发展目标中。比如通过人工智能、大数据、物联网等技术，实现线上选课、远程教育、学员考勤、课前提醒等功能的完善，对老年学员实行动态管理和学习跟踪，提供针对性的个性化服务，动态掌握学员的一手信息。

上课方式方面，根据老年学员年龄、身体条件等群体特点，可以通过信息化手段搭建跨层次、跨区域、共享共用的老年教育资源平台，实现老年人和远程教育的“一键互联”，共享优质的教师资源和课程资源，有效地缓解基层老年教育师资力量匮乏、课程资源单一、办学场地有限等问题，在手机、电视、平板电脑等多种终端实现老年教育供给的多样化和智能化。

（四）师资力量的现代化。教师是教育活动的组织者、主导者，在教育活动中起主导作用，师资现代化是老年教育现代化的关键。由于老年教育的社会福利属性，参与老年教育的教师大多是外聘的兼职教师及社会的热心志愿者，专职教师的缺乏令老年教育活动的开展缺乏专业性和稳定性，同时，老年教育教师没有明晰的职业发展路径和管理机制也成为制约专职教师发展的瓶颈。

因此，在教学实践中应健全教师入职、职称、岗位和考核评价体系。例如，教师要经过相应的老年教育专业培训，了解教育学、老年教育学的基本知识等；有关部门要鼓励和支持高校师生、行业专家参与老年教育工作，并将工作内容列入单位业绩考核和职称申报条件。老年教育机构则可建立教师师资库，与社会机构建立广泛联系，形成教师队伍专兼结合、互为补充、数量充足的生态。

此外，在教学活动中，现代化老年教育的教师要具有现代教育的思想和观念，能够掌握和运用现代技术的教学方法开展教学活动，建立新型的现代师生关系，实现从以教师为中心到以学生为中心的教学理念转向和重构，既要做知识技能的传授者，同时也要成为老年学员接触社会的窗口和引路人，真正帮助老年群体实现老有所学、老有所乐、老有所为。

（赵博文：淄博市老年大学教务科）

文化养老 文化兴校

——关于老年大学校园文化建设的探索与思考

◎ 刘晓莹

摘要：校园文化作为校园良好氛围构建的关键因素，影响着校园各种功能的正常发挥。而老年大学作为时代的产物，其校园文化的形成不仅有利于了解并回应老年人的真实诉求，有利于积极应对日益严重的老龄化，更有利于满足构建和谐社会的需要。本文从老年大学校园文化建设的必要性入手，对东营市老年大学校园文化建设情况进行了深入细致的研究，从党建引领、数字建设、应急能力、服务水平、交流合作等五个方面进行了阐述，并对存在的问题以及优化建议进行了探讨与思考。

关键词：老年教育　校园文化　文化建设　文化养老

随着经济社会的发展、医疗条件的改善，以及中国老龄化程度的加剧，中国已进入老龄化阶段。老龄化的新形势带来了新机遇和新挑战，更赋予了老年大学发展的新内涵。党的十九大以来，习近平新时代中国特色社会主义思想为老年大学校园文化建设提供了道路、指明了方向。老年大学作为时代的产物，为适应社会老龄化的发展，为学习型社会、和谐社会的建设发挥着必不可少的功能与作用。丰富老年大学的校园文化内涵，不仅有利于持续推进校园文化建设，更能推动老年教育的可持续发展。

一、老年大学校园文化建设的必要性

老年大学的校园文化建设是指在老年大学场域内，以内部学员为主体，在党和政府的领导下，在各方力量的配合下形成的一种群体文化。校园文化建设既能够满足老年学员的精神文化需求，促进其身心健康发展，还能在更高层面上潜移默化地发扬优良传统，维护社会的和谐与稳定。

（一）加快老年大学校园文化建设是积极应对人口老龄化的有效举措

如何应对人口老龄化进程的加快，是当前乃至未来中国社会亟须关注的一大课题。2020 年，我国 60 岁及以上人口已超 2.64 亿人，占总人口的 18.70%，全国有包括山东省在内的 6 省老年人口超 1000 万人。面对如此严峻的人口老龄化发展趋势和人数众多的老年群体，党和国家提出了对老年工作的要求，要让老年人“老有所养、老有所医、老有所为、老有所学、老有所乐”。办好老年大学是落实老年工作的方针和目标，是实现“五个老有”

的重要举措和有效途径。

（二）加快老年大学校园文化建设是促进和谐社会建设的重要举措

老年群体是社会的重要组成部分，是构建和谐社会的重要组成力量。离退休老年人较强的政治优势和经验优势都不同程度地影响着社会，通过老年教育这个平台梳理、充实和完善过去的经验，吸取新的信息，有利于让老年人更好地适应新形势，更好地融入关心下一代工作中去，促进了社会的和谐与稳定，推进了精神文明建设以及和谐社会、和谐校园的建设。

（三）加快老年大学校园文化建设是构建学习型社会的必要举措

老年教育是终身教育的最后阶段，是构建学习型社会的重要组成部分。老年人参与学习活动，既是对中青年努力学习、养成学习习惯的示范和促进，也是推进学习型社会形成的实际行动。通过老年大学这一主要载体，对老年群体进行再教育，能够帮助老年人紧跟时代的步伐，引导老年人在幸福中继续为社会和国家做贡献。

二、东营市老年大学校园文化建设的现实举措

东营市老年大学自建校以来，一直秉承“开放、融合、共享”的办学理念，以“增长知识、陶冶情操、丰富生活、促进健康、服务社会”的办学宗旨，全面推进“红色校园、幸福校园、智慧校园、平安校园”建设，为提升广大离退休干部文化养老工作水平奠定了坚实基础。

（一）加强党建引领，打造红色校园

东营市老年大学党支部坚持政治立校、强化党建统领，着力建设“让党委放心、让老同志满意”的“红色校园”，先后获得了全国先进老年大学、全国老年教育宣传工作先进单位、全省规范化示范老年大学、山东省老干部工作先进集体、东营市先进基层党组织等荣誉称号。

1. 健全组织建设。东营市老年大学通过建立健全党支部和班委会制度，构建起学校党委、部系党总支、班级党支部三级党组织体系，并以班为单位组织学员党员开展“两学一做”活动，充分发挥老年大学学员自我管理的自觉性和主动性，营造了轻松而有序的学习环境。

2. 开展党史学习教育。东营市老年大学牢牢把握“老年大学姓党”的政治定位，坚持每周五集中学习、党员轮流发言制度，同时充分发挥老年大学的平台优势，加强离退休干部思想政治引领，完善党建书屋、初心影院、文化长廊等学习阵地，在校内以多样化的形式广泛开展多项党史教育学习活动。

3. 完善志愿服务队伍建设。学校充分发挥离退休干部群体独特的政治优势、经验优势、威望优势，组建金秋志愿服务队，注册人数高达 600 余人，每年开展志愿服务活动 100 余次，充分发挥老年大学“五老”队伍的人才聚集优势，结合正能量活动，

引导老年学员服务社会，受到了群众的广泛好评。

（二）提升数字建设，构建智慧校园

在人口老龄化形势下，如何推动老年教育事业创新攻坚、转型发展，成为老年大学的重要课题。东营市老年大学启用全国首家全系统链5G智慧校园信息化平台和健康服务中心，让老同志们搭上了信息时代的“快车”，被中国老年大学协会评为“全国老年大学信息化建设优秀单位”，在智慧助老、学养结合方面树立了标杆。

1. 开通线上报名选课系统。实行网络招生报名、网上选课，彻底改变了传统招生报名办法给老年人带来的不便局面。开发了数字化教学管理系统，实现了招生、学籍管理、教师信息管理、课程和班次设置、考勤考核等教学管理的信息化，提高了工作效率和教学管理的科学化水平。

2. 加强数字化设施建设。创新运用“互联网+”模式及5G信息技术，统筹学院党建、教务教学、活动开展、志愿服务等各项工作，全面打造数字化教学系统，教学质量和办学水平不断提高，办学规模和社会影响不断扩大。

3. 打造多样化宣传形式。积极推行媒体进校园活动，拍摄市老年大学宣传片，展示丰富多彩的老年文化生活。同时在老年大学公众号上开设了“云课堂”板块，打破时空的限制，使学员可以随时随地在线上进行视频学习，扩大了老年教育的覆盖面，形成了校报、网站、微信公众号相融合的“老年教育融媒体平台”。

（三）强化应急能力，建设平安校园

为推动平安校园建设，强化安全意识教育，东营市老年大学始终坚持“以老年学员为本”的思想，不断完善各项应急管理制度，为老年学员提供了一个安全、舒适、温馨的文化养老乐园。

1. 完善应急体系建设。制定《校园突发事件应急预案》《急救常识手册》等应急预案资料，并与驻地医疗、消防、治安部门加强联动，定期举行消防演练、急救知识、治安讲座等，提高工作人员处置突发事件的应对能力；设置健康小屋医务室，外聘经验丰富的医护人员，为突发病患的学员提供基础医疗服务，并建立档案。

2. 强化安全意识教育。为创建安全、文明、和谐、有序的校园环境，东营市老年大学加强应急值班制度的建立与完善，实行校领导带班和工作人员轮流值班制度，对学校进行巡查，排查各类安全隐患。

（四）提高服务水平，完善幸福校园

东营市老年大学始终坚持以人为本、服务为主，在长期工作实践中，坚持以“用心用情用力、精细精准精致”的工作作风，精心、细心地为老年群体开展服务。

1. 拓宽学员沟通渠道。为推动老年大学党的建设与校园建设的高度融合，以及机关党建与校园党建的共同发展，建立了党建联络员制度，老年大学全体工作人员作为党建联络员下沉班级，深入班级展开调研，对班级党建活动开展情况、教师授课情况、学员意见等信息进行全面收集，为5000余名老同志做好服务保障工作。

2. 健全开课选课制度。课程设置是老年教育的关键所在。东营市老年大学立足实际，结合本土特色，以及对传统文化的传承，从老年人的实际需求出发，开设了书法、国画等传统文化课程，也开设了电脑、英语等具有现代特色的课程。招生形式灵活多样，专业种类明确，层级设置合理，分别设立了基础班、提高班、研修班，以便老年学员根据自身需求进行选择。

3. 开展多样化服务。学校投入大量资金兴建老年活动中心，并配备计算机、音响、网络、阅览读物等文化养老硬件设备，为离退休人员营造先进、舒适的“文化养老”环境，打造社团联盟、志愿服务之家，加强了离退休干部学习活动阵地建设。

（五）加强合作交流，打造先进校园

“文化养老”是一项巨大的社会系统工程，老年大学作为重要的载体，不仅需要强有力的组织领导，更需要厚实的人财物作为支撑。东营市老年大学不断加强与各部门单位的合作交流，努力搭建全方位的文化养老平台，帮助老年人保持开朗心态、充实精神世界、实现自我追求、享受快乐生活，强身健体、延年益寿。

1. 拓展社区分校建设。东营市老年大学以教育供给侧改革为切入点，持续推动优质教学资源下沉基层，创新四级联动机制，优化四级办学网络，秉承共建共享原则，把老年教育工作延伸到街道、社区，建立了老年大学胜利分校和社区老年大学教学点，打通了老年教育“最后一公里”；同时，积极探索创新合作办学模式，先后与教育部门、高职院校、行业协会等部门群团合作办学。

2. 创新远程教育模式。东营市老年大学依托全系统链5G智慧校园系统，打通市、县、乡、村四级专享网络，打造“灯塔－金秋在线”云课堂，实现线上线下双向实时互动教学。积极打造专业化远程教室，与广电公司沟通合作，定制开发老年大学专属电视盒，构建形成更加完善的老年远程教育体系，文化养老覆盖面得到进一步拓展。

3. 加强区域合作交流。东营市老年大学先后与济南、青岛、泰州、潍坊、威海等城市的兄弟院校相互观摩学习、相互学习借鉴、共享经验成果，积极推动老年教育事业发展，为离退休干部提供更加精准、更高质量、更高水平的服务。

三、东营市老年大学校园文化建设未来构想

先进的校园文化既能对外树立老年大学的良好形象，又能对内增强学员凝聚力，营造舒适的校园氛围。但老年教育发展历程不长，对于全社会而言是最“年轻”的教育。所以，开办老年大学还缺乏经验和理论的支持。目前来看，校园文化建设还存在部分问题：学员对校园文化建设的重要性认识不足；校园文化制度尚在探索阶段；校园整体文化建

设水平较低。

（一）更新思想观念，提升校园文化氛围

打造先进的校园精神文化建设，要树立科学的办学理念，以红色精神文化为统领，在师生中树立先进典型，培养优良的校风、教风、学风，大力倡导团结、和谐、友爱、奉献的精神；要更新思想观念，提高老年教育发展的目标定位。老年教育是社会管理的一项晚霞工程，要围绕中心、服务大局，把政治建校放在首位，帮助老年群体形成一种正能量，从而带动家庭、带动社会，形成一种良好的社会风气。

（二）加快创新发展，完善校园文化制度

要突出新时代背景下老年大学校园文化建设的时代特色，以习近平新时代中国特色社会主义思想为指导，紧跟时代发展的步伐，创新校园文化制度建设；要建设以人为本的各项规章制度，充分体现学员的民主性、平等性与群众性；以创新引领发展，不断完善校园文化制度建设，突出特色、因地制宜，打造养老新文化亮点。

（三）整合有效资源，夯实校园文化建设

要充分利用各种条件，帮助老年学员增长知识、丰富生活、陶冶情操、促进健康，在老有所乐中实现老有所为；要加大社会资源的整合力度，着力扩大基层老年教育覆盖面。拓展远程教育网络覆盖面，为老年教育的普及和发展注入强劲动力；同时，要积极探索可行性路径，加大联合办学力度，实现教育资源共享化发展。

（刘晓莹：东营市老年大学教研科职员）

提升老年大学服务管理能力研究

◎ 韩丽梅

摘要：本文以东营市垦利区老年大学为例，通过深入分析当前老年大学服务管理过程中存在的突出问题，探究其相关原因，概括了垦利区老年大学服务管理能力提升的主要经验。

关键词：老年大学　服务管理　能力提升

近年来，老年群体的精神文化需求日益增加，引起了政府和社会的高度关注和重视，如何创新老年教育发展模式，改变现有的政府单一供给所造成的供给不足的困境，是值得深思和研究的重要命题。本文通过深入分析当前老年大学服务管理过程中存在的问题，探究其相关原因，结合垦利区实际情况，深入挖掘垦利区老年大学服务管理能力的主要经验，为老年教育事业发展提供理论参考。

一、当前老年大学服务管理过程中存在的问题

（一）老年教育观念落后。由于时代原因，目前社会上部分老年群体并没有接受过太多教育。随着这些老年人年龄增大，他们既没有良好的学习习惯，又没有足够的学习热情，给老年教育带来许多困难。部分老年群体在退休离岗之后，认为学习是年轻人该做的事情，老年人没有必要再学习，还有一部分老年群体将老年教育和老年业余活动混淆，没有从根本上重视老年教育的必要性。这些习惯和观念严重阻碍了老年教育的发展。

（二）老年大学开展活动影响力较小。老年大学各种活动很多，但随着老年人中高知人群的不断增加，他们更偏向于"文、史、哲、美"等知识类活动，但真正具有吸引力的精品活动较少；娱乐型活动居多，像声乐、舞蹈等活动开展得丰富多彩，但具有思想深度的学术型、思辨型活动则较少；还有很多老年大学组织活动仅限于形式上的热闹，缺乏一定的内涵，从而降低了老年大学在学员中的影响力。

（三）学员在老年大学的获得感比较弱。老年人加入老年大学的积极性很高，但是参与动机不同。有的学员表示对老年大学兴趣班感兴趣，有的学员表示受了从众心理的影响，有的学员则是因为被老年大学宣传的招新活动所吸引，还有的学员表示是被家人要求才参加进来。在多元化的参与动机中，很多是外在动机，缺乏稳定的内驱力。老

年大学工作人员和指导教师对学员加入后的教育、引导不够，更缺乏对活动的指导力度，使学员在老年大学的存在感不足、获得感比较弱，因此活跃度不高。

（四）开展活动的经费资金短缺。丰富多彩的文艺活动是维持老年大学活力生机的载体，活动的资金保障更是老年大学活动顺利举办的关键。当前老年大学开展活动的资金支持主要有两个途径：老年大学的经费支持和学员的报名费。但是，由于报名费很少，主要还是依靠办学经费。老年大学经费除负担活动经费外，还要负责教师工资、学校物业、维修、消防等其他费用。此外，申请活动经费需要严格的审批程序，导致资金到位较慢，而活动前期资金需求较大，两者进度匹配不够。

二、影响提升老年大学服务管理能力的原因

（一）重视程度不够。老年大学在老年教育事业发展中所起的作用和重要意义毋庸置疑。然而，目前个别地方政府、企事业单位党政部门领导对老年大学认知度不高，没有充分认识老年大学在构建和谐社会中的功能作用，实际工作中对老年大学重视不够、支持力度小，致使老年大学发展后劲不足，进而影响了老年大学功能作用的正常发挥。

（二）发展定位不清晰。老年大学每年都要开展许多主题鲜明、丰富多彩的文化活动，对于培养老年学员的社会责任感、提高老年人的生活质量、发挥老年人在传承中华优秀传统文化等方面具有不可替代的重要作用。但当前许多地区只是把老年大学作为老年教育事业的有限补充，对老年大学的要求仅为“不出事，确保安全稳定即可”，对老年大学的发展定位过于保守。

（三）管理机制不健全。完善的管理机制是老年大学正常运转的保障。然而，当前许多老年大学并没有建立完善的规章制度，工作运转无章可循，抑制了老年大学学员参与服务社会的积极性。主要表现为：一是制度规范不严。许多老年大学制度建设滞后、管理机制不顺，内部自律机制缺失、外部运作机制不规范。二是管理主体不统一。有的老年大学挂靠地方老干部部门，有的隶属企业离退休管理中心，有的隶属民政部门，主管部门不一，造成了上下沟通机制的不顺畅。

（四）组织管理人才缺乏。高素质的组织管理人才是保证组织良性运行和持续发展的关键。但老年大学的组织管理人员很少有正式编制人员参与，大部分是兼职的。而且现有的管理工作人员数量不多，学历水平普遍较低，且普遍缺乏系统的老年教育教学、老年保健康复、组织管理等专业知识，这就无法保证老年大学工作的正常有序开展。

（五）指导力量短板明显。老年大学的发展水平与指导教师的自身水平和投入程度呈显著的正相关。老年大学按要求都配有艺术指导教师，但指导教师多为文化馆或艺术学校的兼职教师，专职指导教师很少。同时，老年大学活动数量较多、涉及面较广，但没有完善的激励制度来鼓励他们参与老年大学的管理工作，艺术指导教师对老年大学

班级的常态化指导投入不足。各班班长和教导员由于自身素质和经验的限制，对班级发展的指导缺乏专业性、系统性，且缺乏对班级发展的顶层设计和长远规划，从而制约了老年大学发展的整体水平和高度。

三、提升老年大学服务管理能力的主要经验

（一）加强理论研究，促使老年大学服务管理理念人本化、个性化。提升老年大学服务管理能力建设是一项极具研究性的系统工作。特别是在老年教育由精英化走向大众化的过程中，必须转变观念，深入研究老年大学的特点和现状，把老年大学建设纳入老龄事业发展总体规划，充分发挥老年大学在推动老年教育事业过程当中的重要作用。为此，垦利区老年大学一直把提升服务管理水平当作一门学问加以研究，2022年先后到四川省德阳市老年大学、成都市双流区老年大学、宁夏老年大学、陕西省渭南市老年大学，就提升老年大学服务管理能力等工作进行实地考察学习，并在借鉴先进地区老年大学建设经验的基础上，逐步探索出一套适合垦利区老年大学建设的管理理念。通过积极转换服务思维，形成了广覆盖、多层次、多学科、多学制的教学体系，不断满足各类老年群体的受教育需求，并将老年学员的学习成果推向社会、展示风采，使每个老年大学学员的才能得以展示，充分体现人本化、个性化，促进老年教育走向社会、参与社会、奉献社会。

（二）丰富活动内涵，促使老年大学活动内容课程化、多样化。老年大学活动场所和课程设置直接关系着老年人参加老年大学的兴趣和热情，也在很大程度上影响老年大学的规模。老年大学各项活动主要依托老年大学进行，为此，垦利区老年大学加大了硬件设施的经费投入，不断优化课程设置，为老年大学各项活动的顺利开展提供了坚强后盾。一是打造现代化硬件设施。新建了综合楼，改造了老年体育馆，完善了教学楼内包括书画、戏曲、声乐、计算机、古筝、舞蹈等多个现代化教室和棋牌室、阅览室、多功能厅等活动室。教室配备专业化，科技含量高，实用性强；书画教室量身定做，实现单人单桌；舞蹈教室安装化妆镜、拉杆、音响设备，很好地满足了老年大学学员的实际需要。教室配备多媒体投影设备，为专业教学提供便利，有效地提高了教学效果。二是精心培育精品化课程。设置书画摄影系、声乐戏曲系、器乐系、舞蹈系、文体系共5个系，开办书画、声乐、舞蹈、古筝、二胡、太极、戏曲、手机、摄影、中医按摩、电钢琴等31个教学班。其中书法、古筝、舞蹈、二胡、太极、钢琴、萨克斯等专业实行分层次教学，满足学员不同层次的学习需求。在课时安排上，每周2个课时，既轻松愉快又能学有所得；在学习内容上，把思想性、知识性和趣味性进行了有机结合，极大地满足了学员日益增长的精神文化需求。

（三）完善管理制度，促使老年大学服务管理工作程序化、规范化。老年大学

建设是一项系统工程，要用战略眼光、全局意识和系统思维来谋划老年大学的组织制度建设，促使政策制度程序化、法制化。为此，垦利区老年大学安排专人认真研究国家有关政策和法律规章制度，如《老年教育发展规划（2016—2020 年）》等重要文件；修订完善了《老年大学章程》《老年大学学员守则》《老年大学工作例会制度》《老年大学请示报告制度》《老年大学文档管理制度》等规章制度，将教学管理、设备管理、安全管理等多个方面纳入制度化轨道，为日常工作开展提供保障；同时，建立老年大学教师资源信息库，完善学员信息档案，推动老年大学服务管理工作程序化、规范化。

（四）健全组织机构，促使老年大学服务管理机构专门化、综合化。老年大学的职能具有特殊性，老年大学应设立专门机构，按照“成熟一个，建立一个，发展一个”的思路，加快推进高水准专业社团的打造，同时优化社团结构，扶持创办特色社团，重点培养品牌社团，充分发挥它们排头兵的示范作用。为此，垦利区老年大学专门设立了社团管理办公室，把社团建设与学校的日常教学改革和人才培养进行了有机结合，为老年大学社团的建设和发展创造有利条件，逐步形成了“党委领导，大学支持，社团具体管理”的管理格局，促进了垦利区老年大学社团管理机构专门化、服务功能综合化。2017 年 10 月，成立东营市垦利区金秋艺术团，作为品牌社团重点培养。调整艺术团组织机构设置，设艺术团团长 1 名，名誉团长 1 名，教导员 1 名，副团长 4 名，艺术指导若干（由相关教师担任），并组成团务委员会；吸纳有特长、善管理、爱奉献的学员担任艺术团领导，充分发挥学员的主观能动性和创造性，促使社团组织充满勃勃生机和活力，各项社团活动专业化水平显著提高。

（五）优化指导教师队伍，促使老年大学服务教学专业化、科学化。老年大学师资力量的整体水平决定了教学质量，加强教师队伍建设是老年大学工作的重中之重。老年大学现有的教师队伍多由兼职教师任教，分别来自不同的大中专院校、企事业单位，或是自由职业者，不固定因素相对较多。为此，垦利区老年大学在教师队伍管理上做了更多、更深入细致的工作。一是严把“入口”关。从文化馆、人民医院、知名艺术团体等单位聘请专业教师任课，在选聘教师时，按教学需要进行专业试讲，对有“教师资格证书”或“职业技能证书”者优先聘用，力求做到选准、选好。教师队伍政治素养好、业务水平精、热爱老年教育事业，使老年大学保持了良好的吸引力。二是严把“专业”关。不断规范专业教学工作，由教学经验丰富、理论水平高的骨干教师牵头制定各专业教学大纲，各任课教师按照教学大纲制定详细教学计划，认真准备教案，精心制作课件，编纂和选择适用于老同志的教材；定期开展观摩教学，各专业推选出有教学经验且深受学员欢迎的教师，为其他教师分享教学规律、教学方法和教学经验。

（韩丽梅：东营市垦利区老年大学办公室主任）

【参考文献】

［1］彭彤：《构建新时代老年教育师资队伍体系的对策研究》，《中国国情国力》2021 年第 7 期。

［2］牛飚：《新时代老年大学教育发展建议》，《中国老年报》，2020。

［3］吴刚毅：《关于发展社区老年教育的几点思考》，《老年教育（老年大学）》，2020。

［4］张雪：《人口老龄化背景下开展老年教育的对策及建议》，《商业文化》2020 年第 11 期。

［5］李丽娜：《我国老年教育课程设置研究》，《创新创业理论研究与实践》2019 年第 12 期。

老年教育的供给侧和需求侧结构性改革研究

◎ 王永军

摘要：党的十九大报告中提出，构建养老、孝老、敬老政策体系和社会环境，加快老龄事业和产业发展。这为新时代中国特色老龄事业发展指明了方向。老年教育作为老龄事业中的关键一环，如何把供给侧和需求侧结构性改革结合好，更好地满足老年人日益增长的教育需求，是我们在社会老龄化进程中所要积极面对的重要课题。本文从老年教育的机制体制改革、供需矛盾、师资资源、信息技术、消费格局等方面入手，以创新的思维对老年教育供给侧和需求侧结构性改革进行了积极探索和研究。

关键词：老年教育　供给侧和需求侧结构性改革　老龄事业

供给侧结构性改革最早是2015年11月10日在中央财经委员会第十一次会议上提出的，此后在2016年1月27日中央财经委员会第十二次会议上研究通过了供给侧结构性改革方案。2017年10月18日，习近平总书记在党的十九大报告中指出，要深化供给侧结构性改革，把提高供给体系质量作为主攻方向，通过供给侧调整经济结构，使要素实现最优配置。2020年的中央经济工作会议首次提及“需求侧管理”，提出要紧紧扭住供给侧结构性改革这条主线，注重需求侧管理。

老年教育的供给侧结构性改革，就是从提高老年教育的供给侧质量出发，用改革创新的办法进行结构性调整，矫正不适合需求方的要素配置方式，从而提供更加有效的老年教育供给，让供给结构更加适合广大老年人的教育需求变化。需求侧结构改革就是要满足被压抑的国内市场需求，是在外部市场存在很大不确定性的新发展阶段的战略抉择。两项改革共同发力才能促进经济社会持续健康发展。

目前人口老龄化已经成为世界性问题，对整个人类社会发展产生的影响是深刻持久的。我国是世界上人口老龄化程度比较高的国家之一，老年人口数量最多，老龄化速度最快，应对人口老龄化任务也最重。如何满足数量庞大的老年人的教育需求，妥善解决人口老龄化带来的社会问题，事关国家发展全局，事关百姓福祉。这就要求我们要做好老年教育供给侧和需求侧改革研究，从体制机制、老年人需求、教育内涵、教师资源等方面进行探索，从中找寻破解发展难题的最佳答案。

一、突出战略高度，完善老年教育顶层设计

2016年10月，国务院办公厅印发了《老年教育发展规划（2016—2020年）》，提

出发展老年教育，是积极应对人口老龄化、实现教育现代化、建设学习型社会的重要举措，是满足老年人多样化学习需求、提升老年人生活品质、促进社会和谐的必然要求，要贯彻落实《中华人民共和国老年人权益保障法》《国家中长期教育改革和发展规划纲要（2010—2020 年）》，促进老年教育事业科学发展，到 2020 年，基本形成覆盖广泛、灵活多样、特色鲜明、规范有序的老年教育新格局。

但我们要看到，当前的老年教育发展还存在一些问题，比如国家老年教育规划中并未对老年教育牵头部门进行明确，中国老年教育经过 30 多年的发展，主管职责安排在老干部工作部门的占比 94%，管理体制机制不是很明晰。这就需要从国家层面重新科学谋划老年教育的发展思路，借事业单位改革东风，重新理顺管理体制；借“十四五”开局，为老年教育未来五年的发展提供指引，促进社会资源优化配置来让供给侧更加适应需求侧，更加有效地引导老年教育工作的高质量发展。

二、考量社会实际，解决老年教育供需矛盾

截至 2019 年，我国 60 周岁及以上人口共有 25388 万人，占总人口的 18.1%，其中 60—69 岁的低龄老人占老年人口 50% 以上，70—79 岁的中龄老人占 30%，高龄老人只占 13.9%。中低龄老年人中有钱、有时间、有文化、有新消费理念的新一代老年人逐步增多，这些老年人对教育的需求非常旺盛。伴随着国家老龄化进程的加快，需要接受教育的老年群体日益增多，而单靠各级老年大学开展这项工作很难满足需求，供需矛盾十分突出。因此，应该因地制宜，从镇街、社区、养老机构、机关企事业单位等社会主体出发，鼓励扶持社区（基层）创办老年大学，推进老年大学进社区，整合基层社区资源让老年人在家门口就能上老年大学。

烟台市在老年大学进社区和合作办学方面已走出“破冰之旅”。社区已挂牌的老年大学目前有 5 家，马上要完成挂牌的 5 家；与市总工会、烟台职业学院等有教室、师资、教学设施的单位积极协调，推进合作办学。如今，烟台老年大学已然成为老年人思想教育的阵地、更新知识的殿堂、安度晚年的幸福家园。

三、审视教育内涵，推动老年教育深度发展

老年教育的目的有其独特性，在完成教育之外还需要使老年人增长知识、开阔视野、丰富生活、增强体质，更重要的是加强老年人精神文明建设，提高老年人修养。

老年教育必须坚持德教为先，把社会主义核心价值体系融入老年教育日常教学。加强老年人阵地建设，把德育渗透进老年教育教学的各环节，创新德育形式、丰富德育内容，不断提高老年德育工作的吸引力和感染力。通过校园临时党支部以及文化建设来加强理想信念教育和道德教育，潜移默化地引导老年人坚定对中国共产党领导和社会主义制度的信念和信心，在老年大学高扬起理想信念旗帜。

烟台老年大学在机构改革的过程中设立了组织指导科，负责老年大学临时党支部建设，承担对临时党支部人员的思想教育工作，建设了共享式党建活动基地，通过党建文化长廊、党建活动室、银帆剧场等设施，逐步把党的建设教育纳入老年大学“开学第一课”，起到了很好的教育引导作用。

四、注重人才强校，丰富教师队伍建设

教育大计，教师为本。有好的老师，才能有好的教育。老年教育发展到现在，对高素质教师的需求越来越大。而当前教师多为外聘，教师队伍不够稳定、教师水平参差不齐。老年教育要实现高质量发展，必须规范建设一支高素质且稳定的教师队伍。

“德为师之本”，要重视教师队伍品德教育，加强教师自我修养，利用老年大学系统的教育资源开展教师培训，让“学为人师，行为世范”真正成为甘愿为老年教育事业奉献的人才的座右铭。要制定“老年教育教师薪酬标准”和“高校教师等事业单位人才兼职教师政策”，吸引社会优秀的人才来老年大学任教。创造尊师重教的社会氛围，打造“师爱生、生尊师”的良好教学环境。

烟台老年大学在丰富教师队伍建设方面做出了诸多努力，通过与高校合作，将大量的语言学、信息技术等学科的教师充实到老年大学教师队伍中，依托高校的专业师资力量，为老年大学新增了不少新颖的课程，更好地满足了老年人的多种需求。

五、把握时代脉搏，加快高科技信息技术应用推广

随着我国信息产业的高速发展，智能制造产业、5G 通信技术、互联网终端等迅速普及，老年教育应该自发适应“信息爆炸”时代，在校园基础建设、课程设置、办学设施、教学方法、综合管理平台等方面都要逐步实现信息化，更好地服务老年教育需求。要加快 Wi-Fi、5G 校园网络资源全覆盖，利用大数据、云计算、物联网、区块链等信息技术推进“数字学校”建设，从报名缴费、校务管理、教师管理、学员管理、远程教学、教学资源管理等方面全方位提高信息化水平。

在信息技术的大潮中，支付宝、微信等已成为大众的标配，老年教育的信息化发展也成为社会的迫切要求。我们要积极协调财政资金支持，做好信息化建设的经费保障，从建设期开始就要考虑未来扩展维护等工作，在研发过程中要把便捷、易维护、可扩展作为重点，确保老年教育紧跟时代发展步伐。

烟台市自 2008 年开始建设使用智慧教室，在历经 14 年多的使用中，逐渐认识到智能化、信息化系统的重要性，特别是面对疫情防控和安全保障的现实情况，信息化改造是现阶段老年大学的发展趋势。

六、以国内循环为主体，打造国内国际双循环消费新格局

当前，老年教育亟待深化供给侧结构性改革，充分发挥中国超大规模市场优势和内需潜力，构建国内国际双循环、共促进的新发展格局。

国内循环要以老年教育为出发点，带动基础建设、老年游学、老年乐器、老年服饰、老年文娱等辅助消费产业发展，促进老年消费产业升级。党的十九大报告中对新时代中国特色社会主义经济发展做出了战略性新安排，其中也包含应对老龄社会的经济战略思维，老年教育工作要积极发掘社会经济新动能，走出老龄社会条件下国内经济发展的新路子。

老龄产业在打造国内国际双循环经济格局上充满机遇和挑战，山东已开始试点境外文化交流游，让老年人以游学的形式丰富老有所学的内容，也推动了旅游产业的发展。因此要战略性、适应性地转型发展，以老龄产业为核心带动其他产业联动成长，形成与老年教育密切结合的新经济、新业态。

老年教育工作者要全面把握党的十九大报告中关于新时代中国特色社会主义经济发展的新思想新论断，在未来“新两步走”战略中，广大老年群体完全可以在老年教育大课题的引导下，积极投身到社会公益和经济建设中，成为建设社会主义现代化的一股重要力量，这也是国际社会应对人口老龄化的重要途径。到21世纪中叶，我国将会是世界上老龄产业市场潜力最大的国家，据预测2050年前后我国老龄产业的潜力能达到百万亿以上。总体来看，老龄社会的到来给我国经济发展带来的机遇大于挑战。

我们党历来高度重视老年教育工作。习近平总书记强调，坚持党委领导、政府主导、社会参与、全民行动相结合，坚持应对人口老龄化和促进经济社会发展相结合，坚持满足老年人需求和解决人口老龄化问题相结合，努力挖掘人口老龄化给国家发展带来的活力和机遇，努力满足老年人日益增长的物质文化需求，推动老龄事业全面协调可持续发展。党的十八大、十九大以及“十三五”规划纲要都对应对人口老龄化、加快建设社会养老服务体系、发展养老服务产业等提出了明确要求。各地区各部门应该在中央深化供给侧结构性改革的要求下，加大投入、扎实行动，积极推动老年教育事业发展，提高要素配置效能。在积极应对老龄化理念指导下，让敬老、爱老、助老的社会氛围日益浓厚，让老年人精神文化生活越来越丰富，让广大老年人充分享受社会发展、时代进步所带来的丰硕成果。从供给侧结构和需求侧改革出发，充分考虑老年人的需求，结合“十四五”规划，把老年教育提升到前所未有的新高度，进一步实现老有所教、老有所学、老有所为、老有所乐，努力形成具有中国特色的老年教育发展新格局。

（王永军：烟台老年大学党建办主任，高级经济师）

实施“塑形铸魂赋能”工程 推动老年大学内涵式高品质发展

◎ 李光升

摘要：加强老年大学内涵式高品质发展是时代要求、教育本质所求，也是工作队伍建设所需，加强老年大学内涵式发展研究有助于提升老年大学品质。实施“塑形铸魂赋能”工程并出台三年行动计划是对加强老年大学内涵式高品质发展的探索，落实好“五高”“两新”是老年大学内涵式高品质发展的持续之路。

关键词：内涵式　高品质　塑形铸魂赋能

各级老年大学作为老年教育的办学主体，肩负着引领带动本区域老年教育事业发展的神圣职责和使命。潍坊市老年大学经过 30 多年的不断探索和实践，办学规模不断扩大、教学质量不断提高，现已发展成为“全国先进示范校”“全国老年远程教育示范校”，并连续五年获得市直事业单位绩效考核优秀等次。但近年来，随着形势发展和变化，老年大学也遇到了一些前所未有的新问题和新挑战，这就要求我们及时转变观念，调整工作思路，加强内涵式高品质发展研究和实践，不断推动潍坊市新时期老年大学工作持续走在全省乃至全国老年教育前列。

一、加强老年大学内涵式高品质发展的意义

（一）加强老年大学内涵式高品质发展是形势所迫。一是各级对老年大学工作越来越重视。党的十九大提出了“积极应对人口老龄化”的要求。老年大学是老年人精神文化养老的重要阵地，大力发展老年大学教育是积极应对人口老龄化的重要措施。近年来，各级逐步加大了对老年大学的基础设施投入，并掀起了新一轮建设老年大学的热潮。各级老年大学必须超前谋划，紧跟发展步伐。二是老年大学办学规模越来越大。随着人的寿命延长和人口老龄化程度进一步加深，老年教育需求将呈现“双重叠加”局面，而且在今后较长一段时期将是一种常态化趋势。面对逐步扩大的学校规模，各级老年大学必须探索出一条加强管理的新路子。三是老年大学面临的发展环境不断变化。随着国家治理体系和治理能力现代化进程加快，老年大学传统的教育教学和管理方式已不再适合现代化发展的需求，信息化、智能化等老年教育新形式对老年大学提出了前所未有的

新挑战。

（二）加强老年大学内涵式高品质发展是教育本质所求。一是课程体系建设要升级。随着越来越多有较高文化层次的学员加入老年大学行列，一些较低层次的活动、娱乐型专业和课程必然会被压减或向基层社区分流，要想增设一些有较高知识含量或研究型的中高级专业课程，就要求我们不断加强对新专业、新课程的研发力度。二是办学风险要管控。随着招生人数增加和老年大学职能变化，学员要求将越来越高，老年大学办学风险的压力加大，这就要求我们从体制、机制和制度层面，对规范化管理和精细化服务进行深入研究。三是教学质量要提高。教师肩负教与学之间承上启下的沟通桥梁作用。健全完善对教师的聘用、考核、奖惩和退出管理机制，充分调动教师参与教学研究、创新教学形式的积极性，是提高教学质量的关键。

（三）加强老年大学内涵式高品质发展是工作队伍建设所需。一是政治机关作用要发挥。各级老年大学必须把政治建设放在首位，坚持正确政治方向，不断增强政治敏锐性和政治鉴别力，进一步做好老年大学党的建设、意识形态工作，全面提升学员思想政治工作的能力和水平。二是精细化管理要实施。培养造就一支会管理、善研究、精业务的工作团队是事业成功的基础，只有真正从心里弄明白先进经验做法是什么、为什么，自己的不足在哪里，才能将工作往深处走、往实里干。三是工作作风要转变。近年来，各级老年大学的新生力量在不断增加，通过加强政治业务培训，以老带新、口口相传、手手相教，使年轻干部干一行、爱一行、钻一行，人人发挥潜能干事业，促进机关作风转变。

二、加强老年大学内涵式高品质发展的基本内容和原则

（一）指导方针与思路。全面贯彻落实党的十九大精神和习近平新时代中国特色社会主义思想，以习近平总书记对老干部工作、老龄事业和老年教育工作的重要论述为根本遵循，满足老年人对美好生活的追求，培养和塑造新时代为党的事业凝聚正能量的助力者，办好老年人满意的老年大学。

（二）功能定位与发展方向。要进一步强化政治属性、社会属性、服务属性、公益属性，在政治引领办学、深化服务功能、提升内涵品质、示范带动区域协调发展中发挥更加积极的作用。计划在市里新建一处高标准老年大学，加大县市区校建设力度，大力发展街道和社区老年大学，逐步实现城区“市、区、街道、社区”四级老年大学全覆盖。

（三）资源配置与分配。按照分级和属地管理原则，市老年大学主要面向市直离退休干部和城区老年人招生。要大力发展街道、社区“家门口的老年大学”。要体现教育公平原则，招生计划要提前向社会发布，并自觉接受社会各方面监督。

（四）专业设置与布局。优化学科布局，根据老年人需求，在确保现有专业设置

基础上，逐步加大对新专业、热门专业、本土专业和研究型专业的开发力度，建成专业设置门类齐全、高中低课程合理搭配的老年大学新型课程设置体系，确保所设专业课程形成系列化体系。

（五）学制设置与教学研究。合理设置学制、学时、班额、集中授课时间。加强对教师和教学活动各个环节的监督考核和分类指导，确保教研活动的正常有序和高效率运转。发挥专家带动作用、加强青年人才队伍建设，落实课题责任，定期开展理论研讨活动。

（六）学员管理与校园文化。积极构建老年大学党建管理体制，健全党组织管理网络，选好配强班级党支部班子，发挥学员党支部的自我教育、自我管理、自我服务职能，做到学员管理全覆盖。建立现代化学员信息管理系统，积极发展远程教育，加强网上课堂建设，积极组织学员开展网上互动学习。加强宣传平台建设，营造健康向上的良好校园文化氛围。

（七）志愿活动与服务保障。大力加强社团管理，加强对学员志愿服务工作的组织引导，组织学员开展文明健康的文体及社会实践活动，组织实施长者有为工程，积极组织学员发挥正能量，逐步融入发展大局、服务工作大局。加强校园安全管理，构建智慧化校园建设体系，为老同志提供温馨服务，及时解决学员诉求。

三、加强老年大学内涵式高品质发展的实践，推进实施“塑形铸魂赋能”工程并出台三年行动计划

总体目标：深入贯彻习近平总书记关于老干部工作的重要论述精神，坚持政治立校、党建统领，把加强党的全面领导融入办学治校全过程，把“一大、一名、四优”作为主要任务，建新大学、塑好形象。坚持“姓党”“为老”原则，实施名师战略，优化学科体系、教学体系、教材体系和管理体系；赋能学员家庭美好生活、赋能社会文化教育养老事业、赋能党委政府中心工作大局，着力将市老年大学打造成红色校园、学习乐园、幸福家园，力争到2023年底，把潍坊市老年大学建成全国地市级综合实力一流的老年大学，争做全国老年大学教育的引领者。

（一）任务步骤

1. 聚焦“塑形”，优化提升阵地，建好新大学。按照“前瞻性、适老性、专业性、科学性、安全性”总要求和“安全方便、本质实用、细节品质、复合多元”的原则，把老年大学建成政治工程、民生工程、全优品牌工程、廉洁工程。2021年6月，新大楼主体土建部分完成，并于2022年下半年投入使用，预计于2023年引领带动各级老年大学提升办学场所，分级分层办学基本推开。

2. 聚焦“铸魂”，引领内涵式发展新跨越。一是坚持党建统领。建立全面覆盖的党

组织网络，打造“特色支部”，形成党建品牌。2021年，学校组织各班级支部开展了庆祝建党百年系列活动和贯彻学习六中全会精神活动；2022年推动《山东省老年教育条例》落地落实，组织开展“喜迎二十大”系列主题党日活动；2023年计划打造全市党建工作示范点。二是实施名师战略。分级分类打造名师队伍，培树老年大学教育高端人才。2021年制定了名师认定标准等制度；2022年按计划培育了专兼职名师10人；2023年计划分专业、分门类建成名师团队，形成近20人的名师团队。三是优化学科体系。遵循老年教育发展规律，科学合理设置专业，丰富优化课程内容。2021年合理调整了课程内容，开设学习使用智能手机等新兴课程，帮助老年人学习新技能；2022年科学调整了专业课程设置；2023年计划增加高端班次，中、高级班次占比2/3以上。四是优化教学体系。创新教育方式方法，线上线下同步教学，推进老年教育现代化，全面提升教研水平。2021年至2022年探索实行了“课堂＋基地”实训模式，成立学科教研室，形成10人左右的教研团队，组织市县两级老年大学开展了教学理论研究；2023年计划加大网上教学力度，开设录播课、直播课，提升教研水平。五是优化教材体系。聚焦打造精品教材，整体推进老年大学教材建设。2021年市校所有学科均组织编写了教学大纲；2022年形成了自编纸质教材5门以上；2023年底前计划实现市校优势学科均有教材，在编印讲义的基础上，编写教材5门以上。六是优化管理体系。重点在干部队伍、系主任队伍、教师队伍、学员党员队伍四支队伍的管理上下功夫。选好配强系主任、班主任，打造政治坚定、作风优良、业务精通的过硬队伍。2021年深化“严规矩、正作风、强素质、树形象”活动，深入开展“我为群众办实事”活动；2022年开展了“创新提升年”活动，打造高素质专业化管理服务团队；2023年，计划开展“优质服务年”活动，建一流队伍，创一流业绩。

3. 聚焦“赋能”，推动办学成果新延伸。赋能学员美好生活，助力学员家庭和谐幸福；赋能社会文化教育养老事业，为老年学员搭建平台、创造条件，组建宣讲团、新时代文明实践队等，引导老年学员发挥正能量，助力实现社会价值；围绕党委、政府中心工作大局，围绕市委中心工作，引导老同志发挥优势作用，为建设人民满意的现代化品质城市贡献长者智慧和力量。2021年搭建了志愿服务平台，营造起“人人争当长者先锋”的浓厚氛围；2022年完善各类社团组织，组织壮大老年大学长者先锋志愿服务队，组织开展了“我向母校汇报”活动；2023年计划打造志愿服务品牌。

（二）保障措施

一是加强组织领导。在市委老干部局领导下，成立专门领导小组，具体负责“塑形铸魂赋能”工程三年行动方案的制定实施和协调推进。二是强化工作联动。各级老年大学要寻标对标，成立相应的工作小组，结合本地实际开展各具特色的活动，树立“一盘棋”思想，形成上下联动、齐抓共管的工作格局。三是从严督导落实。按责任分工具体落实到人，把工作完成情况作为办学水平绩效考核的重要内容，实行“半年一督查”评价机制。四是营造良好氛围。充分利用宣传平台开展形式多样的宣传活动，广泛发动老年学员、志愿者积极参与进来，凝心聚力、协作配合，提升知晓率和参与度，形成全员参与的良好氛围。

（李光升：潍坊市老年大学副校长）

【参考文献】

[1] 王道安、郭文安：《教育学》，人民教育出版社，2016。
[2] 潘宝红：《教育学》，北京师范大学出版社，2015。
[3] 张少波：《老年教育管理学》，同济大学出版社，2014。
[4] 陆剑杰：《老年教育学》，河海大学出版社，2018。

加强老年教育理论研究工作的实践与思考

◎ 李光升

摘要：理论是行动的先导。重视加强老年教育理论研究工作是时代要求、发展需要，以及建设高素质工作队伍的要求。要做大做强老年大学工作和老年教育事业，必须加强理论研究工作。学好用好理论研究工具指导工作实践，是时代赋予老年教育工作者的使命担当。

关键词：理论研究　实践思考

老年教育理论研究伴随着各级老年大学的诞生而不断发展，理论研究在指导各级办学实践中发挥了不可替代的重要引导和推动作用。一代代老年理论研究工作者勤奋耕耘，形成了一大批厚重的、有重要科学推广价值的理论研究成果，这是我们的宝贵精神财富。当前，我们已跨入了建设社会主义现代化强国的新时代，正在为实现第二个百年目标而努力拼搏，如何探索出适合中国特色社会主义老年教育的新模式，是老年教育理论工作者肩负着的主要使命和责任，理论研究工作必须发挥其应有作用和自身价值。

一、为什么要加强老年教育理论研究工作

（一）加强理论研究工作是新形势对老年大学工作提出的新要求。一是各级党委、政府对老年大学和老年教育工作越来越重视。党的十九大提出了“积极应对人口老龄化，构建养老、孝老、敬老政策体系和社会环境，推进医养结合，加快老龄事业和产业发展”的要求。老年教育事业是老年人精神文化养老的重要内容，大力发展老年教育事业是积极应对人口老龄化的重要措施。山东省各级党委、政府逐年加大对老年大学的各项基础设施投入，并从立法的角度积极推进老年教育事业发展。各级老年大学必须把握时机、靠前谋划，紧紧跟上发展步伐。二是老年人求学需求与资源供给的矛盾将是一种常态化趋势。随着社会不断进步发展，人的寿命越来越高，老年人在满足物质需要的同时，越来越重视精神文化方面的需要。同时，受人口结构影响，老龄化进程开始进入一个快速发展时期，一大批新老年人将会加入老年大军行列，老年教育需求将呈现“双重叠加”局面，并且将在今后较长一段时期保持这种趋势。如何满足老年人日益增长的需求将是各级老年大学面临的一个重要现实问题。三是老年教育要向现代化迈进。随着国家治理体系和治理能力现代化进程的加快，各行各业都在不断加快对现代化的实践和

探索，再加上受疫情等因素制约，许多新的教育学习形式不断涌现，传统的老年大学教育教学和管理方式已不再适合老年教育现代化发展的需求，必须把信息化、智能化元素逐步融入教学和管理的全过程。拓展老年教育的新领域对老年大学的管理模式和运行体制发展提出了前所未有的新挑战。

（二）加强理论研究工作是老年大学内涵式高品质发展的新要求。一是课程体系建设要优化。根据《老年教育学》的划分依据，当前多数老年大学开设课程的专业程度仍然处于初中级水平，随着越来越多有较高文化层次的学员加入老年大学学员的行列，一些较低层次的娱乐型专业和课程必然要进行压减或向基层社区进行分流。要想增设一些有较高知识含量或研究型的中高级专业课程，就要求我们对学科设置进行必要调整，加强对新专业、新课程的研发力度。二是服务要求越来越高。随着学校招生人数增加和机构改革后老年大学职能的变化，学员对管理服务的要求也越来越高，老年大学防范办学风险的压力在逐步增大，这就要求我们从体制、机制和制度层面，加强对规范化管理和精细化服务的深入研究，最大限度降低办学风险，为老同志提供尽可能多的服务，把党和政府的关怀和温暖及时送到老同志心坎上。三是教学质量要提升。教育教学质量是老年大学的生命线，教师肩负着教与学之间承上启下的作用。由于老年大学的特殊性，兼职教师是老年大学教师的主要来源，健全完善对教师的聘用、考核、奖惩和退出管理机制，充分调动教师参与教学研究、创新教学形式的积极性，是提高教学质量的关键。

（三）加强理论研究工作是建设高素质工作队伍的新要求。一是政治能力。作为党办教育机构，各级老年大学必须把政治建设放在首位，坚持正确政治方向，不断提高政治敏锐性和政治鉴别力。老年大学工作者要以研究为引领，不断加强政治理论学习，从党史学习中不断汲取智慧和力量，进一步做好老年大学党的建设工作、意识形态工作，全面提升学员思想政治工作的能力和水平。二是业务素质。培养造就一支会管理、善研究、精业务的工作团队是提升老年大学整体水平的重要措施，用好《老年教育》和《山东老年教育研究》平台，通过组织工作人员结合岗位职责做好研究工作，才能真正学懂弄通中国老年大学协会和各委员会以及省校、省协会的要求，才能真正领会全国、全省先进经验的精髓，才能学以致用地把自己所从事的工作往深处走、往实里干。三是作风建设。近年来，各级老年大学对干部队伍建设提出了许多新要求，老年大学的新生力量也在不断增加。加强政治业务培训，通过以老带新、口口相传、手手相教，促使年轻干部干一行、爱一行、钻一行，发挥潜能干事业，不仅能使老年大学理论研究工作有起色，也在一定程度上锻炼了队伍，促进了机关作风转变。

二、当前老年教育理论研究工作面临的主要问题

（一）前沿性、前瞻性研究成果少。在以习近平总书记关于做好新时期老干部工

作和老龄工作的重要论述为根本遵循指导工作实践方面，还存在一定差距；在坚持“人民至上”理念，办好人民群众满意的现代化老年教育方面，还存在一些涉及全局性的难点问题没有从根本上得到解决；在坚持融合、开放、共享发展理念，推动老年教育不断往基层延伸方面，迈的步子还不够大；在坚持政治立校原则、强化党建统领办学方面，推进力度还不够大。

（二）高层次理论研究成果少。近年来，山东省的老年教育理论研究工作取得了很大成绩，但与先进地区相比，老年教育理论研究工作迈的步子还不够大，主要体现在有影响力的理论专家的参与度还不够高，中青年理论研究人员相对缺乏，工作人员队伍普遍重实践、轻研究，研究问题的深度、广度不到位等方面。

（三）工作机制还不健全。主要体现在重视程度不够，缺乏有效的人才培养和工作推进机制。受各种因素制约，老年教育理论研究的吸引力、凝聚力还不够强，开展理论研究的活动不够多，组织有关人员深入基层调查的研究少，成果转化的形式较为单一等问题，这些问题都需要在今后的工作中逐步予以解决。

三、潍坊的做法和实践

近年来，潍坊市一直把理论研究工作作为引领老年教育事业发展的重要举措来布局。具体工作中主要抓了“夯、增、聚、抓、解”五个方面的工作，即“夯根基、增自信、聚能量、抓末端、解难题”。

（一）夯根基。按照全市组织工作会提出的“11361”老干部工作新思路，潍坊市老年大学把理论研究工作作为推动学校内涵式高品质发展的关键措施来抓，与党建、教学、老年人才作用发挥同部署、同推进，在事业单位改革的有限科室资源中专门成立教研科，由主要领导亲自抓、直接抓，一名副校长专门分管理论研究工作，科级以上干部带头领课题、搞研究、写文章，工作人员全员参与，并把想研究、会研究、能研究作为干部全面素质提升的重要内容常抓不懈，打造坚强牢固的理论研究工作根基。

（二）增自信。按照“全国有声音、全省有亮点、全市百花齐放”的工作目标定位，潍坊市老年大学加强了与中国老年大学协会、老年教育学术委员会、教学工作委员会的联系，积极参与全国活动，而且还与多所全国名校签订了老年教育战略研究和合作办学的协议，积极参与了老年教育研究专刊《终身教育》的筹划创办工作，并被吸纳为理事工作单位，学校一名同志被聘为全国终身教育理论研究专家，增强了理论研究工作的自信。

（三）聚能量。发挥专家带动和指导作用，积极培育老年教育理论研究的后继人才。目前，学校共特聘了傅汝任、张友谊等 10 名专家指导研究工作，从入门开始培养和带动年轻干部边干边学、边学边练。还通过开展“严纪律、正作风、强素质、树形象”活动，成立了“青蓝先锋讲堂”“青年论坛”，为年轻同志提供充分思考、展示的舞台；举办了全市老年教育理论研究培训会，进一步增强了工作人员从事老年教育工作自豪感、责任感和归属感，年轻同志已经成为老年教育理论研究的主力军，为理论研究工作汇聚了重要能量。

（四）抓末端。秉承“沉下去、从小处确定研究主题”的原则，学校确定了事关老年大学发展的60多个子课题。市、县两级联合开展老年教育基础性研究工作，每年立项一个市级研究课题，每年出版一期《老年教育研究文集》，校刊校报开辟“理论研究专栏”，定期召开全市理论研讨会表彰先进、激励后进，学校连续五年获全市事业单位考核优秀单位称号。推动基础性研究，工作人员干什么研究什么，有效推动了学校各项工作的深入开展，将理论研究工作触角延伸到每个环节。

（五）解难题。在省校、省协会带领下，通过研究助推事业发展，不断增强工作格局和境界的自信和提升。近年来，学校参加了全国老年大学党建、老年教育现代化和老年大学示范校标准化的研究，参与了全省老年大学办学理念的研究，带动立项了“党建引领办学”“老年教育现代化”和老年大学“塑形铸魂”工程三个市级课题，向全国第十四次理论研讨会推荐了30篇优秀论文稿件，其中市老年大学有3篇论文分别获得一、二、三等奖，并获优秀组织奖，有效解决了理论研究工作的难题，推动了老年大学内涵式高品质发展。

四、今后加强老年教育理论研究工作的几点建议和思考

（一）敞开视野搞研究。向上，多参与、融入全国和全省课题研究；向下，以解决难点、热点问题为导向，深入基层、深入实践，以推动问题解决为基础；横向，以先进地区为榜样，赶学比超。未来，关注国际、国内老年教育形势的最新变化，主动融入全国和全省老年教育学术委员会总体布局。

（二）领导带头搞研究。从练队伍角度出发，坚持领导带头，全员参与、全域参与搞研究；以推动老年教育的全域一体化发展为主题，年年立项市级研究课题；用好《老年教育》《山东老年教育研究》平台，积极参加省学术委员会工作，培育1—2个县域研究高地，加强业务培训，提高全员素质。

（三）助推研究往深里走。创新理论研究的形式和渠道，定期组织工作人员围绕所负责的工作谈感想、谈体会、谈未来，研判形势找差距，在肯定自我的同时，梳理出工作思路，慢慢养成研究工作的习惯。定期组织专题论坛和交流会、座谈会、点评会，营造理论研究工作的氛围。

（四）对教研工作重点扶持。从老年教育基础性理论研究的需要出发，积极构建专兼结合的专家研究队伍，发挥专家引领带动作用，大力培养优秀中青年研究人才，支

持他们深入基层蹲点调研和必要的外出考察，每年从办学经费中列出专门研究经费，确保理论研究成果及时集结出版。加强成果转化，每年举办一至两次现场推进会，推动基层办学发展。

（五）全面提升研究能力和素质。不断加强有关业务知识的学习和实践锻炼，进一步提高调查研究工作的能力、素质和水平，勤学习、善观察，多动脑、多练笔，做到开口能说、下笔能写、遇事能办，办事能成，争取人人成为老年教育理论研究工作的行家里手，吸引更多的优秀年轻同志加入老年教育理论研究工作的行列。

（李光升：潍坊市老年大学副校长）

老年人社会价值实现路径探索与实践

——“双十”驱动，助力学员“长者有为”

◎ 李光升

摘要：老年人是社会的一个特殊群体， 在他们身上具有中青年人所不具备的独特的政治、经验、特长、威望和奉献优势，他们在老年大学满足学习需求的同时，还具有实现个人社会价值的需要。“双十”驱动是组织学员实现“长者有为”和社会价值体现的重要形式和途径。

关键词：老年人　社会价值　长者有为

随着社会老龄化进程加快，低龄老龄化将是社会发展的必然趋势。低龄老年人受教育程度相对较高，具有一定的知识和技能，还有继续发挥作用的愿望和需求。多形式、多渠道地把低龄老年人分类组织引导起来，为其提供必要的服务支持，将是促进经济社会各项事业发展的重要途径。

一、老年人优势特点

习近平总书记强调，“要积极看待老龄社会，积极看待老年人和老年生活，老年是人的生命的重要阶段，是仍然可以有作为、有进步、有快乐的重要人生阶段”。老年人除满足生理、生活、精神等方面的需求外，还有一个重要需求就是通过加入新的群体，实现自我理想追求的价值，更好地融入社会并得到社会的尊重和认可。老年人身上具有中青年人所不具备的独特优势。

（一）政治优势。中华传统文化源远流长，尊老敬老是中华民族的优良传统，老年人在受到尊重的同时也养成了自尊自爱的习惯，爱党爱国是其最鲜明的特征。自党的十八大以来，多项惠老政策的落地落实，让老年人亲身感受到了改革发展成果和社会大繁荣进步，从心底里感谢党，“共产党好”“社会主义好”“新时代好”已深深根植于老年人心中。

（二）经验优势。每一位老年人都是一本教科书，其背后都有许多动人的故事。“老年人走过的桥比年轻人走过的路还长”，老年人有着几十年的工作和生活经验，经历过奋斗的激情、成功的喜悦，也得到过失败的教训，甚至有的还经受过枪林弹雨的生死考验。岁月的摧残使他们越挫越勇，他们坚毅的人生追求是年轻人所不具备的，他们的经验就是中华民族的财富。

（三）特长优势。老年人也年轻过，年轻时期是他们学习生存技术和技能的时期。经过长期的学习积累、实践检验和反复打磨，他们练就了一项或多项绝技、绝活。虽然过上了悠闲的老年生活，但他们不会轻易放弃几十年练就的“真功夫”。给“真功夫”找到应有的位置和释放的空间，是大多数老年人的所期所盼。

（四）威望优势。在中国传统社会里，老年人是受尊重的。老年人之所以受尊重，是因为他们看问题、做事情往往比较全面客观、顾全大局，再加上拥有家庭支持和广泛的群众基础，使其感召力和说服力成为宣传正能量的有力武器。

（五）奉献优势。勤劳节俭和吃苦耐劳在老年人身上体现得更加突出，“爱面子”“不服老”是他们的共同特点，他们不愿成为“累赘”，不愿被人看不起，在家庭和社会中都是如此。

二、老年人到老年大学求学的动机及社会价值取向分析

综合各方面原因，老年人能够自愿到老年大学学习的动机，主要体现在以下五个层面：

（一）生理心理层面。消除寂寞，打发休闲时光；放松身心，使自己的晚年生活更有规律，促进身体健康。

（二）精神需求层面。仍有所追求，希望学习更多的知识，发展个人的兴趣爱好，丰富自己的精神世界，提升人生品位，不被社会抛弃，跟上时代发展步伐。

（三）社会关系层面。扩大社会交往圈子，在学习的同时，结交到更多有共同爱好的知己、朋友，扩大自己的交际圈。

（四）家庭需求层面。掌握更多的技术技能并学以致用，提高生活质量；为子女和后辈以身示范，树立终身教育的学习理念。

（五）社会需求层面。通过参加各种团体和活动，更多地了解党的路线方针政策，更多地了解社会需求，依托组织的力量，更好地服务社会、展示自我、实现自我。

基于人的社会价值体现这一最高需求，老年大学学员主要有以下十种需求取向：

1. 关心政治。关心党和国家的大事、关心各级党委、政府的重要举措、关心社会及民生的最新动态，并喜欢发表意见看法，愿意做党的政策的宣传员，传承红色基因。

2. 关心团队。对班级事务参与度比较高，也愿意为其他学员多付出，有强烈的争先意识，能做到与其他学员团结互助、共同进步。

3. 关心公益。积极报名参加学校或班级组织的公益活动，并愿意提供必要的资金和物资支持，有的还主动联系服务对象，自觉组织公益活动。

4. 关心弱势群体。能主动参加献爱心活动，自愿加入各种爱心团队，积极为灾区及

贫困群众捐款捐物。

5. 关心青少年成长。对青少年传统文化教育比较热心，喜欢结对帮扶，并与结对青少年建立中长期联系，有的还长期资助贫困学生。

6. 关心身边居住环境。对城市建设、文明城市创建、社会治理、社区建设和人居环境优化等方面比较关心，也愿意投入其中担任督导员。

7. 关心人际关系处理。希望在婆媳关系、年轻同志婚姻关系、长辈与子女关系、邻里关系以及矛盾纠纷调解中担任调解员。

8. 关心经济及各项事业发展。部分有专业技术特长的老同志希望继续发挥专长，在经济咨询、卫生指导、教育辅导等方面力所能及地发挥作用。

9. 关心文化传承。党政部门和文化部门退休的有一定研究和写作能力的老同志，希望在红色党建文化、社会科学、地方非遗和史志挖掘等方面有所作为。

10. 关心个人影响力提升。多数老年人都有把自己好的一面展示给别人的想法，希望有发言、发声的机会，得到大家的共鸣和支持。

三、“双十”驱动助力“长者有为”，实现学员社会价值的实践做法

潍坊市老年大学从十个方面入手，积极组织学员围绕党的中心工作发挥正能量，使学员的社会价值得到了有效发挥。

（一）与党建大格局融合，助力组织力提升。老年大学成立学员党委，下设8个（系）党总支、188个（班级、社团）党支部，同步成立了学员纪委，通过建立微信群、开展“微党课”、集体过政治生日等方式，把学员党员凝聚在了党组织周围，逐步形成了以组织力提升为核心的老干部自我教育、自我管理、自我服务体系。

（二）与经济发展融合，助力经济发展环境建设。过定期组织观摩视察、举办报告会、通报经济社会发展情况和开展“当好潍坊发展宣传员”等措施，广泛组织发动老干部和老年大学学员在对外交流和社会交流中宣传潍坊、推介潍坊，积极营造潍坊高质量发展的良好社会舆论氛围。

（三）与乡村振兴融合，助力新农村建设。在市文明办、市国资委等单位的支持下，潍坊市老年大学连续两年与潍坊传媒网共同承办新时代文明实践“乡村振兴·文明信用”创评巡演活动，深入农村、社区组织演出40余场次，学员表演的戏曲、小品等节目深受群众欢迎。

（四）与社会治理融合，助力社区“微治理”。通过发动学员担任小区的楼长、业委会成员、物业管理监督员等，引导他们自觉做好长者示范，促进了社区微循环治理。工福街社区把老年大学分校办在了小区家门口，使老年大学学员成了小区治理的主力军。

（五）与精神文明建设融合，助力文明活动开展。通过创办校刊、校报等宣传

平台，举办“社会主义核心价值观宣传教育大讲堂”等活动，使老同志“文明长者”身影在街头、公园、商场、公交车站等公共活动场所随处可见，带领学员以实际行动在文明城市创建中发挥示范引领作用。

（六）与终身教育融合，助力全民素质大提升。放大学员影响力、辐射力，在学员中广泛开展“人人为我、我为人人”和“一人上学，惠及全家、辐射社会”的大讨论活动，积极开发“第二课堂”“第三课堂”，使学员在提高自我的同时，走出家庭，走上社会，服务群众。

（七）与文化大发展大繁荣融合，助力本土非遗文化提升。学校通过设立社团组织，开设了风筝制作、剪纸、戏曲等非遗文化课程。学员自编自导的文艺类节目，连续两年作为潍坊电视台春晚节目播出。

（八）与社会公益事业发展融合，助力慈善活动开展。潍坊市老年大学成立了老干部志愿服务中心，在各县（市、区）成立了分中心，并在市直部门设立了 18 个志愿服务队。学校已连续 4 年在春节期间组织学员为基层群众送春联。

（九）与关心下一代工作融合，助力青少年健康成长。潍坊市老年大学成立了关心下一代工作委员会并设立了党史国史、传统文化宣讲等 4 个专业工作部，在市直部门建立了 8 个青少年关爱教育基地。同时，与青少年宫进行合作办学，双方分别在对方校区设立分校，让老年大学学员与青少年“同学、同乐、同为”。

（十）与应急管理融合，助力抢险救灾、疫情防控和复工复产。老年大学组织成立应急消防队，并把消防和应急救援作为课堂教学的必修内容。2018 年，我市部分县市遭遇百年不遇的洪涝灾害，老年大学学员在第一时间捐款 20 多万元。新冠肺炎疫情期间，老同志们以微信支付的形式多次进行捐款和特殊党费缴纳。

四、帮助老年人实现社会价值应把握的原则和注意事项

帮助老年人实现社会价值应坚持自愿量力的原则，就地就近开展活动，在征求家属、子女意见的同时，应注意以下事项：

（一）讲政治、讲规矩。增强政治敏锐性，严格遵守“八项规定”和有关纪律要求，必要时可成立临时党组织，全面加强党的领导和党组织引领，确保政治安全，守牢政治底线。

（二）签订志愿服务合同。在开展志愿服务活动时，无论活动规模大小、时间长短，都要与老年人签订志愿服务合同，明确各自的责任和义务，依法依规处理有关问题，避免产生各种纠纷。

（三）引导合理取酬、依法取酬。老年人再就业，从事经济类、文化出版类、管理类，以及其他各类工作时，都可以依法依规合理取酬，但也要依法纳税，自觉接受有关部门

的管理和监督。

（四）做好安保措施。保障老年人健康是首要考虑因素，特别是在组织集体活动时，要充分考虑活动时长、天气变化、出行方式、休息饮水、安全防护、应急救护等方面的实际情况，确保不发生意外。

（五）搞好舆论引导。要及时发现典型、总结典型、宣传典型，形成支持老年人实现社会价值的良好氛围，适时召开总结表彰会议，鼓励先进。

（李光升：潍坊市老年大学副校长）

国际视域下发展老年教育中“代际学习”对代际和谐合作的重要作用

◎ 李森

摘要： 人口老龄化已经成为当今世界共同面临的一个不容忽视的话题，受日益剧增的老年人口数量、日渐增长的二孩出生率，以及传统家庭间固有的代际关系在现代条件下的不适应性等因素的影响，代际矛盾冲突有凸显之势。要解决这一问题，必须发挥老年教育的重要作用，通过多种形式的代际学习，共同促进代际间的和谐合作。

关键词： 老年教育　代际学习　代际矛盾冲突　代际和谐合作

人口老龄化已经成为当今世界共同面临的一个不容忽视的话题，日益剧增的老年人口数量和由此产生的各种社会问题，将对我国经济社会发展和现代化建设产生深远影响。根据国家统计局发布的公开资料显示，截至2019年底，全国60岁及以上人口为25388万人，占总人口比重达18.1%，且全国平均人口预期寿命正在不断增加。与此相对，2019年出生人口1465万人，出生率降为1952年以来的新低，为10.48‰，且出生人口中二孩及以上孩次的比例达到59.5‰。随着人口老龄化的加速、老龄人口的不断增加、预期寿命的不断增加，加之生育政策的放开，中国家庭的家庭结构受到影响，家庭代际差异造成的矛盾冲突日益凸显。在解决代际差异问题的过程中，以老年教育为主体的代际学习的作用日渐突出。本文旨在通过对国外代际合作方式的分析，探讨我国老年教育中“代际学习”对于解决代际矛盾冲突、促进代际间和谐合作的意义，从而对如何发展以“代际学习”为重点的老年教育提出建议。

一、代际矛盾冲突与代际和谐合作的关系

（一）代、代际差异与代际矛盾冲突。西方国家以及日本、韩国等发达国家进入老龄化社会较早，人口出生率也普遍偏低，因此对于代际关系的研究相对成熟。在国内，“代”一词大致有三层含义，分别是生物学意义、社会层面意义和家庭层面上的意义。本文主要针对家庭层面中“家庭结构中的相对位置及相互影响”进行研究。

“代际差异”最早由德国社会学家卡尔·曼海姆提出。代与代之间的差异是自然和社会因素造成的，包括两代人整体年龄上的差别，个体的成长环境和社会经历的不

同，生理和心理的诸多差异，所接受的教育和知识结构的不同等。

“代际冲突”常被用来形容代际关系紧张或者代际矛盾重重。代际矛盾冲突的原因有很多，其中代与代之间本身的差异性即“代际差异”，是其主要原因。

（二）代际和谐合作。代际冲突与代际和谐相对应，而代际间的和谐合作则是代际关系的升级、拓展和延伸。缓和“代”与“代”之间矛盾冲突的有效方式就是代际和谐合作，“代际合作”形式作用于家庭生活的方方面面，特别是家庭关系处理、家庭育儿教育等重点问题。

代际互助与合作是中国家庭的重要传统。当今社会中，成年子女与父母之间的关系普遍地从家内关系转变为家际关系，成年子女与祖辈之间的关系转变为家内与家际关系的纽带和桥梁。在很多情况下，代际关系成为两个核心家庭之间的互动关系。同时，代际间互助合作和隔代照顾等重要家庭传统观念，延续着亲子家庭之间的密切联系，形成了网络化家庭的格局，有助于解决代际间的矛盾冲突。

二、老年教育在实现代际和谐合作中的重要作用

代际和谐合作中的矛盾主体是人，其中又分三个层次，分别是老年人、中青年人、幼儿和儿童。现代社会中，这三个层次的群体对于老年教育的重视程度是逐级递减的。而由于年龄较大、受教育程度普遍不高、学习适应能力减弱等因素，老年人群体既是促进代际和谐合作的最有力推动者，同时又是促进代际和谐合作最难突破的一环。因此，要实现代际和谐合作，必须发挥以老年教育为主体的“代际学习”的作用，从而带动代际合作链条的整体联动。但是，值得注意的是，中青年人才是影响代际合作的“主力军”，因而在发展“代际学习”的过程中，需要引入中青年人的力量；幼儿和儿童是新生一代，却是代际和谐合作的最直接受益者，也是代际关系建立中的最易突破者，因此需要注重“第一步”教育，从源头帮助他们建立正确的代际和谐合作的思想。

老年教育是实现代际和谐合作的基础和前提。现代社会条件下，中青年一代快速促成代际和谐合作是缺少必要内在条件的，从老年群体着手，利用老年人丰富的社会阅历和充足的空闲时间最先进行代际学习教育，是实现代际和谐合作的重要途径，这在以“孝”为核心的中国传统家庭伦理关系中，则显得更为重要。老年教育发展是实现代际和谐合作的重要保障，老年教育的发展有助于代际和谐合作的良性循环，可以促使中青年人更加积极地关注老年群体。在老年教育中，中青年人不应该是独立于教育之外的，老年教育工作者应当积极地将他们纳入老年教育体系之中，使其成为参与者、建设者、维护者，与老年人共同完成从学校教育到家庭教育再到社会教育的整个过程，使其为社会和谐稳定、社会有序发展做出自身贡献。老年教育发展有助于解决特定条件下的现实问题，例如有助于解决农村留守儿童的学习教育问题，老年教育向基层、

农村延伸等问题。特别是在农村开展有针对性的老年课堂、乡村讲堂，可以在一定程度上改变农村老年群体对于现代社会文化、现代教育、儿童心理健康的认知，帮助留守儿童获得更加健康的童年。

三、国外对代际关系的研究探索

国际上对于代际和谐合作的研究较早。1992 年，联合国召开了老年问题国际会议，宣布将 1999 年定为国际老年人年，倡导关注老年人的处境、终身发展、代与代之间的关系、发展与人口老龄化之间的关系，并主张建立不分年龄、人人共享的社会关系，使代际关系得到了初步重视。2007 年，联合国大会通过了一项世界青年行动纲领补充文件，提出要加强代际团结建设。2013 年，国际家庭日以“推进社会融合和代际团结”为主题，主张加强促进代际间团结的政策设计，并制定加强年轻人和老年人代际间关系的志愿行动方案，使各代人受益。

为减少代际冲突，增进代际交流与沟通，促进代际理解与合作，西方国家自 20 世纪 60 年代开始尝试推广代际项目，主要形式是在兼顾不同年龄群体需求的基础上，通过将年轻人和老年人集中到一起开展活动，共同分享技能、知识和经验，促进文化交流，建立起相互支持和互惠的关系网络。这里具体对“德国代际项目”的探索做出分析：1998—2009 年间，德国老龄化日益严重，社会结构发生变化，面临着代际挑战。中年长辈与晚辈之间出现“三明治”的矛盾现象，即中间一辈的人一方面要承担对年轻一代的照护和教育等抚养责任，另一方面还要照顾家中老人，这使得中间一代人面临双重负担。2009 年，德国尝试通过代际项目来缓解代际矛盾，帮助老年人实现积极老龄化。项目内容主要包括：“生成家谱概念，促进祖孙辈之间的沟通融合”的祖孙辈项目，“小学生、大学生、年轻的学徒或工作者与不存在亲缘关系的老人一起参与”的高级青年项目，以及“将各个年龄阶层的人士聚集在一起以讨论会形式进行相互交流”的异质年龄组代际项目等。德国的代际项目的实践主要靠非官方组织，这些活动非常注重两代人之间的沟通，尤其是在以讨论会为主要形式的活动中，他们觉得老年人在为年轻一代提供经验和见解时，也应该倾听孙辈的想法，不能因为孙辈年轻而忽视其意见。这种代际项目可以为两代人提供共同话题，有利于促进两代人之间的相互了解，帮助他们在家庭生活中不借助外力就可以实现自由交流。

四、对国家发展以老年教育为主体的代际学习促进代际和谐合作的建议

（一）科学构建政府主导的代际学习体系。相关的法律政策是确立代际学习的重要保障，目前我国还未制定有关代际学习的法律法规。在国家层面，应推进有关代际学习法律法规的制定。在地方层面，各地政府应积极落实老年教育的政策法规，结合当地

实际将代际学习融入老年教育之中；应积极宣传代际学习的重要性，通过互联网、报纸集中宣传等形式，帮助人们更好地理解代际学习理念；组织专家讨论研究，提供开展代际学习的具体方案，有针对性地开展代际学习工作；加强顶层设计，突出老年教育的作用，充分利用社会各类教育资源实现教师、课程、教学场所、设备等方面的共享。

（二）积极营造全社会共同参与的代际学习氛围。加强社会主义道德教育，构建现代家庭代际和谐合作关系，要充分调动整个社会的力量，积极营造全社会共同参与的代际学习氛围；要通过社会教育的各个环节，充分调动离退休人员的积极性，使其发挥余热，开发老年智慧；要注重社区教育手段，将现代孝道的有关内容与居民实际情况相结合，编制成通俗易懂的宣传册，使居民能够边学边联系实际，将现代孝道的具体要求落实到日常生活中；要加强社会舆论监管，引导人们对老人尽孝，引导老年人以更加科学的态度关注青年人、儿童的发展和日常生活。

（三）发挥老年大学在代际学习中的示范作用。老年大学在老年教育中一直是先行者的角色，老年大学教育必然也要在代际和谐合作中发挥好示范性作用。在老年大学教育的发展中，代际学习应该改变传统老年教育以娱乐性为主的模式，从时代发展的要求出发，切实增加能够提升老年人社会价值的知识内容，从而真正促进代际学习的发展。要充分考虑到老年人的人格发展特点，在代际学习内容中合理增加心理学知识。可以由学校年轻教师负责心理辅导类的知识讲授，特别针对老年大学学员中有心理问题的学员进行辅导，增进彼此的情感交流。在代际学习中对老年人开展心理疏导教育极为重要。通过疏导，给予老年人精神慰藉、填补老年人精神世界的空虚，进而使他们形成正确的价值观，跟上社会发展的节奏，提高自身的生活质量。代际学习应包括社会交往内容，可以邀请老年大学学员的家庭成员到校为老同志讲解有关知识，树立对老年人参与社会生活的正确认识。

（四）发挥社区在代际学习中的桥梁纽带作用。首先，要不断改善社区老年代际学习的条件。其次，由老年大学延伸出的社区课堂要为老年人代际学习营造良好的氛围。再次，要注重对代际学习进程中奖励机制的构建，为每位学员制作专属记分册，当他们在学习过程中达到预先制定的目标要求时，可以根据规定为他们增加积分，并于每周或者每月进行一次积分统计，对积分较高的学员进行适当奖励，通过学员之间的相互竞争与合作，提升学员学习积极性与学习效率。

（五）发挥普通教育在代际学习中的引导性作用。加强学校教育，尤其是以“孝”文化为重点的基础教育、课堂教育和有父辈、祖辈共同参与的“学校—家庭”教育，同时将现代孝道内容纳入德育教材，从而形成遵守孝道的系统理论，让学生更好地明白孝道对于做人和成长的现实意义。在学校的课堂上，应当明确地提倡现代孝道，把现代孝道作为评价学生品德的一个重要内容。但应当注意的是，需要针对不同阶段的学生的特点制定不同的现代孝道培养内容。在教育形式上，应根据学生的心理成长特点采用多样的、易于接受的教育形式。

（六）探索发展代际学习的新模式。我国对代际关系、老年教育在代际关系中的重要作用的研究还较少。目前，在对现代代际和谐合作特别是代际学习的研究中，出现了“与图书馆建设发展相结合”“与幼儿教育相结合”等新思路和新研究方向，这在一定程度上也为老年教育在代际学习中的多元化发展提供了更多可参考因素。

（李森：济宁市微山县离退休干部服务中心工作人员）

推动老年教育科学发展　积极应对人口老龄化

◎ 张世凤

摘要：人口老龄化是社会发展的重要趋势，我们要深刻领会、积极应对人口老龄化的紧迫性，充分认识大力发展老年教育对积极应对人口老龄化的重要意义，树立科学教育观，扩大老年教育资源供给，丰富办学形式，完善老年教育机制，推动老年教育科学发展。

关键词：老年教育　应对　老龄化

党的十九届五中全会指出，要“实施积极应对人口老龄化国家战略”，这为做好新时代老年教育工作提供了根本遵循。大力发展老年教育，是构建学习型社会与完善终身教育体系的重要举措，是满足老年人多样化学习需求与促进社会和谐的必然要求，是实施积极应对人口老龄化国家战略的应有之义、必要之举。

一、深刻领会积极应对人口老龄化的紧迫性

伴随着人口老龄化程度的加剧，社会与家庭负担加重，社会保障支出压力加大，养老和健康服务供需矛盾更加突出。积极应对人口老龄化，是党中央、国务院正确把握人口发展大趋势和老龄化规律而做出的立足当下、着眼长远的重大战略部署，具有重大意义。

（一）人口老龄化影响家庭结构和代际和谐。自 2018 年以来，我国新出生人口数量逐年走低，我国人口发展正经历着从数量压力到结构性挑战的历史性转变，家庭趋向小型化、少子化，家庭内部养老的人力资源持续缩减，家庭养老功能逐步减弱；同时，人口老龄化也加剧了代际文化冲突。由于时代和环境条件的快速变化，不同年龄群体之间在生活方式、价值观、行为取向的选择等方面的差异不断扩大，这不利于老少共融、代际和顺，也会成为实现社会代际融合过程中的一个文化难题。

（二）人口老龄化使社会负担明显加重。人口老龄化将加大养老金支付压力和全社会医疗费用压力，同时带来养老服务需求的急剧增长，给政府带来巨大的财政压力。首先是养老保障压力较大。在现行制度框架下，全国企业职工基本养老保险基金预计到 2029 年当期将出现收不抵支，到 2036 年左右累计结余将告耗尽。其次是医疗保障面临挑战。老年群体是医疗卫生资源的重要消费对象，老年人看病难、看病贵的问题尤为突出，

特别是广大的农村老年人，无固定经济来源，居住在医疗条件相对落后的农村，看病更难，这是一个必须正视的现实问题。三是社会福利事业跟不上需要。我国社会福利及社会保障体系尚不完善，远远不能满足老龄化社会中老年人日益增长的需求，老龄服务的数量和质量都远远不能满足市场需要，是“短线”中的“短线”。

（三）人口老龄化将影响社会经济发展。一是导致劳动年龄人口负担加重。随着人口老龄化的逐渐深入，社会劳动年龄人口对老年人的抚养比将越来越大，再加上对幼年子女的抚养，必将加重劳动年龄人口的经济负担。二是会减少适龄劳动力供给，劳动成本增加。有效劳动力供给是确保经济发展的基本保障，人口红利是我国保持长期快速发展的重要因素，而人口老龄化尤其是劳动人口的老龄化则会导致适龄劳动力比重下降，使我国丧失劳动力资源的优势。三是劳动生产率降低。人口老龄化导致劳动年龄人口结构趋于老化、接受新事物的能力下降、对职业变动的适应能力变差，较难适应技术革新和产业结构的调整。所以，劳动力年龄结构老化不仅不利于劳动生产率的提高，还不利于整个产业结构的升级，从而影响到社会经济的发展。

（四）人口老龄化已引起党和国家的高度重视。《中华人民共和国老年人权益保障法》提出，“积极应对人口老龄化是国家的一项长期战略任务”，“国家进行人口老龄化国情教育，增强全社会积极应对人口老龄化意识”；党的十八届三中全会明确提出，“积极应对人口老龄化，加快建立社会养老服务体系和发展老年服务产业”；党的十九届五中全会指出，“实施积极应对人口老龄化国家战略”，这些都为积极应对人口老龄化指明了方向。2019 年 11 月，中共中央、国务院印发了《国家积极应对人口老龄化中长期规划》，是到 21 世纪中叶我国积极应对人口老龄化的战略性、综合性、指导性文件，这是我们国家首次针对人口老龄化提出的发展规划，意味着人口老龄化问题已经正式成为国家的一项中长期战略。

二、发展老年教育对积极应对人口老龄化具有重要意义

大力发展老年教育，满足不同层次、不同类型老年人的学习需求，能够丰富老年人精神文化生活，提升老年人生命质量，提高老年人的社会参与度，促进社会主义社会的文明和谐发展。

（一）提高情操素养，构建和谐社会。许多老年人离开工作岗位后，不适应居家生活，出现孤独、寂寞等心理反应。老年人进入老年大学接受老年教育，树立新的生活目标、寻求新的精神寄托，使自己在认知、情感、意志、个性特征以及社会适应性诸多方面都保持一种稳定而持续的良好状态，力所能及地参与一些社会活动，接受各种各样的社会教育，获取各种新信息、新观念，有助于提高老年人的精神文化生活品质，实现老年人健康快乐的诉求，使老年人从社会问题的制造者变成问题的解决者，从社会财富的消耗

者变成财富的创造者，进而成为和谐社会的“和谐一体”，推动社会的和谐发展。

（二）继续奉献社会，实现晚年人生价值。社会参与是应对人口老龄化的重要力量。老年人只有保持充分的活力并参与社会活动，才会获得更加积极的自我形象，体现出老年人的社会价值。老年人可以通过老年教育学习现代社会生活技能，更好地与以知识为基础的经济和社会联结在一起，降低和减少晚年时期被排除在社会之外的风险，促进并增加享有各种权利和服务的机会。同时，老年人广泛参与社会、经济、文化和公益事务等各个领域的活动，发挥其技能、经验和智慧优势，强化积极健康的角色意识，可以变老年人“包袱”为老年人财富，促进老年人为社会做出新的贡献，从而实现老年人的晚年人生价值。

（三）构建学习型社会，完善终身教育体系。1995 年首次颁布的《中华人民共和国教育法》明确规定：“推进教育改革，促进各级各类教育协调发展，建立和完善终身教育体系。”这是我国政府对发展老年教育的首次法制肯定。完善终身教育体系是建设学习型社会的核心，而老年教育是终身教育的最后阶段，缺少了老年教育，终身教育就不完整、不彻底。通过老年教育平台，可以提高老年人参与社会活动的能力，增加老年人参加社会交际的机会，使老年人继续为家庭致富、生活幸福和构建社会主义和谐社会贡献余热。同时，老年人带头学习，对社会、对家庭、对亲属、对晚辈都能潜移默化地产生重大榜样式的影响，为构建学习型社会注入动力和生机。老年教育一方面在时间上贯穿人的一生，另一方面在空间上对社会有很大的示范影响力。

三、人口老龄化背景下促进老年教育发展的建议

目前，我国老年教育在很多方面还存在着不健全、不完善的问题，我们要正确看待人口老龄化趋势，树立科学教育观，从依法规范老年教育、扩大老年教育资源供给、完善老年教育体制机制、加强老年教育队伍专业化建设等方面寻求老年教育发展新出路。

（一）推进社区老年教育发展，增强老年教育的可及性。社区老年教育是整个老年教育的基础基石，是构建终身教育体系的“最后一公里”。社区老年教育因其就近性、便利性、低成本性以及面广、量大、更具人性化等特点，具备其他老年教育形式所不具备的优势。将老年教育发展的中心下移，使老年人的生活、学习紧密相连，从而扩大老年人的受教育权，推动老年教育的广泛普及。同时，老年教育在社区开展，同基层为老服务机构结合起来，可以有效发挥社区工作者和志愿者的作用，节约开展老年教育的成本。只有真正做实做细社区老年教育，增强老年教育的可及度，才能吸引更多老年人参与到社区老年教育中来，使更多老年人得到实实在在的获得感和幸福感。

（二）创新远程教育模式，推动老年教育现代化进程。在新时期，老年教育学

习环境的一个最重要的改变就是现代信息技术的运用。2020年春季，受新冠肺炎疫情影响，各地老年大学在停止线下课程的同时，上线了各种形式的“空中课堂”，满足了广大学员的学习需求。广播电视、互联网、智能手机等多种现代远程多媒体技术和载体的作用得到了充分发挥。将线下面授与远程教学有效结合，使老年人既可以选择就近集中学习，也可以足不出户实现远程在线学习，从而推动了搭建覆盖城乡的立体老年教育体系的进程。在线课程和远程教育为那些受地域条件或身体条件限制的老年人提供了方便。另一方面，对现代信息技术的使用也可以增加老人的学习自信，提高他们主动参与学习的积极性，使得更多的老年人渴望学习。

（三）加强专业化人才培养，提升老年教育服务水平。要采取多种措施，缓解老年教育管理服务人才缺口庞大的问题。第一，鼓励高校开设相关方面的专业。大多数综合类的院校，特别是师范类院校都可以开设老年教育相关专业，从而为老年教育管理服务输送更多接受过系统性、规范性教育的人才。第二，加强对在岗的社区养老服务组织、管理人员的再培训。随着基层社区老年教育的普及，大多数社区为老服务机构实现了养教结合，但这些机构的在岗管理服务人员多为“半路出家”，非常需要对老年政策、老年心理学、老年教育学等进行再学习，从而提高业务素质。第三，发现、扶持和储备一批民营的老年教育专业服务队伍。在老龄事业逐步产业化的今天，民营机构已经发展成不可忽视的力量，这些机构人员中有很多专业精英，在为老服务方面专业化程度较高，要充分挖掘、发挥好他们的作用，鼓励他们为老年教育事业做出应有的贡献。

（四）扩大老年教育优质供给，打造复合多元的社会共建格局。面对基数庞大的老年群体和他们日益高涨的学习需求，仅仅依靠政府提供的老年教育资源是远远不够的，必须扩大老年教育优质供给，整合社会资源，鼓励和吸引更多社会力量参与老年教育。一是推进各级各类全日制学校开展老年教育。高等院校具有教学设备先进、教学内容丰富、教学方法专业等优势，深受老年教育实践者的重视。二是推动社会公共设施服务老年教育，鼓励图书馆、科技馆、博物馆、纪念馆、美术馆、公共体育和文化设施向老年教育机构免费开放或提供优惠服务。三是鼓励和吸纳社会力量和资金创办老年教育，逐步形成全社会多元化的老年教育办学模式。四是积极探索养教结合，鼓励各级各类教育机构送学到家，在敬老院、养老院、老年公寓等养老机构设班开课，增加老年人受教育的机会。另外，通过在全社会传播终身学习的理念，让更多的机构和个人理解建设学习型社会的意义，激发全社会参与、支持老年教育的积极性，共同推进老年教育的发展。

（五）完善老年教育法律法规，提供老年教育法制保障。1976年，美国颁布实施《终身学习法》，成为世界上第一个为终身教育立法的国家，德国、英国、日本、韩国等国家亦均有对终身教育的立法，以保障老年人受教育的权利。我国老年教育工作的执行通常是以行政性、政策性的“纲要”“决定”“通知”等来指导，无法真正体现法律的强制力和威慑力。老年教育法规的欠缺已经成为制约我国老年教育发展的一种障碍。老年教育立法是确立老年教育在促进社会发展中的战略定位，巩固老年教育发展成果，促进老年教育健康快速发展的必然要求。特别是随着我国老龄化社会的到来，老年群体对教育的需求日益增加，促使我们必须加快老年教育法制建设的步伐，进一步完善现有的老年教育政策法规，从而使我国的老年教育在一种更加有力的法律支持系统中存在与运行，在一种更为有效的法律文化氛围中发展和完善。

（张世凤：泰安市老年大学副校长，副研究馆员）

老年教育法律法规建设探析

◎ 刘可霖

摘要：随着经济社会发展，老龄问题逐渐受到重视，国家逐步出台了各项政策来推动老年教育的发展，经过萌芽起步阶段、初步发展阶段、稳定发展阶段，取得了一定效果，但仍存在法律体系不完善、重视程度不够等问题，影响着老年教育的健康发展，对此，本文提出了加强立法理论研究、制定具体实施细则、健全监督机制等措施来推动老年教育法治化的建议。

关键词：老年教育　积极老龄化　法律法规

人类社会持续发展进步，进入学习型社会是必然趋势，发展老年教育事业，则是学习型社会内涵发展的重要之举。当前，随着世界教育的改革和发展，老年教育越发受到重视。坚持和完善老年教育是现代终身教育相关理论强调的主要观点。

近年来，我国人口老龄化程度不断加深，老年教育的发展在积极应对老龄化中已发挥了很大作用。老年人口是国家和社会的一笔宝贵财富，是拥有各种经验与智慧的人力资源。如何最大化发挥好老年人的积极作用，归根结底仍依赖于老年教育的发展，因此要依法推进老年教育事业的发展，提高老年教育治理能力的现代化、法制化水平。

一、我国老年教育法律政策的发展轨迹

我国自古有“活到老、学到老”的优良传统，新中国成立后，我国《宪法》更是明确规定了“中华人民共和国公民有受教育的权利和义务”，老年人群体同样包含在内。随着国家经济发展、社会进步，向学氛围逐渐浓厚，老年人的教育问题逐渐受到关注，国家开始鼓励老年人参与社会和文化生活，推出的一系列政策也涉及老年人学习活动，不过没有针对老年教育的专门法规。

（一）萌芽起步阶段

1982 年，《宪法》正式废除了领导干部职务终身制，老龄问题逐渐受到重视。1983 年 6 月，山东老年大学成立，这是我国第一所老年大学，开创了中国老年教育的先河。在其引领下，全国各地的老年大学如雨后春笋般相继成立。2005 年，西藏老年大学建立，至此，全国范围内都建立了老年大学。中国老年教育的实践催生了老年教育政策法规的制定。

（二）初步发展阶段

1988 年，中国老年大学协会正式成立。协会成立后，组织了全国各地的老年大学总结办学经验，寻求更高质量办学方式，推进了相关政策法规的出台。1993 年颁布的《中国教育改革和发展纲要》，将包括老年教育的成人教育列入了国家教育改革和发展规划。1994 年 12 月颁布的《中国老龄工作七年发展纲要（1994—2000 年）》，明确提出了要多形式、多层次、多渠道开展颐养康乐、进取有为相结合的老年教育任务。这是“老年教育”第一次正式出现在我国的国家政策文件之中。1996 年颁布的《中华人民共和国老年人权益保障法》（以下简称《老年人权益保障法》），规定了“老年人有继续受教育的权利”，并确立了国家鼓励社会创办老年学校、各级人民政府负责管理的教育制度。这是第一次通过立法确定老年教育的内涵。这些规定为我国老年教育政策的制定提供了重要的法律依据。

（三）稳步发展阶段

2000 年 8 月，国家出台了《中共中央、国务院关于加强老龄工作的决定》（中发〔2000〕13 号），老年教育被列入发展老年服务业的任务之中，要求“各地要重视发展老年教育事业”。从 2001 年起，国务院陆续颁布《中国老龄事业发展“十五”计划纲要（2001—2005 年）》《中国老龄事业发展“十一五”规划》《中国老龄事业发展“十二五”规划》《“十三五”国家老龄事业发展和养老体系建设规划》，将老年教育、老年人力资源开发等纳入老年精神文化生活和社会参与保障的内容中。2002 年，文化部（现为文化和旅游部）发布了《关于进一步活跃基层群众文化生活的通知》，提出了“逐步实现县县有老年大学的目标”。2006 年，国务院印发的《中国老龄事业发展“十一五”规划》，制定了“到 2010 年，老年大学和老年学校在现有基础上增加 1 万所”的目标，并且针对性地提出了“办好老年电视大学、老年网上学校，倡导社区办学，重视对老年农民的培训”等关于丰富老年教育的措施。2007 年 5 月发布的《国家教育事业“十一五”规划纲要》，是老年教育第一次被列入国家教育整体规划。2011 年，国务院印发《中国老龄事业发展“十二五”规划》，将“老年教育”单独列出，并提出了一系列规划和长远目标。2016 年 10 月，国务院办公厅印发了《老年教育发展规划（2016—2020 年）》，明确了“十三五”期间老年教育发展的总体要求、主要任务、重点推进计划和保障措施。该规划是我国规范老年教育发展的最高效力的行政法规。

二、我国老年教育法律政策存在的问题

（一）法规政策未形成强有力的体系

梳理老年教育法规政策的发展过程，不难发现，虽然我国老年教育一直在向法制化迈进，但是仍存在各类问题，政策法规体系是不健全的。当前与老年教育相关的法律条

款数目较少、内容较为粗放、实际操作性弱。

我国老年教育政策制定的主要依据是 1996 年出台的《老年人权益保障法》，在这部法律中明确提到了“老有所学”，并说明“老年人有继续受教育的权利”。国务院颁布的《老年教育发展规划（2016—2020 年）》，这部全国性行政法规，也是老年教育政策制定的重要依据。纲领性法规政策是宏观意义和原则意义上的文件，具体的实施需要直接解决实际问题的配套性法律准则，做到一切所为有法可依、一切疑难有法可解。然而，纲领性政策颁布后，推进老年教育发展的实施性政策文件没有及时跟进，缺乏具体的有针对性、可操作性强的配套性政策。比如依照《宪法》颁布的《老年人权益保障法》，明确了面向全民的老龄化教育、面向老年服务人才的老年学教育、老年人就业和社会参与保障等内容，但这些规定皆没有制定细化的配套性法规。另外，老年教育相关的实施准则多分散在《教育部关于推进社区教育工作的若干意见》等一系列社区教育政策当中，并且是非重点内容，占比小，只有一句鼓励性的口号，缺乏指导性。所以老年人的高等教育、人才培养等工作一直处于“真空”地带，尚未得到广泛落实。

老年教育不是单一部门的工作，需要各方协调、共同参与。一直以来，老年教育是老龄工作中的重要一环。“老有所养、老有所医、老有所为、老有所学、老有所乐”就是出自 1994 年十部委曾联合颁布的《中国老龄工作七年发展纲要（1994—2000）》。此后，国务院陆续出台中国老龄事业发展“十五”“十一五”“十二五”规划以及“十三五”国家老龄事业发展和养老体系建设规划。民政部、文化和旅游部等部门也相继出台了老年教育相关的政策规定。由此可见，我国老年教育事业的发展是多部门一起投入建设规划的，拥有丰富的资源，并且发展前景广阔。然而，目前很大一部分关于老年教育的规定都分散在老龄政策当中，使得执行和实施起来难度大，难以协调一致，并且难以长久维系。因此，应当推动老年教育专门政策与其他老龄政策之间实现协调一致，最大化发挥不同政策的协同作用。

（二）法律内容不够完善

近些年，随着生活水平和医疗水平的提高，老年人口数量持续增长，老年人的学习需求亦呈日益增长和日趋多元。尽管我国目前的老年教育政策法规已经规定了老年人有继续受教育的权利，可是面对现在的严峻形势，开展工作的过程中时常会遇到老年人工作学习权利的保障、老年人参与高等教育的需求、老年教育从业人员的专业化培养与管理等一些“无法可依”的问题，导致老年教育的发展处于尴尬境地。

1. 我国《老年人权益保障法》第 68 条明确了老年人在自愿和量力的情况下可以从事经营和生产等活动；第 69 条也规定了老年人参加劳动的合法收入受法律保护，但是并没有明确用人单位在雇佣老年人时应承担的权利、义务和责任。所以，老年人工作学习的权益如同空中楼阁，得不到实际上的保障。

2. 许多老年人都想要参与高等教育，同年轻大学生一样通过正规注册入学接受教育，然而在这一方面，我国法律尚未涉及。

3. 国务院印发《老年教育发展规划（2016—2020 年）》，提出“加强学科建设与人才培养培训”；《老年人权益保障法》第 47 条明确表述，“国家建立健全养老服务人才培养、使用、评价和激励制度，依法规范用工，促进从业人员劳动报酬合理增长，发展专职、兼职和志愿者相结合的养老服务队伍”。我国老年教育有着广阔的市场需求和前景，可是在这方面却缺乏专业的师资力量。由于待遇水平较低，很难吸引能力强、专业素养高的教师，大多数从业者都是兼职教师，这就导致教师队伍不稳定、流动性强，教学质量难以得到保障。这就需要建立健全养老服务体系、实施完善的激励措施，在提高薪酬的方法和准则上都要做到有法可依、有规可循。

三、推动老年教育法治化、制度化的必要性

（一）全面依法治国的要求

全面依法治国是我国的“四个全面”战略目标之一，并且扮演着为其他三个“全面”提供法治保障的角色。习近平总书记指出，要“全面推进科学立法”。全面就是要覆盖面广、无死角，保障各类行为都能做到有法可依，而老年教育恰恰也是全面依法治国的重要一环，这就对新时期老年教育工作提出了更高要求，要推动完善老年教育法律法规，确保老年教育依法进行，依靠法治提高老年教育工作的质量。

（二）解决人口老龄化的必然需求

1999 年，我国开始进入老龄化社会，并且老龄化程度逐年加深。2021 年 5 月 11 日，第七次全国人口普查结果显示，中国 60 岁及以上人口占比超过 18%，人口老龄化程度进一步加深。

老年教育是实现“积极老龄化”的重要举措和纽带，也是开发老年人才资源、引导老年人有效参与社会生活的重要途径。老年教育的健康发展不是自然而然的行为，是需要人工干预的，尤其是通过法律手段，让老年教育制度化，才能更好地发挥老年教育的作用，引导老年人重新融入社会，在提升老年人幸福感和存在感的同时，服务于社区和社会治理。

四、完善我国老年教育法规，推动法治化的建议

（一）加强老年教育法规政策理论研究

法律的制定和完善非一夕之功，需要法学专家和成人教育专家共同研究探讨，寻找最佳方案。我国老年教育的发展是先实践后理论，这就使得立法是相对滞后的，所以加强理论研究尤为迫切。

《老年人权益保障法》明确规定：国家支持老龄科学研究，建立老年人状况统计调查和发布制度。但实际情况是，老年教育研究在法学教育界、法学研究界和司法界门庭冷落。因此，应当通过各种激励措施推动兼具法学和成人教育学背景的专业研究者加入老年教育政策法规相关研究。

（二）加快制定可操作性强的指导实施细则

老年教育法律法规的制定既要有顶层设计，也要有专门针对实施的具体细则以及行为准则，通过法律方式来确保老年教育实践的科学性和可操作性，比如老年教育的经费投入保障机制、老年教育师资队伍建设与管理、老年教育资源有效供给、老年教育机构专业化设置的多元发展等方面。

（三）健全老年教育法律法规落实的监督体系

老年教育的制度化形成需要建立一个完备的法治体系。法治是一个动态过程，老年教育法律法规的落实，既需要制定恰当的、科学的法律体系，也需要建立配套的法律监督体系。但是当前，我国老年教育法律监督并不乐观。《老年人权益保障法》第73条规定“人民法院和有关部门对侵犯老年人合法权益的申诉、控告和检举，应当依法及时受理，不得推诿、拖延”，明确了法院对老年人权益保障的监督与调节，但对于有关部门、社会各阶层、团体或个人等相关主体的宣传、审查、咨询和监督作用尚未明确。因此，要积极探索适合我国老年教育发展的教育监督机制，完善老年教育法律监督的主客体和内容，使老年教育活动在法律监督范围内，做到有法必依、执法必严， 从行动上推动老年教育法治化发展。

（刘可霖：肥城市委老干部局一级科员）

老年大学发展定位与示范引领区域老年教育发展研究

——以威海市为例

◎ 张杰

摘要：随着我国老龄化程度的加剧，老年教育工作已然成为经济社会发展越来越重要的一部分，加速老年大学发展定位与示范引领区域老年教育发展研究的步伐刻不容缓。

关键词：老年教育　发展定位　示范引领　区域老年教育

老年教育，是以全体老年人为对象，由老年教育机构实施的以满足老年人终身学习需求所开展的教育活动。老年教育机构，是指由政府、企业事业单位、其他社会组织或者公民个人举办的，从事老年教育活动的机构。老年大学作为老年教育的重要组成部分，其发展定位与示范引领作用对老年教育事业的发展有着十分重要的影响。

一、威海市老年大学发展定位

根据第七次人口普查最新统计，威海市60岁及以上人口为793416人，占比27.30%。根据2020年山东省老年教育统计数据，威海市有市级老年大学1所、县级老年大学6所、镇街级老年学校35所、村社区级老年学校58所，校舍面积共44500平方米。从事老年教育工作人员69人，聘用教师254人，在校学员23550人，其中男性6176人、女性17374人，党员4472人，班级627个。

威海市老年大学自2016年起实行办学“一体化”管理体制，在全省乃至全国都走在前列，在全市老年教育工作中一直发挥引领作用，占据主导地位。全市老年教育实行一体化建设以来，实现了教师资源，同筹共享；教材大纲，同编共用；标准、制度，同建共守；理念、经验，同学共享；竞赛奖励，同搞共庆。科学设置专业，课程分设初级班、中级班、高级班，不断增加新兴课程。强化教学研究，突出问题导向，加强老年教育理论研讨工作，注重形成理论研究成果，有力促进了老年教育事业的发展，为威海市老年教育现代化发展打下了坚实的基础。

二、示范引领区域老年教育发展存在的问题

（一）分校、教学培训基地、教学站点设置停滞不前。2016年，威海市共有县区级老年大学分校6所，教学培训基地1所，教学站点39个。截至2019年底，全市共

有县区级老年大学分校8所，包括高校老年大学2所，教学培训基地2所，教学站点641个。2020年以来，分校、教学培训基地数量不变，教学站点仅增加26个。临港区、南海新区由于其特殊的区划因素，没有专门负责老年教育的部门，缺乏有力抓手，老年教育工作发展缓慢，始终未能建立老年大学。

（二）教师资源共享覆盖面小。2016年、2019年威海市老年大学教师人数分别为227名、254名，可见，教师队伍增长缓慢；截至2020年底，教师数量再无变化，且仅有30%左右的教师在市区范围内实现资源共享，荣成、乳山等地由于受距离限制，较难实现与市校教师资源共享。威海市老年大学目前主要通过邀请专家、优秀教师讲公开课，邀请各分校相关专业教师到场听课的形式，来实现教师资源共享，共享的覆盖面较小、效果不明显，难以解决师资短缺的问题。教师资源共享，受制于地理因素较为明显，在相距较远的老年大学之间，无法实现教师资源共享，并且对于在不同老年大学之间任教的教师，受限于时间、距离等因素，其精力受到较大影响。

（三）老年远程教育发展缓慢。2019年，山东省老年远程教育现场会在乳山市召开，乳山远程教育经验在全省推广。2020年11月，乳山市老年大学被评为第三批全国老年远程教育示范区。目前，威海市仅乳山市一家老年大学获此殊荣，市校及荣成市老年大学被评为全国老年远程教育实验区，威海市老年远程教育工作发展较为缓慢。

（四）教师队伍不稳定，管理难度高。威海市老年大学目前拥有95名专业教师，这些教师大多是学校退休教职工或来自各类培训机构等，教师队伍的构成情况较为复杂，这也是目前全国各个老年大学普遍存在的问题。老年大学的教师大多数为兼职教学，无法在老年教育工作上投入过多精力。在教师招聘方面，老年大学教师一般来自老教师推荐、学员推荐、自我推荐、工作人员推荐、学员转化等，没有明确的招录途径及招考办法，并且对新任课教师缺少统一的岗前培训。推荐来的教师没有统一的资格认证，水平参差不齐，只有在教学的过程中才能慢慢发现问题，同时根据学员及班主任等的反映，最终决定教师的去留，这在一定程度上影响了学员的学习。

（五）教学设施老旧，无法满足新时代老年教育需求。威海市老年大学主教学楼于2008年建成投入使用，建筑面积6015平方米。近年来，随着全市人口老龄化进程加快，老年教育已成为重要民生工程，学校从2008年的15个专业、57个教学班、1500名学员，发展到现在的56个专业、210个教学班，在校学员6000多人次。随着时间推移，办学规模不断扩大，学校主教学楼现有设施设备老化严重，难以适应老年教育办学需要。与其他全国示范老年大学相比，威海市老年大学教学设施现代化、信息化程度较低，特别是部分设施存在安全隐患，给学员的生命安全和身体健康带来威胁。

（六）教育资源需求和供给的矛盾突出。截至2020年底，威海市老年人口接近80万人，老龄化比例达到27.3%；能够在老年大学学习的老年人，全市不足2.5万人，约占全市老年人的3.20%。从招生报名情况看，部分地区、部分专业“一座难求”，需要加大财政投入力度、基础设施投入力度、人员配备力度，全方位、多角度地采取措施，缓和老龄化社会带来的巨大教育需求和老年教育资源供给不足之间的矛盾。

（七）城乡教育差别依然存在。威海市共有71个乡镇街道，而乡镇街道老年大学只有37个。受资金、场地、人员等条件的限制，乡镇街道老年教育覆盖率处于较低的水平，新开设的基层老年学校办学效果也较差，绝大部分老年学员无法在家门口接受教育、参加活动。目前来看，农村学员、教师向城市流动的趋势依旧难以改变，这就要求我们进一步明确办学方向，把发展重点放到城市社区和农村，在办好现有老年教育的基础上，将老年教育的增量重点放在基层和农村，形成以基层需求为导向的老年教育供给结构，优化老年教育布局。

（八）教师队伍整体素质和动力有较大的提升空间。工作人员和教师人数严重不足，特别是工作人员和学员的比例高达1 ∶ 500，无法满足日益增长的老年教育事业的服务需求。教师队伍的老龄化和结构性矛盾依然存在，需要做好精准预测并努力打破现有编制限制，提前储备和培育师资力量，可以与名校联合，让名师培训教师队伍，让名师走进老年大学。

三、示范引领区域老年教育发展对策

加快威海市老年教育改革发展，积极推进老年教育现代化，发挥示范引领区域老年教育的作用，要重点做好以下七个方面的工作。

一是加强党的建设，发挥示范引领作用。牢牢把握“政治立校”这个根本，切实抓好新形势下老年大学党建各项工作，充分发挥老年大学学员党委在全市离退休干部党组织中的示范引领作用。着力组织建设，建设一套好班子，在服务大局中找准定位，在探索实践中推进创新，在促进发展中履职尽责，使学员党建工作始终把握好新形势和新要求，更加具有时代气息，更加富有实际成效。健全活动制度、创新活动形式，开展一系列好活动，在宣传党的方针政策、建言献策、民事调解、关爱下一代等方面发挥余热、奉献社会，为社会发展增添正能量。

二是加快一体化联动，扩大教育覆盖面。持续推动威海市老年大学一体化建设，充分利用好全域优势教育教学资源，努力为广大离退休老干部、老年人提供更丰富的学习平台和活动空间。继续完善市、区、镇三级办学体系，发挥远程教育系统和远程教育网的作用，有目的、有计划地开展远程教学活动，满足广大老年人的学习需求，实现老年远程教育“覆盖城乡、整体联动、资源共享、高效利用”的目标，不断提高全市老年大学一体化办学水平。同时，要充分利用本地的各类文化教育资源和社会公共资源建好教学点，不求所有、但求所用，统筹使用、形成辐射，扩大老年大学教学承载能力。

三是发展基层老年教育，优化整体布局。在办好现有老年教育的基础上，将老年教育的增量重点放在基层和农村，形成以基层需求为导向的老年教育供给结构，优化城乡老年教育布局，探索适合全市基层老年教育发展的体制机制，动员社会力量参与基层老年教育，形成全社会关心关注基层老年教育的氛围。整合利用社区（农村）居家养老资源，在老年养护院、城市社会福利院、农村敬老院等养老服务机构中设立固定的学习场所，配备教学设施设备，通过开设课程、举办讲座、展示学习成果等形式，开展丰富多彩的老年教育。

四是树立开放办学的理念，提高办学水平。坚持“开放办学”的宗旨，将老年人的学习活动向社会延伸和开放，是以人为本、深化学习、服务社会的需要。要坚持用开放的眼光发展老年教育，坚持“走出去”与“请进来”相结合，通过合作交流，拉高标杆、补齐短板；组织各分校之间观摩学习以及到省内外先进老年大学参观学习；邀请国内老年教育专家学者举办讲座，丰富教学管理理论知识，不断提升办学水平。

五是瞄准专业化方向，提升师资素质。要充分发掘全市各行各业的优秀人才，动员既有专业知识，又有耐心、乐于奉献、热爱老年教育事业的人士参与到老年教育中来。其中要特别注意选聘一些年轻教师来老年大学任教，增强教学活力和朝气。要加强教师培训，让他们懂得老年人心理特点，掌握老年教育的基本规律和基本要求，因材施教，使教学过程更有针对性，更符合老年人的生理、心理特点，将幸福感贯穿于教学过程之中；要引导教师正确处理教与学的关系，在教学过程中同老年学员建立起平等的朋友关系，形成和谐、愉悦的教学氛围；要建立优秀教师奖励机制，对年轻教师要有培训激励措施，鼓励其为老年教育做贡献，对专业教师要引导其长期参与老年教育，为老年教育现代化建设提供基础保障。

六是搭建多样化平台，着力展现学员风采。要发挥老年大学网站、报纸、微信、合唱团、舞蹈队在校园文化建设中的作用，提高学员凝聚力，并使之成为老年大学开展活动、对外交流、扩大宣传的重要平台和窗口；要坚持日常活动与比赛活动相结合、室内活动与室外活动相结合、分散活动与集体活动相结合、娱乐活动与志愿活动相结合，并联系社区、企业、媒体等单位，为学员搭建自我展示的舞台、发挥正能量的平台。

七是加快数字化进程，建设5G智慧校园。要紧跟时代步伐，积极响应上级部门号召，充分利用现代化网络设施设备建设智慧校园；要利用好、维护好老年大学官网、在线报名系统、教学管理系统等现代化宣传、管理工具，助推老年大学教学管理上档升级，使其更加智慧、便捷；要探索“互联网+”教学模式，通过开展精品课程创建活动，录制一系列精品课件视频，利用互联网、有线电视网、远程教育网开展网络教学，建设现代化老年大学，让更多的老年人足不出户即可参与学习。

（张杰：威海市老年大学办公室副主任）

老年教育的供给侧和需求侧结构性改革

◎ 刘宝果

摘要：新阶段，老年人口对教育的需求日趋高涨，而老年教育供给能力严重不足，推进老年教育供给侧和需求侧结构性改革势在必行。本文重点从老年教育供给侧和需求侧结构性改革的必然性、意义及策略三个方面展开探讨，提出了构建老年教育现代化底层数字支撑平台、构建老年人智能技术运用教育平台、构建社交型远程教学互动平台三大改革策略。

关键词：老年教育　供给侧和需求侧结构性改革　策略

一、推进老年教育供给侧和需求侧结构性改革的必然性

小康社会的全面建成，第一个百年奋斗目标的实现，全面建设社会主义现代化国家新征程正式开启，第二个百年奋斗目标正式起步，标志着我国进入了一个新的发展阶段。时代在变迁，社会在进步，与时俱进的还有老年人的教育需求。立足新发展阶段，贯彻新发展理念，推进老年教育供给侧和需求侧结构性改革，构建老年教育发展新格局势在必行。

（一）新阶段老年人口对教育的需求日趋高涨。人口老龄化不断加剧是我国的基本国情。根据第七次全国人口普查结果显示，截至 2020 年 11 月 1 日零时，我国大陆地区 60 岁及以上人口为 264018766 人，占比 18.70%，与 2010 年第六次全国人口普查结果相比，同比上升 5.44 个百分点。另据民政部 2020 年第四季度例行新闻发布会发布的最新预测数据：“十四五”期间，全国老年人口将突破 3 亿，将从轻度老龄化迈入中度老龄化。[①] 山东省的老龄化情况高于全国水平，60 岁及以上人口为 21220806 人，占比 20.90%，与 2010 年第六次全国人口普查相比，同比上升 6.15 个百分点。在老年教育领域，老龄人口数量的激增，伴随的是老年教育需求快速上涨。以山东省为例，2019 年全省老年大学在校学员人数为 60.29 万人，入学率为 2.59%，由于老龄人口激增，与 2015 年相比，入学率降低了 0.67 个百分点。

（二）现阶段老年教育供给能力严重不足。近年来，各地老年大学常常出现“一座难求”问题，学位不够用、报名排长队、熬夜抢名额成为老年大学招生时的常见情景。

① 民政部：《2020 年第四季度例行新闻发布会文字实录》，http: //www.mca.gov.cn/article/xw/xwfbh/202011/n28/zxzb.html。

中国老年大学协会的一项数据显示，目前国内共有超 7.6 万所老年学校，包括参与远程教育在内的老年学员超 1300 万人。[①] 相比于 2.64 亿基数的老年人口总量，现有老年大学的供给能力可谓杯水车薪。庞大的老年群体需要更大规模的老年教育，老年群体对老年教育的需求与老年教育资源供给不足之间的矛盾日益凸显。

（三）新阶段对老年教育发展提出明确要求。党的十九届五中全会对涉老领域做出了新部署。一是要建设高质量教育体系，发挥在线教育优势，完善终身学习体系，建设学习型社会。二是健全多层次社会保障体系，健全老年人社会福利制度。三是将积极应对人口老龄化上升为国家战略，积极开发老龄人力资源，发展银发经济，推动养老事业和养老产业协同发展。涉老领域新部署致力于广大老年人对美好生活向往的实现，致力于广大老年人在经济社会建设中积极作用的发挥，致力于老龄化风险向“长寿红利”的转变。

二、推进老年教育供给侧和需求侧结构性改革的意义

（一）推进老年教育供给侧和需求侧结构性改革是贯彻新发展理念的内在要求。为人民谋幸福、为民族谋复兴，是新发展理念的“根”和“魂”。老年教育坚持以人民为中心的发展思想，始终恪守“发展为了人民、发展依靠人民、发展成果由人民共享”的发展理念，不断增强老年群体的获得感、幸福感、安全感。构建普惠性老年教育体系，保障老年群体的学习权益，满足老年人精神文化需求，开发老年人身上蕴藏的巨大财富，让老年人在共享经济社会改革发展成果的同时，发挥余热奉献社会，既可以减轻老龄化带来的压力，又可以使老年人不断掌握新知识、新技能，不断适应新形势下的社会发展，让老年人在发展的新时代也能实现个人价值，实现老有所养，老有所学，老有所为，最终推动老年人、家庭、社会的和谐发展。[②]

（二）推进老年教育供给侧和需求侧结构性改革是新阶段老年人力资源开发的内在要求。60 岁及以上老年人作为占中国总人口 18.70% 的庞大群体，其人力资源价值开发对全面建设社会主义现代化国家新征程的意义不言而喻。进入新阶段，国家致力于老有所教、老有所学、老有所乐，更致力于老有所专、老有所为。新阶段老年教育着眼于老年人融入社会，着眼于老年人价值提升，更着眼于老年人力资源开发。

推进老年教育供给侧和需求侧结构性改革，实现老年教育的内涵式发展是老年人力资源开发的内在要求。一是实现办学宗旨升级，凸显对老年人才的开发和培养，发挥老年人的专长和作用；二是实现价值指向升级，老年人通过学习，掌握现代社会的新知识

① 王俊岭、杨帆：《老年大学“一座难求”》，《人民日报》（海外版）2019 年 11 月 12 日第 11 版。

② 毛瑞、吕雁泽：《开放大学在构建成人终身学习体系中的功能》，《边疆经济与文化》2013 年第 8 期。

与新技能，提高自身综合素质，提升自我价值和社会价值；三是实现培养目标升级，通过升级、重构知识结构和情感世界，提升生命质量和生活质量，进而成为融入社会发展的“现代老人”。[①]

老有所教、老有所学、老有所乐固然重要，但拓宽老年教育覆盖面，不能仅仅局限于提高老年人入学率，不能仅仅局限于让老年人聚到一起唱唱跳跳自娱自乐，也要促进老年教育回归教育的本质：教育是一种培养人的社会活动。培养的目的是作用发挥，老年教育也不例外。2.64 亿基数的老年人口是一笔庞大的社会资源，我们更希望实现老有所专，老有所为。

三、推进老年教育供给侧和需求侧结构性改革的策略

（一）构建老年教育现代化底层数字支撑平台。老年教育高质量发展离不开现代化基础设施的支撑。新基建即新型基础设施建设，“是以新发展理念为引领，以技术创新为驱动，以信息网络为基础，面向高质量发展和增进人民福祉需要，提供数字转型、智能升级、融合创新等服务的基础设施体系”[②]，其本质是基于新一代信息技术的数字基建。5G 毫米波传输的大带宽、高速率、低延迟特性，可以承载实时远程交互、高质量视频传输，为提升远程教育课堂提供底层支撑。基于 5G 的物联网技术，可以实现用户与校园环境、设施、终端、平台的有机结合，提高整个教学管理的信息化能力。基于云计算、区块链的大数据计算与存储能力，可以构筑集统一门户接入、安全认证、大数据分析决策、情景感知四大能力于一体的公共教育平台。[③] 虚拟现实、增强现实等人工智能技术，可以提升远程学习的沉浸式体验，极大提高学习者远程学习的热情。布局新基建，构建覆盖教学、教研、管理、评价等功能于一体的智慧校园平台，可以为传统线下教学和现代化远程教学提供底层数字支撑。

（二）构建老年人智能技术运用教育平台。日照市老年大学于 2021 年初开展了一项老年人智能技术运用情况调查，调查发现：老年人不会使用智能手机是常态，尤其是在新冠肺炎疫情发生初期，很多老年人陷入出门扫不了码、停车付不了款、在家购不了物的尴尬境地。在此情况下，探讨老年教育现代化无异于海市蜃楼、天方夜谭。2020 年底，国务院办公厅印发《关于切实解决老年人运用智能技术困难的实施方案》（国办发〔2020〕45 号），掀起老年人智能技术教育热潮。老年大学应以此为契机，构建老年人智能技术运用教育平台，因需施教，科学设置课程，创新方法，进行教学攻坚，全面

① 李惟民：《老年大学课程、专业、系科建设一体化规划的探讨》，《当代继续教育》2017 年第 3 期。

② 国家发展和改革委员会：《关于政协十三届全国委员会第三次会议第 0806 号（经济发展类 074 号）提案答复的函》，http: //zfxxgk.ndrc.gov.cn/web/iteminfo.jsp? id=17386。

③ 互联网教育智能技术及应用国家工程实验室：《5G+ 智慧教育白皮书》，2019。

提高老年人智能技术运用能力，特别是提高智能手机、电脑等常用电子设备的基本操作能力，全力创设老年教育现代化智力软环境。

（三）构建社交型远程教学互动平台。老年大学发展远程教育势在必行。当前，拓宽老年教育覆盖面是老年教育供需矛盾的主要方面。面对2.64亿老年人口基数，面对老年教育区域发展、城乡发展的不均衡性，面对节约集约用地原则，面对地方财政有限的承载能力，以新建扩建老年大学的方式拓宽老年教育覆盖面既不科学也不具可行性。相反，远程教育可以很好地弥补传统线下教育的不足，可以以有限的投入让边远落后地区老年人共享优质教学资源，进而有效拓宽老年教育覆盖面。

远程教育需要有吸引力。老年人热衷于老年教育，纷纷涌向老年大学，心理层面的原因是：积极参与社会、融入社会，再建自己的人际关系，再立自己的社会支点，再回主流社会的活动舞台。很多老年学员学完这门课又学那门课，甚至选择留级蹲班而不愿毕业，底层逻辑就是，学什么已经不重要了，重要的是获得一个团体、一个有归属感的集体，找到自己生活和精神的落脚点，填补或弥补退休后因年龄原因而缺失的社会人际关系。[①]因此，要实现以远程教育拓宽老年教育覆盖面的目的，就必须搭建社交型远程教学互动平台，塑造远程教育吸引力。

搭建社交型远程教学互动平台。所谓社交型远程教学互动平台，是指基于新一代信息技术，构建沉浸式直播教学环境，高仿真线下教学课堂，让学员在传统线下课堂中接受高质量远程教学的平台。简言之，线下教学课堂可以做的事，线上直播教学也可以实现。一是要引进现代化直播教学模式——“双师课堂”。所谓“双师课堂”是指“同一课堂+两位老师”的新型授课方式，知识传递由线上名师来解决，而内化吸收的部分则由线下老师在课堂上解决。[②]二是要搭建沉浸式直播教学环境。整合5G技术、边缘计算技术，构建低延时师生双向互动教学环境；或利用虚拟现实、增强现实等人工智能技术，构建远程全息课堂环境，实现师生自然互动。三是要组建双师教学专网。以传统班级为单位组织教学，构建“一位名师+N个课堂”同步授课教学专网，实现双师课堂教学效益最大化。

（刘宝果：日照市老年大学综合科科员）

① 张晓林：《中国特色老年教育助推社会事业蓬勃发展》，http: //www.hbslndx.com/view/580.html。

② 王怡、陈涛：《5G时代“双师课堂”的发展路径》，《电脑知识与技术》2021年第22期。

让老年人群体正能量充分迸发

——滨州市以供给侧改革创新老年教育的实践

◎ 朱见军

摘要：滨州市在老年教育供给侧改革方面主要取得了四个突破：一是改革体制机制。推进市县老年大学一体化管理，建立市、县、乡、村老年大学“四级办学、两级管理、一体化发展”机制，理顺了老年教育管理体制机制。二是做大做强资源。做大做强老年大学本体，大力发展基层老年教育，推动老年大学向社区、企业和养老服务机构等延伸，建成一批“家门口老年大学”，初步解决“一座难求”问题。三是开拓新型资源。发展老年教育信息化，在全市开设老年大学远程教育教学点73个，位列全省第一。免费开通全国全省老年远程教育网、手机“网上老年大学”、广电云课堂“三网一体”学习体系，推广线上教学，成为老年教育的有力补充。四是有效供给教育内容。

关键词：供给侧改革　老年教育　供给

一、背景情况

习近平总书记强调，各级党委和政府要高度重视并切实做好老龄工作，贯彻落实积极应对人口老龄化国家战略，把积极老龄观、健康老龄化理念融入经济社会发展全过程。创新发展老年教育是新时代健全终身教育体系的一个重大命题。

滨州市老年人口众多，截至2020年底，滨州市60岁及以上人口达到85.49万人。这是一笔宝贵的财富。按照市委、市政府积极应对人口老龄化工作总体部署，滨州市通过资源供给侧改革有效对接老年教育需求，解决老年教育不平衡问题，建立和完善终身教育体系，实现了这个群体整体素质的提升，让老年群体成为现代化富强滨州建设中一支不可或缺的重要力量。

发展以老年大学为主要载体的老年教育，是积极应对人口老龄化的重要举措之一。截至2020年底，滨州市有老年人口85.49万人，调查显示，至少20%的老年人愿意上大学，老年人的学习需求日益增长。滨州市老年教育还存在老年大学“一座难求”、城乡区域间发展不平衡等问题。破解“一座难求”，关键在于发展更加丰富、更有品质的老年教育。滨州市在老年教育30多年创新发展的基础上，积极推进供给侧改革，从改革教育体制机制、做大做强教育资源、发展远程教育和深化教育内容等方面进行了探索，努力实现老年教育的充分供给、便捷供给、精准供给和有效供给。

二、主要做法

（一）改革创新体制机制，实现充分供给。一是创新机制，推进资源统筹。滨州市委组织部、市委老干部局联合印发了《关于推进全市老年大学一体化建设加大供给侧改革力度的实施意见》（以下简称《实施意见》）；召开全市基层老年教育暨一体化建设推进会议，在制度和实践上推动全市老年大学建设管理的规范化、一体化、立体化。按照《实施意见》提出的“自上而下、分级管理”原则，市、县分别成立了老年大学一体化建设指导委员会，县级老年大学已全部纳入市级老年大学一体化管理，全市将在2022年基本形成市、县、乡、村老年大学“四级办学、两级管理、一体化发展”的办学格局。通过创新管理体制和机制，在教学资源配置效益最大化上谋求突破，在教学管理经验成果上实现共享，示范带动全市老年大学整体提升。

二是建设人才资源库，做好教师统筹。按照“专兼结合、以兼为主，不求所有、但求所用”的原则，将市、县两级老年大学师资分类纳入全市师资人才库统一管理，加强师资队伍和学习资源的共享配送。目前已有入库教师190余人，智库专家32人。

三是构筑“三网一体”，实现线上线下教学统筹。全市各级老年大学在保证线下开学安全、有序的同时，继续推广线上教学。对接省校和网络支持方，免费开通全国全省老年远程教育网、手机“网上老年大学”、广电云课堂，采用“三网一体”教学方法，实现学员足不出户学习、战“疫”两不误。滨州市老年大学获得中国老年大学协会颁发的“2020年战疫教学荣誉证书”。

（二）做大做强教育资源，实现便捷供给。一是重点发力。市老年大学督促指导县（市、区）高标准办好老年大学。市老年大学一体化建设指导委员会指导沾化区、邹平市、惠民县、博兴县老年大学，按省级规范化标准创建成为“山东省规范化示范老年大学”；督促无棣县老年大学加快装修进度，确保2022年开班；阳信县老年大学按照5000平方米规划建筑面积，年底前完成主体工程封顶；滨城区老年大学建设工程获批立项。

二是融合发展，滨州市老年大学与教育机构和职业院校开展联合办学。2021年，滨州市老年大学滨州职业学院分校挂牌成立，招生10个班，共300余人。老年大学与职业院校开展多形式的联合办学，既让老年大学在课程建设、内涵发展、办学层次等方面迈上了新台阶，又发挥了职业院校在办学模式、课程资源、教学科研等方面的优势，推动全市老年教育“更普惠、更便捷，更优质”。

三是以民为本，办好家门口的老年大学。统筹利用街道社区党群服务中心、乡镇文化站、新时代文明实践所等资源，在镇村社区设立老年大学分校、教学点，将老年大学嵌入老年人生活居住圈，初步构建“市—县—镇街—社区（村居）”四级联动的普惠性老年大学网络，打通老年教育“最后一公里”。与养老服务中心、社会企业等主体联盟合作，打造“医养教结合”“校校、校企结合”等开放办学模式，共建“家门口老年大学”70余所。

（三）推进老年教育信息化，实现精准供给。一是扩点提质，老年远程教育网络精准送课。老年远程教育有效突破了老年教育在资源分配不均衡、受众面窄等方面的瓶颈，成为老年教育最便捷、最高效的途径之一。各级老年大学积极拓展远程教育网络覆盖，市老年大学联合市民政局在全市44家养老机构全面开通远程教育教学点。全市老年大学远程教育教学点已开设83个，位列全省第一，参学老年人1万余人。滨州市在全省老年远程教育推进会上作典型发言。

二是搭建平台，线上教学展演精准展示。2021年以来，全市各级老年大学围绕建党100周年开展了丰富多彩的庆祝活动，组织重大文体活动及线上展演80余次，其中“摩罗丹”山东省老年大学线上文艺展演参赛节目2000余个，参演人数达3000人次，节目和人次均居全省第一，满足了老年人不同层次和全方位的参与需求。

三是数智强基，现代信息化管理精准服务。市老年大学以及邹平、博兴等地老年大学利用信息化管理系统，精准服务教学。学员管理方面，2021年，在往年基础上进一步完善了报名网络项目设置，特别是针对疫情防控的要求，细化了学员信息，服务学员更便捷高效。教学管理方面，将教师和学员资料全部录入管理平台，便于师生互相了解，帮助教师更好地因材施教。

（四）深化教育内容提升，实现有效供给。一是开展时政方针教育，把老年大学建成“红色摇篮”。将老年大学课堂打造成老年群体时政学习和红色教育的阵地，打造“渤海银辉”大讲堂、“乐学银龄”时政课堂，通过邀请专家授课、学唱红歌知党史、课前10分钟等形式开展学习，让大家深刻了解中国特色社会主义新时代、当前国际国内形势，为实现中国梦而凝聚力量。

二是围绕服务中心大局，汇聚“桑榆力量”建设“富强滨州”。老年大学不但开设百余门专业课程，而且注重加强“富强滨州”建设教育，通过组织观摩“富强滨州”新变化、开展“我为乡村振兴出点力”教育实践等方式，让老年人了解各级党委、政府重点工作，激发老年群体热爱滨州、热爱家乡的深厚情感，形成“富强滨州”建设共识，为“富强滨州”建设献计出力。

三是倡树文明新风，培育“三有”时代老人。各级老年大学通过发出倡议、文化熏陶、文明实践等方式引导老年人做“有作为、有进步、有快乐”的时代老人。组织老年“文艺轻骑兵”、老干部宣讲团，走进镇村、社区新时代文明实践中心、中小学校，开展移风易俗等方面的宣传活动。各个老年大学成立关工委，3000余名老同志参与关心下一代工作，为青少年扣好人生第一粒扣子。老年大学关工委经验做法得到省委老干部局、省关工委高度肯定，全省老年大学关工委工作现场推进会在滨州举办，滨州模式得以面向全省推广。

三、取得成效

（一）老年教育供给持续增强。全市建成老年大学及分校、教学点80余所，辐射学员1万余人。“三网一体”线上教育资源可以让全市老年人随时随地在线学习。惠民县建立“三共、八有、六结合”模式，建成老年大学分校（教学点）46个，构建起辐射14个镇（街道）、32个社区（村居）的“家门口”老年大学圈层，初步形成“县乡一体龙头带、县域统筹全覆盖”的老年教育新格局。滨州市、博兴县被中国老年大学协会授予“全国老年远程教育示范区”荣誉称号。

（二）推进积极老龄化的氛围更加浓厚。老年大学供给侧改革的过程，也是盘活社会资源、整合社会力量参与的过程，提高了社会参与老年教育的广度和深度。随着更高品质老年大学的普及，滨州市建设学习型社会的成果日益丰硕，尊重和善待老年人的载体更加多元，“富强滨州”的友好型城市环境更加健全，老年群体幸福感不断提升。

（三）老年群体正能量充分发挥。各级老年大学充分发掘老年教育的社会功能，积极探索“老年教育+”模式，不断激发老年人发挥才智、服务社会的热情。同时，组建成立“银发”人才库、老年兴趣社团、关心下一代工作委员会和志愿服务团队，常年开展协助城市治理、送文艺下乡等活动。伴随着老年大学从“建起来”到“用起来”再到“活起来”的稳步迈进，老年群体更加关心国家大事、关心“富强滨州”建设、热心社会参与，积极为党和人民事业增添正能量。

（朱见军：滨州市老年大学副校长）

充分发挥好老年大学精神文化养老的职能

◎ 徐海波

摘要：在我国人口老龄化持续加深的背景下，老年人的精神文化需求呈现出日益增长的趋势，而老年大学正是精神文化养老的重要平台，应当发挥出越来越大的作用。老年大学通过发挥终身教育、思想引领、丰富生活等重要作用，为老年人继续学习、发挥作用、交友交际提供了良好的平台。同时，也存在一些制约老年大学发展的因素，需要我们提高对老年教育的重视程度，以改革创新精神突破制约发展的藩篱，从而实现老年教育高质量发展，充分发挥好老年大学精神文化养老的职能。

关键字：老年大学　老年教育　老龄化　精神文化养老　终身教育

第七次全国人口普查结果显示，我国 60 岁及以上人口为 2.64 亿人，占 18.70%，65 岁及以上人口为 1.91 亿人，占 13.50%。与 2010 年相比，60 岁及以上人口的比重上升 5.44 个百分点，65 岁及以上人口的比重上升 4.63 个百分点。数据表明，我国人口老龄化程度进一步加深，并在未来一段时间仍将面临老龄化带来的巨大压力，给我国经济社会带来深远的影响。

这要求我们要进一步提高责任意识和使命意识，以更加积极的姿态来应对人口老龄化，更加重视老年人的多方面需求。老年人的需求既有物质方面的，也有精神方面的。物质方面的需求主要是老有所养、老有所医，精神方面的需求则主要是老有所学、老有所乐和老有所为。随着我国经济社会的发展，越来越多的老年人在物质需求得到满足的基础上更加关注精神文化生活，并逐渐成为生活中的主要方面，这需要引起我们更高的重视。

一、老年人精神文化需求日益增长的表现

（一）广场舞的流行。现在每到傍晚，各个地方的大小广场热闹非凡，挤满了跳广场舞的人员，大家都乐在其中、乐此不疲，而老年人是广场舞的主力，是人数最多的。

（二）公园文化的兴起。当前很多公园里十分热闹，充满了浓厚的文化氛围，唱歌跳舞、琴棋书画，其乐融融，公园里生机勃勃。而公园文化的主要参与者也是老年人，他们是公园文化的绝对主力。

（三）晨练的持续火热。每天早上公园和广场都有晨练的老人，他们几十年如一日，坚持晨练，也带动了太极拳、柔力球等运动的发展，越来越多的人加入晨练的行列。

（四）参与旅游的老人增多。当前虽然受疫情影响旅游的人数较少，但疫情一旦过去，人们就会拿起行囊，走遍神州大地。而老人已经成为旅游的主要人群，许多老人都有这样的想法：趁自己还能走得动，到祖国的大好河山去看看。

（五）老年大学报名的热潮。当前越来越多的老年人报名老年大学，老年教育得到了社会各界的肯定和赞扬。很多老年大学“一座难求”的现象已经成为常态，部分地区的老年大学甚至出现了排队报名、摇号报名的现象。

二、老年人精神文化需求日益增长的原因

上述可见，老年人的精神文化需求越来越多，除了人口老龄化带来的影响外，笔者认为还有以下原因：

（一）老年人需要寻找到新的精神寄托。许多人退休后，好像是突然轻松了，无所事事了，不免感到空虚和焦虑。毛泽东同志说过：“人是要有一点精神的。”精神对于人来讲是非常宝贵的，它是一种思想信仰，是一种品格修养，是一种道德理念，是一种人生态度，是一种气概情怀，同时也是一种文化传承。不少人这样思考：以前在单位是以做好工作为目的，退休以后，我要去做什么才能感到充实呢？所以，许多老年人急需重新找到精神寄托，重新找到生活的价值。

（二）城镇化把更多老年人聚在了一起。城镇化的推进深刻地改变了我们的生活，我们享受到了城镇化带来的巨大好处和便利，同时也把更多的老年人聚在了一起，城市里老年人群体的规模越来越庞大。

（三）空巢化的出现让老年人倍感寂寞。当前，很多青年人为谋求更好的发展，奔走四方，不可避免地导致了老年人空巢化的出现。由于子女不在身边，很多老人倍感孤独和寂寞，老年人也想着学点什么、做点什么来充实生活。有位在街上打扫卫生的退休干部表示自己不是为了改善生活，做这些仅仅是为了消磨时光、消除寂寞。

（四）老年人期待找到新的乐趣。老年人退休前忙于工作，往往没有时间，或者受当时条件所限，没法去做自己想要做的事情。退休后，时间多了起来，条件也好了起来，他们开始思考自己真正的爱好，也期待找到新的乐趣，活出不一样的精彩人生。

（五）退休老党员依然有向党组织靠拢的意愿。有些老同志特别喜欢参加思想政治课和专题讲座。他们总会说：“退休前一直在党政部门为人民服务，退休后也想及时了解党的最新理论政策，像退休以前一样心向党组织，也愿意做一些力所能及的事情。”可见，老同志是愿意向党组织靠拢的，也愿意继续做出积极的贡献。

三、老年大学在精神文化养老方面发挥出积极作用

老年人的精神文化需求是巨大的，是日益增长的，而老年大学正是精神文化养老的重要平台，在应对人口老龄化中能够发挥出独特的积极作用。

（一）老年大学能够发挥思想引领作用。退休人员离开了工作岗位，思想政治教育成了薄弱环节，容易被不良思想乘虚而入。在思想引领方面，老年大学具有独特优势。老年大学能够把学员党员重新组织起来，加强理想信念教育，使广大老同志真正做到退休不褪色，永远跟党走。老年大学通过开设思想政治课、组织各种党建活动，用深刻的理论、生动的案例来引导广大老同志。老年大学临时党组织的建立，不仅进一步发挥了老党员的作用，还让老同志“我心向党、我心爱党”的理念更加深刻。老年大学能够带领广大老同志积极发挥正能量，自觉抵制不良舆论和风气，不断提高他们的思想认识水平，坚定不移跟党走，使老同志成为弘扬新时代精神的优势群体。

（二）老年大学能够充实老年人的精神文化生活。老年大学开设的课程广受欢迎，举办的文体活动丰富多彩，能够真正把老年人的精神生活充实起来，从而让学员消除孤独感、寂寞感、空虚感，甚至能够转变他们的人生态度。老年大学经常举办文艺演出、体育比赛、健身培训、志愿服务、书画摄影展等活动，有效地展示了老年人的风采、丰富了老年人的生活、陶冶了老年人的情操。

（三）老年大学能够让老年人实现终身教育。当前，“活到老，学到老”蔚然成风，广大老年人希望继续学习、继续“充电”。老年大学是老年人终身学习、继续教育的主要平台。各地老年大学的学员人数呈几何倍数的增长，甚至出现了“一座难求”现象。很多老年大学学员说：“上老年大学仿佛找到了学生时代的感觉，不仅学到了很多知识，还提升了获得感、幸福感！”“一到老年大学就年轻，一进老年大学就高兴，要在老年大学再追梦！”

（四）老年大学能够成为老年人交友的良好载体。很多老年人上老年大学后，不仅学到了知识，还交到了朋友、收获了友谊。他们一起来学习，一起去摄影，一起排练节目，一起参加演出，一起去旅游，有了新的伙伴、新的朋友，还共同组建了很多活动团体。不少老年大学学员说：“要不是因为老年大学，我们不可能认识，更不可能成为朋友。”

（五）老年大学为老同志再做贡献提供了更好平台。老同志虽然退休了，但仍具有政治坚定、经验丰富、乐于奉献等优势，他们非常乐于发挥作用、再做贡献，而老年大学恰恰提供了良好平台。多数老年大学都成立了关心下一代工作委员会，注重发挥“五老”志愿者的作用，帮助青少年健康成长；建立了志愿服务队，组织老同志积极开展各项志愿服务活动；有些老同志则自发组织一些志愿服务、社会公益活动，他们义务开设

健身项目，进行慰问演出，开展公益书画创作，为困难群众捐款捐物。这些活动无不体现了老同志的情怀和担当，而加入老年大学往往是他们继续发挥作用的新起点。

（六）老年大学充满了正能量。在老年大学的校园里，老同志一心向党，坚定不移跟党走，充满了浓厚的政治氛围；老同志对待学习认真仔细、刻苦用功，充满了浓厚的学习氛围；老年大学书画、戏曲人才聚集，充满了浓厚的艺术氛围；学员们乐于服务社会，关爱未成年人，参与志愿服务，充满了浓厚的奉献氛围。可以说，老年大学处处充满着积极、健康、向上的正能量。

做好老年教育工作对于积极应对人口老龄化、加强政治引领、做好精神文明建设、抓好意识形态工作、做好离退休干部党建工作、维护社会稳定等方面具有重要意义。

多兴办老年大学，就能少建养老院。老年大学在精神文化养老方面发挥着越来越重要的作用，能够实现由被动养老向积极养老、主动养老的深刻转变。

四、关于发展好老年大学的几点建议

在人口老龄化不断加深的背景下，老年大学能够发挥的作用日益凸显，然而也存在一些制约老年大学高质量发展的问题亟待我们重视并加以解决。为进一步发挥好老年大学精神文化养老的作用，提出以下几点建议：

（一）提高对老年大学的重视程度。当前，社会上还存在着“关爱青少年有余，关心老年人不足”的问题。一些人也认为，老年大学仅仅是老年人休闲娱乐的地方。很多老年大学的工作人员欠缺，多数老年大学没有专职教师，校舍较为狭小，经费较为有限，很多高校没有开设与老年教育相关的专业。这都说明全社会对老年大学的重视程度有待提高。期待党政部门和社会各界能够把老年大学和老年教育放在人口老龄化迅速加深的大背景下，重新思考其重要意义，补齐阻碍其发展的短板，让更多老年人享受到终身学习的快乐。

（二）急需对老年大学进行改革。当前各地老年大学普遍存在着制约发展的一些因素，需要以改革创新精神突破制约发展的藩篱，从而以崭新的面貌促进老年教育事业的高质量发展。

一是抓紧编纂适合不同层次学员的老年大学统编教材，让老年大学的教学有依据。

二是加大各地老年大学的硬件建设力度。扩充校舍面积，目光要适度超前，要充分考虑到人口老龄化带来的影响，新建一批在较长时间内不过时的老年大学校舍。

三是扩充人员编制。由于种种原因，各地老年大学的人员编制不尽相同，但大多都人员较少，有的地方只有几个人，还要抽调人员从事财务、党建、宣传等工作，真正用在老年教育的人手十分有限。虽然工作人员身兼数职、加班加点，但依然满足不了正常工作的实际需求。为了适应人口老龄化带来的影响，促进老年教育的发展，学校需要通过扩充人员编制、扩充工作人员队伍的方式来满足老年教育发展的需求。

四是设置专职教师队伍。当前，老年大学虽名曰“大学”，但多数学校却没有专职教师，只能从社会各界寻找兼职教师。受经费制约，老年大学发给兼职教师的薪酬较少，有意愿来授课的老师越来越少。兼职教师是一种“可用，而不可靠”的师资力量，耽误上课、让学员“空等”的现象时有发生。兼职教师水平良莠不齐，也影响了教学质量。因此，建议学校设置教师编制及相应的岗位，建立专职师资队伍。

相信随着党和国家对老年教育事业重视程度的不断提高，随着社会各界对老年教育事业关注程度的日益加深，随着全体老年教育工作者的不懈努力，老年教育事业一定能够迎来高质量发展的崭新机遇，必将进一步发挥好精神文化养老的职能，为实现中华民族伟大复兴的中国梦做出新的更大贡献！

（徐海波：邹平市老年大学副校长，邹平市老干部活动中心副主任）

邹平市老年人志愿服务工作调查问卷分析

◎ 杨鑫钰

摘要：邹平市委老干部局与邹平市老年大学于2021年5月，在市老年大学内进行了一次老年人志愿服务工作问卷调查活动，目的在于了解老年人对志愿服务工作的意见和看法，为探索老龄人群作用发挥提供参考。在对调查问卷进行整理统计后，笔者根据调查问卷的填写状况和填写内容进行了分析思考，并针对反映出的重点问题对老年人志愿服务工作表达了自己的见解与看法，希望能更好地促进老年人志愿服务工作的发展。

关键词：老年人　志愿服务　问题　分析

20世纪90年代以来，中国的老龄化进程逐渐加快，目前已进入老龄化社会，面对日益严峻的人口老龄状况，如何利用好老龄资源是个值得深思和研究的问题。目前邹平市老龄人口规模庞大，其中有6000多名离退休干部和近4万名企业退休工人。邹平市委老干部局和邹平市老年大学曾以离退休干部为主要成员成立了志愿服务队，探索老年人志愿服务工作。目前，为了扩大志愿服务队伍规模，促进社会老龄人群作用发挥，提高邹平市老年人志愿服务工作水平，邹平市委老干部局与邹平市老年大学联合开展了一次针对老年大学学员的老年人志愿服务工作问卷调查活动。

此次调查问卷的内容包括对受访人的年龄、爱好、居住地等简单个人信息的统计，对参加志愿服务活动和当前社会不文明现象的态度，向往参加的志愿服务活动类型，影响、制约自己参加志愿服务工作的原因，对志愿服务活动开展形式、宣传方式、时间安排等情况的意见，以及对志愿服务活动的一些建议看法。此次活动共收回477份调查问卷，在对调查问卷的填写状况和填写内容做出分析统计后，笔者对邹平市老年人志愿服务工作有了新的认识和思考，并针对反映出的重点问题表达了自己的见解与看法，希望能更好地促进老年人志愿服务工作的发展。

一、从调查问题卷填写状况分析老年人志愿服务工作

在收回的477份调查问卷中，填写完整的有359份，填写不完整的有96份，空白卷有22份；填写完整且备注个人意见、建议的有40份。笔者根据调查问卷的填写情况将参与者分为三类，并逐类进行了分析。

（一）第一类：359 位填写完整和 40 位填写完整且备注个人意见、建议者。情况分析：1. 具备基本的理解能力和文化素养。他们可以读懂问卷要求，且能根据自身情况选出符合要求的选项。2. 服从要求且具备一定的耐心。他们可以在接收到填写调查问卷的要求后对其执行，且不怕烦琐地认真完成调查问卷。3. 对志愿服务工作具备一定的热情和兴趣。他们能根据问题选出反映自己对志愿服务活动的态度、看法和问题的选项，并且能对志愿服务活动提出自己的意见、建议。

这类参与者是潜在志愿者，也是学校应当重点发动的群体。他们对志愿服务活动具有一定热情，并且具备理解、配合活动要求和管理的基本素质与服从能力，以及认真完成志愿服务活动所需的耐心。这类参与者经过正确引导后，极有可能积极参与到志愿服务工作当中。

（二）第二类：96 位答卷填写不完整者。情况分析：1. 有一定兴趣但缺乏耐心。最初可以按要求填写，可是面对 20 余条调查信息和选项时，失去了完成调查问卷的耐心。2. 自身能力不足。在这 96 份调查问卷中，存在着很多单选题选择多个选项、所选内容相互矛盾的现象，这说明有些参与者不具备按要求完成此次调查问卷的能力。

对这一类参与者需要进一步研究，根据情况进行筛选，做到具体情况具体分析、具体应对。对有一定兴趣但缺乏耐心的参与者，可以由简入繁，让其从最简单的活动做起，体验参与其中的乐趣，再根据其个人情况和活动需求做出调整；面对能力不足者，则应以“学”“乐”“康”为主。如果有对志愿服务工作极具热情者，也可以根据其个人能力，安排到人员相对较多、内容较简单的活动项目中，实现其“老有所为”的目标。

（三）第三类：22 位上交空白卷者。情况分析：1. 对志愿服务活动不感兴趣。认为自己就是来老年大学学习的，除了所学科目和感兴趣的活动外，不想参与其他活动，因此也无须配合填写。2. 对志愿服务活动有排斥。认为此类活动是形式主义，拒绝填写。

面对对志愿服务活动不感兴趣的参与者，首先要进行积极的思想引导，使其认识志愿服务活动的意义和自身力量对集体的重要性，同时采取多种形式的激励措施，从不同方面激发兴趣，先使其融入其中，再寻求彻底转变；面对对志愿服务活动有排斥情绪的群体，应当对其进行多方面了解，搞清楚问题，对症下药，化解其内心的抵触情绪。志愿服务的组织开展更是应该向过去的形式主义说不，把志愿服务做出成绩，重新唤回广大群众对志愿服务活动的信心。

二、从调查问题卷填写内容分析老年人志愿服务工作

本文选择了调查问卷中的四个反映强烈的问题来进行分析，分别是：您对参与志愿服务活动的态度；您对当前社会不文明行为的态度；影响老年人志愿服务工作开展的制约因素（多选）；自己不能参加志愿服务活动的原因（多选）。因为存在调查问卷内容

填写不全和空白卷的情况，所以统计出的数据不完全与收回的调查问卷数量相符，又因为存在空白卷及单选题做成多选的问题，所以在分析时将空白卷、漏选题、单选题做成多选的情况都统计为选择了最负面的选项，以使数据更加客观。

（一）对参与志愿服务活动的态度。有 393 位学员对这一问题进行了回答，其中有 232 位学员非常支持老年人参与志愿服务活动，自己也想发挥专长，参与其中，奉献社会；有 138 位学员表示可以接受，自己在身体和时间允许的条件下也会参与其中；有 23 位学员表示不感兴趣，只是单纯地来老年大学学习，充实退休生活。此外还有 22 份空白卷被列入表示不感兴趣这一类。综合以上数据，可以认为共有 415 人参与了回答，有 370 人对参加志愿服务工作持肯定态度，有 45 人表示不感兴趣。

分析得出，在回答这一问题的学员中，有大约 89% 的人对参与志愿服务活动持肯定态度。从这样的比例来看，绝大多数老同志对志愿服务工作表示支持，志愿服务工作还有很大的发展空间，我们应当让更多的老年人了解我们的队伍，投身到志愿服务工作当中。

（二）对当前社会不文明行为的态度。有 318 位参与者选择了明确反对，并且希望能对不文明行为进行教育和劝阻；有 66 人表示不赞成不文明行为，但是自己年事已高不便劝阻；有 9 人表示无所谓，别人的事与自己无关。计算上空白卷，大致可以认为有 415 人参与了回答，31 人表示无所谓。

分析得出，至少有 92% 的参与者对不文明行为表示反对，只有不到 8% 的参与者对不文明行为表示无所谓。由此可见，有极大一部分学员有弘扬良好社会风气的意愿，想要发挥自己的力量去改变身边的不文明现象。因此，应当把这股力量利用起来，拧成一股绳，有组织、有目标地对不文明现象发起挑战。

（三）影响老年人志愿服务工作开展的制约因素（多选）。问卷中有 186 人选择无人牵头组织，缺乏政府层面的引导；69 人选择参加了活动，但是没有获得应有的社会荣誉和群众的正面评价；77 人选择没有经费支持，多是自掏腰包；130 人选择了不知道干什么好。这一题既直观地反映了志愿服务工作中老年人的需求，又从侧面反映出了过去工作中存在的问题，对今后继续开展志愿服务工作具有很强的指导意义。

1. 无人牵头组织。加强组织引导，以集体的名义组建志愿服务队，进行统一管理，以集体的名义开展志愿服务活动。在过去的工作中，学校成立了志愿服务队，可仍有数量众多的参与者选择了无人组织牵头，说明志愿服务队的群众认知度不够高，仍有相当一部分老年人不知道队伍的存在，在今后的工作中应当加强对志愿服务队的宣传推广，提高队伍认知度。

2. 参加了活动，但没有获得应有的社会荣誉和群众的正面评价。志愿服务活动虽然是公益性的，不以获得回报为基本目的，但是志愿者们也渴望在志愿服务时获得荣誉和社会认可。今后在开展志愿服务工作时，应当跟进宣传工作，设立奖励机制，对日常开展的志愿服务、取得成效及积极参与者和突出贡献者进行宣传报道、奖励。这样既可以让志愿者得到认可，提高志愿者积极性，又可以增加志愿服务队的知名度，形成良性循环，互相成就。

3. 没有经费支持，多是自掏腰包。在志愿服务工作中难免产生费用，这不应该由志愿者承担，应当有志愿服务工作专项经费用于活动开展。今后应当加强对外合作争取更多捐助资金，并完善资金管理、报销制度，消除志愿者的后顾之忧。

4. 不知道干什么好。这一问题的关键是缺乏引导。应当根据老年人的个人兴趣、能力、需求来引导其参与相应的活动项目；同时，充分利用各类媒体、老年人聚集地对志愿服务队的队伍建设、服务项目类型、活动开展情况、队伍招收条件等进行宣传，使老年人更好地结合自身实际了解志愿服务队的情况和需求。

（四）自己不能参加志愿服务活动的原因（多选）。问卷中有 151 人选择身体原因，不便在外参加活动；202 人选择家庭原因，照顾孩子，忙于家务；45 人选择退休后不想再参加社会活动；5 人选择不感兴趣；13 人选择怕别人议论；26 人选择曾经参加过，感觉对社会、对他人没有什么帮助，不想再参加；17 人选择形式主义，做秀成分多，自己和群众对此反感。这一题反映出了影响参加志愿服务活动的个人原因，有效地解决这些个人原因，才能更好地发展壮大我们的志愿服务队伍。

1. 身体原因，不便在外参加活动。在组织开展志愿服务时，应当对参与者的健康状况进行了解，对身体状况差的老年人进行劝阻，避免活动过程中意外的发生；在丰富志愿活动项目的同时，对志愿服务的活动场景、强度、要求进行标注说明，使老年人可以充分了解各项活动的具体情况，能够根据自己的实际情况选择适合自己的服务项目。

2. 家庭原因，照顾孩子，忙于家务。可以先了解参与者大致的时间安排，制订不同时间段的志愿服务活动安排，使有兴趣参与志愿服务的老年人可以在处理完各自生活事务之余参与其中。提前规划、提前通知，使老年人有更充裕的时间来调节生活与志愿服务活动的时间安排。

3. 退休后不想再参加社会活动。对于这类的老年人应采取“传帮带”的形式，使其感受到参与志愿服务活动的作用和意义，激发他们关心公益事业和社会文明建设的热情。同时，也要尊重他们的意愿，给予充分的考虑时间，时刻对投身志愿服务工作的老年人表示欢迎。

4. 不感兴趣。在解决不感兴趣这一问题时，可以在划分活动小组时按所学专业、兴趣爱好进行划分，使老年人可以与志趣相投的朋友结伴参加活动，彼此交流专业和兴趣爱好，提高大家对志愿服务活动的参与兴趣；丰富志愿服务项目，使喜好不同、专长不同的老年人都能发挥作用；采取适当的激励措施，如奖励积极参与志愿服务工作的学员优先选课权、建立积分兑换制度，志愿者参与活动可以获取积分进行物品兑换，对优秀的志愿者进行宣传报道等，用不同的形式激发老年人参加志愿服务的兴趣。

5. 怕别人议论。针对怕别人议论的问题，需要从主观因素和客观因素两个方面去考虑。对于主观因素，参与志愿服务活动首先要厘清自己参加志愿服务活动的真正动机，明确自己为什么要参加志愿服务活动。如果符合自己发挥正能量、促进社会文明建设的初衷和意愿，就应该坚持下去，让自己的行为去帮助、感化周边的人，而不是被别人的看法和议论所击败。对于客观因素，应该加大对志愿服务工作的支持力度，加强舆论引导，积极宣传志愿服务工作的积极作用和先进事迹，创造讲文明、负责任、懂感恩和以奉献为荣的社会风气。

6. 曾经参加过，感觉对社会、对他人没有什么帮助，不想再参加。志愿服务工作的关键在于乐于奉献的精神，进行志愿服务本身就是一种社会正能量的体现。以个体去帮助别人、面对社会不文明现象的力量非常微小，但是当每一个志愿者都朝着共同的目标发力时，其力量将是惊人的，这也正是创建志愿服务队的目的。加入志愿服务队，与志愿者们携手同心、努力奉献，集合力让社会变得更文明、更美好，让需要帮助的人感受到爱与温暖。

7. 形式主义，做秀成分多，自己和群众对此反感。这说明过去的类似活动可能流于形式，没有起到志愿服务奉献社会、帮助他人的作用，或是存在组织不力、宣传过度的情况，从而使群众产生抵触、厌恶情绪。既然组建了志愿服务队，就应该坚持下去，做出应有的成效，让困难的人得到帮助，让社会更和谐、文明、美好，让参与其中的志愿者实现奉献自我、帮助他人的人生价值，杜绝消费群众热情、爱心、积极性的形式主义。

此次的问卷调查活动，在一定程度上比较精准地反映了老年人在志愿服务工作中存在的问题，收获了很多有价值的信息，可这也仅仅是万里长征的第一步，如何解决问题、将收集的信息转化为促进工作开展的动力仍需要继续探索，从老同志、老年大学学员入手，促进全市老龄人群作用发挥更是有很长的路要走。

（杨鑫钰：邹平市老年大学教学和社团管理股副股长）

浅谈老年教育在文化养老中的作用

——以滨州市博兴县老年大学为例

◎ 赵璟

摘要：我国老年教育已经走过了30多年的历程，总结老年教育事业的历史功绩和现实贡献，在推动文化养老方面最为突出。可以说，老年教育已经成为文化养老的主阵地，它使老年人求知、求乐、求健、求进的需求得到满足，在构建终身教育体系和积极应对人口老龄化方面发挥了重要的作用。本文试就加强老年教育发展，推动文化养老进程这一问题谈点认识。

关键词：老年教育　文化养老　作用

第七次人口普查数据显示，我国60岁及以上老年人口达2.64亿，占总人口18.70%；65岁及以上人口比重达到13.50%。随着经济社会建设的发展，老年人的物质养老已基本得到保障，精神文化养老很迫切地摆在全社会面前，成为我国面临的严峻挑战。老年教育的发展为老年人的文化养老搭建了崭新的平台，其作为我国老年人文化养老主阵地的功能和作用日益凸显。因此，大力发展老年教育，促进文化养老，是推进积极老龄化进程的有效举措。

一、通过老年教育推进文化养老的必要性

随着社会的发展、经济条件的改善，老年人的心理状态和对文化生活的需求都发生了很大变化，他们渴望更加充实的精神文化生活，希望得到尊重，活得更有尊严。发展老年教育，推进文化养老，有利于逐步满足老年人对精神文化的渴求，使他们能够有体面、有尊严地生活。

（一）满足老年人心理慰藉的需要。退出原来的工作岗位后，生活角色的转变对老年人的生活和心理是一次很大的冲击，这往往意味着老年人离开熟悉的群体和习惯的环境，进入离群索居的窄小天地，孤独感、寂寞感油然而生，其内心出现的伤痛、无聊、无奈、沮丧甚至比物质方面的亏缺还要令人难过。

（二）满足老年人受尊重的需要。老年人在家庭和社会的角色都会经历转换，尤其是有些老年人从单位退休后，一下子没有了归属感，从受人尊崇的老同志变成家庭普通成员，甚至在家庭中也失去了价值，从而出现心理失衡的状况。有些老年人甚至会因此产生心理疾病，这个阶段，需要帮助他们尽快校正、消除失落失衡心理，使其保持良

好的心态，乐观、豁达、快乐地生活。

（三）满足老年人知识更新的需要。当前我国多数老年人在掌握现代科技知识技能方面比较欠缺，加之当代科技创新突飞猛进，许多高科技产品进入人们的日常生活，因此，新时代的老年人对知识更新比以往任何时候都更加迫切，他们希望在物质养老基本稳定的前提下，有较高层次、较高质量的文化养老，许多老年人，对精神追求、精神面貌看得比较重，老年教育正是满足老年人精神需求的重要途径。

（四）满足老年人发挥作用的需要。老年人有丰富的阅历和经验的优势，有些老同志曾经为中国的革命和建设做出过突出贡献，他们对推进社会和经济的发展、建设仍能继续发挥有益作用，是不容忽视、不可或缺的一支力量。退休后，他们依然关心关注社会发展，积极作为，有着为党的事业增添正能量的强烈愿望。

二、博兴县老年大学的主要做法

（一）突出文化养老组织凝聚力。抓好党建工作是做好任何工作的前提基础，文化养老工作也不例外。我校始终坚持党建引领、政治立校的办学方向，把思想政治教育贯穿于教学全过程。一是将党组织建在教学班上。2016 年 6 月成立了老年大学临时党支部，由老年大学校长兼任党支部书记，党支部下设 15 个党小组，根据学员分布情况，依托各个教学班，把党小组建在教学班上，党小组组长与教学班班长“一人兼”。党组织设置后，明确了学员党员的党组织关系、党费收缴等工作仍由原单位负责，老年大学负责组织学习及活动开展，使学员党员过上了双重组织生活。二是建立学习活动制度。党支部定期对学员党员开展党的基本知识和政策理论培训，定期召开组织生活会，激发广大学员党员爱党、爱国、爱校的政治热情。三是思想政治教育融入日常教学。学校和教师共同努力在教学中融入思想政治教育内容，如：合唱课程的教学内容选取充满正能量的歌曲；普通话与朗读班诵读的内容以歌颂祖国、歌颂党和弘扬社会主义核心价值观为主；书法、摄影课程的练习主题以赞美祖国的大好河山为主。通过这些行动加强了思想文化建设，提高了组织凝聚力。

（二）积极打造文化养老主阵地。为了更好地发挥县老年大学文化养老的主阵地作用，2018 年，县委投资 130 余万元，在人民公园中心湖西畔成立老年大学西校区，现两个校区教学活动面积达到 4000 平方米。学校设有舞蹈、电脑、书画、古筝、电钢琴等专业教室，均配备了多媒体教学设备，以方便教学；还设置了党员活动室、图书阅览室、棋牌室等各类功能室，供学员活动。2019 年，依托博兴县京博养老服务中心设立老年大学分校，探索了“学养医”结合新模式。学校目前开设了 22 个专业、42 个教学班，满足了老年人的文化学习需求。每年开展门球、象棋、钓鱼、书画展、结业汇报演出、趣味运动会等十多项老年朋友喜闻乐见的赛事活动，并连续十年编辑出版了老干部书画集，每年组织送春联、送演出等活动，极大地丰富了他们的校园生活。

（三）搭建发挥余热平台。学员在社区管理、民事调解、关心下一代等方面发挥着积极作用，通过参加慈善义工队、“夕晖”志愿服务队等形式，积极捐钱捐物，为慈善事业献爱心，带头做好事、做善事。2019 年 8 月，博兴县受台风“利奇马”影响，遭遇大风强降雨天气，大量农田、房屋等设施严重受损，县老年大学组织了“情系灾区——老年大学在行动”慈善捐款活动，短短 15 分钟便筹集善款 13010 元，展现了老年大学学员扶危济困的大爱之情；2020 年，新冠肺炎疫情发生后，老年大学学员党支部充分发挥作用，引领广大学员党员积极参与抗疫，带动广大老年大学学员在做好自我防护的同时，或参加义务劝导队，或就近协助社区疫情防控，或自愿捐款，为疫情防控贡献了力量；2021 年，博兴县创建全国文明城市期间，老年大学“夕晖”志愿服务队积极参与义务宣传、交通执勤等工作。博兴县老年大学被县委宣传部授予“新时代精神文明实践志愿服务基地”称号。

（四）扩大文化养老覆盖面。受场地限制，有些老年人无法到县老年大学上课，学校积极探索，充分利用互联网、数字电视、智能手机等现代信息技术，整合资源，大力发展老年远程教育，更好地满足了老年人多渠道、多层次、多样化学习的需求。一是积极打造“互联网 +”云上课堂。联合博兴县广电网络公司开通远程教育广电云课堂，联合移动公司新开发了可在手机、电视端下载安装使用的“博兴老年云课堂”App。在“博兴老干部工作”“博兴县老年大学”微信公众号开通网上老年大学，进一步扩大优质学习课程和资源的辐射范围，并鼓励教师在各班级微信群中开展教学互动，讲解学习中的难点要点，指导学员居家练习。二是精心打造具有博兴地域特色的老年远程教育视频课程。录制了列入非遗名录的草柳编工艺《博兴草柳编工艺——草编花瓶》《草柳编储物筐手工技艺》，手工布艺《博兴布老虎手工制作技艺》，以及吕剧、京剧选段等视频课程，及时上传至远教平台，充分实现优质教学资源县、镇、村三级资源共享。三是有效开展远教平台推广使用。广电云课堂开通和“博兴老年云课堂”App 开发后，以红头文件的形式，通过协同办公系统下发通知到县直各单位及镇（街道），由专人负责传达给每一名老同志；及时在班级微信群、微信公众号发送学习使用通知；到老年人集中的地方发放操作指南明白纸；并发动志愿者开展了“送学到家”活动，手把手地教老年人使用新远教平台，进一步扩大信息化共享。

三、存在的问题

（一）对文化养老的重要性认识不够。目前部分管理人员还没有把“待遇养老”的观念转变成“文化养老”的观念，对于老年人文化养老还不够重视。部分老年人得不到家人的支持。有些子女认为老年人年龄大了，再学习也没什么用，帮忙看孩子、照顾家庭就可以了；还有些没有收入的老年人要外出打工，无暇参加学习。老年人的精神需求被忽略，也限制了“文化养老”的普及。

（二）老年教育基础条件有限。一方面，到老年大学学习的老年人越来越多，但是受场地、师资等条件的限制，出现了“入学难”的现象，老年人的入学比例也较低。另一方面，传统的课程设置无法满足老年人多样化的需求，例如，随着信息化技术的发展，很多老年群体渴望接受新知识、渴望掌握现代化智能技术，但是很多老年大学的课程设置无法跟上社会发展趋势，使老年群体可学习的内容相对较少，无法充分满足老年人的文化需求和精神需求。

四、发展老年教育，推进文化养老的几点思考

老年教育是文化养老的重要平台和主要阵地，老年教育的发展必将有力促进文化养老的发展。

（一）提高认识，培养老年人“文化养老”理念。“文化养老”是老年人的迫切需求，也是老年教育的一项重要内容，是一项全新的且具有战略意义的事业。因此，要创新思路、多措并举，在全社会树立起“加强老年教育、发展文化养老”的新理念，引导老年人充分认识开展老年教育对于推进文化养老的重要性，让老年人充分认识到老年教育在实现他们的继续社会化、增长文化知识、丰富晚年生活及构建学习型社会、提高全民族的文化素质、带动社会经济增长等方面的重要性。

（二）党建引领，增强党组织凝聚力。强化组织领导，提高各级领导重视老年教育在文化养老中的作用，为老年教育开展提供强有力的组织保障。在工作中，要充分发挥老年大学学员党支部的战斗堡垒作用，发挥老党员政治思想觉悟和理论水平较高的优势，不断加强老年大学学员的政治思想教育，通过报告会、座谈会、交流会、主题教育等学习和活动，进一步增强党纪观念、坚定理想信念，把他们的思想和言行真正统一到中央的决策和部署上来。同时，要引导老年大学学员争当先进文化发展繁荣的模范，在维护社会稳定、促进社会经济发展中贡献自己的力量。

（三）多措并举，不断丰富“文化养老”载体和平台。要结合老年人的特点和需求，完善课程设置，突出地域特色，紧跟时代脉搏，既满足老年人多样化的需要又符合现代社会发展的要求，助推老年人更好地跟上时代和社会的步伐。在传承、发扬、创新的过程中，丰富文化养老内涵。创新教学方法，拓展多元化教学模式，探索新的教学模式，大力发展老年远程教育，满足老年人个性化的学习需求。在教学的基础上，组织开展文艺演出、书画展、摄影展、门球赛、钓鱼比赛、趣味运动会等文体活动，为老年人提供一个展示自我的平台，让他们不仅在活动和比赛中切磋技艺，取长补短，而且在回归集体中收获友谊和快乐，找到自信；在活动中陶冶情操、增长知识、增进感情、充实生活，更好地满足老年人的精神需求和对未来美好生活的向往，让“文化养老”真正成为老年

人养老生活新风尚。

（四）发挥优势，积极搭建老有所为平台。老年人拥有丰富的人生阅历、广泛的兴趣爱好、过硬的专业技能，在推进文化养老工作中具有显著的政治优势、经验优势、威望优势。因此，要注重引导老年人参与“老有所为”。引导广大老年大学学员利用所学知识和专业特长，以量力而行的科学态度，把积累的经验运用于社会实践中，例如，定期组织老年大学学员深入社区、农村、学校、机关、企业开展党史国史教育、传统文化教育。为老年人搭建参与宣讲党的方针政策、调解涉老矛盾、构建和谐社会、强化基层组织建设、参与社会管理创新等方面的平台，让他们走出家门、发挥优势，融入社会、服务社会，实现自我价值追求。不断丰富文化养老平台，把文化养老与服务社会、服务老人紧密结合起来，为老年人开拓一片老有所为的新天地。

（赵璟：滨州市博兴县老年大学副校长）

后 记

为进一步深入学习习近平新时代中国特色社会主义思想，落实中共山东省委十一届十二次全会提出的“加快建设健康山东，积极应对人口老龄化”和“大力发展老年教育，办好老年大学”的要求，山东省老年大学协会学术研究工作委员会于2021年在临沂市老年大学组织召开了第五次全省老年教育理论研讨会，会议主题为“积极推进新时代老年大学创新发展研究”。全省各市及各大企业老年大学高度重视，积极组织本校及所辖县（市、区）老年大学深入开展调查研究，撰写研究论文，形成了一批高质量研究成果。学术研究工作委员会共收到各会员校上报论文348篇，组织有关专家进行认真评审，评选出一等奖20篇，二等奖47篇，三等奖54篇，优秀奖60篇。评选出山东老年大学及济南、青岛、淄博、潍坊、临沂、滨州市老年大学优秀组织奖7个。

为推动理论研究成果转化为科学实践，同时发挥山东老年大学对全省理论研究的业务指导功能，山东老年大学将理论研讨会的优秀论文结集成册，编辑成《新时代老年教育实践与探索》一书，供从事老年大学工作和老年教育理论研究工作的同志学习参考和借鉴。

论文集分为党建引领探索篇、教学研究创新篇、基层教育改革篇、智慧校园建设篇、综合发展实践篇共5个篇章。在编辑过程中，对一些论文进行了文字上的订正和处理，基本保留了论文原貌。

在文章征集过程中，得到了山东省老年大学协会、各级老年大学以及文章作者的大力支持。济南出版社为本书的出版做了许多具体工作，在此表示衷心感谢！

由于文章内容较多、时间仓促，不足之处在所难免，如有疏漏，敬请各位作者和读者批评指正。

编 者

2022年9月